KAREN KAISER

Geistiges Eigentum und Gemeinschaftsrecht

Hamburger Studien
zum Europäischen und Internationalen Recht

Herausgegeben von
Thomas Bruha, Meinhard Hilf, Hans Peter Ipsen †,
Rainer Lagoni, Gert Nicolaysen, Stefan Oeter

Band 37

Geistiges Eigentum und Gemeinschaftsrecht

Die Verteilung der Kompetenzen und ihr Einfluß auf die Durchsetzbarkeit der völkerrechtlichen Verträge

Von

Karen Kaiser

Duncker & Humblot · Berlin

Die Juristische Fakultät der Ruprecht-Karls-Universität Heidelberg hat diese Arbeit im Jahre 2004 als Dissertation angenommen.

Bibliografische Information Der Deutschen Bibliothek

Die Deutsche Bibliothek verzeichnet diese Publikation in der Deutschen Nationalbibliografie; detaillierte bibliografische Daten sind im Internet über <http://dnb.ddb.de> abrufbar.

Fremddatenübernahme: L101 Mediengestaltung, Berlin
Druck: AZ Druck und Datentechnik GmbH, Kempten (Allgäu)
Printed in Germany

ISSN 0945-2435
ISBN 3-428-11595-3

Gedruckt auf alterungsbeständigem (säurefreiem) Papier
entsprechend ISO 9706 ♾

Internet: http://www.duncker-humblot.de

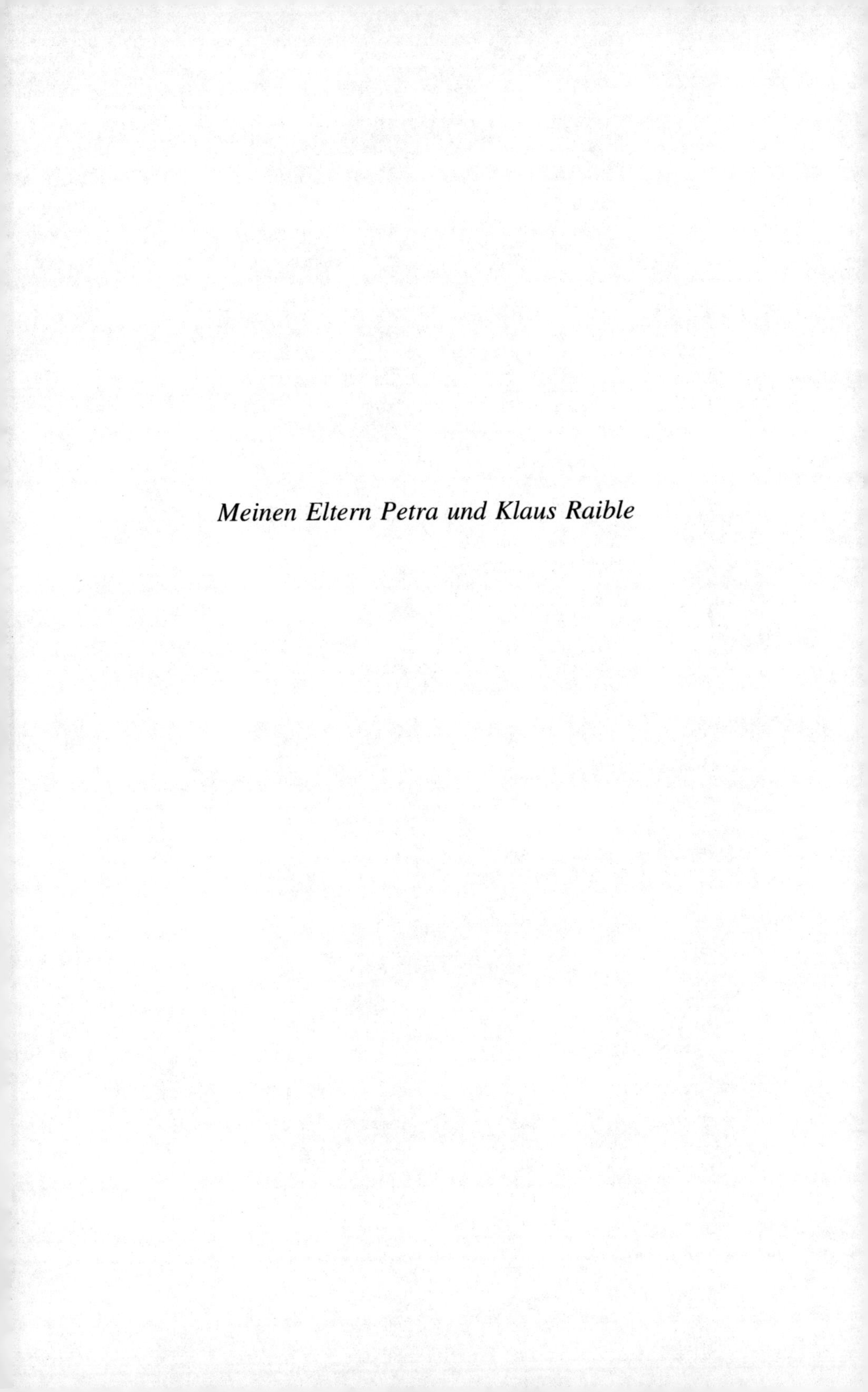

Meinen Eltern Petra und Klaus Raible

Vorwort

Die vorliegende Arbeit ist von der juristischen Fakultät der Ruprecht-Karls-Universität Heidelberg im Wintersemester 2003/2004 als Dissertation angenommen worden. Sie untersucht Fragen des geistigen Eigentums im Gemeinschaftsrecht und widmet sich damit einem Bereich, der nicht nur durch den zunehmenden Umfang des auf dem Gebiet des geistigen Eigentums erlassenen sekundären Gemeinschaftsrechts einem ständigen Wandel unterworfen ist. Neue Entwicklungen, insbesondere der im Zuge der Osterweiterung erfolgte Beitritt zehn neuer Mitgliedstaaten, konnten bis Mai 2004 berücksichtigt werden.

Ohne die vielfältige Unterstützung der Menschen, denen ich im folgenden noch einmal von Herzen danke, wäre die Arbeit nicht entstanden.

Prof. Dr. Dr. h.c. Rüdiger Wolfrum danke ich für die stete und entgegenkommende Förderung als Doktorandin und wissenschaftliche Referentin am Max-Planck-Institut für ausländisches öffentliches Recht und Völkerrecht und *Prof. Dr. Winfried Tilmann* für die schnelle und freundliche Erstellung des Zweitgutachtens. *Prof. Dr. Meinhard Hilf* hat als Mitherausgeber der Hamburger Studien zum Europäischen und Internationalen Recht die Aufnahme der Arbeit in diese Reihe ermöglicht. *Prof. Dr. Armin von Bogdandy* und *Prof. Dr. Dr. h.c. Rüdiger Wolfrum,* Direktoren des Max-Planck-Instituts für ausländisches öffentliches Recht und Völkerrecht, haben mir einen großzügigen Druckkostenzuschuß gewährt.

Meinem ehemaligen Kollegen *Prof. Dr. Peter-Tobias Stoll* gebührt mein Dank, weil er mein Interesse für das geistige Eigentum nicht nur geweckt, sondern durch die Beteiligung an verschiedenen gemeinsamen Forschungsprojekten nachhaltig gefördert hat. *Prof. Dr. Peter-Tobias Stoll* und *Prof. Dr. Markus Krajewski* haben eine frühe Version der Arbeit in kurzer Zeit durchgesehen und mir wertvolle, weiterführende Hinweise gegeben.

Mein weiterer Dank gilt meinem ehemaligen Kollegen *Dr. Christoph Benedict,* weil er mich mit den soziologischen Strukturen des Instituts bekannt gemacht und mir damit den Einstieg sehr erleichtert hat. Meinen Kollegen und guten Freunden, *Cristina Hoß* und *Nicola Vennemann, Holger Hestermeyer* und *Professor Russell A. Miller,* bin ich zu Dank verpflichtet, weil sie mich während unserer gemeinsamen Jahre am Institut immer wieder ermuntert und unterstützt haben. In der „heißen Phase“ haben sie nicht nur in kurzer Zeit weite Teile der Arbeit Korrektur gelesen, sondern mir auch die eine oder andere Institutsaufgabe abgenommen. Meine Kollegen *Daniel Klein* und *Privatdozent Dr. Christian Walter* werden mir im Hinblick auf ihr Engagement für das Institut, insbesondere für seine Mitarbeiter und Gäste, immer ein Vorbild bleiben.

Zum Gelingen der Arbeit haben darüber hinaus *Dr. Anja von Hahn* und *Holger Hestermeyer* beigetragen, indem sie mir bereitwillig als Gesprächspartner in allen Fragen des geistigen Eigentums zur Verfügung gestanden haben. Um die Formatierung haben sich *Dr. Martin Braun* und *Christian Zimmermann* verdient gemacht.

Ich widme das Buch meinen Eltern, *Petra und Klaus Raible,* die immer Vertrauen in mich hatten, meine Wünsche nie in Frage gestellt haben und mir während meines Werdegangs jede denkbare Unterstützung haben zuteil werden lassen. Sie und mein Bruder *Sven* hätten nicht stolzer sein können, hätten sie die Arbeit selbst geschrieben.

Mein besonderer Dank gilt schließlich meinem Mann *Franz* dafür, daß ich die Freude und das Leid beim Schreiben der Arbeit mit ihm teilen durfte.

Heidelberg, im Mai 2004 *Karen Kaiser*

Inhaltsübersicht

Dritter Teil

Gesamtergebnis in Thesen 497

Inhaltsverzeichnis

Drittes Kapitel

Das Verhältnis der völkerrechtlichen Verträge der Europäischen Gemeinschaft auf dem Gebiet des geistigen Eigentums zum Gemeinschaftsrecht und zum innerstaatlichen Recht 303

Dritter Teil

Abkürzungsverzeichnis

a. A.	anderer Ansicht
ABl. EPA	Amtsblatt des Europäischen Patentamts
ABl. EU	Amtsblatt der Europäischen Union
Abs.	Absatz
AETR	Accord européen relatif au travail des équipages de véhicules effectuant des transports internationaux par route
a. F.	alte Fassung
AfP	Zeitschrift für Medien- und Kommunikationsrecht (ehemals: Archiv für Presserecht)
AJDA	L'actualité juridique/Droit administratif
AJIL	American Journal of International Law
AJP/PJA	Aktuelle juristische Praxis/Pratique juridique actuelle
AKP-Staaten	Afrikanische, Karibische und Pazifische Staaten
Alt.	Alternative
AöR	Archiv des öffentlichen Rechts
Art.	Artikel
Benelux	Belgien, Niederlande und Luxemburg
BGBl.	Bundesgesetzblatt
BGH	Bundesgerichtshof
BGHZ	Amtliche Sammlung der Entscheidungen des Bundesgerichtshofs in Zivilsachen
BISD	Basic Instruments and Selected Documents
BR-Drs.	Bundesrats-Drucksache
BT-Drs.	Bundestags-Drucksache
B. U. Int'l L. J.	Boston University International Law Journal
BVerfGE	Amtliche Sammlung der Entscheidungen des Bundesverfassungsgerichts
BVerfGG	Bundesverfassungsgerichtsgesetz
BVerwGE	Amtliche Sammlung der Entscheidungen des Bundesverwaltungsgerichts
bzw.	beziehungsweise
CMLRev.	Common Market Law Review
CONFER	Dokument der Regierungskonferenz
CONV	Dokument des Konvents
CPJI	Cour Permanente de Justice Internationale
CR	Computer und Recht

d.h.	das heißt
Doc.	document
DVBl.	Deutsches Verwaltungsblatt
d. Verf.	die Verfasserin, der Verfasserin
EAGV	Vertrag zur Gründung der Europäischen Atomgemeinschaft
ed.	editor
éd.	éditeur(s)
eds	editors
EFARev.	European Foreign Affairs Review
EFTA	European Frea Trade Association
EG	Europäische Gemeinschaft
EGKSV	Vertrag zur Gründung der Europäischen Gemeinschaft für Kohle und Stahl
EGMR	Europäischer Gerichtshof für Menschenrechte
EGV	Vertrag zur Gründung der Europäischen Gemeinschaft
EJIL	European Journal of International Law
EKMR	Europäische Kommission für Menschenrechte
ELF	European Legal Forum
ELJ	European Law Journal
ELRev.	European Law Review
endg.	endgültig
etc.	etcetera
ETS	European Treaty Series
EU	Europäische Union
EuG	Europäisches Gericht 1. Instanz
EuGH	Europäischer Gerichtshof
EuGRZ	Europäische Grundrechte-Zeitschrift
EuR	Europarecht
EUV	Vertrag über die Europäische Union
EuZW	Europäische Zeitschrift für Wirtschaftsrecht
EWGV	Vertrag zur Gründung der Europäischen Wirtschaftsgemeinschaft
EWR	Europäischer Wirtschaftsraum
EWS	Europäisches Wirtschafts- & Steuerrecht
f., ff.	folgende Seite(n)
FAO	Food and Agricultural Organization of the United Nations
Fn.	Fußnote
FYIL	Finnish Yearbook of International Law
GA	General Assembly
GATT	General Agreement on Tariffs and Trade
GG	Grundgesetz
GLJ	German Law Journal
GRUR	Gewerblicher Rechtsschutz und Urheberrecht

GRUR Ausl.	Gewerblicher Rechtsschutz und Urheberrecht/Auslands- und internationaler Teil
GRUR Int.	Gewerblicher Rechtsschutz und Urheberrecht/Internationaler Teil
GUS	Gemeinschaft Unabhängiger Staaten
GYIL	German Yearbook of International Law
Hrsg.	Herausgeber
ICLQ	International and Comparative Law Quarterly
ILM	International Legal Materials
IPRax	Praxis des internationalen Privat- und Verfahrensrechts
i. V. m.	in Verbindung mit
JIEL	Journal of International Economic Law
JTLP	Journal of Transnational Law & Policy
JuS	Juristische Schulung
JWT	Journal of World Trade
JZ	Juristenzeitung
KOM	Dokumente der Kommission für die anderen Organe der Europäischen Gemeinschaft (Legislativvorschläge, Mitteilungen, Berichte etc.).
LIEI	Legal Issues of European Integration
lit.	litera
Mich. J. Int'l L.	Michigan Journal of International Law
Minn. J. Global Trade	Minnesota Journal of Global Trade
m. w. N.	mit weiteren Nachweisen
n. F.	neue Fassung
NJIL	Nordisk tidsskrift for international ret/Nordic Journal of International Law
NJW	Neue Juristische Wochenschrift
No.	number
Nr.	Nummer
NVwZ	Neue Zeitschrift für Verwaltungsrecht
OECD	Organization for Economic Cooperation and Development
ÖOGH	Österreichischer Oberster Gerichtshof
ÖZöRV	Österreichische Zeitschrift für öffentliches Recht und Völkerrecht
OHCHR	Office of the United Nations High Commissioner for Human Rights
para.	paragraph
paras	paragraphs
PCIJ	Permanent Court of International Justice
Pub. L.	Public Law
PYIL	Polish Yearbook of International Law

RDP	Revue du droit public et de la science politique en France et à l'étranger
res.	Resolution
RFDA	Revue française de droit administratif
RGBl.	Reichsgesetzblatt
RGDIP	Revue générale de droit international public
RHDI	Revue hellénique de droit international
RIW/AWD	Recht der internationalen Wirtschaft/Außenwirtschaftsdienst des Betriebs-Beraters
Rn.	Randnummer
Rs.	Rechtssache
RTDE	Revue trimestrielle de droit européen
RTDH	Revue trimestrielle des droits de l'homme
S.	Seite, Satz
SEC/SEK	Interne Arbeitsdokumente der Kommission
Slg.	Sammlung
sog.	sogenannt
SZIER	Schweizerische Zeitschrift für internationales und europäisches Recht
u. a.	und andere, unter anderem
UAbs.	Unterabsatz
UN	United Nations
UNTS	United Nation Treaty Series
US	United States
U.S.C.A.	United States Code Annotated
Vand. J. Transnat'l L.	Vanderbilt Journal of Transnational Law
Verb. Rs.	Verbundene Rechtssachen
vgl.	vergleiche
VRÜ	Verfassung und Recht in Übersee
VwGO	Verwaltungsgerichtsordnung
WIPO	World Intellectual Property Organization
WTO	World Trade Organization
YEL	Yearbook of European Law
ZaöRV	Zeitschrift für ausländisches öffentliches Recht und Völkerrecht
z. B.	zum Beispiel
ZEuP	Zeitschrift für europäisches Privatrecht
ZEuS	Zeitschrift für europarechtliche Studien
ZfRV	Zeitschrift für Rechtsvergleichung, internationales Privatrecht und Europarecht
ZÖR	Zeitschrift für öffentliches Recht
ZUM	Zeitschrift für Urheber- und Medienrecht

Einleitung

„Wer keinen Geist hat, glaubt nicht an Geister
und somit auch nicht an geistiges Eigentum der Schriftsteller."
Johann Wolfgang von Goethe

Eines der größten Hemmnisse für den Schutz geistigen Eigentums im Deutschland des 18. und frühen 19. Jahrhunderts war die territoriale Aufsplitterung. Goethe, dessen Werke häufig nachgedruckt wurden, mußte sich für seine ab 1827 erschienene Ausgabe letzter Hand 39 Privilegien[1] von den Einzelstaaten des Deutschen Bundes (35 Fürstentümer und 4 freie Städte) erteilen lassen. Er hatte die Bundesversammlung bereits 1825 um ein Gesamtprivileg ersucht. Da der Deutsche Bund nicht zuständig war und nur seine Einzelstaaten Privilegien erteilen konnten, wandten sich die Gesandten der Einzelstaaten an die verschiedenen Regierungen, um das Gesuch nicht abweisen zu müssen. Nachdem die Einzelstaaten entsprechende Privilegien erteilt hatten und sein Verleger Cotta ihn davon abgebracht hatte, alle 39 Einzelprivilegien in vollem Wortlaut der Ausgabe letzter Hand voranzustellen, brachte Goethe den – rechtlich fehlerhaften – Vermerk an, die Ausgabe stünde unter den „Durchlauchtigsten Deutschen Bundes schützenden Privilegien".[2]

Heute ist nicht Deutschland, sondern die Europäische Gemeinschaft territorial in 25 Mitgliedstaaten aufgesplittert. Zwar ist der urheberrechtliche Schutz nicht mehr von der Erteilung von Privilegien abhängig. Goethes Ausgabe letzter Hand wäre in allen Mitgliedstaaten der Europäischen Ge-

---

[1] Bei diesen Privilegien handelte es sich um Schutzbriefe, die den Privilegierten unter den unmittelbaren Schutz des Souveräns stellten und den Nachdruck seiner Bücher ebenso verboten wie die Einfuhr nachgedruckter Bücher. Wegen des Grundsatzes der Nachdruckfreiheit erschien das zugunsten eines einzelnen erlassene Nachdruckverbot als Privileg (vgl. *Manfred Rehbinder,* Urheberrecht, 11. Auflage 2001, Rn. 17; *Frank Fechner,* Geistiges Eigentum und Verfassung, 1999, S. 27). Das Privilegienwesen des 18. und frühen 19. Jahrhunderts war nicht auf den Bereich des Urheberrechts beschränkt. Es gab sowohl Gewerbe- und Erfinderprivilegien als auch Privilegien im Bereich des Markenrechts (vgl. *Heinrich Hubmann/Horst-Peter Götting,* Gewerblicher Rechtsschutz, 6. Auflage 1998, S. 15 f.).

[2] Diese Begebenheit schildern u. a. *Manfred Rehbinder,* Urheberrecht, 11. Auflage 2001, Rn. 23, und *Frank Fechner,* Geistiges Eigentum und Verfassung, 1999, S. 47 f., beide m. w. N.

meinschaft urheberrechtlich geschützt, wenn die unterschiedlichen Voraussetzungen der jeweiligen nationalen Urheberrechtsgesetze erfüllt wären. Im Gegensatz zum Urheberrecht, das *ipso iure* entsteht, müssen gewerbliche Schutzrechte allerdings nach wie vor angemeldet, hinterlegt bzw. registriert werden. Sie bedürfen keines Privilegs, aber eines staatlichen Erteilungsakts. Goethe erblickte in der Tatsache, daß er Schriftsteller war, keinen Nachteil für seine naturwissenschaftliche Forschung. Ließe er sich heute eine Erfindung gemeinschaftsweit patentieren, müßte er zwar keine 15 Anmeldungsverfahren vor den zuständigen Patentämtern der Mitgliedstaaten durchführen. Er könnte bei dem Europäischen Patentamt (EPA) die Erteilung eines europäischen Patents für alle Mitgliedstaaten der Europäischen Gemeinschaft beantragen. Das europäische Patent stellt aber nach Art. 2 Abs. 2 des Übereinkommens über die Erteilung europäischer Patente vom 5. Oktober 1973 (Europäisches Patentübereinkommen) kein „Gesamtpatent" dar, sondern hat in jedem Mitgliedstaat dieselbe Wirkung wie ein in diesem Staat erteiltes nationales Patent (Bündelpatent).

A. Problemstellung und Gang der Untersuchung

Während sich der Zweck des Deutschen Bundes nach Art. 2 der deutschen Bundesakte vom 8. Juni 1815[3] noch auf die „Erhaltung der äußeren und inneren Sicherheit Deutschlands und der Unabhängigkeit und Unverletzbarkeit der einzelnen deutschen Staaten" beschränkte, hat sich die Europäische Gemeinschaft nach Art. 2 EGV zum Ziel gesetzt „durch die Errichtung eines Gemeinsamen Marktes [...] sowie durch die Durchführung der in den Artikeln 3 und 4 genannten gemeinsamen Politiken und Maßnahmen in der gesamten Gemeinschaft eine harmonische, ausgewogene und nachhaltige Entwicklung des Wirtschaftslebens [...] zu fördern". Diese Zielsetzung erfordert die möglichst weitgehende Angleichung bzw. einheitliche Gestaltung der Rechte des geistigen Eigentums.

Das geistige Eigentum steht mit dem freien Verkehr von Waren und Dienstleistungen und damit mit der „Errichtung eines Gemeinsamen Marktes" in Konflikt. Obwohl geistiges Eigentum, das nicht als körperlicher Gegenstand hervorgebracht wird, frei von Zeit und Ort und damit unabhängig von nationalen Grenzen gleichzeitig nutzbar ist, richtet sich der Schutz des geistigen Eigentums nach der Rechtsordnung des Staates, in der der Schutz begehrt wird (Schutzlandprinzip).[4] Anders als das Eigentum an körperlichen

[3] Die deutsche Bundesakte vom 8. Juni 1815 ist abgedruckt in: Gerhard Anschütz/Max Lenz/Albrecht Mendelssohn Bartholdy/Georg von Schanz/Eugen Schiffer/Adolf Wach (Hrsg.), Handbuch der Politik, Sechster Band (Urkunden zur Politik unserer Zeit), 3. Auflage 1926, S. 39 ff.

Gegenständen, das durch die Rechtsordnungen anderer Staaten auch dann geschützt wird, wenn die körperlichen Gegenstände in einen anderen Staat verbracht werden, wirken die in einem Staat erworbenen Rechte des geistigen Eigentums nicht über die nationalen Grenzen hinaus (Territorialitätsprinzip).[5] Der Inhaber von Rechten des geistigen Eigentums kann sich der Einfuhr von Waren und Dienstleistungen, in denen sich seine Rechte des geistigen Eigentums verkörpern, nach Art. 30 EGV grundsätzlich[6] widersetzen.

Das geistige Eigentum steht aber nicht nur mit der „Errichtung eines Gemeinsamen Marktes" in Konflikt, sondern ist auch für „eine harmonische, ausgewogene und nachhaltige Entwicklung des Wirtschaftslebens" erforderlich. Der erste Absatz der Präambel des Übereinkommens über die handelsbezogenen Aspekte der Rechte des geistigen Eigentums vom 15. April 1994 (*Agreement on Trade-Related Aspects of Intellectual Property Rights,* TRIPs-Übereinkommen) verdeutlicht, daß „ein wirksamer und angemessener Schutz der Rechte des geistigen Eigentums" notwendig ist, „um sicherzustellen, daß die Maßnahmen und Verfahren zur Durchsetzung der Rechte des geistigen Eigentums nicht selbst zu Schranken für den rechtmäßigen Handel werden". In der Rechtsprechung des EuGH wird das geistige Eigentum folgerichtig nicht mehr nur als Hindernis für den freien Verkehr von Waren und Dienstleistungen, sondern auch „als ein wesentlicher Bestandteil des Systems eines unverfälschten Wettbewerbs" verstanden, „das der Vertrag schaffen und erhalten will".[7]

Vor diesem Hintergrund untersucht der erste Teil der Arbeit, ob und inwieweit die Europäische Gemeinschaft im Verhältnis zu ihren Mitgliedstaaten über eine Kompetenz zur Regelung bzw. zur Mitwirkung an der Regelung geistigen Eigentums verfügt und ob die Verteilung der Kompetenzen zwischen der Europäischen Gemeinschaft und ihren Mitgliedstaaten im Hinblick auf die möglichst weitgehende Angleichung bzw. einheitliche Gestaltung der Rechte des geistigen Eigentums sachgerecht ist.

---

[4] *Eugen Ulmer,* Urheber- und Verlagsrecht, 3. Auflage 1980, S. 82 f.

[5] *Frank Fechner,* Geistiges Eigentum und Verfassung, 1999, S. 456; *Heinrich Hubmann/Horst-Peter Götting,* Gewerblicher Rechtsschutz, 6. Auflage 1998, S. 93; *Petra Buck,* Geistiges Eigentum und Völkerrecht, 1994, S. 22 ff.

[6] Siehe zu den Ausnahmen unten Erster Teil, Erstes Kapitel, C. I. 4. b) cc).

[7] EuGH, Rs. C-10/89, 17.10.1990, Slg. 1990, I-3711, Rn. 13 (SA CNL-SUCAL NV/HAG GF AG). Vgl. auch *Bertil Emrah Oder,* Der spezifische Gegenstand des geistigen Eigentums im Europäischen Gemeinschaftsrecht, 2000, S. 75; *Günter Stickler,* Der Stellenwert des geistigen Eigentums im Binnenmarkt, Eine Standortbestimmung anhand der einschlägigen Rechtsprechung des EuGH, VAB-Arbeitspapier Nr. 15/1997, S. 19: „[... D]as geistige Eigentum [wird] in der EG mittlerweise nicht mehr als lästiges Hindernis für Gemeinschaftsziele betrachtet [...], sondern vielmehr als eigenständiger Wert, der zu ihrer Erreichung wesentlich beitragen kann."

In der Diskussion, die durch das Privilegiengesuch Goethes von 1825 im Deutschen Bund angestoßen wurde, sind bereits einige Rechtsinstrumente zur Bewältigung der Probleme des Schutzlandsprinzips, „parallele Gesetzgebung einerseits, bilaterale oder multilaterale Abkommen andererseits", angelegt.[8] Neben dem Anstoß zur „parallelen Gesetzgebung" in Form von Richtlinien, kommt eine „eigene Gesetzgebung" der Europäischen Gemeinschaft in Form von Verordnungen in Betracht. Es wird sich herausstellen, daß die Europäische Gemeinschaft zwar ebensowenig wie der Deutsche Bund über eine Sachkompetenz für das geistige Eigentum verfügt, aber im Unterschied zu diesem das Territorialitätsprinzip auf der Grundlage zielbestimmter Querschnittskompetenzen überwinden, d.h. ein „Gesamtpatent" schaffen, kann.[9] Mit der Übertragung zielbestimmter Querschnittskompetenzen und anderer Sachkompetenzen, die das geistige Eigentum berühren, haben die Mitgliedstaaten ihre Sachkompetenz für das geistige Eigentum jedoch nicht vollständig aufgegeben. Die Verteilung der Kompetenzen zwischen der Europäischen Gemeinschaft und ihren Mitgliedstaaten zur Regelung bzw. zur Mitwirkung an der Regelung geistigen Eigentums ist vielmehr durch eine Gemengelage, d.h. ein Nebeneinander von verschiedenen Kompetenzen der Europäischen Gemeinschaft und ihrer Mitgliedstaaten, gekennzeichnet.

„[B]ilaterale oder multilaterale Abkommen" erübrigen sich im Hinblick auf die möglichst weitgehende Angleichung bzw. einheitliche Gestaltung der Rechte des geistigen Eigentums nicht. Mit „bilaterale[n] oder multilaterale[n] Abkommen" sind nicht nur, wie noch beim Deutschen Bund, völkerrechtliche Verträge der Mitgliedstaaten untereinander (sog. *inter se*-Abkommen), wie etwa das Luxemburger Übereinkommen über das europäische Patent für den Gemeinsamen Markt vom 15. Dezember 1975 (Gemeinschaftspatentübereinkommen), sondern in erster Linie völkerrechtliche Verträge der Europäischen Gemeinschaft mit Drittstaaten angesprochen. Seit Ende des 19. Jahrhunderts ist der Schutz des geistigen Eigentums nicht mehr nur nach innen, sondern auch nach außen gerichtet. Beginnend mit der Pariser Verbandsübereinkunft zum Schutz des gewerblichen Eigentums vom 20. März 1883 (*Paris Convention for the Protection of Industrial Property,* Pariser Verbandsübereinkunft) und der Berner Übereinkunft zum Schutz von Werken der Literatur und Kunst vom 9. September 1886 (*Berne Convention for the Protection of Literary and Artistic Works,* Berner Übereinkunft) haben die heutigen Mitgliedstaaten der Europäischen Gemeinschaft zahlreiche völkerrechtliche Verträge auf dem Gebiet des geistigen

---

[8] *Elmar Wadle,* Zur Geschichte des Urheberrechts in Europa, in: Georg Ress (Hrsg.), Entwicklung des Europäischen Urheberrechts, 1989, S. 9 (16 und 20).

[9] Siehe unten Erster Teil, Erstes Kapitel, A. III. 2. b).

Eigentums mit Drittstaaten geschlossen, die die Rechtsordnungen der Vertragsstaaten bis zu einem gewissen Grad aneinander angeglichen haben.

Die Europäische Gemeinschaft des 21. Jahrhunderts befindet sich anders als das Deutschland des 18. und 19. Jahrhunderts im Zeitalter der Globalisierung, d.h. innerhalb eines Prozesses, „in dessen Folge Staaten und Gesellschaften in verschiedenen Dimensionen querverbunden werden“[10]. Da sich die Verflechtung der Wirtschaftsbeziehungen nicht auf Europa beschränkt, sondern weltweit besteht, erfordert die eingangs wiedergegebene Zielsetzung der Europäischen Gemeinschaft nach Art. 2 EGV nicht nur, Rechte des geistigen Eigentums durch die Setzung von sekundärem Gemeinschaftsrecht und den Abschluß völkerrechtlicher Verträge möglichst weitgehend anzugleichen bzw. einheitlich zu gestalten, sondern auch, völkerrechtliche Verträge, die auf dem Gebiet des geistigen Eigentums geschlossen werden, einheitlich im Gemeinschaftsrecht und im innerstaatlichen Recht der Mitgliedstaaten durchzusetzen. Könnte die Europäische Gemeinschaft nicht einheitlich über die Durchsetzbarkeit völkerrechtlicher Verträge auf dem Gebiet des geistigen Eigentums entscheiden, würde ihre internationale Handlungsfähigkeit und die Kohärenz ihres wirtschafts- und außenpolitischen Handelns Schaden nehmen.

Auf der Grundlage der im ersten Teil dargestellten Verteilung der Kompetenzen zwischen der Europäischen Gemeinschaft und ihren Mitgliedstaaten zur Regelung bzw. zur Mitwirkung an der Regelung geistigen Eigentums prüft der zweite Teil der Arbeit, ob die völkerrechtlichen Verträge auf dem Gebiet des geistigen Eigentums in der Europäischen Gemeinschaft und in ihren Mitgliedstaaten einheitlich durchgesetzt werden und, falls nicht, wie die Verteilung der Kompetenzen geändert werden müßte, um die einheitliche Durchsetzbarkeit der völkerrechtlichen Verträge auf dem Gebiet des geistigen Eigentums zu gewährleisten.

Zu diesem Zweck wird zunächst entwickelt, inwieweit sich die im ersten Teil dargestellte, bestehende Verteilung der Kompetenzen zwischen der Europäischen Gemeinschaft und den Mitgliedstaaten der völkerrechtlichen Verträge auf dem Gebiet des geistigen Eigentums zum Gemeinschaftsrecht und zum innerstaatlichen Recht auswirkt. Das Verhältnis der völkerrechtlichen Verträge auf dem Gebiet des geistigen Eigentums zum Gemeinschaftsrecht und zum innerstaatlichen Recht, das grundsätzlich[11] mit Geltung, Rang, Anwendbarkeit und Invokabilität der völkerrechtlichen Verträge in

---

[10] *Thomas Vollmöller,* Die Globalisierung des öffentlichen Wirtschaftsrechts, 2001, S. 2.

[11] Das Verhältnis der völkerrechtlichen Verträge der Mitgliedstaaten auf dem Gebiet des geistigen Eigentums zum Gemeinschaftsrecht ist dagegen ein solches der Vertragskonkurrenz, siehe unten Zweiter Teil, Zweites Kapitel, A.

der jeweiligen Rechtsordnung umschrieben werden kann, entscheidet über die Durchsetzbarkeit der völkerrechtlichen Verträge in der Europäischen Gemeinschaft und in den Mitgliedstaaten.

Entsprechend der Gemengelage, die die Verteilung der Kompetenzen zwischen der Europäischen Gemeinschaft und ihren Mitgliedstaaten zur Regelung bzw. zur Mitwirkung an der Regelung geistigen Eigentums kennzeichnet, ist nicht nur zwischen völkerrechtlichen Verträgen der Mitgliedstaaten und völkerrechtlichen Verträgen der Europäischen Gemeinschaft zu unterscheiden, sondern es ist, insbesondere im Hinblick auf die angestrebte einheitliche Durchsetzbarkeit, ein besonderes Augenmerk auf die gemischten Verträgen zu richten. Gemischte Verträge liegen nach der umstrittenen, aber, wie sich ergeben wird, vorzugswürdigen materiellen Definition vor, wenn an einem völkerrechtlichen Vertrag neben der Europäischen Gemeinschaft ein, mehrere oder alle Mitgliedstaaten und ein oder mehrere dritte Völkerrechtssubjekte beteiligt sind und wenn der völkerrechtliche Vertrag teilweise in die Kompetenz der Europäischen Gemeinschaft und teilweise in die Kompetenz der Mitgliedstaaten fällt.[12] Im Gutachten 1/94 hat der EuGH entschieden, daß „die Zuständigkeit für den Abschluß des TRIPs zwischen der Gemeinschaft und ihren Mitgliedstaaten geteilt ist".[13]

Es wird sich erweisen, daß sich das Verhältnis der gemischten Verträge zum Gemeinschaftsrecht und zum innerstaatlichen Recht im Gegensatz zum Verhältnis der völkerrechtlichen Verträge der Mitgliedstaaten und der völkerrechtlichen Verträge der Europäischen Gemeinschaft zum Gemeinschaftsrecht und zum innerstaatlichen Recht nicht nach allgemeinen Regeln lösen läßt. Stattdessen kommen verschiedene Lösungsansätze in Betracht. Es kann entweder einheitlich, d.h. entweder nach der Gemeinschaftsrechtsordnung oder nach der Rechtsordnung des jeweiligen Mitgliedstaats, oder getrennt nach einzelnen Bestimmungen der gemischten Verträge ermittelt werden. Die getrennte Ermittlung nach einzelnen Bestimmungen birgt die Gefahr einer uneinheitlichen Durchsetzung der gemischten Verträge in der Europäischen Gemeinschaft und in den Mitgliedstaaten in sich. Es kann einerseits darauf abgestellt werden, in wessen Kompetenz zum Abschluß von bzw. zum Beitritt zu völkerrechtlichen Verträgen die Bestimmungen der gemischten Verträge fallen. Fallen die Bestimmungen in die Kompetenz der Europäischen Gemeinschaft, richtet sich das Verhältnis nach der Gemeinschaftsrechtsordnung; fallen sie in die Kompetenz der Mitgliedstaaten, ist

[12] Siehe zur ausführlichen Auseinandersetzung mit dem Begriff des gemischten Vertrags unten Zweiter Teil, Erstes Kapitel, A.

[13] EuGH, Gutachten 1/94, 15.11.1994, Slg. 1994, I-5267, Rn. 105 (Zuständigkeit der Gemeinschaft für den Abschluß völkerrechtlicher Abkommen auf dem Gebiet der Dienstleistungen und des Schutzes des geistigen Eigentums).

die Rechtsordnung des jeweiligen Mitgliedstaats maßgeblich. In dem Urteil „Dior" hat der EuGH entschieden, daß das Gemeinschaftsrecht es in einem Bereich, „in dem die Gemeinschaft noch keine Rechtsvorschriften erlassen hat und der somit in die Zuständigkeit der Mitgliedstaaten fällt", nicht gebietet, aber auch nicht ausschließt, „daß die Rechtsordnung eines Mitgliedstaats dem Einzelnen das Recht zuerkennt, sich unmittelbar auf die Bestimmung des Artikels 50 Absatz 6 des TRIPs-Übereinkommens zu berufen, oder die Gerichte verpflichtet, diese Vorschrift von Amts wegen anzuwenden".[14] Bei der getrennten Ermittlung kann andererseits darauf abgehoben werden, wer durch die Bestimmungen der gemischten Verträge völkerrechtlich berechtigt und verpflichtet wird. Ist es die Europäische Gemeinschaft, richtet sich das Verhältnis nach der Gemeinschaftsrechtsordnung; sind es die Mitgliedstaaten, ist die Rechtsordnung des jeweiligen Mitgliedstaats maßgeblich.

Vor der Erörterung der Verteilung der Kompetenzen und ihres Einflusses auf die Durchsetzbarkeit der völkerrechtlichen Verträge wird jedoch der für beide Teile der Arbeit wesentliche Begriff des geistigen Eigentums näher bestimmt.

B. Der Begriff des geistigen Eigentums

Allgemein werden unter geistigem Eigentum Rechte verstanden, deren Gegenstände die Ergebnisse geistiger Tätigkeit auf industriellem, wirtschaftlichem, literarischem oder künstlerischem Gebiet sind.[15] Der Begriff des geistigen Eigentums geht auf die im 18. Jahrhundert aufkommende, von naturrechtlichen Gedanken getragene Lehre vom geistigen Eigentum[16] zurück. Nach dieser besteht ein „natürliches Eigentum" an den durch den menschlichen Geist geschaffenen Erzeugnissen. In Anlehnung an den internationalen Sprachgebrauch (*intellectual property/propriété intellectuelle*) ist der Begriff des geistigen Eigentums heute auch in Deutschland als Synonym für den Begriff der Immaterialgüterrechte anerkannt. Belegt werden

---

[14] EuGH, Verb. Rs. C-300 und 392/98, 14.12.2000, Slg. 2000, I-11307, Rn. 48 (Parfums Christian Dior SA/Tuk Consultancy BV und Assco Gerüste GmbH, Rob van Dijk/Wilhelm Layher GmbH & Co. KG, Layher BV).

[15] *Petra Buck,* Geistiges Eigentum und Völkerrecht, 1994, S. 22.

[16] *Manfred Rehbinder,* Urheberrecht, 11. Auflage 2001, Rn. 20 ff.; *Frank Fechner,* Geistiges Eigentum und Verfassung, 1999, S. 32 ff.; *Diethelm Klippel,* Die Idee des geistigen Eigentums in Naturrecht und Rechtsphilosophie des 19. Jahrhunderts, in: Elmar Wadle (Hrsg.), Historische Studien zum Urheberrecht in Europa, Entwicklungslinien und Grundfragen, 1993, S. 121 ff.; *Paul Kirchhof,* Der verfassungsrechtliche Gehalt des geistigen Eigentums, in: Walther Fürst/Roman Herzog/Dieter C. Umbach (Hrsg.), Festschrift für Wolfgang Zeidler, 1987, S. 1639 (1640 f.).

kann dies durch die zunehmende Verwendung des Begriffs des geistigen Eigentums durch den BGH und den deutschen Gesetzgeber.[17] Der BGH hat bereits 1955 als „allseitig anerkannt" bezeichnet, „daß die Nutzungsrechte des Urhebers nur die Ausstrahlungen seines durch den Schöpfungsakt begründeten geistigen Eigentums sind".[18] Am 7. März 1990 hat der Bundestag das Gesetz zur Stärkung des Schutzes des geistigen Eigentums und zur Bekämpfung der Produktpiraterie[19] und am 13. Dezember 2001 das Gesetz zur Bereinigung von Kostenregelungen auf dem Gebiet des geistigen Eigentums[20] beschlossen.

Nach Art. 2 Nr. viii) des Übereinkommens zur Errichtung der Weltorganisation für geistiges Eigentum (*Convention Establishing the World Intellectual Property Organization,* WIPO-Übereinkommen) umfaßt der Begriff des geistigen Eigentums

> „die Rechte betreffend
> - die Werke der Literatur, Kunst und Wissenschaft,
> - die Leistungen der ausübenden Künstler, die Tonträger und Funksendungen,
> - die Erfindungen auf allen Gebieten der menschlichen Tätigkeit,
> - die wissenschaftlichen Entdeckungen,
> - die gewerblichen Muster und Modelle,
> - die Fabrik-, Handels- und Dienstleistungsmarken sowie die Handelsnamen und Geschäftsbezeichnungen,
> - den Schutz gegen unlauteren Wettbewerb
>
> und alle anderen Rechte, die sich aus der geistigen Tätigkeit auf gewerblichem, wissenschaftlichem, literarischem oder künstlerischem Gebiet ergeben."

Ebenso beispielhaft ist die Definition des geistigen Eigentums in Art. 1 Abs. 2 des TRIPs-Übereinkommens, wonach mit geistigem Eigentum alle Arten des geistigen Eigentums bezeichnet sind, die „Gegenstand der Abschnitte 1 bis 7 des Teils II sind", d.h. das Urheberrecht und die verwandten Schutzrechte (Abschnitt 1), die Marken (Abschnitt 2), die geographischen Angaben (Abschnitt 3), die gewerblichen Muster und Modelle (Abschnitt 4), die Patente (Abschnitt 5), die Layout-Designs (Topographien) integrierter Schaltkreise (Abschnitt 6) und der Schutz nicht offenbarter Informationen (Abschnitt 7).

---

[17] *Ansgar Ohly,* Geistiges Eigentum?, JZ 58 (2003), S. 545 (554). Vgl. zur früheren Verwendung des Begriffs in deutschen Gesetzen und Verfassungen *Frank Fechner,* Geistiges Eigentum und Verfassung, 1999, S. 52 ff.

[18] BGHZ 17, S. 266 (278 f.).

[19] BGBl. 1990 I, 422.

[20] BGBl. 2001 I, 3656.

Auf dem Gebiet des geistigen Eigentums wird traditionellerweise zwischen dem Urheberrecht und den verwandten Schutzrechten einerseits und den gewerblichen Schutzrechten andererseits unterschieden. In einigen völkerrechtlichen Verträgen, wie z.B. in Art. 30 EGV und im Titel der Pariser Verbandsübereinkunft, wird für die gewerblichen Schutzrechte auch der Begriff des gewerblichen Eigentums (*industrial property/propriété industrielle*) verwendet. Anders als in dieser Arbeit wird der Begriff des geistigen Eigentums nicht als Oberbegriff für beide Rechtsgebiete, sondern als Gegenbegriff zum gewerblichen Eigentum, der nur das Urheberrecht und die verwandten Schutzrechte umfaßt, verstanden.[21]

I. Das Urheberrecht und die verwandten Schutzrechte

1. Das Urheberrecht

Das Urheberrecht (*copyright/droit d'auteur*) beinhaltet zum einen das zeitlich befristete, ausschließliche Recht des Urhebers zur Verwertung seiner Werke auf den Gebieten der Kunst, Wissenschaft und Literatur. Das Werk muß das Ergebnis einer individuellen Geistesschöpfung sein.[22] Die Verwertung durch den Urheber oder seinen Rechtsnachfolger kann unter anderem in der Vervielfältigung, der Verbreitung, der Ausstellung, dem Vortrag, der Aufführung und der Vorführung, dem Senden sowie der Wiedergabe durch Bild- und Tonträger bzw. Funksendungen der Werke liegen.[23] Neben diesen wirtschaftlichen Verwertungsrechten kann der Urheber zum anderen, je nach Rechtsordnung, persönlichkeitsrechtliche Befugnisse unterschiedlichen Ausmaßes besitzen. Während das sogenannte Urheberpersönlichkeitsrecht im kontinentaleuropäischen *droit d'auteur*-System gleichberechtigt neben den wirtschaftlichen Verwertungsrechten steht, dient das *copyright*-System in der angloamerikanischen Rechtsordnung als Instrument der Verwirklichung ausschließlich wirtschaftlicher Interessen und schützt *moral rights* nur insoweit, als sie sich mit der Logik dieses Systems vereinbaren lassen.[24]

---

[21] Die Generaldirektion Binnenmarkt der Kommission unterscheidet zwischen geistigem Eigentum einerseits (vgl. http://europa.eu.int/comm/internal_market/de/intprop/index.htm, letzte Abfrage: 19.5.2004) und gewerblichem Eigentum andererseits (vgl. http://europa.eu.int/comm/internal_market/de/indprop/index.htm, letzte Abfrage: 19.5.2004).

[22] Vgl. z.B. *Manfred Rehbinder,* Urheberrecht, 11. Auflage 2001, Rn. 80; *Walter Bappert/Egon Wagner,* Internationales Urheberrecht, 1956, S. 51.

[23] Diese Aufzählung entspricht § 15 des Gesetzes vom 9. September 1965 über Urheberrecht und verwandte Schutzrechte (Urheberrechtsgesetz, UrhG) (BGBl. 1965 I, 1273; zuletzt geändert durch Gesetz vom 23. Juli 2002, BGBl. 2002 I, 2852).

2. *Die verwandten Schutzrechte*

Die verwandten Schutzrechte (*related rights/droits connexes*), auch Leistungsschutzrechte oder Nachbarrechte (*neighbouring rights/droits voisins*) genannt, beinhalten, ebenso wie das Urheberrecht, zeitlich befristete, ausschließliche Verwertungsrechte, die sich unter anderem in Vervielfältigungs-, Verbreitungs-, Sende- und Aufnahmerechte unterteilen lassen.[25] Sie schützen gemeinhin drei Personengruppen: die ausübenden Künstler, die Hersteller von Tonträgern und die Sendeunternehmen, in der Europäischen Gemeinschaft darüber hinaus die Hersteller von Filmen und Laufbildern.[26] Sie werden verwandte Schutzrechte oder Nachbarrechte genannt, weil sie sich parallel zum Urheberrecht entwickelt haben und ihre Ausübung in der Regel mit der Ausübung des Urheberrechts verknüpft ist.[27] Urheberrechtlich geschützte Werke werden der breiten Öffentlichkeit durch die ausübenden Künstler, aber auch durch die im Zuge der technologischen Entwicklung entstandenen Personengruppen der Hersteller von Tonträgern, Filmen und Laufbildern sowie der Sendeunternehmen vermittelt. Die Rechte dieser Personengruppen an der Vermittlung eines Werkes, einer eigens zu schützenden Leistung, gewinnen umso mehr an Bedeutung, je enger der Werkbegriff im Urheberrecht von einer nationalen Rechtsordnung definiert wird.[28] Parallel zum Urheberrecht gewähren einige Staaten den Inhabern verwandter Schutzrechte auch persönlichkeitsrechtliche Befugnisse.[29]

II. Die gewerblichen Schutzrechte

Im Unterschied zum Urheberrecht werden unter dem Sammelbegriff der gewerblichen Schutzrechte eine Vielzahl unterschiedlicher Rechte zusam-

---

[24] *Julia Ellins,* Copyright Law, Urheberrecht und ihre Harmonisierung in der Europäischen Gemeinschaft, 1997, S. 226 ff.

[25] Diese Aufzählung ergibt sich aus §§ 70 ff. UrhG.

[26] Vgl. Art. 2 Abs. 1 Spiegelstrich 4 der Richtlinie 92/100/EWG des Rates vom 19. November 1992 zum Vermietrecht und Verleihrecht sowie zu bestimmten dem Urheberrecht verwandten Schutzrechten im Bereich des geistigen Eigentums.

[27] *World Intellectual Property Organization* (ed.), Introduction to Intellectual Property, Theory and Practice, 1997, S. 160.

[28] *Julia Ellins,* Copyright Law, Urheberrecht und ihre Harmonisierung in der Europäischen Gemeinschaft, 1997, S. 105 ff. und 110 f., führt an, daß der Werkbegriff in section 1.1 lit. c) des *Copyright, Design und Patents Act 1988* (c. 48) nicht zwischen der Schöpfung eines geistigen Gutes und dessen Mittlung an die Öffentlichkeit unterscheidet, was zu einer geringen Bedeutung der verwandten Schutzrechte im britischen Recht führt.

[29] In § 83 UrhG wird der ausübende Künstler z.B. vor der Entstellung oder einer anderen Beeinträchtigung seiner Darbietung geschützt.

mengefaßt, die das Ergebnis, die Kennzeichnung und die Entwicklung einer gewerblichen schöpferischen Leistung schützen.[30] Während das Ergebnis einer gewerblichen schöpferischen Leistung vor allem deshalb geschützt wird, um die schöpferischen Persönlichkeiten zu neuen Leistungen anzuspornen und die oft kostspieligen Investitionen im gewerblichen Innovationsprozeß zu sichern,[31] soll der Schutz ihrer Kennzeichnung nicht nur einen lauteren Wettbewerb gewährleisten, sondern auch die Verbraucher schützen, die sich bei der Wahl zwischen verschiedenen Gütern und Dienstleistungen von der mit ihrer Kennzeichnung verbundenen Werbeleistung leiten lassen. Selbst in der Phase, in der sich die gewerbliche schöpferische Leistung noch in der Entwicklung befindet, soll sie vor Nachahmung geschützt werden.

1. Ergebnisschutz

a) Das Patent

Das Patent (*patent/brevet*) ist das zeitlich befristete, ausschließliche Recht zur Benutzung einer neuen, gewerblich anwendbaren Erfindung.[32]

b) Das Gebrauchsmuster

Das Gebrauchsmuster (*utility model/modèle d'utilité*), welches auch als „kleines Patent" bezeichnet wird,[33] verkörpert das zeitlich befristete, ausschließliche Recht an neuen, gewerblich anwendbaren Erfindungen von geringer Erfindungshöhe und relativ kurzer Lebensdauer.[34] Ein wesentlicher Unterschied zum Patent besteht deshalb in den niedrigeren Anforderungen an das Maß an erfinderischer Leistung,[35] in der Prüfungsbefugnis der nationalen

---

[30] *Hartmut Hering,* Gewerblicher Rechtsschutz: Patent, Gebrauchsmuster, Warenbezeichnung, Geschmacksmuster und ihre Behandlung, 1982, S. 4.

[31] *Karl Bruchhausen,* in: Georg Benkard (Hrsg.), Patentgesetz, Gebrauchsmustergesetz, 9. Auflage 1999, Einleitung PatG Rn. 1.

[32] *Rudolf Nirk/Eike Ullmann,* Patent-, Gebrauchsmuster- und Sortenschutzrecht, 2. Auflage 1999, S. 1; *Rolf Schmidt-Diemitz,* Geistiges Eigentum und entwicklungspolitischer Wissenstransfer, GRUR Int. 1988, S. 287 (287); *G. H. C. Bodenhausen,* Pariser Verbandsübereinkunft zum Schutz des gewerblichen Eigentums, 1971, S. 18.

[33] *Friedrich Kretschmer,* Gebrauchsmusterrecht, in: Jürgen Schwappach (Hrsg.), EU-Rechtshandbuch für die Wirtschaft, 2. Auflage 1996, S. 308.

[34] *Rolf Schmidt-Diemitz,* Geistiges Eigentum und entwicklungspolitischer Wissenstransfer, GRUR Int. 1988, S. 287 (288); *G. H. C. Bodenhausen,* Pariser Verbandsübereinkunft zum Schutz des gewerblichen Eigentums, 1971, S. 14.

[35] Aus diesem Grund spricht § 1 Abs. 1 des deutschen Gebrauchsmustergesetzes (GebrMG) in der Neufassung vom 28. August 1986 (BGBl. 1986 I, 1455; zuletzt

Patentämter, die, etwa in Deutschland, ein angemeldetes Gebrauchsmuster ohne vorherige Prüfung der Schutzfähigkeit in die Gebrauchsmusterrolle eintragen,[36] und in der Dauer, für die der Schutz begehrt werden kann.[37]

c) Das Geschmacksmuster

Das Geschmacksmuster (*industrial design/dessin industriel*) stellt das zeitlich befristete, ausschließliche Recht zur Verwertung einer ästhetischen Gestaltung von gewerblichen Gegenständen zweidimensionaler (Mustern) und dreidimensionaler Art (Modellen) dar.[38] Es wird häufig „kleines Urheberrecht" genannt, wobei die Anforderungen an die Schutzfähigkeit des Geschmacksmusters gegenüber den Kriterien für eine schöpferische Leistung im Sinne des Urheberrechts geringer sind und, im Gegensatz zum Urheberrecht, eine Registrierung bei den nationalen Patentämtern erforderlich sein kann.[39] Es gibt aber auch Mitgliedstaaten der Europäischen Gemeinschaft, wie z. B. das Vereinigte Königreich, die anstelle eines urheberrechtlichen einem patentrechtlichen Ansatz folgen.[40]

d) Das Sortenrecht

Das Sortenrecht (*plant variety right/obtention végétale*) ist das zeitlich befristete, ausschließliche Recht zur Vermehrung oder sonstigen Nutzung einer Pflanzenzüchtung, wenn sie unterscheidbar, homogen, beständig, neu und durch eine eintragbare Sortenbezeichnung bezeichnet ist.[41]

---

geändert durch Gesetz vom 23. Juli 2002, BGBl. 2002 I, 2852) nur von „einem erfinderischen Schritt".

[36] Vgl. § 8 Abs. 1 S. 2 GebrMG.

[37] Nach § 23 Abs. 1 GebrMG beträgt die allgemeine Schutzdauer eines Gebrauchsmusters drei Jahre (bei Verlängerung höchstens zehn Jahre, vgl. § 23 Abs. 2 S. 1 GebrMG). Dagegen dauert das Patent nach § 16 Abs. 1 des deutschen Patentgesetzes (PatG) in der Neufassung vom 16. Dezember 1980 (BGBl. 1981 I, 1; zuletzt geändert durch Gesetz vom 23. Juli 2002, BGBl. 2002 I, 2852) zwanzig Jahre.

[38] *Rolf Schmidt-Diemitz,* Geistiges Eigentum und entwicklungspolitischer Wissenstransfer, GRUR Int. 1988, S. 287 ff., 288; *G. H. C. Bodenhausen,* Pariser Verbandsübereinkunft zum Schutz des gewerblichen Eigentums, 1971, S. 14.

[39] *Verena Hoene,* Wettbewerbsrecht, 1999, § 11, S. 357. Die Nähe zum Urheberrecht kommt auch im Titel des deutschen Geschmacksmustergesetzes, Gesetz betreffend das Urheberrecht an Muster und Modellen vom 11. Januar 1876 (RGBl. 1876, 11; zuletzt geändert durch Gesetz vom 23. Juli 2002, BGBl. 2002 I, 2852), zum Ausdruck.

[40] *Annette Kur,* TRIPs und der Designschutz, GRUR Int. 1995, S. 185 (185).

[41] Vgl. z. B. § 1 Abs. 1 und § 10 des deutschen Sortenschutzgesetzes in der Neufassung vom 19. Dezember 1997 (BGBl. 1997 I, 3164; zuletzt geändert durch Gesetz vom 23. Juli 2002, BGBl. 2002 I, 2852).

e) Das Recht an Topographien von Halbleitererzeugnissen

Das Recht an Topographien von Halbleitererzeugnissen (*topographies of semiconductor products/topographies de produits semi-conducteurs*) bzw. an Layout-Designs integrierter Schaltkreise (*layout-designs of integrated circuits/schémas de configuration de circuits intégrés*) ist das zeitlich befristete, ausschließliche Recht, dreidimensionale Strukturen von mikroelektronischen Halbleitererzeugnissen bzw. integrierten Schaltkreisen, die das Ergebnis geistiger Arbeit und nicht alltäglich sind, zu verwerten.[42]

2. *Kennzeichnungsschutz*

a) Die Marke

Die Marke (*trademark/marque de fabrique ou de commerce*) wird gewöhnlich definiert als Zeichen, das geeignet ist, Waren oder Dienstleistungen eines Unternehmens von denjenigen anderer Unternehmen zu unterscheiden.[43] Durch die Marke wird der Inhaber dagegen geschützt, daß andere durch Benutzung gleicher oder ähnlicher Marken die Gefahr einer Verwechslung hervorrufen und sich durch die Irreführung den guten Ruf der Marke zunutze machen.[44]

b) Die geographische Herkunftsangabe

Der Begriff der geographischen Herkunftsangabe (*geographical indication* oder *indication of provenance/indication géographique* oder *indication de provenance*) ist in Abgrenzung von dem Begriff der Ursprungsbezeichnung (*appellation of origin* oder *designation of origin/appellation d'origine*) zu bestimmen, da beide Begriffe in der Regel nebeneinander verwendet werden. Die Ursprungsbezeichnung ist ein spezieller Fall der geographischen Herkunftsangabe und bezeichnet den geographischen Namen eines Landes, eines Ortes oder einer Gegend, der dazu dient, ein Erzeugnis, dessen Qualität von den geographischen Verhältnissen selbst abhängt, als von dort stammend zu kennzeichnen.[45] Dagegen werden unter einer geographischen Her-

---

[42] Vgl. z.B. § 6 Abs. 1 des deutschen Gesetzes vom 22. Oktober 1987 über den Schutz der Topographien von mikroelektronischen Halbleitererzeugnissen (Halbleiterschutzgesetz, HalbSchG) (BGBl. 1987 I, 2294; zuletzt geändert durch Gesetz vom 19. Juli 2002, BGBl. 2002 I, 2687).

[43] *G. H. C. Bodenhausen,* Pariser Verbandsübereinkunft zum Schutz des gewerblichen Eigentums, 1971, S. 15.

[44] *Friedrich-Karl Beier,* Die Funktionen der Marke, in: Friedrich-Karl Beier (Hrsg.), Markenrechtliche Abhandlungen, 1986, S. 225 (228 f.).

kunftsangabe im allgemeinen alle Ausdrücke oder Zeichen verstanden, die darauf hinweisen, daß das Erzeugnis aus einem bestimmten Land, Ort oder einer bestimmten Gegend stammt, und zwar unabhängig von der Qualität des Erzeugnisses (einfache geographische Herkunftsangabe).

Sowohl im TRIPs-Übereinkommen als auch in der Verordnung (EWG) Nr. 2081/92 des Rates vom 14. Juli 1992 zum Schutz von geographischen Angaben und Ursprungsbezeichnungen für Agrarerzeugnisse und Lebensmittel wird der Begriff der geographischen Herkunftsangabe weniger weit gefaßt und dem der Ursprungsbezeichnung angenähert (qualifizierte geographische Herkunftsangabe).[46] Danach umfaßt er den Namen einer Gegend, eines Ortes oder eines Landes, der zur Bezeichnung eines Erzeugnisses bzw. einer Ware dient, das von dort stammt, und bei dem sich eine bestimmte Qualität, ein Ansehen oder eine andere Eigenschaft aus dieser geographischen Herkunft ergibt. Dagegen soll sich die besondere Qualität eines Erzeugnisses bzw. einer Ware bei der Ursprungsbezeichnung aus der geographischen Umgebung und ihren Gegebenheiten, welche mit der Ursprungsbezeichnung umschrieben werden, einschließlich der natürlichen und menschlichen Einflüsse, selbst ergeben.[47]

Herkömmlicherweise werden geographische Herkunftsangaben nicht durch ein ausschließliches Recht, sondern durch ein Verbot der Benutzung irreführender Angaben über die Herkunft der Ware geschützt.[48] Ursprungsbezeichnungen verfolgen einen anderen Schutzansatz. Wie geographische Herkunftsangaben enthalten sie kein ausschließliches Recht. Untersagt ist jedoch die Benutzung einer Ursprungsbezeichnung für Waren, die national oder international festgelegte geographische und qualitative Benutzungsbedingungen nicht erfüllen.[49]

---

[45] Die Definition des Art. 2 Abs. 1 des Lissaboner Abkommen über den Schutz der Ursprungsbezeichnungen und ihre internationale Registrierung vom 31. Oktober 1958 (*Lisbon Agreement for the Protection of Appellations of Origin and their International Registration,* Lissaboner Abkommen) ist auch im Rahmen der Pariser Verbandsübereinkunft maßgeblich (vgl. *G. H. C. Bodenhausen,* Pariser Verbandsübereinkunft zum Schutz des gewerblichen Eigentums, 1971, S. 15 f.).

[46] Art. 22 Abs. 1 des TRIPs-Übereinkommens und Art. 2 Abs. 2 lit. b) der Verordnung (EWG) Nr. 2081/92.

[47] Art. 2 Abs. 2 lit. a) der Verordnung (EWG) Nr. 2081/92. Das TRIPs-Übereinkommen erwähnt die Ursprungsbezeichnungen nicht, obwohl die Schweiz in ihrem Vorschlag vom 14. Mai 1990 (abgedruckt bei *Daniel Gervais,* The TRIPS Agreement, 2nd edition 2003, Rn. 2.205) eine Unterscheidung zwischen geographischen Herkunftsangaben und Ursprungsbezeichnungen vorgeschlagen hatte.

[48] *Albert Christian Streber,* Die internationalen Abkommen der Bundesrepublik Deutschland zum Schutz geographischer Herkunftsangaben, 1994, S. 11.

[49] *Albert Christian Streber,* Die internationalen Abkommen der Bundesrepublik Deutschland zum Schutz geographischer Herkunftsangaben, 1994, S. 18 ff.

3. *Entwicklungsschutz*

a) Unlauterer Wettbewerb

Unlauterer Wettbewerb (*unfair competition/concurrence déloyale*) ist jede Wettbewerbshandlung, „die den anständigen Gepflogenheiten in Gewerbe oder Handel zuwiderläuft"[50] bzw. „gegen die guten Sitten verst[ößt]"[51]. Der Schutz gegen unlauteren Wettbewerb stellt, obwohl er anders als die bisher erwähnten gewerblichen Schutzrechte nicht auf der staatlichen Verleihung eines ausschließlichen Rechts beruht, insbesondere nicht registriert wird, einen Teil des gewerblichen Rechtsschutzes dar. Bereits auf der ersten Revisionskonferenz der Pariser Verbandsübereinkunft im Jahre 1900 wurde der unlautere Wettbewerb in Form von Art. 10bis und Art. 10ter in den Vertragstext aufgenommen.[52] Die Schutztatbestände des unlauteren Wettbewerbs, deren Verletzung zivilrechtliche Ansprüche und auch strafrechtliche Folgen nach sich zieht, übernehmen eine Ergänzungsfunktion und greifen nur in den Fällen ein,[53] in denen entweder keine gewerblichen Schutzrechte zur Verfügung stehen oder der Schutz, den sie bieten, nicht genügt, um ein bestimmtes Verhalten, das als unlauter angesehen wird, zu verbieten.[54]

b) Nicht offenbarte Informationen

Der Schutz nicht offenbarter Informationen (*undisclosed information/renseignements non divulgués*), die, sei es wegen fehlender Qualifikation, sei es aus Gründen der Geheimhaltung,[55] nicht durch ein Patent oder ein Ge-

---

50 Art. 39 Abs. 2 des TRIPs-Übereinkommens; Art. 10bis Abs. 2 der Pariser Verbandsübereinkunft.

51 § 1 des deutschen Gesetzes gegen den unlauteren Wettbewerb (UWG) vom 7. Juni 1909 (RGBl. 1909, 499; zuletzt geändert durch Gesetz vom 23. Juli 2002, BGBl. 2002 I, 2582).

52 *Wolfgang Fikentscher,* Historical Origins and Opportunities for Development of an International Competition Law in the TRIPs Agreement of the World Trade Organization (WTO) and Beyond, in: Friedrich-Karl Beier/Gerhard Schricker (eds), From GATT to TRIPs, 1996, S. 226 (226). Vgl. auch Art. 2 Nr. viii) des WIPO-Übereinkommens, der den Schutz gegen unlauteren Wettbewerb ausdrücklich als Bestandteil des geistigen Eigentums bezeichnet.

53 *Frank Fechner,* Geistiges Eigentum und Verfassung, 1999, S. 149, spricht von einem Verhältnis der Spezialität.

54 Vgl. für Beispiele Art. 10bis Abs. 3 der Pariser Verbandsübereinkunft und *World Intellectual Property Organization* (ed.), Introduction to Intellectual Property, Theory and Practice, 1997, S. 243 f.

55 *Rolf Schmidt-Diemitz,* Geistiges Eigentum und entwicklungspolitischer Wissenstransfer, GRUR Int. 1988, S. 287 (289).

brauchsmuster geschützt sind, ist ein Teilaspekt des Schutzes gegen unlauteren Wettbewerb. Der Begriff der nicht offenbarten Informationen wurde in Art. 39 des TRIPS-Übereinkommens als Sammelbegriff gewählt, um nicht einem der in den nationalen Rechtsordnungen unterschiedlich verwendeten Begriffe Vorrang einzuräumen.[56] Unter nicht offenbarten Informationen versteht Art. 39 Abs. 2 des TRIPs-Übereinkommens Informationen, die geheim sind (lit. a)), die aus diesem Grund einen Marktwert haben (lit. b)) und die Gegenstand von Geheimhaltungsmaßnahmen seitens der Person sind, in deren Verfügungsgewalt sie sich rechtmäßig befinden (lit. c)). Die Begriffe des *know how* und des Betriebs- und Geschäftsgeheimnisses ähneln dem im wesentlichen.[57]

---

[56] *Daniel Gervais,* The TRIPS Agreement, 2nd edition 2003, Rn. 2.355. Bei den in nationalen Rechtsordnungen verwendeten Begriffen handelt es sich in erster Linie um den des *know how* (vgl. *Peter-Tobias Stoll,* Die WTO: Neue Welthandelsorganisation, neue Welthandelsordnung, ZaöRV 54 (1994), S. 241 (318)), aber auch um den des Betriebs- und Geschäftsgeheimnisses (vgl. z.B. §§ 17 ff. UWG und §§ 203 f. des deutschen Strafgesetzbuches (StGB) in der Neufassung vom 13. November 1998 (BGBl. 1998 I, 3322; zuletzt geändert durch Gesetz vom 22. August 2002, BGBl. 2002 I, 3390), der dem angloamerikanischen Begriff des *trade secret* entspricht (vgl. *Andreas Christians,* Immaterialgüterrechte und GATT, 1990, S. 75 f.).

[57] *Andreas Christians,* Immaterialgüterrechte und GATT, 1990, S. 75 f.

Erster Teil

Die Kompetenz der Europäischen Gemeinschaft zur Regelung bzw. zur Mitwirkung an der Regelung geistigen Eigentums

Die Zielsetzung der Europäischen Gemeinschaft nach Art. 2 EGV erfordert die möglichst weitgehende Angleichung bzw. einheitliche Gestaltung der Rechte des geistigen Eigentums. Nach dem Prinzip der begrenzten Einzelermächtigung dürfen die Europäische Gemeinschaft und ihre Organe jedoch nur dann tätig werden, wenn der EG-Vertrag dies ausdrücklich vorsieht. Das Prinzip gilt, wie der EuGH im Gutachten 2/94 klargestellt hat, „sowohl für internes als auch für externes Handeln“[1] und ist insbesondere in Art. 5 Abs. 1, Art. 7 Abs. 1 UAbs. 2, Art. 202, Art. 211 Abs. 2, Art. 230 Abs. 2 und Art. 249 Abs. 1 EGV angelegt. Die Europäische Gemeinschaft wird „innerhalb der Grenzen der ihr in diesem Vertrag zugewiesenen Befugnisse“ (Art. 5 Abs. 1 EGV) bzw. „nach Maßgabe dieses Vertrages“ (Art. 249 Abs. 1 EGV) tätig.

Die politische Brisanz der Verteilung der Kompetenzen in der Europäischen Gemeinschaft hat in den letzten Jahren zugenommen. Im Maastricht-Urteil hat das Bundesverfassungsgericht eine Prüfungskompetenz gegenüber Kompetenzüberschreitungen der Europäischen Gemeinschaft beansprucht und sich dabei insbesondere auf die rechtsfortbildenden Elemente der Rechtsprechung des EuGH bezogen.[2] Zu diesen rechtsfortbildenden Elementen hat das Bundesverfassungsgericht „eine großzügige Handhabung des Art. [308 EGV] im Sinne einer ‚Vertragsabrundungskompetenz‘“, „den Gedanken der inhärenten Zuständigkeiten der Europäischen Gemeinschaften (‚implied powers‘)“ und „eine Vertragsauslegung im Sinne einer größtmöglichen Ausschöpfung der Gemeinschaftsbefugnisse (‚effet utile‘)“ ge-

---

[1] EuGH, Gutachten 2/94, 28.3.1996, Slg. 1996, I-1759, Rn. 24 (Beitritt der Gemeinschaft zur Konvention zum Schutze der Menschenrechte und Grundfreiheiten).

[2] BVerfGE 89, S. 155 (156), Leitsatz 5 Satz 2: „Das Bundesverfassungsgericht prüft, ob Rechtsakte der europäischen Einrichtungen und Organe sich in den Grenzen der ihnen eingeräumten Hoheitsrechte halten oder aus ihnen ausbrechen.“ Vgl. hierzu ausführlich *Franz C. Mayer,* Kompetenzüberschreitung und Letztentscheidung, 2000, S. 103 ff.; *Jochen Abr. Frowein,* Das Maastricht-Urteil und die Grenzen der Verfassungsgerichtsbarkeit, ZaöRV 54 (1994), S. 1 (9).

zählt.[3] In der Literatur wird die Verteilung der Kompetenzen in der Europäischen Gemeinschaft vielfach als komplex, unsystematisch, wenig transparent und defizitär wahrgenommen.[4] Sie wird als eine Frage der Macht[5] und damit als eine der Schlüsselfragen, wenn nicht sogar als die Kernfrage der europäischen Einigung betrachtet.[6] Vereinzelt wird sogar die Forderung nach einem Kompetenzgericht erhoben.[7]

Nach der Erklärung Nr. 23 zur Zukunft der Union, die in die Schlußakte des Vertrags von Nizza aufgenommen wurde,[8] soll die Frage, wie eine genauere, dem Subsidiaritätsprinzip entsprechende Abgrenzung der Zuständigkeiten zwischen der Europäischen Union und den Mitgliedstaaten hergestellt und aufrechterhalten werden kann, im Vordergrund der für 2004 vorgesehenen nächsten Regierungskonferenz stehen. Der Europäische Rat hat in seiner Erklärung von Laeken vom 15. Dezember 2001 zur Zukunft der Europäischen Union[9] einen Konvent einberufen und diesen unter anderem damit beauftragt, die Kompetenzen in der Europäischen Union besser aufzuteilen und festzulegen. Die Aufteilung der Kompetenzen soll transparenter gestaltet und dahingehend überprüft werden, ob die Kompetenzen neu geordnet werden müssen.

---

[3] BVerfGE 89, S. 155 (210).

[4] *Marcus ter Steeg,* Eine neue Kompetenzordnung für die EU – Die Reformüberlegungen des Konvents zur Zukunft Europas, EuZW 14 (2003), S. 325 (325); *Thomas Oppermann,* Vom Nizza-Vertrag 2001 zum Europäischen Verfassungskonvent 2002/2003, DVBl. 118 (2003), S. 1 (2). Vgl. auch die Mitteilung der Kommission vom 22. Mai 2002, Ein Projekt für die Europäische Union, KOM (2002) 247 endg., S. 20 f.

[5] *Ingolf Pernice,* Kompetenzabgrenzung im Europäischen Verfassungsverbund, JZ 55 (2000), S. 856 (857).

[6] *Ulrich Everling,* Quis custodiet custodes ipsos? – Zur Diskussion über die Kompetenzordnung der Europäischen Union und ein europäisches Kompetenzgericht, EuZW 13 (2002), S. 357 (357); *Ingolf Pernice,* Kompetenzabgrenzung im Europäischen Verfassungsverbund, JZ 55 (2000), S. 856 (856); *Joschka Fischer,* Vom Staatenverbund zur Föderation – Gedanken über die Finalität der europäischen Integration, FCE-Spezial vom 12 Mai 2000, http://www.whi-berlin.de/fischer.htm, letzte Abfrage: 19.5.2004, Rn. 33; *Jürgen Schwarze,* Das schwierige Geschäft mit Europa und seinem Recht, JZ 53 (1998), S. 1077 (1078).

[7] *Ulrich Goll/Markus Kenntner,* Brauchen wir ein Europäisches Kompetenzgericht?, EuZW 13 (2002), S. 101 (105). Kritisch *Ulrich Everling,* Quis custodiet custodes ipsos? – Zur Diskussion über die Kompetenzordnung der Europäischen Union und ein europäisches Kompetenzgericht, EuZW 13 (2002), S. 357 (360 ff.); *Norbert Reich,* Brauchen wir eine Diskussion um ein Europäisches Kompetenzgericht?, EuZW 13 (2002), S. 257.

[8] ABl. EU Nr. C 80 vom 10.3.2001, S. 85 f.

[9] http://europa.eu.int/futurum/documents/offtext/doc151201_de.htm, letzte Abfrage: 19.5.2004.

Der erste Teil der Arbeit folgt dieser Vorgehensweise. Die Kompetenz der Europäischen Gemeinschaft zur Regelung bzw. zur Mitwirkung an der Regelung geistigen Eigentums wird zunächst dargestellt. Die Darstellung erschöpft sich nicht in der Feststellung, ob und inwieweit eine Kompetenz der Europäischen Gemeinschaft zur Regelung bzw. zur Mitwirkung an der Regelung geistigen Eigentums vorliegt, sondern widmet sich auch ihrer Natur, d.h. der Frage, ob und inwieweit die Europäische Gemeinschaft überhaupt anstelle der Mitgliedstaaten tätig werden darf, und ihren Grenzen, d.h. der Frage, ob und inwieweit die Kompetenz der Europäischen Gemeinschaft beschränkt ist. Anschließend wird überprüft, ob die Verteilung der Kompetenzen zwischen der Europäischen Gemeinschaft und ihren Mitgliedstaaten im Hinblick auf die möglichst weitgehende Angleichung bzw. einheitliche Gestaltung der Rechte des geistigen Eigentums sachgerecht ist und ob und inwieweit der in der Literatur erhobene Vorwurf, die Verteilung der Kompetenzen sei komplex, unsystematisch, wenig transparent und defizitär, haltbar ist.

Die Europäische Gemeinschaft regelt geistiges Eigentum, indem sie sekundäres Gemeinschaftsrecht auf dem Gebiet des geistigen Eigentums setzt (Erstes Kapitel) und indem sie völkerrechtliche Verträge auf dem Gebiet des geistigen Eigentums schließt bzw. solchen völkerrechtlichen Verträgen beitritt (Zweites Kapitel). Die Europäische Gemeinschaft wirkt an der Regelung geistigen Eigentums mit, indem sie Beziehungen zu internationalen Organisationen führt, die sich dem Schutz des geistigen Eigentums verschrieben haben, indem sie solche internationale Organisationen gründet bzw. ihnen beitritt und indem sie Hoheitsrechte auf die durch die völkerrechtlichen Verträge auf dem Gebiet des geistigen Eigentums eingesetzten Organe überträgt bzw. im Entscheidungsprozeß solcher Organe mitwirkt (Drittes Kapitel). In einem Ausblick wird der Frage nachgegangen, ob und inwieweit die Kompetenz der Europäischen Gemeinschaft zur Regelung bzw. zur Mitwirkung an der Regelung geistigen Eigentums neu geordnet werden muß (Viertes Kapitel). Die Regierungskonferenzen von Amsterdam und Nizza, die zumindest eine ausdrückliche Kompetenz der Europäischen Gemeinschaft zum Abschluß von bzw. zum Beitritt zu völkerrechtlichen Verträgen auf dem Gebiet des geistigen Eigentums in den EG-Vertrag aufgenommen haben, sind hinter den Erwartungen zurückgeblieben.[10]

---

[10] Vgl. z.B. *Horst Günter Krenzler/Christian Pitschas,* Fortschritt oder Stagnation? Die gemeinsame Handelspolitik nach Nizza, EuR 36 (2001), S. 442 (460), für die Regierungskonferenz von Nizza und *Horst Günter Krenzler/Hermann da Fonseca-Wollheim,* Die Reichweite der gemeinsamen Handelspolitik nach dem Vertrag von Amsterdam – eine Debatte ohne Ende?, EuR 33 (1998), S. 223 (239 ff.), für die Regierungskonferenz von Amsterdam.

Erstes Kapitel

Die Kompetenz der Europäischen Gemeinschaft zur Setzung von sekundärem Gemeinschaftsrecht auf dem Gebiet des geistigen Eigentums

Der Europäischen Gemeinschaft ist keine ausdrückliche Kompetenz zur Setzung von sekundärem Gemeinschaftsrecht auf dem Gebiet des geistigen Eigentums übertragen worden. Ihre Tätigkeit umfaßt jedoch nach Art. 3 Abs. 1 lit. b) EGV eine gemeinsame Handelspolitik, nach Art. 3 Abs. 1 lit. c) EGV einen Binnenmarkt, der durch die Beseitigung der Hindernisse für den freien Waren-, Personen-, Dienstleistungs- und Kapitalverkehr zwischen den Mitgliedstaaten gekennzeichnet ist, nach Art. 3 Abs. 1 lit. g) EGV ein System, das den Wettbewerb innerhalb des Binnenmarkts vor Verfälschungen schützt, nach Art. 3 Abs. 1 lit. h) EGV die Angleichung der innerstaatlichen Rechtsvorschriften, soweit dies für das Funktionieren des Gemeinsamen Marktes erforderlich ist, und nach Art. 3 Abs. 1 lit. q) EGV einen Beitrag zur Entfaltung des Kulturlebens in den Mitgliedstaaten. Jeder dieser Tätigkeitsbereiche berührt das geistige Eigentum. Die Europäische Gemeinschaft könnte aufgrund anderer Sachkompetenzen und zielbestimmter Querschnittskompetenzen, insbesondere aufgrund Art. 95 Abs. 1 S. 2 und Art. 308 EGV, berechtigt sein, sekundäres Gemeinschaftsrecht auf dem Gebiet des geistigen Eigentums zu setzen. Dabei ist zu berücksichtigen, daß in der bestehenden Diskussion um eine Neuordnung der Kompetenzen der Europäischen Gemeinschaft insbesondere die zielbestimmten Querschnittskompetenzen angegriffen und als intransparent[1] dargestellt werden (A.). Umstritten war bis vor kurzem ebenfalls noch, ob die aus Art. 95 Abs. 1 S. 2 EGV resultierende Kompetenz zur Rechtsangleichung ausschließlich[2]

---

[1] Vgl. z.B. *Ulrich Goll/Markus Kenntner,* Brauchen wir ein Europäisches Kompetenzgericht?, EuZW 13 (2002), S. 101 (102): „Die aus der Schaffung des Binnenmarktes folgenden Konsequenzen drohen […] die eigenständigen Regelungskompetenzen der Mitgliedstaaten völlig aufzuzehren und haben in der Praxis zu Aktivitäten der Gemeinschaftsorgane in den verschiedensten Sach- und Politikbereichen geführt."

[2] *Martin Nettesheim,* Kompetenzen, in: Armin von Bogdandy (Hrsg.), Europäisches Verfassungsrecht, 2003, S. 415 (446 f.); *Hans Claudius Taschner,* in: Hans von der Groeben/Jürgen Schwarze (Hrsg.), Kommentar zum Vertrag über die Europäische Union und zur Gründung der Europäischen Gemeinschaft, 6. Auflage 2003, Art. 94 EGV Rn. 18; *Gerd Langguth,* in: Carl Otto Lenz/Klaus-Dieter Borchardt (Hrsg.), EU- und EG-Vertrag, 3. Auflage 2003, Art. 5 EGV Rn. 25; *Jürgen Schwarze,* Grenzen der Harmonisierungskompetenz der EG im Presserecht, ZUM 46 (2002), S. 89 (93); *Georg Lienbacher,* in: Jürgen Schwarze (Hrsg.), EU-Kommentar, 2000, Art. 5 EGV Rn. 13 f.; *Ernst Steindorff,* EG-Vertrag und Privatrecht, 1996,

oder konkurrierend[3] ist (B.). Neben der Prüfung einschlägiger Rechtssetzungskompetenzen und ihrer Natur bildet die Behandlung der Frage, ob und inwieweit das geschriebene und ungeschriebene primäre Gemeinschaftsrecht und die völkerrechtlichen Verträge auf dem Gebiet des geistigen Eigentums dem weiten gesetzgeberischen Ermessen der Europäischen Gemeinschaft wirksam Grenzen setzen können, einen Schwerpunkt des ersten Kapitels (C.).

A. Die Rechtssetzungskompetenzen der Europäischen Gemeinschaft auf dem Gebiet des geistigen Eigentums

I. Die Kompetenz für die gemeinsame Handelspolitik nach Art. 133 Abs. 1 EGV

Anders als die durch den Vertrag von Nizza eingeführten Art. 133 Abs. 5 UAbs. 1 EGV und Art. 133 Abs. 7 EGV erlaubt Art. 133 Abs. 1 EGV der Europäischen Gemeinschaft im Bereich der gemeinsamen Handelspolitik nicht nur, völkerrechtliche Verträge zu schließen, sondern auch, die in Art. 133 Abs. 1 EGV beispielhaft aufgezählten handelspolitischen Maßnahmen einseitig zu treffen. Der Begriff der gemeinsamen Handelspolitik, der in Art. 133 Abs. 1 EGV nicht definiert wird, ist unabhängig davon auszulegen, ob die Europäische Gemeinschaft sekundäres Gemeinschaftsrecht erläßt oder völkerrechtliche Verträge schließt, da anderenfalls der Grundsatz der Kongruenz von Innen- und Außenkompetenz, der in Art. 133 Abs. 3 UAbs. 1 S. 2 und Abs. 6 UAbs. 1 EGV niedergelegt ist, beeinträchtigt werden würde.

S. 397; *Ivo E. Schwartz,* Subsidiarität und EG-Kompetenzen, Der neue Titel „Kultur“, Medienvielfalt und Binnenmarkt, AfP 24 (1993), S. 409 (414).

[3] *Marcus ter Steeg,* Die neue Kompetenzordnung für die EU – Die Reformüberlegungen des Konvents zur Zukunft Europas, EuZW 14 (2003), S. 325 (326); *Armin von Bogdandy/Jürgen Bast,* The European Union's Vertical Order of Competences: The Current Law and Proposals for its Reform, CMLRev. 39 (2002), S. 227 (243); *Torsten Stein,* Keine Europäische „Verbots“-Gemeinschaft – das Urteil des EuGH über die Tabakwerbeverbot-Richtlinie, EWS 12 (2001), S. 12 (16); *Dieter Frey,* Fernsehen und audiovisueller Pluaralismus im Binnenmarkt der EG, 1997, S. 240 ff.; *Ulrich Everling,* Subsidiaritätsprinzip und „ausschließliches“ Gemeinschaftsrecht, in: Joachim Burmeister (Hrsg), Verfassungsstaatlichkeit, 1997, S. 1227 (1234 f.); *Kay Hailbronner,* Das Subsidiaritätsprinzip als Rechtsprinzip nach dem Maastrichter Vertrag, in: Kay Hailbronner (Hrsg.), Europa der Zukunft – Zentrale und dezentrale Lösungsansätze, 1994, S. 49 (58); *Hans D. Jarass,* EG-Kompetenzen und das Prinzip der Subsidiarität nach Schaffung der Europäischen Union, EuGRZ 21 (1994), S. 209 (210).

Vor dem Gutachten 1/94[4] über die Zuständigkeit der Europäischen Gemeinschaft zum Abschluß des Allgemeinen Übereinkommens über den Handel mit Dienstleistungen (*General Agreement on Trade in Services,* GATS)[5] und des Übereinkommens über die handelsbezogenen Rechte des geistigen Eigentums (*Agreement on Trade-Related Aspects of Intellectual Property Rights,* TRIPs-Übereinkommen), beide vom 15. April 1994, befürworteten verschiedene Stimmen im Schrifttum die Einbeziehung des geistigen Eigentums in den Begriff der gemeinsamen Handelspolitik.[6] Um einem Bedeutungsverlust der handelspolitischen Steuerungsfähigkeit der Europäischen Gemeinschaft entgegenzuwirken, sei der Begriff der gemeinsamen Handelspolitik dynamisch auszulegen und umfasse sämtliche Bereiche, die diesem Begriff durch das sich weiterentwickelnde Wirtschaftsvölkerrecht zugeordnet werden. In den letzten Jahrzehnten habe sich das Verständnis des geistigen Eigentums gewandelt. Auf der Ebene des Wirtschaftsvölkerrechts werde es nicht länger nur als mögliches Handelshemmnis wie noch in Art. XX lit. d) des Allgemeinen Zoll- und Handelsabkommens vom 30. Oktober 1947 (*General Agreement on Tariffs and Trade,* GATT 1947)[7] und in Art. 30 EGV verstanden, sondern sein mangelnder Schutz werde als Gefahr für den internationalen Warenhandel gesehen.

Der EuGH selbst bezog zur Auslegung des Begriffs der gemeinsamen Handelspolitik vor dem Gutachten 1/94 am deutlichsten im Gutachten 1/78 über die Zuständigkeit der Europäischen Gemeinschaft zum Abschluß des Naturkautschuk-Übereinkommens[8] Stellung. Darin sprach er sich zwar für eine offene Auslegung des Begriffs der gemeinsamen Handelspolitik aus,[9] die über die herkömmlichen Handelsaspekte hinausgehen solle, unter-

---

[4] EuGH, Gutachten 1/94, 15.11.1994, Slg. 1994, I-5267 ff. (Zuständigkeit der Gemeinschaft für den Abschluß völkerrechtlicher Abkommen auf dem Gebiet der Dienstleistungen und des Schutzes des geistigen Eigentums).

[5] ABl. EU Nr. L 336 vom 22.12.1994, S. 190 ff.; BGBl. 1994 II, 1643.

[6] *Armin von Bogdandy,* Der rechtliche Rahmen der Zugangsregeln, in: Eberhard Grabitz/Armin von Bogdandy/Martin Nettesheim (Hrsg.), Europäisches Außenwirtschaftsrecht, 1994, S. 9 (14); *A. David Demiray,* Intellectual Property and the External Power of the European Community: The New Extension, Mich. J. Int'l L. 16 (1994), S. 187 (226 ff.); *Edmond L. M. Völker,* Barriers to External and Internal Community Trade, The External Application of Measures and Charges of Equivalent Effect under the Law of the European Economic Community, 1993, S. 196 f.; *Inge Govaere,* Intellectual Property Protection and Commercial Policy, in: Marc Maresceau (ed.), The European Community's Commercial Policy after 1992: The Legal Dimension, 1993, S. 197 (221 f.); a. A. *Josef Drexl,* Nach „GATT und WIPO": Das TRIPs-Abkommen und seine Anwendung in der Europäischen Gemeinschaft, GRUR Int. 1994, S. 777 (779 ff.).

[7] BGBl. 1951 II, 173.

[8] EuGH, Gutachten 1/78, 4.10.1979, Slg. 1979, 2871 ff. (Internationales Naturkautschuk-Übereinkommen).

strich aber zugleich die Notwendigkeit einer Abgrenzung zum weitergehenderen Begriff der Außenwirtschaftspolitik, die mit Ausnahme der gemeinsamen Handelspolitik nach wie vor in der Zuständigkeit der Mitgliedstaaten liege.[10]

Seit dem Gutachten 1/94 und der daran anschließenden, durch die Verträge von Amsterdam und Nizza vorgenommenen Ergänzungen des Art. 133 EGV um weitere Absätze, welche die Vertragsschlußkompetenz der Europäischen Gemeinschaft auf das geistige Eigentum erstrecken, ist allerdings geklärt, daß das geistige Eigentum als solches nicht unter den Begriff der gemeinsamen Handelspolitik fällt, hierunter vielmehr vornehmlich der Warenaustausch mit Drittstaaten zu fassen ist.[11] Nach Auffassung des EuGH zeitigen die Rechte am geistigen Eigentum zwar Auswirkungen auf den Handel, betreffen jedoch „nicht spezifisch den internationalen Warenaustausch, sie treffen vielmehr den Binnenhandel im gleichen Maße wie den internationalen Handel, wenn nicht stärker als diesen".[12] Die besonderen Verfahrens- und Abstimmungsvorschriften der Art. 95 und 308 EGV könnten unterlaufen werden,[13] hätte die Europäische Gemeinschaft die Möglichkeit, den Schutz des geistigen Eigentums auf der Grundlage von Art. 133 Abs. 1 EGV zu harmonisieren.[14]

Nach der Rechtsprechung des EuGH besitzt die Europäische Gemeinschaft auf dem Gebiet des geistigen Eigentums nur in zwei Fällen eine Rechtssetzungskompetenz nach Art. 133 Abs. 1 EGV.[15] Erstens kann sich die Europäische Gemeinschaft nach dem Gutachten 1/78 auf Art. 133

---

9 EuGH, Gutachten 1/78, 4.10.1979, Slg. 1979, 2871, Rn. 44 (Internationales Naturkautschuk-Übereinkommen).

10 EuGH, Gutachten 1/78, 4.10.1979, Slg. 1979, 2871, Rn. 47 ff. (Internationales Naturkautschuk-Übereinkommen).

11 EuGH, Gutachten 1/94, 15.11.1994, Slg. 1994, I-5267, Rn. 57 (Zuständigkeit der Gemeinschaft für den Abschluß völkerrechtlicher Abkommen auf dem Gebiet der Dienstleistungen und des Schutzes des geistigen Eigentums).

12 EuGH, Gutachten 1/94, 15.11.1994, Slg. 1994, I-5267, Rn. 57 (Zuständigkeit der Gemeinschaft für den Abschluß völkerrechtlicher Abkommen auf dem Gebiet der Dienstleistungen und des Schutzes des geistigen Eigentums).

13 Während der Rat im Bereich der gemeinsamen Handelspolitik nach Art. 133 Abs. 4 EGV mit qualifizierter Mehrheit entscheidet, entscheiden im Rahmen der Rechtsangleichung nach Art. 95 EGV Rat und Europäisches Parlament nach dem Verfahren der Mitentscheidung nach Art. 251 EGV und entscheidet der Rat im Rahmen der Vertragsabrundung nach Art. 308 EGV einstimmig.

14 EuGH, Gutachten 1/94, 15.11.1994, Slg. 1994, I-5267, Rn. 59 f. (Zuständigkeit der Gemeinschaft für den Abschluß völkerrechtlicher Abkommen auf dem Gebiet der Dienstleistungen und des Schutzes des geistigen Eigentums).

15 Dies wird von *Klaus Schieble,* Die Kompetenz der Europäischen Gemeinschaft für die Harmonisierung des Urheberrechts im Zeitalter der Informationsgesellschaft, 2003, S. 135, übersehen.

Abs. 1 EGV stützen, wenn der Warenverkehr mit Drittstaaten den Schwerpunkt des sekundären Gemeinschaftsrechts bildet und der ebenfalls geregelte Schutz des geistigen Eigentums akzessorisch bleibt, wie etwa bei der Verordnung (EG) Nr. 3286/94 des Rates vom 22. Dezember 1994 zur Festlegung der Verfahren der Gemeinschaft im Bereich der gemeinsamen Handelspolitik zur Ausübung der Rechte der Gemeinschaft nach internationalen Handelsregeln, insbesondere den im Rahmen der Welthandelsorganisation vereinbarten Regeln (sog. Handelshemmnisverordnung oder *Trade Barriers Regulation*).[16] Die Handelshemmisverordnung gibt einzelnen Unternehmen oder Unternehmensvereinigungen der Europäischen Gemeinschaft in Art. 4 Abs. 1 das Recht, bei der Kommission eine Untersuchung drittstaatlicher Handelshemmnisse, die nach Art. 2 Abs. 2 S. 2 in einer Verletzung des TRIPs-Übereinkommens bestehen können, zu beantragen. Zweitens ist Art. 133 Abs. 1 EGV nach dem Gutachten 1/94 und dem Urteil „Polo Lauren" die richtige Rechtsgrundlage für Rechtsakte des sekundären Gemeinschaftsrechts, die zwar dem Schutz des geistigen Eigentums dienen, aber auch den Warenverkehr mit Drittstaaten betreffen,[17] wie etwa die Verordnung (EG) Nr. 1383/2003 des Rates vom 22. Juli 2003 über das Vorgehen der Zollbehörden gegen Waren, die im Verdacht stehen, bestimmte Rechte geistigen Eigentums zu verletzen, und die Maßnahmen gegenüber Waren, die erkanntermaßen derartige Rechte verletzen (Produktpiraterieverordnung). Die Produktpiraterieverordnung ist ein an den Außengrenzen der Europäischen Gemeinschaft eingesetztes Instrument, das nur im Handel mit Drittstaaten angewendet werden kann.[18] Sie gibt den Inhabern der Rechte

---

[16] EuGH, Gutachten 1/78, 4.10.1979, Slg. 1979, 2871, Rn. 56 (Internationales Naturkautschuk-Übereinkommen). Vgl. zu der durch die Handelshemmnisverordnung außer Kraft getretenen Verordnung (EWG) Nr. 2641/84 des Rates vom 17. September 1984 zur Stärkung der gemeinsamen Handelspolitik und insbesondere des Schutzes gegen unerlaubte Handelspraktiken (sog. „Neues Handelspolitisches Instrument") EuGH, Gutachten 1/94, 15.11.1994, Slg. 1994, I-5267, Rn. 63 (Zuständigkeit der Gemeinschaft für den Abschluß völkerrechtlicher Abkommen auf dem Gebiet der Dienstleistungen und des Schutzes des geistigen Eigentums): „Die Maßnahmen, die nach dieser Verordnung ergriffen werden können, um auf einen in einem Drittland bestehenden mangelhaften Schutz von Rechten an geistigem Eigentum, deren Inhaber Gemeinschaftsunternehmen sind, [...] zu reagieren, haben nichts mit der Harmonisierung des Schutzes des geistigen Eigentums zu tun, die der Hauptzweck des TRIPs ist."

[17] EuGH, Rs. C-383/98, 6.4.2000, Slg. 2000, I-2519, Rn. 32 f. (The Polo Lauren Company LP/PT Dwidua Langgeng Pratama International Freight Forwarders); EuGH, Gutachten 1/94, 15.11.1994, Slg. 1994, I-5267, Rn. 55 f. (Zuständigkeit der Gemeinschaft für den Abschluß völkerrechtlicher Abkommen auf dem Gebiet der Dienstleistungen und des Schutzes des geistigen Eigentums).

[18] *Michel M. Walter,* ProduktpiraterieV, in: Michel M. Walter (Hrsg.), Europäisches Urheberrecht, 2001, Art. 1 Rn. 24. Die Ausführungen, die sich auf die durch die Verordnung (EG) Nr. 1383/2003 ersetzte Verordnung (EG) Nr. 3295/94 des Ra-

des geistigen Eigentums in Art. 5 die Möglichkeit, zu beantragen, daß die Zollbehörden Waren, bei denen der Verdacht besteht, daß es sich um nachgeahmte Waren oder um unerlaubt hergestellte Vervielfältigungsstücke oder Nachbildungen im Sinne von Art. 2 Abs. 1 handelt, für eine bestimmte Zeit zurückhalten oder ihre Überlassung aussetzen, damit der Antragsteller eine für die Entscheidung in der Sache zuständige Stelle mit der Verletzung des Rechts des geistigen Eigentums befassen kann.

Im Schrifttum wird vertreten, daß das Prinzip der internationalen Erschöpfung, wonach sich die in Waren verkörperten Rechte des geistigen Eigentums erschöpfen, sobald sie vom Inhaber der Rechte des geistigen Eigentums bzw. mit seiner Zustimmung in den Verkehr gebracht wurden, auf der Grundlage von Art. 133 Abs. 1 EGV in der Europäischen Gemeinschaft eingeführt werden könnte.[19] Da sich der Inhaber der Rechte des geistigen Eigentum der Einfuhr der Waren nicht länger widersetzen kann und das Prinzip der gemeinschaftsweiten Erschöpfung[20] bereits für den Handel unter den Mitgliedstaaten gilt, würde das Prinzip der internationalen Erschöpfung wie die Produktpiraterieverordnung ein an den Außengrenzen der Europäischen Gemeinschaft eingesetztes Instrument darstellen, das nur auf den Handel mit Drittstaaten anwendbar wäre.

II. Die Kulturkompetenz nach Art. 151 Abs. 5 EGV

Art. 151 Abs. 5 EGV ermächtigt die Europäische Gemeinschaft, Maßnahmen zur Förderung der kulturellen Zusammenarbeit zwischen den Mitgliedstaaten und Empfehlungen zu erlassen. Zur kulturellen Zusammenarbeit zwischen den Mitgliedstaaten zählt Art. 151 Abs. 2 Spiegelstrich 4 „künstlerisches und literarisches Schaffen, einschließlich im audiovisuellen Bereich" und damit auch das Urheberrecht und die verwandten Schutzrechte. Die Europäische Gemeinschaft kann die nationalen Rechtsvorschriften über das Urheberrecht und die verwandten Schutzrechte allerdings nicht auf der Grundlage von Art. 151 Abs. 5 EGV aneinander angleichen, da Fördermaß-

---

tes vom 22. Dezember 1994 über Maßnahmen zum Verbot der Überführung nachgeahmter Waren und unerlaubt hergestellter Vervielfältigungsstücke oder Nachbildungen in den zollrechtlich freien Verkehr oder in ein Nichterhebungsverfahren sowie zum Verbot ihrer Ausfuhr und Wiederausfuhr (ABl. EU Nr. L 341 vom 30.12.1994, S. 8 ff., zuletzt geändert durch die Verordnung (EG) Nr. 2549/1999 (ABl. EU Nr. L 308 vom 3.12.1999, S. 16 ff.)) beziehen, gelten auch hier. Die Verordnung (EG) Nr. 1383/2003 stellt die Gründsätze der Verordnung (EG) Nr. 3295/94 nicht in Frage, sondern verbessert lediglich ihre Funktionsweise.

[19] *Jens Gaster,* Die Erschöpfungsproblematik aus der Sicht des Gemeinschaftsrechts, GRUR Int. 2000, S. 571 (577).

[20] Siehe unten Erster Teil, Erstes Kapitel, C. I. 4. b) cc).

nahmen nach Spiegelstrich 1 nur „unter Ausschluß jeglicher Harmonisierung der Rechts- und Verwaltungsvorschriften der Mitgliedstaaten" erlassen werden dürfen und Empfehlungen nach Spiegelstrich 2 i.V.m. Art. 249 Abs. 5 EGV nicht verbindlich sind.[21]

III. Die Kompetenz zur Rechtsangleichung nach Art. 95 Abs. 1 S. 2 EGV

Soweit keine spezielle Kompetenz der Europäischen Gemeinschaft zur Rechtsangleichung einschlägig ist, kann die Europäische Gemeinschaft nach Art. 95 Abs. 1 S. 2 EGV Maßnahmen zur Angleichung der Rechts- und Verwaltungsvorschriften der Mitgliedstaaten erlassen, die „die Errichtung und das Funktionieren des Binnenmarkts zum Gegenstand haben". Mehrere Richtlinien der Europäischen Gemeinschaft auf dem Gebiet des Urheberrechts und der verwandten Schutzrechte[22] wurden neben Art. 95 Abs. 1 S. 2 EGV auf Art. 47 Abs. 2 und Art. 55 EGV gestützt, wonach die Europäische Gemeinschaft Richtlinien zur Koordinierung der Rechts- und Verwaltungsvorschriften der Mitgliedstaaten erlassen kann, um den freien Dienstleistungsverkehr zu erleichtern. Die Verordnung (EWG) Nr. 2081/92 des Rates vom 14. Juli 1992 zum Schutz von geographischen Angaben und Ursprungsbezeichnungen für Agrarerzeugnisse und Lebensmittel wurde auf Art. 37 Abs. 3 EGV gestützt, wonach die Europäische Gemeinschaft die Marktordnungen der Mitgliedstaaten durch eine gemeinsame Organisation der Agrarmärkte ersetzen kann.[23]

---

[21] *Moritz Röttinger,* Urheberrecht und Europarecht: Rechtspolitik und Rechtssetzung der Europäischen Gemeinschaft, ZEuS 4 (2001), S. 285 (298 f.); *Ivo E. Schwartz,* Subsidiarität und EG-Kompetenzen, Der neue Titel „Kultur", Medienvielfalt und Binnenmarkt, AfP 24 (1993), S. 409 (417).

[22] Im einzelnen handelt es sich um die Richtlinie 2001/29/EG des Europäischen Parlaments und des Rates vom 22. Mai 2001 zur Harmonisierung bestimmter Aspekte des Urheberrechts und der verwandten Schutzrechte in der Informationsgesellschaft, die Richtlinie 96/9/EG des Europäischen Parlaments und des Rates vom 11. März 1996 über den rechtlichen Schutz von Datenbanken, die Richtlinie 93/98/EWG des Rates vom 29. Oktober 1993 zur Harmonisierung der Schutzdauer des Urheberrechts und bestimmter verwandter Schutzrechte, die Richtlinie 93/83/EWG des Rates vom 27. September 1993 zur Koordinierung bestimmter urheber- und leistungsschutzrechtlicher Vorschriften betreffend Satellitenrundfunk und Kabelweiterverbreitung und die Richtlinie 92/100/EWG des Rates vom 19. November 1992 zum Vermietrecht und Verleihrecht sowie zu bestimmten dem Urheberrecht verwandten Schutzrechten im Bereich des geistigen Eigentums.

[23] *Winfried Tilmann,* Grundlage und Reichweite des Schutzes geographischer Herkunftsangaben nach der VO/EWG 2081/92, GRUR Int. 1993, S. 610 (612), und *Friedrich-Karl Beier/Roland Knaak,* Der Schutz der geographischen Herkunftsangaben in der Europäischen Gemeinschaft – Die neueste Entwicklung, GRUR Int.

1. Die Voraussetzungen der Rechtsangleichung

Nach der Rechtsprechung des EuGH begründet Art. 95 Abs. 1 S. 2 EGV keine „allgemeine Kompetenz der Europäischen Gemeinschaft zur Regelung des Binnenmarktes".[24] Der Europäischen Gemeinschaft wächst über die Errichtung des Binnenmarkts nicht die Funktion zu, „auch andere Regelungsziele, die vormals ausschließlich von den Mitgliedstaaten wahrgenommen wurden, im Rahmen der europäischen Rechtsordnung zu artikulieren und zu verwirklichen"[25]. Die Europäische Gemeinschaft kann sekundäres Gemeinschaftsrecht vielmehr nur dann auf der Grundlage von Art. 95 Abs. 1 S. 2 EGV erlassen, wenn die Angleichung der Rechts- und Verwaltungsvorschriften der Mitgliedstaaten „tatsächlich den Zweck [hat], die Voraussetzungen für die Errichtung und das Funktionieren des Binnenmarktes zu verbessern",[26] d.h., wenn sie zur Beseitigung von Hindernissen für den freien Waren-, Personen-, Dienstleistungs- und Kapitalverkehr zwischen den Mitgliedstaaten oder zur Beseitigung von Wettbewerbsverzerrungen beiträgt.[27]

Auf dem Gebiet des geistigen Eigentums stehen dem freien Waren- und Dienstleistungsverkehr nach Art. 28 und Art. 49, 50 EGV zwei Hindernisse entgegen: das Schutzlandprinzip einerseits, d.h. die unterschiedlichen nationalen Rechtsvorschriften über die Rechte des geistigen Eigentums, und das Territorialitätsprinzip andererseits, d.h. die territorial begrenzte Wirkung der Rechte des geistigen Eigentums auf das Gebiet des Mitgliedstaats, in dem sie erworben wurden.[28] Anders als das Eigentum an körperlichen Ge-

---

1993, S. 602 (608 f.), kommen zu dem Ergebnis, daß die Verordnung (EWG) Nr. 2081/92 teilnichtig ist, weil sie hinsichtlich der in ihrem Anhang I aufgeführten Lebensmittel auf Art. 95 Abs. 1 S. 2 EGV hätte gestützt werden müssen.

[24] EuGH, Rs. C-376/98, 5.10.2000, Slg. 2000, I-8419, Rn. 83 (Deutschland/Europäisches Parlament und Rat).

[25] *Johannes Caspar,* Das europäische Tabakwerbeverbot und das Gemeinschaftsrecht, EuZW 11 (2000), S. 237 (243).

[26] EuGH, Rs. C-376/98, 5.10.2000, Slg. 2000, I-8419, Rn. 84 (Deutschland/Europäisches Parlament und Rat). Vgl. auch EuGH, Rs. C-491/01, 10.12.2002, Slg. 2002, I-11453, Rn. 60 (The Queen/Secretary of State for Health, ex parte: British American Tobacco (Investments) Ltd und Imperial Tobacco Ltd, unterstützt durch Japan Tobacco Inc. und JT International SA).

[27] EuGH, Rs. C-491/01, 10.12.2002, Slg. 2002, I-11453, Rn. 60 (The Queen/Secretary of State for Health, ex parte: British American Tobacco (Investments) Ltd und Imperial Tobacco Ltd, unterstützt durch Japan Tobacco Inc. und JT International SA); EuGH, Rs. C-376/98, 5.10.2000, Slg. 2000, I-8419, Rn. 95 (Deutschland/Europäisches Parlament und Rat).

[28] *Petra Buck,* Die EG-Rechtsvereinheitlichung auf dem Gebiet des geistigen Eigentums, EWS 2 (1991), S. 329 (330).

genständen, das durch die Rechtsordnungen anderer Mitgliedstaaten auch dann geschützt wird, wenn die körperlichen Gegenstände in einen anderen Mitgliedstaat verbracht werden, wirken die in einem Mitgliedstaat erworbenen Rechte des geistigen Eigentums nicht über die nationalen Grenzen hinaus.[29] Der Inhaber der in einem Mitgliedstaat erworbenen Rechte des geistigen Eigentums kann sich aus diesem Grund der Einfuhr von Waren und Dienstleistungen, in denen sich seine Rechte des geistigen Eigentums verkörpern, grundsätzlich[30] widersetzen. Die damit verbundenen Einfuhrbeschränkungen können nach Art. 30 EGV „aus Gründen [...] des gewerblichen und kommerziellen Eigentums" gerechtfertigt sein.

Die Hindernisse für den freien Waren- und Dienstleistungsverkehr müssen nicht notwendig gegenwärtig vorhanden sein. Die Europäische Gemeinschaft kann die nationalen Rechtsvorschriften über die Rechte des geistigen Eigentums auch vorbeugend angleichen, wenn die Rechte des geistigen Eigentums, die etwa im Zuge neuer technologischer Entwicklungen eingeführt werden, noch nicht in allen Mitgliedstaaten geschützt sind. Es genügt nach der Rechtsprechung des EuGH, wenn „wahrscheinlich" ist, d.h. hinreichend konkrete Anhaltspunkte dafür bestehen,[31] daß zukünftig Hindernisse für den freien Waren- und Dienstleistungsverkehr entstehen werden.[32] In den Fällen der Verordnung (EWG) Nr. 1768/92 des Rates vom 18. Juni 1992 über die Schaffung eines ergänzenden Schutzzertifikats für Arzneimittel[33] und der Richtlinie 98/44/EG des Europäischen Parlaments und des Rates vom 6. Juli 1998 über den rechtlichen Schutz biotechnologischer Erfindungen[34], der einzigen Rechtsakte, die bisher im Wege der Nichtigkeitsklage angegriffen wurden, hat der EuGH das zukünftige Entstehen von Hindernissen für den freien Waren- und Dienstleistungsverkehr für wahrscheinlich gehalten. Einen hinreichend konkreten Anhaltspunkt hat der EuGH im Fall der Richtlinie 98/44/EG in der heterogenen Entwicklung der Auslegung der nationalen Rechtsvorschriften im Hinblick auf die Patentierbarkeit von biotechnologischen Erfindungen gesehen.[35]

---

[29] *Frank Fechner,* Geistiges Eigentum und Verfassung, 1999, S. 456; *Heinrich Hubmann/Horst-Peter Götting,* Gewerblicher Rechtsschutz, 6. Auflage 1998, S. 93.

[30] Siehe unten Erster Teil, Erstes Kapitel, C. I. 4. b).

[31] *Martin Selmayr/Hans-Georg Kamann/Marion Ahlers,* Die Binnenmarktkompetenz der Europäischen Gemeinschaft, EWS 14 (2003), S. 49 (52).

[32] EuGH, Rs. C-376/98, 5.10.2000, Slg. 2000, I-8419, Rn. 86 (Deutschland/Europäisches Parlament und Rat).

[33] EuGH, Rs. C-350/92, 13.7.1995, Slg. 1995, I-1985, Rn. 35 (Spanien/Rat).

[34] EuGH, Rs. C-377/98, 9.10.2001, Slg. 2001, I-7079, Rn. 15 (Niederlande/Parlament und Rat).

[35] EuGH, Rs. C-377/98, 9.10.2001, Slg. 2001, I-7079, Rn. 16 (Niederlande/Parlament und Rat).

Der EuGH hat geklärt, daß Wettbewerbsverzerrungen nicht notwendig neben Hindernissen für den freien Waren-, Personen-, Dienstleistungs- und Kapitalverkehr zwischen den Mitgliedstaaten vorliegen müssen,[36] die Europäische Gemeinschaft sich vielmehr immer dann auf Art. 95 Abs. 1 S. 2 EGV berufen kann, wenn das sekundäre Gemeinschaftsrecht zur Beseitigung entweder von Hindernissen für den freien Waren-, Personen-, Dienstleistungs- und Kapitalverkehr zwischen den Mitgliedstaaten oder von Wettbewerbsverzerrungen beiträgt.[37] Dies könnte auf dem Gebiet des geistigen Eigentums relevant werden, wenn sich die Europäische Gemeinschaft entschließen sollte, das Prinzip der internationalen Erschöpfung auf der Grundlage von Art. 95 Abs. 1 S. 2 EGV einzuführen. Die unterschiedliche Anwendung des Prinzips der internationalen Erschöpfung in den Mitgliedstaaten behindert nämlich den freien Waren- und Dienstleistungsverkehr nicht, weil sich der Inhaber der Rechte des geistigen Eigentums der Einfuhr von Waren und Dienstleistungen, in denen sich seine Rechte des geistigen Eigentums verkörpern, nicht mehr widersetzen kann, sobald sie von ihm oder mit seiner Zustimmung in den Verkehr gebracht worden sind, führt aber zu Wettbewerbsverzerrungen.[38]

Wettbewerbsverzerrungen müssen nach der Rechtsprechung des EuGH „spürbar" sein.[39] „[G]eringfügig[e] Wettbewerbsverzerrungen"[40] und entfernte Auswirkungen der Hindernisse für den freien Waren-, Personen-, Dienstleistungs- und Kapitalverkehr zwischen den Mitgliedstaaten auf den

---

36 So aber *Wolfgang Kahl,* in: Christian Calliess/Matthias Ruffert (Hrsg.), Kommentar des Vertrages über die Europäische Union und des Vertrages zur Gründung der Europäischen Gemeinschaft – EUV/EGV –, 2. Auflage 2002, Art. 95 Rn. 10c.

37 EuGH, Rs. C-491/01, 10.12.2002, Slg. 2002, I-11453, Rn. 60 (The Queen/Secretary of State for Health, ex parte: British American Tobacco (Investments) Ltd und Imperial Tobacco Ltd, unterstützt durch Japan Tobacco Inc. und JT International SA). Eine Formulierung in EuGH, Rs. C-376/98, 5.10.2000, Slg. 2000, I-8419, Rn. 95 (Deutschland/Europäisches Parlament und Rat) hat eine kumulative Prüfung nahegelegt. Ebenso *Stefan Leible,* in: Rudolf Streinz (Hrsg.), EUV/EGV, Vertrag über die Europäische Union und Vertrag zur Gründung der Europäischen Gemeinschaft, 2003, Art. 95 EGV Rn. 19; *Niklas Görlitz,* EU-Binnenmarktkompetenzen und Tabakwerbeverbote, EuZW 14 (2003), S. 485 (487); *Christian Koenig/Jürgen Kühling,* Der Streit um die neue Tabakproduktrichtlinie, EWS 13 (2002), S. 12 (17); *Hans-Georg Kamann,* Viel Rauch um nichts? – Gesundheitsschutz im Rahmen der Binnenmarktharmonisierung gemäß Artikel 95 EGV nach dem „Tabakwerbeurteil" des EuGH, ZEuS 4 (2001), S. 23 (36).

38 *Jens Gaster,* Die Erschöpfungsproblematik aus der Sicht des Gemeinschaftsrechts, GRUR Int. 2000, S. 571 (577).

39 EuGH, Rs. C-376/98, 5.10.2000, Slg. 2000, I-8419, Rn. 106 (Deutschland/Europäisches Parlament und Rat); EuGH, Rs. C-300/89, 11.6.1991, Slg. 1991, I-2867, Rn. 23 (Kommission/Rat).

40 EuGH, Rs. C-376/98, 5.10.2000, Slg. 2000, I-8419, Rn. 107 (Deutschland/Europäisches Parlament und Rat).

Wettbewerb im Binnenmarkt[41] erfüllen die Tatbestandsvoraussetzungen des Art. 95 Abs. 1 S. 2 EGV nicht.[42] Die unterschiedlichen nationalen Rechtsvorschriften im Hinblick auf die Übersetzungspflicht für ein auf der Grundlage des Übereinkommens über die Erteilung europäischer Patente vom 5. Oktober 1973 (Europäisches Patentübereinkommen) erteiltes europäisches Patent etwa können wegen ihrer „ungewis[sen] und indirekt[en]" Auswirkungen auf den Wettbewerb[43] keine Rechtsangleichung nach Art. 95 Abs. 1 S. 2 EGV rechtfertigen.[44]

2. *Die Maßnahmen der Rechtsangleichung*

Den Hindernissen, die dem freien Waren- und Dienstleistungsverkehr nach Art. 28 und Art. 49, 50 EGV auf dem Gebiet des geistigen Eigentums entgegenstehen, begegnet die Europäische Gemeinschaft mit zwei sich ergänzenden Vorgehensweisen: der Angleichung der nationalen Rechtsvorschriften über die Rechte des geistigen Eigentums zur Überwindung des Schutzlandprinzips einerseits und der Schaffung gewerblicher Gemeinschaftsschutzrechte zur Überwindung des Territorialitätsprinzips andererseits.[45] Anders als in den Grünbüchern im Bereich der gewerblichen Schutzrechte wird die Überwindung des Territorialitätsprinzips durch Einführung des Universalitätsprinzips[46] in den Grünbüchern über Urheberrecht

---

[41] *Martin Selmayr/Hans-Georg Kamann/Marion Ahlers,* Die Binnenmarktkompetenz der Europäischen Gemeinschaft, EWS 14 (2003), S. 49 (54).

[42] Noch nicht endgültig geklärt ist ebenfalls, ob das Spürbarkeitskriterium in Anlehnung an die Rechtsprechung des EuGH zu den Grundfreiheiten qualitativ (vgl. *Martin Selmayr/Hans-Georg Kamann/Marion Ahlers,* Die Binnenmarktkompetenz der Europäischen Gemeinschaft, EWS 14 (2003), S. 49 (54 f.)) oder wie im Rahmen von Art. 81, 82 EGV quantitativ (vgl. *Hans-Georg Kamann,* Viel Rauch um nichts? – Gesundheitsschutz im Rahmen der Binnenmarktharmonisierung gemäß Artikel 95 EGV nach dem „Tabakwerbeurteil" des EuGH, ZEuS 4 (2001), S. 23 (37 f.)) zu bestimmen ist.

[43] EuGH, Rs. C-44/98, 21.9.1999, Slg. 1999, I-6269, Rn. 21 (BASF AG/Präsident des Deutschen Patentamts).

[44] Nach Art. 65 Abs. 1 S. 1 des Europäischen Patentübereinkommens kann jeder Vertragsstaat für den Fall, daß die Fassung, in der das Europäische Patentamt für diesen Staat ein europäisches Patent zu erteilen beabsichtigt, nicht in einer seiner Amtssprachen vorliegt, vorschreiben, daß der Anmelder eine Übersetzung der Fassung in der Amtssprache dieses Staats einzureichen hat. In dem noch nicht in Kraft getretenen Übereinkommen vom 17. Oktober 2000 über die Anwendung des Artikels 65 EPÜ verpflichtet sich jeder Vertragsstaat, auf die Einreichung von Übersetzungen in ihrer Amtssprache zu verzichten, wenn die Fassung, in der das Europäische Patentamt ein europäisches Patent für diesen Staat zu erteilen beabsichtigt, in einer der Amtssprachen des Europäischen Patentamts vorliegt.

[45] *Petra Buck,* Die EG-Rechtsvereinheitlichung auf dem Gebiet des geistigen Eigentums, EWS 2 (1991), S. 329 (330).

und die technologische Herausforderung vom 23. August 1988[47] und über Urheberrecht und verwandte Schutzrechte in der Informationsgesellschaft vom 19. Juli 1995[48] nicht angesprochen. Dies ist darauf zurückzuführen, daß das Urheberrecht und die verwandten Schutzrechte im Gegensatz zu den gewerblichen Schutzrechten *ipso iure* entstehen, d.h. nicht angemeldet, hinterlegt bzw. registriert werden müssen.[49] Die Angleichung der nationalen Rechtsvorschriften über das Urheberrecht und die verwandten Schutzrechte genügt, um die Hindernisse für den freien Waren- und Dienstleistungsverkehr nach Art. 28 und Art. 49, 50 EGV zu beseitigen.

a) Die Angleichung der nationalen Rechtsvorschriften über die Rechte des geistigen Eigentums

Weil das auf der Grundlage von Art. 95 Abs. 1 S. 2 EGV erlassene sekundäre Gemeinschaftsrecht das geistige Eigentum nicht vollständig erfaßt, ist die Angleichung der nationalen Rechtsvorschriften über die Rechte des geistigen Eigentums nur partiell erfolgt.[50] Im Bereich des gewerblichen Rechtsschutzes sind die nationalen Rechtsvorschriften über den Schutz gegen unlauteren Wettbewerb[51] sowie über den Schutz von Topographien und

---

[46] Vgl. zum Universalitätsprinzip *Petra Buck,* Geistiges Eigentum und Völkerrecht, 1994, S. 25 f. Die Einführung des Universalitätsprinzips hätte zur Konsequenz, daß das in einem Mitgliedstaat entstandene Urheberrecht automatisch in allen anderen Mitgliedstaaten der Europäischen Gemeinschaft geschützt wäre.

[47] KOM (1988) 172 endg.

[48] KOM (1995) 382 endg.

[49] *Petra Buck,* Die EG-Rechtsvereinheitlichung auf dem Gebiet des geistigen Eigentums, EWS 2 (1991), S. 329 (332); *Gerhard Schricker,* Zur Harmonisierung des Urheberrechts in der Europäischen Wirtschaftsgemeinschaft, in: Jürgen F. Baur/ Klaus J. Hopt/K. Peter Mailänder (Hrsg.), Festschrift für Ernst Steindorff zum 70. Geburtstag am 13. März 1990, 1990, S. 1437 (1442).

[50] Vgl. zur partiellen Rechtsangleichung allgemein *Ellen Vos,* Differentiation, Harmonisation and Governance, in: Bruno de Witte/Dominik Hanf/Ellen Vos (eds), The Many Faces of Differentiation in EU Law, 2001, S. 145 (148 f.); *P. J. G. Kapteyn/P. VerLoren van Themaat,* Introduction to the Law of the European Communities, 3rd edition 1998, S. 792 ff., zur partiellen Rechtsangleichung auf dem Gebiet des geistigen Eigentums *Leigh Hancher,* The European Pharmaceutical Market: Problems of Partial Harmonisation, ELRev. 15 (1990), S. 9 ff., und zur partiellen Rechtsangleichung im Bereich des TRIPs-Übereinkommens EuGH, Gutachten 1/94, 15.11.1994, Slg. 1994, I-5267, Rn. 103 (Zuständigkeit der Gemeinschaft für den Abschluß völkerrechtlicher Abkommen auf dem Gebiet der Dienstleistungen und des Schutzes des geistigen Eigentums).

[51] Richtlinie 84/450/EWG des Rates vom 10. September 1984 zur Angleichung der Rechts- und Verwaltungsvorschriften der Mitgliedstaaten über irreführende Werbung, geändert durch die Richtlinie 97/55/EG. Vgl. hierzu *Winfried Tilmann,* Richtlinie vergleichende Werbung, GRUR 1997, S. 790 ff.

Halbleitererzeugnissen,[52] von Marken,[53] von biotechnologischen Erfindungen[54] und von Mustern und Modellen[55] aneinander angeglichen worden. Darüberhinaus hat die Kommission die Angleichung der Rechtsvorschriften der Mitgliedstaaten im Bereich des Gebrauchsmusterschutzes[56] und der computerimplementierten Erfindungen[57] vorgeschlagen. Das Urheberrecht und die verwandten Schutzrechte sind erst Anfang der 1990er Jahre in das Blickfeld der Organe der Europäischen Gemeinschaft gerückt mit Richtlinien über den Rechtsschutz von Computerprogrammen[58] und Datenbanken[59] sowie zum Vermiet- und Verleihrecht,[60] zum Satellitenrundfunk und zur Kabelerweiterung,[61] zur Schutzdauer,[62] zu bestimmten Aspekten des Urheberrechts und der verwandten Schutzrechte in der Informationsgesellschaft[63] und zum Folgerecht von Künstlern[64]. Am 30. Januar 2003 hat die Kommission erstmals die Angleichung der nationalen Rechtsvorschrif-

---

[52] Richtlinie 87/54/EWG des Rates vom 16. Dezember 1986 über den Rechtsschutz von Topographien und Halbleitererzeugnissen.

[53] Erste Richtlinie 89/104/EWG des Rates vom 21. Dezember 1988 zur Angleichung der Rechtsvorschriften der Mitgliedstaaten über die Marken.

[54] Richtlinie 98/44/EG des Europäischen Parlaments und des Rates vom 6. Juli 1998 über den rechtlichen Schutz von biotechnologischen Erfindungen.

[55] Richtlinie 98/71/EG des Europäischen Parlaments und des Rates vom 13. Oktober 1998 über den rechtlichen Schutz von Mustern und Modellen.

[56] Geänderter Vorschlag vom 25. Juni 1999 für eine Richtlinie des Europäischen Parlaments und des Rates über die Angleichung der Rechtsvorschriften betreffend den Schutz von Erfindungen durch Gebrauchsmuster.

[57] Vorschlag vom 20. Februar 2002 für eine Richtlinie des Europäischen Parlaments und des Rates über die Patentierbarkeit computerimplementierter Erfindungen.

[58] Richtlinie 91/250/EWG des Rates vom 14. Mai 1991 über den Rechtsschutz von Computerprogrammen, geändert durch die Richtlinie 93/98/EWG.

[59] Richtlinie 96/9/EG des Europäischen Parlaments und des Rates vom 11. März 1996 über den rechtlichen Schutz von Datenbanken.

[60] Richtlinie 92/100/EWG des Rates vom 19. November 1992 zum Vermietrecht und Verleihrecht sowie zu bestimmten dem Urheberrecht verwandten Schutzrechten im Bereich des geistigen Eigentums, zuletzt geändert durch die Richtlinie 2001/29/EG.

[61] Richtlinie 93/83/EG des Rates vom 27. September 1993 zur Koordinierung bestimmter urheber- und leistungsschutzrechlicher Vorschriften betreffend Satellitenrundfunk und Kabelerweiterung.

[62] Richtlinie 93/98/EG des Rates vom 29. Oktober 1993 zur Harmonisierung der Schutzdauer des Urheberrechts und bestimmter verwandter Schutzrechte, geändert durch die Richtlinie 2001/29/EG.

[63] Richtlinie 2001/29/EG des Europäischen Parlaments und des Rates vom 22. Mai 2001 zur Harmonisierung bestimmter Aspekte des Urheberrechts und der verwandten Schutzrechte in der Informationsgesellschaft.

[64] Richtlinie 2001/84/EG des Europäischen Parlaments und des Rates vom 27. September 2001 über das Folgerecht des Urhebers des Originals eines Kunstwerks.

ten, die die Durchsetzung der Rechte des geistigen Eigentums betreffen, vorgeschlagen.[65]

Obwohl die Mindestharmonisierung[66] auf dem Gebiet des geistigen Eigentums im EG-Vertrag nicht ausdrücklich geregelt wird,[67] beschränkt sich die Angleichung nach Art. 95 Abs. 1 S. 2 EGV in der Regel auf die „notwendigen Mindestvorschriften“[68], d.h. auf diejenigen nationalen Rechtsvorschriften über die Rechte des geistigen Eigentums, die sich „am unmittelbarsten auf das Funktionieren des Binnenmarkts auswirken“[69] oder „das Funktionieren des Gemeinsamen Marktes [...] in erheblichem Maße beeinträchtigen“[70].[71] Legen die Richtlinien auf dem Gebiet des geistigen Eigen-

---

[65] Vorschlag für eine Richtlinie des Europäischen Parlaments und des Rates über die Maßnahmen und Verfahren zum Schutz der Rechte an geistigem Eigentum.

[66] *Stefan Leible,* in: Rudolf Streinz (Hrsg.), EUV/EGV, Vertrag über die Europäische Union und Vertrag zur Gründung der Europäischen Gemeinschaft, 2003, Art. 95 EGV Rn. 42; *Ellen Vos,* Differentiation, Harmonisation and Governance, in: Bruno de Witte/Dominik Hanf/Ellen Vos (eds), The Many Faces of Differentiation in EU Law, 2001, S. 145 (148 f.); *Michael Dougan,* Minimum Harmonization and the Internal Market, CMLRev. 37 (2000), S. 835 ff.; *P. J. G. Kapteyn/P. VerLoren van Themaat,* Introduction to the Law of the European Communities, 3rd edition 1998, S. 792 ff.; *Peter Behrens,* Mindestharmonisierung im Binnenmarkt – Stellungnahme –, in: Ulrich Everling/Wulf-Henning Roth (Hrsg.), Mindestharmonisierung im Europäischen Binnenmarkt, 1997, S. 33 (33), *Rudolf Streinz,* Mindestharmonisierung im Binnenmarkt, in: Ulrich Everling/Wulf-Henning Roth (Hrsg.), Mindestharmonisierung im Europäischen Binnenmarkt, 1997, S. 9 (19).

[67] Art. 137 Abs. 5, Art. 152 Abs. 4 lit. a), Art. 153 Abs. 5 und Art. 176 EGV, wonach die Rechtsangleichung die einzelnen Mitgliedstaaten nicht daran hindert, „strengere Schutzmaßnahmen beizubehalten oder zu ergreifen“, sehen eine Mindestharmonisierung in den Bereichen Sozialpolitik, Gesundheitswesen, Verbraucherschutz und Umwelt vor.

[68] Erwägungsgrund 33 der Richtlinie 93/83/EWG des Rates vom 27. September 1993 zur Koordinierung bestimmter urheber- und leistungsschutzrechtlicher Vorschriften betreffend Satellitenrundfunk und Kabelweiterverbreitung.

[69] Erwägungsgrund 15 der Richtlinie 2001/84/EG des Europäischen Parlaments und des Rates vom 27. September 2001 über das Folgerecht des Urhebers des Originals eines Kunstwerks; Erwägungsgrund 5 der Richtlinie 98/71/EG des Europäischen Parlaments und des Rates vom 13. Oktober 1998 über den rechtlichen Schutz von Mustern und Modellen; Erwägungsgrund 3 der Ersten Richtlinie 89/104/EWG des Rates vom 21. Dezember 1988 zur Angleichung der Rechtsvorschriften der Mitgliedstaaten über die Marken.

[70] Erwägungsgrund 4 der Richtlinie 91/250/EWG des Rates vom 14. Mai 1991 über den Rechtsschutz von Computerprogrammen.

[71] *Petra Buck,* Die EG-Rechtsvereinheitlichung auf dem Gebiet des geistigen Eigentums, EWS 2 (1991), S. 329 (331). Vgl. auch *Rudolf Streinz,* Mindestharmonisierung im Binnenmarkt, in: Ulrich Everling/Wulf Henning-Roth (Hrsg.), Mindestharmonisierung im Europäischen Binnenmarkt, 1997, S. 9 (29 f.), nach dem die Mindestharmonisierung auf der Grundlage von Art. 95 Abs. 1 S. 2 EGV grundsätzlich möglich ist.

tums nur Mindeststandards fest, dürfen die Mitgliedstaaten den Schutz des geistigen Eigentums unabhängig von den Voraussetzungen des nationalen Alleingangs nach Art. 95 Abs. 4 EGV verstärken. Teilweise werden die Maßnahmen, die die Mitgliedstaaten treffen dürfen, in den Richtlinien auf dem Gebiet des geistigen Eigentums ausdrücklich benannt.[72]

Es wurde außerdem versucht, die nationalen Rechtsvorschriften über die Rechte des geistigen Eigentums aneinander anzugleichen, indem die Mitgliedstaaten verpflichtet wurden, bestimmten völkerrechtlichen Verträgen zum Schutz des geistigen Eigentums (*intellectual property protection treaties/traités de protection de la propriété intellectuelle),* die auf dem Grundsatz der Inländergleichbehandlung aufbauen und Mindestrechte des geistigen Eigentums enthalten,[73] beizutreten. Die Kommission hat dem Rat am 11. Dezember 1990 den Vorschlag für eine Entscheidung über den Beitritt der Mitgliedstaaten zur Berner Übereinkunft vom 9. September 1886 zum Schutz von Werken der Literatur und Kunst in der Pariser Fassung vom 24. Juli 1971 (*Berne Convention for the Protection of Literary and Artistic Works,* Berner Übereinkunft) und zum Internationalen Abkommen über den Schutz der ausübenden Künstler, der Hersteller von Tonträgern und der Sendeunternehmen vom 26. Oktober 1961 (*International Convention for the Protection of Performers, Producers of Phonograms and Broadcasting Organisations,* Rom-Abkommen)[74] vorgelegt. Diese völkerrechtlichen Verträge, denen bis jetzt noch nicht alle Mitgliedstaaten beigetreten sind,[75] soll-

[72] Vgl. z.B. Art. 10 Abs. 2 lit. b) und Abs. 3 der Richtlinie 87/54/EWG des Rates vom 16. Dezember 1986 über den Rechtsschutz der Topographien von Halbleitererzeugnissen und Erwägungsgründe 4 bis 6 der Ersten Richtlinie 89/104/EWG des Rates vom 21. Dezember 1988 zur Angleichung der Rechtsvorschriften der Mitgliedstaaten über die Marken.

[73] Die Weltorganisation für geistiges Eigentum (*World Intellectual Property Organization,* WIPO) unterteilt die völkerrechtlichen Verträge auf dem Gebiet des geistigen Eigentums in drei Kategorien: völkerrechtlichen Verträgen zum Schutz des geistigen Eigentums (*intellectual property protection treaties/traités de protection de la propriété intellectuelle*), die auf dem Grundsatz der Inländergleichbehandlung aufbauen und Mindestrechte des geistigen Eigentums festlegen, globalen Schutzverträgen (*global protection system treaties/traités relatifs au système mondial de protection*), die sicherstellen, daß die internationale Registrierung eines gewerblichen Schutzrechts in den Vertragsstaaten anerkannt wird, und Klassifikationsverträgen (*classification treaties/traités de classification*) (vgl. http://www.wipo.org/treaties/index.html, letzte Abfrage: 19.5.2004).

[74] KOM (90) 582 endg.

[75] Irland ist nur der Brüsseler Fassung der Berner Übereinkunft vom 26. Juni 1948 und Art. 22 bis 38 der Stockholmer Fassung der Berner Übereinkunft vom 14. Juli 1967, Malta der Rom-Fassung der Berner Übereinkunft vom 2. Juni 1928 und Art. 22 bis 38 der Pariser Fassung der Berner Übereinkunft vom 24. Juli 1971 beigetreten (Stand: 23.3.2004). Malta und Zypern sind dem Rom-Abkommen nicht beigetreten (Stand: 4.3.2004).

ten als Sockel dienen, von dem ausgehend zusätzliche Rechtsangleichung zur Stärkung des Urheberrechts und der verwandten Schutzrechte nach Maßgabe der besonderen Interessen der Europäischen Gemeinschaft hätte betrieben werden können. Der Rat hat sich in seiner Entschließung vom 14. Mai 1992 im Hinblick auf einen verstärkten Schutz des Urheberrechts und der Leistungsschutzrechte darauf beschränkt, entsprechende Selbstverpflichtungen der Mitgliedstaaten zu begrüßen.

Ungeachtet der inzwischen geänderten Umstände, daß die Mitgliedstaaten nach Art. 5 Abs. 1 des Protokolls 28 über geistiges Eigentum[76] des Abkommens über den Europäischen Wirtschaftsraum vom 2. Mai 1992 (EWR-Abkommen) verpflichtet sind, der Berner Übereinkunft und dem Rom-Abkommen beizutreten,[77] und nach Art. 9 Abs. 1 des TRIPs-Übereinkommens, Art. 1 bis 21 der Berner Übereinkunft mit Ausnahme von Art. 6bis zu befolgen, ist zweifelhaft, ob die Mitgliedstaaten auf der Grundlage von Art. 95 Abs. 1 S. 2 EGV hätten verpflichtet werden können, bestimmten völkerrechtlichen Verträgen zum Schutz des geistigen Eigentums beizutreten.[78]

Zum einen hätten die Mitgliedstaaten auf der Grundlage von Art. 95 Abs. 1 S. 2 EGV, wenn überhaupt, nur verpflichtet werden können, völkerrechtlichen Verträgen zum Schutz des geistigen Eigentums beizutreten, die die Voraussetzungen für die Errichtung und das Funktionieren des Binnenmarkts verbessert hätten. Die Berner Übereinkunft und das Rom-Abkommen haben jedoch nach Ansicht des deutschen Bundesrats „keinen ausschließlich wirtschaftlichen Bezug [...], sondern [sind] vornehmlich der Kulturpolitik zuzuordnen".[79] Selbst wenn man mit dem EuGH davon ausginge, daß die Europäische Gemeinschaft, solange die Voraussetzungen des Art. 95 Abs. 1 S. 2 EGV erfüllt sind, kulturelle Aspekte trotz Art. 151 Abs. 5 Spiegelstrich 1 EGV selbst dann regeln könnte, wenn ihnen „maßgebende Bedeutung" zukäme,[80] hätten Zweifel an der Erforderlichkeit einer

---

[76] ABl. EU Nr. L 1 vom 3.1.1994, S. 194 ff.

[77] EuGH, Rs. C-13/00, 19.3.2002, Slg. 2002, I-2943, Rn. 23 (Kommission/Irland): „Folglich hat Irland dadurch gegen seine Verpflichtungen aus Artikel 228 Absatz 7 EG-Vertrag in Verbindung mit Artikel 5 des Protokolls 28 zum EWR-Abkommen verstoßen, daß es nicht vor dem 1. Januar 1995 der Berner Übereinkunft beigetreten ist."

[78] *Inge Govaere,* Intellectual Property Protection and Commercial Policy, in: Marc Maresceau (ed.), The European Community's Commercial Policy after 1992: The Legal Dimension, 1993, S. 197 (219).

[79] Beschluß des Bundesrates vom 26. April 1991 zum Vorschlag für eine Entscheidung des Rates über den Beitritt der Mitgliedstaaten zur Berner Übereinkunft zum Schutz von Werken der Literatur und Kunst in der Fassung der Revision von Paris vom 24. Juli 1971 und zum Internationalen Abkommen über den Schutz der ausübenden Künstler, der Hersteller von Tonträgern und der Sendeunternehmen vom 26. Oktober 1961, BR-Drs 64/91, Anhang B, S. 1.

solchen Entscheidung bestanden. Die durch den unterschiedlichen Beitrittsstand der Mitgliedstaaten bedingten Unterschiede der nationalen Rechtsvorschriften wären im Fall der Berner Übereinkunft, der die Mitgliedstaaten nur in unterschiedlichen Fassungen beigetreten waren, und im Fall des Rom-Abkommens, dem nur wenige Mitgliedstaaten nicht beigetreten waren, nicht in jedem Fall so groß gewesen, als daß sie nicht durch eine Richtlinie hätten überbrückt werden können.[81] Die Richtlinie hätte sich im Gegensatz zu den völkerrechtlichen Verträgen zum Schutz des geistigen Eigentums auf den Gemeinschaftsraum beschränkt.

Zum anderen stellt sich die Frage, ob Art. 95 Abs. 1 S. 2 EGV die Europäische Gemeinschaft dazu ermächtigt, die Außenkompetenzen der Mitgliedstaaten zur Rechtsangleichung innerhalb der Europäischen Gemeinschaft zu benutzen. Die Europäische Gemeinschaft müßte, soweit ihre implizite, aus Art. 95 Abs. 1 S. 2 EGV abgeleitete Vertragsschlußkompetenz[82] es zuließe, bestrebt sein, selbst Partei der völkerrechtlichen Verträge zum Schutz des geistigen Eigentums zu werden. Sie dürfte, soweit Art. 95 Abs. 1 S. 2 EGV dies nicht zuließe, die Kompetenz zur Rechtsangleichung nach Art. 95 Abs. 1 S. 2 EGV nach dem Prinzip der begrenzten Einzelermächtigung nicht als Mittel verwenden, um die bei den Mitgliedstaaten verbliebenen Vertragsschlußkompetenzen auf dem Gebiet des geistigen Eigentums auszuüben.[83]

Neuere Überlegungen gelten der Frage, ob das Prinzip der internationalen Erschöpfung, wonach sich die in Waren verkörperten Rechte des geistigen Eigentums erschöpfen, sobald sie vom Inhaber der Rechte des geistigen Eigentums bzw. mit seiner Zustimmung in den Verkehr gebracht wurden, auf der Grundlage von Art. 95 Abs. 1 S. 2 EGV eingeführt werden könnte. Nach der Rechtsprechung des EuGH,[84] nicht aber des EFTA-Gerichtshofs,[85] ist die internationale Erschöpfung der Rechte des geistigen Eigentums durch das sekundäre Gemeinschaftsrecht auf dem Gebiet des geistigen

---

[80] EuGH, Rs. C-376/98, 5.10.2000, Slg. 2000, I-8419, Rn. 88 (Deutschland/Parlament und Rat).

[81] *Petra Buck,* Die EG-Rechtsvereinheitlichung auf dem Gebiet des geistigen Eigentums, EWS 2 (1991), S. 329 (334); *Rainer Funke,* Das Urheberrecht in der EG, EWS 2 (1991), S. 161 (164 f.).

[82] Siehe unten Erster Teil, Zweites Kapitel, A. IV.

[83] *Rainer Funke,* Das Urheberrecht in der EG, EWS 2 (1991), S. 161 (164 f.).

[84] EuGH, Rs. C-173/98, 1.7.1999, Slg. 1999, I-4103, Rn. 22 (Sebago Inc. und Ancienne Maison Dubois & Fils SA/G-B Unic SA); EuGH, Rs. 355/96, 16.7.1998, Slg. 1998, I-4799, Rn. 26 (Silhouette International Schmied GmbH & Co. KG/Hartlauer Handelsgesellschaft mbH).

[85] EFTA-Gerichtshof, Rs. E-2/97, 3.12.1997, GRUR Int. 1998, S. 309, Rn. 21 (Mag Instrument Inc./California Trading Company Norway, Ulsteen).

Eigentums, insbesondere durch Art. 7 Abs. 1 der Ersten Richtlinie 89/104/ EWG des Rates vom 21. Dezember 1988 zur Angleichung der Rechtsvorschriften der Mitgliedstaaten über die Marken, untersagt worden. Ist es der Europäischen Gemeinschaft möglich, die internationale Erschöpfung durch das auf der Grundlage von Art. 95 Abs. 1 S. 2 EGV erlassene sekundäre Gemeinschaftsrecht auszuschließen, muß es ihr auch grundsätzlich erlaubt sein, die internationale Erschöpfung auf der Grundlage von Art. 95 Abs. 1 S. 2 EGV entweder allgemein einzuführen oder für die verschiedenen Rechte des geistigen Eigentums unterschiedlich zu regeln.[86]

b) Die Schaffung gewerblicher Gemeinschaftsschutzrechte

Selbst in den Fällen, in denen eine Angleichung der nationalen Rechtsvorschriften über die Rechte des geistigen Eigentums in den Mitgliedstaaten durch Richtlinien der Europäischen Gemeinschaft und durch völkerrechtliche Verträge der Mitgliedstaaten zum Schutz des geistigen Eigentums stattgefunden hat, wird die territorial begrenzte Wirkung der nationalen Rechte des geistigen Eigentums auf den Mitgliedstaat, in dem sie erworben wurden, nicht überwunden.[87] Die globalen Schutzverträge (*global protection system treaties/traités relatifs au système mondial de protection*), die sicherstellen, daß die internationale Anmeldung, Hinterlegung bzw. Registrierung eines gewerblichen Schutzrechts in allen Vertragsstaaten anerkannt wird, insbesondere das Madrider Abkommen über die internationale Registrierung von Marken vom 14. April 1891 in der Stockholmer Fassung vom 14. Juli 1967 (*Madrid Agreement Concerning the International Registration of Marks,* Madrider Markenabkommen)[88] und das Übereinkommen über die Erteilung europäischer Patente vom 5. Oktober 1973 (Europäisches Patent-

---

[86] Ebenso *Jens Gaster,* Die Erschöpfungsproblematik aus der Sicht des Gemeinschaftsrechts, GRUR Int. 2000, S. 571 (583); *Ulrich Loewenheim,* Nationale und internationale Erschöpfung von Schutzrechten im Wandel der Zeiten, GRUR Int. 1996, S. 307 (313).

[87] Vgl. Erwägungsgrund 4 der Verordnung (EG) Nr. 6/2002 des Rates vom 12. Dezember 2001 über das Gemeinschaftsgeschmacksmuster, welcher lautet:

„Der auf das Gebiet der einzelnen Mitgliedstaaten beschränkte Geschmacksmusterschutz kann – unabhängig davon, ob deren Rechtsvorschriften aneinander angeglichen sind oder nicht – bei Erzeugnissen, bei denen ein Geschmacksmuster verwendet wird, das Gegenstand nationaler Rechte seitens unterschiedlicher Personen ist, zu einer Spaltung des Binnenmarktes führen und stellt damit ein Hindernis für den freien Warenverkehr dar."

[88] Art. 4 Abs. 1 S. 1 des Madrider Markenabkommens lautet:

„Vom Zeitpunkt der im Internationalen Büro nach den Bestimmungen der Artikel 3 und 3ter vollzogenen Registrierung an ist die Marke in jedem der beteiligten Vertragsländer ebenso geschützt, wie wenn sie dort unmittelbar hinterlegt worden wäre."

übereinkommen)[89], führen lediglich zu einem Bündel nationaler gewerblicher Schutzrechte.

Die territorial begrenzte Wirkung der nationalen Rechte des geistigen Eigentums kann nach dem Vorbild der einheitlichen gewerblichen Schutzrechte der Benelux-Wirtschaftsunion[90] nur durch Schaffung gewerblicher Gemeinschaftsschutzrechte überwunden werden, die einheitlich für den gesamten Gemeinschaftsraum erworben werden können. Im Bereich des gewerblichen Rechtsschutzes sind seit Anfang der 1990er Jahre Verordnungen über die Schaffung eines ergänzenden Schutzzertifikats für Arzneimittel[91] und für Pflanzenschutzmittel[92], zum Schutz von geographischen Angaben und Ursprungsbezeichnungen für Agrarerzeugnisse und Lebensmittel,[93] über die Gemeinschaftsmarke,[94] über den gemeinschaftlichen Sortenschutz[95] und über das Gemeinschaftsgeschmacksmuster[96] ergangen. Darüberhinaus hat die Kommission die Schaffung eines Gemeinschaftspatents[97] vorgeschlagen. Diese gewerblichen Gemeinschaftsschutzrechte bestehen neben den nationalen gewerblichen Schutzrechten, da es, etwa nach Erwä-

---

[89] Art. 2 Abs. 2 des Europäischen Patentübereinkommens lautet:

„Das europäische Patent hat in jedem Vertragsstaat, für den es erteilt worden ist, dieselbe Wirkung und unterliegt denselben Vorschriften wie ein in diesem Staat erteiltes nationales Patent."

[90] Vgl. Erwägungsgrund 2 der Verordnung (EG) Nr. 6/2002 des Rates vom 12. Dezember 2001 über das Gemeinschaftsgeschmacksmuster, welcher lautet:

„Nur die Benelux-Länder haben bisher ein einheitliches Geschmacksmusterschutzgesetz erlassen. In allen anderen Mitgliedstaaten ist der Geschmacksmusterschutz Gegenstand einschlägiger einzelstaatlicher Gesetze und beschränkt sich auf das Gebiet des jeweiligen Mitgliedstaats."

[91] Verordnung (EWG) Nr. 1768/92 des Rates vom 18. Juni 1992 über die Schaffung eines ergänzenden Schutzzertifikats für Arzneimittel, geändert durch die Akte über die Bedingungen des Beitritts des Königreichs Norwegen, der Republik Österreich, der Republik Finnland und des Königreichs Schweden und die Anpassungen der die Europäische Union begründenden Verträge.

[92] Verordnung (EG) Nr. 1610/96 des Europäischen Parlaments und des Rates vom 23. Juli 1996 über die Schaffung eines ergänzenden Schutzzertifikats für Pflanzenschutzmittel.

[93] Verordnung (EWG) Nr. 2081/92 des Rates vom 14. Juli 1992 zum Schutz von geographischen Angaben und Ursprungsbezeichnungen für Agrarerzeugnisse und Lebensmittel.

[94] Verordnung (EG) Nr. 40/94 des Rates vom 20. Dezember 1993 über die Gemeinschaftsmarke, zuletzt geändert durch die Verordnung (EG) Nr. 3288/94.

[95] Verordnung (EG) Nr. 2100/94 des Rates vom 27. Juli 1994 über den gemeinschaftlichen Sortenschutz, zuletzt geändert durch die Verordnung (EG) Nr. 2506/95.

[96] Verordnung (EG) Nr. 6/2002 des Rates vom 12. Dezember 2001 über das Gemeinschaftsgeschmacksmuster.

[97] Vorschlag vom 1. August 2000 für eine Verordnung des Rates über das Gemeinschaftspatent.

gungsgrund 4 der Verordnung (EG) Nr. 40/94 des Rates vom 20. Dezember 1993 über die Gemeinschaftsmarke, „nicht gerechtfertigt [erscheint], die Unternehmen zu zwingen, ihre Marken als Gemeinschaftsmarken anzumelden, da die innerstaatlichen Marken nach wie vor für diejenigen Unternehmen notwendig sind, die keinen Schutz ihrer Marken auf Gemeinschaftsebene wünschen“.[98]

Fraglich ist, ob gewerbliche Gemeinschaftsschutzrechte auf der Grundlage von Art. 95 Abs. 1 S. 2 EGV geschaffen werden können. Die bisherigen Verordnungen über gewerbliche Gemeinschaftsschutzrechte wurden mit Ausnahme der Verordnung (EWG) Nr. 1768/92 des Rates vom 18. Juni 1992 über die Schaffung eines ergänzenden Schutzzertifikats für Arzneimittel, der Verordnung (EWG) Nr. 2081/92 des Rates vom 14. Juli 1992 zum Schutz von geographischen Angaben und Ursprungsbezeichnungen für Agrarerzeugnisse und Lebensmittel und der Verordnung (EG) Nr. 1610/96 des Europäischen Parlaments und des Rates vom 23. Juli 1996 über die Schaffung eines ergänzenden Schutzzertifikats für Pflanzenschutzmittel, die auf Art. 95 bzw. Art. 37 EGV gestützt wurden, auf der Grundlage von Art. 308 EGV erlassen. Erwägungsgründe 3 und 4 der Verordnung (EG) Nr. 40/94 gehen davon aus, daß „im Wege der Angleichung der Rechtsvorschriften [...] das Hindernis der territorialen Beschränkung der Rechte, die den Markeninhabern nach den Rechtsvorschriften der Mitgliedstaaten zustehen, nicht beseitigt werden [kann]“ und daß, „da im Vertrag keine spezifischen Befugnisse für die Schaffung eines derartigen Rechtsinstruments vorgesehen sind, [..] Artikel [308] des Vertrages heranzuziehen [ist]“.

In dem Urteil „Ideal Standard“ hat der EuGH anerkannt, daß gewerbliche Gemeinschaftsschutzrechte auf der Grundlage von Art. 95 Abs. 1 S. 2 EGV geschaffen werden können.[99] In dem Gutachten 1/94 hat der EuGH hingegen

---

[98] Vgl. auch Erwägungsgrund 4 des Vorschlags vom 1. August 2000 für eine Verordnung des Rates über das Gemeinschaftspatent; Erwägungsgrund 3 der Verordnung (EG) Nr. 2100/94 des Rates vom 27. Juli 1994 über den gemeinschaftlichen Sortenschutz; Erwägungsgrund 7 der Verordnung (EWG) Nr. 1768/92 des Rates vom 18. Juni 1992 über die Schaffung eines ergänzenden Schutzzertifikats für Arzneimittel. Vgl. für geographische Angaben und Ursprungsbezeichnungen für Agrarerzeugnisse und Lebensmittel *Winfried Tilmann,* Ausschließlicher Schutz für geographische Herkunftsbezeichnungen nach der EG-VO 2081/92?, GRUR 1996, S. 959 (964 f.).

[99] EuGH, Rs. C-9/93, 22.6.1994, Slg. 1994, I-2789, Rn. 57 f. (IHT Internationale Heiztechnik GmbH und Uwe Danzinger/Ideal-Standard GmbH und Wabco Standard GmbH): „Die Ansicht, daß nationale Rechtsvorschriften, soweit sie derzeit angesichts der Unabhängigkeit der Ansprüche aus nationalem Recht voneinander [...] die Gültigkeit der Übertragungen für die von ihnen erfassten Gebiete nicht von der gleichzeitigen Übertragung des Warenzeichens für die anderen Staaten der Gemeinschaft abhängig machen, Maßnahmen gleicher Wirkung sind, die unter Artikel 30

zwischen der Kompetenz zur „Harmonisierung der nationalen Rechtsvorschriften“ nach Art. 94 und Art. 95 Abs. 1 S. 2 EGV und der Kompetenz zur Schaffung „neue[r] Titel“ nach Art. 308 EGV unterschieden.[100] Auf diese Unterscheidung hat der EuGH in späteren Urteilen bezug genommen.[101]

Bedenkt man, daß in keiner der zitierten Entscheidungen des EuGH außer dem Urteil „Spanien/Rat“, in dem der EuGH allerdings davon ausging, daß durch die Verordnung (EWG) Nr. 1768/92 des Rates vom 18. Juni 1992 über die Schaffung eines ergänzenden Schutzzertifikats für Arzneimittel „kein neuer Titel geschaffen“ wurde,[102] eine auf Art. 95 Abs. 1 S. 2 EGV gestützte Verordnung zur Schaffung gewerblicher Gemeinschaftsschutzrechte Prüfungsgegenstand war und die Entscheidungen folglich nicht auf der Frage der richtigen Rechtsgrundlage für eine solche Verordnung beruhen konnten, handelt es sich bei den Äußerungen des EuGH lediglich um *obiter dicta,* die zwar hinweisgebend, aber nicht verbindlich sind.[103] Die Indizwirkung der im Vergleich zum Urteil „Ideal Standard“ neueren Äußerungen des EuGH, die die Schaffung gewerblicher Gemeinschaftsschutzrechte auf der Grundlage von Art. 308 EGV zu bevorzugen scheinen, war zwar so stark, daß sie den Austausch der Rechtsgrundlage für die Verordnung (EG) Nr. 6/2002 des Rates vom 12. Dezember 2001 über das Gemeinschaftsgeschmacksmuster beeinflussen konnte, wird aber insbesondere durch die undeutliche Formulierung im Gutachten 1/94, „kann auf der Grundlage von Art. [308] neue Titel schaffen“,[104] auf die die späteren Ur-

---

fallen und nicht nach Artikel 36 gerechtfertigt sind, würde den Staaten letztlich die positive Verpflichtung auferlegen, in ihre Rechtsvorschriften eine Bestimmung aufzunehmen, nach der die nur für einen Teil der Gemeinschaft vorgenommenen Übertragungen nationaler Warenzeichen nichtig sind. Es ist Aufgabe des Gemeinschaftsgesetzgebers, den Mitgliedstaaten eine solche Verpflichtung durch eine Richtlinie auf der Grundlage von Artikel 100a EG-Vertrag aufzuerlegen, da die Beseitigung der durch die Territorialität der nationalen Warenzeichen bedingten Hindernisse für die Errichtung und das Funktionieren des Binnenmarkts notwendig ist, oder die betreffende Vorschrift unmittelbar selbst durch eine Verordnung auf derselben Rechtsgrundlage zu erlassen.“

[100] EuGH, Gutachten 1/94, 15.11.1994, Slg. 1994, I-5267, Rn. 59 (Zuständigkeit der Gemeinschaft für den Abschluß völkerrechtlicher Abkommen auf dem Gebiet der Dienstleistungen und des Schutzes des geistigen Eigentums).

[101] EuGH, Rs. C-377/98, 9.10.2001, Slg. 2001, I-7079, Rn. 24 f. (Niederlande/Parlament und Rat); EuGH, Rs. C-350/92, 13.7.1995, Slg. 1995, I-2003, Rn. 23 (Spanien/Rat).

[102] EuGH, Rs. C-350/92, 13.7.1995, Slg. 1995, I-2003, Rn. 27 (Spanien/Rat).

[103] *Wolfgang Drasch,* Die Rechtsgrundlagen des europäischen Einheitsrechts im Bereich des gewerblichen Eigentums, ZEuP 1998, S. 118 (135).

[104] EuGH, Gutachten 1/94, 15.11.1994, Slg. 1994, I-5267, Rn. 59 (Zuständigkeit der Gemeinschaft für den Abschluß völkerrechtlicher Abkommen auf dem Gebiet der Dienstleistungen und des Schutzes des geistigen Eigentums).

teile des EuGH bezug nehmen, abgeschwächt. Allein das Urteil „Niederlande/Parlament und Rat" geht davon aus, daß die Schaffung gewerblicher Gemeinschaftsschutzrechte „nur auf der Rechtsgrundlage des Artikels [308] EG-Vertrag möglich wäre".[105]

Letztlich entscheidet die Reichweite des Begriffs der Rechtsangleichung über die Frage, ob gewerbliche Gemeinschaftsschutzrechte auf der Grundlage von Art. 95 Abs. 1 S. 2 EGV geschaffen werden können. Die Stimmen, die den Begriff der Rechtsangleichung eng auslegen, wenden gegen die Schaffung gewerblicher Gemeinschaftsschutzrechte auf der Grundlage von Art. 95 Abs. 1 S. 2 EGV ein, die Rechtsangleichung setze notwendig voraus, daß „entsprechende nationale Regelungen bestehen oder jedenfalls ergehen können".[106] Die Schaffung gewerblicher Gemeinschaftsschutzrechte gleiche die nationalen gewerblichen Schutzrechte gerade nicht aneinander an, sondern ergänze das nationale Schutzrechtssystem durch ein eigenständiges Schutzrechtssystem auf Gemeinschaftsebene.[107] Dagegen bringen die Stimmen, die den Begriff der Rechtsangleichung weit auslegen, für die Schaffung gewerblicher Gemeinschaftsschutzrechte auf der Grundlage von Art. 95 Abs. 1 S. 2 EGV vor, die Rechtsangleichung beseitige nicht nur die Hindernisse für den freien Waren-, Personen-, Dienstleistungs- und Kapitalverkehr zwischen den Mitgliedstaaten, die sich aus unterschiedlichen, sondern auch die Hindernisse, die sich aus gegensätzlichen nationalen Rechtsvorschriften ergeben.[108] Gegensätzliche nationale Rechtsvorschriften liegen vor, wenn ähnliche oder gar identische nationale Rechtsvorschriften unvereinbar aufeinander treffen.[109] Genau dies sei bei den nationalen gewerblichen Schutzrechten der Fall, da die Angleichung der nationalen

---

[105] EuGH, Rs. C-377/98, 9.10.2001, Slg. 2001, I-7079, Rn. 25 (Niederlande/Parlament und Rat).

[106] Beschluß des Bundesrates vom 24. September 1994 zum Vorschlag einer Verordnung des Europäischen Parlaments und des Rates über das Gemeinschaftsgeschmacksmuster (BR-Drs. 42/94, Anhang B, S. 1).

[107] *Hanns Ullrich,* Die gemeinschaftsrechtliche Gestaltung des Wettbewerbsrechts und des Rechts des geistigen Eigentums – eine Skizze, in: Peter-Christian Müller-Graff (Hrsg.), Gemeinsames Privatrecht in der Europäischen Gemeinschaft, 1993, S. 325 (352); *Peter-Christian Müller-Graff,* Die Rechtsangleichung bei der Verwirklichung des Binnenmarkts, EuR 24 (1989), S. 107 (129).

[108] *Jörn Pipkorn/Angela Bardenhewer-Rating/Hans Claudius Taschner,* in: Hans von der Groeben/Jürgen Schwarze (Hrsg.), Kommentar zum Vertrag über die Europäische Union und zur Gründung der Europäischen Gemeinschaft, 6. Auflage 2003, Art. 95 EGV Rn. 41; *Marcel Haag,* in: Bengt Beutler/Roland Bieber/Jörn Pipkorn/Jochen Streil (Hrsg.), Die Europäische Union, Rechtsordnung und Politik, 5. Auflage 2001, Rn. 706; *Wolfgang Drasch,* Die Rechtsgrundlagen des europäischen Einheitsrechts im Bereich des gewerblichen Eigentums, ZEuP 1998, S. 118 (136).

[109] *Wolfgang Drasch,* Die Rechtsgrundlagen des europäischen Einheitsrechts im Bereich des gewerblichen Eigentums, ZEuP 1998, S. 118 (136 f.).

Rechtsvorschriften über die gewerblichen Schutzrechte die territorial begrenzte Wirkung der nationalen gewerblichen Schutzrechte auf den Mitgliedstaat, in dem sie erworben wurden, nicht überwinden könne.[110]

Unter dem Begriff der Rechtsangleichung, der im EG-Vertrag nicht nur nicht definiert wird, sondern obendrein uneinheitlich verwendet[111] und unterschiedlich übersetzt[112] wird, ist grundsätzlich die „sachbezogene Annäherung nationaler Rechtsvorschriften an einen gemeinschaftsrechtlich vorgegebenen Standard" zu verstehen.[113] Wenn auch *de jure* zwischen den Begriffen der Rechtsangleichung und der Rechtsvereinheitlichung zu unterscheiden ist, verschwimmen die Grenzen *de facto* in der Rechtspraxis der Europäischen Gemeinschaft. Die Regelungsdichte und der Detailreichtum einiger Maßnahmen zur Rechtsangleichung[114] sowie die Rechtsprechung des EuGH zur unmittelbaren Anwendbarkeit nicht fristgemäß oder nicht ordnungsgemäß umgesetzter Richtlinien[115] haben zu einer weitestgehenden Vereinheitlichung bestimmter Rechtsgebiete geführt. Da der Begriff der Rechtsangleichung somit keiner einheitlichen, umfassenden Definition zugänglich ist und sich aus ihm keine Rückschlüsse auf das gerade noch zulässige Ausmaß ziehen lassen, den die Rechtsangleichung haben darf, ist er nach Sinn und Zweck der Vorschrift auszulegen, die zur Rechtsangleichung ermächtigt.

---

[110] *Wolfgang Drasch,* Die Rechtsgrundlagen des europäischen Einheitsrechts im Bereich des gewerblichen Eigentums, ZEuP 1998, S. 118 (137).

[111] Im EG-Vertrag werden die Begriffe Rechtsangleichung, Koordinierung und Harmonisierung synonym verwendet (vgl. *H. G. Fischer,* in: Carl Otto Lenz/Klaus-Dieter Borchardt (Hrsg.), EU- und EG-Vertrag, 3. Auflage 2003, Vorb. Art. 94–97 EGV Rn. 1).

[112] Die englische, französische und niederländische Fassung des Art. 95 Abs. 1 S. 2 EGV spricht von „approximation of the provisions laid down by regulation or administrative action", „rapprochement des dispositions législatives, réglementaires et administratives" und „aanpassing van de wettelijke en bestuursrechtelijke bepalingen".

[113] *Hans Claudius Taschner,* in: Hans von der Groeben/Jürgen Schwarze (Hrsg.), Kommentar zum Vertrag über die Europäische Union und zur Gründung der Europäischen Gemeinschaft, 6. Auflage 2003, Art. 94 EGV Rn. 4; *Wolfgang Kahl,* in: Christian Calliess/Matthias Ruffert (Hrsg.), Kommentar des Vertrages über die Europäische Union und des Vertrages zur Gründung der Europäischen Gemeinschaft – EUV/EGV –, 2. Auflage 2002, Art. 94 EGV Rn. 1; *Christoph Eiden,* Die Rechtsangleichung gemäß Art. 100 des EWG-Vertrages, 1984, S. 16.

[114] Vgl. nur Art. 2 der Richtlinie 2000/84/EG des Europäischen Parlaments und des Rates vom 19. Januar 2001 zur Regelung der Sommerzeit (ABl. EU Nr. L 31 vom 2.2.2001, S. 21 f.), welcher lautet:

„Ab dem Jahr 2002 beginnt die Sommerzeit in jedem Mitgliedstaat am letzten Sonntag im März um 1 Uhr morgens Weltzeit."

[115] Erstmals EuGH, Rs. 41/74, 4.12.1974, Slg. 1974, 1337, Rn. 15 (Yvonne van Duyn/Home Office).

Die Rechtsangleichung nach Art. 95 Abs. 1 S. 2 EGV kann von ihrer Konzeption her, insbesondere wegen der fehlenden Beschränkung auf den Erlaß von Richtlinien, mehr leisten als die Rechtsangleichung nach Art. 94 EGV und ist infolgedessen in einem weiten Sinn zu verstehen. Bei der Untersuchung der Frage, ob eine auf Art. 95 EGV gestützte Maßnahme noch als Rechtsangleichung betrachtet werden kann, ist der Verbesserung der Voraussetzungen für die Errichtung und das Funktionieren des Binnenmarkts entscheidende Bedeutung beizumessen.[116] Das Argument, die Voraussetzungen für die Errichtung und das Funktionieren des Binnenmarkts könnten auch auf andere Weise als durch Rechtangleichung verbessert werden, nämlich durch Ausübung der Vertragsabrundungskompetenz nach Art. 308 EGV, überzeugt nicht. Art. 308 EGV, der den Rat zum Erlaß von Rechtsakten ermächtigt, wenn die Verträge zwar keine ausdrückliche Ermächtigung enthalten, ein Tätigwerden der Europäischen Gemeinschaft aber erforderlich erscheint, um im Rahmen des Gemeinsamen Marktes eines ihrer Ziele zu verwirklichen, greift nämlich nur subsidiär ein. Für die Erreichung der vertraglichen Zielbestimmung des Binnenmarkts nach Art. 3 Abs. 1 lit. c) EGV steht aber mit Art. 95 Abs. 1 S. 2 EGV eine ausdrückliche sowie formell und materiell ausreichende Ermächtigungsnorm zur Verfügung. Darüber hinaus kann dem EG-Vertrag selbst bei Kompetenzen, die nicht in einem Stufen-, sondern in einem Ergänzungsverhältnis stehen, keine Pflicht der Europäischen Gemeinschaft entnommen werden, ihren Rechtsakt auf die Kompetenz zu stützen, die wegen des Erfordernisses der Einstimmigkeit im Rat schwerer zu realisieren ist.[117] Im Gegenteil könnte man unter Berufung auf das Urteil „Titandioxid“ des EuGH sogar eine Pflicht konstruieren, auf Art. 95 Abs. 1 S. 2 EGV und nicht auf Art. 308 EGV zurückzugreifen. Im Urteil „Titandioxid“ hat der EuGH der mit Art. 95 Abs. 1 S. 2 EGV verbundenen intensiven Mitwirkung des Europäischen Parlaments im Rahmen des Mitentscheidungsverfahrens nach Art. 251 EGV und dem Umstand der Ausweitung der Mehrheitsentscheidungen im EG-Vertrag bei der Wahl der Ermächtigungsnorm entscheidende Bedeutung beigemessen.[118]

Nach allem können gewerbliche Gemeinschaftsschutzrechte auf der Grundlage von Art. 95 Abs. 1 S. 2 EGV geschaffen werden. Es bedarf keines Rückgriffs auf Art. 308 EGV.

---

[116] *Hans Claudius Taschner,* in: Hans von der Groeben/Jürgen Schwarze (Hrsg.), Kommentar zum Vertrag über die Europäische Union und zur Gründung der Europäischen Gemeinschaft, 6. Auflage 2003, Art. 94 EGV Rn. 3.

[117] *Meinhard Schröder,* Kompetenz- und eigentumsrechtliche Fragen bei der Verwirklichung des Elektrizitätsbinnenmarktes, 1993, S. 33 f.

[118] EuGH, Rs. C-300/89, Slg. 1991, I-2867, Rn. 23 (Kommission/Rat).

aa) Die Errichtung zentraler Gemeinschaftseinrichtungen

Auf dem Gebiet des geistigen Eigentums zählen zu den selbständigen Einrichtungen der Europäischen Gemeinschaft das Harmonisierungsamt für den Binnenmarkt (Marken, Muster und Modelle)[119] mit Sitz in Alicante, Spanien[120], und das Gemeinschaftliche Sortenamt[121] mit Sitz in Angers, Frankreich[122]. Obwohl alle selbständigen Einrichtungen der Europäischen Gemeinschaft mit Ausnahme der Europäischen Umweltagentur[123] bisher auf der Grundlage von Art. 308 EGV errichtet wurden, stellt sich die Frage, ob das Harmonisierungsamt für den Binnenmarkt (Marken, Muster und Modelle) und das Gemeinschaftliche Sortenamt nicht auf der Grundlage von Art. 95 Abs. 1 S. 2 EGV hätten errichtet werden müssen. Zwar kann die Errichtung selbständiger Einrichtungen der Europäischen Gemeinschaft, selbst wenn man die Rechtsangleichung nach Art. 95 Abs. 1 S. 2 EGV in einem weiten Sinn versteht, nicht mehr als Rechtsangleichung angesehen werden. Selbständige Einrichtungen der Europäischen Gemeinschaft können jedoch dann auf der Grundlage von Art. 95 Abs. 1 S. 2 EGV errichtet werden, wenn sie gegenüber der Rechtsangleichung nach Art. 95 Abs. 1 S. 2 EGV, die den Schwerpunkt des Rechtsakts bilden muß, akzessorisch sind.[124] Die Errichtung des Harmonisierungsamts für den Binnenmarkt (Marken, Muster und Modelle) und des Gemeinschaftlichen Sortenamts ist notwendig mit der Schaffung gewerblicher Gemeinschaftsschutzrechte verbunden, müssen gewerbliche Schutzrechte doch angemeldet, hinterlegt bzw. registriert werden. Wegen ihrer höheren wirtschaftlichen Bedeutung bietet

---

[119] Art. 2 und Art. 62 ff. der Verordnung (EG) Nr. 6/2002 des Rates vom 12. Dezember 2001 über das Gemeinschaftsgeschmacksmuster; Art. 2 und Art. 111 ff. der Verordnung (EG) Nr. 40/94 des Rates vom 20. Dezember 1993 über die Gemeinschaftsmarke.

[120] Erklärung des Rates und der Kommission zum Sitz des Harmonisierungsamtes für den Binnenmarkt (Marken, Muster und Modelle) (ABl. EU Nr. L 11 vom 14.1.1994, S. 36).

[121] Art. 4 und Art. 30 ff. der Verordnung (EG) Nr. 2100/94 des Rates vom 27. Juli 1994 über den gemeinschaftlichen Sortenschutz.

[122] Einvernehmlicher Beschluß der Vertreter der Regierungen der Mitgliedstaaten vom 6. Dezember 1996 über die Festlegung des Sitzes des Gemeinschaftssortenamtes (ABl. EU Nr. C 36 vom 5.2.1997, S. 1).

[123] Die Verordnung (EWG) Nr. 1210/90 des Rates vom 7. Mai 1990 zur Errichtung einer Europäischen Umweltagentur und eines Europäischen Umweltinformations- und Umweltbeobachtungsnetzes (ABl. EU Nr. L 120 vom 11.5.1990, S. 1 ff.) wurde auf Art. 175 EGV gestützt.

[124] *Jörn Pipkorn/Angela Bardenhewer-Rating/Hans Claudius Taschner,* in: Hans von der Groeben/Jürgen Schwarze (Hrsg.), Kommentar zum Vertrag über die Europäische Union und zur Gründung der Europäischen Gemeinschaft, 6. Auflage 2003, Art. 95 EGV Rn. 46.

in den Fällen der Gemeinschaftsmarke und des Gemeinschaftsgeschmacksmusters anders als in den Fällen der ergänzenden Schutzzertifikate für Arznei- und Pflanzenschutzmittel sowie der geographischen Angaben und Ursprungsbezeichnungen für Agrarerzeugnisse und Lebensmittel nur eine selbständige Einrichtung der Europäischen Gemeinschaft die Gewähr für ein gemeinschaftsweit einheitliches und überschaubares Verfahren.[125] Die ergänzenden Schutzzertifikate für Arznei- und Pflanzenschutzmittel werden von der für den gewerblichen Rechtsschutz zuständigen Behörde des Mitgliedstaats, die das jeweilige Grundpatent erteilt hat, angemeldet.[126] Die geographischen Angaben und Ursprungsbezeichnungen für Agrarerzeugnisse und Lebensmittel werden von der Kommission in ein Verzeichnis der geschützten Ursprungsbezeichnungen und der geschützten geographischen Angaben eingetragen.[127]

Das Gemeinschaftsgericht für geistiges Eigentum, dem, sobald die Verordnung des Rates über das Gemeinschaftspatent verabschiedet ist, Aufgaben übertragen werden,[128] soll nach dem Arbeitspapier der Kommission vom 30. August 2002 über das geplante Rechtsprechungssystem für das Gemeinschaftspatent[129] auf der Grundlage der durch den Vertrag von Nizza eingeführten Art. 229a und 225a EGV errichtet werden. Ein einstimmiger Beschluß des Rates nach Art. 229a EGV ist zunächst notwendig, um dem EuGH die Zuständigkeit zu übertragen, „über Rechtsstreitigkeiten im Zusammenhang mit der Anwendung von aufgrund dieses Vertrags erlassenen Rechtsakten, mit denen gemeinschaftliche Titel für den gewerblichen Rechtsschutz geschaffen werden, zu entscheiden“. Danach ermöglicht Art. 225a Abs. 1 EGV dem Rat, durch einstimmigen Beschluß gerichtliche Kammern beim EuGH für Gemeinschaftspatent-Streitsachen zu bilden.[130]

---

[125] *Jörn Pipkorn/Angela Bardenhewer-Rating/Hans Claudius Taschner,* in: Hans von der Groeben/Jürgen Schwarze (Hrsg.), Kommentar zum Vertrag über die Europäische Union und zur Gründung der Europäischen Gemeinschaft, 6. Auflage 2003, Art. 95 EGV Rn. 42.

[126] Art. 9 Abs. 1 der Verordnung (EWG) Nr. 1768/92 des Rates vom 18. Juni 1992 über die Schaffung eines ergänzenden Schutzzertifikats für Arzneimittel und der Verordnung (EG) Nr. 1610/96 des Europäischen Parlaments und des Rates vom 23. Juli 1996 über die Schaffung eines ergänzenden Schutzzertifikats für Pflanzenschutzmittel.

[127] Art. 6 Abs. 3 der Verordnung (EWG) Nr. 2081/92 des Rates vom 14. Juli 1992 zum Schutz von geographischen Angaben und Ursprungsbezeichnungen für Agrarerzeugnisse und Lebensmittel.

[128] Art. 30 ff. des Vorschlags vom 1. August 2000 für eine Verordnung des Rates über das Gemeinschaftspatent.

[129] KOM (2002) 480 endg. Vgl. zum späteren, konkretisierenden *common political approach* des Rates vom 3. März 2003 *Winfried Tilmann,* Gemeinschaftspatent mit einem zentralen Gericht, GRUR Int. 2003, S. 381 ff.

bb) Die Übertragung von Aufgaben an gemeinschaftsfremde Einrichtungen

Auf der Grundlage von Art. 95 Abs. 1 S. 2 EGV können Aufgaben unter denselben Voraussetzungen an gemeinschaftsfremde Einrichtungen übertragen werden, wie selbständige Einrichtungen der Europäischen Gemeinschaft errichtet werden können. Das Gemeinschaftspatent soll nach dem Vorschlag der Kommission nicht durch das Harmonisierungsamt für den Binnenmarkt (Marken, Muster und Modelle), sondern durch das Europäische Patentamt (EPA), ein Organ der durch das Europäische Patentübereinkommen errichteten Europäischen Patentorganisation (EPO)[131], erteilt werden.[132] Wird die Europäische Gemeinschaft durch die implizite, aus Art. 95 Abs. 1 S. 2 EGV abgeleitete Vertragsschlußkompetenz ermächtigt, Hoheitsrechte der Europäischen Gemeinschaft auf Organe internationaler Organisationen zu übertragen,[133] muß es ihr auf der Grundlage von Art. 95 Abs. 1 S. 2 EGV auch möglich sein, Aufgaben an Organe internationaler Organisationen zu übertragen. Dies gilt für die Übertragung von Aufgaben an das EPA umso mehr, als das Europäische Patentübereinkommen und das der vorgeschlagenen Gemeinschaftspatentverordnung vorausgehende und nie in Kraft getretene Luxemburger Übereinkommen über das europäische Patent für den Gemeinsamen Markt vom 15. Dezember 1975 in der Fassung der Vereinbarung über Gemeinschaftspatente vom 15. Dezember 1989 (Gemeinschaftspatentübereinkommen) auf eine einheitliche Konzeption zurückgehen, die 1969 wegen der erwünschten Beteiligung weiterer europäischer Staaten an einem gemeinsamen Patenterteilungsverfahren durch eine in zwei Teile gespaltene Konzeption ersetzt wurde.[134]

IV. Die Kompetenz zur Vertragsabrundung nach Art. 308 EGV

Die Kompetenz der Europäischen Gemeinschaft zur Vertragsabrundung oder Vertragslückenschließung nach Art. 308 EGV ist nicht einschlägig, da

---

[130] Vgl. hierzu auch den Gemeinsamen Politischen Standpunkt des Rates der EU vom 3. März 2003 zum Gemeinschaftspatent, Rats-Dok. 6874/1/03, REV 1, abgedruckt in GRUR Int. 2003, S. 389 ff.

[131] Art. 4 Abs. 2 lit. a) des Europäischen Patentübereinkommens.

[132] Art. 1 Abs. 1 des Vorschlags vom 1. August 2000 für eine Verordnung des Rates über das Gemeinschaftspatent.

[133] Siehe unten Erster Teil, Drittes Kapitel, C.

[134] *Otto Bossung,* Rückführung des europäischen Patentrechts in die Europäische Union, Dr. Kurt Haertel zum 85. Geburtstag, GRUR Int. 1995, S. 923 (924 f.); *Friedrich-Karl Beier,* Das europäische Patentsystem, in: Friedrich-Karl Beier/Kurt Haertel/Gerhard Schricker (Hrsg.), Europäisches Patentübereinkommen, Münchner Großkommentar, 1984, S. 51 ff., Rn. 12.

der EG-Vertrag die zur Verwirklichung der für das geistige Eigentum relevanten, in Art. 3 Abs. 1 lit. b), c), g), h) und q) EGV genannten Ziele der Europäischen Gemeinschaft erforderlichen Befugnisse an anderer Stelle bereithält. Die Europäische Gemeinschaft ist nach Art. 133 Abs. 1 EGV für die gemeinsame Handelspolitik und nach Art. 95 Abs. 1 S. 2 EGV für die Beseitigung von Hindernissen für den freien Waren- und Dienstleistungsverkehr und von Wettbewerbsverzerrungen zuständig. Wie bereits dargelegt,[135] ermächtigt Art. 95 Abs. 1 S. 2 EGV nicht nur zur Angleichung der nationalen Rechtsvorschriften über die Rechte des geistigen Eigentums, sondern auch zur Schaffung von gewerblichen Gemeinschaftsschutzrechten. Nach dem Gutachten 2/94 des EuGH kann die Europäische Gemeinschaft auf der Grundlage von Art. 308 EGV kein sekundäres Gemeinschaftsrecht erlassen, das über die Ziele der Europäischen Gemeinschaft hinausgeht,[136] d.h. Fragen der Rechte des geistigen Eigentums regeln, die weder die gemeinsame Handelspolitik betreffen noch den freien Waren- und Dienstleistungsverkehr behindern.

V. Zusammenfassende Bewertung

Obwohl der Europäischen Gemeinschaft keine ausdrückliche Kompetenz zur Setzung von sekundärem Gemeinschaftsrecht übertragen wurde, ist die bestehende Verteilung der Kompetenzen im Hinblick auf die möglichst weitgehende Angleichung bzw. einheitliche Gestaltung der Rechte des geistigen Eigentums durch sekundäres Gemeinschaftsrecht sachgerecht. Auf der Grundlage von Art. 95 Abs. 1 S. 2 EGV kann die Europäische Gemeinschaft zum einen das Schutzlandprinzip überwinden, d.h. die Rechts- und Verwaltungsvorschriften über die Rechte des geistigen Eigentums aneinander angleichen, und zum anderen das Territorialitätsprinzip überwinden, d.h. gewerbliche Gemeinschaftsschutzrechte schaffen. Darüber hinaus können auf der Grundlage von Art. 95 Abs. 1 S. 2 EGV zentrale Gemeinschaftsreinrichtungen errichtet und Aufgaben an gemeinschaftsfremde Einrichtungen übertragen werden. Zwar können weder die Errichtung zentraler Gemeinschaftseinrichtungen noch die Übertragung von Aufgaben an gemeinschaftsfremde Einrichtungen als Maßnahmen der Rechtsangleichung angesehen werden. Beide sind aber notwendig mit der Schaffung gewerblicher Gemeinschaftsschutzrechte verbunden und können aus diesem Grund

---

135 Siehe oben Erster Teil, Erstes Kapitel, A. III. 2. b).

136 EuGH, Gutachten 2/94, 28.3.1996, Slg. 1996, I-1759, Rn. 30 (Beitritt der Gemeinschaft zur Konvention zum Schutze der Menschenrechte und Grundfreiheiten): „[Artikel 308] kann jedenfalls nicht als Rechtsgrundlage für den Erlaß von Bestimmungen dienen, die der Sache nach, gemessen an ihren Folgen, auf eine Vertragsänderung ohne Einhaltung des hierfür vorgesehenen Verfahrens hinausliefen.“

akzessorisch auf der Grundlage von Art. 95 Abs. 1 S. 2 EGV geregelt werden.

Der Vorwurf der fehlenden Transparenz, der insbesondere gegen die zielbestimmte Querschnittskompetenz des Art. 95 Abs. 1 S. 2 EGV erhoben wird,[137] ist auf dem Gebiet des geistigen Eigentums nicht haltbar. Die Voraussetzungen von Art. 133 Abs. 1 EGV und Art. 95 Abs. 1 S. 2 EGV sind durch die Rechtsprechung des EuGH ausreichend präzisiert worden. Die Europäische Gemeinschaft kann auf der Grundlage von Art. 133 Abs. 1 EGV nur tätig werden, wenn der Warenverkehr mit Drittstaaten entweder den Schwerpunkt des sekundären Gemeinschaftsrechts bildet und der ebenfalls geregelte Schutz des geistigen Eigentums akzessorisch bleibt oder wenn das sekundäre Gemeinschaftsrecht zwar dem Schutz des geistigen Eigentums dient, aber auch den Warenverkehr mit Drittstaaten betrifft. Auf der Grundlage von Art. 95 Abs. 1 S. 2 EGV kann die Europäische Gemeinschaft nur tätig werden, wenn die Rechtsangleichung tatsächlich den Zweck hat, die Voraussetzungen für die Errichtung und das Funktionieren des Binnenmarkts zu verbessern.

Konkrete Vorschläge für eine einschränkende Präzisierung von Art. 95 Abs. 1 S. 2 EGV enthält der Entwurf eines Vertrags über eine Verfassung für Europa vom 18. Juli 2003[138] nicht.[139] Art. 95 Abs. 1 S. 2 EGV erstreckt sich als zielbestimmte Querschnittskompetenz zwangsläufig auf Bereiche, die in der Kompetenz der Mitgliedstaaten verblieben sind.[140] Das geistige Eigentum ist wegen seiner wirtschaftlichen Bedeutung, die in Art. 30 EGV zum Ausdruck kommt, untrennbar mit dem Binnenmarkt verbunden und könnte aus dem Anwendungsbereich von Art. 95 Abs. 1 S. 2 EGV, z.B. durch Aufnahme in einen negativen Kompetenzkatalog, nicht herausgebrochen werden, ohne die Grundfreiheiten zu beeinträchtigen. In ihrem Schlußbericht vom 4. November 2002[141] hat die Arbeitsgruppe V „Ergänzende

---

[137] Vgl. z.B. *Ulrich Goll/Markus Kenntner,* Brauchen wir ein Europäisches Kompetenzgericht?, EuZW 13 (2002), S. 101 (102).

[138] CONV 850/03.

[139] Art. III-14 Abs. 1 des Entwurfs lautet:

„Die Union erläßt die erforderlichen Maßnahmen, um gemäß diesem Artikel, den Artikeln III-15, III-26 Absatz 1, III-29, III-39, III-62, III-65 und III-143 unbeschadet der sonstigen Bestimmungen der Verfassung den Binnenmarkt zu verwirklichen."

Der Vorschlag, die in der Rechtsprechung des EuGH entwickelten Kriterien festzuschreiben (vgl. *Marcus ter Steeg,* Die neue Kompetenzordnung für die EU – Die Reformüberlegungen des Konvents zur Zukunft Europas, EuZW 14 (2003), S. 325 (330)), ist entbehrlich.

[140] *Ulrich Everling,* Quis custodiet custodes ipsos? – Zur Diskussion über die Kompetenzordnung der Europäischen Union und ein europäisches Kompetenzgericht, EuZW 13 (2002), S. 357 (358).

Zuständigkeiten" des Europäischen Konvents empfohlen, daß „für Sachbereiche, die ursprünglich auf der Grundlage von Art. 308 geregelt wurden, wie z.B. [...] Rechte des geistigen Eigentums [...] und die Schaffung von Einrichtungen" spezifischere Rechtsgrundlagen im Vertrag verankert werden sollen. Allerdings muß die Europäische Gemeinschaft nicht auf Art. 308 EGV zurückgreifen, um gewerbliche Gemeinschaftsschutzrechte zu schaffen, zentrale Gemeinschaftseinrichtungen zur Anmeldung, Hinterlegung bzw. Registrierung der gewerblichen Gemeinschaftsschutzrechte zu errichten oder diese Aufgaben an gemeinschaftsfremde Einrichtungen zu übertragen. Art. 95 Abs. 1 S. 2 EGV ist, wie dargelegt, formell und materiell ausreichend.

Schließlich stellt die Konkurrenz verschiedener Rechtsgrundlagen zur Setzung von sekundärem Gemeinschaftsrecht auf dem Gebiet des geistigen Eigentums kein unlösbares Problem dar. Kommt es, wie etwa im Fall der Einführung des Prinzips der internationalen Erschöpfung, zur Konkurrenz von Art. 133 Abs. 1 EGV und Art. 95 Abs. 1 S. 2 EGV, darf das sekundäre Gemeinschaftsrecht nach der Rechtsprechung des EuGH auf beide Rechtsgrundlagen gestützt werden, wenn die Ziele des sekundären Gemeinschaftsrechts untrennbar miteinander verbunden sind.[142] Weder ist der erleichterte Handel mit Drittstaaten im Verhältnis zur Beseitigung der durch die unterschiedliche Anwendung des Prinzips der internationalen Erschöpfung hervorgerufenen Wettbewerbsverzerrungen im Binnenmarkt zweitrangig noch muß die Beseitigung der durch die unterschiedliche Anwendung des Prinzips der internationalen Erschöpfung hervorgerufenen Wettbewerbsverzerrungen im Binnenmarkt im Verhältnis zum erleichterten Handel mit Drittstaaten zurückstehen. Die Einführung des Prinzips der internationalen Erschöpfung könnte ebenso wie das Übereinkommen über die Errichtung der Welthandelsorganisation vom 15. April 1994 (*Agreement on the Establishment of the World Trade Organisation,* WTO-Übereinkommen) und das Abkommen in Form einer Vereinbarung für die Zusammenarbeit zwischen der Europäischen Wirtschaftsgemeinschaft und den Vereinigten Staaten von Amerika über das öffentliche Beschaffungswesen[143] auf Art. 133 Abs. 1 EGV und Art. 95 Abs. 1 S. 2 EGV gestützt werden.

---

[141] CONV 375/1/02, S. 17.

[142] EuGH, Rs. C-491/01, 10.12.2002, Slg. 2002, I-11453, Rn. 94 (The Queen/Secretary of State for Health, ex parte: British American Tobacco (Investments) Ltd und Imperial Tobacco Ltd, unterstützt durch Japan Tobacco Inc. und JT International SA); EuGH, Gutachten 2/00, 6.12.2001, Slg. 2001, I-9713, Rn. 23 (Protokoll von Cartagena).

[143] ABl. EU Nr. L 125 vom 20.5.1993, S. 2 ff. Vgl. hierzu EuGH, Rs. C-360/93, 7.3.1996, Slg. 1996, I-1195, Rn. 30 (Parlament/Rat).

B. Die Natur der Rechtssetzungskompetenzen der Europäischen Gemeinschaft auf dem Gebiet des geistigen Eigentums

Die Kompetenzen der Europäischen Gemeinschaft können ihrer Natur nach in ausschließliche und konkurrierende Kompetenzen (*exclusive and concurrent competences/compétences exclusives et partagées*), nicht aber in parallele Kompetenzen (*parallel competences/compétences parallèles*) unterteilt werden. Parallele Kompetenzen stellen lediglich Mischformen ausschließlicher und/oder konkurrierender Kompetenzen dar.[144] Nach der herrschenden Lehre ist eine Kompetenz der Europäischen Gemeinschaft ausschließlich, wenn die Europäische Gemeinschaft allein zuständig sein soll und die Mitgliedstaaten unabhängig von einem konkreten Tätigwerden der Europäischen Gemeinschaft nicht handlungsbefugt sind.[145] Eine Kompetenz der Europäischen Gemeinschaft ist dagegen konkurrierend, wenn die Mitgliedstaaten tätig werden können, solange die Europäische Gemeinschaft nicht selbst tätig geworden ist,[146] und parallel, wenn die Europäische Ge-

---

[144] *Hans D. Jarass,* Die Kompetenzverteilung zwischen der Europäischen Gemeinschaft und den Mitgliedstaaten, AöR 12 (1996), S. 173 (190); ähnlich *Frank Buchholz,* Die ausschließlichen Kompetenzen der Europäischen Gemeinschaft nach dem EGV, 2003, S. 13 ff.; anders *Rudolf Streinz,* Europarecht, 6. Auflage 2003, Rn. 136; *Christian Calliess,* in: Christian Calliess/Matthias Ruffert (Hrsg.), Kommentar des Vertrages über die Europäische Union und des Vertrages zur Gründung der Europäischen Gemeinschaft – EUV/EGV –, 2. Auflage 2002, Art. 5 EGV Rn. 33.

[145] *Marcus ter Steeg,* Die neue Kompetenzordnung für die EU – Die Reformüberlegungen des Konvents zur Zukunft Europas, EuZW 14 (2003), S. 325 (326); *Frank Buchholz,* Die ausschließlichen Kompetenzen der Europäischen Gemeinschaft nach dem EGV, 2003, S. 9; *Christian Calliess,* in: Christian Calliess/Matthias Ruffert (Hrsg.), Kommentar des Vertrages über die Europäische Union und des Vertrages zur Gründung der Europäischen Gemeinschaft – EUV/EGV –, 2. Auflage 2002, Art. 5 EGV Rn. 25; *Armin von Bogdandy/Jürgen Bast,* The European Union's Vertical Order of Competences: The Current Law and Proposals for its Reform, CMLRev. 39 (2002), S. 227 (241); *Klaus Taraschka,* Die Kompetenzen der Europäischen Gemeinschaft im Bereich der Handelspolitik, 2002, S. 147; *David O'Keeffe,* Exclusive, Concurrent and Shared Competence, in: Alan Dashwood/Christophe Hillion (eds), The General Law of E.C. External Relations, 2000, S. 179 (181 und 192); *Christian Calliess,* Subsidiaritätsprinzip und Solidaritätsprinzip in der Europäischen Union, 2. Auflage 1999, S. 86; *Hans D. Jarass,* Die Kompetenzverteilung zwischen der Europäischen Gemeinschaft und den Mitgliedstaaten, AöR 12 (1996), S. 173 (186); *Hans D. Jarass,* EG-Kompetenzen und das Prinzip der Subsidiarität nach Schaffung der Europäischen Union, EuGRZ 21 (1994), S. 209 (210).

[146] *Marcus ter Steeg,* Die neue Kompetenzordnung für die EU – Die Reformüberlegungen des Konvents zur Zukunft Europas, EuZW 14 (2003), S. 325 (326); *Frank Buchholz,* Die ausschließlichen Kompetenzen der Europäischen Gemeinschaft nach dem EGV, 2003, S. 11 f.; *Rudolf Streinz,* Europarecht, 6. Auflage 2003, Rn. 132;

meinschaft und die Mitgliedstaaten nebeneinander tätig werden können,[147] weil die ausschließliche bzw. konkurrierende Kompetenz der Europäischen Gemeinschaft auf bestimmte Teilfelder eines Sachbereichs beschränkt ist und sich damit nicht auf die Kompetenz der Mitgliedstaaten für andere Teilfelder desselben Sachbereichs auswirkt.[148]

I. Die Natur der Kompetenz für die gemeinsame Handelspolitik nach Art. 133 Abs. 1 EGV

Nach ständiger Rechtsprechung des EuGH ist die Kompetenz der Europäischen Gemeinschaft für die gemeinsame Handelspolitik nach Art. 133 Abs. 1 EGV, die nach ihrem Wortlaut „nach einheitlichen Grundsätzen" gestaltet wird, ausschließlich.[149]

II. Die Natur der Kulturkompetenz nach Art. 151 Abs. 5 EGV

Weil die Europäische Gemeinschaft die kulturelle Zusammenarbeit zwischen den Mitgliedstaaten nach dem Wortlaut von Art. 151 Abs. 2 EGV lediglich „fördert", „unterstützt und ergänzt", liegt eine parallele Kompetenz vor,[150] die sich aus einer konkurrierenden Kompetenz der Europäischen Gemeinschaft nach Art. 151 Abs. 5 EGV für die in den Spiegelstrichen 1 und 2 genannten Handlungsformen und einer ausschließlichen

---

Christian Calliess, in: Christian Calliess/Matthias Ruffert (Hrsg.), Kommentar des Vertrages über die Europäische Union und des Vertrages zur Gründung der Europäischen Gemeinschaft – EUV/EGV –, 2. Auflage 2002, Art. 5 EGV Rn. 32; *Armin von Bogdandy/Jürgen Bast,* The European Union's Vertical Order of Competences: The Current Law and Proposals for its Reform, CMLRev. 39 (2002), S. 227 (242); *Klaus Taraschka,* Die Kompetenzen der Europäischen Gemeinschaft im Bereich der Handelspolitik, 2002, S. 148; *Hans D. Jarass,* Die Kompetenzverteilung zwischen der Europäischen Gemeinschaft und den Mitgliedstaaten, AöR 12 (1996), S. 173 (188 f.).

[147] *Frank Buchholz,* Die ausschließlichen Kompetenzen der Europäischen Gemeinschaft nach dem EGV, 2003, S. 12; *Hans D. Jarass,* Die Kompetenzverteilung zwischen der Europäischen Gemeinschaft und den Mitgliedstaaten, AöR 12 (1996), S. 173 (189 f.).

[148] *Hans D. Jarass,* Die Kompetenzverteilung zwischen der Europäischen Gemeinschaft und den Mitgliedstaaten, AöR 12 (1996), S. 173 (190), führt als Beispiel die Wettbewerbskontrolle im Anwendungsbereich von Art. 81, 82 EGV an. Siehe darüber hinaus unten Erster Teil, Zweites Kapitel, B. I. 2.

[149] Erstmals EuGH, Rs. 8/73, 12.7.1973, Slg. 1973, 897, Rn. 3 (Hauptzollamt Bremerhaven/Massey-Ferguson GmbH).

[150] *Armin von Bogdandy/Jürgen Bast,* The European Union's Vertical Order of Competences: The Current Law and Proposals for its Reform, CMLRev. 39 (2002), S. 227 (247).

Kompetenz der Mitgliedstaaten für die eigene Kultur zusammensetzt. Die Kulturkompetenz der Europäischen Gemeinschaft nach Art. 151 Abs. 5 EGV ist konkurrierend, weil die Mitgliedstaaten an Stelle der Europäischen Gemeinschaft einen Beitrag zur Entfaltung der Kulturen unter „Hervorhebung des gemeinsamen kulturellen Erbes" leisten können.[151]

III. Die Natur der Kompetenz zur Rechtsangleichung nach Art. 95 Abs. 1 S. 2 EGV

Im Gutachten 1/94 hat der EuGH entschieden, daß die implizite, aus Art. 95 Abs. 1 S. 2 EGV abgeleitete Vertragsschlußkompetenz der Europäischen Gemeinschaft[152] konkurrierend ist.[153] Während sich die Generalanwälte Lenz, Fennelly und Jacobs dessenungeachtet für eine ausschließliche Kompetenz ausgesprochen haben,[154] hat der EuGH die Kompetenz zur Rechtsangleichung nach Art. 95 Abs. 1 S. 2 EGV in dem Urteil „Niederlande/Parlament und Rat" als konkurrierende Kompetenz behandelt, indem er die Richtlinie 98/44/EG des Europäischen Parlaments und des Rates vom 6. Juli 1998 über den rechtlichen Schutz biotechnologischer Erfindungen an dem nicht auf ausschließliche Kompetenzen anwendbaren Subsidiaritätsprinzip nach Art. 5 Abs. 2 EGV gemessen hat,[155] und in dem Urteil „British American Tobacco" schließlich ausdrücklich als konkurrierende Kompetenz bezeichnet[156].

---

[151] *Frank Buchholz,* Die ausschließlichen Kompetenzen der Europäischen Gemeinschaft nach dem EGV, 2003, S. 79.

[152] Siehe unten Erster Teil, Zweites Kapitel, A. IV.

[153] EuGH, Gutachten 1/94, 15.11.1994, Slg. 1994, I-5267, Rn. 88 (Zuständigkeit der Gemeinschaft für den Abschluß völkerrechtlicher Abkommen auf dem Gebiet der Dienstleistungen und des Schutzes des geistigen Eigentums).

[154] Schlußanträge von Generalanwalt Jacobs, Rs. C-377/98, 14.6.2001, Slg. 2001, I-7084, Rn. 81 (Niederlande/Parlament und Rat); Schlußanträge von Generalanwalt Fennelly, Rs. C-376/98, 15.6.2000, Slg. 2000, I-8423, Rn. 142 (Deutschland/Parlament und Rat); Schlußanträge von Generalanwalt Lenz, Rs. C-11/95, 30.4.1996, Slg. 1996, I-4117, Rn. 60 (Kommission/Belgien).

[155] EuGH, Rs. C-377/98, 9.10.2001, Slg. 2001, I-7079, Rn. 32 (Niederlande/Parlament und Rat).

[156] EuGH, Rs. C-491/01, 10.12.2002, Slg. 2002, I-11453, Rn. 179 (The Queen/Secretary of State for Health, ex parte: British American Tobacco (Investments) Ltd und Imperial Tobacco Ltd, unterstützt durch Japan Tobacco Inc. und JT International SA): „Der Subsidiaritätsgrundsatz findet Anwendung, wenn sich der Gemeinschaftsgesetzgeber auf Artikel 95 EG stützt, da diese Vorschrift ihm keine ausschließliche Zuständigkeit für die Regelung der wirtschaftlichen Tätigkeiten im Binnenmarkt verleiht, sondern nur die Zuständigkeit für die Verbesserung der Bedingungen für die Errichtung und das Funktionieren dieses Marktes durch Beseitigung von Hemmnissen für den freien Waren- und Dienstleistungsverkehr oder von Wettbewerbsverzerrungen [...]."

Die Kompetenz zur Rechtsangleichung nach Art. 95 Abs. 1 S. 2 EGV ist konkurrierend, weil die Mitgliedstaaten nationale Rechtsvorschriften, die den freien Waren-, Personen-, Dienstleistungs- und Kapitalverkehr behindern, aber durch ungeschriebene „zwingend[e] Erforderniss[e]“[157] oder durch die in Art. 30, Art. 39 Abs. 3 und 4, Art. 45, Art. 46, Art. 55 und Art. 58 EGV aufgeführten öffentlichen Interessen gerechtfertigt sind, nur solange beibehalten bzw. einführen können, wie die Europäische Gemeinschaft diese Hindernisse für den freien Waren-, Personen-, Dienstleistungs- und Kapitalverkehr nicht im Wege der Rechtsangleichung nach Art. 95 Abs. 1 S. 2 EGV beseitigt hat.[158]

IV. Zusammenfassende Bewertung

Es ist sachgerecht, daß die Kompetenz der Europäischen Gemeinschaft nach Art. 133 Abs. 1 EGV ausschließlich ist, während die Kompetenz der Europäischen Gemeinschaft nach Art. 151 Abs. 5 EGV für die in den Spiegelstrichen 1 und 2 genannten Handlungsformen und die zielbestimmte Querschnittskompetenz der Europäischen Gemeinschaft nach Art. 95 Abs. 1 S. 2 EGV, die sich zwangsläufig auf Bereiche erstrecken, die in der Kompetenz der Mitgliedstaaten verblieben sind, konkurrierend sind. Der Entwurf eines Vertrags über eine Verfassung für Europa vom 18. Juli 2003[159] ändert die Natur dieser Kompetenzen nicht. Die „Union“ ist nach Art. I-12 Abs. 1 Spiegelstrich 2 für die gemeinsame Handelspolitik ausschließlich, nach Art. I-13 Abs. 2 Spiegelstrich 1 für den Binnenmarkt konkurrierend zuständig und kann nach Art. I-16 Abs. 2 Spiegelstrich 4 im Bereich der Kultur Unterstützungs-, Koordinierungs- oder Ergänzungsmaßnahmen treffen.

---

[157] EuGH, Rs. 120/78, 20.2.1979, Slg. 1979, 649, Rn. 8 (Rewe-Zentral AG/Bundesmonopolverwaltung für Branntwein).

[158] *Stefan Leible,* in: Rudolf Streinz (Hrsg.), EUV/EGV, Vertrag über die Europäische Union und Vertrag zur Gründung der Europäischen Gemeinschaft, 2003, Art. 95 EGV Rn. 13; *Martin Selmayr/Hans-Georg Kamann/Marion Ahlers,* Die Binnenmarktkompetenz der Europäischen Gemeinschaft, EWS 14 (2003), S. 49 (58); Schlußanträge von Generalanwalt Geelhoed, Rs. C-491/01, 10.9.2002, Slg. 2002, I-11461, Rn. 103 (The Queen/Secretary of State for Health, ex parte: British American Tobacco (Investments) Ltd und Imperial Tobacco Ltd, unterstützt durch Japan Tobacco Inc. und JT International SA).

[159] CONV 850/03.

C. Die Grenzen der Rechtssetzungskompetenzen der Europäischen Gemeinschaft auf dem Gebiet des geistigen Eigentums

Sind die Tatbestandsvoraussetzungen von Art. 133 Abs. 1 und Art. 95 Abs. 1 S. 2 EGV erfüllt, verfügt die Europäische Gemeinschaft über ein weites gesetzgeberisches Ermessen. Das geschriebene und ungeschriebene primäre Gemeinschaftsrecht und die völkerrechtlichen Verträge auf dem Gebiet des geistigen Eigentums können dem weiten gesetzgeberischen Ermessen allerdings Grenzen setzen.

I. Die Grenzen aus dem geschriebenen und ungeschriebenen primären Gemeinschaftsrecht

Grenzen aus dem geschriebenen Gemeinschaftsrecht können sich im einzelnen aus den Prinzipien der Subsidiarität und der Verhältnismäßigkeit nach Art. 5 Abs. 2 und 3 EGV (1. und 2.), aus dem Grundsatz der wechselseitigen Gemeinschaftstreue nach Art. 10 EGV (3.), aus dem freien Waren- und Dienstleistungsverkehr nach Art. 28 und Art. 49, 50 EGV (4.), aus der Querschnittsklausel im Kulturbereich nach Art. 151 Abs. 4 EGV (5.) und aus der Garantie der Eigentumsordnung in den Mitgliedstaaten nach Art. 295 EGV (6.) ergeben. Daneben kommt eine Beschränkung der Rechtssetzungskompetenzen der Europäischen Gemeinschaft durch allgemeine Rechtsgrundsätze, insbesondere durch das Gemeinschaftsgrundrecht auf Eigentum, in Betracht (7. und 8.).

1. Das Subsidiaritätsprinzip nach Art. 5 Abs. 2 EGV

Nach dem in Art. 5 Abs. 2 EGV niedergelegten Subsidiaritätsprinzip darf die Europäische Gemeinschaft nur dann tätig werden, sofern und soweit die Ziele der in Betracht gezogenen Maßnahmen auf Ebene der Mitgliedstaaten nicht ausreichend erreicht werden können und wegen ihres Umfangs oder ihrer Wirkungen besser auf Gemeinschaftsebene erreicht werden können. Das Subsidiaritätsprinzip kann, da es auf die ausschließliche Kompetenz nach Art. 133 Abs. 1 EGV nicht anwendbar ist, von vornherein nur der konkurrierenden Kompetenz nach Art. 95 Abs. 1 S. 2 EGV Grenzen setzen.

Die Europäische Gemeinschaft darf sekundäres Gemeinschaftsrecht auf der Grundlage von Art. 95 Abs. 2 S. 1 EGV nur erlassen, wenn die Mitgliedstaaten nicht imstande sind, die Rechtsangleichung durch eigenes Handeln entbehrlich zu machen, sei es durch die Neuverhandlung bestehender völkerrechtlicher Verträge mit Drittstaaten oder durch den Abschluß völkerrechtlicher Verträge untereinander (sog. *inter se*-Abkommen).[160] Die Neuverhandlung bestehender völkerrechtlicher Verträge der Mitgliedstaaten mit Drittstaaten stellt allerdings, worauf der EuGH in dem Urteil „Niederlande/Parlament und Rat“ hingewiesen hat, ein „weniger direkte[s] und weniger sichere[s]“ und damit kein in gleicher Weise wie die Rechtsangleichung nach Art. 95 Abs. 1 S. 2 EGV geeignetes Mittel zur Beseitigung der Hindernisse für den freien Waren- und Dienstleistungsverkehr zwischen den Mitgliedstaaten dar.[161]

Etwas anderes könnte für den Abschluß völkerrechtlicher Verträge der Mitgliedstaaten untereinander gelten. Obwohl das Verhältnis von Art. 293 EGV zu den Rechtssetzungskompetenzen der Europäischen Gemeinschaft nicht geklärt ist,[162] verdeutlicht die Vorschrift, daß es grenzüberschreitende Gegenstände gibt, die sich unter Umständen nicht befriedigend im Wege der Rechtsangleichung regeln lassen, und sieht deshalb den Abschluß von völkerrechtlichen Verträgen über diese Gegenstände durch die Mitgliedstaaten, „soweit erforderlich“, vor. Die Nachteile, die mit dem Abschluß völkerrechtlicher Verträge der Mitgliedstaaten untereinander verbunden sind, führen jedoch zu dem Schluß, daß er ebenfalls kein in gleicher Weise wie die Rechtsangleichung nach Art. 95 Abs. 1 S. 2 EGV geeignetes Mittel zur Beseitigung der Hindernisse für den freien Waren- und Dienstleistungsverkehr zwischen den Mitgliedstaaten darstellt. Ein erster Nachteil ist in dem schwerfälligen Verfahren bis zum Inkrafttreten völkerrechtlicher Verträge der Mitgliedstaaten untereinander zu sehen. Das nicht in Kraft getretene Gemeinschaftspatentübereinkommen zeigt, daß die für das Inkrafttreten erforderliche Anzahl an Ratifikationen nur schwer erreicht wird.[163] Die Kom-

---

160 *Meinhard Schröder,* Kompetenz- und eigentumsrechtliche Fragen bei der Verwirklichung des Elektrizitätsbinnenmarktes, 1993, S. 38.

161 EuGH, Rs. C-377/98, 9.10.2001, Slg. 2001, I-7079, Rn. 21 f. (Niederlande/Parlament und Rat).

162 Uneinigkeit besteht darüber, ob Art. 293 EGV *lex specialis* oder nur eine subsidiäre Verpflichtung darstellt (vgl. *Ivo E. Schwartz,* in: Hans von der Groeben/Jochen Thiesing/Claus-Dieter Ehlermann (Hrsg.), Kommentar zum EU-/EG-Vertrag, 5. Auflage 1997/1999, Art. 220 EGV Rn. 41 ff. m.w.N.).

163 Vgl. zu den verfassungsrechtlichen und politischen Schwierigkeiten bei der Ratifikation des Gemeinschaftspatentübereinkommens in Dänemark, Irland und Spanien *Alfons Schäfers/Detlef Schennen,* Die Lissaboner Konferenz über das Gemeinschaftspatent 1992, GRUR Int. 1992, S. 638 (639); *Albrecht Krieger,* Das Luxemburger Vertragswerk über Gemeinschaftspatente, in: Meinhard Hilf/Wolfgang Oehler (Hrsg.), Der Schutz des geistigen Eigentums in Europa, 1991, S. 103 (118 f.); Begründung vom 29. Mai 1991 zum Entwurf eines Gesetzes zu der Vereinbarung vom 21. Dezember 1989 und zu dem Protokoll vom 21. Dezember 1989 über eine etwaige Änderung der Bedingungen für das Inkrafttreten der Vereinbarung über Gemeinschaftspatente sowie zur Änderung patentrechtlicher Vorschriften (BT-Drs. 12/632, S. 9).

mission der Europäischen Gemeinschaft hat aus diesem Grund in ihrem am 24. Juli 1997 vorgelegten Grünbuch über das Gemeinschaftspatent und das Patentschutzsystem in Europa[164] Handlungsbedarf erkannt und am 1. August 2000 eine Verordnung über das Gemeinschaftspatent vorgeschlagen.

Weitere Nachteile des Abschlusses völkerrechtlicher Verträge der Mitgliedstaaten untereinander sind sowohl darin zu sehen, daß sie den Mitgliedstaaten die Möglichkeit geben, nach Art. 19 des Wiener Übereinkommens über das Recht der Verträge vom 23. Mai 1969 (Wiener Vertragsrechtskonvention, WVK)[165] Vorbehalte zu erklären und nach Art. 54 ff. WVK völkerrechtliche Verträge zu kündigen, als auch darin, daß das Vorabentscheidungsverfahren vor dem EuGH nach Art. 234 EGV grundsätzlich keine Anwendung findet.[166] Allerdings kann diesen Nachteilen durch Aufnahme entsprechender Klauseln in den völkerrechtlichen Verträgen selbst entgegengewirkt werden. Die völkerrechtlichen Verträge der Mitgliedstaaten untereinander können den Vorbehalt verbieten und die Kündigung ausschließen. In dem das Gemeinschaftspatentübereinkommen ergänzenden Streitbeilegungsprotokoll vom 15. Dezember 1989 wurde Einvernehmen über die Schaffung eines gemeinsamen Rechtsprechungsorgans (*Common Appeal Court* bzw. *Community Patent Appeal Court* (COPAC)) für die Mitgliedstaaten erzielt. In Art. 2 Abs. 2 des Gemeinschaftspatentübereinkommens wurde eine Vorlagepflicht des COPAC für den Fall der möglichen Unvereinbarkeit des Gemeinschaftspatentübereinkommens mit dem EG-Vertrag festgeschrieben.[167]

2. *Das Verhältnismäßigkeitsprinzip nach Art. 5 Abs. 3 EGV*

Fraglich ist, ob das in Art. 5 Abs. 3 EGV verankerte Verhältnismäßigkeitsprinzip, nach dem die Maßnahmen der Europäischen Gemeinschaft nicht über das für die Erreichung der Ziele des EG-Vertrags erforderliche Maß hinausgehen dürfen, die Ausübung der Rechtssetzungskompetenzen der Europäischen Gemeinschaft auf dem Gebiet des geistigen Eigentums begrenzen kann. Das Verhältnismäßigkeitsprinzip ist im Gegensatz zum

---

164 KOM (1997) 314 endg. Vgl. hierzu *Winfried Tilmann,* Patentschutzsystem in Europa, GRUR 1998, S. 325 ff.

165 BGBl. 1985 II, 926.

166 *Manfred Zuleeg,* Rechtsangleichung innerhalb und außerhalb der Europäischen Gemeinschaft, ZEuP 1998, S. 506 (519).

167 *Heinrich Hubmann/Horst-Peter Götting,* Gewerblicher Rechtsschutz, 6. Auflage 1998, S. 403 f.; *Eike Ullmann,* in: Georg Benkard (Hrsg.), Patentgesetz, Gebrauchsmustergesetz, 9. Auflage 1993, Internationaler Teil Patentgesetz, Rn. 184 f.; *Raffaele Foglia,* Zum Verfahrensrecht des Gemeinschaftspatents – Streitregelung auf dem Gebiet der Gemeinschaftspatente, GRUR Int. 1991, S. 465 ff.

Subsidiaritätsprinzip auch auf die ausschließliche Kompetenz für die gemeinsame Handelspolitik nach Art. 133 Abs. 1 EGV anwendbar.

Da sich der EuGH bei der Prüfung des Verhältnismäßigkeitsprinzips unter Hinweis auf das Ermessen der Gemeinschaftsorgane auf eine Evidenz- bzw. Willkürkontrolle beschränkt,[168] erübrigt sich eine Prüfung der drei Stufen Geeignetheit, Erforderlichkeit und Verhältnismäßigkeit im engeren Sinne. Die Verhältnismäßigkeit der Maßnahmen der Europäischen Gemeinschaft ist vielmehr nur bei einer evidenten Verkennung der Voraussetzungen der Art. 133 Abs. 1, Art. 151 Abs. 5 und Art. 95 Abs. 1 S. 2 EGV durch die Europäische Gemeinschaft zu verneinen.[169]

Die Voraussetzungen des Art. 95 Abs. 1 S. 2 EGV werden durch die Europäische Gemeinschaft evident verkannt, wenn die Rechtsangleichung nach Art. 95 Abs. 1 S. 2 EGV die Voraussetzungen für die Errichtung und das Funktionieren des Binnenmarkts von vornherein nicht verbessern kann. Dies ist insbesondere der Fall, wenn die völkerrechtlichen Verträge der Mitgliedstaaten auf dem Gebiet des geistigen Eigentums, insbesondere die völkerrechtlichen Verträge zum Schutz des geistigen Eigentums (*intellectual property protection treaties/traités de protection de la propriété intellectuelle),* die auf dem Grundsatz der Inländergleichbehandlung aufbauen und Mindestrechte des geistigen Eigentums enthalten, die nationalen Rechte des geistigen Eigentums bereits vereinheitlicht haben.[170] Aus diesem Grund nehmen die Richtlinie 96/9/EG des Europäischen Parlaments und des Rates vom 11. März 1996 über den rechtlichen Schutz von Datenbanken[171] und die Richtlinie 2001/29/EG des Europäischen Parlaments und des Rates vom 22. Mai 2001 zur Harmonisierung bestimmter Aspekte des Urheberrechts und der verwandten Schutzrechte in der Informations-

---

[168] *Jürgen Schwarze,* Grenzen der Harmonisierungskompetenz der EG im Presserecht, ZUM 46 (2002), S. 89 (96); *Angelika Emmerich-Fritsche,* Der Grundsatz der Verhältnismäßigkeit als Direktive und Schranke der EG-Rechtssetzung, 2000, S. 246 f.; *Eckhard Pache,* Der Grundsatz der Verhältnismäßigkeit in der Rechtsprechung der Gerichte der Europäischen Gemeinschaften, NVwZ 18 (1999), S. 1033 (1039); *Thorsten Kingreen,* Die Gemeinschaftsgrundrechte, JuS 40 (2000), S. 857 (863). Der EuGH beanstandet eine Maßnahme der Europäischen Gemeinschaft nur dann, „wenn sich diese als offensichtlich fehlerhaft erwiese oder wenn die Nachteile, die sich aus ihr für bestimmte Wirtschaftsteilnehmer ergeben, zu den im übrigen mit ihr verbundenen Vorteilen völlig außer Verhältnis stünden" (EuGH, Rs. C-233/94, 13.5.1997, Slg. 1997, I-2405, Rn. 56 (Deutschland/Parlament und Rat)).

[169] *Meinhard Schröder,* Kompetenz- und eigentumsrechtliche Fragen bei der Verwirklichung des Elektrizitätsbinnenmarktes, 1993, S. 38.

[170] *Klaus Schieble,* Die Kompetenz der Europäischen Gemeinschaft für die Harmonisierung des Urheberrechts im Zeitalter der Informationsgesellschaft, 2003, S. 186 f.

[171] Erwägungsgrund 28 der Richtlinie 96/9/EG.

gesellschaft[172] die Urheberpersönlichkeitsrechte, die von den Mitgliedstaaten bereits im Einklang mit der Berner Übereinkunft ausgeübt werden, vollständig aus ihrem Anwendungsbereich heraus. Haben die völkerrechtlichen Verträge zum Schutz des geistigen Eigentums nicht alle Hindernisse für den freien Waren- und Dienstleistungsverkehr beseitigt, baut das auf der Grundlage von Art. 95 Abs. 1 S. 2 EGV erlassene sekundäre Gemeinschaftsrecht auf den in den völkerrechtlichen Verträgen zum Schutz des geistigen Eigentums niedergelegten Begriffsbestimmungen und Schutzvoraussetzungen auf. Nach Art. 1 Abs. 1 S. 1 der Richtlinie 91/250/EWG des Rates vom 14. Mai 1991 über den Rechtsschutz von Computerprogrammen schützen die Mitgliedstaaten „Computerprogramme urheberrechtlich als literarische Werke im Sinne der Berner Übereinkunft“. Nach Erwägungsgrund 7 der Verordnung (EG) Nr. 2100/94 des Rates vom 27. Juli 1994 über den gemeinschaftlichen Sortenschutz müssen „schützbare Sorten [...] international anerkannte Voraussetzungen erfüllen, d.h. unterscheidbar, homogen, beständig und neu sowie mit einer vorschriftsmäßigen Sortenbezeichnung gekennzeichnet sein“.

3. Der Grundsatz der wechselseitigen Gemeinschaftstreue nach Art. 10 EGV

Zwar kann Art. 6 Abs. 3 EUV, wonach die Europäische Union die nationale Identität ihrer Mitgliedstaaten achtet, die Rechtssetzungskompetenzen der Europäischen Gemeinschaft wegen Art. 46, 47 EUV nicht unmittelbar begrenzen. Art. 6 Abs. 3 EUV stellt jedoch eine besondere Ausprägung des Grundsatzes der wechelseitigen Gemeinschaftstreue dar.[173] Die Europäische Gemeinschaft ist nach Art. 10 EGV verpflichtet, die nationale Identität ihrer Mitgliedstaaten zu achten.

Was unter dem Begriff der nationalen Identität zu verstehen ist, wird vom EU-Vertrag nicht definiert und ist in der Literatur umstritten.[174] Nach

---

[172] Erwägungsgrund 19 der Richtlinie 2001/29/EG.

[173] *Adelheid Puttler,* in: Christian Calliess/Matthias Ruffert (Hrsg.), Kommentar des Vertrages über die Europäische Union und des Vertrages zur Gründung der Europäischen Gemeinschaft – EUV/EGV –, 2. Auflage 2002, Art. 6 EUV Rn. 212; *Meinhard Hilf,* Europäische Union und nationale Identität der Mitgliedstaaten, in: Albrecht Randelzhofer/Rupert Scholz/Dieter Wilke (Hrsg.), Gedächtnisschrift für Eberhard Grabitz, 1995, S. 157 (167).

[174] *Hans-Heinrich Rupp,* Bemerkungen zum europarechtlichen Schutz der „nationalen Identität“ der EU-Mitgliedstaaten, in: Hans-Wolfgang Arndt/Franz-Ludwig Knemeyer/Dieter Kugelmann/Werner Meng/Michael Schweitzer (Hrsg), Völkerrecht und deutsches Recht, 2001, S. 173 ff.; *Karl Doehring,* Die nationale „Identität“ der Mitgliedstaaten in der Europäischen Union, in: Ole Due/Marcus Lutter/Jürgen Schwarze (Hrsg.), Festschrift für Ulrich Everling, 1995, S. 263 ff. Vgl. auch

Art. I-5 Abs. 1 des Entwurfs eines Vertrags über eine Verfassung für Europa vom 18. Juli 2003[175] kommt die nationale Identität „in deren grundlegender politischer und verfassungsrechtlicher Struktur einschließlich der regionalen und kommunalen Selbstverwaltung“ zum Ausdruck. Der Begriff der nationalen Identität umfasse „die grundlegenden Funktionen des Staates, insbesondere die Wahrung der territorialen Unversehrtheit, die Aufrechterhaltung der öffentlichen Ordnung und den Schutz der inneren Sicherheit“. Da das Gebot, die nationale Identität der Mitgliedstaaten zu achten, die Handlungs- und Leistungsfähigkeit der Mitgliedstaaten sichern soll,[176] ist die Europäische Gemeinschaft nach Art. 10 EGV jedenfalls verpflichtet, der Funktionsfähigkeit der nationalen Rechtsordnungen bei ihrer Rechtssetzung Rechnung zu tragen.[177] Bereits vor Inkrafttreten des EU-Vertrags hat der EuGH auf die Notwendigkeit der Kohärenz der nationalen Rechtsordnungen hingewiesen.[178] Anderenfalls würde die Europäische Gemeinschaft, die zum Vollzug des sekundären Gemeinschaftsrechts auf funktionierende nationale Rechtsordnungen angewiesen ist, die Last, die mit der Wahrung der Kohärenz verbunden ist, auf die Mitgliedstaaten abwälzen.

Die Gefahr, daß die Kohärenz der nationalen Rechtsordnungen durch punktuelle Rechtsangleichung auf der Grundlage von Art. 95 Abs. 1 S. 2 EGV beeinträchtigt wird, ist auf dem Gebiet des geistigen Eigentums angesichts der strukturellen Unterschiede zwischen den nationalen Rechtsordnungen besonders ausgeprägt.[179] Erwägungsgrund 8 der Richtlinie 98/44/EG des Europäischen Parlaments und des Rates vom 6. Juli 1998 über den rechtlichen Schutz biotechnologischer Erfindungen geht ausdrücklich davon aus, daß „[d]as nationale Patentrecht [...] in bestimmten Punkten angepaßt oder ergänzt werden [muß]“. Generalanwalt Jacobs hat in seinen Schlußanträgen zu „Niederlande/Parlament und Rat“ ausgeführt, daß diese punktu-

---

Armin von Bogdandy, Europäische Identität und nationale Identität, Integration durch Verfassungsrecht?, Veröffentlichung der Vereinigung der Deutschen Staatsrechtslehrer 62 (2003), S. 156 ff.

175 CONV 850/03.

176 *Meinhard Hilf,* Europäische Union und nationale Identität der Mitgliedstaaten, in: Albrecht Randelzhofer/Rupert Scholz/Dieter Wilke (Hrsg.), Gedächtnisschrift für Eberhard Grabitz, 1995, S. 157 (166).

177 *Ernst Steindorff,* EG-Vertrag und Privatrecht, 1996, S. 408.

178 EuGH, Rs. C-300/90, 28.1.1992, Slg. 1992, I-305, Rn. 21 (Kommission/Belgien); EuGH, Rs. C-204/90, 28.1.1992, Slg. 1992, I-249, Rn. 28 (Hanns-Martin Bachmann/Belgien).

179 *Marina Perraki,* Moral Rights: Could there be a European Harmonisation? A Comparative Study of the Common Law and Civil Law Approach, RHDI 53 (2000), S. 329 ff.; *Trevor M. Cook,* Copyright in the European Community, EuZW 5 (1994), S. 7 (8 f.); *Petra Buck,* Die EG-Rechtsvereinheitlichung auf dem Gebiet des geistigen Eigentums, EWS 2 (1991), S. 327 (333).

elle Rechtsangleichung eine besondere Sorgfalt der Mitgliedstaaten bei der Umsetzung der Richtlinie 98/44/EG verlange.[180] Im Bereich des gewerblichen Rechtsschutzes rühren die strukturellen Unterschiede zwischen den nationalen Rechtsordnungen zum einen daher, daß nicht jedes gewerbliche Schutzrecht, das in einem Mitgliedstaat anerkannt ist, in jedem anderen Mitgliedstaat anerkannt ist. Das Gebrauchsmuster ist z. B., solange die Richtlinie des Europäischen Parlaments und des Rates über die Angleichung der Rechtsvorschriften betreffend den Schutz von Erfindungen durch Gebrauchsmuster nicht verabschiedet und umgesetzt ist, in Luxemburg, Schweden und im Vereinigten Königreich nicht unter besonderen Schutz gestellt.[181] Die strukturellen Unterschiede sind zum anderen darauf zurückzuführen, daß nicht jedes gewerbliche Schutzrecht, auch wenn es, wie z. B. das Geschmacksmuster, in allen Mitgliedstaaten anerkannt ist, in gleichem Umfang geschützt ist. In manchen Mitgliedstaaten kommt parallel oder alternativ zum Geschmacksmusterschutz ein urheberrechtlicher Schutz ästhetischer Formgebungen in Betracht.[182] Im Bereich des Urheberrechts und der verwandten Schutzrechte stehen sich zwei unterschiedliche Rechtstraditionen gegenüber, das kontinentaleuropäische, auf menschenrechtlichen Grundlagen basierende und die verwandten Schutzrechte miteinschließende *droit d'auteur*-System auf der einen Seite und das angloamerikanische, durch die wirtschaftliche Notwendigkeit, Piraterie zu bekämpfen, geprägte *copyright*-System auf der anderen Seite. Während das kontinentaleuropäische *droit d'auteur*-System einen engen Werkbegriff verwendet und zwischen Werk und Leistung unterscheidet, nehmen die verwandten Schutzrechte im angloamerikanischen *copyright*-System aufgrund der Weite des verwendeten Werkbegriffs nicht denselben Stellenwert ein.[183] Im kontinentaleuropäischen *droit d'auteur*-System stehen die persönlichkeitsrechtlichen und die vermögensrechtlichen Aspekte ferner gleichberechtigt nebeneinander. Das *copyright* in der angloamerikanischen Rechtsordnung dient demgegenüber im Grundsatz der Verwirklichung ausschließlich wirtschaftlicher In-

---

180 Schlußanträge von Generalanwalt Jacobs, 14.6.2001, Slg. 2001, I-7084, Rn. 229 (Niederlande/Parlament und Rat). Vgl. hierzu *Rüdiger Wolfrum/Peter-Tobias Stoll/Stephanie Franck,* Die Gewährleistung freier Forschung an und mit Genen und das Interesse an der wirtschaftlichen Nutzung ihrer Ergebnisse, 2002, S. 84 ff.

181 *Dieter Zwernemann,* Länderübersicht zum gewerblichen Rechtsschutz, in: Jürgen Schwappach (Hrsg.), EU-Rechtshandbuch für die Wirtschaft, 2. Auflage 1996, S. 319 ff.

182 *Chryssoula Pentheroudakis,* Die Umsetzung der Richtlinie 98/71/EG über den rechtlichen Schutz von Mustern und Modellen in den Mitgliedstaaten, GRUR Int. 2002, S. 668 (676 ff.).

183 *Julia Ellins,* Copyright Law, Urheberrecht und ihre Harmonisierung in der Europäischen Gemeinschaft, 1997, S. 105 f.

teressen, wenn inzwischen auch Urheberpersönlichkeitsrechte (*moral rights*) durch sections 77 bis 89 des britischen *Copyright, Design and Patents Act 1988*[184] ausdrücklich geschützt werden.[185]

Der Funktionsfähigkeit der nationalen Rechtsordnungen könnte allgemein dadurch Rechnung getragen werden, daß den Mitgliedstaaten Ausnahmen und Beschränkungen gewährt werden und, handelt es sich um Richtlinien, soviel Umsetzungsspielraum wie möglich zur Verfügung gestellt wird. Erwägungsgrund 32 der Richtlinie 2001/29/EG des Europäischen Parlaments und des Rates vom 22. Mai 2001 zur Harmonisierung bestimmter Aspekte des Urheberrechts und der verwandten Schutzrechte in der Informationsgesellschaft erklärt, daß „[d]ie Ausnahmen und Beschränkungen in bezug auf das Vervielfältigungsrecht und das Recht der öffentlichen Wiedergabe [...] den unterschiedlichen Rechtstraditionen in den Mitgliedstaaten Rechnung [trägt]“. Einen außergewöhnlichen Umsetzungsspielraum in zeitlicher Hinsicht räumt die Richtlinie 2001/84/EG des Europäischen Parlaments und des Rates vom 27. September 2001 über das Folgerecht des Urhebers des Originals eines Kunstwerks den Mitgliedstaaten ein.[186] Art. 12 Abs. 1 der Richtlinie 2001/84/EG sieht zwar vor, daß die Mitgliedstaaten die für die Umsetzung in nationales Recht erforderlichen Maßnahmen bis zum 1. Januar 2006 treffen müssen. Die Mitgliedstaaten, in denen es zum Zeitpunkt des Inkrafttretens der Richtlinie 2001/84/EG kein Folgerecht gab, können dieses jedoch nach Art. 8 Abs. 2 der Richtlinie 2001/84/EG bis zum 1. Januar 2010, d.h. während weiterer vier Jahre, auf lebende Künstler beschränken. Auf Antrag der betroffenen Mitgliedstaaten kann diese Frist nach Art. 8 Abs. 3 der Richtlinie 2001/84/EG um weitere zwei Jahre verlängert werden.

Der Funktionsfähigkeit der nationalen Rechtsordnungen speziell auf dem Gebiet des geistigen Eigentums könnte dadurch Rechnung getragen werden, daß die Rechtsangleichung der Europäischen Gemeinschaft auf der Grundlage von Art. 95 Abs. 1 S. 2 EGV zu keinen Strukturbrüchen, insbesondere innerhalb des *droit d'auteur-* und des *copyright*-Systems, führt und tragfähige Kompromisse findet.[187] Zwar sind die Mitgliedstaaten nach Art. 3 Abs. 1 der Richtlinie 98/71/EG des Europäischen Parlaments und des Rates vom 13. Oktober 1998 über den rechtlichen Schutz von Mustern und

---

184 *Copyright, Design and Patents Act 1988*, c. 48.

185 *Julia Ellins*, Copyright Law, Urheberrecht und ihre Harmonisierung in der Europäischen Gemeinschaft, 1997, S. 226.

186 Erklärung der Kommission zum Protokoll des Rates über die Richtlinie „Folgerecht“ (ABl. EU Nr. C 208 vom 26.7.2001, S. 2).

187 *Jörg Reinbothe*, Geistiges Eigentum und die Europäische Gemeinschaft, ZEuP 2000, S. 5 (10).

Modellen verpflichtet, Geschmacksmuster durch Eintragung zu schützen. Art. 16 und 17 der Richtlinie 98/71/EG lassen jedoch andere Formen des Schutzes, insbesondere den urheberrechtlichen Schutz von Geschmacksmustern, ausdrücklich unberührt. Die Richtlinien auf dem Gebiet des Urheberrechts und der verwandten Schutzrechte haben zwar die Unterscheidung im *droit d'auteur*-System zwischen dem Urheberrecht und den verwandten Schutzrechten anerkannt, für die verwandten Schutzrechte jedoch den neutralen Begriff der *related rights* gewählt, der den nationalen Rechtsordnungen Irlands und des Vereinigten Königreichs keine rechtssystematischen Zugeständnisse abverlangt.[188] Darüber hinaus hat die Europäische Gemeinschaft einheitliche Definitionen für die Originalität der im Zuge der neuen technischen Möglichkeiten entstehenden modernen Werkkategorien niedergelegt, ohne eines der beiden Systeme zu bevorzugen.[189]

4. Der freie Waren- und Dienstleistungsverkehr nach Art. 28 und Art. 49, 50 EGV

Obwohl der freie Waren- und Dienstleistungsverkehr nach Art. 28 und Art. 49, 50 EGV nach grammatikalischer, historischer und systematischer Auslegung nur an die Mitgliedstaaten adressiert ist, könnte er den Rechtssetzungskompetenzen der Europäischen Gemeinschaft auf dem Gebiet des geistigen Eigentums Grenzen setzen. Der EuGH geht im Wege einer teleologischen, an den Zielen des EG-Vertrags orientierten Auslegung von einer Bindung der Europäischen Gemeinschaft an die Grundfreiheiten aus, indem er die Rechtmäßigkeit sekundären Gemeinschaftsrechts an den Grundfreiheiten mißt.[190] Dabei prüft er, ob das sekundäre Gemeinschaftsrecht den

---

[188] *Silke von Lewinski/Michel M. Walter,* Vermiet- und Verleih-RL, in: Michel M. Walter (Hrsg.), Europäisches Urheberrecht, 2001, Rn. 1 vor Art. 6–10; *Julia Ellins,* Copyright Law, Urheberrecht und ihre Harmonisierung in der Europäischen Gemeinschaft, 1997, S. 373.

[189] Art. 3 der Richtlinie 96/9/EG des Europäischen Parlaments und des Rates vom 11. März 1996 über den rechtlichen Schutz von Datenbanken; Art. 1 der Richtlinie 91/250/EWG des Rates vom 14. Mai 1991 über den Rechtsschutz von Computerprogrammen. Vgl. hierzu *Silke von Lewinski,* Datenbank-RL, in: Michel M. Walter (Hrsg.), Europäisches Urheberrecht, 2001, Art. 3 Rn. 9; *Michel M. Walter,* Software-RL, in: Michel M. Walter (Hrsg.), Europäisches Urheberrecht, 2001, Art. 1 Rn. 14; *Julia Ellins,* Copyright Law, Urheberrecht und ihre Harmonisierung in der Europäischen Gemeinschaft, 1997, S. 372.

[190] EuGH, Rs. C-169/99, 13.9.2001, Slg. 2001, I-5901, Rn. 37 (Hans Schwarzkopf GmbH & Co. KG/Zentrale zur Bekämpfung unlauteren Wettbewerbs eV); EuGH, Rs. C-284/95, 14.7.1998, Slg. 1998, I-4301, Rn. 63 (Safety Hi-Tech Srl/S. & T. Srl); EuGH, Rs. C-114/96, 25.6.1997, Slg. 1997, I-3629, Rn. 27 (Strafverfahren gegen René Kieffer und Romain Thill); EuGH, Rs. C-51/93, 9.8.1994, Slg. 1994, I-3879, Rn. 22 (Meyhui NV/Schott Zwiesel Glaswerke AG); EuGH, Rs. 15/83,

freien Waren- und Dienstleistungsverkehr behindert und verhältnismäßig ist.[191] Die herrschende Lehre folgt dieser ständigen Rechtsprechung.[192] *Scheffer* bezeichnet die Grundfreiheiten als „Ermessensgrenze des Gemeinschaftsgesetzgebers".[193]

Zwar dient die Rechtsangleichung nach Art. 95 Abs. 1 S. 2 EGV gerade dazu, die Hindernisse, die dem freien Waren- und Dienstleistungsverkehr auf dem Gebiet des geistigen Eigentums entgegenstehen, aber nach Art. 30 EGV gerechtfertigt sind, zu beseitigen. Nach Art. 30 EGV sind solche Einfuhr- und Ausfuhrbeschränkungen oder Maßnahmen gleicher Wirkung zulässig, die „aus Gründen des [...] gewerblichen und kommerziellen Eigentums" gerechtfertigt sind und weder ein Mittel zur willkürlichen Diskriminierung noch eine verschleierte Beschränkung des Handels zwischen den Mitgliedstaaten[194] darstellen. Der EuGH hat den Anwendungsbereich dieser, den Regelungen über den freien Warenverkehr entstammenden, Vorschrift auf den freien Dienstleistungsverkehr nach Art. 49, 50 EGV erstreckt.[195]

Art. 28 und Art. 49, 50 EGV könnten den Rechtssetzungskompetenzen der Europäischen Gemeinschaft aber insoweit Grenzen setzen, als das sekundäre Gemeinschaftsrecht nicht hinter dem Schutz des geistigen Eigentums zurückbleiben darf, den der EuGH in seiner Rechtsprechung zu dem freien Waren- und Dienstleistungsverkehr nach Art. 28 und Art. 49, 50

17.5.1984, Slg. 1984, 2171, Rn. 15 (Denkavit Nederland BV/Hoofdproduktschap voor Akkerbouwprodukten). Anders jedoch Schlußanträge von Generalanwalt Fennelly, Rs. C-376/98, 15.6.2000, Slg. 2000, I-8423, Rn. 150 (Deutschland/Parlament und Rat).

191 *Martin Selmayr/Hans-Georg Kamann/Marion Ahlers,* Die Binnenmarktkompetenz der Europäischen Gemeinschaft, EWS 14 (2003), S. 49 (59).

192 *Eva Inés Obergfell,* Zur Zuständigkeitsverteilung in der EU, ELF 1 (2000/01), S. 153 (158); *Johannes Caspar,* Das europäische Tabakwerbeverbot und das Gemeinschaftsrecht, EuZW 11 (2000), S. 237 (240); *Udo di Fabio,* Werbeverbote – Bewährungsprobe für europäische Grundfreiheiten und Grundrechte, AfP 29 (1998), S. 564 (566); *Rolf Wägenbaur,* Das Verbot „indirekter" Tabakwerbung und seine Vereinbarkeit mit Art. 30 EGV, EuZW 9 (1998), S. 709 (712 f.); *Urban Scheffer,* Die Marktfreiheiten des EG-Vertrages als Ermessensgrenze des Gemeinschaftsgesetzgebers, 1997, S. 38 ff. und S. 47; *Guido Perau,* Werbeverbote im Gemeinschaftsrecht, 1997, S. 249 ff.; *Rolf-Oliver Schwemer,* Die Bindung des Gemeinschaftsgesetzgebers an die Grundfreiheiten, 1995, S. 45.

193 *Urban Scheffer,* Die Marktfreiheiten des EG-Vertrages als Ermessensgrenze des Gemeinschaftsgesetzgebers, 1997, S. 102 f.

194 Auf dem Gebiet des geistigen Eigentums kommt der verschleierten Beschränkung des Handels zwischen den Mitgliedstaaten größere Bedeutung zu (vgl. *Carsten Thomas Ebenroth/Wolfgang Hübschle,* Gewerbliche Schutzrechte und Marktaufteilung im Binnenmarkt der Europäischen Union, 1994, Rn. 148 ff.).

195 EuGH, Rs. 62/79, 18.3.1980, Slg. 1980, 881, Rn. 15 (SA Compagnie générale pour la diffusion de la télévision, Coditel u. a./SA Ciné Vog Films u. a.).

EGV als notwendig erachtet hat. Vergegenwärtigt man sich, daß die unterschiedlichen nationalen Rechtsvorschriften über die Rechte des geistigen Eigentums nicht nur Hindernisse für den freien Waren- und Dienstleistungsverkehr darstellen, sondern „ein wirksamer und angemessener Schutz der Rechte des geistigen Eigentums" notwendig ist, „um sicherzustellen, daß die Maßnahmen und Verfahren zur Durchsetzung der Rechte des geistigen Eigentums nicht selbst zu Schranken für den rechtmäßigen Handel werden",[196] liegt der Schluß nahe, daß die Verbesserung der Voraussetzungen für die Errichtung und das Funktionieren des Binnenmarkts die Rechte des geistigen Eigentums nicht aushöhlen darf.

a) Der Schutz des gewerblichen und kommerziellen Eigentums nach Art. 30 EGV

Der Begriff des gewerblichen und kommerziellen Eigentums im Sinne von Art. 30 EGV umfaßt nach der Rechtsprechung des EuGH nicht nur gewerbliche Schutzrechte, sondern grundsätzlich auch das Urheberrecht sowie die verwandten Schutzrechte. Diese werden zwar im nationalen Recht nicht zum gewerblichen Eigentum gezählt, werden aber vom EuGH wegen ihrer wirtschaftlichen Bedeutung als von Art. 30 EGV erfaßt angesehen.[197] Im einzelnen umfaßt der Schutz des gewerblichen und kommerziellen Eigentums nach der Rechtsprechung des EuGH das Warenzeichen- bzw. Markenrecht,[198] das Patentrecht,[199] die verwandten Schutzrechte,[200] das Recht am Handelsnamen (Firmenrecht),[201] das Urheberrecht,[202] das Geschmacksmusterrecht,[203] das Sortenrecht[204] sowie Ursprungsbezeichnungen[205] und geographische Herkunftsangaben[206].

---

[196] Erster Absatz der Präambel des TRIPs-Übereinkommens.

[197] EuGH, Verb. Rs. 55 und 57/80, 20.1.1981, Slg. 1981, 147, Rn. 12 (Musik-Vertrieb Membran GmbH und K-tel International/GEMA).

[198] Erstmals EuGH, Verb. Rs. 56 und 58/64, 13.7.1966, Slg. 1966, 322 (394) (Consten GmbH und Grundig Verkaufs-GmbH/Kommission).

[199] Erstmals EuGH, Rs. 24/67, 29.2.1968, Slg. 1968, 81 (112) (Firma Parke, Davis and Co./Firmen Probel, Reese, Beintema-Interpharm und Centrafarm).

[200] Erstmals EuGH, Rs. 78/70, 28.6.1971, Slg. 1971, 487, Rn. 11 (Deutsche Grammophon Gesellschaft mbH/Metro-SB-Großmärkte GmbH und Co. KG).

[201] Erstmals EuGH, Rs. 119/75, 22.6.1976, Slg. 1976, 1039, Rn. 4 (Terrapin (Overseas) Ltd./Terranova Industrie C. A. Kapferer und Co.).

[202] Erstmals EuGH, Verb. Rs. 55 und 57/80, 20.1.1981, Slg. 1981, 147, Rn. 9 (Musik-Vertrieb Membran GmbH und K-tel International/GEMA).

[203] Erstmals EuGH, Rs. 144/81, 14.9.1982, Slg. 1982, 2853, Rn. 14 (Keurkoop B.V./Nancy Kean Gifts B.V.).

[204] Erstmals EuGH, Rs. 258/78, 8.6.1982, Slg. 1982, 2015, Rn. 41 (L. C. Nungesser KG und Kurt Eisele/Kommission).

Dagegen fällt der Schutz des unlauteren Wettbewerbs nicht in den Anwendungsbereich des Art. 30 EGV. Hierfür besteht auch regelmäßig kein Bedürfnis, da der EuGH den unlauteren Wettbewerb als „zwingende[s] Erforderni[s]“ unter dem Stichwort „Lauterkeit des Handelsverkehrs“ im Rahmen des Art. 28 EGV berücksichtigt.[207] Die nationalen Regelungen stellen auf die Unlauterkeit eines bestimmten Verhaltens ab und sind, von wenigen Ausnahmen[208] abgesehen, unterschiedslos auf einheimische wie eingeführte Waren anwendbar,[209] so daß sich die Frage einer Rechtfertigung nach Art. 30 EGV nicht stellt.

b) Die vom EuGH entwickelten Grundsätze

Unter Aussonderung des Rechtsgehalts, der allein die Mitgliedstaaten betrifft,[210] ist zu untersuchen, inwieweit sich die in der Rechtsprechung des EuGH zu Art. 30 EGV entwickelten Grundsätze auf die Rechtssetzung der Europäischen Gemeinschaft übertragen lassen.

aa) Die Unterscheidung zwischen dem Bestand und der Ausübung der Rechte des geistigen Eigentums

Aus dem Wortlaut, insbesondere von Art. 30 S. 2 EGV, und der systematischen Stellung ergibt sich nach ständiger Rechtsprechung des EuGH, daß Art. 30 EGV den Bestand der Rechte des geistigen Eigentums unberührt läßt, aber die Ausübung der Rechte des geistigen Eigentums durch den EG-Vertrag beschränkt werden kann.[211]

Art. 30 EGV begründet damit weder einen nationalen Kompetenzvorbehalt[212], noch begrenzt er die nationalen Rechte des geistigen Eigen-

205 Erstmals EuGH, Rs. C-47/90, 9.6.1992, Slg. 1992, I-3669, Rn. 16 (Etablissments Delhaize Frères und Compagnie de Lion SA/Promalvin SA und AGE Bodegas Unidas SA).

206 Erstmals EuGH, Rs. C-3/91, 10.11.1992, Slg. 1992, I-5529, Rn. 25 (Exportur SA/LOR SA und Confiserie du Tech).

207 EuGH, Rs. 120/78, 20.2.1979, Slg. 1979, 649, Rn. 8 (Rewe-Zentral AG/Bundesmonopolverwaltung für Branntwein).

208 Vgl. z.B. EuGH, Rs. 177/83, 6.11.1984, Slg. 1984, 3651, Rn. 15 (Th. Kohl KG/Ringelhan & Rennett SA und Ringelhan Einrichtungs-GmbH).

209 *Carl Otto Lenz,* Unlauterer Wettbewerb und freier Warenverkehr in der Rechtsprechung des Europäischen Gerichtshofes, ZEuP 1994, S. 624 (638).

210 *Urban Scheffer,* Die Marktfreiheiten des EG-Vertrages als Ermessensgrenze des Gemeinschaftsgesetzgebers, 1997, S. 31, 156.

211 Erstmals EuGH, Verb. Rs. 56 und 58/64, 13.7.1966, Slg. 1966, 322 (394) (Consten GmbH und Grundig Verkaufs-GmbH/Kommission).

tums auf ein gemeinschaftseinheitliches Maß[213]. Im Urteil „Simmenthal" hat der EuGH entschieden, daß Art. 30 EGV nicht bestimmte Sachgebiete der ausschließlichen Zuständigkeit der Mitgliedstaaten vorbehalten will, „sondern Ausnahmen vom Grundsatz des freien Warenverkehrs durch innerstaatliche Normen insoweit zu[läßt], als dies zur Erreichung der in diesem Artikel bezeichneten Ziele gerechtfertigt ist und weiterhin gerechtfertigt bleibt".[214] Die Lehre von der gemeinschaftsrechtlichen Begrenzung der nationalen Rechte des geistigen Eigentums würde die Rechtsangleichung der Europäischen Gemeinschaft nach Art. 95 Abs. 1 S. 2 EGV überflüssig machen.[215]

bb) Der spezifische Gegenstand der Rechte des geistigen Eigentums

Nach der Rechtsprechung des EuGH können Hindernisse des freien Waren- und Dienstleistungsverkehrs zum Schutz der nationalen Rechte des geistigen Eigentums nur gerechtfertigt werden, wenn Schutzgrund der spezifische Gegenstand des jeweiligen Rechts des geistigen Eigentums ist.[216] Der Begriff des spezifischen Gegenstandes ist nicht mit dem des Wesensgehalts im Sinne eines unbedingt erforderlichen Schutzminimums gleichzusetzen,[217] sondern konkretisiert die gemeinschaftsrechtlichen Grenzen der na-

---

[212] So die Lehre von der totalen Bereichsausnahme (vgl. *Jean Monnet,* Die territoriale Wirkung von Patenten im Gemeinsamen Markt, GRUR Ausl. 1965, S. 302 ff.; *Guy Schrans,* Die Bedeutung der Art. 36 und 85 des EWG-Vertrages für Patentlizenzverträge, GRUR Ausl. 1964, S. 626 ff.; *Marcel Gotzen,* Gewerblicher Rechtschutz und Gemeinsamer Markt, GRUR Ausl. 1958, S. 224 ff.).

[213] So die Lehre von der gemeinschaftsrechtlichen Begrenzung nationaler Schutzrechtsinhalte (vgl. *Hartmut Johannes,* Anwendung der Prinzipien des Kaffee-Hag-Urteils auf nicht-ursprungsgleiche Warenzeichen und auf Freizeichen, RIW/AWD 22 (1976), S. 10 (13)).

[214] EuGH, Rs. 35/76, 15.12.1976, Slg. 1976, 1871, Rn. 24 (Simmenthal SpA/Ministère des finances italien). Vgl. auch EuGH, Rs. C-350/92, 13.7.1995, Slg. 1995, I-1985, Rn. 21 (Spanien/Rat).

[215] *Carsten Thomas Ebenroth/Wolfgang Hübschle,* Gewerbliche Schutzrechte und Marktaufteilung im Binnenmarkt der Europäischen Union, 1994, Rn. 80.

[216] Erstmals EuGH, Rs. 15/74, 31.10.1974, Slg. 1974, 1147, Rn. 6/8 (Centrafarm BV und Adriaan de Peijper/Sterling Drug Inc). Von den Gemeinschaftsgerichten werden alternativ gleichbedeutende Begriffe, wie z. B. „Substanz" (EuGH, Rs. 19/84, 9.7.1985, Slg. 1985, 2281, Rn. 23 (Pharmon BV/Hoechst AG)), „eigentlich[e] Substanz" (EuG, Rs. T-76/89, 10.7.1991, Slg. 1991, II-575, Rn. 54 (Independent Television Publications Ltd/Kommission)) und „wesentliche[r] Inhalt" (EuGH, Rs. 62/79, 18.3.1980, Slg. 1980, 881, Rn. 14 (SA Compagnie générale pour la diffusion de la télévision, Coditel u. a./Ciné Vog Films u. a.)), verwendet.

[217] *Peter-Christian Müller-Graff,* in: Hans von der Groeben/Jürgen Schwarze (Hrsg.), Kommentar zum Vertrag über die Europäische Union und zur Gründung der Europäischen Gemeinschaft, 6. Auflage 2003, Art. 30 EGV Rn. 78; *Friedrich-*

tionalen Rechte des geistigen Eigentums, indem die nationalen Rechte des geistigen Eigentums mit dem freien Waren- und Dienstleistungsverkehr abgewogen werden.[218] Übertragen auf die Europäische Gemeinschaft bedeutet dieser Grundsatz, daß sich die Rechtssetzung auf den spezifischen Gegenstand der Rechte des geistigen Eigentums stützen muß, um nicht selbst den freien Waren- und Dienstleistungsverkehr zu behindern.

Der spezifische Gegenstand des Warenzeichen- bzw. Markenrechts wird durch drei Funktionen bestimmt: die Herkunftsfunktion, die Werbefunktion durch den mit der Marke verbundenen *good will* und die Gewährfunktion der Marke für gleichbleibende Qualität.[219] Die Herkunftsfunktion besteht nach dem Urteil „Hoffmann-La Roche" darin, „dem Verbraucher oder Endabnehmer die Ursprungsidentität des gekennzeichneten Erzeugnisses zu garantieren, indem ihm ermöglicht wird, dieses Erzeugnis ohne Verwechslungsgefahr von Erzeugnissen anderer Herkunft zu unterscheiden".[220] Erwägungsgrund 10 der Ersten Richtlinie 89/104/EWG des Rates vom 21. Dezember 1988 zur Angleichung der Rechtsvorschriften der Mitgliedstaaten über die Marken und Erwägungsgrund 6 der Verordnung (EG) Nr. 40/94 vom 20. Dezember 1993 über die Gemeinschaftsmarke verweisen auf diese Herkunftsfunktion.

Hingegen ist der spezifische Gegenstand des Patentrechts durch die Entgeltfunktion gekennzeichnet, nach der „der Inhaber zum Ausgleich für seine schöpferische Erfindertätigkeit das ausschließliche Recht erlangt, gewerbliche Erzeugnisse herzustellen und in den Verkehr zu bringen, mithin die Erfindung entweder selber oder im Wege der Lizenzvergabe an Dritte zu verwerten, und ferner das Recht, sich gegen jede Zuwiderhandlung zur Wehr zu setzen".[221] In ähnlicher Weise wird der spezifische Gegenstand des Geschmacksmusterrechts in der Befugnis des Inhabers gesehen, „die Herstellung von Erzeugnissen, die das Muster verkörpern, durch Dritte zwecks Verkauf auf dem Binnenmarkt oder zwecks Ausfuhr zu untersagen

---

Karl Beier, Gewerblicher Rechtsschutz und freier Warenverkehr im europäischen Binnenmarkt und im Verkehr mit Drittstaaten, GRUR Int. 1989, S. 603 (610).

[218] *Peter-Christian Müller-Graff,* in: Hans von der Groeben/Jürgen Schwarze (Hrsg.), Kommentar zum Vertrag über die Europäische Union und zur Gründung der Europäischen Gemeinschaft, 6. Auflage 2003, Art. 30 EGV Rn. 79; *Carsten Thomas Ebenroth/Wolfgang Hübschle,* Gewerbliche Schutzrechte und Marktaufteilung im Binnenmarkt der Europäischen Union, 1994, Rn. 110.

[219] *Carsten Thomas Ebenroth/Wolfgang Hübschle,* Gewerbliche Schutzrechte und Marktaufteilung im Binnenmarkt der Europäischen Union, 1994, Rn. 113.

[220] EuGH, Rs. 102/77, 23.5.1978, Slg. 1978, 1139, Rn. 7 (Hoffmann-La Roche & Co. AG/Centrafarm Vertriebsgesellschaft Pharmazeutischer Erzeugnisse mbH).

[221] EuGH, Rs. 15/74, 31.10.1974, Slg. 1974, 1147, Rn. 9 (Centrafarm BV und Adriaan de Peijper/Sterling Drug Inc).

oder die Einfuhr derartiger Erzeugnisse, die ohne seine Erlaubnis in anderen Mitgliedstaaten hergestellt wurden".[222]

Die spezifischen Gegenstände der Ursprungsbezeichnung und der geographischen Herkunftsangabe sind in Abgrenzung zueinander zu bestimmen. Während die Ursprungsbezeichnung durch die Gewährfunktion gekennzeichnet ist, d.h. daß das mit ihr versehene Erzeugnis aus einem bestimmten geographischen Bereich stammt und damit verbundene Eigenschaften aufweist,[223] ist die geographische Herkunftsangabe grundsätzlich nur als Hinweis auf die Herkunft aus einem bestimmten geographischen Bereich zu verstehen, ohne die mit der Ursprungsbezeichnung verbundene Garantie zu enthalten. Gegebenenfalls kann der Hinweis auf die geographische Herkunft des Erzeugnisses indes Aufschluß über eine bestimmte Qualität, ein bestimmtes Ansehen oder eine andere Eigenschaft des Erzeugnisses geben, die nicht von den geographischen Verhältnissen abhängen.[224] In diesem Fall ist auch die geographische Herkunftsangabe durch eine Gewährfunktion gekennzeichnet, die allerdings nicht so weit reicht wie die der Ursprungsbezeichnung.

Eine allgemeinverbindliche Definition der spezifischen Gegenstände des Urheberrechts und der verwandten Schutzrechte kann angesichts der Vielzahl der geschützten Werke und Leistungen sowie der unterschiedlichen Ausschließlichkeitsrechte nicht gegeben werden.[225]

cc) Das Erschöpfungsprinzip

Die Hindernisse des freien Waren- und Dienstleistungsverkehrs zum Schutz des spezifischen Gegenstands der nationalen Rechte des geistigen

---

[222] EuGH, Rs. 53/87, 5.10.1988, Slg. 1988, 6039, Rn. 11 (Consorzio italiano della componentistica di ricambio per autoveicoli und Maxicar/Régie nationale des usines Renault).

[223] EuGH, Rs. C-47/90, 9.6.1992, Slg. 1992, I-3669, Rn. 17 (Etablissments Delhaize Frères und Compagnie de Lion SA/Promalvin SA und AGE Bodegas Unidas SA). Vgl. auch Art. 2 Abs. 2 lit. a) der Verordnung (EWG) Nr. 2081/92 des Rates vom 14. Juli 1992 zum Schutz von geographischen Angaben und Ursprungsbezeichnungen für Agrarerzeugnisse und Lebensmittel.

[224] EuGH, Rs. C-3/91, 10.11.1992, Slg. 1992, I-5529, Rn. 28 (Exportur SA/LOR SA und Confiserie du Tech). Vgl. auch Art. 2 Abs. 2 lit. b) der Verordnung (EWG) Nr. 2081/92 des Rates vom 14. Juli 1992 zum Schutz von geographischen Angaben und Ursprungsbezeichnungen für Agrarerzeugnisse und Lebensmittel.

[225] *Peter-Christian Müller-Graff,* in: Hans von der Groeben/Jürgen Schwarze (Hrsg.), Kommentar zum Vertrag über die Europäische Union und zur Gründung der Europäischen Gemeinschaft, 6. Auflage 2003, Art. 30 EGV Rn. 85. Vgl. hierzu *Bertil Emrah Oder,* Der spezifische Gegenstand des geistigen Eigentums im Europäischen Gemeinschaftsrecht, 2000, S. 143 ff.

Eigentums müssen „notwendig“ sein.[226] Da Art. 30 EGV als Ausnahme vom freien Waren- und Dienstleistungsverkehr nach der Rechtsprechung des EuGH eng auszulegen ist,[227] setzt der Begriff der Notwendigkeit eine Gefährdungslage voraus. An der Gefährdung des spezifischen Gegenstands des jeweiligen Rechts des geistigen Eigentums fehlt es nach dem Prinzip der gemeinschaftsweiten Erschöpfung, wenn sich der Inhaber des Rechts des geistigen Eigentums „der Einfuhr oder dem Vertrieb eines Erzeugnisses [...] widersetz[t], das auf dem Markt eines anderen Mitgliedstaats von ihm selbst, mit seiner Zustimmung oder von einer rechtlich oder wirtschaftlich von ihm abhängigen Person rechtmäßig in den Verkehr gebracht worden ist“.[228] In Art. 2 Abs. 1 des Protokolls 28 über geistiges Eigentum des Abkommens vom 2. Mai 1992 über den Europäischen Wirtschaftsraum (EWR-Abkommen) wird das Prinzip der gemeinschaftsweiten Erschöpfung der Rechte des geistigen Eigentums auf die Mitgliedstaaten des Europäischen Wirtschaftsraums (EWR) erstreckt. Das Prinzip der EWR-weiten Erschöpfung überwindet die territorial begrenzte Erschöpfung der Rechte des geistigen Eigentums auf das Gebiet der Mitgliedstaaten der EG und des EWR, in dem die Waren bzw. die Dienstleistungen, in denen sich die Rechte des geistigen Eigentums verkörpern, in den Verkehr gebracht wurden.[229]

Die Europäische Gemeinschaft trägt dem Prinzip der gemeinschafts- bzw. EWR-weiten Erschöpfung beim Erlaß sekundären Gemeinschaftsrechts insoweit Rechnung, als die Richtlinien, die die nationalen Rechtsvorschriften über die Rechte des geistigen Eigentums aneinander angleichen, und die Verordnungen, die gewerbliche Gemeinschaftsschutzrechte schaffen, das Prinzip der gemeinschafts- bzw. EWR-weiten Erschöpfung überwiegend vorsehen.[230]

---

[226] EuGH, Rs. 104/75, 20.5.1976, Slg. 1976, 613, Rn. 14/18 (Adriaan de Peijper, Geschäftsführer der Firma Centrafarm B.V.).

[227] Erstmals EuGH, Rs. 7/61, 19.12.1961, Slg. 1961, 695 (720) (Kommission/Italien).

[228] EuGH, Rs. 144/81, 14.9.1982, Slg. 1982, 2853, Rn. 25 (Keurkoop BV/Nancy Kean Gifts BV). Vgl. ausführlich *Jochen Körber,* Der Grundsatz der gemeinschaftsweiten Erschöpfung im Recht der Europäischen Union, 1999.

[229] *Heinrich Hubmann/Horst-Peter Götting,* Gewerblicher Rechtsschutz, 6. Auflage 1998, S. 174 ff.

[230] Art. 21 der Verordnung (EG) Nr. 6/2002 des Rates vom 12. Dezember 2001 über das Gemeinschaftsgeschmacksmuster; Art. 4 Abs. 2 der Richtlinie 2001/29/EG des Europäischen Parlaments und des Rates vom 22. Mai 2001 zur Harmonisierung bestimmter Aspekte des Urheberrechts und der verwandten Schutzrechte in der Informationsgesellschaft; Art. 15 der Richtlinie 98/71/EG des Europäischen Parlaments und des Rates vom 13. Oktober 1998 über den rechtlichen Schutz von Mustern und Modellen; Art. 5 lit. c) und Art. 7 Abs. 2 lit. b) S. 2 der Richtlinie 96/6/EG des Europäischen Parlaments und des Rates vom 11. März 1996 über den rechtlichen Schutz von Datenbanken; Art. 16 der Verordnung (EG) Nr. 2100/94 des Ra-

5. *Die Querschnittsklausel im Kulturbereich nach Art. 151 Abs. 4 EGV*

Die Rechtssetzungskompetenzen der Europäischen Gemeinschaft auf dem Gebiet des geistigen Eigentums könnten ferner durch die Querschnittsklausel im Kulturbereich nach Art. 151 Abs. 4 EGV begrenzt werden. Die Querschnittsklausel nach Art. 151 Abs. 4 EGV konkretisiert den Grundsatz der Achtung der nationalen Identität der Mitgliedstaaten nach Art. 6 Abs. 3 EUV,[231] indem sie die Europäische Gemeinschaft verpflichtet, den „kulturellen Aspekten" bei ihrer rechtsetzenden Tätigkeit aufgrund anderer Bestimmungen des EG-Vertrags Rechnung zu tragen, d.h. auf die kulturpolitischen Ziele der Mitgliedstaaten Rücksicht zu nehmen.[232] Die Mitgliedstaaten haben die Europäische Gemeinschaft in Art. 151 EGV nämlich nur ermächtigt, die kulturelle Zusammenarbeit zwischen den Mitgliedstaaten zu fördern, nicht aber, eine eigene Kulturpolitik zu verfolgen.

Der Ermessensspielraum der gesetzgebenden Organe der Europäischen Gemeinschaft ist umso geringer, je stärker der Kernbereich nationaler Kulturpolitik betroffen ist.[233] Es könnte argumentiert werden, daß eine Rechtsangleichung auf niedrigem Niveau im Bereich des Urheberrechts und der verwandten Schutzrechte[234] bzw. eine ungenügende Berücksichtigung der

---

tes vom 27. Juli 1994 über den gemeinschaftlichen Sortenschutz; Art. 13 der Verordnung (EG) Nr. 40/94 des Rates vom 20. Dezember 1993 über die Gemeinschaftsmarke; Art. 9 Abs. 2 der Richtlinie 92/100/EWG des Rates vom 19. November 1992 zum Vermietrecht und Verleihrecht sowie zu bestimmten dem Urheberrecht verwandten Schutzrechten im Bereich des geistigen Eigentums; Art. 4 der Richtlinie 91/250/EWG des Rates vom 14. Mai 1991 über den Rechtsschutz von Computerprogrammen; Art. 7 der Ersten Richtlinie 89/104/EWG des Rates vom 21. Dezember 1988 zur Angleichung der Rechtsvorschriften der Mitgliedstaaten über die Marken; Art. 5 Abs. 5 der Richtlinie 87/54/EWG des Rates vom 16. Dezember 1986 über den Rechtsschutz der Topographien von Halbleitererzeugnissen.

[231] *Jürgen Schwarze,* Grenzen der Harmonisierungskompetenz der EG im Presserecht, ZUM 46 (2002), S. 89 (93).

[232] *Jürgen Schwarze,* Die Kompetenzen der Europäischen Gemeinschaft auf dem Gebiet der Kultur, in: Jürgen Schwarze/Jürgen Becker (Hrsg.), Geistiges Eigentum und Kultur im Spannungsfeld von nationaler Regelungskompetenz und europäischem Wirtschafts- und Wettbewerbsrecht, 1998, S. 125 (149).

[233] *H. G. Fischer,* in: Carl Otto Lenz/Klaus-Dieter Borchardt (Hrsg.), EU- und EG-Vertrag, 3. Auflage 2003, Art. 151 EGV Rn. 13; *Jürgen Sparr,* in: Jürgen Schwarze (Hrsg.), EU-Kommentar, 2000, Art. 151 EGV Rn. 62.

[234] *Moritz Röttinger,* Urheberrecht und Europarecht: Rechtspolitik und Rechtssetzung der Europäischen Gemeinschaft, ZEuS 4 (2001), S. 285 (299). Vgl. Erwägungsgrund 11 der Richtlinie 93/98/EWG des Rates zur Harmonisierung der Schutzdauer des Urheberrechts und bestimmter verwandter Schutzrechte, welcher lautet:

„Zur Einführung eines hohen Schutzniveaus, das sowohl den Anforderungen des Binnenmarkts als auch der Notwendigkeit entspricht, ein rechtliches Umfeld zu

unterschiedlichen Rechtstraditionen im Bereich des Urheberrechts, des kontinentaleuropäischen *droit d'auteur*-System einerseits und des angloamerikanischen *copyright*-Systems andererseits, die Pflicht zur kulturellen Rücksichtnahme nach Art. 151 Abs. 4 EGV nur dann nicht verletzt, wenn die Rechtsangleichung auf dem Gebiet des geistigen Eigentums schwere Störungen des Binnenmarkts beseitigt oder verhindert.[235] Erwägungsgrund 12 der Richtlinie 2001/29/EG des Europäischen Parlaments und des Rates vom 22. Mai 2001 zur Harmonisierung bestimmter Aspekte des Urheberrechts und der verwandten Schutzrechte in der Informationsgesellschaft und Erwägungsgrund 5 der Richtlinie 2001/84/EG des Europäischen Parlaments und des Rates vom 27. September 2001 über das Folgerecht des Urhebers des Originals eines Kunstwerks beziehen sich ausdrücklich auf Art. 151 Abs. 4 EGV.

Art. 151 Abs. 4 EGV formuliert nach der Rechtsprechung des EuGH jedoch keinen nationalen Kompetenzvorbehalt in dem Sinne, daß es den Mitgliedstaaten erlaubt wäre, von sekundärem Gemeinschaftsrecht, das kulturellen Aspekten bereits Rechnung trägt, abzuweichen[236] bzw. eine Bestimmung des sekundären Gemeinschaftsrechts durch eine „einschneidendere Norm" zu ersetzen[237].

6. Die Garantie der Eigentumsordnung in den Mitgliedstaaten nach Art. 295 EGV

In der Vergangenheit haben verschiedene Mitgliedstaaten vor dem EuGH geltend gemacht, daß Art. 295 EGV den Rechtssetzungskompetenzen der Europäischen Gemeinschaft auf dem Gebiet des geistigen Eigentums Grenzen setzt.[238] Nach Art. 295 EGV läßt der EG-Vertrag die Eigentumsordnung in den Mitgliedstaaten unberührt.

Der Begriff der Eigentumsordnung wird in der Literatur und in den Schlußanträgen der Generalanwälte in unterschiedlicher Weise gedeutet. Er

---

schaffen, das die harmonische Entwicklung der literarischen und künstlerischen Kreativität in der Gemeinschaft fördert, ist die Schutzdauer folgendermaßen zu harmonisieren: [...]."

235 *Jürgen Schwarze,* Grenzen der Harmonisierungskompetenz der EG im Presserecht, ZUM 46 (2002), S. 89 (95).

236 EuGH, Rs. C-11/95, 10.9.1996, Slg. 1996, I-4115, Rn. 50 (Kommission/Belgien).

237 EuGH, Rs. C-85/94, 12.10.1995, Slg. 1995, I-2955, Rn. 19 (Groupement des Producteurs, Importateurs et Agents Généraux d'Eaux Minérales Etrangères, VZW (Piageme) u. a./Peeters NV).

238 So z. B. Spanien und Griechenland (vgl. EuGH, Rs. C-350/92, 13.7.1995, Slg. 1995, I-1985, Rn. 12 (Spanien/Rat)).

wird erstens grammatikalisch als die „Gesamtheit der Vorschriften" verstanden, „die in jedem Mitgliedstaat die mit dem Eigentum verbundenen Rechte und Pflichten, die Möglichkeiten zur Beschränkung oder Einziehung von Eigentumsrechten sowie insbesondere auch die Rechte und Pflichten bei der Überführung von privatem Eigentum in Gemeineigentum oder andere Formen der Gemeinwirtschaft regeln".[239] Er wird zweitens systematisch und historisch dahingehend ausgelegt, daß er den Mitgliedstaaten lediglich „die wirtschaftspolitisch motivierte Übertragung von Eigentumsrechten auf die öffentliche Hand bzw. ihre Rückführung in Privathand" vorbehalte.[240] Art. 295 EGV, der in engem Zusammenhang mit Art. 83 des am 23. Juli 2002 ausgelaufenen EGKSV[241] stehe, beabsichtige nicht, das einzelne Recht des Eigentums zu schützen, sondern sei, ebenso wie Art. 15 GG und Art. 16 der Konvention zum Schutze der Menschenrechte und Grundfreiheiten vom 4. November 1950 (EMRK)[242], lediglich Ausdruck der Sozialisierung und Privatisierung des Eigentums.[243] Generalanwalt Ruiz-Jarabo Colomer geht drittens teleologisch davon aus, daß sich der Begriff der Eigentumsordnung nach dem Schuman-Plan vom 9. Mai 1950 „mit dem Eigentum als einer wirtschaftlichen Verfügungsmacht in ihren einzelnen Abstufungen und Aspekten" befasse.[244]

Letztlich kommt es nicht darauf an, wie der Begriff der Eigentumsordnung zu bestimmen ist, da Art. 295 EGV nach der Rechtsprechung des

---

[239] *Armin Hatje,* Wirtschaftsverfassung, in: Armin von Bogdandy, Europäisches Verfassungsrecht, 2003, S. 683 (735); *Kirsten Böhmann,* Privatisierungsdruck des Europarechts, 2001, S. 97; *Michael Schweitzer,* in: Eberhard Grabitz/Meinhard Hilf (Hrsg.), Das Recht der Europäischen Union, Band II, EUV/EGV, 20. Ergänzungslieferung – Stand August 2002, Art. 295 EGV Rn. 3; *Ingfried F. Hochbaum,* in: Hans von der Groeben/Jochen Thiesing/Claus-Dieter Ehlermann (Hrsg.), Kommentar zum EU-/EG-Vertrag, 5. Auflage 1997/1999, Art. 295 EGV Rn. 3; *Reinhard Riegel,* Die Einwirkung des Europäischen Gemeinschaftsrechts auf die Eigentumsordnung der Mitgliedstaaten, RIW/AWD 25 (1979), S. 744 (745).

[240] *Christine von Milczewski,* Der grundrechtliche Schutz des Eigentums im Europäischen Gemeinschaftsrecht, 1994, S. 30; *Peter-Christian Müller-Graff,* Europäisches Gemeinschaftsrecht und Privatrecht, NJW 46 (1993), S. 13 (14 und 17); *Jürgen Michael Thiel,* Europa 1992: Grundrechtlicher Eigentumsschutz im EG-Recht, JuS 31 (1991), S. 274 (276).

[241] Art. 83 EGKSV lautete:

„Die Einrichtung der Gemeinschaft berührt in keiner Weise die Ordnung des Eigentums an den Unternehmen, für welche die Bestimmungen dieses Vertrags gelten."

[242] BGBl. 1952 II, 685.

[243] Erläuterungen der Bundesregierung vom 4. Mai 1957 zu den Verträgen zur Gründung der Europäischen Wirtschaftsgemeinschaft und der Europäischen Atomgemeinschaft (BT-Drs. 2/3440, Anl. C, S. 54).

[244] Schlußanträge von Generalanwalt Ruiz-Jarabo Colomer, Rs. C-367/98, C-483/999 und C-503/99, 3.7.2001, Slg. 2002, I-4731, Rn. 65 (Kommission/Portugal, Frankreich und Belgien).

EuGH ebensowenig wie Art. 30 EGV, der im Verhältnis zu Art. 295 EGV *lex specialis* ist,[245] einen nationalen Kompetenzvorbehalt in dem Sinne begründet, daß die in den Mitgliedstaaten bestehende Eigentumsordnung den Grundprinzipien des EG-Vertrages entzogen wäre[246], den Mitgliedstaaten mit anderen Worten „auf dem Gebiet des gewerblichen und kommerziellen Eigentums die Befugnis vorbehalten [wäre], Maßnahmen zu ergreifen, die gegen den Grundsatz des freien Warenverkehrs innerhalb des Gemeinsamen Marktes, wie er im EWG-Vertrag vorgesehen und ausgestaltet ist, verstoßen würden“[247].[248]

7. Das Gemeinschaftsgrundrecht auf Eigentum

Grenzen der Rechtssetzungskompetenzen der Europäischen Gemeinschaft auf dem Gebiet des geistigen Eigentums könnten sich allerdings aus den Gemeinschaftsgrundrechten, insbesondere aus dem Gemeinschaftsgrundrecht auf Eigentum, ergeben. Da die Europäische Gemeinschaft bis zur feierlichen Proklamation der Charta der Grundrechte der Europäischen Union am 7. Dezember 2000 (Grundrechtscharta)[249] über keinen geschriebenen Grundrechtskatalog verfügte, hat der EuGH in dem Urteil „Hauer“ ein Gemeinschaftsgrundrecht auf Eigentum als allgemeinen Rechtsgrundsatz unter Heranziehung von Art. 1 des 1. Zusatzprotokolls vom 20. März 1952[250] zur EMRK und den Verfassungsüberlieferungen der Mitgliedstaaten entwik-

---

245 *Kirsten Böhmann,* Privatisierungsdruck des Europarechts, 2001, S. 81; *Christine von Milczewski,* Der grundrechtliche Schutz des Eigentums im Europäischen Gemeinschaftsrechts, 1994, S. 29; *Reinhard Riegel,* Die Einwirkung des Europäischen Gemeinschaftsrechts auf die Eigentumsordnung der Mitgliedstaaten, RIW/AWD 25 (1979), S. 744 (745).

246 EuGH, Rs. C-491/01, 10.12.2002, Slg. 2002, I-11453, Rn. 147 (The Queen/Secretary of State for Health, ex parte: British American Tobacco (Investments) Ltd und Imperial Tobacco Ltd, unterstützt durch Japan Tobacco Inc. und JT International SA); EuGH, Rs. C-503/99, 4.6.2002, Slg. 2002, I-4809, Rn. 44 (Kommission/Belgien); EuGH, Rs. C-483/99, 4.6.2002, Slg. 2002, I-4781, Rn. 44 (Kommission/Frankreich); EuGH, Rs. C-367/98, 4.6.2002, Slg. 2002, I-4731, Rn. 48 (Kommission/Portugal); EuGH, Rs. C-302/97, 1.6.1999, Slg. 1999, I-3099, Rn. 38 (Klaus Konle/Österreich).

247 EuGH, Rs. C-30/90, 18.2.1992, Slg. 1992, I-829, Rn. 18 (Kommission/Vereinigtes Königreich); EuGH, Rs. C-235/89, 18.2.1992, Slg. 1992, I-777, Rn. 14 (Kommission/Italien). Vgl. in diesem Sinne auch EuGH, Rs. C-350/92, 13.7.1995, Slg. 1995, I-1985, Rn. 22 (Spanien/Rat).

248 Unklar *Bertil Emrah Oder,* Der spezifische Gegenstand des geistigen Eigentums im Europäischen Gemeinschaftsrecht, 2000, S. 13: „Da die einzelnen Vorschriften des EGV die Schranken der mitgliedstaatlichen Kompetenz konkretisieren, ist von einer „Restkompetenz“ der Mitgliedstaaten zu sprechen.“

249 ABl. EU Nr. C 364 vom 18.12.2000, S. 1 ff.

250 BGBl. 1956 II, 1880.

kelt.[251] Der in Art. 17 der Grundrechtscharta festgeschriebene Schutz des Eigentums umfaßt nach Abs. 2 auch das geistige Eigentum. Dennoch ist die frühere Rechtsprechung des EuGH zum Gemeinschaftsgrundrecht auf Eigentum maßgeblich, da die Grundrechtscharta, die Teil II des Entwurfs eines Vertrags über eine Verfassung für Europa vom 18. Juli 2003[252] bildet, noch rechtlich unverbindlich ist.

Der Schutzbereich des Gemeinschaftsgrundrechts auf Eigentum umfaßt aufgrund des besonderen Schutzes der Rechte des geistigen Eigentums im EG-Vertrag, insbesondere in Art. 30 EGV, auch das geistige Eigentum.[253] Nach Erwägungsgrund 9 der Richtlinie 93/98/EWG des Rates vom 29. Oktober 1993 zur Harmonisierung der Schutzdauer des Urheberrechts und bestimmter verwandter Schutzrechte gehört „die Wahrung erworbener Rechte [...] zu den allgemeinen Rechtsgrundsätzen, die von der Gemeinschaftsrechtsordnung geschützt werden". Eine Harmonisierung der Schutzdauer des Urheberrechts und der verwandten Schutzrechte dürfe daher nicht zur Folge haben, daß der Schutz, den die Rechtsinhaber gegenwärtig in der Gemeinschaft genießen, beeinträchtigt werde. Nach Erwägungsgrund 9 der Richtlinie 2001/29/EG des Europäischen Parlaments und des Rates vom 22. Mai 2001 zur Harmonisierung bestimmter Aspekte des Urheberrechts und der verwandten Schutzrechte in der Informationsgesellschaft sei „von einem hohen Schutzniveau" auszugehen. Die Erkenntnisquellen, derer sich der EuGH bei der Herleitung des Gemeinschaftsgrundrechts auf Eigentum vergleichend bedient hat, beziehen den Schutz des geistigen Eigentums ebenfalls mit ein. Die Rechte des geistigen Eigentums fallen sowohl in den Anwendungsbereich von Art. 1 des 1. Zusatzprotokolls der EMRK[254] als sie auch grundrechtlich geschützte Eigentumspositionen in den meisten Verfassungsordnungen der Mitgliedstaaten darstellen[255].

In Anlehnung an den Wortlaut von Art. 1 des 1. Zusatzprotokolls zur EMRK unterscheidet der EuGH zwischen zwei Arten von Eigentumsbeeinträchtigungen, den Eigentumsentziehungen und den Ausübungsbeschränkungen.[256] Während die Eigentumsentziehungen keine praktische Bedeutung er-

---

[251] EuGH, Rs. 44/79, 13.12.1979, Slg. 1979, 3727, Rn. 17 (Liselotte Hauer/Rheinland-Pfalz).

[252] CONV 850/03.

[253] *Olaf Müller-Michaels,* Grundrechtlicher Eigentumsschutz in der Europäischen Union, 1996, S. 37; *Christine von Milczewski,* Der grundrechtliche Schutz des Eigentums im Europäischen Gemeinschaftsrecht, 1994, S. 51.

[254] EKMR, 4.10.1990, EuGRZ 18 (1991), S. 365 f. (Smith Kline und French Laboratories Ltd/Niederlande).

[255] Vgl. z.B. für Deutschland BVerfGE 31, S. 229 (239).

[256] Erstmals EuGH, Rs. 44/79, 13.12.1979, Slg. 1979, 3727, Rn. 19 (Liselotte Hauer/Rheinland-Pfalz).

langt haben, müssen die Ausübungsbeschränkungen nach der Rechtsprechung des EuGH ein dem Gemeinwohl dienendes Ziel der Europäischen Gemeinschaft mit verhältnismäßigen Mitteln verfolgen, ohne den Wesensgehalt des Gemeinschaftsgrundrechts anzutasten.[257] Ein dem Gemeinwohl dienendes Ziel der Europäischen Gemeinschaft ergibt sich insbesondere aus Art. 2 und Art. 3 EGV. In dem Urteil „British American Tobacco" hat der EuGH entschieden, daß Art. 5 der Richtlinie 2001/37/EG des Europäischen Parlaments und des Rates vom 5. Juni 2001 zur Angleichung der Rechts- und Verwaltungsvorschriften der Mitgliedstaaten über die Herstellung, die Aufmachung und den Verkauf von Tabakerzeugnissen[258] nur das Recht der Tabakwarenhersteller, die Fläche auf bestimmten Seiten der Verpackung von Tabakerzeugnissen für die Anbringung ihrer Marke zu benutzen, nicht aber das Markenrecht der Hersteller in seinem Wesensgehalt antastet.[259] Dem kann zugestimmt werden, weil den Tabakwarenherstellern nach Art. 5 der Richtlinie 2001/37/EG nur weniger Platz auf der Verpackung zur Verfügung steht, um ihre Marken anzubringen. Im selben Urteil hat der EuGH entschieden, daß das in Art. 7 der Richtlinie 2001/37/EG niedergelegte Verbot, eine Marke zu verwenden, die eines der in dieser Bestimmung genannten Merkmale, wie z. B. „mild", enthält, das Markenrecht ebenfalls nicht in seinem Wesensgehalt antastet, weil es zum einen auf die Verpackung von Tabakerzeugnissen beschränkt sei und den Tabakwarenherstellern zum anderen die Möglichkeit bleibe, trotz Fortlassung der in Art. 7 der Richtlinie 2001/37/EG genannten Merkmale auf der Verpackung weiterhin ihr Erzeugnis durch andere Unterscheidungszeichen zu individualisieren.[260] Dem kann nur insoweit zugestimmt werden, als Art. 12 Abs. 2 lit. b) der Ersten Richtlinie 89/104/EWG des Rates vom 21. Dezember 1988 zur Angleichung der Recht-

---

[257] EuGH, Rs. C-491/01, 10.12.2002, Slg. 2002, I-11453, Rn. 149 (The Queen/Secretary of State for Health, ex parte: British American Tobacco (Investments) Ltd und Imperial Tobacco Ltd, unterstützt durch Japan Tobacco Inc. und JT International SA); EuGH, Rs. C-293/97, 29.4.1999, Slg. 1999, I-2603, Rn. 54 (The Queen/Secretary of State for the Environment and Ministry of Agriculture, Fisheries and Food, ex parte: H. A. Standley u. a. und D. G. D. Metson u. a.); EuGH, Rs. C-230/93, 5.10.1994, Slg. 1994, I-4973, Rn. 78 (Deutschland/Rat); EuGH, Rs. 265/87, 11.7.1989, Slg. 1989, 2237, Rn. 15 (Hermann Schräder HS Kraftfutter GmbH & Co. KG/Hauptzollamt Gronau).

[258] ABl. EU Nr. L 194 vom 18.7.2001, S. 26 ff.

[259] EuGH, Rs. C-491/01, 10.12.2002, Slg. 2002, I-11453, Rn. 150 (The Queen/Secretary of State for Health, ex parte: British American Tobacco (Investments) Ltd und Imperial Tobacco Ltd, unterstützt durch Japan Tobacco Inc. und JT International SA).

[260] EuGH, Rs. C-491/01, 10.12.2002, Slg. 2002, I-11453, Rn. 152 f. (The Queen/Secretary of State for Health, ex parte: British American Tobacco (Investments) Ltd und Imperial Tobacco Ltd, unterstützt durch Japan Tobacco Inc. und JT International SA).

vorschriften der Mitgliedstaaten über die Marken vorsieht, daß eine nationale Marke für verfallen erklärt werden kann, wenn sie geeignet ist, das Publikum, insbesondere über die Art, die Beschaffenheit oder die geographische Herkunft dieser Waren oder Dienstleistungen, irrezuführen.[261]

8. Sonstige allgemeine Rechtsgrundsätze

Anders als die EMRK und die Verfassungsordnungen der Mitgliedstaaten legen die völkerrechtlichen Verträge der Mitgliedstaaten auf dem Gebiet des geistigen Eigentums keine allgemeinen Grundsätze fest, die als ungeschriebenes primäres Gemeinschaftsrecht bei dem Erlaß sekundären Gemeinschaftsrechts zu beachten wären und den Rechtssetzungskompetenzen der Europäischen Gemeinschaft auf dem Gebiet des geistigen Eigentums Grenzen setzen könnten. Die Ausführungen des EuGH in dem Urteil „Metronome", daß „der allgemeine Grundsatz der freien Berufsausübung nicht unabhängig von den allgemeinen Grundsätzen ausgelegt werden [kann], die sich auf den Schutz der Rechte an geistigem Eigentum und die in diesem Bereich von der Gemeinschaft und den Mitgliedstaaten eingegangenen völkerrechtlichen Verpflichtungen beziehen"[262], sind nicht dahingehend zu verstehen, daß die Rechte des geistigen Eigentums, wie sie sich aus den völkerrechtlichen Verträgen der Mitgliedstaaten auf dem Gebiet des geistigen Eigentums ergeben, ebenso wie die Gemeinschaftsgrundrechte, wie sie vom EuGH im Wege einer Rechtsvergleichung der Verfassungsprinzipien der Mitgliedstaaten und der EMRK ermittelt werden, als allgemeine Grundsätze gelten. Vielmehr ist davon auszugehen, daß der EuGH den Begriff der allgemeinen Grundsätze im Urteil „Metronome" untechnisch gebraucht hat und die in den völkerrechtlichen Verträgen der Mitgliedstaaten auf dem Gebiet des geistigen Eigentums enthaltenen Wertungen lediglich in die Bestimmung des spezifischen Gegenstandes der Rechte des geistigen Eigentums einfließen sollten.[263]

Zwar wird in der Literatur argumentiert, daß die Rechtsprechung des EuGH in unangemessener Weise zwischen Rechten des geistigen Eigentums und Menschenrechten differenziere.[264] Zwischen den Menschenrechten, ein-

---

[261] *Donald Slater,* The Scope of EC Harmonising Powers: The ECJ's Tobacco Case (C-491/01) in Perspective, GLJ 4 (2002), http://www.germanlawjournal.com, letzte Abfrage: 19.5.2004, Rn. 32.

[262] EuGH, Rs. C-200/96, 28.4.1998, Slg. 1998, I-1953, Rn. 26 (Metronome Musik GmbH/Music Point Hokamp GmbH).

[263] Vgl. auch EuGH, Rs. C-316/95, 9.7.1997, Slg. 1997, I-3929, Rn. 20 (Generics BV/Smith Kline & French Laboratories Ltd).

[264] *Andrea Ott,* Thirty Years of Case-Law by the European Court of Justice in International Law: A Pragmatic Approach towards its Integration, in: Vincent Kro-

schließlich des Gemeinschaftsgrundrechts auf geistiges Eigentum, und den in völkerrechtlichen Verträgen der Mitgliedstaaten auf dem Gebiet des geistigen Eigentums niedergelegten Rechten des geistigen Eigentums ist aber grundlegend zu unterscheiden.[265]

9. *Zusammenfassende Bewertung*

Das geschriebene und ungeschriebene primäre Gemeinschaftsrecht setzt dem weiten gesetzgeberischen Ermessen der Europäischen Gemeinschaft mit Ausnahme des Subsidiaritätsprinzips nach Art. 5 Abs. 2 EGV und der Garantie der Eigentumsordnung in den Mitgliedstaaten nach Art. 295 EGV Grenzen. Das Subsidiaritätsprinzip setzt dem gesetzgeberischen Ermessen der Europäischen Gemeinschaft nicht etwa deshalb keine Grenzen, weil es nicht justiziabel[266] wäre, sondern weil die Neuverhandlung bestehender völkerrechtlicher Verträge der Mitgliedstaaten mit Drittstaaten und der Abschluß völkerrechtlicher Verträge der Mitgliedstaaten untereinander keine in gleicher Weise wie die Rechtsangleichung geeignete Mittel zur Beseitigung der Hindernisse für den freien Waren- und Dienstleistungsverkehr zwischen den Mitgliedstaaten darstellen.

Die Europäische Gemeinschaft darf sekundäres Gemeinschaftsrecht auf dem Gebiet des geistigen Eigentums nur setzen, soweit die völkerrechtlichen Verträge der Mitgliedstaaten die nationalen Rechte des geistigen Eigentums nicht bereits vereinheitlicht haben, soweit die Kohärenz der nationalen Rechtsordnungen, insbesondere des kontinentaleuropäischen *droit d'auteur*-Systems und des angloamerikanischen *copyright*-Systems, nicht beeinträchtigt werden, soweit das sekundäre Gemeinschaftsrecht nicht hinter dem Schutz des geistigen Eigentums zurückbleibt, den der EuGH in seiner Rechtsprechung zum freien Waren- und Dienstleistungsverkehr als notwendig erachtet hat und soweit das sekundäre Gemeinschaftsrecht nicht die Ausübung der Rechte des geistigen Eigentums in einer Weise beschränkt, die nicht mehr verhältnismäßig ist. Wegen der in Art. 151 Abs. 4 EGV enthaltenen Querschnittsklausel im Kulturbereich sind die Grenzen im Bereich des Urheberrechts und der verwandten Schutzrechte von vornherein enger als im Bereich des gewerblichen Rechtsschutzes.[267]

---

nenberger (ed.), The European Union and the International Legal Order: Discord or Harmony?, 2001, S. 95 (132).

[265] Siehe unten Zweiter Teil, Viertes Kapitel, C. I. 1. a) bb) (2) (c).

[266] Vgl. zur fehlenden Justiziabilität des Subsidiaritätsprinzips *Peter-Christian Müller-Graff*, in: Manfred A. Dauses (Hrsg.), Handbuch des EU-Wirtschaftsrechts, Band 1, Stand März 2002, Verfassungsziele der EG/EU Rn. 183: „Das ‚Subsidiaritätsprinzip' ist [...] eher politischer Fanfarenstoß denn exaktes juristisches Taktmaß."

II. Die Grenzen aus den völkerrechtlichen Verträgen auf dem Gebiet des geistigen Eigentums

Bei der Prüfung der Grenzen aus den völkerrechtlichen Verträgen auf dem Gebiet des geistigen Eigentums ist nach der Beteiligung der Europäischen Gemeinschaft und der Mitgliedstaaten an diesen völkerrechtlichen Verträgen zu unterscheiden.

1. Die völkerrechtlichen Verträge der Mitgliedstaaten

Die Mehrzahl der völkerrechtlichen Verträge, die den Schutz des geistigen Eigentums in den Mittelpunkt ihrer Bestimmungen stellen, sind von den Mitgliedstaaten geschlossen worden. Im Urteil „Burgoa" hat der EuGH aus Art. 307 Abs. 1 EGV, der das Verhältnis der früheren völkerrechtlichen Verträge der Mitgliedstaaten zum Gemeinschaftschaftsrecht regelt, „eine Verpflichtung der Gemeinschaftsorgane" abgeleitet, „die Erfüllung der Pflichten, die sich für die Mitgliedstaaten aus früheren Übereinkünften ergeben, nicht zu behindern".[268] Frühere völkerrechtliche Verträge der Mitgliedstaaten sind solche, die für die Gründungsmitgliedstaaten vor dem 1. Januar 1958 und für die anderen Mitgliedstaaten vor ihrem Beitritt zur Europäischen (Wirtschafts-)Gemeinschaft in Kraft getreten sind. Eine Einschränkung der Kompetenz der Europäischen Gemeinschaft, sekundäres Gemeinschaftsrecht auf dem Gebiet des geistigen Eigentums zu setzen, ist mit dem Behinderungsverbot jedoch nicht verbunden.[269] Aus Art. 307 Abs. 2 EGV ergibt sich, daß sich die früheren völkerrechtlichen Verträge der Mitgliedstaaten nach Möglichkeit an das Gemeinschaftsrecht anpassen müssen, nicht aber umgekehrt das Gemeinschaftsrecht an die früheren völkerrechtlichen Verträge der Mitgliedstaaten. Erwägungsgrund 10 der Ersten Richt-

---

[267] *Jürgen Schwarze,* Grenzen der Harmonisierungskompetenz im Presserecht, ZUM 46 (2002), S. 89 (97).

[268] EuGH, Rs. 812/79, 14.10.1980, Slg. 1980, 2787, Rn. 9 (Strafverfahren gegen Juan C. Burgoa).

[269] EuGH, Rs. 158/91, 2.8.1993, Slg. 1993, I-4287, Rn. 22 (Ministère public und Direction du travail et de l'emploi/Jean-Claude Lévy): „Das nationale Gericht [ist] verpflichtet […], für die volle Beachtung des Artikels 5 der Richtlinie 76/207 zu sorgen, indem es jede entgegenstehende Bestimmung des nationalen Rechts unangewendet lässt, es sei denn, daß die Anwendung dieser Bestimmung zur Erfüllung von Verpflichtungen des betroffenen Mitgliedstaats erforderlich ist, die sich aus einer vor Inkrafttreten des EWG-Vertrags mit dritten Staaten geschlossenen Übereinkunft ergeben." Vgl. auch *Kirsten Schmalenbach,* in: Christian Calliess/Matthias Ruffert (Hrsg.), Kommentar des Vertrages über die Europäische Union und des Vertrages zur Gründung der Europäischen Gemeinschaft – EUV/EGV –, 2. Auflage 2002, Art. 307 EGV Rn. 15; a. A. *Hans Krück,* Völkerrechtliche Verträge im Recht der Europäischen Gemeinschaften, 1977, S. 139.

linie 89/104/EWG des Rates vom 21. Dezember 1988 zur Angleichung der Rechtsvorschriften der Mitgliedstaaten über die Marken geht dementsprechend zwar davon aus, daß die Verpflichtungen der Mitgliedstaaten, die sich aus der Pariser Verbandsübereinkunft zum Schutz des gewerblichen Eigentums vom 20. März 1883 in der Stockholmer Fassung vom 14. Juli 1967 (*Paris Convention for the Protection of Industrial Property*) ergeben, durch die Richtlinie nicht berührt werden, betont allerdings, daß Art. 307 Abs. 2 EGV gegebenenfalls Anwendung findet.

Obwohl die Europäische Gemeinschaft demnach nicht verpflichtet ist, bei der Setzung von sekundärem Gemeinschaftsrecht auf dem Gebiet des geistigen Eigentums auf die Vereinbarkeit mit früheren völkerrechtlichen Verträge der Mitgliedstaaten zu achten, nimmt das sekundäre Gemeinschaftsrecht auf dem Gebiet des geistigen Eigentums in vielfältiger Weise sowohl auf die früheren als auch auf die völkerrechtlichen Verträge der Mitgliedstaaten, die für die Gründungsmitgliedstaaten nach dem 1. Januar 1958 und für die anderen Mitgliedstaaten nach ihrem Beitritt zur Europäischen (Wirtschafts-)Gemeinschaft in Kraft getreten sind, bezug. Dies ist zum einen darauf zurückzuführen, daß die Europäische Gemeinschaft sekundäres Gemeinschaftsrecht auf der Grundlage von Art. 95 Abs. 1 S. 2 EGV nur setzen kann, wenn es die Voraussetzungen für die Errichtung und das Funktionieren des Binnenmarkts verbessern könnte. Dies ist in den Fällen, in denen die völkerrechtlichen Verträge der Mitgliedstaaten auf dem Gebiet des geistigen Eigentums bereits eine Rechtsangleichung bewirkt haben, zu verneinen.[270]

Ein anderer Grund für die Bezugnahme auf die völkerrechtlichen Verträge der Mitgliedstaaten auf dem Gebiet des geistigen Eigentums ist darin zu sehen, daß die Europäische Gemeinschaft anderenfalls Gefahr liefe, sich für den späteren Beitritt zu diesen völkerrechtlichen Verträgen zu disqualifizieren. Dies gilt insbesondere für die Verordnungen der Europäischen Gemeinschaft, die gewerbliche Gemeinschaftsschutzrechte schaffen, da in diesen Fällen ein besonderes Interesse der Europäischen Gemeinschaft besteht, sich an den globalen Schutzverträgen (*global protection system treaties/ traités relatifs au système mondial de protection*) zu beteiligen, die sicherstellen, daß die internationale Registrierung eines gewerblichen Schutzrechts in allen Vertragsstaaten als solche anerkannt wird. Erwägungsgrund 3 der von der Kommission vorgeschlagenen Gemeinschaftspatentverordnung verdeutlicht diesen Zusammenhang: „Der Beitritt der Gemeinschaft zum Europäischen Patentübereinkommen wird es ermöglichen, daß die Gemeinschaft als Gebiet, für das ein einheitliches Patent erteilt werden kann, in das System des Übereinkommens einbezogen werden kann. Von daher kann

[270] Siehe oben Erster Teil, Erstes Kapitel, C. I. 2.

sich die Gemeinschaft in dieser Verordnung darauf beschränken, das Recht zu setzen, das auf das Gemeinschaftspatent anwendbar ist, nachdem dieses erteilt wurde." Es liegt aber auch nicht im Interesse der Europäischen Gemeinschaft, sich für den Beitritt zu den völkerrechtlichen Verträgen der Mitgliedstaaten zum Schutz des geistigen Eigentums (*intellectual property protection treaties/traités de protection de la propriété intellectuelle*), die auf dem Grundsatz der Inländergleichbehandlung aufbauen und Mindestrechte des geistigen Eigentums enthalten, zu disqualifizieren. Dies manifestiert sich insbesondere,[271] aber nicht nur in den Bestimmungen des TRIPs-Übereinkommens, die, wie etwa Art. 10 Abs. 1 des TRIPs-Übereinkommens, auf bestehende Regelungen im sekundären Gemeinschaftsrecht, im Beispielsfall Art. 1 Abs. 1 S. 1 der Richtlinie 91/250/EWG des Rates vom 14. Mai 1991 über den Rechtsschutz von Computerprogrammen, zurückgreifen. Erwägungsgrund 7 der Richtlinie 2001/84/EG des Europäischen Parlaments und des Rates vom 27. September 2001 über das Folgerecht des Urhebers des Originals eines Kunstwerks führt aus, daß es „angesichts einer Rechtslage, wonach nur wenige Staaten außerhalb der Europäischen Union das Folgerecht anerkennen, [...] wesentlich [ist], daß die Europäische Gemeinschaft auf außenpolitischer Ebene Verhandlungen einleitet, um Artikel 14ter der Berner Übereinkunft zu einer zwingenden Vorschrift zu machen".

Obwohl die Vertragsstaaten des Europäischen Patentübereinkommens, die nicht Mitgliedstaaten der Europäischen Gemeinschaft sind, nicht verpflichtet sind, die Richtlinie 98/44/EG des Europäischen Parlaments und des Rates vom 6. Juli 1998 über den rechtlichen Schutz biotechnologischer Erfindungen umzusetzen, hat der Verwaltungsrat der EPO mit Beschluß vom 16. Juni 1999 den zweiten Teil der Ausführungsordnung zum Europäischen Patentübereinkommen um ein neues Kapitel VI „Biotechnologische Erfindungen" ergänzt und Regel 28 Abs. 6 des Europäischen Patentübereinkommens neu gefaßt.[272] Wenn auch umstritten ist, ob der Verwaltungsrat der EPO die Ausführungsverordnung in der dargestellten Weise ändern durfte,[273] zeigt

---

[271] *Alexander A. Caviedes,* International Copyright Law: Should the European Union Dictate Its Development?, B. U. Int'l L. J. 16 (1998), S. 165 (229): „Rather than merely building upon what TRIPs would dictate, the EC took a leading role in its development and in the process saved itself significant administrative effort and confusion by passing its laws as complements to the new world order in the field of intellectual property."

[272] ABl. EPA 8–9/99, S. 573 ff.

[273] Vgl. das ablehnende, im Auftrag der Initiative „Kein Patent auf Leben!" erstellte Gutachten des Rechtsanwalts Michael Bauer zur Ergänzung der Ausführungsordnung zum Europäischen Patentabkommen mit Einfügung des Kapitel VI „Biotechnologische Erfindungen" durch Beschluß des Verwaltungsrates der Europäischen Patentorganisation vom 16. Juni 1999 (http://www.keinpatent.de/gutachten.html, letzte Abfrage: 19.5.2004); *Joseph Straus,* Völkerrechtliche Verträge und Gemein-

dieses Beispiel, daß das sekundäre Gemeinschaftsrecht, indem es den Stand der durch die völkerrechtlichen Verträge der Mitgliedstaaten bewirkten Rechtsangleichung auf dem Gebiet des geistigen Eigentums berücksichtigt, in der Lage ist, Einfluß auf den Inhalt der völkerrechtlichen Verträge der Mitgliedstaaten zu nehmen. Verglichen mit der Richtlinie 98/44/EG setzt der Vorschlag der Kommission vom 1. August 2000 für eine Verordnung des Rates über das Gemeinschaftspatent eine noch weitreichendere Revision des Europäischen Patentübereinkommens voraus. Dies gilt insbesondere im Hinblick auf die vom EPA neu zu übernehmenden Aufgaben, im Hinblick auf die Schnittstellen zwischen der Erteilung des Gemeinschaftspatents durch das EPA und der Wirkung des Gemeinschaftspatents nach der vorgeschlagenen Gemeinschaftspatentordnung und nicht zuletzt im Hinblick auf den Beitritt der Europäischen Gemeinschaft zum Europäischen Patentübereinkommen.[274] Die Einflußnahme des sekundären Gemeinschaftsrechts auf den Inhalt der völkerrechtlichen Verträge der Mitgliedstaaten auf dem Gebiet des geistigen Eigentums ist rechtlich nicht in Frage zu stellen. Zum einen ist die Europäische Gemeinschaft nur verpflichtet, „die Erfüllung der Pflichten, die sich für die Mitgliedstaaten aus früheren Übereinkünften ergeben, nicht zu behindern", nicht aber den durch die völkerrechtlichen Verträge der Mitgliedstaaten entwickelten Schutz des geistigen Eigentums, der in der Regel nur einen Mindestschutz darstellt, fortzubilden. Zum anderen kann die Europäische Gemeinschaft keine verbindlichen Entscheidungen für die Vertragsparteien der völkerrechtlichen Verträge treffen, die nicht Mitgliedstaaten der Europäischen Gemeinschaft sind. Den Organen, die durch die völkerrechtlichen Verträge der Mitgliedstaaten eingesetzt werden, bleibt es vielmehr selbst überlassen, ob sie den von der Europäischen Gemeinschaft fortgebildeten Schutz des geistigen Eigentums mittragen möchten. Es ist allerdings fraglich, ob die Einflußnahme des sekundären Gemeinschaftsrechts bei völkerrechtlichen Verträgen der Mitgliedstaaten auf dem Gebiet des geistigen Eigentums, die anders als das Europäische Patentübereinkommen nicht in besonderer Weise mit der Europäischen Gemeinschaft verbunden sind,[275] in gleicher Weise möglich ist.

---

schaftsrecht als Auslegungsfaktoren des Europäischen Patentübereinkommens, GRUR Int. 1998, S. 1 ff.

[274] Vgl. das Arbeitsdokument der Kommissionsdienststellen vom 7. Mai 2001, Eine Gemeinschaftsstrategie zur Einführung des Gemeinschaftspatents im Rahmen einer Revision des Europäischen Patentübereinkommens (SEK (2001) 744), das konkrete Vorschläge für Änderungen am EPÜ enthält; *Ingo Kober,* Die Rolle des Europäischen Patentamts im Spannungsfeld globaler Wirtschaftsentwicklungen, GRUR Int. 2001, S. 493 (496); *Otto Bossung,* Unionspatent statt Gemeinschaftspatent, Entwicklung des europäischen Patents zu einem Patent der Europäischen Union, GRUR Int. 2000, S. 463 ff.

[275] Siehe oben Erster Teil, Erstes Kapitel, A. III. 2. b) bb).

2. *Die völkerrechtlichen Verträge der Europäischen Gemeinschaft*

Die Organe der Europäischen Gemeinschaft sind, wenn sie sekundäres Gemeinschaftsrecht setzen, nach Art. 300 Abs. 7 EGV an die völkerrechtlichen Verträge der Europäischen Gemeinschaft gebunden. Bislang gibt es außer dem Protokoll vom 28. Juni 1989 zum Madrider Abkommen über die internationale Registrierung von Marken (*Protocol Relating to the Madrid Agreement Concerning the International Registration of Marks,* Madrider Markenprotokoll)[276] lediglich völkerrechtliche Verträge der Europäischen Gemeinschaft auf dem Gebiet des geistigen Eigentums, die auf der Grundlage von Art. 133 Abs. 1 EGV, Art. 181 Abs. 1 S. 2 EGV und Art. 310 EGV geschlossen wurden und das geistige Eigentum akzessorisch regeln.[277] Anders als die völkerrechtlichen Verträge, die den Schutz des geistigen Eigentums in den Mittelpunkt ihrer Bestimmungen stellen, zeigen diese völkerrechtlichen Verträge der Rechtsangleichung der Europäischen Gemeinschaft auf dem Gebiet des geistigen Eigentums keine Grenzen auf.

3. *Die gemischten Verträge*

Die Organe der Europäischen Gemeinschaft sind, wenn sie sekundäres Gemeinschaftsrecht setzen, nach Art. 300 Abs. 7 EGV an die Bestimmungen der gemischten Verträge auf dem Gebiet des geistigen Eigentums gebunden, die in die ausschließliche bzw. ausgeübte konkurrierende Vertragsschlußkompetenz der Europäischen Gemeinschaft fallen.[278] Zu den gemischten Verträgen, die den Schutz des geistigen Eigentums in den Mittelpunkt ihrer Bestimmungen stellen und der Rechtsangleichung auf dem Gebiet des geistigen Eigentums Grenzen aufzeigen können, zählen neben dem TRIPs-Übereinkommen das auf der Umwelt- und Entwicklungskonferenz der Vereinten Nationen in Rio de Janeiro am 5. Juni 1992 unterzeichnete Übereinkommen über die biologische Vielfalt (*Convention on Biological Diversity,* CBD-Übereinkommen) sowie die unter der Schirmherrschaft der Weltorganisation für geistiges Eigentum (*World Intellectual Property Organization,* WIPO) geschlossenen völkerrechtlichen Verträge auf dem Gebiet des Urheberrechts und der verwandten Schutzrechte, der WIPO-Urheberrechtsvertrag (*WIPO Copyright Treaty,* WCT) und der

---

[276] Die Verordnung (EG) Nr. 1992/2003 des Rates vom 27. Oktober 2003 (ABl. EU Nr. L 296 vom 14.11.2003, S. 1 ff.) hat die Verordnung (EG) Nr. 40/94 über die Gemeinschaftsmarke geändert, um die Verpflichtungen der Europäischen Gemeinschaft aus dem Madrider Markenprotokoll umzusetzen.

[277] Siehe unten Zweiter Teil, Viertes Kapitel.

[278] Siehe unten Zweiter Teil, Viertes Kapitel, A. I. 2. a) dd).

WIPO-Vertrag über Darbietungen und Tonträger (*WIPO Performances and Phonograms Treaty,* WPPT), beide vom 20. Dezember 1996.[279]

Die Europäische Gemeinschaft hat, um ihren Verpflichtungen aus dem TRIPs-Übereinkommen nachzukommen, die Verordnung (EG) Nr. 3288/94 des Rates vom 22. Dezember 1994 zur Änderung der Verordnung (EG) Nr. 40/94 des Rates über die Gemeinschaftsmarke zur Umsetzung der im Rahmen der Uruguay-Runde geschlossenen Übereinkünfte und die Entscheidung des Rates 94/824/EG vom 22. Dezember 1994 über die Ausdehnung des Rechtsschutzes der Topographien von Halbleitererzeugnissen auf Personen aus einem Mitgliedstaat der Welthandelsorganisation erlassen. Sie hat weiter, um ihren Verpflichtungen aus dem WCT und dem WPPT nachzukommen, die Richtlinie 2001/29/EG des Europäischen Parlaments und des Rates vom 22. Mai 2001 zur Harmonisierung bestimmter Aspekte des Urheberrechts und der verwandten Schutzrechte in der Informationsgesellschaft[280] erlassen. Darüberhinaus hat die Europäische Gemeinschaft, wenn sie sekundäres Gemeinschaftsrecht auf dem Gebiet des geistigen Eigentums gesetzt hat, versucht, ausdrücklich auf die Vereinbarkeit mit den Bestimmungen der gemischten Verträge zu achten, die in ihre ausschließliche bzw. konkurrierende Vertragsschlußkompetenz fallen. Dies gilt nach den Erwägungsgründen 12, 36, 54 und 55 der Richtlinie 98/44/EG des Europäischen Parlaments und des Rates vom 6. Juli 1998 über den rechtlichen Schutz biotechnologischer Erfindungen für das TRIPs- und das CBD-Übereinkommen und nach Erwägungsgrund 6 des Vorschlags der Kommission vom 20. Februar 2002 für eine Richtlinie des Europäischen Parlaments und des Rates über die Patentierbarkeit computerimplementierter Erfindungen für das TRIPs-Übereinkommen. In dem Urteil „Niederlande/Parlament und Rat" hat der EuGH entschieden, daß die Richtlinie 98/44/EG mit dem TRIPs- und dem CBD-Übereinkommen vereinbar ist.[281]

---

[279] Siehe unten Zweiter Teil, Viertes Kapitel. Die Europäische Gemeinschaft und ihre Mitgliedstaaten haben WCT und WPPT zwar unterzeichnet, aber noch nicht ratifiziert (Stand: 24.3.2004). Nach Art. 21 WCT bzw. Art. 30 WPPT treten WCT und WPPT für die Mitgliedstaaten und für die Europäische Gemeinschaft nach Ablauf von drei Monaten nach Hinterlegung der Ratifikationsurkunde beim Generaldirektor der WIPO in Kraft. Vgl. für den Ratifikationsstand in der Europäischen Gemeinschaft den Beschluß 2000/278/EG des Rates vom 16. März 2000 über die Zustimmung – im Namen der Europäischen Gemeinschaft – zum WIPO-Urheberrechtsvertrag und zum WIPO-Vertrag über Darbietungen und Tonträger (ABl. EU Nr. L 89 vom 11.4.2000, S. 6 f.) und in Deutschland den Entwurf eines Gesetzes zu den WIPO-Verträgen vom 20. Dezember 1996 über Urheberrecht sowie über Darbietungen und Tonträger vom 16. August 2002 (BR-Drs. 685/2002). Nach den Erklärungen zum Beschluß 2000/278/EG (ABl. EU Nr. C 103 vom 11.4.2000, S. 1) erfolgt die Hinterlegung der Ratifikationsurkunden der Europäischen Gemeinschaft und der Mitgliedstaaten gleichzeitig.

[280] ABl. EU Nr. L 167 vom 22.6.2001, S. 10 ff.

Da die Bestimmungen der gemischten Verträge, die in der Vertragsschlußkompetenz der Mitgliedstaaten verblieben sind, keine innergemeinschaftliche Geltung erlangen,[282] sind die Organe der Europäischen Gemeinschaft, wenn sie sekundäres Gemeinschaftsrecht setzen, nach Art. 300 Abs. 7 EGV nicht daran gebunden. Sie sind allerdings nach der Rechtsprechung des EuGH in dem Beschluß 1/78[283], in den Gutachten 2/91[284], 1/94[285] und 2/00[286] sowie in dem Urteil „FAO"[287] verpflichtet, bei der Durchführung gemischter Verträge mit den Mitgliedstaaten zusammenzuarbeiten.[288] Diese noch sehr vage Pflicht zur Zusammenarbeit könnte dahingehend konkretisiert werden, daß die Europäische Gemeinschaft verpflichtet ist, bei der Setzung von sekundärem Gemeinschaftsrecht auf seine Vereinbarkeit mit den Bestimmungen der gemischten Verträge, die in der Vertragsschlußkompetenz der Mitgliedstaaten verblieben sind, zu achten. Unabhängig von der Frage jedoch, ob die Europäische Gemeinschaft verpflichtet ist, auf die Vereinbarkeit des sekundären Gemeinschaftsrechts mit den Bestimmungen der gemischten Verträge, die in der Vertragsschlußkompetenz der Mitgliedstaaten verblieben sind, zu achten, nimmt das sekundäre Gemeinschaftsrecht auf dem Gebiet des geistigen Eigentums auf diese Bestimmungen bezug. Art. 1 Abs. 2 der Richtlinie 98/44/EG schreibt etwa vor, daß „die Verpflichtungen der Mitgliedstaaten aus internationalen Übereinkommen, insbesondere aus dem TRIPs-Übereinkommen und dem Übereinkommen über biologische Vielfalt, [...] von dieser Richtlinie nicht berührt [werden]".

---

281 EuGH, Rs. C-377/98, 9.10.2001, Slg. 2001, I-7079, Rn. 57 f. und 63 ff. (Niederlande/Parlament und Rat).

282 Siehe unten Zweiter Teil, Viertes Kapitel, A. I. 2. a) dd).

283 EuGH, Beschluß 1/78, 14.11.1978, Slg. 1978, 2151, Rn. 34 (Entwurf der Internationalen Atomenergieorganisation zu einem Übereinkommen über den Objektschutz von Kernmaterial, kerntechnischen Anlagen und Nukleartransporten).

284 EuGH, Gutachten 2/91, 19.3.1993, Slg. 1993, I-1061, Rn. 36 (Übereinkommen Nr. 170 der Internationalen Arbeitsorganisation über Sicherheit bei der Verwendung chemischer Stoffe bei der Arbeit).

285 EuGH, Gutachten 1/94, 15.11.1994, Slg. 1994, I-5267, Rn. 108 (Zuständigkeit der Gemeinschaft für den Abschluß völkerrechtlicher Abkommen auf dem Gebiet der Dienstleistungen und des Schutzes des geistigen Eigentums).

286 EuGH, Gutachten 2/00, 6.12.2001, Slg. 2001, I-9713, Rn. 18 (Protokoll von Cartagena).

287 EuGH, Rs. C-25/94, 19.3.1996, Slg. 1996, I-1497, Rn. 48 (Kommission/Rat).

288 Siehe unten Erster Teil, Drittes Kapitel, D. II.

4. Zusammenfassende Bewertung

Im Gegensatz zu den völkerrechtlichen Verträgen der Mitgliedstaaten setzen die völkerrechtlichen Verträge der Europäischen Gemeinschaft und die gemischten Verträge dem weiten gesetzgeberischen Ermessen der Europäischen Gemeinschaft Grenzen. Die Europäische Gemeinschaft darf sekundäres Gemeinschaftsrecht auf dem Gebiet des geistigen Eigentums nur setzen, soweit die Europäische Gemeinschaft nicht Bestimmungen der völkerrechtlichen Verträge der Europäischen Gemeinschaft und der gemischten Verträge, die in ihre ausschließliche bzw. ausgeübte konkurrierende Vertragsschlußkompetenz fallen bzw. die sie nach der in der Rechtsprechung des EuGH statuierten Pflicht zur Zusammenarbeit mit den Mitgliedstaaten achten muß, verletzt.

Zweites Kapitel

Die Kompetenz der Europäischen Gemeinschaft zum Abschluß von bzw. zum Beitritt zu völkerrechtlichen Verträgen auf dem Gebiet des geistigen Eigentums

Die Kompetenzen der Europäischen Gemeinschaft zum Abschluß von bzw. zum Beitritt zu völkerrechtlichen Verträgen sind anders als die Kompetenzen der Europäischen Gemeinschaft zur Setzung von sekundärem Gemeinschaftsrecht im EG-Vertrag nur rudimentär geregelt. In Art. 133 Abs. 5 UAbs. 1 und Art. 133 Abs. 7 EGV sind der Europäischen Gemeinschaft allerdings durch den Vertrag von Nizza ausdrückliche Kompetenzen zum Abschluß von bzw. zum Beitritt zu völkerrechtlichen Verträgen auf dem Gebiet des geistigen Eigentums übertragen worden. Daneben könnten Art. 133 Abs. 1, Art. 181 Abs. 1 S. 2 und Art. 310 EGV sowie die implizite, aus Art. 95 Abs. 1 S. 2 EGV abgeleitete Vertragsschlußkompetenz einschlägig sein. Fraglich ist, ob sie allgemein zum Abschluß von bzw. zum Beitritt zu völkerrechtlichen Verträgen auf dem Gebiet des geistigen Eigentums berechtigen oder nur dann einschlägig sind, wenn das geistige Eigentum im Verhältnis zum Hauptgegenstand der völkerrechtlichen Verträge akzessorisch geregelt wird (A.). Die Prüfung der Natur der Vertragsschlußkompetenzen der Europäischen Gemeinschaft nimmt einen größeren Raum ein als die der Natur der Rechtssetzungskompetenzen. Auf dem Gebiet des geistigen Eigentums ist zwischen zwei verschiedenen Mischformen ausschließlicher und/oder konkurrierender Vertragsschlußkompetenzen zu unterscheiden, der geteilten Vertragsschlußkompetenz einerseits und der parallelen Vertragsschlußkompetenz andererseits (B.). Dementsprechend werden über die allgemeinen, bereits im ersten Kapitel diskutierten Grenzen hinaus weitere Grenzen untersucht, die diese Mischformen betreffen (C.).

A. Die Vertragsschlußkompetenzen der Europäischen Gemeinschaft auf dem Gebiet des geistigen Eigentums

I. Die Kompetenz für die gemeinsame Handelspolitik nach Art. 133 EGV

Art. 133 EGV enthält in Abs. 1, Abs. 5 UAbs. 1 und Abs. 7 drei mögliche Vertragsschlußkompetenzen der Europäischen Gemeinschaft auf dem Gebiet des geistigen Eigentums.

1. Die Reichweite der Vertragsschlußkompetenz nach Art. 133 Abs. 1 EGV

Wie bereits im ersten Kapitel ausgeführt wurde,[1] fällt das geistige Eigentum nicht unter den Begriff der gemeinsamen Handelspolitik. Dies ergibt sich aus dem Gutachten 1/94 über die Zuständigkeit der Europäischen Gemeinschaft zum Abschluß des Allgemeinen Übereinkommens über den Handel mit Dienstleistungen (*General Agreement on Trade in Services,* GATS)[2] und des Übereinkommens über die handelsbezogenen Aspekte der Rechte des geistigen Eigentums (*Agreement on Trade-Related Aspects of Intellectual Property Rights,* TRIPs-Übereinkommen), beide vom 15. April 1994,[3] und aus einem Umkehrschluß zu den durch die Verträge von Amsterdam und Nizza vorgenommenen Ergänzungen des Art. 133 EGV, die das geistige Eigentum ausdrücklich aufführen.

Nach der Rechtsprechung des EuGH kann sich die Europäische Gemeinschaft auf dem Gebiet des geistigen Eigentums nur in zwei Fällen auf Art. 133 Abs. 1 EGV stützen. Das Gutachten 1/78 setzt voraus, daß der Warenverkehr mit Drittstaaten den Schwerpunkt des völkerrechtlichen Vertrages bildet und der ebenfalls geregelte Schutz des geistigen Eigentums akzessorisch bleibt.[4] In diesem Zusammenhang sind bilaterale Handelsabkommen zu nennen, die Nebenbestimmungen über bloße Konsultierungsverfahren oder Klauseln enthalten, mit denen die andere Vertragspartei zur Verbesserung des Schutzniveaus des geistigen Eigentums aufgefordert wird.[5] Das Gutachten 1/94 verlangt, daß die Bestimmungen eines völkerrechtlichen Vertrages, die dem Schutz des geistigen Eigentums dienen, auch den Warenverkehr betreffen. Einschlägige Beispiele sind Art. 51 bis 60 des TRIPs-Übereinkommens über die Durchsetzung des Verbots der Überführung nachgeahmter Waren in den zollrechtlich freien Verkehr[6] und die Einführung des Prinzips der internationalen Erschöpfung im Rahmen einer Än-

---

1 Siehe oben Erster Teil, Erstes Kapitel, A. I.

2 ABl. EU Nr. L 336 vom 22.12.1994, S. 190 ff.; BGBl. 1994 II, 1643.

3 EuGH, Gutachten 1/94, 15.11.1994, Slg. 1994, I-5267, Rn. 57 (Zuständigkeit der Gemeinschaft für den Abschluß völkerrechtlicher Abkommen auf dem Gebiet der Dienstleistungen und des Schutzes des geistigen Eigentums).

4 EuGH, Gutachten 1/78, 4.10.1979, Slg. 1979, 2871, Rn. 56 (Internationales Naturkautschuk-Übereinkommen).

5 EuGH, Gutachten 1/94, 15.11.1994, Slg. 1994, I-5267, Rn. 68 (Zuständigkeit der Gemeinschaft für den Abschluß völkerrechtlicher Abkommen auf dem Gebiet der Dienstleistungen und des Schutzes des geistigen Eigentums). Als Beispiel ist das Abkommen zwischen der Europäischen Gemeinschaft und Australien über den Handel mit Wein zu nennen, das auf Art. 113 EGV (Art. 133 EGV n.F.) gestützt wurde und in Art. 6 ff. Bestimmungen zum Schutz von geographischen Angaben enthält (ABl. EU Nr. L 86 vom 31.3.1994, S. 3 ff.).

derung von Art. 6 des TRIPs-Übereinkommens oder eines bilateralen völkerrechtlichen Vertrags.[7]

2. Die Reichweite der Vertragsschlußkompetenz nach Art. 133 Abs. 5 UAbs. 1 EGV

Nach dem ersten Unterabsatz des durch den Vertrag von Nizza eingeführten Art. 133 Abs. 5 EGV sind die Absätze 1 bis 4 auf den Abschluß von völkerrechtlichen Verträgen betreffend den „Handel mit Dienstleistungen" und die „Handelsaspekte des geistigen Eigentums" anwendbar, soweit sie nicht ohnehin von diesen Absätzen erfaßt sind.

a) Der Begriff der Handelsaspekte des geistigen Eigentums

Da der Begriff der Handelsaspekte des geistigen Eigentums (*commercial aspects of intellectual property/aspects commerciaux de la propriété intellectuelle*) im Gemeinschaftsrecht vor Abschluß des Vertrags von Nizza noch unbekannt war und in den Vorarbeiten der Regierungskonferenz von Nizza unter Bezugnahme auf das TRIPs-Übereinkommen verwendet wurde, ist zu seiner Auslegung zunächst auf den verwandten Begriff der handelsbezogenen Aspekte der Rechte des geistigen Eigentums (*trade-related aspects of intellectual property rights/aspects commerciaux de la propriété intellectuelle*) zurückzugreifen.[8]

Bei der Bestimmung der handelsbezogenen Aspekte des geistigen Eigentums kann das Übereinkommen über handelsbezogene Investitionsmaßnahmen vom 15. April 1994 (*Agreement on Trade-Related Investment Measures,* TRIMs-Übereinkommen),[9] das nach Art. II Abs. 2 des WTO-Übereinkommens ebenso Bestandteil desselben ist wie das TRIPs-Übereinkommen, vergleichend herangezogen werden, da es wie das TRIPs-Übereinkommen den Handelsbezug ausdrücklich hervorhebt. Über den Handelsbezug konnte

---

[6] EuGH, Gutachten 1/94, 15.11.1994, Slg. 1994, I-5267, Rn. 55 f. (Zuständigkeit der Gemeinschaft für den Abschluß völkerrechtlicher Abkommen auf dem Gebiet der Dienstleistungen und des Schutzes des geistigen Eigentums).

[7] *Jens Gaster,* Die Erschöpfungsproblematik aus der Sicht des Gemeinschaftsrechts, GRUR Int. 2000, S. 571 (583 f.). Siehe oben Erster Teil, Erstes Kapitel, A. I.

[8] Im Niederländischen lauten beide Begriffe *handelsaspecten van de intellectuele eigendom.*

[9] ABl. EU Nr. L 336 vom 31.12.1994, S. 100 ff. Unter Investitionsmaßnahmen versteht man Regelungen, die einem ausländischen Investor auferlegt werden, um verschiedene wirtschaftspolitische Zielsetzungen zu erreichen (vgl. *Peter-Tobias Stoll,* Die WTO: Neue Welthandelsorganisation, neue Welthandelsordnung, ZaöRV 54 (1994), S. 241 (304)).

der Uruguay-Runde des Allgemeinen Zoll- und Handelsabkommens (*General Agreement on Tariffs and Trade,* GATT) im Bereich der Investitionsmaßnahmen und des geistigen Eigentums, anders als etwa auf dem Gebiet der Dienstleistungen, in der Erklärung vom 20. September 1986 auf der Ministerkonferenz von Punta del Este[10] ein Verhandlungsmandat erteilt werden.[11]

Bei den Verhandlungen sowohl zum TRIMs- als auch zum TRIPs-Übereinkommen bestand Streit über die Auslegung des Verhandlungsmandats, d.h. über die Frage, welche Arten handelsbezogener Investitionsmaßnahmen unzulässig sein sollen bzw. welche Aspekte der Rechte des geistigen Eigentums handelsbezogen sind.[12] *Christians*[13] hat dargelegt, daß den Rechten des geistigen Eigentums keine handelsbezogenen Aspekte eigen sind, die sich von sonstigen Aspekten trennen lassen. Nicht einzelne Aspekte der Rechte des geistigen Eigentums seien handelsbezogen, sondern die Rechte des geistigen Eigentums als solche, und zwar in zweierlei Hinsicht. Der Handel werde zum einen von der Ausschließlichkeitswirkung, die allen Rechten des geistigen Eigentums innewohne, behindert und zum anderen durch einen mangelhaften Schutz der Rechte des geistigen Eigentums gefährdet. Handelsbezogen seien damit Existenz, Ausübung und Durchsetzung der Rechte des geistigen Eigentums und damit die Rechte des geistigen Eigentums als solche.

Das schließlich abgeschlossene TRIMs-Übereinkommen enthält in Art. 2 Abs. 1 das Gebot, daß die Mitglieder der Welthandelsorganisation (*World Trade Organization,* WTO) keine handelsbezogenen Investitionsmaßnahmen anwenden dürfen, die mit dem Gebot der Inländergleichbehandlung nach Art. III Abs. 4 des Allgemeinen Zoll- und Handelsabkommens vom 15. April 1994 (*General Agreement on Tariffs and Trade,* GATT 1994)[14] oder dem Verbot quantitativer Beschränkungen nach Art. XI Abs. 1 des GATT 1994 unvereinbar sind, klärt aber die Frage der unzulässigen handelsbezogenen Investitionsmaßnahmen nicht abschließend.[15]

---

[10] Die Erklärung von Punta del Este ist abgedruckt in: Waldemar Hummer/Friedl Weiss, Vom GATT 47 zur WTO 94, Dokumente zur alten und zur neuen Welthandelsordnung, 1997, S. 280 ff.

[11] *Peter-Tobias Stoll,* Die WTO: Neue Welthandelsorganisation, neue Welthandelsordnung, ZaöRV 54 (1994), S. 241 (314).

[12] *Heinz-Dieter Assmann/Petra Buck,* Trade Related Aspects of Intellectual Property Rights: Limitation of the Mandate or Point of Reference for the Further Development of the GATT?, in: Thomas Oppermann/Josef Molsberger (eds), A New GATT for the Nineties and Europe 92, 1991, S. 261 (263 ff.); *Ulrich Joos/Rainer Moufang,* Neue Tendenzen im internationalen Schutz des geistigen Eigentums, GRUR Int. 1988, S. 887 (900).

[13] *Andreas Christians,* Immaterialgüterrechte und GATT, 1990, S. 229 f.

[14] ABl. EU Nr. L 336 vom 23.12.1994, S. 11 ff.

Für den Bereich des geistigen Eigentums hätte eine ebensolche Ausrichtung des Verhandlungsgegenstands an den bestehenden GATT-Prinzipien bedeutet, daß nur der Bereich der Produktpiraterie im TRIPs-Übereinkommen hätte geregelt werden dürfen.[16] Während die Entwicklungsstaaten demzufolge der Ansicht waren, daß die handelsbezogenen Aspekte der Rechte des geistigen Eigentums auf die Fragen der Produktpiraterie beschränkt seien, traten die Industriestaaten für eine umfassende Regelung einheitlicher Schutzstandards auf höherem Niveau ein.[17] Das schließlich abgeschlossene TRIPs-Übereinkommen ist themenmäßig nicht beschränkt, sondern begründet einen organisatorischen und verfahrensmäßigen Rahmen für die Einbeziehung von Fragen des geistigen Eigentums in der WTO, regelt über die Produktpiraterie hinaus materielle Schutzstandards der Rechte des geistigen Eigentums und widmet sich der privaten Durchsetzung der Rechte des geistigen Eigentums.

Heute kann der Begriff der handelsbezogenen Aspekte der Rechte des geistigen Eigentums aufgrund der weiten Auslegung des Verhandlungsmandats in der Uruguay-Runde des GATT nicht mehr nur in dem Sinn verstanden werden, daß er nur die Aspekte des geistigen Eigentums bezeichnen würde, die tatsächlich handelsbezogen sind.[18] Der Begriff der handelsbezogenen Aspekte der Rechte des geistigen Eigentums und damit auch der Begriff der Handelsaspekte des geistigen Eigentums in Art. 133 Abs. 5

---

[15] Nach *Paul Civello,* The TRIMs Agreement: A Failed Attempt at Investment Liberalization, Minn. J. Global Trade 8 (1999), S. 97 (98), ist dies letztlich auch der Grund, warum das TRIMs-Übereinkommen erfolglos geblieben ist. Neben der Übertragung bestehender GATT-Prinzipien seien keine weiteren Bestimmungen zum Schutz vor Investitionsmaßnahmen im TRIMs-Übereinkommen getroffen worden.

[16] In seinem Bericht vom 7. November 1989, „United States – Section 337 of the Tariff Act of 1930“ (BISD Supplement 36, S. 345 ff.), hat das GATT-*Panel* section 337 des US-amerikanischen *Tariff Act,* der die *International Trade Commission* der Vereinigten Staaten von Amerika ermächtigt, Waren, die US-amerikanische Rechte des geistigen Eigentums verletzten, vom Import in die Vereinigten Staaten von Amerika auszuschließen oder Personen und Unternehmen anzuweisen, den Import solcher Artikel zu unterlassen, als Einführen einer weiteren Verfahrensebene gewertet, die grundsätzlich gegen das Gebot der Inländergleichbehandlung nach Art. III Abs. 4 des GATT 1947 verstoße.

[17] *Peter-Tobias Stoll,* Die WTO: Neue Welthandelsorganisation, neue Welthandelsordnung, ZaöRV 54 (1994), S. 241 (314 f.); *Heinz-Dieter Assmann/Petra Buck,* Trade Related Aspects of Intellectual Property Rights: Limitation of the Mandate or Point of Reference for the Further Development of the GATT?, in: Thomas Oppermann/Josef Molsberger (eds), A New GATT for the Nineties and Europe 92, 1991, S. 261 (264); *Rainer Faupel,* GATT und geistiges Eigentum, GRUR Int. 1990, S. 255 (257 f.).

[18] Unklar *Eleftheria Neframi,* La politique commerciale commune selon le traité de Nice, Cahiers de droit européen 37 (2001), S. 605 (621 ff.).

UAbs. 1 EGV ist vielmehr an alle Fragen des geistigen Eigentums geknüpft, die im TRIPs-Übereinkommen geregelt werden.[19] Danach zählen zu den Handelsaspekten des geistigen Eigentums zumindest die in Teil II des TRIPs-Übereinkommens geregelten Rechte des geistigen Eigentums, d.h. das Urheberrecht und die verwandten Schutzrechte (Art. 9 bis 14 des TRIPs-Übereinkommens), die Marken (Art. 15 bis 21 des TRIPs-Übereinkommens), die geographischen Angaben (Art. 22 bis 24 des TRIPs-Übereinkommens), die Geschmacksmuster („gewerbliche Muster und Modelle", Art. 25, 26 des TRIPs-Übereinkommens), die Patente (Art. 27 bis 34 des TRIPs-Übereinkommens), die Layout-Designs integrierter Schaltkreise (Art. 35 bis 38 des TRIPs-Übereinkommens) und nicht offenbarte Informationen (Art. 39 des TRIPs-Übereinkommens).

Nachdem Art. 133 Abs. 5 UAbs. 1 EGV mit dem Begriff der Handelsaspekte des geistigen Eigentums implizit auf alle Fragen des geistigen Eigentums bezug nimmt, die im TRIPs-Übereinkommen geregelt sind, handelt es sich um eine im Hinblick auf das Prinzip der begrenzten Einzelermächtigung nach Art. 5 Abs. 1 EGV bedenkliche dynamische Verweisung auf das TRIPs-Übereinkommen.[20] Art. 133 Abs. 5 UAbs. 1 EGV ist kein Protokoll, wie noch in den Vorarbeiten der Regierungskonferenz von Nizza vorgesehen, beigefügt worden, in dem im Wege einer statischen Verweisung auf das TRIPs-Übereinkommen in der zu einem bestimmten Zeitpunkt geltenden Fassung bezug genommen wird.[21] Die dynamische Verweisung hat

---

[19] *Sonja Kreibich,* Das TRIPs-Abkommen in der Gemeinschaftsordnung, 2003, S. 58; *Christoph Herrmann,* Common Commercial Policy After Nice: Sisyphus Would Have Done A Better Job, CMLRev. 39 (2002), S. 7 (17 f.); *Michael Hahn,* in: Christian Calliess/Matthias Ruffert (Hrsg.), Kommentar des Vertrages über die Europäische Union und des Vertrages zur Gründung der Europäischen Gemeinschaft – EUV/EGV –, 2. Auflage 2002, Art. 133 EGV Rn. 74; *Stefan Griller/Katharina Gamharter,* External Trade: Is There a Path Through the Maze of Competences?, in: Stefan Griller/Birgit Weidel (eds), External Economic Relations and Foreign Policy in the European Union, 2002, S. 65 (105); *Stefan Griller,* Die gemeinsame Handelspolitik nach Nizza – Ansätze eines neuen Außenwirtschaftsrechts?, in: Stefan Griller/Waldemar Hummer (Hrsg.), Die EU nach Nizza, Ergebnisse und Perspektiven, 2002, S. 131 (181); *Horst Günter Krenzler/Christian Pitschas,* Fortschritte oder Stagnation? Die Gemeinsame Handelspolitik nach Nizza, EuR 36 (2001), S. 442 (451); *Christoph Herrmann,* Vom misslungenen Versuch der Neufassung der gemeinsamen Handelspolitik durch den Vertrag von Nizza, EuZW 12 (2001), S. 269 (271 f.).

[20] *Horst Günter Krenzler/Christian Pitschas,* Fortschritte oder Stagnation? Die Gemeinsame Handelspolitik nach Nizza, EuR 36 (2001), S. 442 (451); unklar *Michael Hahn,* in: Christian Calliess/Matthias Ruffert (Hrsg.), Kommentar des Vertrages über die Europäische Union und des Vertrages zur Gründung der Europäischen Gemeinschaft – EUV/EGV –, 2. Auflage 2002, Art. 133 EGV Rn. 74.

[21] In dem überarbeiteten Synthesedokument vom 23. November 2000 (CONFER 4810/00) lautet der vorgeschlagene Art. 133 Abs. 4 S. 1 EGV:

zur Folge, daß sich die Vertragsschlußkompetenz der Europäischen Gemeinschaft nach Art. 133 Abs. 5 UAbs. 1 EGV auch auf die handelsbezogenen Aspekte der Rechte des geistigen Eigentums erstreckt, die nach Überprüfungen „in Anbetracht einschlägiger neuer Entwicklungen" nach Art. 71 Abs. 1 S. 3 des TRIPs-Übereinkommens bzw. nach Annahme des in „anderen mehrseitigen Übereinkünften" erreichten höheren Schutzniveaus nach Art. 71 Abs. 2 des TRIPs-Übereinkommens neu in das TRIPs-Übereinkommen aufgenommen werden.

Als Ergebnis ist festzuhalten, daß der in Art. 133 Abs. 5 UAbs. 1 EGV genannte Begriff der Handelsaspekte des geistigen Eigentums den Fragen des geistigen Eigentums entspricht, die im TRIPs-Übereinkommens geregelt sind. Demnach kann die Europäische Gemeinschaft auf der Grundlage von Art. 133 Abs. 5 UAbs. 1 EGV völkerrechtliche Verträge über die handelsbezogenen Aspekte des geistigen Eigentums schließen, ohne den Begriff der handelsbezogenen Aspekte der Rechte des geistigen Eigentums auszuweiten. Sie kann insbesondere bestehende Bestimmungen des TRIPs-Übereinkommens ändern, z.B. das Ergebnis der Überprüfung der in Art. 27 Abs. 2 und 3 des TRIPs-Übereinkommens niedergelegten Ausschlüsse von der Patentfähigkeit mittragen. Sie kann keine neuen handelsbezogenen Aspekte der Rechte des geistigen Eigentums in das TRIPs-Übereinkommen einführen, indem sie etwa die in dem WIPO-Urheberrechtsvertrag (*WIPO Copyright Treaty,* WCT) und dem WIPO-Vertrag über Darbietungen und Tonträger (*WIPO Performances and Phonograms Treaty,* WPPT), beide vom 20. Dezember 1996, geregelten, das Internet und andere digitale Technologien berücksichtigenden Fragen des geistigen Eigentums in das TRIPs-Übereinkommen überführt.

b) Die Ausnahmen von der Vertragsschlußkompetenz nach Art. 133 Abs. 6 EGV

Von der Vertragsschlußkompetenz der Europäischen Gemeinschaft für die Handelsaspekte des geistigen Eigentums sind nach Art. 133 Abs. 6 UAbs. 1 EGV solche völkerrechtlichen Verträge ausgeschlossen, die Bestimmungen

---

„Die Absätze 1 bis 3 gelten nach Maßgabe des diesem Vertrag beigefügten Protokolls für Verhandlungen über Abkommen im Bereich der Dienstleistungen und der Handelsaspekte des geistigen Eigentums, soweit sie nicht unter diese Absätze fallen, sowie für deren Abschluß."

Art. 1 lit. b) des Entwurfs eines dem EGV beizufügenden Protokolls zu Artikel 133 Absatz 4 EGV lautet:

„Art. 133 Abs. 4 des Vertrags findet Anwendung auf die unter das TRIPs-Übereinkommen in Anhang 1C zum Übereinkommen vom 15. April 1994 über die Errichtung der WTO – in der zum Zeitpunkt der Unterzeichnung dieses Protokolls geltenden Fassung – fallenden Bereiche."

enthalten, welche die Innenkompetenzen der Europäischen Gemeinschaft überschreiten. Die Vertragsschlußkompetenz nach Art. 133 Abs. 5 UAbs. 1 EGV besteht demnach nur im Umfang der impliziten, vom EuGH aus Art. 95 Abs. 1 S. 2 EGV abgeleiteten Vertragsschlußkompetenz auf dem Gebiet des geistigen Eigentums,[22] die auf die Verbesserung der Voraussetzungen für die Errichtung und das Funktionieren des Binnenmarkts ausgerichtet ist.

Die Innenkompetenzen der Europäischen Gemeinschaft werden nach Art. 133 Abs. 6 UAbs. 1 EGV durch einen völkerrechtlichen Vertrag insbesondere in den Fällen überschritten, in denen er Bestimmungen enthält, die eine Harmonisierung der nationalen Rechts- und Verwaltungsvorschriften in einem Bereich zur Folge hat, in dem der Vertrag eine solche Harmonisierung ausschließt. Die Bereiche, in denen die Rechtsangleichung von der Innenkompetenz der Europäischen Gemeinschaft herausgenommen ist, sind im EG-Vertrag ausdrücklich bezeichnet. Es handelt sich dabei um die Bereiche Soziales (Art. 137 Abs. 2 EGV), berufliche Bildung (Art. 150 Abs. 4 EGV), Kultur (Art. 151 Abs. 5 Spiegelstrich 1 EGV), und Gesundheitswesen (Art. 152 Abs. 4 lit. c) EGV).[23]

Der zweite Unterabsatz des Art. 133 Abs. 6 EGV stellt klar, daß in den Bereichen, in denen sich Art. 133 Abs. 5 UAbs. 1 EGV und Art. 133 Abs. 6 UAbs. 1 EGV überschneiden, eine „gemischte Zuständigkeit der Gemeinschaft und ihrer Mitgliedstaaten" besteht. Der Begriff der gemischten Zuständigkeit (*mixed competence/compétence mixte*) entspricht dem der geteilten Kompetenz, wie er in der Rechtsprechung des EuGH verwendet wird.[24] Zwar sind nur die Bereiche ausdrücklich aufgeführt, die sich mit dem Handel mit Dienstleistungen überschneiden, ohne daneben auf die Handelsaspekte des geistigen Eigentums einzugehen. Weil es sich bei Art. 133 Abs. 6 UAbs. 2 jedoch nur um eine Klarstellung handelt und die Worte „in dieser Hinsicht" eine weitergehende Auslegung zulassen,[25] ist ein Ausschluß der gemischten Zuständigkeit im Bereich des geistigen Eigentums nicht beabsichtigt. Es ist vielmehr so, daß die Bereiche, in denen die Rechtsangleichung im Vertrag unzulässig ist, mit Ausnahme der Kultur auf dem Gebiet des geistigen Eigentums nicht von Bedeutung sind.

---

[22] Siehe unten Erster Teil, Zweites Kapitel, A. IV.

[23] Anders als bei Art. 150 Abs. 4, Art. 151 Abs. 5 Spiegelstrich 1 und Art. 152 Abs. 4 lit. c) EGV ist die Rechtsangleichung aus der Innenkompetenz von Art. 137 Abs. 2 EGV nicht mit den Worten „unter Ausschluß jeglicher Harmonisierung der Rechts- und Verwaltungsvorschriften der Mitgliedstaaten", sondern versteckter mit der Formulierung „unter Berücksichtigung der in den einzelnen Mitgliedstaaten bestehenden Bedingungen und technischen Regelungen" herausgenommen worden.

[24] Siehe unten Erster Teil, Zweites Kapitel, B. I. 1.

[25] Anders *Horst Günter Krenzler/Christian Pitschas,* Fortschritte oder Stagnation? Die Gemeinsame Handelspolitik nach Nizza, EuR 36 (2001), S. 442 (457).

3. Die Ermächtigung zur Erweiterung der Vertragsschlußkompetenz auf andere Aspekte des geistigen Eigentums nach Art. 133 Abs. 7 EGV

Nach Art. 133 Abs. 7 EGV kann der Rat „auf Vorschlag der Kommission und nach Anhörung des Europäischen Parlaments durch einstimmigen Beschluß die Anwendung der Absätze 1 bis 4 auf internationale Verhandlungen und Abkommen [...] ausdehnen". Art. 133 Abs. 7 EGV entspricht dem durch den Vertrag von Amsterdam eingeführten und durch den Vertrag von Nizza aufgehobenen Art. 133 Abs. 5 EGV a.F.[26] mit der Einschränkung, daß dieser nur noch vorbehaltlich des Eingreifens der durch den Vertrag von Nizza eingeführten Absätze 5 und 6 gilt und die Vertragsschlußkompetenz nur noch für das geistige Eigentum ausgedehnt werden kann, aber nicht mehr für die Dienstleistungen.[27]

Wie Art. 133 Abs. 5 EGV a.F. ermächtigt Art. 133 Abs. 7 EGV zu unterschiedlichen – einzelfallbezogenen,[28] befristeten und auf Dauer angelegten – Erweiterungen der Vertragsschlußkompetenz der Europäischen Gemeinschaft auf das geistige Eigentum. *Hahn*[29], der den Standpunkt vertritt, daß die Erweiterung der Vertragsschlußkompetenz notwendig auf Dauer angelegt sein müsse und dies damit begründet, daß die Europäische Gemeinschaft nach dem Gutachten 1/94 bereits durch einen Beschluß des Rates nach Art. 308 EGV eine zusätzliche Vertragsschlußkompetenz für das geistige Eigentum einzelfallbezogen und befristet erwerben könne,[30] verkennt

---

[26] Der durch den Vertrag von Amsterdam eingeführte und durch den Vertrag von Nizza aufgehobene Art. 133 Abs. 5 EGV a.F. lautete:

„Der Rat kann auf Vorschlag der Kommission und nach Anhörung des Europäischen Parlaments durch einstimmigen Beschluß die Anwendung der Absätze 1 bis 4 auf internationale Verhandlungen und Übereinkünfte über Dienstleistungen und Rechte des geistigen Eigentums ausdehnen, soweit sie durch diese Absätze nicht erfaßt sind."

[27] *Christoph Herrmann,* Common Commercial Policy After Nice: Sisyphus Would Have Done A Better Job, CMLRev. 39 (2002), S. 7 (26); *Michael Hahn,* in: Christian Calliess/Matthias Ruffert (Hrsg.), Kommentar des Vertrages über die Europäische Union und des Vertrages zur Gründung der Europäischen Gemeinschaft – EUV/EGV –, 2. Auflage 2002, Art. 133 EGV Rn. 74; *Horst Günter Krenzler/Christian Pitschas,* Fortschritte oder Stagnation? Die Gemeinsame Handelspolitik nach Nizza, EuR 36 (2001), S. 442 (458); *Christoph Herrmann,* Vom misslungenen Versuch der Neufassung der gemeinsamen Handelspolitik durch den Vertrag von Nizza, EuZW 12 (2001), S. 269 (273).

[28] Denkschrift der Bundesregierung vom 3. Dezember 1997 zum Entwurf eines Gesetzes zum Vertrag von Amsterdam vom 2. Oktober 1997 (BT-Drs. 13/39339, S. 155).

[29] *Michael Hahn,* in: Christian Calliess/Matthias Ruffert (Hrsg.), Kommentar des Vertrages über die Europäische Union und des Vertrages zur Gründung der Europäischen Gemeinschaft – EUV/EGV –, 2. Auflage 2002, Art. 133 EGV Rn. 118.

die entscheidende Passage im Gutachten 1/94. Die dort gemachten Ausführungen des EuGH beziehen sich nämlich nicht auf den Erwerb einer Vertragsschlußkompetenz der Europäischen Gemeinschaft, sondern lediglich auf den Umschlag einer bestehenden konkurrierenden Vertragsschlußkompetenz in eine ausschließliche.

Art. 133 Abs. 7 EGV findet nur auf solche völkerrechtlichen Verträge zum Schutz des geistigen Eigentums Anwendung, die über die in Art. 133 Abs. 5 UAbs. 1 EGV genannten Handelsaspekte des geistigen Eigentums hinausgehen, weil sie, wie etwa das in Art. 6bis der Berner Übereinkunft zum Schutz von Werken der Literatur und Kunst in der Pariser Fassung vom 24. Juli 1971 (*Berne Convention for the Protection of Literary and Artistic Works,* Berner Übereinkunft) niedergelegte Urheberpersönlichkeitsrecht, von dem Verweis in Art. 9 Abs. 1 des TRIPs-Übereinkommens ausdrücklich ausgenommen, oder wie etwa die in WCT und WPPT geregelten, das Internet und andere digitale Technologien berücksichtigenden Fragen des geistigen Eigentums noch nicht im TRIPs-Übereinkommen berücksichtigt wurden.

Weil die Ermächtigung nach Art. 133 Abs. 7 EGV nur „unbeschadet des Absatzes 6“ gilt, ist die Europäische Gemeinschaft nur insoweit befugt, einen völkerrechtlichen Vertrag auf der Grundlage eines einstimmigen Beschlusses nach Art. 133 Abs. 7 EGV zu schließen, als sie entsprechende Innenkompetenzen besitzt und sich somit in der Lage sieht, den völkerrechtlichen Vertrag innergemeinschaftlich umzusetzen. Die Erweiterung der Vertragsschlußkompetenz auf Bereiche außerhalb der Handelsaspekte des geistigen Eigentums besteht demnach wie die Vertragsschlußkompetenz nach Art. 133 Abs. 5 UAbs. 1 EGV nur im Umfang der impliziten, vom EuGH aus Art. 95 Abs. 1 S. 2 EGV abgeleiteten Vertragsschlußkompetenz der Europäischen Gemeinschaft. Anders als noch Art. 133 Abs. 5 EGV a.F. führt Art. 133 Abs. 7 EGV nicht zu einer Inkongruenz von Innen- und Außenkompetenz der Europäischen Gemeinschaft.

---

[30] EuGH, Gutachten 1/94, 15.11.1994, Slg. 1994, I-5267, Rn. 95 (Zuständigkeit der Gemeinschaft für den Abschluß völkerrechtlicher Abkommen auf dem Gebiet der Dienstleistungen und des Schutzes des geistigen Eigentums): „Hat die Gemeinschaft [...] ihren Organen ausdrücklich eine Zuständigkeit zu Verhandlungen mit Drittstaaten übertragen, so erwirbt sie eine ausschließliche externe Zuständigkeit nach Maßgabe des von diesen Rechtsakten erfaßten Bereichs.“

II. Die Vertragsschlußkompetenz im Bereich der Entwicklungszusammenarbeit nach Art. 181 Abs. 1 S. 2 EGV

Nach der Rechtsprechung des EuGH bedarf es neben Art. 181 Abs. 1 S. 2 EGV ebensowenig wie neben Art. 133 Abs. 1 EGV einer speziellen Vertragsschlußkompetenz der Europäischen Gemeinschaft, wenn das geistige Eigentum in den völkerrechtlichen Verträgen der Europäischen Gemeinschaft nur akzessorisch geregelt wird, d.h. „nicht Verpflichtungen von solcher Tragweite mit sich bring[t], daß diese Verpflichtungen in Wirklichkeit anderen Zielen dienen als denen der Entwicklungszusammenarbeit".[31]

Um akzessorische Regelungen handele es sich zum einen dann, wenn die völkerrechtlichen Verträge der Europäischen Gemeinschaft im Bereich der Entwicklungszusammenarbeit Bestimmungen enthalten, die, wie etwa Art. 4 Abs. 3 Spiegelstrich 5 des Kooperationsabkommens vom 20. Dezember 1993 zwischen der Europäischen Gemeinschaft und der Republik Indien über Partnerschaft und Entwicklung,[32] neben verschiedenen anderen Bereichen auch eine Zusammenarbeit im Bereich des geistigen Eigentums vorsehen. Mit der Aufnahme solcher Bestimmungen werde keine allgemeine Ermächtigung impliziert, „auf die sich eine Befugnis stützen ließe, in diesem Bereich Maßnahmen der Zusammenarbeit jedweder Art zu ergreifen".[33] Akzessorische Regelungen liegen zum anderen auch dann vor, wenn die andere Vertragspartei, wie z.B. in Art. 10 des Kooperationsabkommens mit der Republik Indien,[34] lediglich dazu aufgefordert werde, das Niveau des Schutzes des geistigen Eigentums zu verbessern.[35] Die Verbesserung des

[31] EuGH, Rs. C-268/94, 3.12.1996, Slg. 1996, I-6177, Rn. 39 (Portugal/Rat). Vgl. auch *Steve Peers,* Fragmentation or Evasion in the Community's Development Policy? The Impact of Portugal v. Council, in: Alan Dashwood/Christophe Hillion (eds), The General Law of E.C. External Relations, 2000, S. 100 (106 f.).

[32] ABl. EU Nr. L 223 vom 27.8.1994, S. 24 ff. Diese Bestimmung findet sich in anderen völkerrechtlichen Verträgen der Europäischen Gemeinschaft im Bereich der Entwicklungszusammenarbeit wieder, z.B. in Art. 3 Abs. 2 lit. f) des Rahmenabkommens vom 22. Februar 1999 über die Zusammenarbeit zwischen der Europäischen Wirtschaftsgemeinschaft und den Republiken Costa Rica, El Salvador, Guatemala, Honduras und Panama (ABl. EU Nr. L 63 vom 12.3.1999, S. 39 ff.).

[33] EuGH, Rs. C-268/94, 3.12.1996, Slg. 1996, I-6177, Rn. 47 (Portugal/Rat).

[34] Auch diese Bestimmung findet sich in anderen völkerrechtlichen Verträgen der Europäischen Gemeinschaft im Bereich der Entwicklungszusammenarbeit wieder, z.B. in Art. 12 Abs. 1 des Rahmenabkommens vom 22. Februar 1999 über die Zusammenarbeit zwischen der Europäischen Wirtschaftsgemeinschaft und den Republiken Costa Rica, El Salvador, Guatemala, Honduras und Panama (ABl. EU Nr. L 63 vom 12.3.1999, S. 39 ff.). In Art. 12 Abs. 2 werden die zentralamerikanischen Staaten darüber hinaus verpflichtet, den internationalen Übereinkommen über geistiges und gewerbliches Eigentum „im Rahmen ihrer Möglichkeiten" beizutreten.

[35] EuGH, Rs. C-268/94, 3.12.1996, Slg. 1996, I-6177, Rn. 77 (Portugal/Rat).

Schutzes des geistigen Eigentums sei nämlich geeignet, zur Erreichung des in Art. 177 Abs. 1 EGV genannten Ziels der harmonischen, schrittweisen Eingliederung der Entwicklungsstaaten in die Weltwirtschaft beizutragen.[36] Im Verhältnis zum „Wesen des Schutzes des geistigen Eigentums" sei die durch diese Regelungen begründete Verpflichtung zur Verbesserung des Schutzes des geistigen Eigentums nur sehr begrenzt und stelle eine Nebenpflicht dar.[37]

III. Die Assoziierungskompetenz nach Art. 310 EGV

Art. 310 EGV ermächtigt die Europäische Gemeinschaft zum Abschluß völkerrechtlicher Verträge zur Herstellung besonderer und privilegierter Beziehungen zu einem Drittstaat oder einer internationalen Organisation.

Früher wurde bestritten, daß Art. 310 EGV eine originäre Vertragsschlußkompetenz enthalte. Die Zuständigkeit der Europäischen Gemeinschaft für einen bestimmten Sachbereich wurde vom Bestehen anderer Vertragsschlußkompetenzen der Europäischen Gemeinschaft abhängig gemacht.[38] Im Urteil „Demirel" hat der EuGH jedoch unter Anwendung des Grundsatzes des *effet utile* entschieden, daß Art. 310 EGV der Europäischen Gemeinschaft „notwendigerweise die Zuständigkeit dafür einräumen" muß, „die Erfüllung der Verpflichtungen gegenüber Drittstaaten in allen vom EGV erfaßten Bereichen sicherzustellen".[39] Das geistige Eigentum stellt wegen seiner Erwähnung in Art. 30 EGV und in Art. 133 Abs. 5 bis 7 EGV einen vom EG-Vertrag erfaßten Bereich dar. Unterstützend hebt das herrschende Schrifttum die systematische Nähe des Art. 310 EGV zur weiten Vertragsabrundungskompetenz des Art. 308 EGV und den historischen Zweck der Beitrittsassoziierung hervor.[40] Letztlich gibt es keinen ersichtlichen Grund, die Assoziierungskompetenz des Art. 310 EGV anders zu behandeln als Art. 133 Abs. 1 EGV und Art. 181 Abs. 1 S. 2 EGV und in

---

[36] EuGH, Rs. C-268/94, 3.12.1996, Slg. 1996, I-6177, Rn. 73 (Portugal/Rat).

[37] EuGH, Rs. C-268/94, 3.12.1996, Slg. 1996, I-6177, Rn. 75 (Portugal/Rat).

[38] *Peter Knopf,* Europarechtliche und völkerrechtliche Fragen einer Entwicklungspolitik der Europäischen Gemeinschaft und ihrer Mitgliedstaaten, 1983, S. 43; *Karl Matthias Meessen,* Das Abkommen von Lomé als gemischter Vertrag, EuR 15 (1980), S. 36 (38 ff.).

[39] EuGH, Rs. 12/86, 30.9.1987, Slg. 1987, 3719, Rn. 9 (Meryem Demirel/Stadt Schwäbisch Gmünd).

[40] *Christian Pitschas,* Die völkerrechtliche Verantwortlichkeit der Europäischen Gemeinschaft und ihrer Mitgliedstaaten, 2001, S. 150 f.; *Albrecht Weber,* in: Hans von der Groeben/Jochen Thiesing/Claus-Dieter Ehlermann (Hrsg.), Kommentar zum EU-/EG-Vertrag, 5. Auflage 1997/1999, Art. 238 EGV Rn. 18; *Roger A. Fischer,* Das Assoziationsrecht der Europäischen Gemeinschaft, 1994, S. 103; *Hans Krück,* Völkerrechtliche Verträge im Recht der Europäischen Gemeinschaft, 1977, S. 66.

bezug auf den Hauptgegenstand der Assoziierung akzessorische Regelungen zum Schutz des geistigen Eigentums nicht zuzulassen.

Die Bedeutung der Assoziierungskompetenz der Europäischen Gemeinschaft nach Art. 310 EGV für die Regelung des geistigen Eigentums durch völkerrechtliche Verträge zeigt sich darin, daß sich der Schutz des geistigen Eigentums in den späten Assoziierungsabkommen der Europäischen Gemeinschaft nicht mehr nur in einer Vorschrift erschöpft, die Art. XX lit. d) des Allgemeinen Zoll- und Handelsabkommens vom 30. Oktober 1947 (*General Agreement on Tariffs and Trade,* GATT 1947)[41] und Art. 30 EGV nachempfunden ist, sondern nach dem Vorbild des Abkommens über den Europäischen Wirtschaftsraum vom 2. Mai 1992 (EWR-Abkommen) ausführlich geregelt wird.[42] Neben Art. 13, der Art. XX lit. d) GATT 1947 und Art. 30 EGV nachempfunden ist, enthält das EWR-Abkommen zum einen ein Protokoll 28 über geistiges Eigentum, in dem sich die Vertragsparteien verpflichten, ihre Rechtsvorschriften auf dem Gebiet des geistigen Eigentums dem in der Europäischen Gemeinschaft geltenden Schutzniveau anzupassen (Art. 1), das Prinzip der gemeinschaftsweiten Erschöpfung auf den Europäischen Wirtschaftsraum auszudehnen (Art. 2) und den wichtigsten völkerrechtlichen Verträgen auf dem Gebiet des geistigen Eigentums beizutreten (Art. 5). Das EWR-Abkommen enthält zum anderen einen Anhang XVII, der auf das im Zeitpunkt der Unterzeichnung geltende sekundäre Gemeinschaftsrecht der Europäischen Gemeinschaft auf dem Gebiet des geistigen Eigentums Bezug nimmt.[43] Die durch die Europa-Abkommen assoziierten mittel- und osteuropäischen Staaten sowie die durch die Partnerschafts- und Kooperationsabkommen assoziierten GUS-Staaten verpflichten sich ebenfalls, ihre Rechtsvorschriften auf dem Gebiet des geistigen Eigentums dem in der Europäischen Gemeinschaft geltenden Schutzniveau anzupassen[44] und den wichtigsten völkerrechtlichen Verträgen auf dem Gebiet des geistigen Eigentums beizutreten[45].

---

[41] BGBl. 1951 II, 173.

[42] *Thérèse Blanchet/Risto Piipponen/Maria Westman-Clément,* The Agreement on the European Economic Area (EEA), 1994, S. 131 ff.

[43] Vgl. zu den Regelungen zum geistigen Eigentum ausführlich *Thérèse Blanchet/Risto Piipponen/Maria Westman-Clément,* The Agreement on the European Economic Area (EEA), 1994, S. 117 ff.; *Sven Norberg/Karin Hökburg/Martin Johansson/Dan Eliasson/Lucien Dedichen,* The European Economic Area, 1993, S. 586 ff.

[44] Vgl. z.B. Art. 66 Abs. 1 des Europa-Abkommens vom 13. Dezember 1993 zur Gründung einer Assoziation zwischen den Europäischen Gemeinschaften und ihren Mitgliedstaaten einerseits und der Republik Polen andererseits (Europa-Abkommen mit Polen; ABl. EU Nr. L 348 vom 31.12.1993, S. 2 ff.) bzw. z.B. Art. 50 Abs. 1 i.V.m. Annex III des Abkommens vom 14. Juni 1994 zur Gründung einer Partnerschaft zwischen den Europäischen Gemeinschaften und ihren Mitgliedstaaten einer-

IV. Die implizite, aus Art. 95 Abs. 1 S. 2 EGV abgeleitete Vertragsschlußkompetenz

Auf der Grundlage der Theorie der *implied powers* in der Gestalt, die sie durch die Rechtsprechung des EuGH erfahren hat, verfügt die Europäische Gemeinschaft in dem Maße, in dem sie, um die Voraussetzungen für die Errichtung und das Funktionieren des Binnenmarkts zu verbessern, nach Art. 95 Abs. 1 S. 2 EGV zur Rechtsangleichung auf dem Gebiet des geistigen Eigentums berechtigt ist, über eine implizite, d.h. im EG-Vertrag nicht ausdrücklich vorgesehene, Außenkompetenz (Grundsatz der Parallelität von Innen- und Außenkompetenz).

Laut der in bundesstaatlichen Verfassungsordnungen und im Völkerrecht entwickelten Theorie der *implied powers* kann einem Hoheitsträger eine implizite Kompetenz zukommen, wenn und soweit dies erforderlich sein sollte, um eine ausdrückliche Kompetenz in Anbetracht des Gesamtgefüges der jeweiligen Rechtsordnung wirksam und sinnvoll umzusetzen.[46] Im Urteil „AETR“ hat der EuGH dargelegt, daß eine Vertragsschlußkompetenz der Europäischen Gemeinschaft „nicht nur aus einer ausdrücklichen Erteilung durch den Vertrag [...], sondern [...] auch aus anderen Vertragsbestimmungen [...] fließen“ könne.[47] Im Gutachten 2/91 hat der EuGH betont, „daß die Gemeinschaft immer dann, wenn das Gemeinschaftsrecht ihren Organen im Hinblick auf ein bestimmtes Ziel im Inneren eine Zuständigkeit verleiht, befugt ist, die zur Erreichung dieses Ziels erforderlichen völkerrechtlichen Verpflichtungen einzugehen, auch wenn eine ausdrückliche diesbezügliche Bestimmung fehlt“.[48] Die Funktionsfähigkeit der Europäischen Gemeinschaft wäre gefährdet, wenn sie in den Bereichen ihrer Innenkompetenz keine völkerrechtlichen Verträge abschließen könnte, sondern für die internationale Abstimmung auf die Mitgliedstaaten angewiesen

---

seits und der Ukraine andererseits (Partnerschaftsabkommen mit der Ukraine; ABl. EU Nr. L 49 vom 19.2.1998, S. 3 ff.).

[45] Vgl. z.B. Art. 66 Abs. 2 i.V.m. Annex XIII Nummer 1 des Europa-Abkommens mit Polens bzw. z.B. Art. 50 Abs. 2 i.V.m. Annex III Abs. 1 des Partnerschaftsabkommens mit der Ukraine.

[46] *Martin Nettesheim,* Kompetenzen, in: Armin von Bogdandy (Hrsg.), Europäisches Verfassungsrecht, 2003, S. 415 (434); *Oliver Dörr,* Die Entwicklung der ungeschriebenen Außenkompetenzen der EG, EuZW 7 (1996), S. 39 (40).

[47] EuGH, Rs. 22/70, 31.3.1970, Slg. 1971, 263, Rn. 15/19 (Kommission/Rat).

[48] EuGH, Gutachten 2/91, 19.3.1993, Slg. 1993, I-1069, Rn. 7 (Übereinkommen Nr. 170 der Internationalen Arbeitsorganisation über Sicherheit bei der Verwendung chemischer Stoffe bei der Arbeit). Vgl. auch EuGH, Gutachten 2/94, 28.3.1996, Slg. 1996, I-1759, Rn. 26 (Beitritt der Gemeinschaft zur Konvention zum Schutze der Menschenrechte und Grundfreiheiten).

wäre, die die Rechtssetzungstätigkeit der Europäischen Gemeinschaft auf diese Weise präjudizieren könnten.

Das Bestehen einer impliziten Außenkompetenz der Europäischen Gemeinschaft ist an keine weiteren Voraussetzungen, insbesondere nicht an die Ausübung der Innenkompetenz durch den Erlaß sekundären Gemeinschaftsrechts, gebunden. Zwischen der Frage des Bestehens einer impliziten Außenkompetenz und der Frage der Ausschließlichkeit einer impliziten Außenkompetenz ist zu unterscheiden.[49] Die Ausübung der Innenkompetenz durch den Erlaß sekundären Gemeinschaftsrechts ist erst bei der entscheidenderen Frage der Ausschließlichkeit einer impliziten Außenkompetenz von Bedeutung.[50]

Der Gegenansicht[51] ist zuzugeben, daß der EuGH in seiner Rechtsprechung nicht immer deutlich zwischen diesen beiden Fragen getrennt hat. Für die Annahme, daß der EuGH die Ausübung der Innenkompetenz durch Erlaß von sekundärem Gemeinschaftsrecht als Voraussetzung für das Bestehen einer impliziten Außenkompetenz, und nicht erst für ihre Ausschließlichkeit angesehen hat, sprechen insbesondere Formulierungen im Urteil „AETR“, nach denen die Verordnung (EWG) Nr. 543/69 des Rates vom 25. März 1969 über die Harmonisierung bestimmter Sozialvorschriften im Straßenverkehr[52] die Zuständigkeit der Europäischen Gemeinschaft begründet habe, das Europäische Übereinkommen über die Arbeit der im internationalen Straßenverkehr beschäftigten Fahrzeugbesatzungen (*Accord européen relatif au travail des équipages de véhicules effectuant des trans-*

---

[49] *Takis Tridimas,* The WTO and OECD Opinions, in: Alan Dashwood/Christophe Hillion (eds), The General Law of E.C. External Relations, 2000, S. 48 (57); *Alan Dashwood/Joni Heliskoski,* The Classic Authorities Revisited, in: Alan Dashwood/ Christophe Hillion (eds), The General Law of E.C. External Relations, 2000, S. 3 (5 f.); *Alan Dashwood,* Implied External Competence of the EC, in: Martti Koskenniemi (ed.), International Law Aspects of the European Union, 1998, S. 113 (113).

[50] *Florian C. Scheibeck,* Die Außenkompetenzen der EG im internationalen Zivilluftverkehr, 1999, S. 284; *Oliver Dörr,* Die Entwicklung der ungeschriebenen Außenkompetenzen der EG, EuZW 7 (1996), S. 39 (43); *Rachel Frid,* The Relations Between the EC and International Organizations, 1995, S. 83. Vgl. in diesem Sinne auch Art. I-12 Abs. 2 des Entwurfs eines Vertrags über eine Verfassung für Europa vom 18. Juli 2003 (CONV 850/03).

[51] *Martin Nettesheim,* Kompetenzen, in: Armin von Bogdandy (Hrsg.), Europäisches Verfassungsrecht, 2003, S. 415 (437 ff.) im Hinblick auf das Gutachten 1/94; *Dagmar I. Siebold,* Die Welthandelsorganisation und die Europäische Gemeinschaft, 2003, S. 234; *Frank Buchholz,* Die ausschließlichen Kompetenzen der Europäischen Gemeinschaft nach dem EGV, 2003, S. 75; *Christian Pitschas,* Die völkerrechtliche Verantwortlichkeit der Europäischen Gemeinschaft und ihrer Mitgliedstaaten, 2001, S. 153 ff.; *Rudolf Geiger,* Vertragsschlußkompetenzen der Europäischen Gemeinschaft und auswärtige Gewalt der Mitgliedstaaten, JZ 50 (1995), S. 973 (979).

[52] ABl. EU Nr. L 77 vom 29.3.1969, S. 49 ff.

ports internationaux par route, AETR) an Stelle der Mitgliedstaaten zu schließen.[53]

Im Lichte der nachfolgenden Rechtsprechung des EuGH, der im Gutachten 2/91 in seiner Prüfungsreihenfolge einen deutlichen Unterschied zwischen dem Bestehen einer impliziten Außenkompetenz einerseits und ihrer Ausschließlichkeit andererseits gemacht hat,[54] läßt sich das Urteil „AETR" aber auch in einer den Grundstrukturen des Gemeinschaftsrechts gerecht werdenden Weise[55] deuten.[56] Der EuGH hat im Gutachten 1/94 unter direkter Bezugnahme auf das Urteil „AETR" festgestellt, daß „nur in dem Maße, wie gemeinsame Vorschriften auf interner Ebene erlassen werden, die externe Zuständigkeit der Gemeinschaft zu einer ausschließlichen [wird]", und dem sekundären Gemeinschaftsrecht damit jede Bedeutung für das Entstehen einer impliziten Außenkompetenz abgesprochen.[57] Im Gutachten 2/00 über die Zuständigkeit der Europäischen Gemeinschaft zum Abschluß des Protokolls von Cartagena über die biologische Sicherheit vom 29. Januar 2000 (*Cartagena Protocol on Biosafety to the Convention on Biological Diversity,* Protokoll von Cartagena) hat der EuGH den Erlaß sekundären Gemeinschaftsrechts als Voraussetzung für die Ausschließlichkeit der ausdrücklichen Außenkompetenz des Art. 175 Abs. 1 EGV im Umweltbereich angesehen, eine implizite Außenkompetenz der Europäischen Gemeinschaft gar nicht geprüft.[58] In den Urteilen zu den *open skies*-Abkommen verschiedener Mit-

---

[53] EuGH, Rs. 22/70, 31.3.1970, Slg. 1971, 263, Rn. 15/19 (Kommission/Rat): „Eine solche Zuständigkeit ergibt sich nicht nur aus einer ausdrücklichen Erteilung durch den Vertrag [...], sondern sie kann auch aus anderen Vertragsbestimmungen und aus in ihrem Rahmen ergangenen Rechtsakten der Gemeinschaftsorgane fließen." EuGH, Rs. 22/70, 31.3.1970, Slg. 1971, 263, Rn. 23/29 (Kommission/Rat): „[... D]ie Inkraftsetzung der Verordnung [...] hat jedoch zwangsläufig die Zuständigkeit der Gemeinschaft für alle Abkommen mit dritten Staaten nach sich gezogen, welche das in der Verordnung geregelte Sachgebiet betreffen."

[54] EuGH, Gutachten 2/91, 19.3.1993, Slg. 1993, I-1069, Rn. 7 ff. (Übereinkommen Nr. 170 der Internationalen Arbeitsorganisation über Sicherheit bei der Verwendung chemischer Stoffe bei der Arbeit).

[55] Nach *Christian Tomuschat,* Die auswärtige Gewalt der EWG erhält feste Konturen, EuR 12 (1977), S. 157 (158 f.), würde sich die Anknüpfung einer impliziten Außenkompetenz an den Erlaß sekundären Gemeinschaftsrechts nicht mit der sich auf ausdrückliche Kompetenzen eines Hoheitsträgers stützenden Theorie der *implied powers* decken und wäre nicht mehr mit dem Prinzip der begrenzten Einzelermächtigung nach Art. 5 Abs. 1 EGV vereinbar.

[56] *Oliver Dörr,* Die Entwicklung der ungeschriebenen Außenkompetenzen der EG, EuZW 7 (1996), S. 39 (41).

[57] EuGH, Gutachten 1/94, 15.11.1994, Slg. 1994, I-5267, Rn. 77 (Zuständigkeit der Gemeinschaft für den Abschluß völkerrechtlicher Abkommen auf dem Gebiet der Dienstleistungen und des Schutzes des geistigen Eigentums).

[58] EuGH, Gutachten 2/00, 6.12.2001, Slg. 2001, I-9713, Rn. 45 f. (Protokoll von Cartagena).

gliedstaaten mit den Vereinigten Staaten von Amerika hat der EuGH ausdrücklich erklärt, daß „der Gemeinschaft aufgrund des Erlasses interner Rechtsakte eine ausschließliche Außenkompetenz zuerkannt wird“.[59]

V. Zusätzliche Vertragsschlußkompetenzen

In ihrer Stellungnahme im Gutachten 1/94 hat sich die Kommission für den Fall, daß der EuGH weder Art. 133 EGV noch eine implizite Vertragsschlußkompetenz der Europäischen Gemeinschaft für den Abschluß des GATS und des TRIPs-Übereinkommens anerkennen würde, zusätzlich auf Art. 95 Abs. 1 S. 2 EGV und Art. 308 EGV berufen.[60]

Aus Art. 95 Abs. 1 S. 2 EGV kann nur eine implizite Vertragsschlußkompetenz der Europäischen Gemeinschaft abgeleitet werden.[61] Anders erscheint die Situation auf den ersten Blick bei der Vertragsabrundungskompetenz nach Art. 308 EGV. Unter Berufung auf das Urteil „AETR“, in dem der EuGH festgestellt hat, daß Art. 308 EGV dem Rat gestatte, „auch auf dem Gebiet der Außenbeziehungen die geeigneten Vorschriften zu erlassen“,[62] folgern mehrere Stimmen im Schrifttum, daß Art. 308 EGV eine ausdrückliche Kompetenz für den Innen- und Außenbereich der Europäischen Gemeinschaft zugleich darstelle.[63]

---

[59] EuGH, Rs. C-476/98, 5.11.2002, Slg. 2002, I-9855, Rn. 104 (Kommission/Deutschland); EuGH, Rs. C-475/98, 5.11.2002, Slg. 2002, I-9797, Rn. 93 (Kommission/Österreich); EuGH, Rs. C-472/98, 5.11.2002, Slg. 2002, I-9741, Rn. 84 (Kommission/Luxemburg); EuGH, Rs. C-471/98, 5.11.2002, Slg. 2002, I-9681, Rn. 91 (Kommission/Belgien); EuGH, Rs-C-469/98, 5.11.2002, Slg. 2002, I-9627, Rn. 78 (Kommission/Finnland); EuGH, Rs. C-468/98, 5.11.2002, Slg. 2002, I-9575, Rn. 74 (Kommission/Schweden); EuGH, Rs. C-467/98, 5.11.2002, Slg. 2002, I-9519, Rn. 78 (Kommission/Dänemark);

[60] EuGH, Gutachten 1/94, 15.11.1994, Slg. 1994, I-5267 (5322 f.) (Zuständigkeit der Gemeinschaft für den Abschluß völkerrechtlicher Abkommen auf dem Gebiet der Dienstleistungen und des Schutzes des geistigen Eigentums).

[61] EuGH, Gutachten 1/94, 15.11.1994, Slg. 1994, I-5267, Rn. 88 (Zuständigkeit der Gemeinschaft für den Abschluß völkerrechtlicher Abkommen auf dem Gebiet der Dienstleistungen und des Schutzes des geistigen Eigentums): „Was Artikel 100a angeht, läßt sich nicht bestreiten, daß, wenn von der Harmonisierungskompetenz einmal Gebrauch gemacht worden ist, die so erlassenen Harmonisierungsmaßnahmen die Freiheit der Mitgliedstaaten zu Verhandlungen mit Drittstaaten begrenzen oder sogar beseitigen können. Es ist jedoch ausgeschlossen, daß eine Zuständigkeit für die Harmonisierung auf interner Ebene, die nicht in einem bestimmten Bereich ausgeübt worden ist, dazu führen kann, zugunsten der Gemeinschaft eine ausschließliche externe Zuständigkeit in diesem Bereich zu schaffen.“

[62] EuGH, Rs. 22/70, 31.3.1970, Slg. 1971, 263, Rn. 95 (Kommission/Rat).

[63] *Ivo E. Schwartz,* in: Hans von der Groeben/Jochen Thiesing/Claus-Dieter Ehlermann (Hrsg.), Kommentar zum EU-/EG-Vertrag, 5. Auflage 1997/1999, Art. 235

Diese Auffassung überzeugt aus mehreren Gründen nicht. Selbst unter der Voraussetzung, daß aus der zitierten Formulierung des EuGH im Urteil „AETR" eine ausdrückliche Vertragsschlußkompetenz nach Art. 308 EGV herausgelesen werden könnte, würde es sich dabei nur um ein unverbindliches *obiter dictum* handeln, weil die Frage einer ausdrücklichen Vertragsschlußkompetenz nach Art. 308 EGV nicht entscheidungserheblich war. Eine genaue Prüfung der entscheidenden Urteilspassage muß jedoch zu dem Schluß kommen, daß der EuGH lediglich festgestellt hat, daß sich aus Art. 308 EGV eine Außenkompetenz ergibt, nicht aber entschieden hat, ob diese Außenkompetenz ausdrücklich oder implizit in Art. 308 EGV geregelt ist. Deutlicher wird der EuGH im Gutachten 1/94, in dem er Art. 308 EGV als eine „interne Zuständigkeit" bezeichnet, aus der sich eine implizite Vertragsschlußkompetenz ergebe.[64]

VI. Zusammenfassende Bewertung

Ein Vergleich zwischen den Vertragsschluß- und den Rechtssetzungskompetenzen der Europäischen Gemeinschaft auf dem Gebiet des geistigen Eigentums zeigt, daß die Anzahl einschlägiger Rechtsgrundlagen im Außenbereich höher ist als im Innenbereich und die Europäische Gemeinschaft im Außenbereich anders als im Innenbereich eine ausdrückliche Vertragsschlußkompetenz für das geistige Eigentum nach Art. 133 Abs. 5 UAbs. 1 und 7 EGV besitzt. Einschlägige Rechtsgrundlagen für den Abschluß von bzw. den Beitritt zu völkerrechtlichen Verträgen auf dem Gebiet des geistigen Eigentums stellen Art. 133 Abs. 1, Art. 133 Abs. 5 UAbs. 1 und Art. 133 Abs. 7 EGV, Art. 181 Abs. 1 S. 2 EGV, Art. 310 EGV sowie die implizite, aus Art. 95 Abs. 1 S. 2 EGV abgeleitete Vertragsschlußkompetenz der Europäischen Gemeinschaft dar.

Die Verteilung der Vertragsschlußkompetenzen der Europäischen Gemeinschaft auf dem Gebiet des geistigen Eigentums ist komplexer als die

---

EGV Rn. 254; *Rachel Frid,* The Relations Between the EC and International Organizations, 1995, S. 83 ff.; a. A. *Dietrich-W. Dorn,* Art. 235 EWGV – Prinzipien der Auslegung, 1986, S. 150.

[64] EuGH, Gutachten 1/94, 15.11.1994, Slg. 1994, I-5267, Rn. 89 (Zuständigkeit der Gemeinschaft für den Abschluß völkerrechtlicher Abkommen auf dem Gebiet der Dienstleistungen und des Schutzes des geistigen Eigentums): „Abgesehen von dem Fall, wo sie wirksam nur zugleich mit der externen Zuständigkeit ausgeübt werden kann [...], kann eine interne Zuständigkeit nur dann eine ausschließliche externe Zuständigkeit begründen, wenn sie ausgeübt wird; dies gilt erst recht für Artikel 235." Vgl. aber EuGH, Gutachten 2/94, 28.3.1996, Slg. 1996, I-1759, Rn. 29 (Beitritt der Gemeinschaft zur Konvention zum Schutze der Menschenrechte und Grundfreiheiten).

Verteilung ihrer Rechtssetzungskompetenzen. Während Art. 133 Abs. 1, Art. 181 Abs. 1 S. 2 und Art. 310 EGV grundsätzlich nur dann einschlägig sind, wenn das geistige Eigentum im Verhältnis zum Hauptgegenstand des völkerrechtlichen Vertrages akzessorisch geregelt wird, berechtigen Art. 133 Abs. 5 UAbs. 1 und Abs. 7 EGV sowie die implizite, aus Art. 95 Abs. 1 S. 2 EGV abgeleitete Vertragsschlußkompetenz zum Abschluß eines völkerrechtlichen Vertrages, der den Schutz des geistigen Eigentums in den Mittelpunkt seiner Regelungen stellt. Die Vertragsschlußkompetenz der Europäischen Gemeinschaft ist allerdings auch hier nicht umfassend. Die aus Art. 133 Abs. 5 UAbs. 1 EGV resultierende Vertragsschlußkompetenz der Europäischen Gemeinschaft ist auf die Handelsaspekte des geistigen Eigentums, d.h. die im TRIPs-Übereinkommen geregelten Rechte des geistigen Eigentums, beschränkt. Die Vertragsschlußkompetenz nach Art. 133 Abs. 7 EGV setzt einen einstimmigen Beschluß des Rates voraus, der erst zur Erweiterung des Anwendungsbereichs der Art. 133 Abs. 1 bis 4 EGV auf die Aspekte des geistigen Eigentums führt, die keine Handelsaspekte des geistigen Eigentums im Sinne von Art. 133 Abs. 5 UAbs. 1 EGV darstellen. Die implizite, aus Art. 95 Abs. 1 S. 2 EGV abgeleitete Vertragsschlußkompetenz ist auf die tatsächliche Verbesserung der Voraussetzungen für die Errichtung und das Funktionieren des Binnenmarkts beschränkt.

Die Einführung ausdrücklicher Vertragsschlußkompetenzen durch den Vertrag von Nizza hat die Vertragsschlußkompetenzen der Europäischen Gemeinschaft auf dem Gebiet des geistigen Eigentums nicht transparenter gemacht. Die Vertragsschlußkompetenzen nach Art. 133 Abs. 5 UAbs. 1 und Art. 133 Abs. 7 EGV bestehen wegen des in Art. 133 Abs. 3 UAbs. 1 S. 2 und Art. 133 Abs. 6 UAbs. 1 EGV niedergelegten Grundsatzes der Kongruenz von Innen- und Außenkompetenz nur im Umfang von Art. 95 Abs. 1 S. 2 EGV. Die Vertragsschlußkompetenzen nach Art. 133 Abs. 5 UAbs. 1 EGV und Art. 133 Abs. 7 EGV konkurrieren mit der impliziten, aus Art. 95 Abs. 1 S. 2 EGV abgeleiteten Vertragsschlußkompetenz. In dem Maße, in dem sich die Vertragsschlußkompetenzen nach Art. 133 Abs. 5 UAbs. 1 EGV bzw. Art. 133 Abs. 7 EGV und die implizite, aus Art. 95 Abs. 1 S. 2 EGV abgeleitete Vertragsschlußkompetenz überschneiden, geht die Vertragsschlußkompetenz nach Art. 133 Abs. 5 UAbs. 1 EGV bzw. Art. 133 Abs. 7 EGV der impliziten, aus Art. 95 Abs. 1 S. 2 EGV abgeleiteten Vertragsschlußkompetenz als *lex specialis* vor. Dies ist insofern von Bedeutung, als Art. 133 Abs. 5 UAbs. 1 EGV und Art. 133 Abs. 7 EGV andere Verfahrens- und Abstimmungsregeln als die implizite, aus Art. 95 Abs. 1 S. 2 EGV abgeleitete Vertragsschlußkompetenz vorsehen. Nach Art. 300 Abs. 3 S. 1 EGV ist der Rat grundsätzlich nicht verpflichtet, vor dem Abschluß von Abkommen im Sinne von Art. 133 Abs. 3 EGV das Europäische Parlament anzuhören. Nach Art. 133 Abs. 5 UAbs. 2 EGV beschließt der Rat abweichend von Art. 133 Abs. 4 EGV und über Art. 300 Abs. 2 EGV hinaus nicht nur einstimmig, „wenn das Abkommen einen Bereich betrifft, in dem für die Annahme interner Vorschriften Einstimmigkeit vorgesehen ist", sondern in Anlehnung an die Rechtsprechung des EuGH zur nachträglichen Ausschließlichkeit der impliziten Vertragsschlußkompetenzen[65] auch, wenn „wenn ein derartiges Abkommen einen Bereich betrifft, in dem die Gemeinschaft bei der Annahme interner Vorschriften ihre Zuständigkeiten nach diesem Vertrag noch nicht ausgeübt hat"[66]. Die implizite, aus Art. 95 Abs. 1 S. 2 EGV abgeleitete Vertragsschlußkompetenz geht jedoch nicht völlig in Art. 133 Abs. 5 UAbs. 1 EGV und Art. 133 Abs. 7 EGV auf, sondern behält in dem Maße ihre eigenständige Bedeutung, wie ein völkerrechtlicher Vertrag die Handelsaspekte des geistigen Eigentums nicht betrifft und wie der Rat keinen Beschluß nach Art. 133 Abs. 7 EGV faßt, der die Vertragsschlußkompetenz der Europäischen Gemeinschaft nach Art. 133 Abs. 1 bis 4 EGV dauerhaft auf das geistige Eigentum erstreckt.

B. Die Natur der Vertragsschlußkompetenzen der Europäischen Gemeinschaft auf dem Gebiet des geistigen Eigentums

Wie bereits im ersten Kapitel ausgeführt wurde,[67] können die Vertragsschlußkompetenzen der Europäischen Gemeinschaft ihrer Natur nach in ausschließliche und konkurrierende Kompetenzen (*exclusive and concurrent competences/compétences exclusives et partagées*), nicht aber in geteilte und parallele Vertragsschlußkompetenzen unterteilt werden. Geteilte und parallele Vertragsschlußkompetenzen stellen lediglich Mischformen ausschließlicher und/oder konkurrierender Vertragsschlußkompetenzen dar. Da diese Mischformen auf dem Gebiet des geistigen Eigentums von Bedeutung

---

65 Siehe unten Erster Teil, Zweites Kapitel, B. V. 1.

66 Vgl. hierzu *Christoph Herrmann,* Common Commercial Policy After Nice: Sisyphus Would Have Done A Better Job, CMLRev. 39 (2002), S. 7 (23 ff.); *Michael Hahn,* in: Christian Calliess/Matthias Ruffert (Hrsg.), Kommentar des Vertrages über die Europäische Union und des Vertrages zur Gründung der Europäischen Gemeinschaft – EUV/EGV –, 2. Auflage 2002, Art. 133 EGV Rn. 69; *Stefan Griller,* Die gemeinsame Handelspolitik nach Nizza – Ansätze eines neuen Außenwirtschaftsrechts?, in: Stefan Griller/Waldemar Hummer (Hrsg.), Die EU nach Nizza, Ergebnisse und Perspektiven, 2002, S. 131 (178 f.); *Christoph Herrmann,* Vom misslungenen Versuch der Neufassung der gemeinsamen Handelspolitik durch den Vertrag von Nizza, EuZW 12 (2001), S. 269 (273); *Eleftheria Neframi,* La politique commerciale commune selon le traité de Nice, Cahiers de droit européen 37 (2001), S. 605 (641 ff.).

67 Siehe oben Erster Teil, Erstes Kapitel, B.

sind, werden sie bereits vor der komplexen Prüfung der Natur der Vertragsschlußkompetenzen der Europäischen Gemeinschaft auf dem Gebiet des geistigen Eigentums näher erläutert.

I. Die Mischformen ausschließlicher und/oder konkurrierender Vertragsschlußkompetenzen

1. Die geteilte Vertragsschlußkompetenz der Europäischen Gemeinschaft

Obwohl der Begriff der geteilten Kompetenz (*shared competence/compétence partagée*) bereits im Beschluß 1/78 anklingt,[68] wird er vom EuGH erstmals im Gutachten 2/91 ausdrücklich erwähnt[69] und in nachfolgenden Gutachten[70] und Urteilen[71] wiederholt. Im Gutachten 2/92 wird das Vorliegen einer geteilten Vertragsschlußkompetenz für den Beitritt zum dritten revidierten Beschluß des Rates der OECD über die Inländerbehandlung vom EuGH dergestalt umrissen, daß die Zuständigkeit der Europäischen Gemeinschaft „nicht alle Bereiche erfaßt, auf die sich der Beschluß bezieht".[72]

---

[68] EuGH, Beschluß 1/78, 14.11.1978, Slg. 1978, 2151, Rn. 34 (Entwurf der Internationalen Atomenergieorganisation zu einem Übereinkommen über den Objektschutz von Kernmaterial, kerntechnischen Anlagen und Nukleartransporten): „Denn stellt es sich heraus, daß der Gegenstand eines Abkommens oder einer Vereinbarung *teilweise in die Zuständigkeit der Gemeinschaft und teilweise in die der Mitgliedstaaten fällt,* ist es durchaus angebracht, von dem Verfahren des Artikels 102 des Vertrages Gebrauch zu machen, wonach solche Verpflichtungen von der Gemeinschaft in Verbindung mit den Mitgliedstaaten übernommen werden können" (Hervorhebungen durch Verf.).

[69] EuGH, Gutachten 2/91, 19.3.1993, Slg. 1993, S. I-1069, Rn. 12 (Übereinkommen Nr. 170 der Internationalen Arbeitsorganisation über Sicherheit bei der Verwendung chemischer Stoffe bei der Arbeit): „Schließlich kann ein Übereinkommen auch ein Gebiet betreffen, auf dem die *Zuständigkeiten zwischen der Gemeinschaft und den Mitgliedstaaten geteilt* sind" (Hervorhebungen durch Verf.).

[70] EuGH, Gutachten 2/00, 6.12.2001, Slg. 2001, I-9713, Rn. 47 (Protokoll von Cartagena); EuGH, Gutachten 2/92, 24.3.1995, Slg. 1995, I-521, Leitsatz 2 (Zuständigkeit der Gemeinschaft zum Beitritt zu dem dritten revidierten Beschluß des Rates der OECD über die Inländerbehandlung); EuGH, Gutachten 1/94, 15.11.1994, Slg. 1994, I-5267, Rn. 98 und 105 (Zuständigkeit der Gemeinschaft für den Abschluß völkerrechtlicher Abkommen auf dem Gebiet der Dienstleistungen und des Schutzes des geistigen Eigentums).

[71] EuGH, C-25/94, 19.3.1996, Slg. 1996, I-1469, Rn. 48 (Kommission/Rat); EuGH, C-316/91, 2.3.1994, Slg. 1994, I-625, Rn. 35 (Parlament/Rat).

[72] EuGH, Gutachten 2/92, 24.3.1995, Slg. 1995, I-521, Rn. 35 (Zuständigkeit der Gemeinschaft zum Beitritt zu dem dritten revidierten Beschluß des Rates der OECD über die Inländerbehandlung).

Mit dem Begriff der geteilten Kompetenz wird das Phänomen beschrieben, daß die Europäische Gemeinschaft für Teilaspekte eines völkerrechtlichen Vertrags die ausschließliche bzw. konkurrierende Vertragsschlußkompetenz besitzt, während die Mitgliedstaaten für die übrigen Teilaspekte zuständig sind.[73] Während die ausschließliche Vertragsschlußkompetenz der Europäischen Gemeinschaft für Teilaspekte eines völkerrechtlichen Vertrages immer zu einer geteilten Kompetenz führt, setzt die konkurrierende Vertragsschlußkompetenz der Europäischen Gemeinschaft für Teilaspekte eines völkerrechtlichen Vertrages, soll sie ebenfalls zu einer geteilten Kompetenz führen, nach dem Gutachten 1/76 voraus, daß die Beteiligung der Europäischen Gemeinschaft an einem völkerrechtlichen Vertrag notwendig ist, um eines der Ziele der Europäischen Gemeinschaft zu erreichen.[74] Diese Notwendigkeit ist nach dem Gutachten 1/94 nur gegeben, wenn das Ziel der Europäischen Gemeinschaft untrennbar mit dem völkerrechtlichen Vertrag verbunden ist bzw. durch den völkerrechtlichen Vertrag praktisch wirksam werden kann.[75] Die in der Rechtsprechung des EuGH vorausgesetzte Notwendigkeit einer Beteiligung der Europäischen Gemeinschaft an einem völkerrechtlichen Vertrag kann einerseits als eine Konkretisierung des Subsidiaritätsprinzips nach Art. 5 Abs. 2 EGV aufgefaßt werden, an das die Europäische Gemeinschaft bei der Ausübung konkurrierender Kompetenzen gebunden ist.[76] Sie kann andererseits als die nachträgliche Ausschließlichkeit einer ursprünglich konkurrierenden Vertragsschlußkompetenz

---

[73] *Peter-Tobias Stoll/Karen Raible,* Schutz geistigen Eigentums und das TRIPS-Abkommen, in: Hans-Joachim Prieß/Georg M. Berrisch (Hrsg.), WTO-Handbuch, 2003, Rn. 149; *Rudolf Mögele,* in: Rudolf Streinz (Hrsg.), EUV/EGV, Vertrag über die Europäische Union und Vertrag zur Gründung der Europäischen Gemeinschaft, 2003, Art. 300 EGV Rn. 34; *Stefan Griller/Katharina Gamharter,* External Trade: Is There a Path Through the Maze of Competences?, in: Stefan Griller/Birgit Weidel (eds), External Economic Relations and Foreign Policy in the European Union, 2002, S. 65 (88). Dagegen gehen *Allan Rosas,* The European Union and Mixed Agreements, in: Alan Dashwood/Christophe Hillion (eds), The General Law of E.C. External Relations, 2000, S. 200 (205), und *Maurits J. F. M. Dolmans,* Problems of Mixed Agreements, 1985, S. 98, davon aus, daß eine geteilte Vertragsschlußkompetenz der Europäischen Gemeinschaft auch dann vorliegt, wenn die Europäische Gemeinschaft für alle Aspekte eines völkerrechtlichen Vertrags die konkurrierende Vertragsschlußkompetenz besitzt. Die konkurrierende Vertragsschlußkompetenz der Europäischen Gemeinschaft für alle Aspekte eines völkerrechtlichen Vertrags hat aber nur zur Folge, daß entweder die Europäische Gemeinschaft oder die Mitgliedstaaten den völkerrechtlichen Vertrag schließen.

[74] EuGH, Gutachten 1/76, 26.4.1977, Slg. 1977, 741, Rn. 4 (Entwurf zu einem Übereinkommen über die Errichtung eines europäischen Stillegungsfonds für die Binnenschiffahrt).

[75] EuGH, Gutachten 1/94, 15.11.1994, Slg. 1994, I-5267, Rn. 84 und 100 (Zuständigkeit der Gemeinschaft für den Abschluß völkerrechtlicher Abkommen auf dem Gebiet der Dienstleistungen und des Schutzes des geistigen Eigentums).

der Europäischen Gemeinschaft verstanden werden, die durch den Abschluß des völkerrechtlichen Vertrags bewirkt wird[77 78].

In der Literatur wird versucht, die geteilte Kompetenz zu unterteilen, zum einen in geteilte Kompetenzen, in denen die beteiligten Kompetenzen der Europäischen Gemeinschaft und der Mitgliedstaaten ausschließlicher (*co-existent competences*) oder konkurrierender (*concurrent competences*) Natur sind,[79] und zum anderen in geteilte Kompetenzen, bei denen eine Abgrenzung der beteiligten Kompetenzen der Europäischen Gemeinschaft und der Mitgliedstaaten möglich (*partial mix*) oder unmöglich (*total mix*) ist[80]. Die erste Unterteilung macht überhaupt nur Sinn, wenn die in der Rechtsprechung des EuGH vorausgesetzte Notwendigkeit einer Beteiligung der Europäischen Gemeinschaft als eine Konkretisierung des Subsidiaritätsprinzips nach Art. 5 Abs. 2 EGV verstanden wird, denn nur in diesem Fall würde die konkurrierende Vertragsschlußkompetenz nicht in eine ausschließliche umschlagen, und wenn sich die Notwendigkeit einer Beteiligung der Europäischen Gemeinschaft nicht für alle Teilaspekte eines völkerrechtlichen Vertrags gleichermaßen stellt, denn sonst könnte die Europäische Gemeinschaft den völkerrechtlichen Vertrag alleine abschließen. Darüber hinaus lassen sich aus der ersten, anders als aus der zweiten, Unterteilung, die zwar für den Abschluß des völkerrechtlichen Vertrages keine Rolle spielt, aber bei der Durchführung des völkerrechtlichen Vertrages Berücksichtigung finden kann,[81] keine praktischen Schlußfolgerungen ziehen.

---

[76] Ähnlich Schlußanträge von Generalanwalt Tizzano, Rs. C-466 bis 469/98, 471 und 472/98, 475/98, 31.1.2002, Slg. 2002, I-9427, Rn. 49 (Kommission/Vereinigtes Königreich, Kommission/Dänemark, Kommission/Schweden, Kommission/Finnland, Kommission/Belgien, Kommission/Luxemburg, Kommission/Österreich, Kommission/Deutschland); *Christian Tomuschat,* in: Hans von der Groeben/Jochen Thiesing/Claus-Dieter Ehlermann (Hrsg.), Kommentar zum EU-/EG-Vertrag, 5. Auflage 1997/1999, Art. 228 EGV Rn. 6.

[77] *Takis Tridimas,* The WTO and OECD Opinions, in: Alan Dashwood/Christophe Hillion (eds), The General Law of E.C. External Relations, 2000, S. 48 (55); *Iain MacLeod/I. D. Hendry/Stephen Hyett,* The External Relations of the European Communities, 1996, S. 60 f.; *Rudolf Geiger,* Vertragsschlußkompetenzen der Europäischen Gemeinschaft und auswärtige Gewalt der Mitgliedstaaten, JZ 50 (1995), S. 973 (977); *Pierre Pescatore,* External Relations in the Case Law of the Court of Justice of the European Communities, CMLRev. 16 (1979), S. 615 (623). Kritisch *Alan Dashwood/Joni Heliskoski,* The Classic Authorities Revisited, in: Alan Dashwood/Christophe Hillion (eds), The General Law of E.C. External Relations, 2000, S. 3 (13 f.).

[78] Siehe unten Erster Teil, Zweites Kapitel, B. V. 2.

[79] *Allan Rosas,* The European Union and Mixed Agreements, in: Alan Dashwood/Christophe Hillion (eds), The General Law of E.C. External Relations, 2000, S. 200 (203 ff.); *Maurits J. F. M. Dolmans,* Problems of Mixed Agreements, 1985, S. 97.

[80] *Rachel Frid,* The Relations Between the EC and International Organizations, 1995, S. 112.

Die in der Rechtsprechung des EuGH mit geteilter Kompetenz umschriebene Zuständigkeitsverteilung zwischen der Europäischen Gemeinschaft und den Mitgliedstaaten wird einerseits im Gutachten 2/91 vom EuGH als gemeinsame Kompetenz (*joint competence/compétence appartenant ensemble aux Etats membres et à la Communauté*)[82] und andererseits im Urteil „FAO"[83] und in Art. 133 Abs. 6 UAbs. 2 EGV als gemischte Kompetenz (*mixed competence/compétence mixte*) bezeichnet. Zu zusätzlicher Verwirrung trägt bei, daß Art. I-11 des Entwurfs eines Vertrags über eine Verfassung für Europa vom 18. Juli 2003[84] zwischen ausschließlichen, geteilten und ergänzenden Zuständigkeiten der Europäischen Gemeinschaft unterscheidet. Nach Art. I-11 Abs. 2 können Mitgliedstaaten im Bereich der geteilten Zuständigkeiten gesetzgeberisch tätig werden, „sofern und soweit die Union ihre Zuständigkeit nicht ausgeübt hat oder entschieden hat, diese nicht mehr auszuüben". Damit defininiert Art. I-11 Abs. 2 als geteilte Kompetenz, was bisher als konkurrierende Kompetenz bekannt war. Da sowohl die konkurrierende als auch die geteilte Kompetenz im französischen Sprachraum als *compétence partagée* bezeichnet wird, ist allerdings davon auszugehen, daß es sich um einen Übersetzungsfehler aus dem französischen Original des Vertrags handelt und eine Umbenennung nicht beabsichtigt war.

Der Begriff der geteilten Kompetenz ist den Begriffen der gemeinsamen und der gemischten Kompetenz vorzuziehen, weil er, solange sich die versehentliche Umbenennung der konkurrierenden Kompetenz nicht durchsetzt, in geringerem Maße zu inhaltlichen Mißverständnissen führt. Zwar mag der Begriff der gemeinsamen Kompetenz die Zuständigkeitsverteilung zwischen der Europäischen Gemeinschaft und den Mitgliedstaaten aus einem anderen Blickwinkel betrachten.[85] Er macht aber nicht hinreichend deutlich, daß die Europäische Gemeinschaft für bestimmte Teilbereiche des völkerrechtlichen Vertrages überhaupt nicht zuständig ist. Die Europäische Gemeinschaft legt

---

[81] Siehe unten Erster Teil, Drittes Kapitel, D. II.

[82] EuGH, Gutachten 2/91, 19.3.1993, Slg. 1993, S. I-1069, Rn. 39 (Übereinkommen Nr. 170 der Internationalen Arbeitsorganisation über Sicherheit bei der Verwendung chemischer Stoffe bei der Arbeit).

[83] EuGH, Rs. C-25/94, 19.3.1996, Slg. 1996, I-1497, Rn. 10 (Kommission/Rat).

[84] CONV 850/03.

[85] Nach Auffassung von *Christoph Vedder,* Die EU und internationale Organisationen – Perspektiven nach dem Vertrag von Amsterdam, in: Wolfgang Benedek/Hubert Isak/Renate Kicker (eds), Development and Developing International and European Law, 1999, S. 501 (508), sind die Kompetenzen zwischen der Europäischen Gemeinschaft und ihren Mitgliedstaaten aus der Sicht der an einem multilateralen völkerrechtlichen Vertrag beteiligten Drittstaaten geteilt, während sie aus der Sicht der Europäischen Gemeinschaft und ihrer Mitgliedstaaten gemeinsam ausgeübt werden.

etwa in ihrer Erklärung nach Art. 34 Abs. 3 des Übereinkommens über die biologische Vielfalt vom 5. Juni 1992 (*Convention on Biological Diversity,* CBD-Übereinkommen) dar, daß „[d]ie Gemeinschaft [...] gemäß den einschlägigen Bestimmungen des Vertrages zur Gründung der Europäischen Wirtschaftsgemeinschaft zusammen mit den Mitgliedstaaten befugt [ist], Maßnahmen zum Schutz der Umwelt zu ergreifen", obwohl sie in Erwägungsgrund 7 des Beschlusses 93/626/EWG des Rates vom 25. Oktober 1993 über den Abschluß des CBD-Übereinkommens[86] von den „jeweiligen Zuständigkeiten für die unter das Übereinkommen fallenden Gebiete" spricht. Der Begriff der gemeinsamen Kompetenz war in der Vergangenheit dahingehend umschrieben worden, daß die Kompetenz zugleich und nebeneinander bei der Europäischen Gemeinschaft und ihren Mitgliedstaaten liege, so daß jeder völkerrechtliche Vertrag, für den eine gemeinsame Kompetenz bestehe, gemeinsam abgeschlossen werden müsse und entweder die Europäische Gemeinschaft oder die Mitgliedstaaten ein Vetorecht hätten.[87] Generalanwalt Tesauro hat in seinen Schlußanträgen zu „Hermès" dargelegt, daß diese Argumentation angesichts der vom EuGH im Gutachten 1/94 beschworenen Notwendigkeit einer engen Zusammenarbeit zwischen der Europäischen Gemeinschaft und den Mitgliedstaaten bei der Aushandlung, Vereinbarung und Durchführung eines gemeinsam abgeschlossenen völkerrechtlichen Vertrages keinen Sinn ergebe.[88]

Der neben der gemeinsamen Kompetenz verwendete Begriff der gemischten Kompetenz, der sich an den Begriff des gemischten Vertrags anlehnt, bezeichnet die in der Rechtsprechung des EuGH mit geteilter Kompetenz umschriebene Zuständigkeitsverteilung zwischen der Europäischen Gemeinschaft und den Mitgliedstaaten nur dann unmißverständlich, wenn klar ist, daß ein gemischter Vertrag nur auf der Grundlage einer geteilten Kompetenz, nicht aber einer parallelen Kompetenz geschlossen werden kann.[89] Die geteilte Kompetenz darf nicht durch die Verwendung des Begriffs der gemischten Kompetenz mit der parallelen Kompetenz verwechselt werden können.

---

[86] ABl. EU Nr. L 309 vom 13.12.1993, S. 1 f.

[87] *Andrea Ott,* Thirty Years of Case-Law by the European Court of Justice on International Law: A Pragmatic Approach towards its Integration, in: Vincent Kronenberger (ed.), The European Union and the International Legal Order: Discord or Harmony?, 2001, S. 95 (102); *Antonio Appella,* Constitutional Aspects of Opinion 1/94 of the ECJ concerning the WTO Agreement, ICLQ 45 (1996), S. 440 (460), Fn. 79.

[88] Schlußanträge von Generalanwalt Tesauro, Rs. C-53/96, 13.11.1997, Slg. 1998, I-3606, Rn. 13 (Hermès International/FHT Marketing Choice BV).

[89] Siehe unten Zweiter Teil.

2. Die parallele Vertragsschlußkompetenz der Europäischen Gemeinschaft

Im Gegensatz zur geteilten Vertragsschlußkompetenz ist die parallele Vertragsschlußkompetenz der Europäischen Gemeinschaft in der Rechtsprechung des EuGH nicht als Mischform ausschließlicher und/oder konkurrierender Vertragsschlußkompetenzen der Europäischen Gemeinschaft und der Mitgliedstaaten angesprochen worden. Wenn der Begriff der parallelen Kompetenz (*parallel competence/compétence parallèle*) überhaupt verwendet wird,[90] dann nur als Synonym für die konkurrierende Vertragsschlußkompetenz.[91]

Im Gegensatz zur geteilten Vertragsschlußkompetenz, die vorliegt, wenn die Vertragsschlußkompetenz der Europäischen Gemeinschaft nicht alle Teilbereiche eines völkerrechtlichen Vertrags erfaßt, ist eine parallele Vertragsschlußkompetenz nach der Literatur dann gegeben, wenn sich die ausschließliche bzw. konkurrierende Vertragsschlußkompetenz der Europäischen Gemeinschaft zwar auf alle Teilbereiche eines völkerrechtlichen Vertrages erstreckt, sich dieser Umstand aber nicht auf die Vertragsschlußkompetenz der Mitgliedstaaten auswirkt. Die parallele Vertragsschlußkompetenz der Europäischen Gemeinschaft unterscheidet sich von der konkurrierenden Vertragsschlußkompetenz dadurch, daß ihre Ausübung keine Sperrwirkung für das Handeln der Mitgliedstaaten entfaltet. Sowohl die Europäische Gemeinschaft als auch die Mitgliedstaaten können nebeneinander tätig werden.[92]

---

[90] EuGH, Gutachten 2/91, 19.3.1993, Slg. 1993, I-1061, Rn. 8 (Übereinkommen Nr. 170 der Internationalen Arbeitsorganisation über Sicherheit bei der Verwendung chemischer Stoffe bei der Arbeit); EuGH, Gutachten 1/75, 11.11.1975, Slg. 1975, 1355, Rn. 32 (Lokale Kosten).

[91] EuGH, Gutachten 1/75, 11.11.1975, Slg. 1975, 1355, Rn. 34 (Lokale Kosten): „Mit diesen Maßnahmen soll nur erreicht werden, daß ein auf einheitlichen Grundsätzen beruhendes gemeinsames Vorgehen für die gesamte Gemeinschaft an die Stelle des einseitigen Vorgehens der Mitgliedstaaten in der betreffenden Materie tritt". Vgl. hierzu *Klaus Taraschka,* Die Kompetenzen der Europäischen Gemeinschaft im Bereich der Handelspolitik, 2002, S. 149; *Rudolf Geiger,* Vertragsschlußkompetenzen der Europäischen Gemeinschaft und auswärtige Gewalt der Mitgliedstaaten, JZ 50 (1995), S. 973 (976).

[92] *Allan Rosas,* The European Union and Mixed Agreements, in: Alan Dashwood/Christophe Hillion (eds), The General Law of E.C. External Relations, 2000, S. 200 (203); *Hans D. Jarass,* Die Kompetenzverteilung zwischen der Europäischen Gemeinschaft und den Mitgliedstaaten, AöR 121 (1996), S. 173 (190); *Maurits J. F. M. Dolmans,* Problems of Mixed Agreements, 1985, S. 40 f.

II. Die Natur der Vertragsschlußkompetenz nach Art. 133 EGV

1. Die Vertragsschlußkompetenz nach Art. 133 Abs. 1 EGV

Nach ständiger Rechtsprechung des EuGH ist die Vertragsschlußkompetenz der Europäischen Gemeinschaft für die gemeinsame Handelspolitik nach Art. 133 Abs. 1 EGV ausschließlich.[93]

2. Die Vertragsschlußkompetenz nach Art. 133 Abs. 5 UAbs. 1 EGV

Nach Art. 133 Abs. 5 UAbs. 4 EGV berührt die Vertragsschlußkompetenz der Europäischen Gemeinschaft nach Art. 133 Abs. 5 UAbs. 1 EGV für die Handelsaspekte des geistigen Eigentums nicht „das Recht der Mitgliedstaaten, mit dritten Ländern oder mit internationalen Organisationen Abkommen beizubehalten und zu schließen, soweit diese Abkommen mit den gemeinschaftlichen Rechtsvorschriften und anderen einschlägigen internationalen Abkommen im Einklang stehen".[94]

Soweit in Art. 133 Abs. 5 UAbs. 4 EGV von dem Recht der Mitgliedstaaten die Rede ist, „Abkommen beizubehalten", verweist er lediglich auf das, was sich ohnehin aus Art. 307 EGV[95] ergibt. Soweit in Art. 133 Abs. 5 UAbs. 4 EGV allerdings von dem Recht der Mitgliedstaaten gesprochen wird, „Abkommen [...] zu schließen", kommen zwei Deutungsmöglichkeiten in Betracht. Hiermit könnte entweder eine parallele Vertragsschlußkompetenz der Europäischen Gemeinschaft und ihrer Mitgliedstaaten für die Handelsaspekte des geistigen Eigentums oder eine konkurrierende Vertragsschlußkompetenz der Europäischen Gemeinschaft für die Handelsaspekte des geistigen Eigentums umschrieben worden sein. Da eine parallele Vertragsschlußkompetenz die Entscheidungsprozesse in den Außenwirtschaftsbeziehungen nicht erleichtern würde, ist mit der herrschenden Lehre[96] von der zweiten Deutungsmöglichkeit auszugehen.

---

[93] Siehe oben Erster Teil, Erstes Kapitel, B. I.

[94] In dem überarbeiteten Synthesedokument vom 23. November 2000 (CONFER 4810/00) war lediglich die Möglichkeit vorgesehen, daß der Rat die Mitgliedstaaten im Bereich der gemeinsamen Handelspolitik, also nicht für die Handelsaspekte des geistigen Eigentums, zum Abschluß völkerrechtlicher Verträge rückermächtigt. Das überarbeitete Synthesedokument vom 30. November 2000 (CONFER 4815/00) enthielt in Art. 133 Abs. 5 UAbs. 4 EGV eine Klausel, die die bereits nach Art. 307 EGV bestehenden Rechte und Pflichten wiederholt.

[95] Siehe unten Zweiter Teil, Zweites Kapitel, A. I. 1. a).

[96] *Sonja Kreibich,* Das TRIPs-Abkommen in der Gemeinschaftsordnung, 2003, S. 58; *Klaus Taraschka,* Die Kompetenzen der Europäischen Gemeinschaft im Bereich der Handelspolitik, 2002, S. 284; *Christoph Herrmann,* Common Commercial

Indem die von den Mitgliedstaaten geschlossenen Abkommen „mit den gemeinschaftlichen Rechtsvorschriften [...] in Einklang stehen" müssen, scheiden sie in dem Maße aus, in dem die konkurrierende Vertragsschlußkompetenz der Europäischen Gemeinschaft für die Handelsaspekte des geistigen Eigentums nach dem Urteil „AETR"[97] zu einer ausschließlichen würde, d.h. sekundäres Gemeinschaftsrecht durch einen völkerrechtlichen Vertrag der Mitgliedstaaten beeinträchtigt werden würde.[98] *Herrmann*[99], der davon ausgeht, daß die Frage, wann die konkurrierende Vertragsschlußkompetenz der Europäischen Gemeinschaft für die Handelsaspekte des geistigen Eigentums in eine ausschließliche umschlägt, durch den Vertrag von Nizza nicht geregelt wurde, verkennt, daß Art. 133 Abs. 3 UAbs. 1 S. 2 und Abs. 6 UAbs. 1 EGV von der Kongruenz von Innen- und Außenkompetenz ausgeht. Nicht nur für den Umfang, sondern auch für die Natur der Vertragsschlußkompetenz der Europäischen Gemeinschaft nach Art. 133 Abs. 5 UAbs. 1 EGV ist demnach auf die Innenkompetenz abzustellen. Indem die von den Mitgliedstaaten geschlossenen Abkommen „mit anderen einschlägigen internationalen Übereinkünften in Einklang stehen" müssen, wird lediglich auf das verwiesen, was sich bereits aus Art. 300 Abs. 7 EGV ergibt.[100]

Policy After Nice: Sisyphus Would Have Done A Better Job, CMLRev. 39 (2002), S. 7 (19); *Anita Lukaschek/Birgit Weidel,* Exclusive External Competence of the European Community, in: Stefan Griller/Birgit Weidel (eds), External Economic Relations and Foreign Policy in the European Union, 2002, S. 113 (138); *Stefan Griller/Katharina Gamharter,* External Trade: Is There a Path Through the Maze of Competences?, in: Stefan Griller/Birgit Weidel (eds), External Economic Relations and Foreign Policy in the European Union, 2002, S. 65 (94); *Stefan Griller,* Die gemeinsame Handelspolitik nach Nizza – Ansätze eines neuen Außenwirtschaftsrechts?, in: Stefan Griller/Waldemar Hummer (Hrsg.), Die EU nach Nizza, Ergebnisse und Perspektiven, 2002, S. 131 (167); *Horst Günter Krenzler/Christian Pitschas,* Fortschritte oder Stagnation? Die Gemeinsame Handelspolitik nach Nizza, EuR 36 (2001), S. 442 (455); *Christoph Herrmann,* Vom misslungenen Versuch der Neufassung der gemeinsamen Handelspolitik durch den Vertrag von Nizza, EuZW 12 (2001), S. 269 (272); a.A. *Dagmar I. Siebold,* Die Welthandelsorganisation und die Europäische Gemeinschaft, 2003, S. 229; *Eleftheria Neframi,* La politique commerciale commune selon le traité de Nice, Cahiers de droit européen 37 (2001), S. 605 (626 ff.).

[97] EuGH, Rs. 22/70, 31.3.1971, Slg. 1971, 263, Rn. 15/19 (Kommission/Rat).

[98] *Michael Hahn,* in: Christian Calliess/Matthias Ruffert (Hrsg.), Kommentar des Vertrages über die Europäische Union und des Vertrages zur Gründung der Europäischen Gemeinschaft – EUV/EGV –, 2. Auflage 2002, Art. 133 EGV Rn. 108; *Horst Günter Krenzler/Christian Pitschas,* Fortschritte oder Stagnation? Die Gemeinsame Handelspolitik nach Nizza, EuR 36 (2001), S. 442 (455). Siehe unten Erster Teil, Zweites Kapitel, B. V. 1.

[99] *Christoph Herrmann,* Common Commercial Policy After Nice: Sisyphus Would Have Done A Better Job, CMLRev. 39 (2002), S. 7 (20); *Christoph Herrmann,* Vom misslungenen Versuch der Neufassung der gemeinsamen Handelspolitik durch den Vertrag von Nizza, EuZW 12 (2001), S. 269 (272).

3. Die Vertragsschlußkompetenz nach Art. 133 Abs. 7 EGV

Weil Art. 133 Abs. 7 EGV keine Art. 133 Abs. 5 UAbs. 4 EGV entsprechende Einschränkung enthält, führt ein auf seiner Grundlage ergehender Beschluß des Rates, der den Anwendungsbereich der Absätze 1 bis 4 auf die über die Handelsaspekte des geistigen Eigentums hinausgehenden Fragen des geistigen Eigentums erstreckt, aus systematischen Erwägungen zu einer ausschließlichen Vertragsschlußkompetenz in dem von ihm erfaßten Bereich.[101]

III. Die Natur der Vertragsschlußkompetenz im Bereich der Entwicklungszusammenarbeit nach Art. 181 Abs. 1 S. 2 EGV

Die Vertragsschlußkompetenz der Europäischen Gemeinschaft im Bereich der Entwicklungszusammenarbeit nach Art. 181 Abs. 1 S. 2 EGV „ergänzt" die Vertragsschlußkompetenz der Mitgliedstaaten.[102] Art. 181 Abs. 2 EGV stellt klar, daß Art. 181 Abs. 1 S. 2 EGV die Vertragsschlußkompetenz der Mitgliedstaaten im Bereich der *nationalen* Entwicklungszusammenarbeit nicht berührt.

Weil die Gewährung von Hilfe an Drittstaaten oder internationale Organisationen grundsätzlich kumulativ durch die Europäische Gemeinschaft einerseits und die Mitgliedstaaten andererseits erfolgen kann, liegt eine parallele Vertragsschlußkompetenz der Europäischen Gemeinschaft vor,[103] die

---

100 *Horst Günter Krenzler/Christian Pitschas,* Fortschritte oder Stagnation? Die Gemeinsame Handelspolitik nach Nizza, EuR 36 (2001), S. 442 (456).

101 *Stefan Griller/Katharina Gamharter,* External Trade: Is There a Path Through the Maze of Competences?, in: Stefan Griller/Birgit Weidel (eds), External Economic Relations and Foreign Policy in the European Union, 2002, S. 65 (105); *Stefan Griller,* Die gemeinsame Handelspolitik nach Nizza – Ansätze eines neuen Außenwirtschaftsrechts?, in: Stefan Griller/Waldemar Hummer (Hrsg.), Die EU nach Nizza, Ergebnisse und Perspektiven, 2002, S. 131 (181). Es ist unwahrscheinlich, daß der Rat, wie von *Marise Cremona,* EC External Commercial Policy after Amsterdam: Authority and Interpretation within Interconnected Legal Orders, in: J. H. H. Weiler (ed.), The EU, the WTO, and the NAFTA, Towards a Common Law of International Trade?, 2000, S. 5 (21 ff.), vorgeschlagen, die Möglichkeit erwägt, die Anwendung der Absätze 1 bis 4 anzuordnen, ohne zugleich eine ausschließliche Vertragsschlußkompetenz vorzusehen.

102 EuGH, Rs. C-268/94, 3.12.1996, Slg. 1996, I-6177, Rn. 36 (Portugal/Rat).

103 *Martin Nettesheim,* Kompetenzen, in: Armin von Bogdandy (Hrsg.), Europäisches Verfassungsrecht, 2003, S. 415 (453); *Kirsten Schmalenbach,* in: Christian Calliess/Matthias Ruffert (Hrsg.), Kommentar des Vertrages über die Europäische Union und des Vertrages zur Gründung der Europäischen Gemeinschaft – EUV/EGV –, 2. Auflage 2002, Art. 180 EGV Rn. 1 und Art. 181 EGV Rn. 5.

sich aus einer ausschließlichen Vertragsschlußkompetenz der Europäischen Gemeinschaft nach Art. 181 Abs. 1 S. 2 EGV für den Bereich der gemeinschaftlichen Entwicklungszusammenarbeit und einer ausschließlichen Vertragsschlußkompetenz der Mitgliedstaaten für den Bereich der nationalen Entwicklungszusammenarbeit ergibt. Die Vertragsschlußkompetenz der Europäischen Gemeinschaft nach Art. 181 Abs. 1 S. 2 EGV ist ausschließlich, weil es den Mitgliedstaaten von vornherein verwehrt ist, an Stelle der Europäischen Gemeinschaft völkerrechtliche Verträge mit Drittstaaten zu schließen, die nicht die nationale, sondern die gemeinschaftliche Entwicklungszusammenarbeit betreffen. Zwar vertritt der EuGH in seiner Rechtsprechung den Standpunkt, daß die Vertragsschlußkompetenz der Europäischen Gemeinschaft im Bereich der Entwicklungszusammenarbeit „nicht ausschließlich ist".[104] Allerdings geht er dabei von der Entwicklungszusammenarbeit als solcher aus und differenziert ebensowenig wie Teile des Schrifttums[105] zwischen der gemeinschaftlichen und der nationalen Entwicklungszusammenarbeit.[106]

IV. Die Natur der Assoziierungskompetenz nach Art. 310 EGV

Die Assoziierungskompetenz der Europäischen Gemeinschaft nach Art. 310 EGV ist ausschließlich, weil die Mitgliedstaaten unabhängig von einem konkreten Tätigwerden der Europäischen Gemeinschaft nicht handlungsbefugt sind. Dabei kann entweder auf den Begriff der Assoziierung selbst oder auf die Sachbereiche, die durch das jeweilige Assoziationsabkommen geregelt werden, abgestellt werden. Nimmt man die Aussage des EuGH im Urteil „Demirel" ernst, daß Art. 310 EGV eine originäre Vertragsschlußkompetenz darstellt und die Europäische Gemeinschaft nicht auf

[104] EuGH, Rs. C-268/94, 3.12.1996, Slg. 1996, I-6177, Rn. 36 (Portugal/Rat).

[105] Vgl. z.B. *Kirsten Schmalenbach,* in: Christian Calliess/Matthias Ruffert (Hrsg.), Kommentar des Vertrages über die Europäische Union und des Vertrages zur Gründung der Europäischen Gemeinschaft – EUV/EGV –, 2. Auflage 2002, Art. 180 EGV Rn. 1.

[106] Die Erklärung (Nr. 10) der Regierungskonferenz von Maastricht zu den Artikeln 109, 130r und 130y des Vertrags zur Gründung der Europäischen Gemeinschaft (abgedruckt in *Hans von der Groeben/Jochen Thiesing/Claus-Dieter Ehlermann* (Hrsg.), Kommentar zu EU-/EG-Vertrag, 5. Auflage 1997/1999, Band 5, S. 1193), wonach diese Bestimmungen nicht die Grundsätze berühren, die sich aus dem Urteil „AETR" ergeben, ist im Hinblick auf Art. 181 EGV so zu verstehen, daß die Anwendung dieser Rechtsprechung, soweit sie sich aus der Wahrnehmung anderweitiger Innenkompetenzen der Gemeinschaft ergibt, durch Art. 181 EGV nicht eingeschränkt wird (vgl. *Andreas Zimmermann/Bernd Martenczuk,* in: Jürgen Schwarze (Hrsg.), EU-Kommentar, 2000, Art. 181 EGV Rn. 6).

andere Vertragsschlußkompetenzen zurückgreifen muß,[107] kann die Ausschließlichkeit der Assoziierungskompetenz nach Art. 310 EGV nicht von der Ausschließlichkeit der Zuständigkeit der Europäischen Gemeinschaft für die in dem jeweiligen Assoziationsabkommen geregelten Sachbereiche abhängig gemacht werden. Stattdessen ist an den Begriff der Assoziierung selbst anzuknüpfen. Nachdem nur die Europäische Gemeinschaft bestimmen kann, ob sie besondere und privilegierte Beziehungen zu einem Drittstaat oder einer internationalen Organisation herstellen möchte, ist die Assoziierungskompetenz nach Art. 310 EGV im Rahmen der Sachbereiche des EG-Vertrags ausschließlich.[108] Eine Zuständigkeit der Mitgliedstaaten bleibt nur für den Fall bestehen, daß das Assoziationsabkommen Regelungen enthält, die über die Sachbereiche des EG-Vertrags hinausgehen.

V. Die Natur der impliziten, aus Art. 95 Abs. 1 S. 2 EGV abgeleiteten Vertragsschlußkompetenz

Anfänglich entspricht die Natur der impliziten Vertragsschlußkompetenz der Natur der Innenkompetenz, von der sie sich ableitet. Die implizite, aus Art. 95 Abs. 1 S. 2 EGV abgeleitete Vertragsschlußkompetenz ist damit konkurrierend.[109] Nach der Rechtsprechung des EuGH kann sie aber nachträglich durch den Erlaß sekundären Gemeinschaftsrechts (1.) und durch den Abschluß des völkerrechtlichen Vertrages selbst (2.) ausschließlich werden.

1. Die nachträgliche Ausschließlichkeit durch den Erlaß sekundären Gemeinschaftsrechts

Nach der Rechtsprechung des EuGH wird eine konkurrierende implizite Vertragsschlußkompetenz der Europäischen Gemeinschaft nachträglich in

[107] EuGH, Rs. 12/86, 30.9.1987, Slg. 1987, 3719, Rn. 9 (Meryem Demirel/Stadt Schwäbisch Gmünd).

[108] *Frank Buchholz,* Die ausschließlichen Kompetenzen der Europäischen Gemeinschaft nach dem EGV, 2003, S. 89; *Anita Lukaschek/Birgit Weidel,* Exclusive External Competence of the European Community, in: Stefan Griller/Birgit Weidel (eds), External Economic Relations and Foreign Policy in the European Union, 2002, S. 113 (146); *Klaus D. Stein,* Der gemischte Vertrag im Recht der Außenbeziehungen der Europäischen Wirtschaftsgemeinschaft, 1986, S. 74. Vgl. auch die Schlußanträge von Generalanwalt Tesauro, Rs. C-53/96, 13.11.1997, Slg. 1998, I-3606, Rn. 18 (Hermès International/FHT Marketing Choice BV): „Ich bin, wie ich hinzufügen möchte, nicht der Auffassung, daß diese Erwägungen auf Assoziierungsabkommen als die Abkommen beschränkt werden können, für die eine ausschließliche Abschlußzuständigkeit der Gemeinschaft auf dem Vertrag selbst, hier Artikel 238, beruht."

[109] Siehe oben Erster Teil, Erstes Kapitel, B. III.

dem Maße zu einer ausschließlichen, wie die Europäische Gemeinschaft von der Innenkompetenz, von der sie sich ableitet, Gebrauch macht und sekundäres Gemeinschaftsrecht erläßt, das im Falle eines völkerrechtlichen Vertrages der Mitgliedstaaten beeinträchtigt würde.[110] Diese auf dem Vorrang des Gemeinschaftsrechts beruhende,[111] erstmals im Urteil „AETR"[112] angesprochene, in der nachfolgenden Rechtsprechung[113] konkretisierte und in Art. I-12 Abs. 2 des Entwurfs eines Vertrags über eine Verfassung für Europa vom 18. Juli 2003[114] wiedergebene nachträgliche Ausschließlichkeit einer impliziten Vertragsschlußkompetenz wurde mit dem Schutz der Einheit des Gemeinsamen Marktes und der einheitlichen Anwendung des Gemeinschaftsrechts begründet.[115]

Hat die Europäische Gemeinschaft sekundäres Gemeinschaftsrecht, das durch einen völkerrechtlichen Vertrag der Mitgliedstaaten beeinträchtigt werden würde, noch nicht erlassen, aber bereits geplant bzw. durch die Kommission vorgeschlagen, ist ihre implizite Vertragsschlußkompetenz nur

---

110 Die Möglichkeit der Beeinträchtigung sekundären Gemeinschaftsrechts durch einen völkerrechtlichen Vertrag der Mitgliedstaaten ergibt sich bereits aus Art. 307 Abs. 2 EGV, der den Mitgliedstaaten auferlegt, Unvereinbarkeiten ihrer in früheren völkerrechtlichen Verträgen mit Drittstaaten übernommenen Pflichten mit dem primären und sekundären Gemeinschaftsrecht zu beheben. Frühere völkerrechtliche Verträge mit Drittstaaten sind solche, die für die Gründungsmitgliedstaaten vor dem 1. Januar 1958 und für die anderen Mitgliedstaaten vor ihrem Beitritt zur Europäischen (Wirtschafts-)Gemeinschaft in Kraft getreten sind. Siehe unten Zweiter Teil, Zweites Kapitel, A. I. 1. b) aa) (1).

111 *Joni Heliskoski,* Mixed Agreements as a Technique for Organizing the International Relations of the European Community and its Member States, 2001, S. 30.

112 EuGH, Rs. 22/70, 31.3.1971, Slg. 1971, 263, Rn. 15/19 (Kommission/Rat).

113 EuGH, Rs. C-476/98, 5.11.2002, Slg. 2002, I-9855, Rn. 107 ff. (Kommission/Deutschland); EuGH, Rs. C-475/98, 5.11.2002, Slg. 2002, I-9797, Rn. 96 ff. (Kommission/Österreich); EuGH, Rs. C-472/98, 5.11.2002, Slg. 2002, I-9741, Rn. 87 ff. (Kommission/Luxemburg); EuGH, Rs. C-471/98, 5.11.2002, Slg. 2002, I-9681, Rn. 94 ff. (Kommission/Belgien); EuGH, Rs-C-469/98, 5.11.2002, Slg. 2002, I-9627, Rn. 81 ff. (Kommission/Finnland); EuGH, Rs. C-468/98, 5.11.2002, Slg. 2002, I-9575, Rn. 77 ff. (Kommission/Schweden); EuGH, Rs. C-467/98, 5.11.2002, Slg. 2002, I-9519, Rn. 81 ff. (Kommission/Dänemark); EuGH, Gutachten 2/00, 6.12.2001, Slg. 2001, I-9713, Rn. 45 (Protokoll von Cartagena); EuGH, Gutachten 2/92, 24.3.1995, Slg. 1995, I-521, Rn. 31 (Zuständigkeit der Gemeinschaft zum Beitritt zu dem dritten revidierten Beschluß des Rates der OECD über die Inländerbehandlung); EuGH, Gutachten 1/94, 15.11.1994, Slg. 1994, I-5267, Rn. 77 und 102 ff. (Zuständigkeit der Gemeinschaft für den Abschluß völkerrechtlicher Abkommen auf dem Gebiet der Dienstleistungen und des Schutzes des geistigen Eigentums); EuGH, Gutachten 2/91, 19.3.1993, Slg. 1993, I-1069, Rn. 9 (Übereinkommen Nr. 170 der Internationalen Arbeitsorganisation über Sicherheit bei der Verwendung chemischer Stoffe bei der Arbeit).

114 CONV 850/03.

115 EuGH, Rs. 22/70, 31.3.1971, Slg. 1971, 263, Rn. 30/31 (Kommission/Rat).

potentiell ausschließlich.[116] Die potentielle Ausschließlichkeit einer Vertragsschlußkompetenz der Europäischen Gemeinschaft führt nach der Rechtsprechung des EuGH nicht dazu, daß die Europäische Gemeinschaft an Stelle der Mitgliedstaaten völkerrechtliche Verträge schließen können, aber dazu, daß die Mitgliedstaaten in der Ausübung ihrer Vertragsschlußkompetenz nicht mehr frei sind. Aus dem Übergangscharakter der Vertragsschlußkompetenz der Mitgliedstaaten hat der EuGH im Urteil „Kramer“ besondere Pflichten der Mitgliedstaaten abgeleitet, wie etwa die Pflicht, „keine Verpflichtungen zu übernehmen, welche die Gemeinschaft bei der Ausübung der ihr [in den völkerrechtlichen Verträgen] übertragenen Aufgabe behindern könnte“, die Pflicht zu gemeinsamen Vorgehen innerhalb der durch die völkerrechtlichen Verträge eingesetzten Organe und die Pflicht, sobald die Zuständigkeit der Europäischen Gemeinschaft ausschließlich geworden ist, „alle zu ihrer Verfügung stehenden rechtlichen und politischen Mittel einzusetzen“, um die Teilnahme der Europäischen Gemeinschaft an den völkerrechtlichen Verträgen zu ermöglichen.[117]

a) Die Beeinträchtigung sekundären Gemeinschaftsrechts durch einen völkerrechtlichen Vertrag der Mitgliedstaaten

Die Beeinträchtigung sekundären Gemeinschaftsrechts durch einen völkerrechtlichen Vertrag der Mitgliedstaaten hatte über Jahrzehnte hinweg in der Rechtsprechung des EuGH nicht die Bedeutung einer selbständigen Voraussetzung für die Ausschließlichkeit der impliziten Vertragsschlußkompetenz.[118] Dies hat sich erst durch die Rechtsprechung des EuGH in den 1990er Jahren geändert, die die Beeinträchtigung sekundären Gemeinschaftsrechts aus drei verschiedenen, im folgenden dargestellten Blickwinkeln betrachtet hat.

---

[116] Der Begriff der potentiellen Ausschließlichkeit taucht u. a. in den Schlußanträgen von Generalanwalt Cosmas, Rs. C-300 und 392/98, 11.7.2000, Slg. 2000, I-11310, Rn. 32 (Parfums Christian Dior SA/Tuk Consultancy BV und Assco Gerüste GmbH und Rob van Dijk/Wilhelm Layher GmbH & Co. KG und Layher BV) und in den Schlußanträgen von Generalanwalt Tesauro, Rs. C-53/96, 13.11.1997, Slg. 1998, I-3606, Rn. 11 (Hermès International/FHT Marketing Choice BV) auf.

[117] EuGH, Verb. Rs. 3, 4 und 6/76, 14.7.1976, Slg. 1976, 1279, Rn. 44/45 (Cornelis Kramer u. a.).

[118] *Yumiko Nakanishi,* Die Entwicklung der Außenkompetenzen der Europäischen Gemeinschaft, 1998, S. 66.

aa) Der völkerrechtliche Bezug des sekundären Gemeinschaftsrechts

In dem Gutachten 1/94 hat der EuGH erstmals eine Beeinträchtigung sekundären Gemeinschaftsrechts durch einen völkerrechtlichen Vertrag der Mitgliedstaaten für den Fall angenommen, daß das sekundäre Gemeinschaftsrecht selbst einen völkerrechtlichen Bezug aufweist.[119] Das sekundäre Gemeinschaftsrecht weist selbst einen völkerrechtlichen Bezug auf, wenn es entweder „Klauseln über die Behandlung der Angehörigen von Drittstaaten" enthält oder den Organen der Europäischen Gemeinschaft „ausdrücklich eine Zuständigkeit zu Verhandlungen mit Drittstaaten übertragen" hat, insbesondere durch einen Beschluß nach Art. 308 EGV.[120] *Geiger,*[121] der im Zusammenhang mit der letzten Alternative von einer „Selbstermächtigung" der Europäischen Gemeinschaft spricht, trennt nicht zwischen dem Bestehen und der Ausschließlichkeit einer impliziten Vertragsschlußkompetenz. Die vom EuGH verwendete Formulierung „Zuständigkeit [...] übertragen" ist nicht wörtlich zu verstehen. Der Beschluß des Rates nach Art. 308 EGV bewirkt lediglich das Umschlagen einer bereits bestehenden, konkurrierenden impliziten Vertragsschlußkompetenz in eine ausschließliche, schafft aber keine implizite Vertragsschlußkompetenz der Europäischen Gemeinschaft.

Das sekundäre Gemeinschaftsrecht auf dem Gebiet des geistigen Eigentums enthält fremdenrechtliche Bestimmungen, die den in Art. 7 Abs. 8 (Schutzfristenvergleich) und in Art. 14ter Abs. 2 (Folgerecht) der Berner Übereinkunft ausnahmsweise enthaltenen Grundsatz der materiellen Gegenseitigkeit im Verhältnis zu Drittstaaten, die nicht Mitgliedstaaten des Euro-

---

[119] EuGH, Gutachten 1/94, 15.11.1994, Slg. 1994, I-5267, Rn. 95 (Zuständigkeit der Gemeinschaft für den Abschluß völkerrechtlicher Abkommen auf dem Gebiet der Dienstleistungen und des Schutzes des geistigen Eigentums). Vgl. aus der späteren Rechtsprechung EuGH, Rs. C-476/98, 5.11.2002, Slg. 2002, I-9855, Rn. 109 (Kommission/Deutschland); EuGH, Rs. C-475/98, 5.11.2002, Slg. 2002, I-9797, Rn. 98 (Kommission/Österreich); EuGH, Rs. C-472/98, 5.11.2002, Slg. 2002, I-9741, Rn. 89 (Kommission/Luxemburg); EuGH, Rs. C-471/98, 5.11.2002, Slg. 2002, I-9681, Rn. 96 (Kommission/Belgien); EuGH, Rs-C-469/98, 5.11.2002, Slg. 2002, I-9627, Rn. 83 (Kommission/Finnland); EuGH, Rs. C-468/98, 5.11.2002, Slg. 2002, I-9575, Rn. 79 (Kommission/Schweden); EuGH, Rs. C-467/98, 5.11.2002, Slg. 2002, I-9519, Rn. 83 (Kommission/Dänemark); EuGH, Gutachten 2/92, 24.3.1995, Slg. 1995, I-521, Rn. 33 (Zuständigkeit der Gemeinschaft zum Beitritt zu dem dritten revidierten Beschluß des Rates der OECD über die Inländerbehandlung).

[120] EuGH, Gutachten 1/94, 15.11.1994, Slg. 1994, I-5267, Rn. 95 (Zuständigkeit der Gemeinschaft für den Abschluß völkerrechtlicher Abkommen auf dem Gebiet der Dienstleistungen und des Schutzes des geistigen Eigentums).

[121] *Rudolf Geiger,* Vertragsschlußkompetenzen der Europäischen Gemeinschaft und auswärtige Gewalt der Mitgliedstaaten, JZ 50 (1995), S. 973 (980).

päischen Wirtschaftsraums (EWR) sind,[122] aufrechterhalten bzw. den Grundsatz der materiellen Gegenseitigkeit für neue, nicht durch völkerrechtliche Verträge geschützte Werkkategorien einführen.

Art. 7 der Richtlinie 93/98/EWG des Rates vom 29. Oktober 1993 zur Harmonisierung der Schutzdauer des Urheberrechts und bestimmter verwandter Schutzrechte schreibt im Bereich des Urheberrechts und der verwandten Schutzrechte zwingend einen Vergleich der Schutzfristen nach Art. 7 Abs. 8 der Berner Übereinkunft im Verhältnis zu Drittstaaten, die nicht Mitgliedstaaten des EWR sind,[123] vor. Ausgenommen sind nach Art. 7 Abs. 3 der Richtlinie 93/98/EWG bestehende völkerrechtliche Verträge der Mitgliedstaaten mit Drittstaaten. Art. 7 der Richtlinie 2001/84/EG des Europäischen Parlaments und des Rates vom 27. September 2001 über das Folgerecht des Urhebers des Originals eines Kunstwerks schreibt ebenso zwingend vor, daß das Folgerecht Werken aus Drittstaaten, die nicht Mitgliedstaaten des EWR sind,[124] nur für den Fall des Vorliegens materieller Gegenseitigkeit gewährt werden darf, d.h. nur für den Fall, daß die Drittstaaten das Folgerecht ebenfalls gewähren.

Art. 3 der Richtlinie 87/54/EWG des Rates vom 16. Dezember 1986 über den Rechtsschutz der Topographien von Halbleitererzeugnissen und Art. 11 der Richtlinie 96/6/EG des Europäischen Parlaments und des Rates vom 11. März 1996 über den rechtlichen Schutz von Datenbanken sehen vor, daß grundsätzlich nur Hersteller von Topographien und Datenbanken mit der Staatsangehörigkeit eines Mitgliedstaats des EWR oder dem gewöhnlichen Aufenthalt im EWR oder Unternehmen, die nach Art. 48 EGV wie Staatsangehörige der Mitgliedstaaten zu behandeln sind, den Schutz des *sui generis* Rechts genießen.[125] Während die Mitgliedstaaten nach Art. 3

---

[122] Dies folgt, ohne daß das sekundäre Gemeinschaftsrecht auf dem Gebiet des geistigen Eigentums in Anhang XVII (Geistiges Eigentum) des EWR-Abkommens, d.h. in die Liste der von allen Mitgliedstaaten des EWR zu übernehmenden Vorschriften auf dem Gebiet des geistigen Eigentums, aufgenommen worden ist, bereits aus Art. 4 des EWR-Abkommens. Art. 4 des EWR-Abkommens wird nach Art. 6 des EWR-Abkommens im Einklang mit Art. 12 EGV ausgelegt. Der EuGH hat entschieden, daß der Grundsatz der materiellen Gegenseitigkeit im Verhältnis zu den Mitgliedstaaten gegen Art. 12 EGV verstößt (EuGH, Verb. Rs. 92 und 326/92, 20.10.1993, Slg. 1993, I-5145, Leitsatz 2 (Phil Collins/Imtrat Handelsgesellschaft mbH und Patricia Im- und Export Verwaltungsgesellschaft mbH und Leif Emanuel Kraul/EMI Electrola GmbH)).

[123] *Michel M. Walter,* Schutzdauer-RL, in: Michel M. Walter (Hrsg.), Europäisches Urheberrecht, Art. 7 Rn. 5.

[124] *Michel M. Walter,* Folgerecht-RL, in: Michel M. Walter (Hrsg.), Europäisches Urheberrecht, 2001, Art. 7 Rn. 8.

[125] Die Richtlinie 96/6/EG ist durch den Beschluß des Gemeinsamen EWR-Ausschusses Nr. 59/96 vom 25. Oktober 1996 über die Änderung des Anhangs XVII

Abs. 7 der Richtlinie 87/54/EWG grundsätzlich völkerrechtliche Verträge mit Drittstaaten über die Erstreckung des *sui generis* Rechts auf in Drittstaaten hergestellte Topographien schließen können, wird der Rat in Art. 11 Abs. 3 der Richtlinie 96/6/EG ausdrücklich „ermächtigt", auf Vorschlag der Kommission Vereinbarungen über die Erstreckung des *sui generis* Rechts auf in Drittstaaten hergestellte Datenbanken zu erstrecken.

Die fremdenrechtlichen Bestimmungen des sekundären Gemeinschaftsrechts auf dem Gebiet des geistigen Eigentums, die den Grundsatz der materiellen Gegenseitigkeit im Verhältnis zu Drittstaaten aufrechterhalten bzw. einführen, werden durch einen völkerrechtlichen Vertrag der Mitgliedstaaten in ihrem sachlichen Anwendungsbereich beeinträchtigt, sofern den Mitgliedstaaten nicht, wie z. B. in Art. 3 Abs. 7 der Richtlinie 87/54/EWG, gestattet wurde, völkerrechtliche Verträge zu schließen.

bb) Der Umfang des sekundären Gemeinschaftsrechts

In der Rechtsprechung des EuGH wird weniger deutlich, ob das sekundäre Gemeinschaftsrecht, das keinen völkerrechtlichen Bezug aufweist, einen bestimmten Umfang haben muß, um durch einen völkerrechtlichen Vertrag der Mitgliedstaaten beeinträchtigt werden zu können. Im Gutachten 2/91 hat der EuGH eine Beeinträchtigung sekundären Gemeinschaftsrechts bejaht, nachdem er zuvor festgestellt hatte, daß der durch das Übereinkommen Nr. 170 der Internationalen Arbeitsorganisation über Sicherheit bei der Verwendung chemischer Stoffe bei der Arbeit geregelte Sachbereich „weitgehend von Gemeinschaftsvorschriften erfaßt ist".[126] Im Gutachten 1/94 hat er stattdessen erstmals den Begriff der „vollständige[n] Harmonisierung" verwendet[127] und festgestellt, daß in bestimmten Bereichen des geistigen Eigentums „nur eine teilweise Harmonisierung verwirklicht worden ist und daß in anderen Bereichen keinerlei Harmonisierung vorgesehen ist"[128]. In den Urteilen zu den *open skies*-Abkommen einiger Mitgliedstaaten mit den

---

(Geistiges Eigentum) des EWR-Abkommens in die Liste der von allen Mitgliedstaaten des EWR auf dem Gebiet des geistigen Eigentums zu übernehmenden Vorschriften aufgenommen worden (ABl. EU Nr. L 21 vom 23.1.1997, S. 11).

[126] EuGH, Gutachten 2/91, 19.3.1993, Slg. 1993, I-1061, Rn. 25 f. (Übereinkommen Nr. 170 der Internationalen Arbeitsorganisation über Sicherheit bei der Verwendung chemischer Stoffe bei der Arbeit).

[127] EuGH, Gutachten 1/94, 15.11.1994, Slg. 1994, I-5267, Rn. 103 (Zuständigkeit der Gemeinschaft für den Abschluß völkerrechtlicher Abkommen auf dem Gebiet der Dienstleistungen und des Schutzes des geistigen Eigentums). Vgl. aus der späteren Rechtsprechung EuGH, Gutachten 2/92, 24.3.1995, Slg. 1995, I-521, Rn. 33 (Zuständigkeit der Gemeinschaft zum Beitritt zu dem dritten revidierten Beschluß des Rates der OECD über die Inländerbehandlung).

Vereinigten Staaten von Amerika hat der EuGH beide Begriffe, den der weitgehenden und den der vollständigen Harmonisierung, nebeneinander verwendet.[129]

In Anlehnung an die Gutachten 2/91 und 1/94 wird von einzelnen Stimmen im Schrifttum vertreten, daß das sekundäre Gemeinschaftsrecht zu einer weitgehenden[130] bzw. vollständigen[131] „Gebietsbesetzung“ geführt haben muß, um durch einen völkerrechtlichen Vertrag der Mitgliedstaaten beeinträchtigt werden zu können. Die implizite, aus Art. 95 Abs. 1 S. 2 EGV abgeleitete Vertragsschlußkompetenz der Europäischen Gemeinschaft für das geistige Eigentum wäre erst dann ausschließlich, wenn das auf der Grundlage von Art. 95 Abs. 1 S. 2 EGV erlassene sekundäre Gemeinschaftsrecht die nationalen Rechtsvorschriften über die Rechte des geistigen Eigentums weitgehend bzw. vollständig aneinander angeglichen hätte. Dies ist, obwohl der Umfang des sekundären Gemeinschaftsrechts seit dem Gutachten 1/94 zugenommen hat, nicht der Fall.

Wären die Gutachten 2/91 und 1/94 tatsächlich in dem beschriebenen Sinn zu verstehen, würde es nicht nur an handhabbaren Kritierien für die Entscheidung fehlen, wann ein Sachbereich weitgehend bzw. vollständig harmonisiert ist. Die weitgehende bzw. vollständige Harmonisierung eines Sachbereichs wäre, selbst wenn handhabbare Kriterien gegeben wären, unter Berücksichtigung des Subsidiaritätsprinzips nach Art. 5 Abs. 2 EGV und des Grundsatzes der wechselseitigen Gemeinschaftstreue nach Art. 10 EGV we-

---

[128] EuGH, Gutachten 1/94, 15.11.1994, Slg. 1994, I-5267, Rn. 96 (Zuständigkeit der Gemeinschaft für den Abschluß völkerrechtlicher Abkommen auf dem Gebiet der Dienstleistungen und des Schutzes des geistigen Eigentums).

[129] EuGH, Rs. C-476/98, 5.11.2002, Slg. 2002, I-9855, Rn. 108 und 110 (Kommission/Deutschland); EuGH, Rs. C-475/98, 5.11.2002, Slg. 2002, I-9797, Rn. 97 und 99 (Kommission/Österreich); EuGH, Rs. C-472/98, 5.11.2002, Slg. 2002, I-9741, Rn. 88 und 90 (Kommission/Luxemburg); EuGH, Rs. C-471/98, 5.11.2002, Slg. 2002, I-9681, Rn. 95 und 97 (Kommission/Belgien); EuGH, Rs-C-469/98, 5.11.2002, Slg. 2002, I-9627, Rn. 82 und 84 (Kommission/Finnland); EuGH, Rs. C-468/98, 5.11.2002, Slg. 2002, I-9575, Rn. 78 und 80 (Kommission/Schweden); EuGH, Rs. C-467/98, 5.11.2002, Slg. 2002, I-9519, Rn. 82 und 84 (Kommission/Dänemark).

[130] *Rachel Frid,* The Relations Between the EC and International Organizations, 1995, S. 101.

[131] *Yumiko Nakanishi,* Die Entwicklung der Außenkompetenzen der Europäischen Gemeinschaft, 1998, S. 109 f.; *Peter Gilsdorf,* Die Außenkompetenzen der EG im Wandel, EuR 31 (1996), S. 145 (154 f.). Vgl. in gleichem Sinn Schlußanträge von Generalanwalt Tesauro, Rs. C-53/96, 13.11.1997, Slg. 1998, I-3606, Rn. 10 (Hermès International/FHT Marketing Choice BV): „[Der Gerichtshof] hat [...] den Grundsatz bekräftigt, daß eine ausschließliche externe Zuständigkeit nur nach Maßgabe interner Befugnisse entstehen kann, die für den gesamten in Rede stehenden Sektor effektiv ausgeübt wurden.“

der wünschenswert noch auf lange Sicht zu erreichen. Dies gilt insbesondere für den Sachbereich des geistigen Eigentums, in dem sich die Europäische Gemeinschaft auf eine Mindestharmonisierung beschränkt,[132] d.h. gerade keine weitgehende bzw. vollständige Harmonisierung anstrebt.

Setzt man die Äußerungen des EuGH in den Gesamtzusammenhang der Gutachten 2/91 und 1/94 und der ihnen nachfolgenden Rechtsprechung, muß das sekundäre Gemeinschaftsrecht, das keinen völkerrechtlichen Bezug aufweist, keinen bestimmten Umfang haben, um durch einen völkerrechtlichen Vertrag der Mitgliedstaaten beeinträchtigt werden zu können. Die konkurrierende implizite Vertragsschlußkompetenz der Europäischen Gemeinschaft wird vielmehr in dem Maße zu einer ausschließlichen, wie die Europäische Gemeinschaft von der Innenkompetenz, von der sich die Vertragsschlußkompetenz ableitet, Gebrauch macht und sekundäres Gemeinschaftsrecht erläßt.[133] Der EuGH hat die Ausschließlichkeit einer anfänglich konkurrierenden Vertragsschlußkompetenz stets im Hinblick auf einen konkreten völkerrechtlichen Vertrag geprüft.[134] Dies bedeutet, daß er die weitgehende bzw. vollständige Harmonisierung nicht für einen Sachbereich als solchen, sondern nur für die Gegenstände eines Sachbereichs untersucht hat, die in dem konkreten völkerrechtlichen Vertrag geregelt waren. Besonders augenfällig war dies im Gutachten 2/00, in dem der EuGH nicht untersucht hat, ob das sekundäre Gemeinschaftsrecht die biologische Sicherheit weitgehend bzw. vollständig erfaßt, sondern sich auf die Frage beschränkt hat, ob das auf der Grundlage von Art. 175 Abs. 1 EGV erlassene sekundäre Gemeinschaftsrecht den Geltungsbereich des Protokolls von Cartagena abdeckt.[135]

---

[132] Siehe oben Erster Teil, Erstes Kapitel, A. III. 2. a).

[133] EuGH, Gutachten 2/92, 24.3.1995, Slg. 1995, I-521, Rn. 31 (Zuständigkeit der Gemeinschaft oder eines ihrer Organe zum Beitritt zu dem dritten revidierten Beschluß des Rates der OECD über die Inländerbehandlung); EuGH, Gutachten 1/94, 15.11.1994, Slg. 1994, I-5267, Rn. 77 (Zuständigkeit der Gemeinschaft für den Abschluß völkerrechtlicher Abkommen auf dem Gebiet der Dienstleistungen und des Schutzes des geistigen Eigentums): „Nur in dem Maße, wie gemeinsame Vorschriften auf interner Ebene erlassen werden, wird die externe Zuständigkeit der Gemeinschaft zu einer ausschließlichen." EuGH, Gutachten 2/91, 19.3.1993, Slg. 1993, I-1061, Rn. 9 (Übereinkommen Nr. 170 der Internationalen Arbeitsorganisation über Sicherheit bei der Verwendung chemischer Stoffe bei der Arbeit): „Ob die Zuständigkeit der Gemeinschaft ausschließlich ist, bestimmt sich [...] danach, in welchem Umfang die Gemeinschaftsorgane zur Durchführung des EWG-Vertrags Maßnahmen getroffen haben."

[134] Vgl. auch *Florian C. Scheibeck,* Die EG-Außenkompetenzen der EG im internationalen Zivilluftverkehr, 1999, S. 274.

[135] EuGH, Gutachten 2/00, 6.12.2001, Slg. 2001, I-9713, Rn. 45 (Protokoll von Cartagena).

Der Umstand, daß der EuGH die Ausschließlichkeit einer anfänglich konkurrierenden Vertragsschlußkompetenz stets im Hinblick auf einen konkreten völkerrechtlichen Vertrag geprüft hat, bedeutet jedoch nicht, daß die Vertragsschlußkompetenz der Europäischen Gemeinschaft, wurden die Gegenstände eines Sachbereichs, die in dem konkreten völkerrechtlichen Vertrag geregelt waren, nicht weitgehend bzw. vollständig harmonisiert, konkurrierend geblieben ist. Die anfänglich konkurrierende Vertragsschlußkompetenz der Europäischen Gemeinschaft ist vielmehr in dem Maße ausschließlich geworden, in dem sie zumindest einige der Gegenstände eines Sachbereichs, die in dem konkreten völkerrechtlichen Vertrag geregelt waren, weitgehend bzw. vollständig harmonisiert hat. Im Gutachten 2/92 über die Zuständigkeit der Gemeinschaft oder eines ihrer Organe zum Beitritt zu dem dritten revidierten Beschluß des Rates der OECD über die Inländerbehandlung hat der EuGH ausgeführt, „daß die Gemeinschaft zwar auf der Grundlage von Artikel 57 Absatz 2, 75, 84 und 100a Rechtsakte erlassen hat, die eine ausschließliche Zuständigkeit begründen können, daß diese Rechtsakte jedoch unstreitig nicht alle Tätigkeitsbereiche erfassen, auf die sich der dritte Beschluß bezieht“.[136] Anders ließe sich der in dem Gutachten 1/94 verwendete Begriff der geteilten Kompetenz nicht verstehen, der das Phänomen beschreibt, daß die Europäische Gemeinschaft für Teilaspekte eines völkerrechtlichen Vertrages die ausschließliche bzw. konkurrierende Vertragsschlußkompetenz besitzt, während die Mitgliedstaaten für die übrigen Teilsaspekte zuständig sind.[137]

cc) Die Qualität des sekundären Gemeinschaftsrechts

Eine Verordnung nach Art. 249 Abs. 2 EGV wird wegen ihrer unmittelbaren Geltung in jedem Mitgliedstaat von einem völkerrechtlichen Vertrag der Mitgliedstaaten, der den sachlichen Anwendungsbereich der Verordnung betrifft,[138] grundsätzlich beeinträchtigt. Die einheitliche Anwendung des Gemeinschaftsrechts, die im Urteil „AETR“ als Argument für die nachträgliche Ausschließlichkeit der impliziten Vertragsschlußkompetenz gedient hatte,[139] wäre gefährdet, wenn die Mitgliedstaaten im sachlichen Anwen-

---

[136] EuGH, Gutachten 2/92, 24.3.1995, Slg. 1995, I-521, Rn. 34 (Zuständigkeit der Gemeinschaft oder eines ihrer Organe zum Beitritt zu dem dritten revidierten Beschluß des Rates der OECD über die Inländerbehandlung).

[137] Siehe oben Erster Teil, Zweites Kapitel, B. I. 1.

[138] Vgl. z. B. EuGH, Rs. C-476/98, 5.11.2002, Slg. 2002, I-9855, Rn. 118 (Kommission/Deutschland): „Da die streitigen völkerrechtlichen Verpflichtungen nicht in einen von den Verordnungen Nrn. 2407/92 und 240/92 bereits erfaßten Bereich fallen, kann nicht davon ausgegangen werden, daß sie diese Verordnungen aus dem von der Kommission geltend gemachten Grund beeinträchtigen“.

dungsbereich einer Verordnung völkerrechtliche Verträge mit Drittstaaten schließen könnten. Eine Beeinträchtigung einer Verordnung liegt nach dem Urteil „Kramer“ nur dann nicht vor, wenn sich ihr Regelungsinhalt darin erschöpft, die Organe der Europäischen Gemeinschaft zum Erlaß von Maßnahmen zu ermächtigen, ohne selbst solche Maßnahmen zu ergreifen.[140] In diesem Fall fehle Gemeinschaftsrecht, dessen einheitliche Anwendung sichergestellt werden müsse.

Auf dem Gebiet des geistigen Eigentums besteht die Besonderheit, daß die Verordnungen über gewerbliche Gemeinschaftsschutzrechte die nationalen gewerblichen Schutzrechte nicht ersetzen, die gewerblichen Gemeinschaftsschutzrechte vielmehr neben die nationalen gewerblichen Schutzrechte treten. Sie werden nur insoweit durch einen völkerrechtlichen Vertrag der Mitgliedstaaten beeinträchtigt, als dieser die gewerblichen Gemeinschaftsschutzrechte im besonderen betrifft, nicht aber insoweit, als dieser gewerbliche Schutzrechte im allgemeinen betrifft.

Anders als eine Verordnung gilt eine Richtlinie nach Art. 249 Abs. 3 EGV grundsätzlich nicht unmittelbar in jedem Mitgliedstaat, sondern muß erst in nationales Recht umgesetzt werden. Die einheitliche Anwendung des Gemeinschaftsrechts ist von vornherein nur im Hinblick auf das in einer Richtlinie vorgegebene Ziel gegeben. Trotz des den Mitgliedstaaten verbleibenden Spielraums hinsichtlich der Wahl der Form und der Mittel, nimmt der EuGH in ständiger Rechtsprechung an, daß eine Richtlinie grundsätzlich durch einen völkerrechtlichen Vertrag der Mitgliedstaaten beeinträchtigt werden kann.[141] Es müsse nicht einmal ein Widerspruch zwischen einer Richtlinie und dem völkerrechtlichen Vertrag der Mitgliedstaaten bestehen.[142] Diese nur auf den ersten Blick „überschießende“[143] Ausschließ-

[139] EuGH, Rs. 22/70, 31.3.1971, Slg. 1971, 263, Rn. 30/31 (Kommission/Rat).

[140] EuGH, Verb. Rs. 3, 4 und 6/76, 14.7.1976, Slg. 1976, 1279, Rn. 35/38 f. (Cornelis Kramer u. a.).

[141] EuGH, Gutachten 1/94, 15.11.1994, Slg. 1994, I-5267, Rn. 88 (Zuständigkeit der Gemeinschaft für den Abschluß völkerrechtlicher Abkommen auf dem Gebiet der Dienstleistungen und des Schutzes des geistigen Eigentums); EuGH, Gutachten 2/91, 19.3.1993, Slg. 1993, I-1061, Rn. 22 ff. (Übereinkommen Nr. 170 der Internationalen Arbeitsorganisation über Sicherheit bei der Verwendung chemischer Stoffe bei der Arbeit).

[142] EuGH, Rs. C-476/98, 5.11.2002, Slg. 2002, I-9855, Rn. 108 (Kommission/Deutschland); EuGH, Rs. C-475/98, 5.11.2002, Slg. 2002, I-9797, Rn. 97 (Kommission/Österreich); EuGH, Rs. C-472/98, 5.11.2002, Slg. 2002, I-9741, Rn. 88 (Kommission/Luxemburg); EuGH, Rs. C-471/98, 5.11.2002, Slg. 2002, I-9681, Rn. 95 (Kommission/Belgien); EuGH, Rs-C-469/98, 5.11.2002, Slg. 2002, I-9627, Rn. 82 (Kommission/Finnland); EuGH, Rs. C-468/98, 5.11.2002, Slg. 2002, I-9575, Rn. 78 (Kommission/Schweden); EuGH, Rs. C-467/98, 5.11.2002, Slg. 2002, I-9519, Rn. 82 (Kommission/Dänemark); EuGH, Gutachten 2/91, 19.3.1993, Slg.

lichkeit der impliziten Vertragsschlußkompetenz der Europäischen Gemeinschaft läßt sich damit begründen, daß über die beschränkte Verbindlichkeit einer Richtlinie hinaus berücksichtigt werden muß, daß ein völkerrechtlicher Vertrag der Mitgliedstaaten mit Drittstaaten, selbst wenn er das in einer Richtlinie vorgegebene Ziel umsetzt, die einheitliche Anwendung des Gemeinschaftsrecht nicht sichern, sondern gefährden würde. Durch die Einbeziehung von Drittstaaten, die nicht an das in einer Richtlinie vorgegebene Ziel gebunden sind, könnte der völkerrechtliche Vertrag im sachlichen Anwendungsbereich einer Richtlinie anders ausgelegt werden als die Richtlinie durch den EuGH.[144]

Nach dem Gutachten 2/91 wird eine Richtlinie allerdings ausnahmsweise dann nicht durch einen völkerrechtlichen Vertrag der Mitgliedstaaten beeinträchtigt, wenn sowohl der völkerrechtliche Vertrag der Mitgliedstaaten als auch die Richtlinie Mindestvorschriften enthalten, die den Mitgliedstaaten nicht verbieten, strengere nationale Vorschriften zu erlassen.[145] Dies überzeugt insofern, als die einheitliche Anwendung des Gemeinschaftsrechts nicht gefährdet ist, wenn der völkerrechtliche Vertrag das gesetzgeberische Ermessen der Europäischen Gemeinschaft wahrt, indem er die Mitgliedstaaten auch in der Zukunft nicht daran hindert, strengere Richtlinien umzusetzen, und die Richtlinie den Mitgliedstaaten erlaubt, über das in ihr vorgegebene Ziel hinauszugehen.[146] Die Richtlinie kann diese Möglichkeit entweder selbst eröffnen[147] oder die Mitgliedstaaten können, wenn sie dies

1993, I-1061, Rn. 25 f. (Übereinkommen Nr. 170 der Internationalen Arbeitsorganisation über Sicherheit bei der Verwendung chemischer Stoffe bei der Arbeit).

[143] *Rudolf Geiger,* Vertragsschlußkompetenzen der Europäischen Gemeinschaft und auswärtige Gewalt der Mitgliedstaaten, JZ 50 (1995), S. 973 (979).

[144] *Rudolf Geiger,* Vertragsschlußkompetenzen der Europäischen Gemeinschaft und auswärtige Gewalt der Mitgliedstaaten, JZ 50 (1995), S. 973 (979).

[145] EuGH, Gutachten 2/91, 19.3.1993, Slg. 1993, I-1061, Rn. 18 (Übereinkommen Nr. 170 der Internationalen Arbeitsorganisation über Sicherheit bei der Verwendung chemischer Stoffe bei der Arbeit): „Erläßt nämlich die Gemeinschaft weniger strenge Rechtsvorschriften, als sie ein IAO-Übereinkommen vorsieht, so können die Mitgliedstaaten gemäß Art. 118a Absatz 3 Maßnahmen zum verstärkten Schutz der Arbeitsbedingungen treffen oder zu diesem Zweck das IAO-Übereinkommen anwenden. Erläßt andererseits die Gemeinschaft strengere Normen, als sie das IAO-Übereinkommen vorsieht, so steht der vollen Anwendung des Gemeinschaftsrechts durch die Mitgliedstaaten nichts entgegen, da die Mitglieder der IAO-Verfassung weitergehende Maßnahmen treffen können, als die Übereinkommen und Empfehlungen der IAO vorsehen."

[146] *Maurits J. F. M. Dolmans,* Problems of Mixed Agreements, 1985, S. 35.

[147] EuGH, Gutachten 2/91, 19.3.1993, Slg. 1993, I-1061, Rn. 21 (Übereinkommen Nr. 170 der Internationalen Arbeitsorganisation über Sicherheit bei der Verwendung chemischer Stoffe bei der Arbeit): „[...E]ine ausschließliche Zuständigkeit kann [...] nicht auf Gemeinschaftsnormen gestützt werden, [...] die sämtlich Min-

nicht tut, zu einem „nationalen Alleingang“[148] berechtigt sein.[149] Dies ist konsequent, da diese Alternativen für nationale Rechtsvorschriften und völkerrechtliche Verträge der Mitgliedstaaten gleichermaßen bestehen müssen.

Die völkerrechtlichen Verträge der Mitgliedstaaten auf dem Gebiet des geistigen Eigentums enthalten grundsätzlich[150] Mindestrechte des geistigen Eigentums.[151] Dies ergibt sich sowohl aus allgemeinen Bestimmungen, wie z.B. aus Art. 21 des Haager Abkommens über die internationale Hinterlegung gewerblicher Muster und Modelle vom 6. November 1925 in der Haager Fassung vom 28. November 1960 *(Hague Agreement Concerning the International Deposit of Industrial Designs,* Haager Musterabkommen), dessen Bestimmungen „nur ein Mindestmaß von Schutz [verbürgen]“ und „die Anwendung der von der inneren Gesetzgebung eines vertragsschließenden Landes erlassenen weitergehenden Vorschriften zu beanspruchen, [nicht hindern]“, als auch aus besonderen Bestimmungen. Das Urheberpersönlichkeitsrecht z.B. bleibt nach Art. 6bis Abs. 2 der Berner Übereinkunft nach dem Tod des Urhebers „wenigstens“ bis zum Erlöschen der vermögensrechtlichen Befugnisse in Kraft. Darüber hinaus hindern Art. 19 der Pariser Verbandsübereinkunft zum Schutz des gewerblichen Eigentums vom 20. März 1883 in der Stockholmer Fassung vom 14. Juli 1967 (*Paris Convention for the Protection of Industrial Property,* Pariser Verbandsübereinkunft), Art. 20 der Berner Übereinkunft und Art. 32 des Internationalen Übereinkommens über den Schutz von Pflanzenzüchtungen vom 2. Dezember 1961 in der Fassung vom 19. März 1991 (*International Convention for the Protection of New Varieties of Plants,* UPOV-Übereinkommen) die Vertragsstaaten nicht daran, „Sonderabkommen“ bzw. „besondere Abmachungen“ zu schließen, die über die gewährten Mindestrechte hinausgehen oder andere Bestimmungen enthalten, die den völkerrechtlichen Verträgen nicht zuwiderlaufen.

Ebenso wie die völkerrechtlichen Verträge der Mitgliedstaaten auf dem Gebiet des geistigen Eigentums beschränken sich die Richtlinien, die die nationalen Rechtsvorschriften über die Rechte des geistigen Eigentums aneinander angleichen, auf die „notwendigen Mindestvorschriften“.[152] Unab-

---

destvorschriften enthalten.“ Vgl. bereits *Maurits J. F. M. Dolmans,* Problems of Mixed Agreements, 1985, S. 36 f.

[148] *Kay Hailbronner,* Der nationale Alleingang im EG-Binnenmarkt, 1989.

[149] EuGH, Gutachten 2/91, 19.3.1993, Slg. 1993, I-1061, Rn. 18 (Übereinkommen Nr. 170 der Internationalen Arbeitsorganisation über Sicherheit bei der Verwendung chemischer Stoffe bei der Arbeit).

[150] *Alois Troller,* Die mehrseitigen völkerrechtlichen Verträge im internationalen gewerblichen Rechtsschutz und Urheberrecht, 1965, S. 32 f.

[151] *Petra Buck,* Geistiges Eigentum und Völkerrecht, 1994, S. 53 ff.

[152] Siehe oben Erster Teil, Erstes Kapitel, A. III. 2. a).

hängig von einer ausdrücklichen Ermächtigung, wie z.B. in Art. 6 Abs. 1 der Richtlinie 93/83/EWG des Rates vom 27. September 1993 zur Koordinierung bestimmter urheber- und leistungsschutzrechtlicher Vorschriften betreffend Satellitenrundfunk und Kabelweiterverbreitung, ist es den Mitgliedstaaten grundsätzlich nicht verboten, strengere nationale Rechtsvorschriften zu erlassen. Etwas anderes gilt nur, wenn die Richtlinien ausnahmsweise ein bestimmtes Recht derart konkret festlegen, daß davon ausgegangen werden muß, daß die Mitgliedstaaten nicht davon abweichen dürfen. Dies gilt erstens für die Festlegung der Schutzdauer des Urheberrechts und bestimmter verwandter Schutzrechte in der Richtlinie 93/98/EWG des Rates vom 29. Oktober 1993 zur Harmonisierung der Schutzdauer des Urheberrechts und bestimmter verwandter Schutzrechte[153] und des Folgerechts in der Richtlinie 2001/84/EG des Europäischen Parlaments und des Rates vom 27. September 2001 über das Folgerecht des Urhebers des Originals eines Kunstwerks[154]. Der Umstand, daß Art. 7 Abs. 6 der Berner Übereinkunft und Art. 14 des Internationalen Abkommens über den Schutz der ausübenden Künstler, der Hersteller von Tonträgern und der Sendeunternehmen vom 26. Oktober 1961 (*International Convention for the Protection of Performers, Producers of Phonograms and Broadcasting Organisations,* Rom-Abkommen) nur eine Mindestschutzdauer des Urheberrechts und bestimmter verwandter Schutzrechte vorsehen, wird nämlich nach Erwägungsgrund 2 der Richtlinie 93/98/EWG als Hindernis für den freien Waren- und Dienstleistungsverkehr angesehen. Es sei „im Hinblick auf das reibungslose Funktionieren des Binnenmarkts erforderlich, die Rechtsvorschriften der Mitgliedstaaten zu harmonisieren, damit in der gesamten Gemeinschaft dieselbe Schutzdauer“ gelte. Dies gilt zweitens für die in der Richtlinie 92/100/EWG des Rates vom 19. November 1992 zum Vermietrecht und Verleihrecht sowie zu bestimmten dem Urheberrecht verwandten Schutzrechten im Bereich des geistigen Eigentums geregelten Rechte, d.h. für das Vermiet- und Verleihrecht der Urheber, der ausübenden Künstler und der Tonträger- und Filmhersteller (Art. 2), das damit verbundene Recht auf angemessene Vergütung (Art. 3), das Aufzeichnungsrecht der ausübenden Künstler und der Sendeunternehmen (Art. 6), das Vervielfältigungsrecht der ausübenden Künstler, der Tonträger- und Filmhersteller und der Sendeunternehmen (Art. 7), das in Art. 2 der Richtlinie 2001/29/EG des Euro-

[153] Vgl. hierzu auch die Denkschrift der Bundesregierung vom 24. Mai 1994 zu dem Entwurf eines Gesetzes zu dem Übereinkommen vom 15. April 1994 zur Errichtung der Welthandelsorganisation (BT-Drs. 12/7655 (neu), S. 335 (345)): „Soweit im übrigen Anpassungsbedarf an die Mindeststandards des TRIPs-Übereinkommens besteht, wie insbesondere bei der Schutzdauer der Rechte der Hersteller von Tonträgern, fällt dies in den Bereich der ausschließlichen Zuständigkeit der EG.“

[154] Erwägungsgrund 17 der Richtlinie 2001/84/EG verweist insoweit auf die Richtlinie 93/98/EWG.

päischen Parlaments und des Rates vom 22. Mai 2001 zur Harmonisierung bestimmter Aspekte des Urheberrechts und der verwandten Schutzrechte in der Informationsgesellschaft neu geregelt wurde, und das Verbreitungsrecht der ausübenden Künstler, der Tonträger- und Filmhersteller und der Sendeunternehmen (Art. 9). Nach Erwägungsgrund 16 der Richtlinie 92/100/EWG können die Mitgliedstaaten „einen weiterreichenden Schutz für Inhaber von verwandten Schutzrechten vorsehen, als er in Artikel 8 dieser Richtlinie vorgeschrieben ist". Im Umkehrschluß ergibt sich, daß den Mitgliedstaaten nicht gestattet ist, strengere nationale Rechtsvorschriften als die in den übrigen Artikeln der Richtlinie 92/100/EWG festgelegten Rechte zu erlassen.

Legen die Richtlinien ausnahmsweise keine Mindestvorschriften fest, sind die Mitgliedstaaten nicht nach Art. 95 Abs. 4 bis 9 EGV zu einem „nationalen Alleingang" in Form eines völkerrechtlichen Vertrags berechtigt.[155] Ein Mitgliedstaat kann zwar nach Art. 95 Abs. 4 EGV unter bestimmten Voraussetzungen einzelstaatliche Bestimmungen beibehalten, die durch wichtige Erfordernisse im Sinne von Art. 30 EGV, d.h. das „gewerblich[e] und kommerziell[e] Eigentu[m]", gerechtfertigt sind, und nach Art. 95 Abs. 5 EGV auf neue wissenschaftliche Erkenntnisse gestützte einzelstaatliche Bestimmungen zum Schutz der Umwelt und der Arbeitsumwelt „aufgrund eines spezifischen Problems für diesen Mitgliedstaat" einführen. Art. 95 Abs. 4 bis 9 EGV unterscheidet sich aber insofern von Art. 137 Abs. 4 Spiegelstrich 2 EGV, auf den sich der EuGH im Gutachten 2/91 bezogen hat, als er von „einzelstaatliche[n] Bestimmungen", nicht von „strengere[n] Schutzmaßnahmen" spricht, d.h. einen „nationalen Alleingang" in Form eines völkerrechtlichen Vertrags ausschließt, nur die Beibehaltung, nicht aber die Einführung von einzelstaatlichen Bestimmungen auf dem Gebiet des geistigen Eigentums gestattet, und den „nationalen Alleingang" von einer Zustimmung der Kommission abhängig macht. Nicht nur der Wortlaut von Art. 95 Abs. 4 bis 9 EGV, sondern auch sein Sinn und Zweck sprechen gegen einen „nationalen Alleingang" in Form eines völkerrechtlichen Vertrags. Der „nationale Alleingang" soll einzelnen Mitgliedstaaten wegen der überragenden Bedeutung des Binnenmarkts nur im Ausnahmefall vorbehalten sein. Er soll aber nicht dazu führen, allen Mitgliedstaaten die Möglichkeit zu geben, gemeinsam von einer Richtlinie abzuweichen.

---

[155] So auch *Rudolf Geiger,* Vertragsschlußkompetenzen der Europäischen Gemeinschaft und auswärtige Gewalt der Mitgliedstaaten, JZ 50 (1995), S. 973 (979).

b) Zwischenergebnis

Als Zwischenergebnis ist festzuhalten, daß eine konkurrierende implizite Vertragsschlußkompetenz der Europäischen Gemeinschaft grundsätzlich nur in dem Maße zu einer ausschließlichen wird, wie die Europäische Gemeinschaft eine Innenkompetenz ausübt und sekundäres Gemeinschaftsrecht erläßt, das durch einen völkerrechtlichen Vertrag der Mitgliedstaaten beeinträchtigt werden würde. Das erlassene sekundäre Gemeinschaftsrecht muß keinen bestimmten Umfang haben, um durch einen völkerrechtlichen Vertrag der Mitgliedstaaten beeinträchtigt werden zu können. Es muß vielmehr fremdenrechtliche Bestimmungen enthalten, die Organe der Europäischen Gemeinschaft selbst zum Abschluß völkerrechtlicher Verträge „ermächtigen" oder den gleichen sachlichen Anwendungsbereich wie ein völkerrechtlicher Vertrag der Mitgliedstaaten haben. Bei gleichem sachlichen Anwendungsbereich beeinträchtigt ein völkerrechtlicher Vertrag der Mitgliedstaaten eine Verordnung immer dann, wenn die Verordnung eine konkrete Regelung enthält und die Organe der Europäischen Gemeinschaft nicht lediglich zum Erlaß einer solchen ermächtigt. Eine Richtlinie wird beeinträchtigt, wenn entweder nur der völkerrechtliche Vertrag der Mitgliedstaaten oder nur die Richtlinie bzw. weder der völkerrechtliche Vertrag der Mitgliedstaaten noch die Richtlinie Mindestvorschriften enthalten.

Auf dem Gebiet des geistigen Eigentums ist die implizite, aus Art. 95 Abs. 1 S. 2 EGV abgeleitete Vertragsschlußkompetenz insoweit ausschließlich geworden, als das sekundäre Gemeinschaftsrecht erstens fremdenrechtliche Bestimmungen enthält, die den Grundsatz der materiellen Gegenseitigkeit im Verhältnis zu Drittstaaten aufrechterhalten bzw. einführen, sofern den Mitgliedstaaten nicht ausnahmsweise gestattet wurde, völkerrechtliche Verträge zu schließen, als die Europäische Gemeinschaft zweitens gewerbliche Gemeinschaftsschutzrechte geschaffen hat und als die Richtlinien auf dem Gebiet des geistigen Eigentums drittens, wie die Richtlinien 93/83/EWG und 2001/84/EG sowie 92/100/EWG, ausnahmsweise nicht nur Mindestvorschriften enthalten. Die ausschließliche implizite, aus Art. 95 Abs. 1 S. 2 EGV abgeleitete Vertragsschlußkompetenz für die gewerblichen Gemeinschaftsschutzrechte führt zu einer parallelen Vertragsschlußkompetenz der Europäischen Gemeinschaft und der Mitgliedstaaten, da die Vertragsschlußkompetenz der Europäischen Gemeinschaft für die gewerblichen Gemeinschaftsschutzrechte die Vertragsschlußkompetenz der Mitgliedstaaten für die nationalen gewerblichen Schutzrechte nicht berührt. Die ausschließliche implizite, aus Art. 95 Abs. 1 S. 2 EGV abgeleitete Vertragsschlußkompetenz für die fremdenrechtlichen Bestimmungen und die in Richtlinien konkret festgelegten Rechte zieht hingegen eine geteilte Vertragsschlußkompetenz der Europäischen Gemeinschaft und der Mitgliedstaaten nach sich, wenn der völkerrechtliche Vertrag über die beschränkte Vertragsschlußkompetenz der Europäischen Gemeinschaft hinausgeht.

2. *Die nachträgliche Ausschließlichkeit durch den Abschluß des völkerrechtlichen Vertrages selbst*

Sieht man die in der Rechtsprechung des EuGH vorausgesetzte Notwendigkeit der Beteiligung der Europäischen Gemeinschaft an einem völkerrechtlichen Vertrag nicht als Konkretisierung des Subsidiaritätsprinzips nach Art. 5 Abs. 2 EGV an,[156] kann eine konkurrierende implizite Vertragsschlußkompetenz der Europäischen Gemeinschaft nach der Rechtsprechung des EuGH ausnahmsweise auch dann nachträglich ausschließlich werden, wenn die Europäische Gemeinschaft die Innenkompetenz, von der sie sich ableitet, nicht zuvor ausgeübt hat. Werden „die internen Maßnahmen erst anläßlich des Abschlusses und der Inkraftsetzung der völkerrechtlichen Vereinbarung ergriffen",[157] wird die implizite Vertragsschlußkompetenz der Europäischen Gemeinschaft allerdings nur in dem Maße zu einer ausschließlichen, wie der Abschluß eines völkerrechtlichen Vertrags durch die Europäische Gemeinschaft notwendig ist, um ein in einer Innenkompetenz bestimmtes Ziel zu erreichen. Die insoweit grundlegende Rechtsprechung des EuGH im Gutachten 1/76 zum europäischen Stillegungsfonds für die Binnenschiffahrt wurde in der nachfolgenden Rechtsprechung, insbesondere in dem Gutachten 1/94, einschränkend ausgelegt. Während das Gutachten 1/76 für die Ausschließlichkeit der impliziten Vertragsschlußkompetenz nur gefordert hatte, daß die Beteiligung der Europäischen Gemeinschaft notwendig sein müsse, um eines der Ziele der Europäischen Gemeinschaft zu erreichen,[158] hat der EuGH im Gutachten 1/94 die „untrennbare Verbindung"[159] mit der internen Maßnahme bzw. deren „praktische Wirksamkeit"[160] zu Voraussetzungen einer ausschließlichen impliziten Vertragsschlußkompetenz erhoben. Der Abschluß eines völkerrechtlichen Vertrages

---

156 Siehe oben Erster Teil, Zweites Kapitel, B. I. 1.

157 EuGH, Gutachten 1/76, 26.4.1977, Slg. 1977, 741, Rn. 4 (Entwurf zu einem Übereinkommen über die Errichtung eines Europäischen Stillegungsfonds für die Binnenschiffahrt).

158 EuGH, Gutachten 1/76, 26.4.1977, Slg. 1977, 741, Rn. 4 (Entwurf zu einem Übereinkommen über die Errichtung eines Europäischen Stillegungsfonds für die Binnenschiffahrt).

159 EuGH, Gutachten 1/94, 15.11.1994, Slg. 1994, I-5267, Rn. 86 (Zuständigkeit der Gemeinschaft für den Abschluß völkerrechtlicher Abkommen auf dem Gebiet der Dienstleistungen und des Schutzes des geistigen Eigentums).

160 EuGH, Gutachten 1/94, 15.11.1994, Slg. 1994, I-5267, Rn. 100 (Zuständigkeit der Gemeinschaft für den Abschluß völkerrechtlicher Abkommen auf dem Gebiet der Dienstleistungen und des Schutzes des geistigen Eigentums).

durch die Europäische Gemeinschaft müsse erforderlich sein, „um Ziele des Vertrages zu verwirklichen, die sich durch die Aufstellung autonomer gemeinsamer Regeln nicht erreichen lassen".[161] Dies wird im Bereich der Rechtsangleichung auf dem Gebiet des geistigen Eigentums regelmäßig nicht der Fall sein. In bezug auf das TRIPs-Übereinkommen hat der EuGH im Gutachten 1/94 festgestellt, daß „die Vereinheitlichung oder Harmonisierung des Schutzes des geistigen Eigentums im Rahmen der Gemeinschaft [...], um praktisch wirksam zu sein, nicht notwendig durch Abkommen mit Drittstaaten begleitet werden [muß]."[162]

Neben diesem Sonderfall wird eine konkurrierende implizite Vertragsschlußkompetenz in dem Maße zu einer ausschließlichen, wie die Europäische Gemeinschaft eine konkurrierende implizite Vertragsschlußkompetenz ausübt und völkerrechtliche Verträge schließt. Ähnlich wie sekundäres Gemeinschaftsrecht im Bereich der Innenkompetenzen Sperrwirkung entfaltet und den Handlungsspielraum der Mitgliedstaaten bei der Rechtssetzung einschränkt, führen völkerrechtliche Verträge der Europäischen Gemeinschaft in ihrem sachlichen Anwendungsbereich zum Verlust der Außenkompetenz der Mitgliedstaaten.

VI. Zusammenfassende Bewertung

Die Bestimmung der Natur der Vertragschlußkompetenzen der Europäischen Gemeinschaft auf dem Gebiet des geistigen Eigentums ist komplex, wenn sie nicht, wie Art. 133 Abs. 1 und 7 EGV, Art. 181 Abs. 1 S. 2 EGV und Art. 310 EGV, von Anfang an ausschließlich ist, sondern nachträglich in dem Maße zu einer ausschließlichen wird, wie die Europäische Gemeinschaft sekundäres Gemeinschaftsrecht erläßt, das durch einen völkerrechtlichen Vertrag der Mitgliedstaaten beeinträchtigt werden würde, bzw. wie ein völkerrechtlicher Vertrag der Europäischen Gemeinschaft notwendig ist, um ein Ziel der Europäischen Gemeinschaft zu erreichen. Die Vertragsschluß-

[161] EuGH, Rs. C-476/98, 5.11.2002, Slg. 2002, I-9855, Rn. 83 (Kommission/Deutschland); EuGH, Rs. C-475/98, 5.11.2002, Slg. 2002, I-9797, Rn. 68 (Kommission/Österreich); EuGH, Rs. C-472/98, 5.11.2002, Slg. 2002, I-9741, Rn. 62 (Kommission/Luxemburg); EuGH, Rs. C-471/98, 5.11.2002, Slg. 2002, I-9681, Rn. 68 (Kommission/Belgien); EuGH, Rs-C-469/98, 5.11.2002, Slg. 2002, I-9627, Rn. 58 (Kommission/Finnland); EuGH, Rs. C-468/98, 5.11.2002, Slg. 2002, I-9575, Rn. 54 (Kommission/Schweden); EuGH, Rs. C-467/98, 5.11.2002, Slg. 2002, I-9519, Rn. 57 (Kommission/Dänemark); EuGH, Gutachten 2/92, 24.3.1995, Slg. 1995, I-521, Rn. 32 (Zuständigkeit der Gemeinschaft zum Beitritt zu dem dritten revidierten Beschluß des Rates der OECD über die Inländerbehandlung).

[162] EuGH, Gutachten 1/94, 15.11.1994, Slg. 1994, I-5267, Rn. 100 (Zuständigkeit der Gemeinschaft für den Abschluß völkerrechtlicher Abkommen auf dem Gebiet der Dienstleistungen und des Schutzes des geistigen Eigentums).

kompetenz nach Art. 133 Abs. 5 UAbs. 1 EGV und die implizite, aus Art. 95 Abs. 1 S. 2 EGV abgeleitete Vertragsschlußkompetenz sind nur im Hinblick auf die fremdenrechtlichen Bestimmungen, die den Grundsatz der materiellen Gegenseitigkeit im Verhältnis zu Drittstaaten aufrechterhalten bzw. einführen, im Hinblick auf die gewerblichen Gemeinschaftsschutzrechte und im Hinblick auf die Bestimmungen der Richtlinien auf dem Gebiet des geistigen Eigentums, die ausnahmsweise einen Maximalschutz vorsehen, ausschließlich, im übrigen konkurrierend.

Die Rechtsprechung des EuGH zur nachträglichen Ausschließlichkeit konkurrierender Vertragsschlußkompetenzen der Europäischen Gemeinschaft hat auf dem Gebiet des geistigen Eigentums nicht zu einem schleichenden Kompetenzverlust der Mitgliedstaaten geführt. Die den Mitgliedstaaten auf dem Gebiet des geistigen Eigentums verbliebene Vertragsschlußkompetenz besitzt noch nicht, wie von der Kommission im Gutachten 2/00 für den Bereich des Umweltschutzes vorgeschlagen, „den Charakter einer Restzuständigkeit“.[163] Der Entwurf eines Vertrags über eine Verfassung für Europa vom 18. Juli 2003[164] verankert die Rechtsprechung des EuGH zur nachträglichen Ausschließlichkeit konkurrierender Kompetenzen ausdrücklich in Art. I-12 Abs. 2.[165]

Das sekundäre Gemeinschaftsrecht auf dem Gebiet des geistigen Eigentums führt entweder zu einer geteilten Vertragsschlußkompetenz der Europäischen Gemeinschaft, weil es fremdenrechtliche Bestimmungen nur ausnahmsweise enthält bzw. einen Maximalschutz nur ausnahmsweise vorsieht, oder zu einer parallelen Vertragsschlußkompetenz der Europäischen Gemeinschaft, weil die ausschließliche Vertragsschlußkompetenz der Europäischen Gemeinschaft für die gewerblichen Gemeinschaftsschutzrechte die Vertragsschlußkompetenz der Mitgliedstaaten für die nationalen gewerblichen Schutzrechte unberührt läßt.

---

[163] EuGH, Gutachten 2/00, 6.12.2001, Slg. 2001, I-9713 (9722 f.) (Protokoll von Cartagena).

[164] CONV 850/03.

[165] Art. I-12 Abs. 2 lautet:

„Die Union hat ausschließliche Zuständigkeit für den Abschluß internationaler Übereinkommen, wenn der Abschluß eines solchen Übereinkommens in einem Rechtsakt der Union vorgesehen ist, wenn er notwendig ist, damit sie ihre interne Zuständigkeit ausüben kann, oder wenn er einen internen Rechtsakt der Union beeinträchtigt.“

C. Die Grenzen der Vertragsschlußkompetenzen der Europäischen Gemeinschaft auf dem Gebiet des geistigen Eigentums

Die Grenzen der Vertragsschlußkompetenzen der Europäischen Gemeinschaft auf dem Gebiet des geistigen Eigentums werden in der Rechtsprechung des EuGH und in der Literatur weit weniger diskutiert als die Grenzen der Rechtssetzungskompetenzen. Dies hängt damit zusammen, daß die Vertragsschlußkompetenzen im Gegensatz zu den Rechtssetzungskompetenzen nur ansatzweise im EG-Vertrag geregelt sind und das Bestehen und die Ausschließlichkeit vordringlichere Fragen darstellen als die Grenzen der Vertragsschlußkompetenzen. In der Rechtsprechung des EuGH und in der Literatur sind die Grenzen der Vertragsschlußkompetenzen bisher nur erörtert worden, wenn die Ausübung der geteilten und parallelen Vertragsschlußkompetenzen der Europäischen Gemeinschaft mit besonderen Schwierigkeiten verbunden war.

I. Die Pflicht zur Zusammenarbeit im Rahmen der geteilten Vertragsschlußkompetenz

Bereits im Beschluß 1/78[166], deutlicher allerdings in den späteren Gutachten 2/91[167], 1/94[168] und 2/00[169] sowie im Urteil „FAO“[170], hat der EuGH die Pflicht der Europäischen Gemeinschaft und der Mitgliedstaaten zur Zusammenarbeit in den Bereichen hervorgehoben, in denen sie über eine geteilte Kompetenz verfügen. Diese Pflicht zur Zusammenarbeit ergebe sich aus der Notwendigkeit „einer geschlossenen völkerrechtlichen Vertretung der Gemeinschaft“[171] bzw. eines „gemeinsamen Vorgehens der Gemeinschaft und der Mitgliedstaaten“[172] und erstrecke sich auf alle Pha-

---

166 EuGH, Beschluß 1/78, 14.11.1978, Slg. 1978, 2151, Rn. 34 (Entwurf der Internationalen Atomenergieorganisation zu einem Übereinkommen über den Objektschutz von Kernmaterial, kerntechnischen Anlagen und Nukleartransporten).

167 EuGH, Gutachten 2/91, 19.3.1993, Slg. 1993, I-1061, Rn. 36 (Übereinkommen Nr. 170 der Internationalen Arbeitsorganisation über Sicherheit bei der Verwendung chemischer Stoffe bei der Arbeit).

168 EuGH, Gutachten 1/94, 15.11.1994, Slg. 1994, I-5267, Rn. 108 (Zuständigkeit der Gemeinschaft für den Abschluß völkerrechtlicher Abkommen auf dem Gebiet der Dienstleistungen und des Schutzes des geistigen Eigentums).

169 EuGH, Gutachten 2/00, 6.12.2001, Slg. 2001, I-9713, Rn. 18 (Protokoll von Cartagena).

170 EuGH, Rs. C-25/94, 19.3.1996, Slg. 1996, I-1497, Rn. 48 (Kommission/Rat).

171 EuGH, Gutachten 1/94, 15.11.1994, Slg. 1994, I-5267, Rn. 108 (Zuständigkeit der Gemeinschaft für den Abschluß völkerrechtlicher Abkommen auf dem Gebiet der Dienstleistungen und des Schutzes des geistigen Eigentums).

sen eines völkerrechtlichen Vertrags, seine Aushandlung, seinen Abschluß und seine Durchführung. In den Fällen, in denen die Europäische Gemeinschaft einen völkerrechtlichen Vertrag nicht selbst, sondern nur durch die Mitgliedstaaten abschließen könne, könne sich die Zusammenarbeit in Empfehlungen des Rates an die Mitgliedstaaten konkretisieren, bestimmte völkerrechtliche Verträge zu schließen.[173]

Der EuGH hat die Pflicht zur Zusammenarbeit im Beschluß 1/78 aus Art. 192 EAGV abgeleitet, der Art. 10 EGV entspricht.[174] Dem ist zuzustimmen.[175] *Stein*[176] hat den in Art. 10 EGV enthaltenen Grundsatz der wechselseitigen Gemeinschaftstreue noch vor den nachfolgenden Gutachten 2/91, 1/94 und 2/00 als „Pflicht [der Mitgliedstaaten und der Gemein-

---

172 EuGH, Gutachten 2/91, 19.2.1993, Slg. 1993, I-1061, Rn. 12 (Übereinkommen Nr. 170 der Internationalen Arbeitsorganisation über Sicherheit bei der Verwendung chemischer Stoffe bei der Arbeit).

173 EuGH, Gutachten 2/91, 19.2.1993, Slg. 1993, I-1061, Rn. 37 f. (Übereinkommen Nr. 170 der Internationalen Arbeitsorganisation über Sicherheit bei der Verwendung chemischer Stoffe bei der Arbeit); EuGH, Rs. 355/87, 30.5.1989, Slg. 1989, 1517 (Kommission/Rat).

174 EuGH, Beschluß 1/78, 14.11.1978, Slg. 1978, 2151, Rn. 33 (Entwurf der Internationalen Atomenergieorganisation zu einem Übereinkommen über den Objektschutz von Kernmaterial, kerntechnischen Anlagen und Nukleartransporten). Vgl. auch EuGH, Gutachten 1/94, 15.11.1994, Slg. 1994, I-5267 (5385 ff.) (Zuständigkeit der Gemeinschaft für den Abschluß völkerrechtlicher Abkommen auf dem Gebiet der Dienstleistungen und des Schutzes des geistigen Eigentums); *Wolfgang Kahl,* in: Christian Calliess/Matthias Ruffert (Hrsg.), Kommentar des Vertrages über die Europäische Union und des Vertrages zur Gründung der Europäischen Gemeinschaft – EUV/EGV –, 2. Auflage 2002, Art. 10 EGV Rn. 39.

175 Ebenso *Angelo Wille,* Die Pflicht der Organe der Europäischen Gemeinschaft zur loyalen Zusammenarbeit mit den Mitgliedstaaten, 2003, S. 139 f.; *Wolfgang Kahl,* in: Christian Calliess/Matthias Ruffert (Hrsg.), Kommentar des Vertrages über die Europäische Union und des Vertrages zur Gründung der Europäischen Gemeinschaft – EUV/EGV –, 2. Auflage 2002, Art. 10 EGV Rn. 39; *Barbara Dutzler,* The Representation of the EU and the Member States in International Organisations – General Aspects, in: Stefan Griller/Birgit Weidel (eds), External Economic Relations and Foreign Policy in the European Union, 2002, S. 151 (167); *Carmel Ní Chatháin,* The European Community and the Member States in the Dispute Settlement Understanding of the WTO: United or Divided?, ELJ 5 (1999), S. 461 (467); *Joni Heliskoski,* Should There Be a New Article on External Relations?, in: Martti Koskenniemi (ed.), International Law Aspects of the European Union, 1998, S. 273 (285); *Joni Heliskoski,* The „Duty of Cooperation" Between the European Community and its Member States within the World Trade Organization, FYIL 7 (1996), S. 59 (126). Vgl. auch EuGH, Gutachten 1/94, 15.11.1994, Slg. 1994, I-5267 (5385 ff.) (Zuständigkeit der Gemeinschaft für den Abschluß völkerrechtlicher Abkommen auf dem Gebiet der Dienstleistungen und des Schutzes des geistigen Eigentums).

176 *Klaus D. Stein,* Der gemischte Vertrag im Recht der Außenbeziehungen der Europäischen Wirtschaftsgemeinschaft, 1986, S. 149.

schaftsorgane], den Vertragsschluß unter Beteiligung der Gemeinschaft zu fördern" konkretisiert, „wenn die Gemeinschaft das Abkommen nicht alleine abschließen kann, weil es ihr an der die gesamte Vertragsmaterie umfassenden Vertragsschlußkompetenz fehlt". Im Gegensatz zu Art. 116 EWGV[177], der im Schrifttum ebenfalls als Rechtsgrundlage für die Pflicht zur Zusammenarbeit genannt wird,[178] begründet Art. 10 EGV wechselseitige Pflichten der Mitgliedstaaten und der Organe der Europäischen Gemeinschaft[179] und unterliegt nicht dessen Beschränkungen auf internationale Organisationen mit wirtschaftlichem Charakter und auf Bereiche, die nicht in die Vertragsschlußkompetenz der Europäischen (Wirtschafts-)Gemeinschaft fallen[180].[181] Anders als Art. 116 EWGV findet Art. 10 EGV auch Anwendung, wenn die Verhandlung auf eine „von Völkerrechtssubjekten eingegangene bindende Verpflichtung" gerichtet ist.[182] Im Unterschied

---

[177] Art. 116 EWGV lautete:

„Nach Ablauf der Übergangszeit gehen die Mitgliedstaaten in den internationalen Organisationen mit wirtschaftlichem Charakter bei allen Fragen, die für den gemeinsamen Markt von besonderem Interesse sind, nur noch gemeinsam vor. Zu diesem Zweck unterbreitet die Kommission dem Rat Vorschläge über das Ausmaß und die Durchführung gemeinsamen Vorgehens; dieser beschließt darüber mit qualifizierter Mehrheit.

Während der Übergangszeit setzen sich die Mitgliedstaaten miteinander ins Benehmen, um ihr Vorgehen aufeinander abzustimmen und soweit wie möglich eine einheitliche Haltung einzunehmen."

[178] *Takis Tridimas,* The WTO and OECD Opinions, in: Alan Dashwood/Christophe Hillion (eds), The General Law of E.C. External Relations, 2000, S. 48 (59); *Jörn Sack,* The European Community's Membership of International Organizations, CMLRev. 32 (1995), S. 1227 (1253); *Rachel Frid,* The Relations Between the EC and International Organizations, 1995, S. 131 ff.; *Klaus D. Stein,* Der gemischte Vertrag im Recht der Außenbeziehungen der Europäischen Wirtschaftsgemeinschaft, 1986, S. 175. Vgl. auch EuGH, Gutachten 1/94, 15.11.1994, Slg. 1994, I-5267 (5368) (Zuständigkeit der Gemeinschaft für den Abschluß völkerrechtlicher Abkommen auf dem Gebiet der Dienstleistungen und des Schutzes des geistigen Eigentums).

[179] Vgl. z.B. EuGH, Rs. C-39/94, 11.7.1996, Slg. 1996, I-3547, Rn. 41 (Syndicat français de l'Express international (SFEI) u.a./La Poste u.a.); EuGH, Rs. C-2/88, 13.7.1990, Slg. 1990, S. I-3365, Rn. 17 ff. (J. J. Zwartveld u.a.). Art. I-5 Abs. 2 UAbs. 1 des Entwurfs eines Vertrags über eine Verfassung für Europa vom 18. Juli 2003 (CONV 850/03) enthält den Grundsatz der wechselseitigen Gemeinschaftstreue als Grundsatz der loyalen Zusammenarbeit ausdrücklich.

[180] Vgl. hierzu *Jacques J. H. Bourgeois,* in: Hans von der Groeben/Jochen Thiesing/Claus-Dieter Ehlermann (Hrsg.), Kommentar zum EWG-Vertrag, 4. Auflage 1991, Art. 116 EWGV Rn. 1.

[181] *Joni Heliskoski,* Should There Be a New Article on External Relations?, in: Martti Koskenniemi (ed.), International Law Aspects of the European Union, 1998, S. 273 (276 f.); *Joni Heliskoski,* The „Duty of Cooperation" Between the European Community and its Member States within the World Trade Organization, FYIL 7 (1996), S. 59 (97 ff.).

zu Art. 1 Abs. 3 S. 2 EUV, der im Schrifttum ebenfalls als mögliche Rechtsgrundlage für die Pflicht zur Zusammenarbeit diskutiert wird[183] und ein, in Art. 3 und Art. 11 Abs. 2 UAbs. 2 S. 2 EUV konkretisiertes, nur im Verhältnis zwischen der Europäischen Union und den Europäischen Gemeinschaften[184] geltendes Kohärenzgebot niederlegt, kann Art. 10 EGV vor dem EuGH rechtlich durchgesetzt werden.[185] Die fehlende rechtliche Durchsetzbarkeit nach Art. 46 EUV läßt sich auch dem Vorschlag[186] entgegenhalten, sich zur Ausformung der Pflicht zur Zusammenarbeit der Handlungsformen der Gemeinsamen Außen- und Sicherheitspolitik (GASP) nach Art. 12, 13 EUV, d.h. gemeinsamer Strategien, gemeinsamer Aktionen und gemeinsamer Standpunkte, zu bedienen.

Art. 10 EGV gibt der Zusammenarbeit zwischen den Mitgliedstaaten und den Organen der Europäischen Gemeinschaft nur sehr allgemeine Maßstäbe vor. Die Mitgliedstaaten und die Organe der Europäischen Gemeinschaft sind zumindest verpflichtet, sich gegenseitig zu informieren und sich zu bemühen, einen gemeinsamen Standpunkt zu finden.[187] Unter Verwendung der französischen Obligationentheorie, die bereits Eingang in völkerrechtliche Haftungsfragen gefunden[188] und auf die man sich auch im Rahmen des

---

[182] EuGH, Gutachten 1/78, 4.10.1979, Slg. 1979, 2871, Rn. 51 (Internationales Naturkautschuk-Übereinkommen).

[183] *Iain MacLeod/I. D. Hendry/Stephen Hyett,* The External Relations of the European Communities, 1996, S. 145 f.; *Rachel Frid,* The Relations Between the EC and International Organizations, 1995, S. 149; *Meinhard Hilf,* The ECJ's Opinion on the WTO – No Surprise, but Wise?, EJIL 6 (1995), S. 245 (256). Vgl. auch EuGH, Gutachten 1/94, 15.11.1994, Slg. 1994, I-5267 (5385 ff.) (Zuständigkeit der Gemeinschaft für den Abschluß völkerrechtlicher Abkommen auf dem Gebiet der Dienstleistungen und des Schutzes des geistigen Eigentums).

[184] Vgl. z.B. *Matthias Pechstein/Christian König,* Die Europäische Union, 3. Auflage 2000, Rn. 130 ff.

[185] *Carmel Ní Chatháin,* The European Community and the Member States in the Dispute Settlement Understanding of the WTO: United or Divided?, ELJ 5 (1999), S. 461 (467 f.); *Joni Heliskoski,* Should There Be a New Article on External Relations?, in: Martti Koskenniemi (ed.), International Law Aspects of the European Union, 1998, S. 273 (284 f.); *Joni Heliskoski,* The „Duty of Cooperation" Between the European Community and its Member States within the World Trade Organization, FYIL 7 (1996), S. 59 (106).

[186] EuGH, Gutachten 1/94, 15.11.1994, Slg. 1994, I-5267 (5386 f.) (Zuständigkeit der Gemeinschaft für den Abschluß völkerrechtlicher Abkommen auf dem Gebiet der Dienstleistungen und des Schutzes des geistigen Eigentums).

[187] *Christiaan Timmermans,* Organising Joint Participation of EC and Member States, in: Alan Dashwood/Christophe Hillion (eds), The General Law of E.C. External Relations, 2000, S. 239 (242); *Iain MacLeod/I. D. Hendry/Stephen Hyett,* The External Relations of the European Communities, 1996, S. 148.

[188] Special Rapporteur Ago legte der Völkerrechtskommission der Vereinten Nationen in den 70er Jahren einen Entwurf für die Kodifikation des Rechts der Staa-

Gemeinschaftsrechts bezogen hat[189], handelt es sich bei der Pflicht zur Zusammenarbeit um eine *obligation de comportement* und nicht um eine *obligation de résultat.*[190] Bei den *obligations de comportement* oder *obligations de moyens* verpflichtet sich der Schuldner, bestimmte Handlungen vorzunehmen, die normalerweise zum Leistungserfolg führen, ohne daß letzterer Bestandteil der Verpflichtung wird.[191] Bei den *obligations de résultat* verspricht der Schuldner ein genau zu bestimmendes Resultat, den Leistungserfolg. Kann ein gemeinsamer Standpunkt nicht erreicht werden, können die Mitgliedstaaten ihren jeweiligen, unterschiedlichen Standpunkt darlegen.[192] Ungeklärt ist, ob die Mitgliedstaaten und die Europäische Gemeinschaft verpflichtet sind, ihre Ratifikationsurkunden gleichzeitig zu hin-

---

tenverantwortlichkeit vor, der zwar in Art. 20, 21 zwischen *obligations of conduct* und *obligations of result* unterscheidet (UN-Doc. A/CN.4/302 and Add. 1–3), aber die im französischen Recht vorgenommene Unterscheidung umkehrt (vgl. *Pierre-Marie Dupuy,* Reviewing the Difficulties of Codification: On Ago's Classification of Obligations of Means and Obligations of Result in Relation to State Responsibility, EJIL 10 (1999), S. 371 (375 ff.); *James Crawford,* Revising the Draft Articles on State Responsibility, EJIL 10 (1999), S. 435 (441)).

[189] *Bartlomiej Kurcz/Katarzyna Zieleskiewicz,* Case C-60/01, Commission of the European Communities v. French Republic, Judgment of the Full Court of 18 June 2002, not yet reported, CMLRev. 39 (2002), S. 1443 ff.; *Jean Boulouis,* Droit institutionnel de l'Union européenne, 6e édition 1997, S. 224.

[190] *Carmel Ní Chatháin,* The European Community and the Member States in the Dispute Settlement Understanding of the WTO: United or Divided?, ELJ 5 (1999), S. 461 (466); *Dominic McGoldrick,* International Relations Law of the European Union, 1997, S. 83; *Nanette Neuwahl,* Shared Powers or Combined Incompetence? More on Mixity, CMLRev. 33 (1996), S. 667 (678); *Iain MacLeod/I. D. Hendry/Stephen Hyett,* The External Relations of the European Communities, 1996, S. 149 f. Anders *Christiaan Timmermans,* Organising Joint Participation of EC and Member States, in: Alan Dashwood/Christophe Hillion (eds), The General Law of E.C. External Relations, 2000, S. 239 (242).

[191] *Klaus-Jürgen Ohler,* Obligations de Moyens und Obligations de Résultat als Beispiel für die Fortentwicklung des französischen Zivilrechts durch Lehre und Rechtsprechung, 1971, S. 17. Das deutsche Schuldrecht trifft diese Unterscheidung nicht, sondern bezeichnet als Gegenstand der Leistung stets die Herstellung eines Erfolgs, der eben auch nur in der Leistung eines versprochenen Dienstes bestehen kann.

[192] *Iain MacLeod/I. D. Hendry/Stephen Hyett,* The External Relations of the European Communities, 1996, S. 149. Dies ergibt sich auch aus den Erklärungen zum Beschluß 2000/278/EG des Rates über die Zustimmung – im Namen der Europäischen Gemeinschaft – zum WIPO-Urheberrechtsvertrag und zum WIPO-Vertrag über Darbietungen und Tonträger (ABl. EU Nr. C 103 vom 11.4.2000, S. 1): „Um dieser Verpflichtung nachzukommen, bemühen sich der Rat und die im Rat vereinigten Vertreter der Regierungen der Mitgliedstaaten, im gegenseitigen Einvernehmen zu einem gemeinsamen Standpunkt zu gelangen. In Ermangelung eines gemeinsamen Standpunkts dürfen die von den Mitgliedstaaten vertretenen Auffassungen die Verwirklichung der Ziele des EG-Vertrags nicht beeinträchtigen."

terlegen[193] oder ob die Ratifikationsurkunde der Europäischen Gemeinschaft erst hinterlegt werden kann, nachdem alle Ratifikationsurkunden der Mitgliedstaaten hinterlegt worden sind[194].

Darüber hinaus sind die Mitgliedstaaten, da die Europäische Gemeinschaft für Teilbereiche des völkerrechtlichen Vertrags die ausschließliche bzw. konkurrierende Vertragsschlußkompetenz bereits besitzt, erst recht an die Pflichten gebunden, die der EuGH in dem Urteil „Kramer“[195] aus dem bloßen Übergangscharakter der Vertragsschlußkompetenz der Europäischen Gemeinschaft abgeleitet hat.[196]

II. Die Grenzen im Rahmen der parallelen Vertragsschlußkompetenz

Obwohl die Europäische Gemeinschaft und die Mitgliedstaaten im Rahmen der parallelen Vertragsschlußkompetenz, d.h. im Bereich der Entwicklungszusammenarbeit und der gewerblichen Schutzrechte, die auf den Ebenen der Europäischen Gemeinschaft und der Mitgliedstaaten bestehen, nebeneinander tätig werden können, wird die Ausübung ihrer Vertragsschlußkompetenz ebenfalls durch den Grundsatz der wechelseitigen Gemeinschaftstreue nach Art. 10 EGV begrenzt.[197] Da ein gemeinsames Vorgehen der Europäischen Gemeinschaft und der Mitgliedstaaten anders als im Rahmen der geteilten Vertragsschlußkompetenz nicht notwendig ist, sind sie zwar nicht zur Zusammenarbeit verpflichtet. Die Europäische Gemeinschaft und die Mitgliedstaaten dürfen sich jedoch bei der Ausübung ihrer jeweiligen Vertragsschlußkompetenzen nicht behindern, z.B. keine völker-

---

193 *Claus-Dieter Ehlermann,* Mixed Agreements, A List of Problems, in: David O'Keeffe/Henry G. Schermers (eds), Mixed Agreements, 1983, S. 3 (17). Vgl. hierzu die Erklärungen zum Beschluß 2000/278/EG des Rates über die Zustimmung – im Namen der Europäischen Gemeinschaft – zum WIPO-Urheberrechtsvertrag und zum WIPO-Vertrag über Darbietungen und Tonträger (ABl. EU Nr. C 103 vom 11.4.2000, S. 1): „Der Rat und die Mitgliedstaaten informieren sich regelmäßig über den Stand der Verfahren zur Ratifikation des WCT- und des WPPT-Vertrages in den Mitgliedstaaten, damit die Hinterlegung der Abschluß- bzw. Ratifikationsurkunden der Gemeinschaft und der Mitgliedstaaten gleichzeitig erfolgt.“

194 *Allan Rosas,* Mixed Union – Mixed Agreements, in: Martti Koskenniemi (ed.), International Law Aspects of the European Union, 1998, S. 125 (133); *Iain MacLeod/I. D. Hendry/Stephen Hyett,* The External Relations of the European Communities, 1996, S. 154.

195 EuGH, Verb. Rs. 3, 4 und 6/76, 14.7.1976, Slg. 1976, 1279, Rn. 44/45 (Cornelis Kramer u.a.).

196 *Joni Heliskoski,* Mixed Agreements as a Technique for Organizing the International Relations of the European Community and its Member States, 2001, S. 62.

197 Vgl. für Art. 181 Abs. 1 S. 2 EGV z.B. *Andreas Zimmermann/Bernd Martenczuk,* in: Jürgen Schwarze (Hrsg.), EU-Kommentar, 2000, Art. 181 EGV Rn. 7.

rechtlichen Verträge schließen, die den Bestand der nationalen gewerblichen Schutzrechte bzw. der gewerblichen Gemeinschaftsschutzrechte in Frage stellen.

III. Zusammenfassende Bewertung

An der Angemessenheit der bestehenden Verteilung der Kompetenzen zum Abschluß von bzw. zum Beitritt zu völkerrechtlichen Verträgen auf dem Gebiet des geistigen Eigentums bestehen im Hinblick auf die möglichst weitgehende Angleichung bzw. einheitliche Gestaltung der Rechte des geistigen Eigentums durch völkerrechtliche Verträge Zweifel. Zwar ist die Europäische Gemeinschaft nach der Rechtsprechung des EuGH verpflichtet, im Rahmen der geteilten Vertragsschlußkompetenz mit den Mitgliedstaaten zusammenzuarbeiten und im Rahmen der parallelen Vertragsschlußkompetenz die Ausübung der Vertragsschlußkompetenz der Mitgliedstaaten nicht zu behindern. Die Qualifizierung der Pflicht zur Zusammenarbeit als eine *obligation de comportement* führt allerdings dazu, daß sich die Europäische Gemeinschaft und ihre Mitgliedstaaten lediglich um ein einheitliches Auftreten bemühen müssen, ein uneinheitliches Auftreten der Europäischen Gemeinschaft und ihrer Mitgliedstaaten aber letztlich nicht verhindert werden kann.

Die allgemeinen Grenzen,[198] die für die Rechtssetzungs- und Vertragsschlußkompetenzen der Europäischen Gemeinschaft gleichermaßen gelten, werden in dem Maße an Bedeutung gewinnen, in dem die Vertragsschlußkompetenz aus Art. 133 Abs. 5 UAbs. 1 EGV und die implizite, aus Art. 95 Abs. 1 S. 2 EGV abgeleitete Vertragsschlußkompetenz ausschließlich werden und die Europäische Gemeinschaft völkerrechtliche Verträge auf dem Gebiet des geistigen Eigentums ohne Beteiligung der Mitgliedstaaten schließen kann.

---

[198] Siehe oben Erster Teil, Erstes Kapitel, C.

Drittes Kapitel

Die Kompetenz der Europäischen Gemeinschaft zur Mitwirkung in internationalen Organisationen und Organen völkerrechtlicher Verbände auf dem Gebiet des geistigen Eigentums

Zu den internationalen Organisationen, die sich dem Schutz des geistigen Eigentums, wenn auch mit unterschiedlichem Gewicht, verschrieben haben, gehören neben der Europäischen Gemeinschaft[1] einige Sonderorganisationen (*Specialized Agencies*) der Vereinten Nationen[2], allen voran die Weltorganisation für geistiges Eigentum (*World Intellectual Property Organization,* WIPO), aber auch die Organisation der Vereinten Nationen für Erziehung, Wissenschaft und Kultur (*United Nations Educational, Scientific and Cultural Organization,* UNESCO), die Internationale Arbeitsorganisation (*International Labour Organization,* ILO), die Weltgesundheitsorganisation (*World Health Organization,* WHO)[3] und die Organisation der Vereinten Nationen für industrielle Entwicklung (*United Nations Industrial Development Organization,* UNIDO), darüber hinaus die aus der Uruguay-Runde des Allgemeinen Zoll- und Handelsabkommens (*General Agreement on Trade and Tariffs,* GATT) hervorgegangene Welthandelsorganisation (*World Trade Organization,* WTO)[4] und sonstige internationale Organisationen

---

[1] Die Europäische Gemeinschaft und die Mitgliedstaaten haben dem TRIPs-Rat am 19. Dezember 1995 mitgeteilt, daß sowohl der EU- als auch der EG-Vertrag als „internationale Übereinkünfte betreffend den Schutz des geistigen Eigentums" im Sinne von Art. 4 lit. d) des Übereinkommen über die handelsbezogenen Aspekte der Rechte des geistigen Eigentums vom 15. April 1994 (*Agreement on Trade-Related Aspects of Intellectual Property Rights,* TRIPs-Übereinkommen) anzusehen und daraus resultierende „Vorteile, Vergünstigungen, Sonderrechte und Befreiungen" vom Grundsatz der Meistbegünstigung auszunehmen sind (GRUR Int. 1996, S. 269 f.).

[2] Nach Art. 57 der Charta der Vereinten Nationen vom 26. Juni 1945 (*Charter of the United Nations,* VN-Charta) (BGBl. 1973 II, 431) sind Sonderorganisationen „durch zwischenstaatliche Übereinkünfte errichtet[e]" internationale Organisationen, „die auf den Gebieten der Wirtschaft, des Sozialwesens, der Kultur, der Erziehung, der Gesundheit und verwandten Gebieten [...] internationale Aufgaben zu erfüllen haben" und nach Art. 63 der VN-Charta durch sog. Beziehungs- oder Kooperationsabkommen mit den Vereinten Nationen verbunden sind, ohne ihre eigene Rechtspersönlichkeit und Selbständigkeit zu verlieren (vgl. *Volker Epping,* in: Knut Ipsen, Völkerrecht, 4. Auflage 1999, § 32 Rn. 68).

[3] *Stephen P. Ladas,* Patents, Trademarks and Related Rights, National and International Protection, Volume I, 1975, S. 160.

[4] Obwohl die WTO teilweise als Sonderorganisation der Vereinten Nationen bezeichnet wird (vgl. z.B. *Jörn Altmann/Margareta E. Kulessa* (Hrsg.), Internationale Wirtschaftsorganisationen, 1998, S. 206 ff., 210), fehlt es ihr hierzu an einem ent-

meist regionaler Art,[5] wie zum Beispiel der Europarat (*Council of Europe*) und die Europäische Patentorganisation (EPO).

Nach Art. 3 des Übereinkommens über die Errichtung der Welthandelsorganisation für geistiges Eigentum vom 14. Juli 1967 (*Convention Establishing the World Intellectual Property Organization,* WIPO-Übereinkommen) fördert die WIPO den Schutz des geistigen Eigentums durch Zusammenarbeit der Staaten weltweit und gewährleistet die verwaltungsmäßige Zusammenarbeit zwischen den Verbänden.[6] Die meisten völkerrechtlichen Verträge auf dem Gebiet des geistigen Eigentums, insbesondere die Pariser Verbandsübereinkunft zum Schutz des gewerblichen Eigentums vom 20. März 1883 in der Stockholmer Fassung vom 14. Juli 1967 (*Paris Convention for the Protection of Industrial Property,* Pariser Verbandsübereinkunft) und die Berner Übereinkunft zum Schutz von Werken der Literatur und Kunst vom 9. September 1886 in der Pariser Fassung vom 24. Juli 1971 (*Berne Convention for the Protection of Literary and Artistic Works,* Berner Übereinkunft), werden von der WIPO verwaltet.

Die WTO stellt neben der WIPO die wichtigste internationale Organisation, die sich dem Schutz des geistigen Eigentums verschrieben hat, dar. Nach Art. II Abs. 1 des Übereinkommens über die Errichtung der Welthandelsorganisation vom 15. April 1994 (*Agreement Establishing the World Trade Organization,* WTO-Übereinkommen) bildet die WTO den gemeinsamen institutionellen Rahmen für die Wahrnehmung der Handelsbeziehungen zwischen ihren Mitgliedern in Angelegenheiten der in den Anlagen zum WTO-Übereinkommen enthaltenen multilateralen und plurilateralen

---

sprechenden Beziehungs- oder Kooperationsabkommen mit den Vereinten Nationen (vgl. z.B. *Asif H. Qureshi,* International Economic Law, 1999, S. 250). *Peter-Tobias Stoll/Frank Schorkopf,* WTO-Welthandelsordnung und Welthandelsrecht, 2002, Rn. 40, bezeichnen die WTO als eine „*de facto*-Sonderorganisation" der Vereinten Nationen.

[5] Regionale internationale Organisationen in Afrika, Amerika und Asien, wie z.B. die Afrikanische Organisation für gewerbliches Eigentum (*Organisation africaine de la propriété intellectuelle,* OAPI) und die Afrikanische Regionale Organisation für gewerbliches Eigentum (*African Regional Industrial Property Organization,* ARIPO), von deren Mitgliedschaft die Europäische Gemeinschaft ausgeschlossen ist, bleiben von vornherein außer Betracht.

[6] Die zunächst getrennten Büros des Pariser Verbandes zum Schutz des gewerblichen Eigentums und des Berner Verbandes zum Schutz von Werken der Literatur und Kunst wurden durch eine Verordnung der schweizerischen Regierung vom 11. November 1892 unter dem Namen Vereinigte Internationale Büros zum Schutz des geistigen Eigentums (*Bureaux internationaux réunis pour la protection de la propriété intellectuelle,* BIRPI) zusammengefaßt. Um eine handlungsfähige Organisation zu schaffen, von der das BIRPI weit entfernt war, wurde das WIPO-Übereinkommen geschlossen. Nach Art. 9 des WIPO-Übereinkommens nimmt das BIRPI die Aufgaben des Sekretariats der WIPO als Internationales Büro wahr.

Handelsübereinkommen, d.h. auch in Angelegenheiten des Übereinkommens über die handelsbezogenen Aspekte der Rechte des geistigen Eigentums vom 15. April 1994 (*Agreement on Trade-Related Aspects of Intellectual Property Rights,* TRIPs-Übereinkommen). Beide internationale Organisationen arbeiten nach dem Abkommen zwischen der Weltorganisation für geistiges Eigentum und der Welthandelsorganisation vom 22. Dezember 1995 (*Agreement Between the World Intellectual Property Organization and the World Trade Organization*)[7] miteinander zusammen.

Die Kompetenzen der Europäischen Gemeinschaft zur Mitwirkung in internationalen Organisationen und Organen völkerrechtlicher Verbänden auf dem Gebiet des geistigen Eigentums sind ebenso wie die Kompetenzen der Europäischen Gemeinschaft zum Abschluß von bzw. zum Beitritt zu völkerrechtlichen Verträgen auf dem Gebiet des geistigen Eigentums im EG-Vertrag nur rudimentär geregelt. Die Europäische Gemeinschaft wirkt in internationalen Organisationen und Organen, die durch die völkerrechtlichen Verträgen auf dem Gebiet des geistigen Eigentums eingesetzt werden, mit, indem sie Beziehungen zu internationalen Organisationen führt (A.), internationale Organisationen gründet bzw. ihnen beitritt (B.), Hoheitsrechte auf die Organe internationaler Organisationen bzw. auf die Organe, die durch völkerrechtliche Verträge auf dem Gebiet des geistigen Eigentums eingesetzt werden, überträgt (C.) und in deren Entscheidungsprozeß mitwirkt (D.). Werden Organe durch völkerrechtliche Verträge auf dem Gebiet des geistigen Eigentums eingesetzt, spricht man von völkerrechtlichen Verbänden.[8]

A. Die Beziehungskompetenz nach Art. 302 Abs. 2 EGV

Nach Art. 302 Abs. 2 EGV ist die Europäische Gemeinschaft, vertreten durch die Kommission, berechtigt, zweckdienliche Beziehungen zu allen internationalen Organisationen zu pflegen, d.h. aufzunehmen und zu unterhalten. Es kommt nicht darauf an, ob die Europäische Gemeinschaft eine dem Aufgabenbereich der internationalen Organisation entsprechende Sachkompetenz besitzt.[9] Die Beziehungen zu den internationalen Organisationen, die sich dem Schutz des geistigen Eigentums verschrieben haben, ist zweck-

---

[7] ILM 35 (1996), 754.

[8] *Petra Buck,* Geistiges Eigentum und Völkerrecht, 1994, S. 108 f.

[9] *Kirsten Schmalenbach,* in: Christian Calliess/Matthias Ruffert (Hrsg.), Kommentar des Vertrages über die Europäische Union und des Vertrages zur Gründung der Europäischen Gemeinschaft – EUV/EGV –, 2. Auflage 2002, Art. 302 EGV Rn. 1; *Werner Meng,* Das Verhältnis der Vereinten Nationen und ihrer Sonderorganisationen zur EU im Bereich der Wirtschaft, in: Stephan Hobe (Hrsg.), Kooperation oder Konkurrenz internationaler Organisationen, 2001, S. 39 (42).

dienlich, da sie den Zielen des EG-Vertrags nach Art. 3 Abs. 1 lit. b), c), g) h) und q) EGV[10] dienen. Der in Art. 302 Abs. 2 EGV verwendete Begriff der internationalen Organisationen erfaßt auch die völkerrechtlichen Verbände auf dem Gebiet des geistigen Eigentums, sofern sie, wie z.B. der Internationale Verband zum Schutz von Pflanzenzüchtungen (*Union internationale pour la protection des obtentions végétales,* UPOV),[11] Rechtspersönlichkeit besitzen.[12]

Die Beziehungskompetenz nach Art. 302 Abs. 2 EGV berechtigt zur Wahrnehmung unterhalb der Schwelle der Mitgliedschaft liegender Beziehungen der Europäischen Gemeinschaft zu internationalen Organisationen.[13] Ihre Spannbreite reicht vom bloßen Austausch von Informationen über den Aufbau von Arbeitskontakten bis hin zur Einräumung eines Beobachterstatus. Die Europäische Gemeinschaft ist Beobachterin in den Sonderorganisationen der Vereinten Nationen, die sich dem Schutz des geistigen Eigentums verschrieben haben, und den meisten regionalen internationalen Organisationen auf europäischer Ebene.[14] Die internationalen Organisationen gewähren Beobachtern unterschiedlich weitreichende Rechte, u.a. das Recht, eine Stellungnahme abzugeben, das Recht, auf eine Stellungnahme zu erwidern, das Recht, eigene Vorschläge einzubringen sowie das Recht,

---

10 Siehe oben Erster Teil, Erstes Kapitel.

11 Vgl. Art. 24 Abs. 1 des Internationalen Übereinkommens über den Schutz von Pflanzenzüchtungen vom 2. Dezember 1961 in der Fassung vom 19. März 1991 (*International Convention for the Protection of New Varieties of Plants,* UPOV-Übereinkommen).

12 *Meinhard Schröder,* in: Hans von der Groeben/Jochen Thiesing/Claus-Dieter Ehlermann (Hrsg.), Kommentar zum EU-/EG-Vertrag, 5. Auflage 1997/1999, Art. 229 EGV Rn. 2.

13 *Christian Tietje,* in: Eberhard Grabitz/Meinhard Hilf (Hrsg.), Das Recht der Europäischen Union, Band II EUV/EGV, 20. Ergänzungslieferung – Stand August 2002, Rn. 5 vor Art. 302–304 EGV; *Kirsten Schmalenbach,* in: Christian Calliess/Matthias Ruffert (Hrsg.), Kommentar des Vertrages über die Europäische Union und des Vertrages zur Gründung der Europäischen Gemeinschaft – EUV/EGV –, 2. Auflage 2002, Art. 302 EGV Rn. 2; *Barbara Dutzler,* The Representation of the EU and the Member States in International Organisations – General Aspects, in: Stefan Griller/Birgit Weidel (eds), External Economic Relations and Foreign Policy in the European Union, 2002, S. 151 (156); *Kathrin Osteneck,* in: Jürgen Schwarze, EU-Kommentar, 2000, Art. 302 EGV Rn. 9 f.; *Meinhard Schröder,* in: Hans von der Groeben/Jochen Thiesing/Claus-Dieter Ehlermann (Hrsg.), Kommentar zum EU-/EG-Vertrag, 5. Auflage 1997/1999, Rn. 3 f. vor Art. 229 EGV; *Rachel Frid,* The Relations Between the EC and International Organizations, 1995, S. 127 f.; *Jean Groux/Philippe Manin,* Die Europäischen Gemeinschaften in der Völkerrechtsordnung, 1984, S. 43; *Christoph Wilhelm Vedder,* Die auswärtige Gewalt des Europa der Neun, 1980, S. 167 f.

14 *European Commission,* Community Participation in United Nations Organs and Conferences, SEC (93) 361, S. 26 f.

eigene Dokumente zu verteilen. Gemein ist den Beobachtern aller internationaler Organisationen allein, daß sie über kein Stimmrecht in ihren Organen verfügen.[15]

In den Organen mancher internationaler Organisationen, wie z. B. in in der Konferenz der Vereinten Nationen über Umwelt und Entwicklung (*United Nations Conference on Environment and Development,* UNCED) und der Kommission für nachhaltige Entwicklung (*Commission on Sustainable Development*), nicht aber in den Organen solcher internationaler Organisationen, die sich dem Schutz des geistigen Eigentums verschrieben haben, hat die Europäische Gemeinschaft ihre Stellung zu der eines *full participant,* die mit weitergehenden Rechten verbunden ist, aber immer noch kein Stimmrecht beinhaltet, ausgebaut.[16] Seit der Diplomatischen Konferenz, in der der Washingtoner Vertrag über den Schutz des geistigen Eigentums im Hinblick auf integrierte Schaltkreise (*Washington Treaty on Intellectual Property in Respect of Integrated Circuits,* IPIC-Übereinkommen) verhandelt und am 26. Mai 1989 unterzeichnet wurde, besitzt sie allerdings in den Bereichen, in denen ihre Vertragsschlußkompetenz zumindest potentiell ausschließlich ist, d.h. in denen sie zumindest den Erlaß sekundäres Gemeinschaftsrecht plant, der durch einen völkerrechtlichen Vertrag der Mitgliedstaaten beeinträchtigt werden würde,[17] vollen Delegationsstatus in den entsprechenden Ausschüssen der WIPO.[18]

Die Beziehungen der Europäischen Gemeinschaft zu internationalen Organisationen können informell ausgestaltet sein, sich aus der Satzung oder einem Beschluß der betreffenden internationalen Organisation ergeben oder auf Arbeitsabkommen (*working arrangements*) beruhen, die keine materiellrechtlichen Regelungen beinhalten und auf der Grundlage von Art. 302

---

[15] *Daniel Dormoy,* Recent Developments Regarding the Law on Participation in International Organizations, in: Karel Wellens (ed.), International Law: Theory and Practice, 1998, S. 323 (328); *Berit Bartram/Dørte Pardo López,* Observer Status, in: Rüdiger Wolfrum/Christiane Philipp (eds), United Nations, Law, Policies and Practice, Volume 2, 1995, Rn. 1; *Renera Gertrudis Sybesma-Knol,* The Status of Observers in the United Nations, 1981, S. 36.

[16] *Joni Heliskoski,* Mixed Agreements as a Technique for Organizing the International Relations of the European Community and its Member States, 2001, S. 76 f.; *Daniel Dormoy,* Recent Developments Regarding the Law on Participation in International Organizations, in: Karel Wellens (ed.), International Law: Theory and Practice, 1998, S. 323 (329); *Jörn Sack,* The European Community's Membership of International Organizations, CMLRev. 32 (1995), S. 1227 (1249 f.).

[17] Siehe oben Erster Teil, Zweites Kapitel, B. V. 1.

[18] *Raimund Raith,* The European Community, the WTO-TRIPs Agreement and the WIPO Conventions, in: Vincent Kronenberger (ed.), The European Union and the International Legal Order: Discord or Harmony?, 2001, S. 239 (248 f.); *European Commission,* The European Union & the United Nations, 1995, S. 36.

Abs. 2 EGV geschlossen werden können. Die Beziehungen der Europäischen Gemeinschaft zu den internationalen Organisationen, die sich dem Schutz des geistigen Eigentums verschrieben haben, beruhen grundsätzlich auf einem Briefwechsel.[19] Die Europäische Gemeinschaft, vertreten durch die Kommission, hat allein mit der ILO am 7. Juli 1958 ein Arbeitsabkommen[20] geschlossen. Die Beziehungen zur UPOV sind nicht formalisiert.[21]

Art. 302 Abs. 2 EGV ist *lex generalis* hinsichtlich der Beziehungen zu den Vereinten Nationen, dem Europarat und der Organisation für Wirtschaftliche Zusammenarbeit und Entwicklung (*Organisation for Economic Cooperation and Development,* OECD) nach Art. 302 Abs. 1, Art. 303 und Art. 304 EGV[22] und hinsichtlich der Zusammenarbeit mit den für die allgemeine und berufliche Bildung, den Kulturbereich und für das Gesundheitswesen zuständigen internationalen Organisationen nach Art. 149 Abs. 3, Art. 150 Abs. 3, Art. 151 Abs. 3 und Art. 152 Abs. 3 EGV.

B. Die Kompetenz zur Gründung von bzw. zum Beitritt zu internationalen Organisationen auf dem Gebiet des geistigen Eigentums

Die Kompetenz der Europäischen Gemeinschaft zur Gründung bzw. zum Beitritt zu internationalen Organisationen führt zur Mitgliedschaft der Europäischen Gemeinschaft in internationalen Organisationen, durch die sie auf der einen Seite Rechte gewinnt, die über die eines Beobachters hinausgehen, auf der anderen Seite grundsätzlich[23] Beitrags- und Finanzierungspflichten unterliegt. Als Mitglied verfügt die Europäische Gemeinschaft insbesondere über ein Stimmrecht in den Organen internationaler Organisationen.

Obwohl der EG-Vertrag keine ausdrückliche Kompetenz der Europäischen Gemeinschaft, internationale Organisationen zu gründen bzw. ihnen

---

[19] Diese Briefwechsel sind abgedruckt in *European Commission,* Relations Between the European Community and International Organizations, 1989, S. 178 f. (WIPO), 132 f. (UNESCO) und 255 ff. (Europarat)).

[20] ABl. EU Nr. 27 vom 27.4.1959, S. 521 ff.

[21] *European Commission,* Relations Between the European Community and International Organizations, 1989, S. 239.

[22] *Barbara Dutzler,* The Representation of the EU and the Member States in International Organisations – General Aspects, in: Stefan Griller/Birgit Weidel (eds), External Economic Relations and Foreign Policy in the European Union, 2002, S. 151 (154); *Rachel Frid,* The Relations Between the EC and International Organizations, 1995, S. 126 f.

[23] Art. 29 Abs. 7 des UPOV-Übereinkommens legt ausnahmsweise fest, daß „ein Verbandsmitglied, das eine zwischenstaatliche Organisation ist, [...] nicht zur Zahlung von Beiträgen verpflichtet [ist].“

beizutreten, enthält, schließt er die Gründung von bzw. den Beitritt zu internationalen Organisationen durch die Europäische Gemeinschaft nicht aus. Art. 300 Abs. 3 UAbs. 2 EGV geht von völkerrechtlichen Verträgen der Europäischen Gemeinschaft aus, die „durch Einführung von Zusammenarbeitsverfahren einen besonderen institutionellen Rahmen schaffen". Im Gutachten 1/76 zum Entwurf eines Übereinkommens über die Errichtung eines europäischen Stillegungsfonds für die Binnenschiffahrt hat der EuGH die implizite, aus Art. 71 EGV abgeleitete Vertragsschlußkompetenz für den Verkehr weit ausgelegt. Sie ermächtige die Europäische Gemeinschaft nicht nur dazu, völkerrechtliche Verträge mit anderen Staaten zu schließen, sondern auch dazu, „geeignete Einrichtungen" zu schaffen, d.h. sich an der Gründung von internationalen Organisationen zu beteiligen und ein Mitglied solcher internationaler Organisationen zu werden.[24]

Die Europäische Gemeinschaft ist neben ihren Mitgliedstaaten Mitglied der Ernährungs- und Landwirtschaftsorganisation der Vereinten Nationen (*Food and Agricultural Organization of the United Nations,* FAO) nach Art. II Abs. 3 der Satzung der FAO,[25] der Internationalen Meeresbodenbehörde (*International Seabed Authority*) nach Art. 156 Abs. 2 des Seerechtsübereinkommens der Vereinten Nationen vom 10. Dezember 1982 (*United Nations Convention on the Law of the Sea,* UNCLOS),[26] der Europäischen Bank für Aufbau und Entwicklung (*European Bank for Reconstruction and Development,* EBRD) nach Art. 3 Abs. 1 Nr. ii) des Übereinkommens zur Errichtung der Europäischen Bank für Wiederaufbau und Entwicklung vom 29. Mai 1990 (*Agreement Establishing the European Bank für Reconstruction and Development,* EBRD-Übereinkommen)[27] und der Welthandelsorganisation (*World Trade Organization,* WTO) nach Art. XI Abs. 1 des

---

[24] EuGH, Gutachten 1/76, 26.4.1977, Slg. 1977, 741, Rn. 5 (Entwurf zu einem Übereinkommen über die Errichtung eines Europäischen Stillegungsfonds für die Binnenschiffahrt: „Die Gemeinschaft besitzt daher nicht nur die Fähigkeit [...] zu einem Drittstaat in vertragliche Beziehungen zu treten, sondern auch die Befugnis, unter Beachtung des Vertrags gemeinsam mit diesem Staat eine geeignete Einrichtung zu schaffen wie die internationale öffentlich-rechtliche Anstalt, deren Gründung unter der Bezeichnung ‚Europäischer Stillegungsfonds für die Binnenschifffahrt' geplant ist. Die Gemeinschaft kann unter diesem Gesichtspunkt auch mit einem Drittstaat zusammenwirken, um die Organe einer solchen Anstalt mit angemessenen Entscheidungsbefungsnissen auszustatten und in einer den verfolgten Zielen gemäßen Weise Art, Ausarbeitung, Inkraftsetzung und Wirkungen der Vorschriften zu regeln, die in diesem Rahmen zu erlassen sind."

[25] *Rachel Frid,* The European Economic Community, A Member of a Specialized Agency of the United Nations, EJIL 4 (1993), S. 239 ff.; *Jörn Sack,* The European Community's Membership of International Organizations, CMLRev. 32 (1995), S. 1227 (1243 ff.).

[26] ABl. EU Nr. L 179 vom 23.6.1998, S. 3 ff.; BGBl. 1994 II, 1799.

[27] ABl. EU Nr. L 372 vom 31.12.1990, S. 4 ff.

Übereinkommens über die Errichtung der Welthandelsorganisation vom 15. April 1994 (*Agreement on the Establishment of the World Trade Organization,* WTO-Übereinkommen). Daneben ist sie unter Ausschluß ihrer Mitgliedstaaten Mitglied einiger Rohstoff- und Fischereiorganisationen.[28]

Die internationalen Organisationen, die sich dem Schutz des geistigen Eigentums verschrieben haben, greifen über die Vertragsschlußkompetenzen der Europäischen Gemeinschaft auf dem Gebiet des geistigen Eigentums, aus denen sich die Kompetenz der Europäischen Gemeinschaft zur Gründung von bzw. zum Beitritt zu internationalen Organisationen ableitet, hinaus.[29] Sie behandeln das geistige Eigentum entweder, wie die WIPO nach Art. 3 des WIPO-Übereinkommens, umfassend, oder wie die WTO nach Art. 1 Abs. 2 des TRIPs-Übereinkommens nahezu umfassend.

Die Kompetenz der Europäischen Gemeinschaft zur Gründung von bzw. zum Beitritt zu internationalen Organisationen geht, worauf insbesondere ihr Beitritt zur WTO hinweist, insoweit über ihre Vertragsschlußkompetenzen auf dem Gebiet des geistigen Eigentums hinaus, als ihre Mitgliedschaft in einer internationalen Organisation, die sich dem Schutz des geistigen Eigentums verschrieben hat, neben den Mitgliedstaaten erforderlich ist, um ihre ausschließlichen Außenkompetenzen auf dem Gebiet des geistigen Eigentums wirksam auszuüben, insbesondere um über Bereiche, die in ihre ausschießlichen Außenkompetenzen fallen, abzustimmen. Die Mitgliedschaft der Europäischen Gemeinschaft in einer internationaler Organisation, die sich dem Schutz des geistigen Eigentums verschrieben hat, ist neben den Mitgliedstaaten umso erforderlicher, je bedeutender die internationale Organisation ist und je ausschließlicher die Außenkompetenzen der Europäischen Gemeinschaft geworden sind.[30]

Das Problem der dadurch entstehenden Doppelmitgliedschaft *sui generis* der Europäischen Gemeinschaft und ihrer Mitgliedstaaten kann durch die Satzungen der internationalen Organisationen, die sich dem geistigen Eigen-

---

[28] *Jörn Sack,* Die Europäische Union in den Internationalen Organisationen, ZEuS 4 (2001), S. 267 (280 f.); *Jörn Sack,* The European Community's Membership of International Organizations, CMLRev. 32 (1995), S. 1227 (1240 f.); *Rachel Frid,* The Relations Between the EC and International Organizations, 1995, S. 177.

[29] Vgl. allgemein *Barbara Dutzler,* The Representation of the EU and the Member States in International Organisations – General Aspects, in: Stefan Griller/Birgit Weidel (eds), External Economic Relations and Foreign Policy in the European Union, 2002, S. 151 (162); *Christiaan Timmermans,* Organising Joint Participation of E.C. and Member States, in: Alan Dashwood/Christophe Hillion (eds), The General Law of E.C. External Relations, 2000, S. 239 (239).

[30] *Rachel Frid,* The Relations Between the EC and International Organizations, 1995, S. 185 f.

tum verschrieben haben, und das Gemeinschaftsrecht gelöst werden.[31] In Anlehnung an die geteilten und parallelen Vertragsschlußkompetenzen der Europäischen Gemeinschaft auf dem Gebiet des geistigen Eigentums, von denen sich die Kompetenz der Europäischen Gemeinschaft zur Gründung von bzw. zum Beitritt zu den internationalen Organisationen, die sich dem geistigen Eigentum verschrieben haben, ableitet, ist zwischen geteilter und paralleler Doppelmitgliedschaft der Europäischen Gemeinschaft und ihrer Mitgliedstaaten zu unterscheiden.[32]

Die Europäische Gemeinschaft könnte neben den Mitgliedstaaten als Mitglied mit beschränkten Rechten zugelassen werden.[33] Die bisher bekannten Formen der Mitgliedschaft mit beschränkten Rechten, assoziierte Mitgliedschaft für abhängige Territorien auf der einen Seite, partielle Mitgliedschaft für Staaten, die nur in einigen Organen der internationalen Organisation vertreten sind, auf der anderen Seite,[34] könnten auf die Europäische Gemeinschaft übertragen und auf die Besonderheiten der Kompetenzverteilung zwischen der Europäischen Gemeinschaft und ihrer Mitgliedstaaten abgestimmt werden. Handelt es sich um eine internationale Organisation, deren Aufgabenbereich über das geistige Eigentum hinausreicht, wie z.B. die UNESCO, könnte die Mitgliedschaft der Europäischen Gemeinschaft auf bestimmte Organe beschränkt werden, die sich mit dem Schutz des geistigen Eigentums befassen, im Fall der UNESCO auf die *division des arts et de l'entreprise culturelle* bzw. deren Unterabteilung *créativité et droit d'auteur,* die die völkerrechtlichen Verträge im Bereich des Urheberrechts und der verwandten Schutzrechte verwaltet[35].

In den Satzungen der internationalen Organisationen könnten darüber hinaus Vorkehrungen getroffen werden, daß das Stimmrecht, das mit der Mitgliedschaft verknüpft ist, im Fall der geteilten Doppelmitgliedschaft der

---

[31] Siehe unten Erster Teil, Drittes Kapitel, D.

[32] *Henry G. Schermers,* International Organizations as Members of Other International Organizations, in: Rudolf Bernhardt/Wilhelm Karl Geck/Günter Jaenicke/Helmut Steinberger (Hrsg.), Völkerrecht als Rechtsordnung, 1983, S. 823 (834 ff.), unterscheidet zwischen „independent membership" und „mixed membership".

[33] Kritisch *Henry G. Schermers,* International Organizations as Members of Other International Organizations, in: Rudolf Bernhardt/Wilhelm Karl Geck/Günter Jaenicke/Helmut Steinberger (Hrsg.), Völkerrecht als Rechtsordnung, 1983, S. 823 (837).

[34] Vgl. zu den Formen der Mitgliedschaft in einer internationalen Organisation *Daniel Vignes,* La participation aux organisations internationales, in: *René-Jean Dupuy* (ed.), Manuel sur les organisations internationales, 1988, S. 57 (70 ff.).

[35] *Stephen P. Ladas,* Patents, Trademarks, and Related Rights, National and International Protection, Volume I, 1975, S. 156; *Alois Troller,* Die mehrseitigen völkerrechtlichen Verträge im internationalen gewerblichen Rechtsschutz und Urheberrecht, 1965, S. 196 f.

Europäischen Gemeinschaft und ihrer Mitgliedstaaten nicht zum Nachteil der anderen Mitglieder ausgeübt werden kann.[36]

C. Die Kompetenz zur Übertragung von Hoheitsrechten auf die Organe internationaler Organisationen und völkerrechtlicher Verbände auf dem Gebiet des geistigen Eigentums

Wenngleich der EG-Vertrag keine ausdrückliche Integrationskompetenz[37], d.h. keine Kompetenz der Europäischen Gemeinschaft, Hoheitsrechte auf die Organe internationaler Organisationen und völkerrechtlicher Verbände zu übertragen, enthält, schließt er die Übertragung von Hoheitsrechten durch die Europäische Gemeinschaft nicht aus. Art. 310 EGV, in dem die Assoziierungskompetenz der Europäischen Gemeinschaft niedergelegt ist, spricht von „gemeinsame[n] Vorgehen und besonderen Verfahren". Art. 300 Abs. 2 UAbs. 2 und Abs. 4 EGV trifft verfahrensrechtliche Vorkehrungen für „rechtswirksame Beschlüsse", die „in einem durch ein Abkommen eingesetzten Gremium" gefaßt werden, und für die Annahme von Änderungen eines völkerrechtlichen Vertrages „durch ein durch das Abkommen geschaffenes Organ". Nicht nur der Begriff der Übertragung von Hoheitsrechten (I.), auch die Reichweite (II.) und die Grenzen (III.) der Kompetenz zur Übertragung von Hoheitsrechten sind problematisch.

I. Der Begriff der Übertragung von Hoheitsrechten

Die Bedeutung des Begriffs der Übertragung von Hoheitsrechten, der Art. 24 Abs. 1 GG entnommen ist, welcher den Bund ermächtigt, Hoheitsrechte auf zwischenstaatliche Einrichtungen zu übertragen, ist nicht auf den deutschen Rechtsraum begrenzt. Die Verfassungen einer Reihe europäischer Staaten, überwiegend Mitgliedstaaten der Europäischen Gemeinschaft, enthalten Bestimmungen, die der Sache nach die Übertragung von Hoheitsrechten regeln, obgleich sie mit Ausnahme des österreichischen Bundesverfassungsgesetzes[38] andere Begriffe, wie z.B. die „Zuerkennung von verfassungsmäßigen Zuständigkeiten"[39] oder „Souveränitätsbeschränkungen"[40],

---

[36] Siehe unten Erster Teil, Drittes Kapitel, D.

[37] *Christoph Vedder,* Die EU und Internationale Organisationen – Perspektiven nach dem Vertrag von Amsterdam, in: Wolfgang Benedek/Hubert Isak/Renate Kicker (eds), Development and Developing International and European Law, 1999, S. 501 (512); *Christoph Vedder,* Die Integrationskompetenz der EG in der Rechtsprechung des EuGH, in: Albrecht Randelzhofer/Rupert Scholz/Dieter Wilke (Hrsg.), Gedächtnisschrift für Eberhard Grabitz, 1995, S. 795 (807 ff.).

verwenden. Inhaltlich erfassen sie die Handlungsformen sämtlicher Funktionen der Staatsgewalt, d.h. Rechtssetzung, Verwaltung und Rechtsprechung.[41]

---

[38] Art. 9 Abs. 2 des österreichischen Bundesverfassungsgesetzes lautet:

„Durch Gesetz oder durch einen gemäß Art. 50 Abs. 1 zu genehmigenden Staatsvertrag können einzelne Hoheitsrechte des Bundes auf zwischenstaatliche Einrichtungen und ihre Organe übertragen und kann die Tätigkeit von Organen fremder Staaten im Inland sowie die Tätigkeit österreichischer Organe im Ausland im Rahmen des Völkerrechtes geregelt werden."

[39] Der Begriff der „Zuerkennung von verfassungsmäßigen Zuständigkeiten" wird in Art. 28 Abs. 2 der Verfassung Griechenlands verwendet. Art. 28 Abs. 2 der griechischen Verfassung lautet in Übersetzung:

„Um wichtigen nationalen Interessen zu dienen und um die Zusammenarbeit mit anderen Staaten zu fördern, ist durch Verträge oder Abkommen die Zuerkennung von verfassungsgemäßen Zuständigkeiten auf Organe internationaler Organisationen zulässig. Zur Verabschiedung von Ratifizierungsgesetzen für solche Verträge oder Abkommen ist eine Mehrheit von drei Fünftel der Gesamtzahl der Abgeordneten erforderlich."

Einen ähnlichen Begriff enthält Art. 93 der spanischen Verfassung, nämlich „Übertragung von aus der Verfassung abgeleiteter Kompetenzen". Art. 93 der spanischen Verfassung lautet in Übersetzung:

„Durch ein verfassungsausführendes Gesetz kann der Abschluß von Verträgen autorisiert werden, durch die einer internationalen Organisation oder Institution die Ausübung von aus der Verfassung abgeleiteten Kompetenzen übertragen wird. Die Gewährleistung für die Erfüllung dieser Verträge und der Beschlüsse, die die internationalen oder supranationalen Organisationen, denen die Kompetenzen übertragen wurden, fassen, obliegt je nach Fall den Cortes Generales oder der Regierung."

[40] Dieser Begriff wird in den Verfassungen Frankreichs und Italiens verwendet. Der maßgebliche Absatz der Prämbel der französischen Verfassung von 1946, auf die die gegenwärtige französische Verfassung verweist, lautet in Übersetzung:

„Unter dem Vorbehalt der Gegenseitigkeit stimmt Frankreich den zur Organisation und Verteidigung des Friedens notwendigen Einschränkungen seiner Souveränität zu."

Art. 11 der italienischen Verfassung lautet in Übersetzung:

„Italien verwirft den Krieg als Mittel des Angriffs auf die Freiheit anderer Völker und als Mittel zur Lösung internationaler Streitigkeiten. Unter der Bedingung der Gleichstellung mit den anderen Staaten stimmt es Souveränitätsbeschränkungen zu, die für eine Ordnung notwendig sind, welche Frieden und Gerechtigkeit unter den Nationen gewährleistet. Es fördert und begünstigt internationale Organisationen, die diesem Zweck dienen."

[41] Dies zeigen insbesondere die Verfassungen Luxemburgs und der Niederlande, die keine dieser Begriffe enthalten. Art. 49bis der luxemburgischen Verfassung lautet in Übersetzung:

„Die Ausübung von Befugnissen, die von der Verfassung der gesetzgebenden, der vollziehenden und der rechtsprechenden Gewalt vorbehalten sind, kann durch Vertrag vorübergehend Institutionen des internationalen Rechts übertragen werden."

Art. 92 der niederländischen Verfassung lautet in Übersetzung:

„Durch Vertrag oder kraft eines Vertrages können völkerrechtlichen Organisationen Gesetzgebungs-, Verwaltungs- und Rechtsprechungsbefugnisse übertragen werden, erforderlichenfalls unter Berücksichtigung von Artikel 91, Absatz 3."

Überwiegend wurden diese Bestimmungen erst in die Verfassungen der Mitgliedstaaten der Europäischen Gemeinschaft eingefügt, als sich bestimmte Formen enger internationaler Zusammenarbeit bildeten, die von den Strukturen des klassischen Völkerrechts abwichen. Die allgemeinen Vertragsschlußkompetenzen der Mitgliedstaaten berechtigten zwar zur Gründung von bzw. zum Beitritt zu internationalen Organisationen. Während die Organe internationaler Organisationen bzw. völkerrechtlicher Verbände aber nur ermächtigt werden konnten, verbindliche Entscheidungen zu treffen, die entweder die internen Angelegenheiten der Organe, etwa die Änderung der eigenen Satzung, betrafen, oder sich an die Vertrags- bzw. Mitgliedstaaten als solche richteten, zeichneten sich die neuen Formen enger internationaler Zusammenarbeit dadurch aus, daß die verbindlichen Entscheidungen der Organe internationaler Organisationen bzw. völkerrechtlicher Verbände in der innerstaatlichen Rechtsordnung galten[42], ohne von den Vertrags- bzw. Mitgliedstaaten umgesetzt werden zu müssen, und sich aus diesem Grunde an die Organe der Vertrags- und Mitgliedstaaten sowie die ihrer Staatsgewalt unterworfenen Personen wenden konnten.[43]

II. Die Reichweite der Kompetenz zur Übertragung von Hoheitsrechten

Die Frage, ob die Vertragsschlußkompetenzen der Europäischen Gemeinschaft auf dem Gebiet des geistigen Eigentums zur Übertragung von Hoheitsrechten auf die Organe internationaler Organisationen und völkerrechtlicher Verbände ermächtigen, stellt sich in dem Maße, in dem die verbindlichen Entscheidungen dieser Organe in der Gemeinschaftsordnung gelten, ohne von der Europäischen Gemeinschaft umgesetzt werden zu müssen, und in dem sie in einem Bereich ergehen, der nicht nur die internen Angelegenheiten der Organe internationaler Organisationen und völkerrechtlicher Verbände betrifft, sondern der Europäischen Gemeinschaft durch den EG-Vertrag zugewiesen ist.

Vgl. für den Begriff der Übertragung der Hoheitsrechte *Albrecht Randelzhofer,* in: Theodor Maunz/Günter Dürig (Hrsg.), Grundgesetz, Band III (Art. 20a-53), 42. Ergänzungslieferung – Stand Februar 2003, Art. 24 Abs. 1 Rn. 33.

[42] Vgl. für den Begriff der Geltung Zweiter Teil, Erstes Kapitel, B. I.

[43] Vgl. für die Übertragung von Hoheitsrechten durch Deutschland auf zwischenstaatliche Einrichtungen *Ondolf Rojahn,* in: Ingo von Münch/Philip Kunig (Hrsg.), Grundgesetz-Kommentar, Band 2 (Art. 20 bis Art. 69), 4./5. Auflage 2001, Art. 24 Rn. 19 ff.; *Claus Dieter Classen,* in: Hermann von Mangoldt/Friedrich Klein/Christian Starck (Hrsg.), Das Bonner Grundgesetz, Band 2: Artikel 20 bis 78, 4. Auflage 2000, Art. 24 Rn. 5 und 12; *Albrecht Randelzhofer,* in: Theodor Maunz/Günter Dürig (Hrsg.), Grundgesetz, Band III (Art. 20a-53), 42. Ergänzungslieferung – Stand Februar 2003, Art. 24 Abs. 1 Rn. 30.

Die Rechtsprechung des EuGH hat eine Kompetenz der Europäischen Gemeinschaft zur Übertragung von Hoheitsrechten auf die Organe internationaler Organisationen und völkerrechtlicher Verbände für den Bereich der Rechtsprechung bejaht und für die Bereiche der Verwaltung und Rechtssetzung zumindest nicht ausgeschlossen.

Im Gutachten 1/91 über den Entwurf eines Abkommens über die Schaffung des Europäischen Wirtschaftsraums hat der EuGH die Vertragsschlußkompetenzen der Europäischen Gemeinschaft noch weiter als im Gutachten 1/76[44] ausgelegt. „Ihre Fähigkeit zum Abschluß internationaler Abkommen" umfasse notwendig die Fähigkeit, „sich den Entscheidungen eines durch solche Abkommen geschaffenen oder bestimmten Gerichts zu unterwerfen, was die Auslegung und Anwendung seiner Bestimmungen betrifft."[45] Die Entscheidungen dieses Gerichts seien innergemeinschaftlich beachtlich, nämlich „für die Organe der Gemeinschaft, einschließlich des Gerichtshofes, verbindlich".[46]

Im Urteil „Meroni" hat der EuGH zwar festgestellt, daß die Hohe Behörde für Kohle und Stahl nach Art. 53 des am 23. Juli 2002 ausgelaufenen EGKSV befugt ist, bestimmte Verwaltungsbefugnisse auf privatrechtliche Verbände mit eigener Rechtspersönlichkeit zu übertragen, solange sich eine solche Übertragung auf genau umgrenzte Ausführungsbefugnisse bezieht, die den privatrechtlichen Verbänden keinen Ermessensspielraum einräumen.[47] Aus diesem Urteil ist jedoch nicht der Schluß zu ziehen, daß es der Europäischen Gemeinschaft verwehrt wäre, die Organe internationaler Organisationen und völkerrechtlicher Verbände zu ermächtigen, bei der Ausübung der ihnen von der Europäischen Gemeinschaft übertragenen Hoheitsrechten nach Ermessen entscheiden. Die Anforderungen, die der EuGH für die Delegation, d.h. für die Übertragung von Kompetenzen eines Gemeinschaftsorgans auf ein anderes, nachgeordnetes Organ bzw. einen privat-

---

[44] EuGH, Gutachten 1/76, 26.4.1977, Slg. 1977, 741, Rn. 21 (Entwurf zu einem Übereinkommen über die Errichtung eines europäischen Stillegungsfonds für die Binnenschiffahrt): „Der Gerichtshof billigt also das im Statut zum Ausdruck gekommene Bestreben, im Rahmen des Fonds einen der Sachlage angepaßten Rechtsschutz zu schaffen."

[45] EuGH, Gutachten 1/91, 14.12.1991, Slg. 1991, I-6079, Rn. 40 (Entwurf eines Abkommens zwischen der Gemeinschaft einerseits und den Ländern der Europäischen Freihandelszone andererseits über die Schaffung des Europäischen Wirtschaftsraums).

[46] EuGH, Gutachten 1/91, 14.12.1991, Slg. 1991, I-6079, Rn. 39 (Entwurf eines Abkommens zwischen der Gemeinschaft einerseits und den Ländern der Europäischen Freihandelszone andererseits über die Schaffung des Europäischen Wirtschaftsraums).

[47] EuGH, Rs. 9/56, 13.6.1958, Slg. 1958, 11, Leitsätze 8 und 10 (Meroni & Co., Industrie Metallurgiche, S.P.A./Hohe Behörde).

rechtlichen Verband, aufgestellt hat,[48] lassen sich nämlich nicht ohne weiteres auf die Übertragung von Hoheitsrechten der Europäischen Gemeinschaft im Bereich der Verwaltung auf fremde Organe internationaler Organisationen und völkerrechtlicher Verbände übertragen.[49] Anders als bei der Delegation geht es bei der Übertragung von Hoheitsrechten nicht um eine Entlastung von der Ausübung übertragener Kompetenzen, sondern um die Öffnung der eigenen Rechtsordnung für innergemeinschaftlich beachtliche Entscheidungen fremder Organe internationaler Organisationen und völkerrechtlicher Verbände.

Ebensowenig hat der EuGH geklärt, ob die Europäische Gemeinschaft berechtigt ist, Hoheitsrechte im Bereich der Rechtssetzung auf die Organe internationaler Organisationen und völkerrechtlicher Verbände zu übertragen. Im Gutachten 1/76 zum Entwurf des Übereinkommens über die Errichtung eines europäischen Stillegungsfonds für die Binnenschiffahrt hat der EuGH die implizite, aus Art. 71 EGV abgeleitete Vertragsschlußkompetenz der Europäischen Gemeinschaft zwar weit ausgelegt. Die implizite Vertragsschlußkompetenz berechtige die Europäische Gemeinschaft nicht nur dazu, „geeignete Einrichtungen" zu schaffen, sondern auch dazu, die Organe einer solchen Einrichtung „mit angemessenen Entscheidungsbefugnissen auszustatten und in einer den verfolgten Zielen gemäßen Weise Art, Ausarbeitung, Inkraftsetzung und Wirkungen der Vorschriften zu regeln, die in diesem Rahmen zu erlassen sind".[50] Von einer Entscheidung über die Frage, ob die Europäische Gemeinschaft die Organe einer solchen Einrichtung auch mit Entscheidungsbefugnissen ausstatten dürfe, die eine Übertragung von Hoheitsrechten der Europäischen Gemeinschaft im Bereich der Rechtssetzung erfordern, hat der EuGH allerdings abgesehen.[51] Die Ermächtigung der Organe des Stillegungsfonds, verbindliche Entscheidungen zu treffen, die „in jedem Mitgliedstaat der Gemeinschaft und in der Schweiz unmittelbar gelten"[52], hat er als „bloße Durchführungsbefugnisse"[53] betrachtet, die deutlich und genau umschrieben seien. Die Ausführungen des EuGH sind so zu verstehen, daß keine Übertragung von Hoheitsrechten der Europäischen

---

[48] *Reinhard Priebe,* Entscheidungsbefugnisse vertragsfremder Einrichtungen im Europäischen Gemeinschaftsrecht, 1979, S. 25, spricht von „derivativen Organismen".

[49] Anders *Stefan Richter,* Die Assoziierung osteuropäischer Staaten durch die Europäischen Gemeinschaften, 1993, S. 175 f.

[50] EuGH, Gutachten 1/76, 26.4.1977, Slg. 1977, S. 741, Rn. 5 (Entwurf zu einem Übereinkommen über die Errichtung eines europäischen Stillegungsfonds für die Binnenschiffahrt).

[51] EuGH, Gutachten 1/76, 26.4.1977, Slg. 1977, S. 741, Rn. 16 (Entwurf zu einem Übereinkommen über die Errichtung eines europäischen Stillegungsfonds für die Binnenschiffahrt): „Diese Frage braucht jedoch in dem vorliegenden Gutachten nicht entschieden zu werden."

Gemeinschaft vorliegt, wenn die Voraussetzungen, unter denen verbindliche Entscheidungen die Organe internationaler Organisationen und völkerrechtlicher Verbände getroffen werden können, genau festgelegt sind. Durch die Festlegung dieser Voraussetzungen entscheidet die Europäische Gemeinschaft bereits im Zeitpunkt des Abschlusses des völkerrechtlichen Vertrags, welche verbindlichen Entscheidungen dieser Organe in der Gemeinschaftsrechtsordnung Geltung beanspruchen können.

In seiner Rechtsprechung zu dem Abkommen zur Gründung einer Assoziation zwischen der Europäischen Wirtschaftsgemeinschaft und der Türkei vom 12. September 1963 (Assoziationsabkommen EWG-Türkei)[54] hat der EuGH die Entscheidungsbefugnisse des eigens eingerichteten Assoziationsrates, die über „bloße Durchführungsbefugnisse" hinausgehen, nicht weiter problematisiert, nicht einmal, nachdem er in späteren Urteilen festgestellt hatte, daß die Beschlüsse des Assoziationsrats nicht nur innergemeinschaftliche Geltung erlangen, sondern unter denselben Voraussetzungen wie völkerrechtliche Verträge der Europäischen Gemeinschaft auch unmittelbar anwendbar sein können.[55] Aber auch Art. 22 Abs. 1 des Assoziationsabkommens EWG-Türkei, der den Assoziationsrat mit der allgemeinen Befugnis ausstattet, zur Verwirklichung der Ziele des Abkommens verbindliche[56] Entscheidungen zu treffen und ihm einen Ermessensspielraum einräumt, erfordert nach Auslegung der Rechtsprechung des EuGH keine Übertragung von Hoheitsrechten. Der Assoziationsrat kann die verbindlichen Entscheidungen nämlich nicht ohne Mitwirkung der Europäischen Gemeinschaft treffen, da er nach Art. 23 S. 1 des Assoziationsabkommens EWG-Türkei aus Mitgliedern der Regierungen der Mitgliedstaaten, des Rates und der Kommission der Europäischen Gemeinschaft einerseits und Mitgliedern der türkischen Regierung andererseits besteht und nach Art. 23 S. 3 des Assoziationsabkommens EWG-Türkei nur einstimmig, d.h. im Konsens mit den Mitgliedern der Gemeinschaftsorgane, handeln kann. Dogmatisch werden die verbindlichen Entscheidungen des Assoziationsrats und anderer paritätisch besetzter Organe von Teilen des Schrifttums nicht nur, wenn sie ein-

[52] EuGH, Gutachten 1/76, 26.4.1977, Slg. 1977, S. 741, Rn. 15 (Entwurf zu einem Übereinkommen über die Errichtung eines europäischen Stillegungsfonds für die Binnenschiffahrt).

[53] EuGH, Gutachten 1/76, 26.4.1977, Slg. 1977, S. 741, Rn. 16 (Entwurf zu einem Übereinkommen über die Errichtung eines europäischen Stillegungsfonds für die Binnenschiffahrt).

[54] ABl. EU Nr. 217 vom 29.12.1964, 3687; BGBl. 1964 II, 509.

[55] Vgl. insbesondere EuGH, Rs. C-192/89, 20.9.1990, Slg. 1990, I-3461, Rn. 15 (S. Z. Sevince/Staatssecretaris van Justitie).

[56] Vgl. Art. 22 Abs. 1 S. 2 des Assoziationsabkommens EWG-Türkei: „Jede der beiden Parteien ist verpflichtet, die zur Durchführung der Beschlüsse erforderlichen Maßnahmen zu treffen."

stimmig,[57] sondern auch, wenn sie mehrheitlich, aber mit der Möglichkeit des *opting out* für die Europäische Gemeinschaft,[58] getroffen werden, als völkerrechtliche Vertragsschlüsse im vereinfachten Verfahren eingeordnet.

In Teilen der Literatur wird die Frage, ob die Vertragsschlußkompetenzen der Europäischen Gemeinschaft im Wege einer weiten Auslegung nicht nur zur Übertragung von Hoheitsrechten im Bereich der Rechtsprechung, sondern auch in den Bereichen der Verwaltung und der Rechtssetzung ermächtigen, unter Hinweis auf die nationalen Verfassungen der Mitgliedstaaten der Europäischen Gemeinschaft für die Mehrzahl der Vertragsschlußkomptenzen der Europäischen Gemeinschaft abgelehnt.[59] Die meisten Mitgliedstaaten können sich nämlich auch nicht auf allgemeine Vertragsschlußkompetenzen stützen, um Hoheitsrechte auf die Organe internationaler Organisationen und völkerrechtlicher Verbände zu übertragen, sondern bedürfen hierzu einer konkreten Ermächtigung, wie sie etwa § 20 Abs. 1 der dänischen Verfassung,[60] Art. 23, 24 des deutschen Grundgesetzes, die Präambel der französischen Verfassung von 1946,[61] auf die sich die Präambel der ge-

---

[57] *Kirsten Schmalenbach,* in: Christian Calliess/Matthias Ruffert (Hrsg.), Kommentar des Vertrages über die Europäische Union und des Vertrages zur Gründung der Europäischen Gemeinschaft – EUV/EGV –, 2. Auflage 2002, Art. 300 EGV Rn. 76; *Christian Tomuschat,* in: Hans von der Groeben/Jochen Thiesing/Claus-Dieter Ehlermann (Hrsg.), Kommentar zum EU-/EG-Vertrag, 5. Auflage 1997/1999, Art. 210 EGV Rn. 10; *Christoph Vedder,* Rechtswirkungen von Assoziationsratsbeschlüssen – Die Kus-Entscheidung des EuGH –, EuR 29 (1994), S. 202 (214).

[58] *Christoph Vedder,* Rechtswirkungen von Assoziationsratsbeschlüssen – Die Kus-Entscheidung des EuGH –, EuR 29 (1994), S. 202 (214); *Peter Gilsdorf,* Die Rechtswirkungen der im Rahmen von Gemeinschaftsabkommen erlassenen Organbeschlüssen, EuZW 2 (1991), S. 459 (460 f.). Vgl. hierzu auch *Claus Dieter Classen,* in: Hermann von Mangoldt/Friedrich Klein/Christian Starck (Hrsg.), Das Bonner Grundgesetz, Band 2: Artikel 20 bis 78, 4. Auflage 2000, Art. 24 Rn. 5: „Von einer Übertragung von Hoheitsrechten kann man [...] nur sprechen, wenn die vom Adressaten der Übertragung gesetzten Rechtsakte nicht nur im Sinne der klassischen Praxis des Völkerrechts den Staat als *ganzes* verpflichten, sondern auch unmittelbar im innerstaatlichen Rechtsraum gelten. [...] Eine unmittelbare Geltung im dargestellten Sinn liegt [...] dann nicht vor, wenn einem an sich verbindlichen zwischenstaatlichen Akt die Wirkung gegenüber Deutschland durch einseitige Entscheidung genommen werden kann (sog. „opting out“) [...]“.

[59] *Kirsten Schmalenbach,* in: Christian Calliess/Matthias Ruffert (Hrsg.), Kommentar des Vertrages über die Europäische Union und des Vertrages zur Gründung der Europäischen Gemeinschaft – EUV/EGV –, 2. Auflage 2002, Art. 300 EGV Rn. 75.

[60] § 20 Abs. 1 der dänischen Verfassung lautet in Übersetzung:

„Befugnisse, die auf Grund dieser Verfassung den Behörden des Königreichs zustehen, können durch Gesetz in näher bestimmten Umfang solchen zwischenstaatlichen Behörden übertragen werden, die durch gegenseitige Übereinkunft zwecks Förderung zwischenstaatlicher Rechtsordnung und Zusammenarbeit errichtet worden sind.“

genwärtigen französischen Verfassung bezieht, Art. 28 Abs. 2 und 3 der griechischen Verfassung,[62] Art. 11 der italienischen Verfassung,[63] Art. 49bis der luxemburgischen Verfassung,[64] Art. 92 der niederländischen Verfassung,[65] Art. 9 Abs. 2 des österreichischen Bundesverfassungsgesetzes,[66] Art. 90 Abs. 1 der polnischen Verfassung,[67] Art. 8 Abs. 3 der portugiesischen Verfassung,[68] § 5 des Kapitels 10 der schwedischen Verfassung,[69]

---

61 Siehe Fn. 40.

62 Siehe Fn. 39 im Hinblick auf Art. 28 Abs. 2 der griechischen Verfassung. Art. 28 Abs. 3 der griechischen Verfassung lautet in Übersetzung:

„Griechenland stimmt freiwillig durch ein Gesetz, das der absoluten Mehrheit der Gesamtzahl der Abgeordneten bedarf, einer Beschränkung der Ausübung seiner nationalen Souveränität zu, wenn dies ein wichtiges nationales Interesse erfordert, die Menschenrechte und die Grundlagen der demokratischen Staatsordnung nicht berührt werden und wenn es in Gleichberechtigung und Gegenseitigkeit erfolgt."

63 Siehe Fn. 40.

64 Siehe Fn. 41.

65 Siehe Fn. 41.

66 Siehe Fn. 38.

67 Art. 90 Abs. 1 der polnischen Verfassung lautet in Übersetzung:

„Aufgrund eines völkerrechtlichen Vertrages kann die Republik Polen einer internationalen Organisation oder einem internationalen Organ die Kompetenz von Organen der staatlichen Gewalt in bestimmten Angelegenheiten übertragen."

68 Art. 8 Abs. 3 der portugiesischen Verfassung lautet in Übersetzung:

„Die von den zuständigen Organen internationaler Organisationen, denen Portugal angehört, erlassenen Rechtsvorschriften haben innerstaatlich unmittelbare Rechtswirkung, sofern dies ausdrücklich in den entsprechenden Gründungsverträgen niedergelegt ist."

69 § 5 des Kapitels 10 der schwedischen Verfassung lautet in Übersetzung:

„Ein Beschlußrecht, das sich unmittelbar auf diese Verfassung gründet und den Erlaß von Vorschriften, die Verwendung staatlichen Vermögens oder den Abschluß bzw. die Kündigung internationaler Übereinkünfte und Verpflichtungen betrifft, kann in begrenztem Umfang auf eine zwischenstaatliche Organisation für friedliche Zusammenarbeit, der das Reich angeschlossen ist oder sich anschließen wird, oder einen zwischenstaatlichen Gerichtshof übertragen werden. Hierbei darf kein Beschlußrecht übertragen werden, das die Einführung, Änderung oder Aufhebung von Grundgesetzen, der Reichstagsordnung oder des Gesetzes über die Reichstagswahlen oder die Einschränkung der Grundrechte und Freiheiten gemäß Kapitel 2 zum Gegenstand hat. Für den Übertragungsbeschluß gelten die Vorschriften für das Gesetzgebungsverfahren bei Grundgesetzen. Ist es nicht möglich, einen Beschluß nach diesem Verfahren abzuwarten, erfolgt die Übertragung durch Beschluß des Reichstages, wenn mindestens fünf Sechstel der Abstimmenden und mindestens drei Viertel der Abgeordneten dafür stimmen.

Ist gesetzlich vorgeschrieben, daß eine internationale Übereinkunft als schwedisches Recht zu gelten hat, kann der Reichstag durch einen gemäß der in Abs. 1 vorgeschriebenen Ordnung gefaßten Beschluß bestimmen, daß auch künftige, für das Reich verbindliche Änderungen der Übereinkunft hier im Reich gültig sind. Ein derartiger Beschluß darf sich nur auf künftige Änderungen von begrenztem Umfang beziehen.

Art. 7 Abs. 1 und 2 der slowakischen Verfassung,[70] Art. 3a Abs. 1 der slowenischen Verfassung,[71] Art. 93 der spanischen Verfassung[72] und Art. 10a Abs. 1 der tschechischen Verfassung[73] vorsehen. Eine konkrete Ermächtigung für die Übertragung von Hoheitsrechten auf die Organe internationaler Organisationen und völkerrechtlicher Verbände wohne nur der Assoziierungskompetenz der Europäischen Gemeinschaft nach Art. 310 EGV wegen des Kriteriums des „gemeinsamen Vorgehens" inne, nicht aber anderen Vertragsschlußkompetenzen.[74]

Indes rechtfertigt der Umstand, daß die Verfassungen von vierzehn aus fünfundzwanzig Mitgliedstaaten der Europäischen Gemeinschaft eine konkrete Ermächtigung für die Übertragung von Hoheitsrechten auf die Organe

---

Aufgaben der Rechtspflege sowie Verwaltungsaufgaben, die sich nicht unmittelbar auf diese Verfassung gründen, können durch Reichstagsbeschluß auf einen anderen Staat, eine zwischenstaatliche Organisation oder eine ausländische oder internationale Einrichtung oder Vereinigung übertragen werden. Der Reichstag kann die Regierung oder andere Behörden durch Gesetz ermächtigen, in besonderen Fällen derartige Übertragungen zu beschließen. Beinhalten die Aufgaben Hoheitsverwaltung, ist für den Ermächtigungsbeschluß des Reichstages mindestens Dreiviertelmehrheit erforderlich, Reichstagsabschlüsse über derartige Übertragungen können auch gemäß dem bei Grundgesetzen vorgeschriebenen Gesetzgebungsverfahren gefaßt werden."

[70] Art. 7 Abs. 1 der slowakischen Verfassung lautet in – englischer – Übersetzung:

„The Slovak Republic may, by its own discretion, enter into a state union with other states. A constitutional law, which shall be confirmed by a referendum, shall decide on the entry into a state union, or on the secession from such union."

Art. 7 Abs. 2 lautet:

„The Slovak Republic may, by an international treaty, which was ratified and promulgated in the way laid down by a law, or on the basis of such treaty, transfer the exercise of a part of its powers to the European Communities and the European Union [...]."

[71] Art. 3a Abs. 1 der slowenischen Verfassung lautet in Übersetzung:

„Slowenien kann durch ein internationales Abkommen, das von der Nationalversammlung mit Zweidrittelmehrheit der Stimmen aller Abgeordneten ratifiziert wird, die Ausübung der Teile der souveränen Rechte auf internationale Organisationen übertragen, die auf der Achtung der Menschenrechte und Grundfreiheiten, der Demokratie und den Prinzipien des Rechtsstaates fundieren; sowie einem Verteidigungsbündnis beitreten, mit Staaten, die auf Achtung dieser Werte fundieren."

[72] Siehe Fn. 39.

[73] Art. 10a Abs. 1 der tschechischen Verfassung lautet in Übersetzung:

„Durch einen internationalen Vertrag können bestimmte Kompetenzen der Organe der Tschechischen Republik auf internationale Organisationen und Institutionen übertragen werden."

[74] *Kirsten Schmalenbach,* in: Christian Calliess/Matthias Ruffert (Hrsg.), Kommentar des Vertrages über die Europäische Union und des Vertrages zur Gründung der Europäischen Gemeinschaft – EUV/EGV –, 2. Auflage 2002, Art. 300 EGV Rn. 75 und Art. 310 EGV Rn. 34.

internationaler Organisationen und völkerrechtlicher Verbände enthalten, nicht den Umkehrschluß, daß die Europäische Gemeinschaft ohne konkrete Ermächtigung nicht zur Übertragung von Hoheitsrechten berechtigt wäre. Zum einen sehen, während die Verfassung zweier Mitgliedstaaten nur eine konkrete Ermächtigung für die Übertragung von Hoheitsrechten auf die Organe der Europäischen Gemeinschaften bzw. der Europäischen Union enthalten,[75] die Verfassungen der übrigen neun Mitgliedstaaten der Europäischen Gemeinschaft[76] die allgemeinen Vertragsschlußkompetenzen als ausreichend an, um Hoheitsrechte auf die Organe internationaler Organisationen und völkerrechtlicher Verbände zu übertragen. Zum anderen können die konkreten Ermächtigungen in den nationalen Verfassungen der Mitgliedstaaten, wie z. B. Art. 92 der niederländischen Verfassung,[77] auch nur deklaratorische Bedeutung haben.

Eher ist mit anderen Teilen der Lehre davon auszugehen, daß nicht nur die Assozierungskompetenz der Europäischen Gemeinschaft nach Art. 310 EGV, sondern alle Vertragsschlußkompetenzen der Europäischen Gemeinschaft zur Übertragung von Hoheitsrechten in den Bereichen der Rechtsprechung, der Verwaltung und der Rechtssetzung ermächtigen.[78] Das Kriterium des „gemeinsamen Vorgehens" in Art. 310 EGV wäre, selbst wenn man eine konkrete Ermächtigung für die Übertragung von Hoheitsrechten fordern würde, nicht aussagekräftig genug. Die nationalen Verfassungen der Mitgliedstaaten der Europäischen Gemeinschaft sprechen die Übertragung von Hoheitsrechten, sofern sie eine konkrete Ermächtigung enthalten, deutlicher an. Nachdem die Europäische Gemeinschaft nach der Rechtsprechung des EuGH nicht nur nach Art. 310 EGV, sondern auf der Grundlage aller Vertragsschlußkompetenzen berechtigt ist, Hoheitsrechte im Bereich der Rechtsprechung auf die Organe internationaler Organisationen und völkerrechtlicher Verbände zu übertragen,[79] ist auch in den Bereichen der Ver-

---

[75] Hierbei handelt es sich zum einen um Art. 29.4.3 der irischen Verfassung und zum anderen um Art. 7 Abs. 2 der slowakischen Verfassung.

[76] Hierbei handelt es sich um Belgien, Estland, Finnland, Lettland, Litauen, Malta, Ungarn, das Vereinigte Königreich und Zypern.

[77] *J. W. A. Fleuren,* in: C. A. J. M. Kortmann/P. P. T. Bovend'eert/J. C. E. Ackermans-Wijn/J. W. A. Fleuren/M. N. H. van der Nat (Hrsg.), Grondwet voor het Koninkrijk der Nederlanden, Tekst & Commentaar, 1998, Art. 92 Anm. 1.

[78] *Christoph Vedder,* Die EU und Internationale Organisationen – Perspektiven nach dem Vertrag von Amsterdam, in: Wolfgang Benedek/Hubert Isak/Renate Kicker (eds), Development and Developing International and European Law, 1999, S. 501 (512); *Christian Tomuschat,* in: Hans von der Groeben/Jochen Thiesing/Claus-Dieter Ehlermann (Hrsg.), Kommentar zum EU-/EG-Vertrag, 5. Auflage 1997/1999, Art. 210 EGV Rn. 10.

[79] Wie bereits erwähnt hat der EuGH die Kompetenz der Europäischen Gemeinschaft zur Übertragung von Hoheitsrechten im Bereich der Rechtsprechung im Gut-

waltung und der Rechtssetzung kein Unterschied zwischen der Assoziierungskompetenz und den übrigen Vertragsschlußkompetenzen der Europäischen Gemeinschaft zu machen. Es besteht kein sachlicher Grund, im Hinblick auf die Kompetenz der Europäischen Gemeinschaft zur Übertragung von Hoheitsrechten zwischen den Bereichen der Rechtsprechung, der Verwaltung und der Rechtssetzung zu unterscheiden. Selbst in den nationalen Verfassungen der Mitgliedstaaten, die eine konkrete Ermächtigung zur Übertragung von Hoheitsrechten enthalten, wird eine solche Unterscheidung nicht vorgenommen.

Wie insbesondere das Beispiel der Internationalen Meeresbodenbehörde (*International Sea-Bed Authority*) und der Kammer des Internationalen Seegerichtshofs für Meeresbodenstreitigkeiten (*Sea-Bed Disputes Chamber*) zeigt, ist eine solche Unterscheidung auch nicht durch die geltende Praxis gerechtfertigt. Obwohl die Internationale Meeresbodenbehörde und die Kammer für Meeresbodenstreitigkeiten in UNCLOS und in dem Übereinkommen vom 28. Juli 1994 zur Durchführung des Teils XI des Seerechtsübereinkommens (Durchführungsübereinkommen)[80] ermächtigt werden, verbindliche Entscheidungen zu treffen, die einer Übertragung von Hoheitsrechten bedürfen,[81] sahen sich weder ein Gemeinschaftsorgan noch ein Mitgliedstaat der Europäischen Gemeinschaft veranlaßt, nach Art. 300 Abs. 6 EGV ein Gutachten des EuGH über die Vereinbarkeit dieser Übereinkommen mit dem EG-Vertrag einzuholen, denen die Europäische Gemeinschaft inzwischen neben den Mitgliedstaaten beigetreten ist.[82] Zu den

---

achten 1/91 allgemein von der „Fähigkeit zum Abschluß internationaler Abkommen" abgeleitet, obwohl dem Gutachten ein auf der Grundlage von Art. 310 EGV verhandelter Abkommensentwurf zugrundelag (EuGH, Gutachten 1/91, 14.12.1991, Slg. 1991, I-6079, Rn. 40 (Entwurf eines Abkommens zwischen der Gemeinschaft einerseits und den Ländern der Europäischen Freihandelszone andererseits über die Schaffung des Europäischen Wirtschaftsraums)). Dem Gutachten 1/76, in dem die Kompetenz der Europäischen Gemeinschaft zur Übertragung von Hoheitsrechten bereits, wenn auch weniger deutlich, angesprochen wurde, lag ein Abkommensentwurf zugrunde, der auf der Grundlage einer aus Art. 75 EWGV folgenden impliziten Vertragsschlußkompetenz verhandelt worden war (EuGH, Gutachten 1/76, 26.4.1977, Slg. 1977, S. 741 ff. (Entwurf zu einem Übereinkommen über die Errichtung eines europäischen Stillegungsfonds für die Binnenschiffahrt)).

[80] ABl. EU Nr. 179 vom 23.6.1998, S. 115; BGBl. 1994 II, 2566.

[81] *Ondolf Rojahn,* in: Ingo von Münch/Philip Kunig (Hrsg.), Grundgesetz-Kommentar, Band 2 (Art. 20 bis Art. 69), 4./5. Auflage 2001, Art. 24 Rn. 46; *Christian Tomuschat,* in: Rudolf Dolzer/Klaus Vogel/Karin Graßhof (Hrsg.), Bonner Kommentar zur Grundgesetz, Band 4 (Art. 20–37), Heidelberg, 105. Ergänzungslieferung – Stand Mai 2003, Art. 24 Rn. 117.

[82] Vgl. den Beschluß 98/392/EG des Rates vom 23. März 1998 über den Abschluß des Seerechtsübereinkommens der Vereinten Nationen vom 10. Dezember 1982 und des Übereinkommens vom 28. Juli 1994 zur Durchführung des Teils XI des Seerechtsübereinkommens durch die Europäische Gemeinschaft (ABl. EU Nr. L

verbindlichen Entscheidungen der Internationalen Meeresbodenbehörde zählt insbesondere die Bestätigung von Arbeitsplänen zur Durchführung von Erforschungs- und Ausbeutungstätigkeiten auf dem Meeresboden, die gemäß Art. 153 Abs. 2 lit. b) UNCLOS nicht nur die Vertragsstaaten, sondern auch staatliche Unternehmen sowie natürliche und juristische Personen, die den Vertragsstaaten angehören, beantragen können.[83] Die wesentliche Entscheidung über den Arbeitsplan wird von der Rechts- und Fachkommission (*Legal and Technical Commission*) getroffen. Die Rechts- und Fachkommission, ein Organ des Rats der Internationalen Meeresbodenbehörde gemäß Art. 163 Abs. 1 lit. b) UNCLOS, ist ebenso wie der Rat selbst nicht paritätisch besetzt.[84] Ihre mit einfacher Mehrheit[85] ausgesprochene Empfehlung zur Bestätigung des Arbeitsplans kann von dem Rat der Internationalen Meeresbodenbehörde nur mit Zweidrittelmehrheit seiner anwesenden und abstimmenden Mitglieder abgelehnt werden.[86] Die Kammer für

---

179 vom 23.6.1998, S. 1). Der Urkunde der förmlichen Bestätigung (ABl. EU Nr. L 179 vom 23.6.1998, S. 128) hat die Europäische Gemeinschaft eine Erklärung zur Zuständigkeit nach Art. 5 Abs. 1 der Anlage IX des UNCLOS (Teilnahme internationaler Organisationen) beigelegt (ABl. EU Nr. L 179 vom 23.6.1998, S. 129). Danach besitzt sie in einigen Angelegenheiten, wie etwa für die den internationalen Handel betreffenden Bestimmungen des Teils XI des UNCLOS sowie des Durchführungsübereinkommens, ausschließliche Zuständigkeit, während sie sich bei anderen Angelegenheiten die Zuständigkeit mit ihren Mitgliedstaaten teilt. Darüber hinaus hat sie darauf hingewiesen, daß auch andere Politiken der Europäischen Gemeinschaft im Bereich der Kontrolle unlauterer Wirtschaftspraktiken, des öffentlichen Auftragswesens, der Industriepolitik und der Entwicklungszusammenarbeit von Bedeutung für die Bestimmungen des Teils XI des UNCLOS und des Durchführungsübereinkommens sein können.

[83] Das entsprechende Antragsverfahren ist in Anlage III (Grundbedingungen für die Prospektion, Erforschung und Ausbeutung) des UNCLOS geregelt, das sowohl durch den Schutz vorbereitender Investitionen (*Preparatory Investment in Pioneer Activities Relating to Polymetallic Nodules* – Resolution II der 3. Seerechtskonferenz der Vereinten Nationen) als auch durch das Durchführungsübereinkommen (siehe Art. 2 Abs. 1 S. 2 des Durchführungsübereinkommens) geändert wird. Vgl. hierzu *Georg Dahm/Jost Delbrück/Rüdiger Wolfrum* (Hrsg.), Völkerrecht, Band I, Teilband 2, 2. Auflage 2002, § 128, S. 408 ff.; *Rüdiger Wolfrum,* Die Internationalisierung staatsfreier Räume, 1984, S. 432 ff.

[84] Vgl. für den Rat Abschnitt 3 (Beschlußfassung), Absatz 15 der Anlage zum Durchführungsübereinkommen; vgl. für die Rechts- und Fachkommission Art. 163 Abs. 2 des UNCLOS.

[85] Abschnitt 3 (Beschlußfassung), Absatz 13 der Anlage zum Durchführungsübereinkommen.

[86] Abschnitt 3 (Beschlußfassung), Absatz 11 lit. a) der Anlage zum Durchführungsübereinkommen. Vgl. zur Beschlußfassung nach Abschnitt 3 der Anlage zum Durchführungsübereinkommen *Rüdiger Wolfrum,* The Decision-Making Process According to Sec. 3 of the Annex to the Implementation Agreement: A Model to be Followed for Other International Economic Organisations?, ZaöRV 55 (1995), S. 310 ff.

Meeresbodenstreitigkeiten des Internationalen Seegerichtshofs ist nach Art. 187 lit. d) und e) UNCLOS sowohl zuständig für Streitigkeiten zwischen der Internationalen Meeresbodenbehörde und dem Antragsteller, dessen Antrag auf Bestätigung eines Arbeitsplans abgelehnt wurde, als auch für Streitigkeiten zwischen der Internationalen Meeresbodenbehörde und dem Antragsteller, dessen Antrag auf Bestätigung des Arbeitsplans angenommen wurde, wenn behauptet wird, daß die Internationale Meeresbodenbehörde nach Art. 22 der Anlage III (Grundbedingungen für die Prospektion, Erforschung und Ausbeutung) des UNCLOS haftet. Die endgültigen Entscheidungen der Kammer für Meeresbodenstreitigkeiten sind in jedem Vertragsstaat des UNCLOS vollstreckbar.[87]

Wäre die Europäische Gemeinschaft nicht imstande, sich an Integrationsstrukturen zu beteiligen, die, wie die Internationale Meeresbodenbehörde, die Übertragung von Hoheitsrechten verlangen, würde sie Gefahr laufen, ihren Vertragsschlußkompetenzen die praktische Wirksamkeit (*effet utile*) zu nehmen.[88] Kann der völkerrechtliche Vertrag, der die Übertragung von Hoheitsrechten auf Organe internationaler Organisationen bzw. völkerrechtlicher Verbände vorsieht, nur von der Europäischen Gemeinschaft und ihren Mitgliedstaaten gemeinsam geschlossen werden, weil ihre Vertragsschlußkompetenzen in dem durch den völkerrechtlichen Vertrag geregelten Bereich geteilt sind, würde die Ablehnung einer Kompetenz der Europäischen Gemeinschaft zur Übertragung von Hoheitsrechten zu der Situation führen, daß zwar die Mitgliedstaaten, nicht aber die Europäische Gemeinschaft, Hoheitsrechte auf die entsprechenden Organe übertragen könnten. Da die Kompetenz zur Übertragung von Hoheitsrechten der Europäischen Gemeinschaft auf die Organe anderer internationaler Organisationen bzw. völkerrechtlicher Verbände nur der Europäischen Gemeinschaft, nicht aber ihren Mitgliedstaaten, zustehen kann, könnten Hoheitsrechte im Bereich der ausschließlichen Zuständigkeit der Europäischen Gemeinschaft nicht übertragen werden. Sowohl die Europäische Gemeinschaft als auch ihre Mitgliedstaaten würden sich für den Völkerrechtsverkehr disqualifizieren, da den anderen Vertrags- und Mitgliedstaaten auch nicht mit einer Übertragung von Hoheitsrechten in einem Teilbereich des vom völkerrechtlichen Vertrag umfaßten Gegenstandes gedient wäre.

---

[87] Art. 21 der Anlage III (Grundbedingungen für die Prospektion, Erforschung und Ausbeutung) des Seerechtsübereinkommens.

[88] *Christoph Vedder,* Die EU und Internationale Organisationen – Perspektiven nach dem Vertrag von Amsterdam, in: Wolfgang Benedek/Hubert Isak/Renate Kicker (eds), Development and Developing International and European Law, 1999, S. 501 (512); *Christian Tomuschat,* in: Hans von der Groeben/Jochen Thiesing/Claus-Dieter Ehlermann (Hrsg.), Kommentar zum EU-/EG-Vertrag, 5. Auflage 1997/1999, Art. 210 EGV Rn. 10.

III. Die Grenzen der Kompetenz zur Übertragung von Hoheitsrechten

Nach der bisherigen Rechtsprechung des EuGH weist die Kompetenz der Europäischen Gemeinschaft zur Übertragung von Hoheitsrechten über die allgemeinen Grenzen der Vertragsschlußkompetenzen der Europäischen Gemeinschaft[89] hinaus Grenzen auf, wenn der völkerrechtliche Vertrag Bestimmungen der Gemeinschaftsrechtsordnung übernimmt. Die Autonomie der Gemeinschaftsrechtsordnung dürfe nicht dadurch beeinträchtigt werden, daß ein Organ der internationalen Organisation, unter deren Verwaltung der völkerrechtliche Vertrag stehe, bzw. des völkerrechtlichen Verbandes, der mit Abschluß des völkerrechtlichen Vertrages gegründet werde, mit der einheitlichen Auslegung des völkerrechtlichen Vertrages und damit auch der Bestimmungen der Gemeinschaftsrechtsordnung, die von ihm übernommen werden, betraut werde. Um herauszufinden, ob die Autonomie der Gemeinschaftsordnung noch gewahrt ist, hat der EuGH im Gutachten 1/00 über den Entwurf eines Übereinkommens über die Schaffung eines gemeinsamen europäischen Luftverkehrsraums unter Berufung auf die Gutachten 1/91 und 1/92 über verschiedene Entwürfe eines Abkommens über die Schaffung des Europäischen Wirtschaftsraums eine zweistufige Prüfung vorgenommen.

In einer ersten Stufe prüft er, ob die Zuständigkeiten der Europäischen Gemeinschaft und ihrer Organe, wie sie im Vertrag ausgestaltet sind, durch die Übertragung von Hoheitsrechten verfälscht werden.[90] Die Zuständigkeit des EuGH nach Art. 220 EGV für die Sicherung der Wahrung des Rechts bei der Auslegung und Anwendung des Gemeinschaftsrechts wird nach dem Gutachten 1/76 über den Entwurf zu einem Übereinkommen über die Errichtung eines europäischen Stillegungsfonds für die Binnenschiffahrt verfälscht, wenn Richter in das rechtsprechende Organ der internationalen Organisation bzw. des völkerrechtlichen Verbandes berufen werden, die bereits dem EuGH angehören.[91] Richtern, die zugleich Richter des EuGH

---

[89] Siehe oben Erster Teil, Zweites Kapitel, C.

[90] EuGH, Gutachten 1/00, 18.4.2002, Slg. 2002, I-3493, Rn. 12 (Entwurf eines Übereinkommens zwischen der Europäischen Gemeinschaft und Drittstaaten über die Schaffung eines gemeinsamen europäischen Luftverkehrsraums); EuGH, Gutachten 1/92, 10.4.1992, Slg. 1992, I-2821, Rn. 32 und 41 (Entwurf eines Abkommens zwischen der Europäischen Gemeinschaft einerseits und den Ländern der Europäischen Freihandelszone andererseits über die Schaffung eines Europäischen Wirtschaftsraums); EuGH, Gutachten 1/91, 14.12.1991, Slg. 1991, I-6079, Rn. 61–65 (Entwurf eines Abkommens zwischen der Gemeinschaft einerseits und den Ländern der Europäischen Freihandelszone andererseits über die Schaffung eines Europäischen Wirtschaftsraums).

[91] EuGH, Gutachten 1/76 26.4.1977, Slg. 1977, 741, Rn. 22 (Entwurf zu einem Übereinkommen über die Errichtung eines europäischen Stillegungsfonds für die

seien, falle es schwer, „in voller Unbefangenheit“[92] bzw. „in voller innerer Unabhängigkeit“[93] an Fragen heranzugehen, bei deren Entscheidung sie bereits im Rahmen des rechtsprechenden Organs der internationalen Organisation bzw. des völkerrechtlichen Verbandes mitgewirkt haben. Die Zuständigkeit des EuGH nach Art. 220 EGV wird nach anderen Gutachten auch dann verfälscht, wenn die Entscheidungen des EuGH für die Organe der internationalen Organisation bzw. des völkerrechtlichen Verbandes nicht verbindlich sind.[94] Der EuGH sei im EG-Vertrag als ein Gericht ausgestaltet, dessen Entscheidungen verbindlich seien.[95]

Kommt der EuGH zu dem Ergebnis, daß die Zuständigkeiten der Europäischen Gemeinschaft und ihrer Organe nicht verfälscht werden, untersucht er in einer zweiten Stufe, ob die Mechanismen, die der völkerrechtliche Vertrag vorsieht, um eine einheitliche Auslegung seiner Bestimmungen zu gewährleisten, dazu führen, daß der Europäischen Gemeinschaft und ihren Organen bei der Ausübung ihrer Zuständigkeiten eine bestimmte Auslegung der durch den völkerrechtlichen Vertrag übernommenen Gemeinschaftsvorschriften vorgegeben wird.[96] Eine bestimmte Auslegung wird der Europäi-

---

Binnenschiffahrt): „Deshalb ist der Gerichtshof der Ansicht, daß das Gericht des Fonds in der in Artikel 42 des Statuts geplanten Form nur errichtet werden kann, wenn bei seiner Bildung keine Richter berufen werden, die dem Gerichtshof angehören.“

[92] EuGH, Gutachten 1/76 26.4.1977, Slg. 1977, 741, Rn. 22 (Entwurf zu einem Übereinkommen über die Errichtung eines europäischen Stillegungsfonds für die Binnenschiffahrt).

[93] EuGH, Gutachten 1/91, 14.12.1991, Slg. 1991, I-6079, Rn. 52 (Entwurf eines Abkommens zwischen der Gemeinschaft einerseits und den Ländern der Europäischen Freihandelszone andererseits über die Schaffung eines Europäischen Wirtschaftsraums).

[94] EuGH, Gutachten 1/00, 18.4.2002, Slg. 2002, I-3493, Rn. 25 (Entwurf eines Übereinkommens zwischen der Europäischen Gemeinschaft und Drittstaaten über die Schaffung eines gemeinsamen europäischen Luftverkehrsraums); EuGH, Gutachten 1/92, 10.4.1992, Slg. 1992, I-2821, Rn. 22 (Entwurf eines Abkommens zwischen der Europäischen Gemeinschaft einerseits und den Ländern der Europäischen Freihandelszone andererseits über die Schaffung eines Europäischen Wirtschaftsraums); EuGH, Gutachten 1/91, 14.12.1991, Slg. 1991, I-6079, Rn. 61 (Entwurf eines Abkommens zwischen der Gemeinschaft einerseits und den Ländern der Europäischen Freihandelszone andererseits über die Schaffung eines Europäischen Wirtschaftsraums).

[95] EuGH, Gutachten 1/91, 14.12.1991, Slg. 1991, I-6079, Rn. 61 (Entwurf eines Abkommens zwischen der Gemeinschaft einerseits und den Ländern der Europäischen Freihandelszone andererseits über die Schaffung eines Europäischen Wirtschaftsraums).

[96] EuGH, Gutachten 1/00, 18.4.2002, Slg. 2002, I-3493, Rn. 13 (Entwurf eines Übereinkommens zwischen der Europäischen Gemeinschaft und Drittstaaten über die Schaffung eines gemeinsamen europäischen Luftverkehrsraums).

schen Gemeinschaft und ihren Organen nach dem Gutachten 1/91 vorgegeben, wenn das rechtsprechende Organ der internationalen Organisation bzw. des völkerrechtlichen Verbandes nur verpflichtet wird, die übernommenen Gemeinschaftsvorschriften im Lichte der bis zur Unterzeichnung des völkerrechtlichen Vertrages ergangenen Rechtsprechung des EuGH auszulegen.[97] Zwar erfordere die Wahrung der Autonomie der Gemeinschaftsrechtsordnung nicht, daß die übernommenen Gemeinschaftsvorschriften auch im Lichte der nach der Unterzeichnung des völkerrechtlichen Vertrages ergangenen Rechtsprechung des EuGH auszulegen seien. Es reiche auch die Schaffung entsprechender Verfahren aus, solange sie die spätere Rechtsprechung des Gerichtshofes nicht beeinträchtigen, d.h. die einheitliche Auslegung der Gemeinschaftsvorschriften gewährleisten.[98] Die spätere Rechtsprechung des Gerichtshofes hat der EuGH in den Vertragsentwürfen, die den Gutachten 1/92 und 1/00 zugrundelagen, als nicht beeinträchtigt angesehen.[99] Als „eine wesentliche, für die Autonomie der Gemeinschaftsrechtsordnung unerläßliche Garantie" hat er den in beiden Vertragsentwürfen enthaltenen Grundsatz bezeichnet, daß die verbindlichen Entscheidungen des Gemischten Ausschusses, der die Folgen der nach der Unterzeichnung des völkerrechtlichen Vertrags ergangenen Urteile, Beschlüsse und Entscheidungen des EuGH feststellt[100] bzw. im Rahmen der Streitbeilegung

---

[97] EuGH, Gutachten 1/91, 14.12.1991, Slg. 1991, I-6079, Rn. 45 f. (Entwurf eines Abkommens zwischen der Gemeinschaft einerseits und den Ländern der Europäischen Freihandelszone andererseits über die Schaffung eines Europäischen Wirtschaftsraums): „Folglich bestimmt das Ziel des Abkommens, mit dem die Homogenität des Rechts im gesamten Europäischen Wirtschaftsraum sichergestellt werden soll, nicht nur die Auslegung der Regeln des Abkommens, sondern auch die der entsprechenden Regeln des Gemeinschaftsrechts. Daraus folgt, daß der in dem Abkommen vorgesehene gerichtliche Mechanismus dadurch, daß er Festlegungen für die zukünftige Auslegung der Gemeinschaftsregeln auf dem Gebiet des freien Verkehrs und des Wettbewerbs trifft, Artikel 164 EWG-Vertrag und allgemeiner die Grundlagen der Gemeinschaft selbst beeinträchtigt."

[98] EuGH, Gutachten 1/00, 18.4.2002, Slg. 2002, I-3493, Rn. 36 (Entwurf eines Übereinkommens zwischen der Europäischen Gemeinschaft und Drittstaaten über die Schaffung eines gemeinsamen europäischen Luftverkehrsraums); EuGH, Gutachten 1/92, 10.4.1992, Slg. 1992, I-2821, Rn. 21–23 (Entwurf eines Abkommens zwischen der Europäischen Gemeinschaft einerseits und den Ländern der Europäischen Freihandelszone andererseits über die Schaffung eines Europäischen Wirtschaftsraums).

[99] EuGH, Gutachten 1/00, 18.4.2002, Slg. 2002, I-3493, Rn. 45 (Entwurf eines Übereinkommens zwischen der Europäischen Gemeinschaft und Drittstaaten über die Schaffung eines gemeinsamen europäischen Luftverkehrsraums); EuGH, Gutachten 1/92, 10.4.1992, Slg. 1992, I-2821, Rn. 35 (Entwurf eines Abkommens zwischen der Europäischen Gemeinschaft einerseits und den Ländern der Europäischen Freihandelszone andererseits über die Schaffung eines Europäischen Wirtschaftsraums).

tätig wird[101], der Rechtsprechung des EuGH, unabhängig von dem Zeitpunkt, zu dem sie ergangen ist, nicht zuwiderlaufen dürfen.[102]

Auf dem Gebiet des geistigen Eigentums sind die von der Rechtsprechung des EuGH entwickelten zusätzlichen Grenzen der Kompetenz der Europäischen Gemeinschaft zur Übertragung von Hoheitsrechten auf die Organe internationaler Organisationen bzw. völkerrechtlicher Verbände nur dann von Bedeutung, wenn die völkerrechtlichen Verträge, denen die Europäische Gemeinschaft beitreten möchte, Bestimmungen der Gemeinschaftsrechtsordnung übernehmen. Sind mit Bestimmungen der Gemeinschaftsrechtsordnung in Anlehnung an das nationale Verfassungsrecht der Mitgliedstaaten[103] nur grundlegende Bestimmungen des primären Gemeinschaftsrechts, insbesondere die Grundfreiheiten des Binnenmarktes, gemeint, werden sich die zusätzlichen Grenzen der Kompetenz der Europäischen Gemeinschaft zur Übertragung von Hoheitsrechten in der Regel nur auf den Abschluß von Handelsabkommen nach Art. 133 Abs. 1 EGV und Assoziierungsabkommen nach Art. 310 EGV auswirken, welche, je nach Integrationsniveau, nicht nur die Grundfreiheiten, sondern auch eine Art. 30 EGV entsprechende Ausnahmevorschrift zugunsten des geistigen Eigentums

---

[100] Vgl. z.B. Art. 23 des Entwurfs eines Übereinkommens über die Schaffung eines europäischen Luftverkehrsraums (abgedruckt in: EuGH Gutachten 1/00, 18.4.2002, Slg. 2002, I-3493 ff. (Entwurf eines Übereinkommens zwischen der Europäischen Gemeinschaft und Drittstaaten über die Schaffung eines gemeinsamen europäischen Luftverkehrsraums)).

[101] Vgl. z.B. Art. 27 des Entwurfs eines Übereinkommens über die Schaffung eines europäischen Luftverkehrsraums.

[102] EuGH, Gutachten 1/92, 10.4.1992, Slg. 1992, I-2821, Rn. 24 (Entwurf eines Abkommens zwischen der Europäischen Gemeinschaft einerseits und den Ländern der Europäischen Freihandelszone andererseits über die Schaffung eines Europäischen Wirtschaftsraums).

[103] Nach der Rechtsprechung des Bundesverfassungsgerichts ist die Grenze der Kompetenz Deutschlands zur Übertragung von Hoheitsrechten auf zwischenstaatliche Einrichtungen erreicht, wenn das „Grundgefüge der Verfassungsordnung" (BVerfGE 73, S. 339 (375)) oder die „fundamentalen Grundsätze des Verfassungsrechts" (BVerfGE 59, S. 63 (91)) betroffen sind. Vgl. hierzu ausführlich *Albrecht Randelzhofer,* in: Theodor Maunz/Günter Dürig (Hrsg.), Grundgesetz, Band III (Art. 20a-53), 42. Ergänzungslieferung – Februar 2003, Art. 24 Abs. 1 Rn. 69 ff. Die Rechtsprechung des französischen *Conseil constitutionnel* und des spanischen *Tribunal constitutional* verlangen eine Verfassungsänderung vor der Ratifikation eines völkerrechtlichen Vertrages, „lorsqu'un engagement international est contraire à une disposition de la Constitution ou porte atteinte aux conditions essentielles d'exercice de la souveraineté" (vgl. hierzu *Constance Grewe/Hélène Ruiz Fabri,* La situation respective du droit international et du droit communautaire dans le droit constitutionnel des États, in: Société Française pour le Droit international (éd.), Colloque de Bordeaux, Droit international et droit communautaire, Perspectives actuelles, 2000, S. 251 (260) m.w.N.).

enthalten können.[104] Erfassen Bestimmungen der Gemeinschaftsrechtsordnung aber auch solche des sekundären Gemeinschaftsrechts, wofür die Erwägung spricht, daß auch die einheitliche Auslegung des durch den völkerrechtlichen Vertrag übernommenen sekundären Gemeinschaftsrechts durch ein Organ der internationalen Organisation bzw. des völkerrechtlichen Verbandes die Zuständigkeiten der Europäischen Gemeinschaft und ihrer Organe verfälschen kann, könnten neben Handels- und Assoziierungsabkommen auch völkerrechtliche Verträge, die auf der Grundlage der Vertragsschlußkompetenz aus Art. 133 Abs. 5 UAbs. 1 EGV bzw. der impliziten, aus Art. 95 Abs. 1 S. 2 EGV abgeleiteten Vertragsschlußkompetenz der Europäischen Gemeinschaft geschlossen werden, in Betracht kommen. Allerdings ähneln die Vorschriften dieser völkerrechtlichen Verträge, anders als Assoziierungsabkommen, die, je nach Integrationsniveau, Richtlinien der Europäischen Gemeinschaft auf dem Gebiet des geistigen Eigentums übernehmen können, nur vereinzelt Regelungen des sekundären Gemeinschaftsrechts.[105] Diese Ähnlichkeit beruht nicht etwa auf der Übernahme von Bestimmungen der Gemeinschaftsrechtsordnung, sondern auf dem Umstand, daß sich das sekundäre Gemeinschaftsrecht parallel zu den völkerrechtlichen Verträgen auf dem Gebiet des geistigen Eigentums weiterentwickelt hat und ebenso wie diese neue technologische Errungenschaften berücksichtigt und in den Schutz des geistigen Eigentums aufnimmt.[106] Folglich sind die in der Rechtsprechung des EuGH entwickelten zusätzlichen Grenzen der Kompetenz der Europäischen Gemeinschaft zur Übertragung von Hoheitsrechten auf die Organe internationaler Organisationen bzw. völkerrechtlicher Verbände in der Regel nur für Handelsabkommen nach Art. 133 Abs. 1 EGV und Assoziierungsabkommen der Europäischen Gemeinschaft nach Art. 310 EGV, nicht aber für völkerrechtliche Verträge, die den Schutz des geistigen Eigentums in den Mittelpunkt ihrer Bestimmungen stellen, von Bedeutung.

---

[104] Siehe oben Erster Teil, Zweites Kapitel, A. III.

[105] Art. 10 Abs. 1 des TRIPs-Übereinkommens, der Computerprogramme als Werke der Literatur nach der Berner Übereinkünft zum Schutze von Werken der Literatur und der Kunst schützt, entspricht z.B. Art. 1 Abs. 1 S. 1 der Richtlinie (EWG) Nr. 250/91 des Rates vom 14. Mai 1991 über den Schutz von Computerprogrammen.

[106] *Alexander A. Caviedes,* International Copyright Law: Should the European Union dictate its development?, B. U. Int'l L. J. 16 (1998), S. 165 (167).

D. Die Kompetenz zur Mitwirkung im Entscheidungsprozeß der Organe internationaler Organisationen und völkerrechtlicher Verbände auf dem Gebiet des geistigen Eigentums

Nachdem sich die Vertragsschlußkompetenzen der Europäischen Gemeinschaft auf dem Gebiet des geistigen Eigentums auf jeden völkerrechtlich verbindlichen Akt beziehen, enthalten sie als „kleine Schwester" der *treaty making power* auch eine *policy making power* für die laufende Tätigkeit in einer internationalen Organisation, insbesondere für die Mitwirkung im Entscheidungsprozeß der Organe internationaler Organisationen und völkerrechtlicher Verbände auf dem Gebiet des geistigen Eigentums.[107] Art. 300 Abs. 2 UAbs. 2 EGV sieht ein vereinfachtes Verfahren für Beschlüsse zur Festlegung von Standpunkten vor, die im Namen der Europäischen Gemeinschaft in einem durch einen völkerrechtlichen Vertrag eingesetzten Organ zu vertreten sind.

Im folgenden wird die Mitwirkungskompetenz im Hinblick auf drei zentrale Punkte, die Ausübung des Stimmrechts durch die Europäische Gemeinschaft in den Organen internationaler Organisationen und völkerrechtlicher Verbände (I.), die Problematik der potentiellen Ausschließlichkeit (II.) und die Konkretisierung der Pflicht zur Zusammenarbeit im Rahmen der geteilten (Mitwirkungs-)Kompetenz (III.), einer eingehenderen Prüfung unterzogen.

I. Die Ausübung der Kompetenz: Das Stimmrecht in den Organen internationaler Organisationen und völkerrechtlicher Verbände

Die Ausübung der Mitwirkungskompetenz hängt von der Stellung ab, die der Europäischen Gemeinschaft in der internationalen Organisation bzw. in dem völkerrechtlichen Verband eingeräumt wird. In der Regel ist die Europäische Gemeinschaft bloße Beobachterin, die je nach Satzung der internationalen Organisation bzw. je nach völkerrechtlichem Vertrag berechtigt sein kann, Stellung zu nehmen, auf Stellungnahmen anderer zu erwidern, Vorschläge einzubringen und eigene Dokumente zu verteilen.[108] Nur als

---

[107] *Christian Tietje,* in: Eberhard Grabitz/Meinhard Hilf (Hrsg.), Das Recht der Europäischen Union, Band II EUV/EGV, 20. Ergänzungslieferung – Stand August 2002, Rn. 10 vor Art. 302–304; *Christoph Vedder,* Die EU und internationale Organisationen – Perspektiven nach dem Vertrag von Amsterdam, in: Wolfgang Benedek/Rupert Scholz/Renate Kicker (eds), Development and Developing International and European Law, 1999, S. 501 (512); *Ernst-Ulrich Petersmann,* Auswärtige Gewalt, Völkerrechtspraxis und Völkerrechtsbindungen der Europäischen Wirtschaftsgemeinschaft, ZaöRV 35 (1975), S. 213 (231 f.).

Mitglied bzw. Vertragspartei kann sie ihre Kompetenz zur Mitwirkung im Entscheidungsprozeß der Organe internationaler Organisationen und völkerrechtlicher Verbände voll ausüben, insbesondere abstimmen.

Im Bereich der geteilten Doppelmitgliedschaft der Europäischen Gemeinschaft und ihrer Mitgliedstaaten treffen die Satzungen der internationalen Organisationen, die sich dem Schutz des geistigen Eigentums verschrieben haben, Vorkehrungen, daß das Stimmrecht der Europäischen Gemeinschaft und ihrer Mitgliedstaaten nicht doppelt ausgeübt werden kann. Nimmt die Europäische Gemeinschaft anstelle ihrer Mitgliedstaaten an der Abstimmung teil, können die Mitgliedstaaten ihr Stimmrecht nicht mehr ausüben. Die Europäische Gemeinschaft verfügt nach Art. IX Abs. 1 S. 4 des WTO-Übereinkommens über eine Anzahl von Stimmen, die der Anzahl ihrer Mitgliedstaaten entspricht. Ähnliche Regelungen enthalten die gemischten Verträge auf dem Gebiet des geistigen Eigentums, denen die Europäische Gemeinschaft auf der Grundlage einer geteilten Vertragsschlußkompetenz beigetreten ist. Eine Vertragspartei, die wie die Europäische Gemeinschaft eine zwischenstaatliche Organisation ist, verfügt nach Art. 15 Abs. 3 lit. b) des WIPO-Urheberrechtsvertrags vom 20. Dezember 1996 (*WIPO Copyright Treaty,* WCT) und Art. 24 Abs. 3 lit. b) des WIPO-Vertrags über Darbietungen und Tonträger vom 20. Dezember 1996 (*WIPO Performances and Phonograms Treaty,* WPPT) ebenfalls über eine Anzahl von Stimmen, die der Anzahl ihrer Mitgliedstaaten entspricht.

Im Bereich der parallelen Doppelmitgliedschaft darf das Stimmrecht der Europäischen Gemeinschaft und ihrer Mitgliedstaaten dagegen nebeneinander ausgeübt werden. Bislang gibt es keine parallele Doppelmitgliedschaft der Europäischen Gemeinschaft und ihrer Mitgliedstaaten in einer internationalen Organisation, die sich dem Schutz des geistigen Eigentums verschrieben hat, aber völkerrechtliche Verträge, denen die Europäische Gemeinschaft auf der Grundlage einer parallelen Vertragsschlußkompetenz beigetreten ist bzw. beitreten könnte. Allerdings legt nur Art. 10 Abs. 3 lit. a) des Protokolls vom 28. Juni 1989 zum Madrider Abkommen über die internationale Registrierung von Marken (*Protocol Relating to the Madrid Agreement Concerning the International Registration of Marks,* Madrider Markenprotokoll) fest, daß die Europäische Gemeinschaft und ihre Mitgliedstaaten über jeweils eine Stimme verfügen. Art. 26 Abs. 6 lit. b) des Internationalen Übereinkommens über den Schutz von Pflanzenzüchtungen vom 2. Dezember 1961 (*International Convention for the Protection of New Varieties of Plants,* UPOV-Übereinkommen) und Art. 21 Abs. 4 lit. b) Nr. ii) des Haager Abkommens über die internationale Hinterlegung gewerblicher Muster und Modelle in der Genfer Fassung vom 2. Juli 1999

---

[108] Siehe oben Erster Teil, Drittes Kapitel, A.

(*Hague Agreement Concerning the International Deposit of Industrial Designs,* Haager Musterabkommen) schränken die Ausübung des Stimmrechts der Europäischen Gemeinschaft und ihrer Mitgliedstaaten in gleicher Weise ein wie die gemischten Verträge auf dem Gebiet des geistigen Eigentums.

II. Die Natur der Kompetenz: Die Problematik der potentiellen Ausschließlichkeit

Hat die Europäische Gemeinschaft sekundäres Gemeinschaftsrecht, das durch einen völkerrechtlichen Vertrag der Mitgliedstaaten beeinträchtigt werden würde, noch nicht erlassen, aber bereits geplant bzw. durch die Kommission vorgeschlagen, ist ihre Vertragsschlußkompetenz aus Art. 133 Abs. 5 UAbs. 1 EGV bzw. ihre implizite, aus Art. 95 Abs. 1 S. 2 EGV abgeleitete Vertragsschlußkompetenz auf dem Gebiet des geistigen Eigentums nur potentiell ausschließlich.[109]

Seit der Diplomatischen Konferenz, in der der Washingtoner Vertrag über den Schutz des geistigen Eigentums im Hinblick auf integrierte Schaltkreise (*Washington Treaty on Intellectual Property in Respect of Integrated Circuits)* verhandelt und am 26. Mai 1989 unterzeichnet wurde, ist anerkannt, daß die Europäische Gemeinschaft bereits auf der Grundlage einer potentiell ausschließlichen Vertragsschlußkompetenz völkerrechtliche Verträge auf dem Gebiet des geistigen Eigentums in den entsprechenden Ausschüssen der WIPO verhandeln kann.[110] Die traditionellen völkerrechtlichen Verträge auf dem Gebiet des geistigen Eigentums, wie etwa die Pariser Verbandsübereinkunft zum Schutz des gewerblichen Eigentums vom 20. März 1883 in der Stockholmer Fassung vom 14. Juli 1967 (*Paris Convention for the Protection of Industrial Property,* Pariser Verbandsübereinkunft) und die Berner Übereinkunft zum Schutz von Werken der Literatur und Kunst vom 9. September 1886 in der Pariser Fassung vom 24. Juli 1971 (*Berne Convention for the Protection of Literary and Artistic Works,* Berner Übereinkunft), sehen nur den Beitritt von Staaten, nicht aber von internationalen Organisationen vor. Der Europäischen Gemeinschaft ist es nicht zuzumuten, bei Verhandlungen neuerer völkerrechtlicher Verträge auf dem Gebiet des geistigen Eigentums nicht zumindest insoweit Einfluß nehmen zu können, als ihre spätere Beteiligung, im Falle des Erlasses des geplanten bzw. vorgeschlagenen sekundären Gemeinschaftsrechts, gesichert ist. Dies gilt um so mehr, als

[109] Siehe oben Erster Teil, Zweites Kapitel, B. V. 1. a).

[110] *Raimund Raith,* The European Community, the WTO-TRIPs Agreement and the WIPO Conventions, in: Vincent Kronenberger (ed.), The European Union and the International Legal Order: Discord or Harmony?, 2001, S. 239 (248 f.). Siehe oben Erster Teil, Drittes Kapitel, A.

die Rechte der Mitgliedstaaten nicht verletzt wären. Sie haben ihre Vertragsschlußkompetenz bei einer nur potentiellen Ausschließlichkeit zwar noch nicht verloren, sind indes nach Art. 10 EGV zur Gemeinschaftstreue bzw. zur Zusammenarbeit verpflichtet und darüber hinaus an die Pflichten gebunden, die der EuGH im Urteil „Kramer" niedergelegt hat.[111]

III. Die Grenzen der Kompetenz: Die Konkretisierung der Pflicht zur Zusammenarbeit im Rahmen der geteilten Kompetenz

Die Pflicht zur Zusammenarbeit bei der Durchführung eines völkerrechtlichen Vertrags auf dem Gebiet des geistigen Eigentums in den Organen, die von ihm geschaffen werden bzw. auf die er zurückgreift, kann durch eine Vereinbarung, wie sie dem EuGH im Urteil „FAO" vorlag, konkretisiert und vor dem EuGH durchgesetzt werden. Nr. 2.3. der Vereinbarung „betreffend die Vorbereitung von FAO-Sitzungen, die Abgabe von Stellungnahmen sowie die Stimmabgabe"[112] sieht vor, daß das Rede- und Stimmrecht von der Kommission ausgeübt wird, wenn der Schwerpunkt der Erörterungen auf einem Gebiet liegt, das in die ausschließliche Vertragsschlußkompetenz der Europäischen Gemeinschaft fällt, und von den Mitgliedstaaten, wenn der Schwerpunkt der Erörterungen auf einem Gebiet liegt, das in der Vertragsschlußkompetenz der Mitgliedstaaten verblieben ist. Mit Beschluß vom 22. November 1993 hat der Rat den Mitgliedstaaten das Stimmrecht für die Annahme des Übereinkommens zur Förderung der Einhaltung internationaler Erhaltungs- und Bewirtschaftungsmaßnahmen durch Fischereifahrzeuge auf Hoher See übertragen. Im Urteil „FAO" hat der EuGH nach der Feststellung, daß der wesentliche Gegenstand des der FAO-Konferenz unterbreiteten Übereinkommensentwurfs in die ausschließliche Vertragsschlußkompetenz der Europäischen Gemeinschaft fällt,[113] nicht nur an die Pflicht zur Zusammenarbeit zwischen den Mitgliedstaaten und den Organen der Europäischen Gemeinschaft im Rahmen der geteilten Kompetenz erinnert, sondern die Vereinbarung als Erfüllung dieser Pflicht betrachtet.[114] Die Vereinbarung, die bis zu diesem Zeitpunkt nur als *gentle-*

---

[111] EuGH, Verb. Rs. 3, 4 und 6/76, 14.7.1976, Slg. 1976, 1279, Rn. 44/45 (Cornelis Kramer u.a.).

[112] Diese Vereinbarung ist abgedruckt bei *Rachel Frid,* The Relations Between the EC and International Organizations, 1996, Annex VI, S. 398 ff.

[113] EuGH, Rs. C-25/94, 19.3.1996, Slg. 1996, I-1469, Rn. 45 (Kommission/Rat).

[114] EuGH, Rs. C-25/94, 19.3.1996, Slg. 1996, I-1469, Rn. 49 (Kommission/Rat): „Im vorliegenden Fall ist davon auszugehen, daß Nummer 2.3. der Vereinbarung zwischen dem Rat und der Kommission die Erfüllung dieser Pflicht zur Zusammenarbeit zwischen der Gemeinschaft und ihren Mitgliedstaaten im Rahmen der FAO darstellt."

man agreement angesehen worden war,[115] wurde rechtlich verbindlich. Der streitgegenständliche Beschluß des Rates, der Nr. 2.3. der Vereinbarung widersprach, verletzte die Pflicht zur Zusammenarbeit und wurde nach Art. 231 Abs. 1 EGV für nichtig erklärt.[116]

Auf dem Gebiet des geistigen Eigentums wurde die Pflicht zur Zusammenarbeit noch nicht durch einen Verhaltenskodex konkretisiert. Im Gutachten 1/94 hat der EuGH zwar ausgeführt, daß die Pflicht zur Zusammenarbeit „im Fall von Abkommen, wie sie dem WTO-Abkommen als Anhänge beigefügt sind, um so zwingender [ist] wegen des zwischen diesen bestehenden unauflöslichen Zusammenhangs und angesichts des Mechanismus wechselseitiger Retorsion, der mit der Vereinbarung über Regeln und Verfahren für die Streitbeilegung geschaffen wird".[117] Über den im Anschluß an das Gutachten 1/94 verhandelten *General Code of Conduct for the Participation of the Commission and the Member States in the Work of the WTO*[118] wurde jedoch ebensowenig Einigung erzielt wie über den auf der Regierungskonferenz in Nizza diskutierten Entwurf eines dem EG-Vertrag beizufügenden Protokolls zur „Teilnahme der Europäischen Gemeinschaft und ihrer Mitgliedstaaten an den Arbeiten der Welthandelsorganisation (WTO)"[119]. Die Erklärungen zum Beschluß 2000/278/EG des Rates vom 16. März 2000 über die Zustimmung – im Namen der Europäischen Gemeinschaft – zum WIPO-Urheberrechtsvertrag und zum WIPO-Vertrag über Darbietungen und Tonträger[120] bekräftigen nur, daß die Mitgliedstaaten und die Organe der Europäischen Gemeinschaft verpflichtet sind, sich gegenseitig zu informieren und sich zu bemühen, einen gemeinsamen Standpunkt zu finden,[121] konkretisieren diese Pflichten aber nicht.

---

[115] *Joni Heliskoski,* The „Duty of Cooperation" Between the European Community and its Member States within the World Trade Organization, FYIL 7 (1996), S. 59 (117 f.); *Jörn Sack,* The European Community's Membership of International Organizations, CMLRev. 32 (1995), S. 1227 (1253).

[116] EuGH, Rs. C-25/94, 19.3.1996, Slg. 1996, I-1469, Rn. 50 f. (Kommission/Rat): „Unter diesen Umständen ist festzustellen, daß der Rat gegen Nummer 2.3. der Vereinbarung, zu deren Beachtung er verpflichtet war, verstoßen hat [...]. Daher ist der Beschluß des Rates vom 22. November 1993 für nichtig zu erklären."

[117] EuGH, Gutachten 1/94, 15.11.1994, Slg. 1994, I-5267, Rn. 109 (Zuständigkeit der Gemeinschaft für den Abschluß völkerrechtlicher Abkommen auf dem Gebiet der Dienstleistungen und des Schutzes des geistigen Eigentums).

[118] Der Vorschlag, der den Verhandlungen zugrundelag, ist nicht veröffentlicht worden. Vgl. aber zu seinem Inhalt *Carmel Ní Chatháin,* The European Community and the Member States in the Dispute Settlement Understanding of the WTO: United or Divided?, ELJ 5 (1999), S. 461 (469).

[119] CONFER 4816/00.

[120] ABl. EU Nr. C 103 vom 11.4.2000, S. 1.

[121] Siehe oben Erster Teil, Zweites Kapitel, C. I.

In den Organen internationaler Organisationen, wie etwa der WTO, in denen die Europäische Gemeinschaft und die Mitgliedstaaten Mitglieder sind, besteht ohne einen konkretisierenden Verhaltenskodex die Gefahr, daß gemeinsame Standpunkte nur den kleinsten gemeinsamen Nenner in der Europäischen Gemeinschaft wiedergeben und sich die Europäische Gemeinschaft und die Mitgliedstaaten selbst blockieren. Allerdings muß sich diese Gefahr, wie das Beispiel der WTO zeigt,[122] nicht verwirklichen. In der Praxis folgen die Europäische Gemeinschaft und die Mitgliedstaaten einem ungeschriebenen Verhaltenskodex, wonach die Europäische Gemeinschaft, vertreten durch die Kommission, das Recht nach Art. 6 der Vereinbarung über Regeln und Verfahren zur Beilegung von Streitigkeiten vom 15. April 1994 (*Dispute Settlement Understanding,* DSU), ein *Panel* einzusetzen, und das Recht nach Art. 17 Abs. 4 DSU, Berufung beim *Appellate Body* einzulegen, erst wahrnimmt, nachdem sie die Mitgliedstaaten informiert und sich versichert hat, daß sich alle Mitgliedstaaten einig sind. Dies gilt unabhängig davon, ob ein Bereich betroffen ist, der in die ausschließliche bzw. ausgeübte konkurrierende Vertragsschlußkompetenz der Europäischen Gemeinschaft oder in die den Mitgliedstaaten verbliebene Vertragsschlußkompetenz fällt.[123] In internationalen Organisationen, wie etwa der WIPO, in denen die Europäische Gemeinschaft im Gegensatz zu den Mitgliedstaaten kein Mitglied, sondern lediglich Beobachter ist, fällt die Umsetzung der Pflicht zur Zusammenarbeit durch die Organe der Europäischen Gemeinschaft und die Mitgliedstaaten schwerer.[124] Nachdem die Europäische Gemeinschaft kein Mitglied der internationalen Organisation ist, ist sie darauf angewiesen, daß sie von den Mitgliedstaaten bei der Ausübung ihrer Mitglieds-

---

[122] *Joni Heliskoski,* Mixed Agreements as a Technique for Organizing the International Relations of the European Community and its Member States, 2001, S. 108; *Carmel Ní Chatháin,* The European Community and the Member States in the Dispute Settlement Understanding of the WTO: United or Divided?, ELJ 5 (1999), S. 461 (477); *Allan Rosas,* Mixed Union – Mixed Agreements, in: Martti Koskenniemi (ed.), International Law Aspects of the European Union, 1998, S. 125 (138): „[...I]n some organisations, notably the World Trade Organization, it is often possible in the day-to-day business to avoid battles of competence between the Commission and the Member States and to scecure some unity of representation through the former."

[123] *Carmel Ní Chatháin,* The European Community and the Member States in the Dispute Settlement Understanding of the WTO: United or Divided?, ELJ 5 (1999), S. 461 (471 ff.).

[124] *Allan Rosas,* The European Union and Mixed Agreements, in: Alan Dashwood/Christophe Hillion (eds), The General Law of E.C. External Relations, 2000, S. 200 (212); *Gregorio Garzón Clariana,* La mixité: le droit et les problèmes pratiques, in: Jacques H. J. Bourgeois/Jean-Louis Dewost/Marie-Ange Gaiffe (eds), La Communauté européenne et les accords mixtes, Quelles perspectives?, 1997, S. 15 (19 f.).

rechte angemessen beteiligt und ihr Standpunkt von den Mitgliedstaaten in den Organen der internationalen Organisation mitvertreten wird.

Die Schaffung einer breiteren rechtlichen Grundlage für die Pflicht zur Zusammenarbeit im Rahmen der geteilten Kompetenz auf dem Gebiet des geistigen Eigentums ist notwendig, solange Standpunkte, die in dem Organ einer internationalen Organisation bzw. eines völkerrechtlichen Verbandes vertreten werden, *ad hoc* und nach keinem einheitlichen Verfahren[125] getroffen werden.[126] Selbst dort, wo, wie z.B. im Fall der WTO, ein ungeschriebener Verhaltenskodex gegeben ist, besteht das Problem, das dieser im Streitfall nicht rechtlich erzwingbar ist. Die bestehenden Verhaltenskodices enthalten keine allgemeingültigen Aussagen, die sich auf die Zusammenarbeit im Rahmen der geteilten Kompetenz auf dem Gebiet des geistigen Eigentums übertragen ließen, weil sie sich auf internationale Organisationen bzw. völkerrechtliche Verträge unterschiedlichen Inhalts beziehen und die Verteilung der Kompetenzen zwischen der Europäischen Gemeinschaft und den Mitgliedstaaten jeweils eine andere ist.[127] Die Pflicht zur Zusammenarbeit setzt notwendig voraus, daß eine Seite, entweder die Europäische Gemeinschaft oder die Mitgliedstaaten, zu Lasten der jeweils anderen Seite ein Mehr an Mitwirkungskompetenz erhält.[128] Dies gilt insbesondere für die Pflicht zur Zusammenarbeit im Rahmen geteilter Kompetenzen, bei denen eine Abgrenzung der beteiligten Kompetenzen der Euro-

[125] *Stephen Hyett,* The Duty of Cooperation: A Flexible Concept, in: Alan Dashwood/Christophe Hillion (eds), The General Law of E.C. External Relations, 2000, S. 248 (251 f.), verweist auf bereits bestehende „well-established procedures for making decisions of an intergovernmental nature within the Council framework *i.e.* a Decision of the Representatives of the Governments of the Members States meeting within the Council“.

[126] *Carmel Ní Chatháin,* The European Community and the Member States in the Dispute Settlement Understanding of the WTO: United or Divided?, ELJ 5 (1999), S. 461 (477); *Joni Heliskoski,* Should There Be a New Article on External Relations?, in: Martti Koskenniemi (ed.), International Law Aspects of the European Union, 1998, S. 273 (285 ff.); *Joni Heliskoski,* The „Duty of Cooperation“ Between the European Community and its Member States within the World Trade Organization, FYIL 7 (1996), S. 59 (126 f.); *Jörn Sack,* The European Community's Membership of International Organizations, CMLRev. 32 (1995), S. 1227 (1256).

[127] *Barbara Dutzler,* The Representation of the EU and the Member States in International Organisations – General Aspects, in: Stefan Griller/Birgit Weidel (eds), External Economic Relations and Foreign Policy in the European Union, 2002, S. 151 (179); *Stephen Hyett,* The Duty of Cooperation: A Flexible Concept, in: Alan Dashwood/Christophe Hillion (eds), The General Law of E.C. External Relations, 2000, S. 248 (252 f.).

[128] *Barbara Dutzler,* The Representation of the EU and the Member States in International Organisations – General Aspects, in: Stefan Griller/Birgit Weidel (eds), External Economic Relations and Foreign Policy in the European Union, 2002, S. 151 (179).

päischen Gemeinschaft und ihrer Mitgliedstaaten nicht möglich ist (*total mix*). Wie im zweiten Teil dieser Arbeit ausgeführt wird, ist eine Abgrenzung der beteiligten Kompetenzen auf dem Gebiet des geistigen Eigentums möglich.[129] Die bisher diskutierten Verhaltenskodices zeigen jedoch, daß sich die Pflicht zur Zusammenarbeit auch im Rahmen geteilter Kompetenzen, bei denen eine Abgrenzung möglich ist (*partial mix*), nicht streng an der Kompetenzverteilung orientieren kann, wenn der Pflicht zur Zusammenarbeit nicht die praktische Wirksamkeit (*effet utile*) genommen werden soll.[130]

Die Frage, wer ein Mehr an Mitwirkungskompetenz erhalten soll, die Europäische Gemeinschaft oder die Mitgliedstaaten, läßt sich für die internationalen Organisationen, die sich dem Schutz des geistigen Eigentums verschrieben haben, und die völkerrechtlichen Verträge, denen die Europäische Gemeinschaft bislang nicht beitreten konnte, vergleichsweise einfach beantworten. Es kommen nur die Mitgliedstaaten in Betracht, da nur sie aufgrund der Satzung der internationalen Organisation bzw. des völkerrechtlichen Vertrags, der die Verbandsstruktur bildet, berechtigt sind, in den Organen mitzuwirken. Ungleich schwerer fällt die Bestimmung des „Letztverantwortlichen" bei den internationalen Organisationen und den völkerrechtlichen Verbänden, denen sowohl die Europäische Gemeinschaft als auch die Mitgliedstaaten beigetreten sind. Während die Kommission bereits in den Organen des Vorläufers des WTO-Übereinkommens, dem Allgemeinen Zoll- und Handelsabkommen vom 30. Oktober 1947 (*General Agreement on Tariffs and Trade,* GATT 1947),[131] Wortführer war,[132] kann in den völkerrechtlichen Verbänden, wie z.B. dem WCT und dem WPPT, in denen es keinen traditionellen Wortführer gibt, auf Art. 302 Abs. 2 EGV zurückgegriffen werden. Der Kommission steht zwar bei gemischten Verträgen keine umfassende ausschließliche Mitwirkungskompetenz zu. In den Bereichen, die in der Vertragsschlußkompetenz der Mitgliedstaaten verblieben sind, obliegt ihr die Pflege der Beziehungen zu internationalen Organisationen, einschließlich völkerrechtlicher Verbände, aber im Sinne einer Rückfallposition.[133] Alternativ könnte nach dem Vorbild der sog. „PROBA

---

[129] Siehe unten Zweiter Teil, Viertes Kapitel, A. I. 2. a) dd).

[130] *Barbara Dutzler,* The Representation of the EU and the Member States in International Organisations – General Aspects, in: Stefan Griller/Birgit Weidel (eds), External Economic Relations and Foreign Policy in the European Union, 2002, S. 151 (179). Siehe oben zur Unterscheidung zwischen *total mix* und *partial mix* Erster Teil, Zweites Kapitel, B. I. 1.

[131] BGBl. 1951 II, 173.

[132] *Stephen Hyett,* The Duty of Cooperation: A Flexible Concept, in: Alan Dashwood/Christophe Hillion (eds), The General Law of E.C. External Relations, 2000, S. 248 (252 f.).

20"-Formel von Fall zu Fall entscheiden werden,[134] nach dem Vorbild der Vereinbarung „betreffend die Vorbereitung von FAO-Sitzungen, die Abgabe von Stellungnahmen sowie die Stimmabgabe", darauf abgestellt werden, wer die überwiegende Vertragsschlußkompetenz für eine in den Organen erörterten Sachbereich besitzt,[135] oder nach dem Vorbild des Internen Abkommens zwischen den im Rat vereinigten Vertretern der Regierungen der Mitgliedstaaten über die zur Durchführung des AKP-EG-Partnerschaftsabkommens zu treffenden Maßnahmen und die dabei anzuwendenden Verfahren vom 18. September 2000[136] ein einheitliches, von der Kompetenzverteilung unabhängiges Verfahren für die Entscheidungsfindung in den Sachbereichen, die in die ausschießliche Vertragsschlußkompetenz der Europäischen Gemeinschaft bzw. der Mitgliedstaaten fallen, festgelegt werden.[137]

Der auf der Regierungskonferenz in Nizza diskutierte Entwurf eines dem EG-Vertrag beizufügenden Protokolls zur „Teilnahme der Europäischen Gemeinschaft und ihrer Mitgliedstaaten an den Arbeiten der Welthandelsorganisation (WTO)"[138] enthält einige Ideen zur Beantwortung der Frage, wie der Verlust der Europäischen Gemeinschaft bzw. der Mitgliedstaaten an Mitwirkungskompetenz ausgeglichen werden kann. Steht das Mehr an Kompetenz den Mitgliedstaaten in einer internationalen Organisation bzw. eines völkerrechtlichen Verbandes zu, der die Europäische Gemeinschaft nicht beigetreten ist, sollte dafür Sorge getragen werden, daß die Europäische Gemeinschaft über den Zeitpunkt und Inhalt aller Sitzungen informiert wird, und, sofern es die Satzung der internationalen Organisation bzw. der völkerrechtliche Vertrag, der die Verbandsstruktur bildet, erlaubt, an Sitzungen der Organe teilnehmen darf, wenn eine in ihre Zuständigkeit fallende Frage erörtert wird. Bei einer möglichen Abstimmung über diese Frage sollten die Mitgliedstaaten einheitlich und im Sinne des zuvor einge-

---

[133] *Christian Tietje,* in: Eberhard Grabitz/Meinhard Hilf (Hrsg.), Das Recht der Europäischen Union, Band II: EUV/EGV, 20. Ergänzungslieferung – Stand August 2002, Rn. 11 vor Art. 302–304 EGV und Art. 302 EGV Rn. 14.

[134] Die „PROBA 20"-Formel ist eine Vereinbarung zwischen dem Rat und der Kommission betreffend die Verhandlung von internationalen Rohstoffabkommen, die im Anschluß an das Gutachten 1/78 (EuGH, Gutachten 1/78, 4.10.1979, Slg. 1979, 2871 ff. (Internationales Naturkautschuk-Übereinkommen)) getroffen wurde. Sie ist abgedruckt bei *Edmond L. M. Völker/Jacques Steenbergen,* Leading Cases and Materials on the External Relations Law of the EC, 1985, S. 48 ff.

[135] *Iain MacLeod/I. D. Hendry/Stephen Hyett,* The External Relations of the European Communities, 1996, S. 150.

[136] ABl. EU Nr. L 317 vom 15.12.2000, S. 375 ff.

[137] *Joni Heliskoski,* Mixed Agreements as a Technique for Organizing the International Relations of the European Community and its Member States, 2001, S. 101 ff.

[138] CONFER 4816/00.

holten Standpunktes der Europäischen Gemeinschaft abstimmen. Vergleichbares gilt für internationale Organisationen bzw. völkerrechtliche Verbände, denen sowohl die Europäische Gemeinschaft als auch die Mitgliedstaaten beigetreten sind, und in deren Organen der Europäischen Gemeinschaft ein Mehr an Mitwirkungskompetenz zukommen soll. Auch hier sollten Informations-, Teilnahme- und Konsultationspflichten der Europäischen Gemeinschaft gegenüber den Mitgliedstaaten bestehen. Überlegenswert erscheint es außerdem, den Mitgliedstaaten die Mitwirkungskompetenz ausnahmsweise zu belassen, wenn es um eine Frage geht, die erkennbar in die Zuständigkeit der Mitgliedstaaten fällt und ein Konsens nicht erreicht werden kann.

Nachdem geklärt ist, daß sich die Pflicht zur Zusammenarbeit auf die Kompetenz der Europäischen Gemeinschaft und der Mitgliedstaaten im Bereich des geistigen Eigentums dergestalt auswirkt, daß einem von beiden ein Mehr an Mitwirkungskompetenz eingeräumt werden muß, stellt sich die abschließende Frage, in welcher rechtlichen Form die Pflicht zur Zusammenarbeit umgesetzt werden kann. Während keine Bedenken bestehen, wenn die Europäische Gemeinschaft die Ausübung ihrer Mitwirkungskompetenz zum Teil den Mitgliedstaaten überläßt, die Mitgliedstaaten sind dann „Sachwalter des gemeinsamen Interesses",[139] stellt sich die Frage, ob ein Mehr an Mitwirkungskompetenz der Europäischen Gemeinschaft zu Lasten der Mitgliedstaaten nach dem Prinzip der begrenzten Einzelermächtigung nach Art. 5 Abs. 1 EGV einer Änderung des EG-Vertrags bedarf. Davon ist, nachdem die Kommission in vielen Verhandlungen gemischter Verträge, um nur das WTO-Übereinkommen zu nennen, und in den WTO-Streitbeilegungsverfahren als einzige Vertreterin der Europäischen Gemeinschaft und der Mitgliedstaaten aufgetreten war, nicht auszugehen.[140] In dem Urteil „Parlament/Rat" hat der EuGH entschieden, daß „keine Bestimmung des Vertrages [...] die Mitgliedstaaten daran [hindert], außerhalb seines Rahmens Verfahrenselemente anzuwenden, die sich an den Vorschriften [des

---

[139] Vgl. zu diesem Begriff *Matthias Pechstein,* Die Mitgliedstaaten der EG als „Sachwalter des gemeinsamen Interesses", 1987. Der EuGH, Rs. 804/79, 5.5.1981, Slg. 1981, 1045, Rn. 23 ff. (Kommission/Vereinigtes Königreich), hat anerkannt, daß die Mitgliedstaaten im Bereich der ausschließlichen Kompetenzen der Europäischen Gemeinschaft ausnahmsweise nationale Regelungen erlassen dürfen, wenn der Rat keine entsprechenden Maßnahmen erläßt, obgleich solche unabweisbar notwendig sind. Ähnlich wie hier *Rachel Frid,* The Relations Between the EC and International Organizations, 1995, S. 216 ff.

[140] *Joni Heliskoski,* Mixed Agreements as a Technique for Organizing the International Relations of the European Community and its Member States, 2001, S. 112. Anders noch *W. H. Balekjian,* Mixed Agreements: Complementary and Concurrent Competences?, in: David O'Keeffe/Henry G. Schermers (eds), Mixed Agreements, 1983, S. 141 (148 f.).

Vertrages] orientieren, und die Gemeinschaftsorgane an einem solchen Verfahren zu beteiligen".[141]

E. Zusammenfassende Bewertung

Nur die Kompetenz der Europäischen Gemeinschaft, Beziehungen zu internationalen Organisationen, die sich dem Schutz des geistigen Eigentums verschrieben haben, und völkerrechtlichen Verbänden, die eigene Rechtspersönlichkeit besitzen, zu pflegen, ist in Art. 302 Abs. 2 EGV ausdrücklich geregelt. Im übrigen ergeben sich die Kompetenzen der Europäischen Gemeinschaft zur Mitwirkung in internationalen Organisationen und Organen völkerrechtlicher Verbände, d.h. die Kompetenz zur Gründung von bzw. zum Beitritt zu internationalen Organisationen, die Kompetenz zur Übertragung von Hoheitsrechten auf die Organe internationalen Organisationen und völkerrechtlicher Verbände und die Kompetenz zur Mitwirkung im Entscheidungsprozeß der Organe internationaler Organisationen und völkerrechtlicher Verbände, aus den Vertragsschlußkompetenzen der Europäischen Gemeinschaft auf dem Gebiet des geistigen Eigentums und teilen deren Fehler. Sie können ein uneinheitliches Auftreten der Europäischen Gemeinschaft und ihren Mitgliedstaaten in den Organen internationaler Organisationen und völkerrechtlicher Verbände nicht verhindern.[142] Ihre Verwirklichung in materiell- und verfahrensrechtlicher Hinsicht hängt zudem davon ab, welche Möglichkeiten die Satzung der internationalen Organisation bzw. der völkerrechtliche Vertrag, der die Verbandsstruktur bildet, der Europäischen Gemeinschaft einräumt.

Die Verteilung der Kompetenzen zur Mitwirkung in internationalen Organisationen und Organen völkerrechtlicher Verbände ist insofern defizitär, als die Kompetenz zur Mitwirkung im Entscheidungsprozeß der Organe internationaler Organisationen und völkerrechtlicher Verbände an die Vertragsschlußkompetenzen der Europäischen Gemeinschaft anknüpft. Aus der Umsetzung der Pflicht zur Zusammenarbeit ergibt sich jedoch notwendig, daß eine Seite, entweder die Europäische Gemeinschaft oder die Mitgliedstaaten, zu Lasten der jeweils anderen ein Mehr an Mitwirkungskompetenz erhalten muß.

---

[141] EuGH, Rs. C-316/91, 2.3.1994, Slg. 1994, I-625, Rn. 41 (Parlament/Rat).

[142] Siehe oben Erster Teil, Zweites Kapitel, C. III.

Viertes Kapitel

Ausblick

Die Erklärung von Laeken vom 15. Dezember 2001 zur Zukunft der Europäischen Union[1] hat die Frage aufgeworfen, ob und inwieweit die Kompetenz der Europäischen Gemeinschaft zur Regelung bzw. zur Mitwirkung an der Regelung geistigen Eigentums neu geordnet werden muß. In den vorangegangenen Kapiteln ist deutlich geworden, daß die Außenkompetenzen der Europäischen Gemeinschaft zur Regelung bzw. zur Mitwirkung an der Regelung geistigen Eigentums nur rudimentär im EG-Vertrag geregelt sind und alle rechtsfortbildenen Elemente der Rechtsprechung des EuGH, die das Bundesverfassungsgericht im Maastricht-Urteil genannt hat, zu ihrer Begründung herangezogen worden sind. Nur „eine[r] großzügigen Handhabung des Art. [308 EGV] im Sinne einer ‚Vertragsabrundungskompetenz'"[2] hat es nicht bedurft. Bei der Frage, ob und inwieweit die Kompetenz der Europäischen Gemeinschaft zur Regelung bzw. zur Mitwirkung an der Regelung geistigen Eigentums neu geordnet werden muß, ist zu berücksichtigen, daß „die neu bestimmte Aufteilung der Zuständigkeiten" nach der Erklärung von Laeken nicht nur nicht „zu einer schleichenden Ausuferung der Zuständigkeiten der Union oder zu einem Vordringen in die Bereiche der ausschließlichen Zuständigkeit der Mitgliedstaaten [führen soll]." Die Union soll vielmehr „auch in Zukunft [..] auf neue Herausforderungen und Entwicklungen reagieren und neue Politikbereiche erschließen können".

Obwohl der Europäischen Gemeinschaft keine ausdrückliche Kompetenz zur Setzung von sekundärem Gemeinschaftsrecht übertragen wurde, ist die bestehende Verteilung der Kompetenzen im Hinblick auf die möglichst weitgehende Angleichung bzw. einheitliche Gestaltung der Rechte des geistigen Eigentums durch sekundäres Gemeinschaftsrecht sachgerecht. Die Europäische Gemeinschaft kann auf der Grundlage von Art. 133 Abs. 1 EGV die Rechte des geistigen Eigentums an der Außengrenze der Europäischen Gemeinschaft schützen und auf der Grundlage von Art. 95 Abs. 1 S. 2 EGV zum einen das Schutzlandprinzip überwinden, d.h. die Rechts- und Verwaltungsvorschriften der Mitgliedstaaten über die Rechte des geistigen Eigentums aneinander angleichen, und zum anderen das Territorialitätsprinzip überwinden, d.h. gewerbliche Gemeinschaftsschutzrechte schaffen. Die Europäische Gemeinschaft besitzt allerdings nicht die Kompetenz, einheitliche Grundsätze zum Schutz des geistigen Eigentums festzulegen und

[1] http://europa.eu.int/futurum/documents/offtext/doc151201_de.htm, letzte Abfrage: 19.5.2004.

[2] BVerfGE 89, S. 155 (210).

sich für eine bestimmte Rechtstradition zu entscheiden, im Bereich des Urheberrechts und der verwandten Schutzrechte etwa für das *droit d'auteur-* oder das *copyright*-System.[3]

Die Europäische Gemeinschaft kann die Rechts- und Verwaltungsvorschriften der Mitgliedstaaten über die Rechte des geistigen Eigentums nur punktuell angleichen. Eine punktuelle Rechtsangleichung kann nicht nur die Kohärenz der Rechtsordnungen der Mitgliedstaaten beeinträchtigen, sondern läuft auch Gefahr, auf der Ebene der Europäischen Gemeinschaft kein systematisch geordnetes Recht zu schaffen.[4] Diese Gefahr ist weniger ausgeprägt im Bereich der gewerblichen Schutzrechte, die voneinander unabhängig sind. Die Angleichung des einen gewerblichen Schutzrechts bedeutet nicht die Angleichung aller anderen gewerblichen Schutzrechte. Wo es Überschneidungen gibt, enthalten die Richtlinien über die gewerblichen Schutzrechte Bestimmungen, die andere Formen des Schutzes ausdrücklich unberührt lassen.[5] Im Bereich des Urheberrechts und der verwandten Schutzrechte hingegen muß der Schutz der Werkkategorien, die im Zuge des technologischen Fortschritts neu entstehen, aufeinander abgestimmt werden.[6] Das Grünbuch „Urheberrecht und verwandte Schutzrechte in der Informationsgesellschaft" vom 19. Juli 1995 spricht von „eine[r] Reihe von

---

[3] Vgl. zur parallelen Diskussion zur Schaffung eines Europäischen Zivilgesetzbuches *Arno Johannes Engel,* Ein Europäisches Zivilgesetzbuch? Zukunftsperspektiven aus dem Blickwinkel der Gemeinschaftskompetenz, ZfRV 40 (1999), S. 121 ff.

[4] *Michel M. Walter,* Stand der Harmonisierung und Ausblick, in: Michel M. Walter (Hrsg.), Europäisches Urheberrecht, 2001, Rn. 115; *Hanns Ullrich,* Die gemeinschaftsrechtliche Gestaltung des Wettbewerbsrechts und des Rechts des geistigen Eigentums – eine Skizze, in: Peter-Christian Müller-Graff (Hrsg.), Gemeinsames Privatrecht in der Europäischen Gemeinschaft, 1993, S. 325 (369); *Peter-Christian Müller-Graff,* Europäisches Gemeinschaftsrecht und Privatrecht, NJW 46 (1993), S. 13 (19 f.); *Winfried Tilmann,* Der gewerbliche Rechtsschutz vor den Konturen eines europäischen Privatrechts, GRUR Int. 1993, S. 275 (277 f.).

[5] Vgl. z.B. Art. 9 der Richtlinie 2001/29/EG des Europäischen Parlaments und des Rates vom 22. Mai 2001 zur Harmonisierung bestimmter Aspekte des Urheberrechts und der verwandten Schutzrechte in der Informationsgesellschaft; Art. 16 der Richtlinie 98/71/EG des Europäischen Parlaments und des Rates vom 13. Oktober 1998 über den rechtlichen Schutz von Mustern und Modellen; Art. 13 der Richtlinie 96/9/EG des Europäischen Parlaments und des Rates vom 11. März 1996 über den rechtlichen Schutz von Datenbanken; Art. 5 der Richtlinie 93/83/EWG des Rates vom 27. September 1983 zur Koordinierung bestimmter urheber- und leistungsschutzrechtlicher Vorschriften betreffend Satellitenrundfunk und Kabelweiterverbreitung; Art. 14 der Richtlinie 92/100/EWG des Rates vom 19. November 1992 zum Vermietrecht und Verleihrecht sowie zu bestimmten dem Urheberrecht verwandten Schutzrechten im Bereich des geistigen Eigentums.

[6] *Petra Buck,* Die EG-Rechtsvereinheitlichung auf dem Gebiet des geistigen Eigentums, EWS 2 (1991), S. 329 (332 f.).

– zuweilen überstürzten – Reaktionen und Anpassungen der rechtlichen Rahmenbedingungen an die technische Entwicklung".[7]

Trotz dieser Gefahr muß der Europäischen Gemeinschaft keine ausdrückliche Kompetenz zur Setzung von sekundärem Gemeinschaftsrecht, einschließlich einheitlicher Grundsätze, auf dem Gebiet des geistigen Eigentums übertragen werden. Wenn die Europäische Gemeinschaft auf der Grundlage von Art. 133 Abs. 1 und Art. 95 Abs. 1 S. 2 EGV auch keine einheitlichen Grundsätze festlegen kann, anhand derer sich die Rechtsangleichung weiterentwickelt, ist es ihr gleichwohl möglich, die anzugleichenden Teilsektoren konzeptionell aufeinander abzustimmen. Die einzelnen Angleichungsschritte können für sich, ohne daß sie allgemeinen, bereits niedergelegten Grundsätzen folgen, richtungsweisend und beispielgebend für die künftige Rechtsentwicklung sein.[8] Die Richtlinie 2001/29/EG des Europäischen Parlaments und des Rates vom 22. Mai 2001 zur Harmonisierung bestimmter Aspekte des Urheberrechts und der verwandten Schutzrechte in der Informationsgesellschaft beruht ausdrücklich auf den Grundsätzen und Bestimmungen, die in den einschlägigen geltenden Richtlinien bereits festgeschrieben sind. „Die betreffenden Grundsätze und Bestimmungen werden fortentwickelt und in den Rahmen der Informationsgesellschaft eingeordnet".[9] In der Literatur werden Ansätze eines zumindest weite Teile abdeckenden „europäischen" Urheberrechts erkannt und dargestellt.[10]

Wenngleich der Europäischen Gemeinschaft eine ausdrückliche Kompetenz zum Abschluß von bzw. zum Beitritt zu völkerrechtlichen Verträgen übertragen wurde, ist fraglich, ob die bestehende Verteilung der Kompetenzen im Hinblick auf die möglichst weitgehende Angleichung bzw. einheitliche Gestaltung der Rechte des geistigen Eigentums durch völkerrechtliche Verträge sachgerecht ist. Obwohl Art. 133 Abs. 5 UAbs. 1 und Art. 133 Abs. 7 EGV das geistige Eigentum der gemeinsamen Handelspolitik im weiteren Sinne, die in Titel IX des EG-Vertrags geregelt wird, zuordnen, werden die Außenkompetenzen der Europäischen Gemeinschaft auf dem Gebiet des geistigen Eigentums ebenso wie die Innenkompetenzen der Europäischen Gemeinschaft auf dem Gebiet des geistigen Eigentums überwiegend durch die Erfordernisse des Binnenmarkts bestimmt.[11] Beide Außenkompe-

---

[7] KOM (95) 382 endg., S. 24.

[8] *Petra Buck,* Die EG-Rechtsvereinheitlichung auf dem Gebiet des geistigen Eigentums, EWS 2 (1991), S. 329 (333).

[9] Erwägungsgrund 19 der Richtlinie 2001/29/EG.

[10] *Michel M. Walter,* Stand der Harmonisierung, in: Michel M. Walter (Hrsg.), Europäisches Urheberrecht, 2001, Rn. 4 ff.

[11] Anders, wenn auch ohne Berücksichtigung von Art. 133 Abs. 3 UAbs. 1 S. 2 und Art. 133 Abs. 6 UAbs. 1 EGV, *Anita Lukaschek/Birgit Weidel,* Exclusive External Competence of the European Community, in: Stefan Griller/Birgit Weidel (eds),

tenzen bestehen wegen des in Art. 133 Abs. 3 UAbs. 1 S. 3 und Art. 133 Abs. 6 UAbs. 1 EGV niedergelegten Grundsatzes der Kongruenz von Innen- und Außenkompetenz nur im Umfang von Art. 95 Abs. 1 S. 2 EGV. Darüber hinaus wird die Außenkompetenz aus Art. 133 Abs. 5 UAbs. 1 EGV nur in dem Maße ausschließlich, wie das auf der Grundlage von Art. 95 Abs. 1 S. 2 EGV erlassene sekundäre Gemeinschaftsrecht durch einen völkerrechtlichen Vertrag der Mitgliedstaaten beeinträchtigt werden würde.

Art. 133 Abs. 5 UAbs. 1 EGV bzw. die implizite, aus Art. 95 Abs. 1 S. 2 EGV abgeleitete Außenkompetenz gefährden nicht nur die internationale Handlungsfähigkeit,[12] sondern auch die Kohärenz des wirtschafts- und außenpolitischen Handelns der Europäischen Gemeinschaft. Art. 133 Abs. 5 UAbs. 1 EGV verleiht der Europäischen Gemeinschaft lediglich eine Kompetenz „für die Aushandlung und den Abschluß von Abkommen betreffend [...] Handelsaspekte des geistigen Eigentums", nicht aber eine Art. 133 Abs. 1 EGV vergleichbare Kompetenz, einheitliche Grundsätze im Außenverhältnis zu entwickeln.[13] Zwar erlaubt Art. 133 Abs. 7 EGV die Erstrekkung des Anwendungsbereichs des Art. 133 Abs. 1 EGV auf das geistige Eigentum durch einen einstimmigen Beschluß des Rates, aber nur „soweit [es] durch Absatz 5 nicht erfaßt [ist]", d.h. nur auf die Aspekte des geistigen Eigentums, die keine Handelsaspekte des geistigen Eigentums sind. Die Gefahr der Inkohärenz des wirtschafts- und außenpolitischen Handelns kann zwar dadurch überwunden werden, daß sich die Europäische Gemeinschaft und die Mitgliedstaaten auf einheitliche Grundsätze einigen. Die Mitgliedstaaten sind im Rahmen der geteilten Kompetenz nach der Rechtsprechung des EuGH verpflichtet, bei der Aushandlung, des Abschlusses und der Durchführung eines völkerrechtlichen Vertrags mit den Organen der Europäischen Gemeinschaft zusammenzuarbeiten. Ist ihr Bemühen, einen gemeinsamen Standpunkt zu finden, jedoch gescheitert, dürfen die Mitgliedstaaten einen eigenen Standpunkt einnehmen. Dabei können sie von Drittstaaten beeinflußt werden.[14] Im Rahmen der parallelen Kompetenz können die Mitgliedstaaten sogar einen eigenen Standpunkt einnehmen, ohne sich um einen gemeinsamen Standpunkt bemühen zu müssen.

Nach Art. III-217 Abs. 1 S. 1 des Entwurfs eines Vertrags über eine Verfassung für Europa vom 18. Juli 2003[15] sind die Handelsaspekte des geisti-

---

External Economic Relations and Foreign Policy in the European Union, 2002, S. 113 (118 ff.).

[12] *Horst Günter Krenzler/Christian Pitschas,* Fortschritt oder Stagnation? Die gemeinsame Handelspolitik nach Nizza, EuR 37 (2001), S. 442 (460).

[13] Ähnlich bereits *Piet Eeckhout,* The European Internal Market and International Trade, 1994, S. 350.

[14] Vgl. *Horst Günter Krenzler/Christian Pitschas,* Fortschritt oder Stagnation? Die gemeinsame Handelspolitik nach Nizza, EuR 37 (2001), S. 442 (460).

gen Eigentums Teil der gemeinsamen Handelspolitik.[16] Der Abschluß von Zoll- und Handelsabkommen betreffend die Handelsaspekte des geistigen Eigentums kann wie der Abschluß von Zoll- und Handelsabkommen betreffend den Handel mit Waren und Dienstleistungen von der Europäischen Gemeinschaft nicht nur nach einheitlichen Grundsätzen gestaltet werden. Die Gestaltung der einheitlichen Grundsätze bedarf insbesondere nicht der Mitwirkung der Mitgliedstaaten. Die Kompetenz der Europäischen Gemeinschaft für die Handelsaspekte des geistigen Eigentums ist nach Art. I-12 Abs. 1 Spiegelstrich 2 des Entwurfs eines Vertrags über eine Verfassung für Europa vom 18. Juli 2003[17] ausschließlich und damit nicht mehr nur dann ausschließlich, wenn das auf der Grundlage von Art. 95 Abs. 1 S. 2 EGV erlassene sekundäre Gemeinschaftsrechts durch einen völkerrechtlichen Vertrag der Mitgliedstaaten beeinträchtigt werden würde.[18]

Es ist allerdings fraglich, ob die Beschränkung der ausschließlichen Außenkompetenz der Europäischen Gemeinschaft auf die Handelsaspekte des geistigen Eigentums sachgerecht ist. Die Außenkompetenz der Europäischen Gemeinschaft ist im Hinblick auf die Aspekte des geistigen Eigentums, die erstens keine Handelsaspekte des geistigen Eigentums sind, d.h. nicht im Übereinkommen über die handelsbezogenen Aspekte des geistigen Eigentums vom 15. April 1994 (*Agreement on Trade-Related Aspects of Intellectual Property Rights,* TRIPs-Übereinkommen) geregelt sind, und zweitens nicht im sekundären Gemeinschaftsrecht geregelt sind, das durch einen völkerrechtlichen Vertrag der Mitgliedstaaten beeinträchtigt werden würde, weiterhin konkurrierend. Durch die Aufnahme der Handelsaspekte des geistigen Eigentums in die gemeinsame Handelspolitik hält die Europäische Gemeinschaft zwar mit der Entwicklung des Wirtschaftsvölkerrechts Schritt, aber auch nur bis zum Abschluß des TRIPs-Übereinkommens. „[D]ie neu bestimmte Aufteilung der Zuständigkeiten“ soll nach der Erklä-

---

[15] CONV 850/03.

[16] Art. III-217 Abs. 1 S. 1 des Entwurfs lautet:
„Die gemeinsame Handelspolitik wird nach einheitlichen Grundsätzen gestaltet; dies gilt insbesondere für die Änderung von Zollsätzen, den Abschluß von Zoll- und Handelsabkommen betreffend den Handel mit Waren und Dienstleistungen sowie die Handelsaspekte des geistigen Eigentums, die ausländischen Direktinvestitionen, die Vereinheitlichung der Liberalisierungsmaßnahmen, die Ausfuhrpolitik und die handelspolitischen Schutzmaßnahmen, zum Beispiel im Fall von Dumping und Subventionen.“

[17] CONV 850/03.

[18] *Marise Cremona,* The Draft Constitutional Treaty: External Relations and External Action, CMLRev. 40 (2003), S. 1347 (1363). Dagegen ist die Kompetenz zur binnenmarktdienlichen Rechtsangleichung nach Art. III-14 Abs. 1 i.V.m. Art. I-13 Abs. 2 Spiegelstrich 1 des Entwurfs eines Vertrags für eine Verfassung für Europa vom 18. Juli 2003 nach wie vor konkurrierend.

rung von Laeken aber nicht nur den status quo festschreiben. Die Europäische Gemeinschaft soll vielmehr auch in der Zukunft auf neue Herausforderungen und Entwicklungen reagieren, insbesondere Weiterentwicklungen des TRIPs-Übereinkommens mittragen, können. Das geistige Eigentum hätte wie der Bereich der Dienstleistungen als solches in die gemeinsame Handelspolitik aufgenommen werden sollen.

Der Grundsatz der Kongruenz von Innen- und Außenkompetenz könnte ein einschränkendes Korrektiv darstellen. Die Außenkompetenz der Europäischen Gemeinschaft für die Handelsaspekte des geistigen Eigentums besteht nach dem Entwurf eines Vertrags über eine Verfassung für Europa vom 18. Juli 2003 nach wie vor nur im Umfang von Art. 95 Abs. 1 S. 2 EGV, d.h. nur insoweit, als die Entwicklung des Wirtschaftsvölkerrechts auf dem Gebiet des geistigen Eigentums die Voraussetzungen für die Errichtung und das Funktionieren des Binnenmarkts verbessern kann. Art. III-217 Abs. 5[19] entspricht Art. 133 Abs. 6 EGV und bekräftigt den in Art. III-193 Abs. 3 UAbs. 2 S. 1[20] erstmals allgemein niedergelegten Grundsatz der Kongruenz von Innen- und Außenkompetenz.

Es sind allerdings Zweifel angebracht, ob die Außenkompetenz der Europäischen Gemeinschaft auf dem Gebiet des geistigen Eigentums sinnvoll durch die Erfordernisse des Binnenmarkts bestimmt werden kann. Dem Binnenmarkt fehlt nicht nur der Außenbezug. Das auf der Grundlage von Art. 95 Abs. 1 S. 2 EGV erlassene sekundäre Gemeinschaftsrecht auf dem Gebiet des geistigen Eigentums weist nur insofern einen Außenbezug auf, als es Regelungen enthält, die den Grundsatz der materiellen Gegenseitigkeit im Verhältnis zu Drittstaaten aufrechterhalten bzw. einführen.[21] Es ist auch fraglich, ob sich die Ziele des Wirtschaftsvölkerrechts, die notwendig hinter den Zielen des eine engere Integration anstrebenden Binnenmarkts zurückbleiben,[22] immer positiv auf den Binnenmarkt auswirken. Um ein

---

[19] Art. III-217 Abs. 5 des Entwurfs lautet:

„Die Ausübung der in diesem Artikel übertragenen handelspolitischen Befugnisse hat keine Auswirkungen auf die Kompetenzabgrenzung zwischen der Union und den Mitgliedstaaten und führt nicht zu einer Harmonisierung der Rechts- und Verwaltungsvorschriften der Mitgliedstaaten, soweit eine solche Harmonisierung in der Verfassung ausgeschlossen wird."

[20] Art. III-188 Abs. 3 UAbs. 2 S. 1 des Entwurfs lautet:

„Die Union achtet auf die Kohärenz zwischen den einzelnen Bereichen ihres auswärtigen Handelns sowie zwischen diesen und ihren übrigen Politikbereichen."

[21] *Armin von Bogdandy,* Allgemeine Charakteristika und systematische Aspekte, in: Eberhard Grabitz/Armin von Bogdandy/Martin Nettesheim (Hrsg.), Europäisches Außenwirtschaftsrecht, 1994, S. 367 (372), der Reziprozitätserfordernisse als dritte Kategorie des Außenbezugs des Binnenmarkts nennt.

[22] Vgl. z.B. *Piet Eeckhout,* The European Internal Market and International Trade, 1994, S. 358: „Such regional integration goes further than the degree of

schleichendes Vordringen der Europäischen Gemeinschaft in die Bereiche der ausschließlichen Kompetenzen der Mitgliedstaaten zu verhindern, ist der Grundsatz der Kongruenz von Innen- und Außenkompetenz jedoch solange beizubehalten, wie die Europäische Gemeinschaft international handlungsfähig bleibt.

---

trade and economic liberalization agreed upon at the multilateral level, mainly within the GATT."

Zweiter Teil

Das Verhältnis der völkerrechtlichen Verträge auf dem Gebiet des geistigen Eigentums zum Gemeinschaftsrecht und zum innerstaatlichen Recht

Im ersten Teil der Arbeit wurde die Kompetenz der Europäischen Gemeinschaft zur Regelung bzw. zur Mitwirkung an der Regelung geistigen Eigentums dargestellt und die Verteilung der Kompetenzen zwischen der Europäischen Gemeinschaft und ihren Mitgliedstaaten daraufhin überprüft, ob sie im Hinblick auf die möglichst weitgehende Angleichung bzw. einheitliche Gestaltung der Rechte des geistigen Eigentums sachgerecht ist. Die Zielsetzung der Europäischen Gemeinschaft nach Art. 2 EGV erfordert aber nicht nur, Rechte des geistigen Eigentums durch die Setzung von sekundärem Gemeinschaftsrecht und den Abschluß völkerrechtlicher Verträge möglichst weitgehend aneinander anzugleichen bzw. einheitlich zu gestalten, sondern auch, völkerrechtliche Verträge auf dem Gebiet des geistigen Eigentums einheitlich durchzusetzen.

Auf der Grundlage der im ersten Teil dargestellten Verteilung der Kompetenzen zwischen der Europäischen Gemeinschaft und ihren Mitgliedstaaten zur Regelung bzw. zur Mitwirkung an der Regelung geistigen Eigentums untersucht der zweite Teil der Arbeit, ob die völkerrechtlichen Verträge auf dem Gebiet des geistigen Eigentums in der Europäischen Gemeinschaft und in ihren Mitgliedstaaten einheitlich durchgesetzt werden. Die Durchsetzbarkeit der völkerrechtlichen Verträge auf dem Gebiet des geistigen Eigentums ist von besonderer Bedeutung, weil sie die Einführung von Einheitsrecht privatrechtlichen Inhalts zum Gegenstand haben und damit, ebenso wie die völkerrechtlichen Verträge zum Schutz der Menschenrechte, individualschützend sind. Die Rechte des geistigen Eigentums stellen, wie der vierte Erwägungsgrund der Präambel des Übereinkommens über die handelsbezogenen Aspekte der Rechte des geistigen Eigentums vom 15. April 1994 (*Agreement on Trade-Related Aspects of Intellectual Property Rights,* TRIPs-Übereinkommen) unterstreicht, „private Rechte" dar. Der in völkerrechtlichen Verträgen gewährleistete Schutz „private[r] Rechte" ist nur wirksam, wenn er von einzelnen selbst dann durchgesetzt werden kann, wenn sich die Vertragsparteien entschließen sollten, ihre in völkerrechtlichen Verträgen übernommenen Verpflichtungen zum Schutz „private[r] Rechte" zu verletzen.

Im einzelnen wird geprüft, wie sich die im ersten Teil dargestellte Verteilung der Kompetenzen zwischen der Europäischen Gemeinschaft und den Mitgliedstaaten zum Abschluß von bzw. zum Beitritt zu völkerrechtlichen Verträgen auf dem Gebiet des geistigen Eigentums auf das Verhältnis dieser völkerrechtlichen Verträge zum Gemeinschaftsrecht und zum innerstaatlichen Recht auswirkt und welche Schlußfolgerungen sich hieraus für die Durchsetzbarkeit der völkerrechtlichen Verträge auf dem Gebiet des geistigen Eigentums ziehen lassen.

Für das Verhältnis der völkerrechtlichen Verträge auf dem Gebiet des geistigen Eigentums zum Gemeinschaftsrecht und zum innerstaatlichen Recht ist zwischen völkerrechtlichen Verträgen der Mitgliedstaaten, völkerrechtlichen Verträgen der Europäischen Gemeinschaft und gemischten Verträge zu unterscheiden. Wegen des in Rechtsprechung und Literatur uneinheitlich verwendeten Begriffs des gemischten Vertrags wird zunächst der Frage nachgegangen, unter welchen Voraussetzungen einer dieser völkerrechtlichen Verträge vorliegt (Erstes Kapitel). Im Anschluß daran wird das Verhältnis dieser völkerrechtlichen Verträge zum Gemeinschaftsrecht und zum innerstaatlichen Recht ermittelt. Während das Verhältnis der völkerrechtlichen Verträge der Mitgliedstaaten (Zweites Kapitel) zum Gemeinschaftsrecht ein solches der Vertragskonkurrenz ist, wird ihr Verhältnis zum innerstaatlichen Recht ebenso wie das Verhältnis der völkerrechtlichen Verträge der Europäischen Gemeinschaft (Drittes Kapitel) und das Verhältnis der gemischten Verträge (Viertes Kapitel) zum Gemeinschaftsrecht und zum innerstaatlichen Recht durch Geltung, Rang, Anwendbarkeit und Invokabilität in der jeweiligen Rechtsordnung bestimmt. In zusammenfassenden Bewertungen wird festgestellt, wie sich das Verhältnis der jeweiligen völkerrechtlichen Verträge auf dem Gebiet des geistigen Eigentums zum Gemeinschaftsrecht und zum innerstaatlichen Recht auf ihre Durchsetzbarkeit in der jeweiligen Rechtsordnung auswirkt. Zuletzt wird in einem Ausblick erörtert, wie sich die am Ende des ersten Teils der Arbeit vorgeschlagene Neuordnung der Kompetenz der Europäischen Gemeinschaft zur Regelung bzw. zur Mitwirkung an der Regelung geistigen Eigentums auf das Verhältnis der völkerrechtlichen Verträge auf dem Gebiet des geistigen Eigentums zum Gemeinschaftsrecht und zum innerstaatlichen Recht auswirken würde und ob die Verteilung der Kompetenzen zusätzlich geändert werden müßte, um die einheitliche Durchsetzbarkeit der völkerrechtlichen Verträge in der Europäischen Gemeinschaft und in ihren Mitgliedstaaten zu gewährleisten (Fünftes Kapitel).

Erstes Kapitel

Die Unterscheidung zwischen völkerrechtlichen Verträgen der Mitgliedstaaten, völkerrechtlichen Verträgen der Europäischen Gemeinschaft und gemischten Verträgen

Auf den ersten Blick erscheint die Antwort auf die Frage, wann ein völkerrechtlicher Vertrag der Mitgliedstaaten bzw. ein völkerrechtlicher Vertrag der Europäischen Gemeinschaft vorliegt, einfach. Ein völkerrechtlicher Vertrag der Mitgliedstaaten ist gegeben, wenn an einem völkerrechtlichen Vertrag mindestens zwei Mitgliedstaaten beteiligt sind (sog. *inter se*-Abkommen) und wenn neben einem, mehreren oder allen Mitgliedstaaten ein oder mehrere dritte Völkerrechtssubjekte, nicht aber die Europäische Gemeinschaft, als Vertragsparteien beteiligt sind. Ein völkerrechtlicher Vertrag der Europäischen Gemeinschaft liegt hingegen vor, wenn an einem völkerrechtlichen Vertrag die Europäische Gemeinschaft und ein oder mehrere dritte Völkerrechtssubjekte, nicht aber die Mitgliedstaaten, als Vertragsparteien beteiligt sind.

Im Gegensatz dazu stößt die Definition des gemischten Vertrags in Rechtsprechung und Literatur auf Schwierigkeiten. Es ist umstritten, ob ein gemischter Vertrag bereits gegeben ist, wenn an einem völkerrechtlichen Vertrag neben der Europäischen Gemeinschaft ein, mehrere oder alle Mitgliedstaaten und ein oder mehrere dritte Völkerrechtssubjekte als Vertragsparteien beteiligt sind. Eine eventuell vorzuziehende engere Auslegung des Begriffs des gemischten Vertrags zwänge dazu, die eingangs vorgenommenen Definitionen des völkerrechtlichen Vertrags der Mitgliedstaaten bzw. des völkerrechtlichen Vertrags der Europäischen Gemeinschaft zu überdenken.

A. Die Definition des gemischten Vertrags

In der Literatur wird zwischen einer formellen und einer materiellen Definition des gemischten Vertrags *(mixed agreement/accord mixte)*[1] unterschieden. Nach der formellen Definition liegt ein gemischter Vertrag bereits vor, wenn an einem völkerrechtlichen Vertrag neben der Europäischen Ge-

---

[1] *Joni Heliskoski,* Mixed Agreements as a Technique for Organizing the International Relations of the European Community and its Member States, 2001, Appendix 1, S. 249 ff., enthält eine Liste aller zwischen 1958 und 2000, *J. J. Feenstra,* A Survey of the Mixed Agreements and their Participation Clauses, in: David O'Keeffe/Henry G. Schermers (eds), Mixed Agreements, 1983, S. 207 ff., eine Liste aller zwischen 1958 und 1983 geschlossenen gemischten Verträge.

meinschaft ein, mehrere oder alle Mitgliedstaaten und ein oder mehrere dritte Völkerrechtssubjekte als Vertragsparteien beteiligt sind.[2] Die materielle Definition des gemischten Vertrags setzt zusätzlich voraus, daß der völkerrechtliche Vertrag teilweise in die Zuständigkeit der Europäischen Gemeinschaft und teilweise in die Zuständigkeit der Mitgliedstaaten fällt (geteilte Vertragsschlußkompetenz).[3] Sieht man einen gemischten Vertrag nach der formellen Definition bereits als gegeben an, wenn an einem völkerrechtlichen Vertrag neben der Europäischen Gemeinschaft ein, mehrere oder alle Mitgliedstaaten und ein oder mehrere dritte Völkerrechtssubjekte als Vertragsparteien beteiligt sind, wird als gemischter Vertrag nicht nur ein völkerrechtlicher Vertrag angesehen, der auf der Grundlage einer geteilten Vertragsschlußkompetenz[4] der Europäischen Gemeinschaft geschlossen wird, sondern auch ein völkerrechtlicher Vertrag, der (allein) auf der Grundlage einer parallelen Vertragsschlußkompetenz[5] der Europäischen Gemeinschaft bzw. unter Verletzung einer ausschließlichen bzw. konkurrierenden Vertragsschlußkompetenz entweder der Europäischen Gemeinschaft oder der Mitgliedstaaten geschlossen wird.[6]

---

[2] *Christian Pitschas,* Die völkerrechtliche Verantwortlichkeit der Europäischen Gemeinschaft und ihrer Mitgliedstaaten, 2001, S. 237; *Andrea Ott,* Thirty Years of Case-Law by the European Court of Justice on International Law: A Pragmatic Approach towards its Integration, in: Vincent Kronenberger (ed.), The European Union and the International Legal Order: Discord or Harmony?, 2001, S. 95 (101 f.); *Dominic McGoldrick,* International Relations Law of the European Union, 1997, S. 78; *Klaus D. Stein,* Der gemischte Vertrag im Recht der Außenbeziehungen der Europäischen Wirtschaftsgemeinschaft, 1986, S. 21; *Maurits J. F. M. Dolmans,* Problems of Mixed Agreements, 1985, S. 95; *Christoph Wilhelm Vedder,* Die auswärtige Gewalt des Europa der Neun, 1980, S. 224.

[3] *Wolfrum Wormuth,* Die Bedeutung des Europarechts für die Entwicklung des Völkerrechts, 2004, S. 116 und 210 f.; *Rudolf Mögele,* in: Rudolf Streinz (Hrsg.), EUV/EGV, Vertrag über die Europäische Union und Vertrag zur Gründung der Europäischen Gemeinschaft, 2003, Art. 300 EGV Rn. 34; *Paul Craig/Gráinne de Búrca,* EU Law, 3rd edition 2003, S. 130 f.; *Joni Heliskoski,* Mixed Agreements as a Technique for Organizing the International Relations of the European Community and its Member States, 2001, S. 6 f.; *Gregorio Garzón Clariana,* La mixité: le droit et les problèmes pratiques, in: Jacques H. J. Bourgeois/Jean-Louis Dewost/Marie-Ange Gaiffe (eds), La Communauté européenne et les accords mixtes, Quelles perspectives?, 1997, S. 15 (15); *Ian MacLeod/I. D. Hendry/Steven Hyett,* The External Relations of the European Communities, 1996, S. 143; *Rachel Frid,* The Relations Between the EC and International Organizations, 1995, S. 111; *Henry G. Schermers,* A Typology of Mixed Agreements, in: David O'Keeffe/Henry G. Schermers (eds), Mixed Agreements, 1984, S. 23 ff. Vgl. auch die Denkschrift der Bundesregierung vom 16. August 2002 zum WIPO-Urheberrechtsvertrag (BR-Drs. 685/2002, S. 41) und zum WIPO-Vertrag über Darbietungen und Tonträger (BR-Drs. 684/2002, S. 50).

[4] Siehe oben Erster Teil, Zweites Kapitel, B. I. 1.

[5] Siehe oben Erster Teil, Zweites Kapitel, B. I. 2.

Das primäre Gemeinschaftsrecht trifft keine Aussage darüber, ob ein gemischter Vertrag neben der Beteiligung der Europäischen Gemeinschaft und zumindest einer ihrer Mitgliedstaaten die geteilte Vertragsschlußkompetenz der Europäischen Gemeinschaft notwendig voraussetzt. Dies liegt in erster Linie daran, daß das primäre Gemeinschaftsrecht den Begriff des gemischten Vertrags nicht erwähnt. Art. 102 EAGV regelt nur das Inkrafttreten von „Abkommen und Vereinbarungen mit einem dritten Staat, einer zwischenstaatlichen Einrichtung oder einem Angehörigen eines dritten Staates", an denen „außer der Gemeinschaft ein oder mehrere Mitgliedstaaten" beteiligt sind, legt aber die Voraussetzungen eines gemischten Vertrags nicht im einzelnen fest. Dies wird durch den Beschluß 1/78 bestätigt, in dem es der EuGH bei Vorliegen einer geteilten Vertragsschlußkompetenz der Europäischen Gemeinschaft lediglich für „angebracht" hält, „von dem Verfahren des Artikels 102 des Vertrages Gebrauch zu machen".[7] Art. 133 Abs. 6 UAbs. 2 EGV verwendet zwar in Anlehnung an den Begriff des gemischten Vertrags den Begriff der „gemischten Zuständigkeit der Gemeinschaft und ihrer Mitgliedstaaten", der gleichbedeutend mit dem Begriff der geteilten Vertragsschlußkompetenz der Europäischen Gemeinschaft ist,[8] entscheidet jedoch nicht, ob ein gemischter Vertrag der geteilten Vertragsschlußkompetenz der Europäischen Gemeinschaft im allgemeinen bedarf.

Im Gegensatz zum primären Gemeinschaftsrecht wird der Begriff des gemischten Vertrags in den Schlußanträgen der Generalanwälte[9] gehäuft und in der Rechtsprechung des EuGH[10] vereinzelt erwähnt. Während die Gene-

---

6 Ein völkerrechtlicher Vertrag, der unter Verletzung einer ausschließlichen bzw. konkurrierenden Vertragsschlußkompetenz entweder der Europäischen Gemeinschaft oder der Mitgliedstaaten geschlossen wurde, wird von *Henry G. Schermers,* A Typology of Mixed Agreements, in: David O'Keeffe/Henry G. Schermers (eds), Mixed Agreements, 1984, S. 27 f., als „false mixed agreement" bezeichnet.

7 EuGH, Beschluß 1/78, 14.11.1978, Slg. 1978, 2151, Rn. 34 (Entwurf der Internationalen Atomenergieorganisation zu einem Übereinkommen über den Objektschutz von Kernmaterial, kerntechnischen Anlagen und Nukleartransporten).

8 Siehe oben Erster Teil, Zweites Kapitel, B. I. 1.

9 Vgl. z.B. im Zusammenhang mit dem Übereinkommen über die handelsbezogenen Aspekte des geistigen Eigentums vom 15. April 1994 (*Agreement on Trade-Related Aspects of Intellectual Property Rights,* TRIPs-Übereinkommen) die Schlußanträge von Generalanwalt Jacobs, Rs. C-89/99, 15.2.2001, Slg. 2001, I-5854, Rn. 9 (Schieving-Nijstad vof u.a./Robert Groeneveld); die Schlußanträge von Generalanwalt Cosmas, Verb. Rs. C-300 und 392/98, 11.7.2000, Slg. 2000, I-11310, Rn. 32 (Parfums Christian Dior SA/Tuk Consultancy BV und Assco Gerüste GmbH und Rob van Dijk/Wilhelm Layher GmbH & Co. KG und Layher BV); und die Schlußanträge von Generalanwalt Tesauro, Rs. C-53/96, 13.11.1997, Slg. 1998, I-3606, Rn. 17 (Hermès International/FHT Marketing Choice BV).

10 Vgl. EuGH, Rs. 12/86, 30.9.1987, Slg. 1987, 3719, Rn. 8 f. (Meryem Demirel/Stadt Schwäbisch Gmünd).

ralanwälte den Begriff des gemischten Vertrags materiell definieren,[11] wird er vom EuGH nicht ausdrücklich bestimmt. Dessenungeachtet können die Ausführungen des EuGH im Sinne einer materiellen Definition des gemischten Vertrags ausgelegt werden. Im Urteil „Demirel" hat der EuGH das Bestehen eines gemischten Vertrags an das Vorliegen einer geteilten Vertragsschlußkompetenz der Europäischen Gemeinschaft geknüpft, indem er von „einer Bestimmung eines gemischten Abkommens" gesprochen hat, „die eine Verpflichtung enthält, die nur die Mitgliedstaaten im Bereich ihrer eigenen Zuständigkeit übernehmen konnten".[12]

Die materielle Definition des gemischten Vertrags überzeugt insofern, als der Begriff des gemischten Vertrags, um aussagekräftig zu sein, für solche völkerrechtlichen Verträge, an denen neben der Europäischen Gemeinschaft ein, mehrere oder alle Mitgliedstaaten und ein oder mehrere dritte Völkerrechtssubjekte beteiligt sind, reserviert sein sollte, deren Verhältnis zum Gemeinschaftsrecht und zum innerstaatlichen Recht besondere Probleme aufwirft. Anders als bei den völkerrechtlichen Verträgen, die auf der Grundlage einer geteilten Vertragsschlußkompetenz der Europäischen Gemeinschaft geschlossen werden, kann das Verhältnis der völkerrechtlichen Verträge, die auf der Grundlage einer parallelen Vertragsschlußkompetenz der Europäischen Gemeinschaft bzw. unter Verletzung einer ausschließlichen bzw. konkurrierenden Vertragsschlußkompetenz entweder der Europäischen Gemeinschaft oder der Mitgliedstaaten geschlossen wurden, zum Gemeinschaftsrecht und zum innerstaatlichen Recht nach allgemeinen Regeln bestimmt werden. Völkerrechtliche Verträge, die auf der Grundlage einer parallelen Vertragsschlußkompetenz der Europäischen Gemeinschaft geschlossen werden, gelten nebeneinander als völkerrechtliche Verträge der Europäischen Gemeinschaft und als völkerrechtliche Verträge der Mitgliedstaaten, so daß sich Geltung, Rang, Anwendbarkeit und Invokabilität zugleich nach Gemeinschaftsrecht und nach innerstaatlichem Recht richten. Geltung, Rang, Anwendbarkeit und Invokabilität der völkerrechtlichen Verträge, die unter Verletzung einer ausschließlichen bzw. konkurrierenden Vertragsschlußkompetenz entweder der Europäischen Gemeinschaft oder der Mitgliedstaaten geschlossen wurde, richten sich nur dann nach Gemeinschaftsrecht, wenn die Mitgliedstaaten an den völkerrechtlichen Verträgen nicht hätten beteiligt werden dürfen.

---

[11] Vgl. z.B. die Schlußanträge von Generalanwalts Jacobs, Rs. C-89/99, 15.2.2001, Slg. 2001, I-5854, Rn. 9 (Schieving-Nijstad vof u.a./Robert Groeneveld): „Gemeinschaftsrechtlich handelt es sich beim TRIPS-Übereinkommen um einen gemischten Vertrag: Die Zuständigkeit für seinen Abschluß war zwischen der Gemeinschaft und ihren Mitgliedstaaten geteilt."

[12] EuGH, Rs. 12/86, 30.9.1987, Slg. 1987, 3719, Rn. 9 (Meryem Demirel/Stadt Schwäbisch Gmünd).

B. Die Definitionen des völkerrechtlichen Vertrags der Mitgliedstaaten bzw. des völkerrechtlichen Vertrags der Europäischen Gemeinschaft im Umkehrschluß

Im Lichte der vorzuziehenden engen, materiellen Definition des gemischten Vertrags müssen die eingangs vorgenommenen Definitionen des völkerrechtlichen Vertrags der Mitgliedstaaten bzw. des völkerrechtlichen Vertrags der Europäischen Gemeinschaft überdacht werden.

Ein völkerrechtlicher Vertrag der Mitgliedstaaten liegt nicht nur vor, wenn an einem völkerrechtlichen Vertrag mindestens zwei Mitgliedstaaten beteiligt sind (sog. *inter se*-Abkommen) und wenn neben einem, mehreren oder allen Mitgliedstaaten ein oder mehrere dritte Völkerrechtssubjekte als Vertragsparteien beteiligt sind. Ein völkerrechtlicher Vertrag der Mitgliedstaaten liegt auch dann vor, wenn neben einem, mehreren oder allen Mitgliedstaaten und ein oder mehreren dritten Völkerrechtssubjekten die Europäische Gemeinschaft als Vertragspartei beteiligt ist, sofern er entweder unter Verletzung einer ausschließlichen bzw. konkurrierenden Vertragsschlußkompetenz der Mitgliedstaaten zustandegekommen ist oder auf der Grundlage einer parallelen Vertragsschlußkompetenz der Mitgliedstaaten geschlossen wurde. Das noch nicht in Kraft getretene Europäische Übereinkommen über urheber- und leistungsschutzrechtliche Fragen im Bereich des grenzüberschreitenden Satellitenrundfunks vom 11. Mai 1994 (*European Convention Relating to Questions on Copyright Law and Neighbouring Rights in the Framework of Transfrontier Broadcasting by Satellite,* Europäisches Satellitenübereinkommen) stellt, obwohl es von Belgien, Deutschland, Luxemburg, Norwegen, San Marino, der Schweiz, Spanien, dem Vereinigten Königreich, Zypern und der Europäischen Gemeinschaft unterzeichnet wurde, einen völkerrechtlichen Vertrag der Mitgliedstaaten dar, weil es unter Verletzung einer Vertragsschlußkompetenz der Mitgliedstaaten zustandegekommen ist. Da sowohl das Europäische Satellitenübereinkommen nach Art. 9 Abs. 1 und 2[13] als auch die Richtlinie 93/98/EWG des

[13] Art. 9 Abs. 1 des Europäischen Satellitenübereinkommens lautet:
„In their mutual relations, Parties which are members of the European Community shall apply Community rules and shall not therefore apply the rules arising from this Convention, except in so far as there is no Community rule governing the particular subject concerned."
Art. 9 Abs. 2 des Europäischen Satellitenübereinkommens lautet:
„Parties reserve the right to enter into international agreements among themselves in so far as such agreements grant to authors, performers, producers of phonograms or broadcasting organisations at least as extensive protection of their rights as that granted by this Convention or contain other provisions supplementing this Convention or facilitating the application of its provisions. The provisions of existing agreements which satisfy these conditions shall remain applicable."

Rates vom 27. September 1993 zur Koordinierung bestimmter urheber- und leistungsschutzrechtlicher Vorschriften betreffend Satellitenrundfunk und Kabelweiterverbreitung nach Erwägungsgrund 33 nur Mindestvorschriften enthält, ist die implizite, aus Art. 95 Abs. 1 S. 2 EGV abgeleitete Vertragsschlußkompetenz der Europäischen Gemeinschaft nicht ausschließlich geworden. Die Richtlinie 93/98/EWG wäre nicht beeinträchtigt gewesen, wenn die genannten Mitgliedstaaten das Europäische Satellitenübereinkommen ohne die Europäische Gemeinschaft geschlossen hätten.

Ein völkerrechtlicher Vertrag der Europäischen Gemeinschaft ist nicht nur gegeben, wenn an einem völkerrechtlichen Vertrag die Europäische Gemeinschaft und ein oder mehrere dritte Völkerrechtssubjekte als Vertragsparteien beteiligt sind. Ein völkerrechtlicher Vertrag der Europäischen Gemeinschaft ist auch dann gegeben, wenn neben der Europäischen Gemeinschaft und ein oder mehreren dritten Völkerrechtssubjekten ein, mehrere oder alle Mitgliedstaaten als Vertragsparteien beteiligt sind, sofern er entweder unter Verletzung einer ausschließlichen oder konkurrierenden Vertragsschlußkompetenz der Europäischen Gemeinschaft zustandegekommen ist oder auf der Grundlage einer parallelen Vertragsschlußkompetenz der Europäischen Gemeinschaft geschlossen wurde.

Zweites Kapitel

Das Verhältnis der völkerrechtlichen Verträge der Mitgliedstaaten auf dem Gebiet des geistigen Eigentums zum Gemeinschaftsrecht und zum innerstaatlichen Recht

Mehrere Jahrzehnte, bevor die Europäische Gemeinschaft als Europäische Wirtschaftsgemeinschaft gegründet wurde, haben die Mitgliedstaaten der heutigen Europäischen Gemeinschaft begonnen, völkerrechtliche Verträge zum Schutz des geistigen Eigentums mit anderen Staaten zu schließen. Die Pariser Verbandsübereinkunft zum Schutz des gewerblichen Eigentums vom 20. März 1883 (*Paris Convention for the Protection of Industrial Property,* Pariser Verbandsübereinkunft) und die Berner Übereinkunft zum Schutz von Werken der Literatur und Kunst vom 9. September 1886 (*Berne Convention for the Protection of Literary and Artistic Works,* Berner Übereinkunft) haben mit 168[1] bzw. 154 Vertragsstaaten[2] weltweite Bedeutung erlangt und waren beispielgebend für weitere, durch den technischen Fortschritt notwendig gewordene völkerrechtliche Verträge zum Schutz des geistigen Eigentums (*intellectual property protection treaties/traités de protection de la propriété intellectuelle*).[3]

Die völkerrechtlichen Verträge, die die Mitgliedstaaten vor der Gründung der Europäischen Wirtschaftsgemeinschaft geschlossen haben, bauen aber nicht nur auf dem Grundsatz der Inländergleichbehandlung auf und legen einen Mindestschutz der gewerblichen Schutzrechte und des Urheberrechts fest, sondern stellen auch sicher, daß die internationale Registierung eines gewerblichen Schutzrechts in den Vertragsstaaten anerkannt wird. Die bedeutendsten globalen Schutzverträge (*global protection system treaties/traités relatifs au système mondial de protection*) sind heute noch mit 54 Vertragsstaaten[4] das Madrider Abkommen über die internationale Registrierung

[1] Stand: 22.4.2004.

[2] Stand: 23.3.2004.

[3] Die Weltorganisation für geistiges Eigentum (*World Intellectual Property Organization,* WIPO) unterteilt die völkerrechtlichen Verträge auf dem Gebiet des geistigen Eigentums in drei Kategorien: völkerrechtlichen Verträgen zum Schutz des geistigen Eigentums (*intellectual property protection treaties/traités de protection de la propriété intellectuelle*), die auf dem Grundsatz der Inländergleichbehandlung aufbauen und Mindestrechte des geistigen Eigentums festlegen, globalen Schutzverträgen (*global protection system treaties/traités relatifs au système mondial de protection*), die sicherstellen, daß die internationale Registrierung eines gewerblichen Schutzrechts in den Vertragsstaaten anerkannt wird, und Klassifikationsverträgen (*classification treaties/traités de classification*) (vgl. http://www.wipo.org/treaties/index.html, letzte Abfrage: 19.5.2004).

[4] Stand: 17.3.2004.

von Marken vom 14. April 1891 (*Madrid Agreement Concerning the International Registration of Marks,* Madrider Markenabkommen) und mit 38 Vertragsstaaten[5] das Haager Abkommen über die internationale Hinterlegung gewerblicher Muster und Modelle vom 6. November 1925 (*Hague Agreement Concerning the International Deposit of Industrial Designs,* Haager Musterabkommen).

Auch nach Gründung der Europäischen Wirtschaftsgemeinschaft, der zwar zielbestimmte Querschnittskompetenzen nach Art. 95 und Art. 308 EGV, aber keine Sachkompetenz für das geistige Eigentum übertragen wurden, haben die Mitgliedstaaten nicht aufgehört, völkerrechtliche Verträge auf dem Gebiet des Eigentums zu schließen, sondern ihre Bemühungen, den internationalen Schutz des geistigen Eigentums voranzutreiben, verstärkt. Sie haben weitere völkerrechtliche Verträge zum Schutz des geistigen Eigentums, unter anderem am 26. Oktober 1961 das Internationale Abkommen über den Schutz der ausübenden Künstler, der Hersteller von Tonträgern und der Sendeunternehmen (*International Convention for the Protection of Performers, Producers of Phonograms and Broadcasting Organisations,* Rom-Abkommen), weitere globale Schutzverträge, unter anderem am 19. Juni 1970 den Vertrag über die internationale Zusammenarbeit auf dem Gebiet des Patentwesens (*Patent Cooperation Treaty,* Patentzusammenarbeitsvertrag) und erstmals Klassifikationsverträge (*classification treaties/traités de classification*) geschlossen, wie z. B. am 8. Oktober 1968 das Abkommen von Locarno zur Errichtung einer internationalen Klassifikation für gewerbliche Muster und Modelle (*Locarno Agreement Establishing an International Classification for Industrial Designs,* Locarno-Abkommen).

Da die ausschließliche Vertragsschlußkompetenz der Europäischen Gemeinschaft für das geistige Eigentum immer noch nicht umfassend ist, kann nicht ausgeschlossen werden, daß die Mitgliedstaaten in den Bereichen des geistigen Eigentums, auf die sich die ausschließliche Vertragsschlußkompetenz der Europäischen Gemeinschaft nicht erstreckt, auch in der Zukunft völkerrechtliche Verträge schließen werden.

A. Das Verhältnis der völkerrechtlichen Verträge der Mitgliedstaaten auf dem Gebiet des geistigen Eigentums zum Gemeinschaftsrecht

Um das Verhältnis der völkerrechtlichen Verträge der Mitgliedstaaten auf dem Gebiet des geistigen Eigentums zum Gemeinschaftsrecht zu bestimmen, wird zunächst die zwischen dem EG-Vertrag und den völkerrecht-

[5] Stand: 31.3.2004.

lichen Verträgen der Mitgliedstaaten auf dem Gebiet des geistigen Eigentums entstehende Vertragskonkurrenz begutachtet. Obwohl der Schutz des geistigen Eigentums nicht zu den ausdrücklichen Zielen der Europäischen Gemeinschaft nach Art. 2, 3 EGV zählt, berührt das geistige Eigentum, wie allein Art. 30 EGV zeigt und die Rechtsprechung des EuGH bestätigt, „den Austausch von Gütern und Dienstleistungen sowie die Wettbewerbsverhältnisse innerhalb der Gemeinschaft".[6] Die völkerrechtlichen Verträge der Mitgliedstaaten auf dem Gebiet des geistigen Eigentums treten damit in Konkurrenz zu dem EG-Vertrag.

Diese Vertragskonkurrenz kann sowohl aus der Sicht des Völkerrechts als auch aus derjenigen des Gemeinschaftsrechts gewürdigt werden. Der die Vertragskonkurrenz im Völkerrecht regelnde Art. 30 des Wiener Übereinkommens über das Recht der Verträge vom 23. Mai 1969 (Wiener Vertragsrechtskonvention, WVK)[7] unterscheidet zwischen „früheren" und „späteren" völkerrechtlichen Verträgen. Auch für die Bestimmung des Verhältnisses der völkerrechtlichen Verträge auf dem Gebiet des geistigen Eigentums zum EG-Vertrag ist nach früheren[8] und späteren völkerrechtlichen Verträgen der Mitgliedstaaten, d.h. nach dem Zeitpunkt ihres Inkrafttretens,[9] zu

[6] EuGH, Verb. Rs. 92 und 326/92, 20.10.1993, Slg. 1993, I-5145, Rn. 22 (Phil Collins/Imtrat Handelsgesellschaft mbH und Patricia Im- und Export Verwaltungsgesellschaft mbH, Leif Emanuel Kraul/EMI Electrola GmbH).

[7] BGBl. 1985 II, 926. Art. 30 WVK lautet:

„(1) Vorbehaltlich des Artikels 103 der Charta der Vereinten Nationen bestimmen sich die Rechte und Pflichten von Staaten, die Vertragsparteien aufeinanderfolgender Verträge über denselben Gegenstand sind, nach den folgenden Absätzen.

(2) Bestimmt ein Vertrag, daß er einem früher oder später geschlossenen Vertrag untergeordnet ist oder nicht mit diesem als unvereinbar anzusehen ist, so hat der andere Vertrag Vorrang.

(3) Sind alle Vertragsparteien eines früheren Vertrags zugleich Vertragsparteien eines späteren, ohne daß der frühere Vertrag beendet oder nach Artikel 59 suspendiert wird, so findet der frühere Vertrag nur insoweit Anwendung, als er mit dem späteren Vertrag vereinbar ist.

(4) Gehören nicht alle Vertragsparteien des früheren Vertrags zu den Vertragsparteien des späteren,

a) so findet zwischen Staaten, die Vertragsparteien beider Verträge sind, Absatz 3 Anwendung;

b) so regelt zwischen einem Staat, der Vertragspartei beider Verträge ist, und einem Staat, der Vertragspartei nur eines der beiden Verträge ist, der Vertrag, dem beide Staaten als Vertragsparteien angehören, ihre gegenseitigen Rechte und Pflichten.

(5) Absatz 4 gilt unbeschadet des Artikels 41 sowie unbeschadet aller Fragen der Beendigung oder der Suspendierung eines Vertrags nach Artikel 60 und aller Fragen der Verantwortlichkeit, die sich für einen Staat aus Abschluß oder Anwendung eines Vertrags ergeben können, dessen Bestimmungen mit seinen Pflichten gegenüber einem anderen Staat auf Grund eines anderen Vertrags unvereinbar sind."

unterscheiden. Art. 30 Abs. 2 WVK überläßt es den Parteien, das Verhältnis konkurrierender völkerrechtlicher Verträge durch entsprechende Klauseln zu regeln. Art. 30 Abs. 2 WVK erwähnt zwar lediglich Klauseln, durch die ein früher oder später geschlossener völkerrechtlicher Vertrag einem anderen untergeordnet oder nicht als mit diesem unvereinbar anzusehen ist. Andere Typen von Vertragsklauseln werden aber nicht ausgeschlossen.[10] Allgemein wird zwischen Unberührtheits- bzw. Vereinbarkeitsklauseln, Vorrangklauseln, Ergänzungsklauseln und Verpflichtungsklauseln unterschieden.[11] Erst soweit das Konkurrenzverhältnis nicht vertraglich geregelt ist, greifen die in Art. 30 Abs. 3 und 4 WVK niedergelegten und völkergewohnheitsrechtlich anerkannten Regeln subsidiär ein.

Im Anschluß an die Begutachtung der Vertragskonkurrenz zwischen dem EG-Vertrag und den früheren völkerrechtlichen Verträgen der Mitgliedstaaten auf dem Gebiet des geistigen Eigentums einerseits (I.) und den späteren völkerrechtlichen Verträgen der Mitgliedstaaten auf dem Gebiet des geistigen Eigentums andererseits (II.) wird ermittelt, inwieweit die Europäische Gemeinschaft völkerrechtlich und gemeinschaftsrechtlich bereits an die völkerrechtlichen Verträge der Mitgliedstaaten auf dem Gebiet des geistigen Eigentums gebunden ist (III.).

I. Frühere völkerrechtliche Verträge der Mitgliedstaaten auf dem Gebiet des geistigen Eigentums

1. Frühere völkerrechtliche Verträge der Mitgliedstaaten mit Drittstaaten

a) Die Unberührtheits- bzw. Vereinbarkeitsklausel des Art. 307 Abs. 1 EGV

Die Mitgliedstaaten haben das Verhältnis ihrer früheren völkerrechtlichen Verträge mit Drittstaaten, d.h. der völkerrechtlichen Verträge mit Drittstaa-

[8] Anstatt des Begriffs der früheren völkerrechtlichen Verträge werden auch die Begriffe der „vorgemeinschaftlichen Verträge" oder der „Altverträge" verwendet.

[9] Völkerrechtliche Verträge der Mitgliedstaaten, die unterzeichnet, aber noch nicht in Kraft getreten sind, begründen – vom Frustrationsverbot nach Art. 18 WVK einmal abgesehen – noch keine Rechte und Pflichten, die in Konkurrenz zum EG-Vertrag treten könnten (vgl. *Pietro Manzini,* The Priority of Pre-Existing Treaties of EC Member States within the Framework of International Law, EJIL 12 (2001), S. 781 (785 f.)).

[10] *Wilhelm Heinrich Wilting,* Vertragskonkurrenz im Völkerrecht, 1994, S. 65.

[11] *Georg Dahm/Jost Delbrück/Rüdiger Wolfrum,* Völkerrecht, Band I, Teilband 3, 2. Auflage 2002, § 156, S. 696 ff.; *Wilhelm Heinrich Wilting,* Vertragskonkurrenz im Völkerrecht, 1994, S. 68 ff.

ten, die für die Gründungsmitgliedstaaten vor dem 1. Januar 1958 und für die anderen Mitgliedstaaten vor ihrem Beitritt zur Europäischen (Wirtschafts-)Gemeinschaft[12] in Kraft getreten sind, zum EG-Vertrag in Art. 307 Abs. 1 EGV geregelt.

Art. 307 Abs. 1 EGV enthält eine Unberührtheits- bzw. Vereinbarkeitsklausel. Durch eine Unberührtheits- bzw. Vereinbarkeitsklausel wird die Vereinbarkeit eines völkerrechtlichen Vertrages mit anderen völkerrechtlichen Verträgen festgestellt mit der Folge, daß diese völkerrechtlichen Verträge nebeneinander angewendet werden können.[13] Die Unberührbarkeits- bzw. Vereinbarkeitsklausel des Art. 307 Abs. 1 EGV gibt den Mitgliedstaaten das durch die Absätze 2 und 3 eingeschränkte Recht, primäres und sekundäres Gemeinschaftsrecht nicht anzuwenden bzw. nicht gegen sich gelten zu lassen, wenn es der Erfüllung der Pflichten widerspricht, die sie in früheren völkerrechtlichen Verträgen mit Drittstaaten übernommen haben.[14] Obwohl Art. 307 Abs. 1 EGV nur von „diese[m] Vertrag" spricht, d.h. auf das primäre Gemeinschaftsrecht bezug nimmt, gilt er *a fortiori* auch für das auf primärrechtlicher Grundlage erlassene sekundäre Gemeinschaftsrecht.[15]

Da sich das Begriffspaar „Rechte und Pflichten aus Übereinkünften" in Art. 307 Abs. 1 EGV nach der Rechtsprechung des EuGH nur, was die „Pflichten", nicht aber, was die „Rechte" betrifft, auf die Mitgliedstaaten bezieht,[16] können sich die Mitgliedstaaten nicht auf für sie günstige Regelungen in völkerrechtlichen Verträgen auf dem Gebiet des geistigen Eigentums berufen, die die Vertragsstaaten entweder dazu ermächtigen, Ausnahmen von dem Grundsatz der Inländergleichbehandlung vorzusehen, um, so der EuGH, „die Gewährung eines ausschließlichen Rechts davon abhängig zu machen, daß es sich um einen Inländer handelt"[17], oder dazu, Ausnah-

---

[12] Dänemark, Irland und das Vereinigte Königreich sind zum 1.1.1973, Griechenland zum 1.1.1981, Spanien und Portugal zum 1.1.1986 und Finnland, Österreich und Schweden zum 1.1.1995 beigetreten (vgl. *Rudolf Streinz,* Europarecht, 6. Auflage 2003, Rn. 81).

[13] *Georg Dahm/Jost Delbrück/Rüdiger Wolfrum,* Völkerrecht, Band I, Teilband 3, 2. Auflage 2002, § 156, S. 697; *Wilhelm Heinrich Wilting,* Vertragskonkurrenz im Völkerrecht, 1996, S. 68 ff.

[14] *Ernst-Ulrich Petersmann,* in: Hans von der Groeben/Jochen Thiesing/Claus-Dieter Ehlermann (Hrsg.), Kommentar zum EU-/EG-Vertrag, 5. Auflage 1997/1999, Art. 234 EGV Rn. 12.

[15] *Ernst-Ulrich Petersmann,* in: Hans von der Groeben/Jochen Thiesing/Claus-Dieter Ehlermann (Hrsg.), Kommentar zum EU-/EG-Vertrag, 5. Auflage 1997/1999, Art. 234 EGV Rn. 4; *Gunnar Schuster/Peter-Tobias Stoll,* Gemeinschaftskompetenz und Altverträge mit Drittstaaten – die internationale und europäische Regelung der öffentlichen Beschaffung und der deutsch-amerikanische Freundschaftsvertrag, RIW 42 (1996) 2, S. 89 (93).

[16] EuGH, Rs. 10/61, 27.2.1962, Slg. 1962, S. 1 (22 f.) (Kommission/Italien).

men von den Mindestrechten vorzusehen, um, so das EuG, „Beschränkungen des innergemeinschaftlichen Handels zu rechtfertigen“[18].

b) Die Verpflichtungsklauseln des Art. 307 Abs. 2 und 3 EGV

Art. 307 Abs. 2 und 3 EGV enthalten Verpflichtungsklauseln. In einer Verpflichtungsklausel verpflichtet sich die Partei eines völkerrechtlichen Vertrags für den Fall eines bereits bestehenden oder auch nur möglichen Konflikts mit anderen völkerrechtlichen Verträgen, einen solchen Konflikt so weit wie möglich zu vermeiden oder aufzuheben.[19]

aa) Die Pflichten der Mitgliedstaaten

(1) Die Pflicht zur Abhilfe von Unvereinbarkeiten nach Art. 307 Abs. 2 EGV

Die Verpflichtungsklausel des Art. 307 Abs. 2 S. 1 EGV erlegt den Mitgliedstaaten auf, Unvereinbarkeiten ihrer in früheren völkerrechtlichen Verträgen mit Drittstaaten übernommenen Pflichten mit dem primären und

---

[17] EuGH, Verb. Rs. 92 und 326/92, 20.10.1993, Slg. 1993, I-5145, Rn. 32 (Phil Collins/Imtrat Handelsgesellschaft mbH und Patricia Im- und Export Verwaltungsgesellschaft mbH, Leif Emanuel Kraul/EMI Electrola GmbH). Vgl. in diesem Zusammenhang auch Erwägungsgrund 6 der Richtlinie 2001/84/EG des Europäischen Parlaments und des Rates vom 27. September 2001 über das Folgerecht des Urhebers des Originals eines Kunstwerks: „Nach der Berner Übereinkunft zum Schutz von Werken der Literatur und Kunst kann das Folgerecht nur dann in Anspruch genommen werden, wenn der Heimatstaat des Urhebers dieses Recht anerkennt. Das Folgerecht ist demnach fakultativ und durch die Gegenseitigkeitsregel beschränkt. Aus der Rechtsprechung des Gerichtshofes der Europäischen Gemeinschaften zur Anwendung des Diskriminierungsverbots gemäß Artikel 12 des Vertrags, insbesondere dem Urteil vom 20. Oktober 1993 in den verbundenen Rechtssachen C-92/92 und C-326/92, Phil Collins und andere, folgt, dass einzelstaatliche Bestimmungen, die Gegenseitigkeitsklauseln enthalten, nicht geltend gemacht werden dürfen, um den Angehörigen anderer Mitgliedstaaten die Inländerbehandlung vorzuenthalten. Die Anwendung solcher Klauseln im Gemeinschaftskontext steht im Widerspruch zu dem Gleichbehandlungsgebot, das sich aus dem Verbot jeder Diskriminierung aus Gründen der Staatsangehörigkeit ergibt.“

[18] EuG, Rs. T-69/89, 10.7.1991, Slg. 1991, II-485, Rn. 102 (Radio Telefis Eireann/Kommission); EuG, Rs. T-70/89, 10.7.1991, Slg. 1991, II-535, Rn. 76 (The British Broadcasting Corporation und BBC Enterprises Limited/Kommission); EuG, Rs. T-76/89, 10.7.1991, Slg. 1991, II-575, Rn. 75 (Independent Television Publications Limited/Kommission).

[19] *Georg Dahm/Jost Delbrück/Rüdiger Wolfrum,* Völkerrecht, Band I, Teilband 3, 2. Auflage 2002, § 156, S. 699; *Wilhelm Heinrich Wilting,* Vertragskonkurrenz im Völkerrecht, 1996, S. 75 f.

sekundären Gemeinschaftsrecht zu beheben. Die Pflichten, die die Mitgliedstaaten in früheren völkerrechtlichen Verträgen mit Drittstaaten übernommen haben, sind dann nicht mit dem primären und sekundären Gemeinschaftsrecht zu vereinbaren, wenn ihre gleichzeitige Beachtung durch die Mitgliedstaaten ausgeschlossen ist.

Nach allgemeiner Meinung erstreckt sich die Pflicht zur Abhilfe nach Art. 307 Abs. 2 S. 1 EGV auf materielle Unvereinbarkeiten. Eine materielle Unvereinbarkeit liegt vor, wenn das primäre und sekundäre Gemeinschaftsrecht im Einzelfall eine andere Regelung trifft als die früheren völkerrechtlichen Verträge der Mitgliedstaaten mit Drittstaaten. Auf dem Gebiet des geistigen Eigentums dürfte eine materielle Unvereinbarkeit allerdings eher selten auftreten, da die in den völkerrechtlichen Verträgen der Mitgliedstaaten mit Drittstaaten enthaltenen Wertungen in die Bestimmung des spezifischen Gegenstands der geistigen Eigentumsrechte durch den EuGH einfließen[20] und die Europäische Gemeinschaft bei der Setzung von sekundärem Gemeinschaftsrecht auf die Vereinbarkeit mit den früheren völkerrechtlichen Verträgen der Mitgliedstaaten mit Drittstaaten achtet[21]. Eine materielle Unvereinbarkeit könnte allenfalls dann angenommen werden, wenn man mit *Ress*[22] davon ausgeht, daß die EWR-weite[23] bzw. die internationale Erschöpfung der geistigen Eigentumsrechte, sollte sich die Europäische Gemeinschaft zu ihrer Einführung entschließen, der nach Art. 307 Abs. 1 EGV unberührt bleibenden Pflicht der Mitgliedstaaten, die in den völkerrechtlichen Verträgen niedergelegten Mindestrechte zu schützen, widerspricht.

Fraglich ist, ob sich die Pflicht zur Abhilfe nach Art. 307 Abs. 2 S. 1 EGV darüber hinaus auf kompetenzielle Unvereinbarkeiten erstreckt.[24] Um eine kompetenzielle Unvereinbarkeit handelt es sich, wenn die Europäische Gemeinschaft in Teilbereichen des geistigen Eigentums, die von früheren völkerrechtlichen Verträgen der Mitgliedstaaten mit Drittstaaten geregelt werden, eine ausschließliche Vertragsschlußkompetenz erworben hat. Der in Teilen der Literatur vorgebrachte Einwand, daß erst die Ausübung der aus-

---

[20] Siehe oben Erster Teil, Erstes Kapitel, C. 8.

[21] Siehe oben Erster Teil, Erstes Kapitel, C. II. 1.

[22] *Georg Ress,* Die Beziehungen zwischen der Berner Konvention und dem Europäischen Gemeinschaftsrecht, in: Georg Ress (Hrsg.), Entwicklung des Europäischen Urheberrechts, 1989, S. 21 (32 ff.).

[23] Siehe oben Erster Teil, Erstes Kapitel, C. I. 4. b) cc).

[24] *Kirsten Schmalenbach,* in: Christian Calliess/Matthias Ruffert (Hrsg.), Kommentar des Vertrages über die Europäische Union und des Vertrages zur Gründung der Europäischen Gemeinschaft – EUV/EGV –, 2. Auflage 2002, Art. 307 EGV Rn. 10; *Georg Matthias Berrisch,* Der völkerrechtliche Status der Europäischen Wirtschaftsgemeinschaft im GATT, 1991, S. 94.

schließlichen Vertragsschlußkompetenz durch die Europäische Gemeinschaft die notwendigen Anhaltspunkte dafür liefern könne, wie die Unvereinbarkeiten früherer völkerrechtlicher Verträge der Mitgliedstaaten mit dem EG-Vertrag zu beheben seien,[25] kann angesichts der Rechtsprechung des EuGH nicht überzeugen. Nach dem Urteil „Kramer" sind die Mitgliedstaaten, sobald die Vertragsschlußkompetenz der Europäischen Gemeinschaft ausschließlich geworden ist, verpflichtet, „alle zu ihrer Verfügung stehenden rechtlichen und politischen Mittel einzusetzen", um die Teilnahme der Europäischen Gemeinschaft an dem völkerrechtlichen Vertrag sicherzustellen.[26] Darüber hinaus wird, nachdem die Europäische Gemeinschaft eine ausschließliche Vertragsschlußkompetenz in Teilbereichen des geistigen Eigentums, von der Übertragung einer neuen, ausnahmsweise ausschließlichen Vertragsschlußkompetenz im Wege der Vertragsänderung abgesehen, erst durch die Ausübung ihr zustehender Innenkompetenzen erwirbt, schon mit Entstehen der ausschließlichen Vertragsschlußkompetenz deutlich sein, ob neben der kompetenziellen auch eine materielle Unvereinbarkeit vorliegt.

Zur Erfüllung der Pflicht nach Art. 307 Abs. 2 S. 1 EGV genügt es nicht, wenn sich die betroffenen Mitgliedstaaten nur um die Behebung der materiellen und kompetenziellen Unvereinbarkeiten bemühen. Vielmehr ist nach der Rechtsprechung des EuGH aus Gründen des Vorrangs und der einheitlichen Anwendung des Gemeinschaftsrechts sowie des Gedanken des *effet utile* die Abhilfe selbst geschuldet.[27] Unter Verwendung der französischen Obligationentheorie[28] handelt es sich bei Art. 307 Abs. 2 S. 1 EGV um eine *obligation de résultat* und nicht um eine *obligation de comportement*.[29]

Die bei der Abhilfe zu ergreifenden Mittel müssen allerdings nach Art. 307 Abs. 2 S. 1 EGV „geeignet", d.h. völkerrechtskonform,[30] sein. Je nach Einzelfall kommen eine gemeinschaftsfreundliche Auslegung des frü-

---

[25] *Gunnar Schuster/Peter-Tobias Stoll,* Gemeinschaftskompetenz und Altverträge mit Drittstaaten, RIW 42 (1996), S. 89 (94).

[26] EuGH, Verb. Rs. 3, 4 und 6/76, 14.7.1976, Slg. 1976, 1279, Rn. 44/45 (Cornelis Kramer u.a.).

[27] EuGH, Rs. C-62/98, 4.7.2000, Slg. 2000, I-5171, Rn. 49 (Kommission/Portugal); EuGH, Rs. C-84/98, 4.7.2000, Slg. 2000, I-5215, Rn. 58 (Kommission/Portugal).

[28] Siehe oben Erster Teil, Zweites Kapitel, C. I.

[29] *Luc Weitzel,* in: Philippe Léger (éd.), Commentaire article par article des traités UE et CE, 2000, Art. 307 EGV Rn. 15; Schlußanträge von Generalanwalt Mischo, Rs. C-62/98, 20.10.1999, Slg. 2000, I-5171, Rn. 58 (Kommission/Portugal): „Le principe de l'application uniforme du droit communautaire exige, en effet, que pareille situation ne puisse pas se pérenniser. En ce sens, l'article 234 du traité institue bien une obligation de résultat."

heren völkerrechtlichen Vertrags, eine Anpassung des früheren völkerrechtlichen Vertrags nach entsprechenden Verhandlungen mit den gebundenen Drittstaaten, etwa durch Einfügen einer Beitrittsklausel für die Europäische Gemeinschaft, und eine Beendigung des früheren völkerrechtlichen Vertrags durch die Mitgliedstaaten im Wege der Kündigung, der Suspendierung oder des Rücktritts in Betracht. Dabei können sich die zuletzt genannten Beendigungsmöglichkeiten entweder aus dem völkerrechtlichen Vertrag selbst ergeben oder aus den in Art. 54 ff. WVK niedergelegten völkergewohnheitsrechtlichen Grundsätzen. Auf dem Gebiet des geistigen Eigentums stellt das „geeignete Mittel", insbesondere für die Behebung kompetenzieller Unvereinbarkeiten, die Neuverhandlung des völkerrechtlichen Vertrages oder die Vereinbarung eines Zusatzprotokolls mit dem Ziel einer Beitrittsklausel für die Europäische Gemeinschaft dar. Dabei sind die Mitgliedstaaten gemäß Art. 307 Abs. 2 S. 2 EGV verpflichtet, in den Vertragsgremien eine gemeinsame Haltung einzunehmen und einander Hilfe zu leisten.

(2) Die Pflicht nach Art. 307 Abs. 3 EGV, keine Vorteile nach den Grundsätzen der Inländergleichbehandlung und der Meistbegünstigung weiterzugeben

Im Hinblick auf die völkerrechtlichen Grundsätze der Inländergleichbehandlung und der Meistbegünstigung, die in früheren völkerrechtlichen Verträgen der Mitgliedstaaten niedergelegt sein und die Mitgliedstaaten verpflichten können, die im primären und sekundären Gemeinschaftsrecht gewährten Vorteile an die beteiligten Drittstaaten weiterzugeben, konkretisiert Art. 307 Abs. 3 EGV die Pflicht der Mitgliedstaaten zur Abhilfe. Um die Weitergabe der Vorteile zu verhindern, sind die Mitgliedstaaten solange zur Anpassung und Beendigung ihrer früheren völkerrechtlichen Verträge verpflichtet, wie dies in völkerrechtskonformer Weise geschehen kann.

Nach dem Grundsatz der Inländergleichbehandlung werden die Angehörigen eines Vertragsstaates in einem Vertragsstaat gleich behandelt wie die Angehörigen des Vertragsstaates, in welchem der Schutz beansprucht wird. Dagegen sieht der Grundsatz der Meistbegünstigung vor, daß die Angehörigen eines Vertragsstaates in den Genuß aller Vorteile kommen, die einem dritten – meistbegünstigten – Staat von einem anderen Vertragsstaat zugestanden werden.[31] Während der Grundsatz der Inländergleichbehandlung

[30] *Ernst-Ulrich Petersmann,* in: Hans von der Groeben/Jochen Thiesing/Claus-Dieter Ehlermann (Hrsg.), Kommentar zum EU-/EG-Vertrag, 5. Auflage 1997/1999, Art. 234 EGV Rn. 1.

[31] *Petra Buck,* Geistiges Eigentum und Völkerrecht, 1994, S. 71 ff.; *Regula Bergsma,* Das Prinzip der Inländerbehandlung im internationalen und schweizerischen Urheberrecht, 1990, S. 28 ff.

ein tragendes Prinzip der wichtigsten völkerrechtlichen Verträge zum Schutz des geistigen Eigentums, insbesondere der Pariser Verbandsübereinkunft und der Berner Übereinkunft, darstellt, wurde der Grundsatz der Meistbegünstigung im Zusammenhang mit dem geistigen Eigentum erstmals in die Freihandelsabkommen der EFTA-Staaten mit den mittel- und osteuropäischen Staaten[32] und in das Übereinkommen über die handelsbezogenen Aspekte des geistigen Eigentums vom 15. April 1994 (*Agreement on Trade-Related Aspects of Intellectual Property Rights,* TRIPs-Übereinkommen) aufgenommen. Da es sich jedoch weder bei den Freihandelsabkommen der EFTA-Staaten mit den mittel- und osteuropäischen Staaten noch beim TRIPs-Übereinkommen um frühere völkerrechtliche Verträge der Mitgliedstaaten mit Dritttstaaten handelt,[33] kann es auf dem Gebiet des geistigen Eigentums nur um die Vorteile gehen, die nach dem Grundsatz der Inländergleichbehandlung weiterzugeben wären.

Auf dem Gebiet des geistigen Eigentums kommt nach dem Grundsatz der Inländergleichbehandlung nur die Weitergabe von Vorteilen in Betracht, die in Richtlinien gewährt werden, die die nationalen Rechtsvorschriften über die Rechte des geistigen Eigentums aneinander angleichen. Die Mitgliedstaaten sind, sobald sie Richtlinien zum Schutz neuer Werkarten in innerstaatliches Recht umgesetzt haben, verpflichtet, den Angehörigen beteiligter Drittstaaten nach Art. 5 Abs. 1 der Berner Übereinkunft in der Pariser Fassung vom 24. Juli 1971 einen entsprechenden Schutz gewähren.[34] Dagegen müßten die Vorteile, die sich aus den Grundfreiheiten ergeben, nur nach dem Grundsatz der Meistbegünstigung, nicht aber nach dem Grundsatz der Inländergleichbehandlung an Angehörige beteiligter Drittstaaten weitergegeben werden.[35] Weil die Grundfreiheiten an einen grenzüberschreitenden Sachverhalt anknüpfen, sind die Mitgliedstaaten nur verpflich-

---

[32] *Thérèse Blanchet/Risto Piipponen/Maria Westman-Clément,* The Agreement on the European Economic Area (EEA), 1994, S. 132 ff. Die Freihandelsabkommen der EFTA-Staaten wurden mit Bulgarien am 29. März 1993, Estland am 7. Dezember 1995, Israel am 17. September 1992, Jordanien am 21. Juni 2001, Kroatien am 21. Juni 2001, Lettland am 7. Dezember 1995, Litauen am 7. Dezember 1995, Marokko am 19. Juni 1997, Mazedonien am 19. Juni 2000, Mexiko am 27. November 2000, Polen am 10. Dezember 1992, Rumänien am 10. Dezember 1992, der Slowakischen Republik am 20. März 1992, Slowenien am 13.6.1995, der Tschechischen Republik am 20. März 1992, der Türkei am 21. Juni 2001 und Ungarn am 29.3.1993 geschlossen.

[33] Finnland, Österreich und Schweden, heutige Mitgliedstaaten der Europäischen Gemeinschaft, sind von dem EFTA-Übereinkommen am 31. Dezember 1994 zurückgetreten. Damit haben sie auch aufgehört, Vertragsparteien der Freihandelsabkommen der EFTA-Staaten mit den mittel- und osteuropäischen Staaten zu sein (vgl. z.B. Art. 37 Abs. 3 des Freihandelsabkommens der EFTA-Staaten mit Bulgarien (http://www.admin.ch/ch/d/sr/0_632_312_141, letzte Abfrage: 19.5.2004)).

[34] *Petra Buck,* Geistiges Eigentum und Völkerrecht, 1994, S. 78.

tet, den Angehörigen anderer Mitgliedstaaten entsprechende Vorteile zu gewähren, nicht aber den eigenen Angehörigen.[36]

Dennoch ist fraglich, ob die Mitgliedstaaten im Hinblick auf den Grundsatz der Inländergleichbehandlung nach Art. 307 Abs. 3 EGV zur Neuverhandlung ihrer früheren völkerrechtlichen Verträge zum geistigen Eigentum verpflichtet sind. Zwar rechtfertigt es die bisherige Staatenpraxis noch nicht, wie dies etwa für Zollunionen im Wirtschaftsvölkerrecht geschehen ist, eine völkergewohnheitsrechtliche Ausnahme zugunsten der Europäischen Gemeinschaft vom Grundsatz der Inländergleichbehandlung anzunehmen. Das geistige Eigentum ist anders als die Zollunion nach Art. 23 Abs. 1 EGV keine Grundlage der Europäischen Gemeinschaft, für die sie wie für die Festsetzung des Gemeinsamen Zolltarifs eine umfassende ausschließliche Zuständigkeit besäße. Die Europäische Gemeinschaft ist jedoch dem TRIPs-Übereinkommen beigetreten und hat den WIPO-Urheberrechtsvertrag (*WIPO Copyright Treaty,* WCT) und den WIPO-Vertrag über Darbietungen und Tonträger (*WIPO Performances and Phonograms Treaty,* WPPT), beide vom 20. Dezember 1996, unterzeichnet, ohne auf eine Ausnahme zugunsten der Europäischen Gemeinschaft von dem Grundsatz der Inländergleichbehandlung zu bestehen.[37] Damit könnte sie zu erkennen gegeben haben, daß der Grundsatz der Inländergleichbehandlung auf dem Gebiet des geistigen Eigentums mit dem EG-Vertrag vereinbar ist.

bb) Die Pflichten der Europäischen Gemeinschaft

Anders als in Art. 71 Abs. 2 des am 23. Juli 2002 ausgelaufenen EGKSV und Art. 106 EAGV sind die Verpflichtungsklauseln des Art. 307 Abs. 2 und 3 EGV nur an die Mitgliedstaaten und nicht auch an die Europäische Gemeinschaft adressiert. In dem Urteil „Burgoa" hat der EuGH jedoch festgestellt, daß die Vorschrift ihren Zweck verfehlen würde, „wenn mit ihr nicht stillschweigend eine Verpflichtung der Gemeinschaftsorgane begrün-

---

[35] Die Europäische Gemeinschaft und die Mitgliedstaaten haben dem TRIPs-Rat am 19. Dezember 1995 mitgeteilt, daß sowohl der EU- als auch der EG-Vertrag als „internationale Übereinkünfte betreffend den Schutz des geistigen Eigentums" im Sinne von Art. 4 lit. d) des TRIPs-Übereinkommens anzusehen und daraus resultierende „Vorteile, Vergünstigungen, Sonderrechte und Befreiungen" vom Grundsatz der Meistbegünstigung auszunehmen sind (GRUR Int. 1996, S. 269 f.).

[36] Vgl. zum Problem der Inländerdiskriminierung *Rudolf Streinz,* Europarecht, 6. Auflage 2003, Rn. 682 ff.

[37] Der Grundsatz der Inländergleichbehandlung ist in Art. 3 Abs. 1 des TRIPs-Übereinkommens ausdrücklich vorgesehen; in Art. 1 Abs. 4 des WCT bzw. in Art. 1 Abs. 1 des WPPT wird auf Art. 5 Abs. 1 der Berner Übereinkunft bzw. Art. 4, 5 des Rom-Abkommens verwiesen.

det würde, die Erfüllung der Pflichten, die sich für die Mitgliedstaaten aus früheren Übereinkünften ergeben, nicht zu behindern".[38] Weitergehende Mitwirkungs- und Unterstützungspflichten der Europäischen Gemeinschaft können sich zwar nicht aus Art. 307 Abs. 2 und 3 EGV, aber aus anderen Vorschriften des EG-Vertrages, z. B. aus Art. 10 EGV, ergeben.[39]

2. *Frühere völkerrechtliche Verträge der Mitgliedstaaten untereinander*

Die Mitgliedstaaten haben das Verhältnis ihrer früheren völkerrechtlichen Verträge untereinander (sog. *inter se*-Abkommen) zum EG-Vertrag nicht geregelt. Im Fall einer Unvereinbarkeit geht der EG-Vertrag den früheren völkerrechtlichen Verträgen zwischen den Mitgliedstaaten, von den in den Vorrangklauseln der Art. 305 und Art. 306 EGV[40] genannten Ausnahmen abgesehen, gemäß dem subsidiär eingreifenden Art. 30 Abs. 3 WVK vor.[41] Eine Vorrangklausel legt im Fall einer Vertragskollision fest, welchem der konkurrierenden völkerrechtlichen Verträge der Vorrang eingeräumt wird.[42]

II. Spätere völkerrechtliche Verträge der Mitgliedstaaten auf dem Gebiet des geistigen Eigentums

1. *Spätere völkerrechtliche Verträge der Mitgliedstaaten mit Drittstaaten*

Die Mitgliedstaaten haben auch das Verhältnis ihrer späteren völkerrechtlichen Verträge mit Drittstaaten, d.h. der völkerrechtlichen Verträge mit Drittstaaten, die für die Gründungsmitgliedstaaten nach dem 1. Januar 1958

---

[38] EuGH, Rs. 812/79, 14.10.1980, Slg. 1980, 2787, Rn. 9 (Strafverfahren gegen Juan C. Burgoa).

[39] *Ernst-Ulrich Petersmann,* in: Hans von der Groeben/Jochen Thiesing/Claus-Dieter Ehlermann (Hrsg.), Kommentar zum EU-/EG-Vertrag, 5. Auflage 1997/1999, Art. 234 EGV Rn. 11.

[40] Art. 305 und Art. 306 EGV räumen sowohl dem EGKS-Vertrag und dem EAG-Vertrag als auch dem am 1. Januar 1958 noch im Planungsstadium befindlichen Vertrag zur Gründung der Benelux-Wirtschaftsunion (UNTS Vol. 381, S. 165 ff.) Vorrang vor dem EG-Vertrag ein. Mehrere Jahre vor der Europäischen Gemeinschaft hat die Benelux-Wirtschaftsunion eine einheitliche Benelux-Marke (1971) und ein einheitliches Benelux-Geschmacksmuster (1975) eingeführt.

[41] EuGH, Rs. 10/61, 27.2.1962, Slg. 1962, S. 1 (23) (Kommission/Italien): „Der EWG-Vertrag geht auf den von ihm geregelten Gebieten den vor seinem Inkrafttreten zwischen den Mitgliedstaaten geschlossenen Übereinkünften vor."

[42] *Georg Dahm/Jost Delbrück/Rüdiger Wolfrum,* Völkerrecht, Band I, Teilband 3, 2. Auflage 2002, § 156, S. 698; *Wilhelm Heinrich Wilting,* Vertragskonkurrenz im Völkerrecht, 1994, S. 73 ff.

und für die anderen Mitgliedstaaten nach ihrem Beitritt zur Europäischen (Wirtschafts-)Gemeinschaft in Kraft getreten sind, in Art. 307 Abs. 1 EGV geregelt. Art. 307 Abs. 1 EGV bestimmt nicht nur positiv, daß die Pflichten, die die Mitgliedstaaten in ihren früheren völkerrechtlichen Verträge mit Drittstaaten übernommen haben, unberührt bleiben, sondern legt auch negativ fest, daß spätere völkerrechtliche Verträge der Mitgliedstaaten mit Drittstaaten nicht als mit dem primären und sekundären Gemeinschaftsrecht unvereinbar anzusehen sind. Anderenfalls würden die subsidiär eingreifenden völkergewohnheitsrechtlichen Grundsätze der Art. 30 Abs. 4 lit. a) und Abs. 3 WVK dazu führen, daß der EG-Vertrag nur insoweit Anwendung fände, wie er mit späteren völkerrechtlichen Verträgen der Mitgliedstaaten vereinbar wäre.

a) Die analoge Anwendung der Unberührtheits- bzw. Vereinbarkeitsklausel des Art. 307 Abs. 1 EGV

Allerdings könnten die Pflichten, die die Mitgliedstaaten in ihren vor dem Entstehen einer ausschließlichen Vertragsschlußkompetenz der Europäischen Gemeinschaft in Kraft getretenen späteren völkerrechtlichen Verträge mit Drittstaaten übernommen haben, ausnahmsweise unberührt bleiben.[43]

Nach der herrschenden Lehre ist eine analoge Anwendung der Unberührtheits- bzw. Vereinbarkeitsklausel des Art. 307 Abs. 1 EGV nur gerechtfertigt, wenn das Entstehen einer ausschließlichen Vertragsschlußkompetenz der Europäischen Gemeinschaft objektiv nicht vorhersehbar war.[44] Eine ausschließliche Vertragsschlußkompetenz der Europäischen Gemeinschaft für das geistige Eigentum kann nur durch die Übertragung einer neuen, ausnahmsweise ausschließlichen Vertragsschlußkompetenz im Wege der Vertragsänderung oder durch den Umschlag einer bestehenden, grundsätzlich konkurrierenden in eine ausschließliche Vertragsschlußkompetenz entstehen.

---

[43] *Ernst-Ulrich Petersmann,* in: Hans von der Groeben/Jochen Thiesing/Claus-Dieter Ehlermann (Hrsg.), Kommentar zum EU-/EG-Vertrag, 5. Auflage 1997/1999, Art. 234 EGV Rn. 6; *Rüdiger Voss,* Die Bindung der Europäischen Gemeinschaft an vorgemeinschaftliche Verträge ihrer Mitgliedstaaten, SZIER 6 (1996), S. 161 (165); *Rudolf Bernhardt,* Die Europäische Gemeinschaft als neuer Rechtsträger im Geflecht der traditionellen zwischenstaatlichen Rechtsbeziehungen, EuR 18 (1983), S. 199 (205); *Hans Krück,* Völkerrechtliche Verträge im Recht der Europäischen Gemeinschaften, 1977, S. 136; a. A. *Pietro Manzini,* The Priority of Pre-Existing Treaties of EC Member States within the Framework of International Law, EJIL 12 (2001), S. 781 (786).

[44] *Ernst-Ulrich Petersmann,* in: Hans von der Groeben/Jochen Thiesing/Claus-Dieter Ehlermann (Hrsg.), Kommentar zum EU-/EG-Vertrag, 5. Auflage 1997/1999, Art. 234 EGV Rn. 6; *Hans Krück,* Völkerrechtliche Verträge im Recht der Europäischen Gemeinschaften, 1977, S. 136.

Das Entstehen einer ausschließlichen Vertragsschlußkompetenz der Europäischen Gemeinschaft ist damit ab dem Zeitpunkt objektiv vorhersehbar, in dem der Entwurf eines Änderungsvertrages steht bzw. in dem die Kommission die Planung sekundären Gemeinschaftsrechts in Grünbüchern[45] vorgestellt bzw. dem Rat und/oder dem Europäischen Parlament konkrete Vorschläge zum Erlaß sekundären Gemeinschaftsrechts unterbreitet hat, welches durch einen völkerrechtlichen Vertrag der Mitgliedstaaten beeinträchtigt werden könnte.

Der EuGH hat sich noch nicht mit einer analogen Anwendung des Art. 307 Abs. 1 EGV, aber mit dem Problem der nach Inkrafttreten des EG-Vertrags entstandenen ausschließlichen Vertragsschlußkompetenz der Europäischen Gemeinschaft auseinandergesetzt. Im Urteil „Kramer" hat er aus dem Übergangscharakter der Vertragsschlußkompetenz der Mitgliedstaaten besondere Pflichten der Mitgliedstaaten abgeleitet, wie etwa die Pflicht, „keine Verpflichtungen zu übernehmen, welche die Gemeinschaft bei der Ausführung der ihr [in dem völkerrechtlichen Vertrag] übertragenen Aufgabe behindern könnte", die Pflicht zu gemeinsamen Vorgehen innerhalb der durch den völkerrechtlichen Vertrag eingesetzten Organe und die Pflicht, sobald die Vertragsschlußkompetenz der Europäischen Gemeinschaft ausschließlich geworden ist, „alle zu ihrer Verfügung stehenden rechtlichen und politischen Mittel einzusetzen", um die Teilnahme der Europäischen Gemeinschaft an dem völkerrechtlichen Vertrag und ähnlichen völkerrechtlichen Verträgen sicherzustellen.[46]

Die herrschende Lehre und die Rechtsprechung des EuGH ergänzen sich insoweit, als die Vertragsschlußkompetenz der Mitgliedstaaten den vom EuGH genannten Übergangscharakter erst erhält, wenn das Entstehen einer ausschließlichen Vertragsschlußkompetenz der Europäischen Gemeinschaft objektiv vorhersehbar ist. Sobald das Entstehen einer ausschließlichen Zuständigkeit der Europäischen Gemeinschaft objektiv vorhersehbar ist, sind die Mitgliedstaaten nach Art. 10 EGV verpflichtet, Unvereinbarkeiten zwi-

---

[45] Auf dem Gebiet des geistigen Eigentums handelt es sich um das Grünbuch über Urheberrecht und die technologische Herausforderung vom 23.8.1988 (KOM (88) 172 endg.), das Grünbuch der Kommission vom 19. Juli 1995 zum Gebrauchsmusterschutz im Binnenmarkt vom 19.7.1995 (KOM (95) 370 endg.), das Grünbuch zum Urheberrecht und zu den verwandten Schutzrechten in der Informationsgesellschaft vom 27.7.1995 (KOM (95) 382 endg.), das Grünbuch über das Gemeinschaftspatent und das Patentschutzsystem in Europa vom 24.6.1997 (KOM (97) 314 endg.) und das Grünbuch zur Bekämpfung von Nachahmungen und Produkt- und Dienstleistungspiraterie im Binnenmarkt vom 15.10.1998 (KOM (98) 569 endg.). Im Anschluß an die Grünbücher ergingen Mitteilungen der Kommission, die konkrete Folgemaßnahmen in Aussicht stellten.

[46] EuGH, Verb. Rs. 3, 4 und 6/76, 14.7.1976, Slg. 1976, 1279, Rn. 44/45 (Cornelis Kramer u.a.).

schen den völkerrechtlichen Verträgen der Mitgliedstaaten mit Drittstaaten und dem primären und sekundären Gemeinschaftsrecht zu vermeiden. Solange das Entstehen einer ausschließlichen Zuständigkeit der Europäischen Gemeinschaft hingegen noch nicht objektiv vorhersehbar ist, stellt sich die Frage, ob eine analoge Anwendung des Art. 307 Abs. 1 EGV auf die vor dem Entstehen einer ausschließlichen Vertragsschlußkompetenz der Europäischen Gemeinschaft in Kraft getretenen völkerrechtlichen Verträge der Mitgliedstaaten mit Drittstaaten gerechtfertigt ist.

Da die Unberührtheits- bzw. Vereinbarkeitsklausel des Art. 307 Abs. 1 EGV das Verhältnis konkurrierender völkerrechtlicher Verträge regelt, kann eine analoge Anwendung des Art. 307 Abs. 1 EGV nur dann gerechtfertigt sein, wenn die späteren völkerrechtlichen Verträge der Mitgliedstaaten im Zeitpunkt des Entstehens einer ausschließlichen Vertragsschlußkompetenz der Europäischen Gemeinschaft in Konkurrenz zu dem EG-Vertrag treten. Die späteren völkerrechtlichen Verträge der Mitgliedstaaten auf dem Gebiet des geistigen Eigentums treten aber bereits im Zeitpunkt ihres Inkrafttretens in Konkurrenz zu dem EG-Vertrag, da sie „den Austausch von Gütern und Dienstleistungen sowie die Wettbewerbsverhältnisse innerhalb der Gemeinschaft berühren“.[47] Im Zeitpunkt des Entstehens einer ausschließlichen Vertragsschlußkompetenz der Europäischen Gemeinschaft wird aus der Vertragskonkurrenz ein Vertragskonflikt. Art. 307 Abs. 1 EGV stellt allerdings wie Art. 30 WVK und anders als Art. 307 Abs. 2 und 3 EGV auf das Vorliegen einer Vertragskonkurrenz, nicht aber auf das eines Vertragskonflikts ab.

b) Die Pflichten der Mitgliedstaaten und der Europäischen Gemeinschaft

An die Pflichten, denen die Mitgliedstaaten im Falle einer Unvereinbarkeit ihrer früheren völkerrechtlichen Verträge mit dem primären und sekundären Gemeinschaftsrecht nach Art. 307 Abs. 2 und 3 EGV unterliegen, sind die Mitgliedstaaten erst recht im Falle einer Unvereinbarkeit ihrer ihrer späteren völkerrechtlichen Verträge mit dem primären und sekundären Gemeinschaftsrecht gebunden, wenn sie auch hier aus dem in Art. 10 EGV niedergelegten Grundsatz der Gemeinschaftstreue folgen.[48] Das aus Art. 307 Abs. 1 EGV abgeleitete und der Europäischen Gemeinschaft auferlegte Be-

---

[47] EuGH, Verb. Rs. 92 und 326/92, 20.10.1993, Slg. 1993, I-5145, Rn. 22 (Phil Collins/Imtrat Handelsgesellschaft mbH und Patricia Im- und Export Verwaltungsgesellschaft mbH, Leif Emanuel Kraul/EMI Electrola GmbH).

[48] Die aus Art. 307 Abs. 2 und 3 EGV resultierenden Pflichten sind eine besondere Ausgestaltung des in Art. 10 EGV niedergelegten Grundsatz der Gemeinschaftstreue (vgl. *Klaus D. Stein,* Der gemischte Vertrag im Recht der Außenbeziehungen der Europäischen Wirtschaftsgemeinschaft, 1986, S. 145).

hinderungsverbot gilt für die späteren völkerrechtlichen Verträge der Mitgliedstaaten mit Drittstaaten allerdings nicht.

2. Spätere völkerrechtliche Verträge der Mitgliedstaaten untereinander

Die Mitgliedstaaten haben darüber hinaus das Verhältnis ihrer späteren völkerrechtlichen Verträge untereinander (sog. *inter se*-Abkommen) zum EG-Vertrag geregelt. Zwar gehen die späteren völkerrechtlichen Verträge zwischen den Mitgliedstaaten im Fall einer Unvereinbarkeit dem EG-Vertrag gemäß dem subsidiär eingreifenden Art. 30 Abs. 3 WVK grundsätzlich vor. Nachdem die Mitgliedstaaten aber nicht untereinander völkerrechtlichen Verträge schließen, um den EG-Vertrag zu ändern, sondern um die europäische Integration durch die Übernahme zusätzlicher Verpflichtungen zu fördern,[49] ist den späteren völkerrechtlichen Verträgen zwischen den Mitgliedstaaten selbst dann, wenn sie keine ausdrückliche Vorrangklausel, wie z. B. Art. 2 Abs. 1 der Vereinbarung über Gemeinschaftspatente vom 15. Dezember 1989[50], enthalten, im Wege der Auslegung eine konkludente Vorrangklausel zugunsten des EG-Vertrags zu entnehmen.

III. Die Bindung der Europäischen Gemeinschaft an die völkerrechtlichen Verträge der Mitgliedstaaten mit Drittstaaten auf dem Gebiet des geistigen Eigentums

Die Frage, ob und inwieweit die Europäische Gemeinschaft bereits an die völkerrechtlichen Verträge der Mitgliedstaaten mit Drittstaaten auf dem Gebiet des geistigen Eigentums gebunden ist, ist wegen der nur eingeschränkten Durchsetzbarkeit dieser völkerrechtlichen Verträge im Gemeinschaftsrecht von besonderer Bedeutung. Die völkerrechtliche (1.) und/oder gemeinschaftsrechtliche (2.) Bindung der Europäischen Gemeinschaft an diese völkerrechtlichen Verträge könnte sich positiv auf ihre Durchsetzbarkeit im Gemeinschaftsrecht auswirken.

1. Die völkerrechtliche Bindung der Europäischen Gemeinschaft an die völkerrechtlichen Verträge der Mitgliedstaaten mit Drittstaaten

Nach der Rechtsprechung des EuGH ist die Europäische Gemeinschaft gegenüber beteiligten Drittstaaten nicht an völkerrechtliche Verträge der

---

[49] *Joachim Wuermeling*, Kooperatives Gemeinschaftsrecht, 1988, S. 206.

[50] Art. 2 Abs. 1 der Vereinbarung über Gemeinschaftspatente lautet:
„Keine Vorschrift dieser Vereinbarung kann gegen die Anwendung des Vertrags zur Gründung der Europäischen Wirtschaftsgemeinschaft geltend gemacht werden."

Mitgliedstaaten gebunden.[51] Dies gilt auch dann, wenn die Europäische Gemeinschaft eine ausschließliche Vertragsschlußkompetenz im Regelungsbereich der völkerrechtlichen Verträge ihrer Mitgliedstaaten erworben hat. Die Regeln über die Staatennachfolge, wie sie in der noch nicht in Kraft getretenen Wiener Konvention über die Staatensukzession bei Verträgen vom 23. August 1978[52] niedergelegt sind, lassen sich nicht auf internationale Organisationen übertragen.[53] Die Übertragung von ausschließlichen Vertragsschlußkompetenzen auf die Europäische Gemeinschaft führt zwar zu einem partiellen Verlust an staatlicher Souveränität, nicht aber an staatlicher Qualität der Mitgliedstaaten. Ebenso wenig schafft Art. 307 EGV, wie in der früheren Literatur vorgeschlagen,[54] eine neue Form der Rechtsnachfolge internationaler Organisationen in die völkerrechtlichen Verträge ihrer Mitgliedstaaten, sondern trägt dem völkerrechtlichen Bestand der früheren völkerrechtlichen Verträge der Mitgliedstaaten mit Drittstaaten gerade Rechnung.[55]

Eine völkerrechtliche Bindung der Europäischen Gemeinschaft an völkerrechtliche Verträge der Mitgliedstaaten kann nur in drei Formen entstehen, nämlich a) durch den förmlichen Beitritt der Europäischen Gemeinschaft zu diesen völkerrechtlichen Verträgen, b) durch die einvernehmliche Rechtsnachfolge der Europäischen Gemeinschaft im Wege der formlosen Vertragsänderung und c) durch die Bindung der Europäischen Gemeinschaft an die völkerrechtlichen Verträge der Mitgliedstaaten in ihren völkerrechtlichen Verträgen mit Drittstaaten.

---

[51] EuGH, Rs. 812/79, 14.10.1980, Slg. 1980, 2787, Rn. 9 (Strafverfahren gegen Juan C. Burgoa).

[52] Die englische Originalfassung ist abgedruckt in ZaöRV 39 (1979), S. 279 ff.

[53] *Wolfrum Wormuth,* Die Bedeutung des Europarechts für die Entwicklung des Völkerrechts, 2004, S. 176 f.; *Andreas Zimmermann,* Staatennachfolge in völkerrechtliche Verträge, 2000, S. 44 ff.; *Ernst-Ulrich Petersmann,* in: Hans von der Groeben/Jochen Thiesing/Claus-Dieter Ehlermann (Hrsg.), Kommentar zum EU-/EG-Vertrag, 5. Auflage 1997/1999, Art. 234 EGV Rn. 19; *Georg Matthias Berrisch,* Der völkerrechtliche Status der Europäischen Wirtschaftsgemeinschaft im GATT, 1991, S. 93 f.

[54] *Olivier Jacot-Guillarmod,* Droit communautaire et droit international public: études des sources internationales de l'ordre juridique des Communautés Européennes, 1979, S. 128 ff.; *Pierre Pescatore,* L'ordre juridique des Communautés Européennes: étude des sources du droit communautaire, 1971, S. 147 f.

[55] EuGH, Rs. 812/79, 14.10.1980, Slg. 1980, 2787, Rn. 9 (Strafverfahren gegen Juan C. Burgoa); *Rudolf Bernhardt,* Die Europäische Gemeinschaft als neuer Rechtsträger im Geflecht der traditionellen zwischenstaatlichen Rechtsbeziehungen, EuR 18 (1983), S. 199 (205).

a) Der förmliche Beitritt der Europäischen Gemeinschaft zu den völkerrechtlichen Verträgen der Mitgliedstaaten mit Drittstaaten

Im Falle des förmlichen Beitritts der Europäischen Gemeinschaft zu völkerrechtlichen Verträgen der Mitgliedstaaten ist zwischen dem substituierenden Beitritt, bei dem die Europäische Gemeinschaft an die Stelle der Mitgliedstaaten tritt, und dem kumulativen Beitritt zu unterscheiden, bei dem eine völkerrechtliche Doppelmitgliedschaft *sui generis* der Europäischen Gemeinschaft und ihrer Mitgliedstaaten entsteht.[56] Im Bereich des geistigen Eigentums ist die Europäische Gemeinschaft noch keinem völkerrechtlichen Vertrag der Mitgliedstaaten förmlich beigetreten.

b) Die einvernehmliche Rechtsnachfolge der Europäischen Gemeinschaft in die völkerrechtlichen Verträge der Mitgliedstaaten mit Drittstaaten im Wege der formlosen Vertragsänderung

Auch ohne förmlichen Beitritt kann die Europäische Gemeinschaft mit Einverständnis aller beteiligten Staaten entweder an die Stelle der Mitgliedstaaten in deren völkerrechtliche Verträge treten oder zusätzliche Partei dieser völkerrechtlichen Verträge werden. Aufgrund des in Art. 39 WVK niedergelegten Grundsatzes des Völkergewohnheitsrechts können die völkerrechtlichen Verträge der Mitgliedstaaten auch formlos, namentlich durch eine nachfolgende Vertragspraxis, geändert werden.[57]

Bislang hat der EuGH eine einvernehmliche Rechtsnachfolge der Europäischen Gemeinschaft in das Allgemeine Zoll- und Handelsabkommen vom 30. Oktober 1947 (*General Agreement on Tariffs and Trade,* GATT 1947)[58] und in die beiden Abkommen vom 15. Dezember 1950[59] über das Zolltarifschema für die Einreihung der Waren in die Zolltarife sowie über die Gründung eines Rates für die Zusammenarbeit auf dem Gebiet des Zollwesens[60] angenommen. Auf dem Gebiet des geistigen Eigentums hat hinge-

---

[56] Siehe unten Erster Teil, Drittes Kapitel im Hinblick auf Bestimmungen in völkerrechtlichen Verträgen auf dem Gebiet des geistigen Eigentums, die die Doppelmitgliedschaft *sui generis* der Europäischen Gemeinschaft und ihrer Mitgliedstaaten widerspiegeln.

[57] *Georg Dahm/Jost Delbrück/Rüdiger Wolfrum,* Völkerrecht, Band I, Teilband 3, 2. Auflage 2002, § 155, S. 673; *Wolfram Karl,* Vertrag und spätere Praxis im Völkerrecht, 1983, S. 268 ff.

[58] BGBl. 1951 II, 173. Vgl. zur einvernehmlichen Rechtsnachfolge EuGH, Verb. Rs. 21 bis 24/72, 12.12.1972, Slg. 1972, 1219, Rn. 14/18 (International Fruit Company NV u. a./Produktschap voor groenten en fruit).

[59] BGBl. 1952 II, 1 bzw. 19.

gen noch keine einvernehmliche Rechtsnachfolge der Europäischen Gemeinschaft in einen völkerrechtlichen Vertrag der Mitgliedstaaten stattgefunden. Insbesondere eine einvernehmliche Rechtsnachfolge der Europäischen Gemeinschaft in die Berner Übereinkunft hat das EuG abgelehnt.[61]

Nach der Rechtsprechung des EuGH zum GATT 1947, dessen Vertragspartei die Europäische Gemeinschaft zumindest *de facto* war,[62] muß eine einvernehmliche Rechtsnachfolge der Europäischen Gemeinschaft in einen völkerrechtlichen Vertrag der Mitgliedstaaten fünf Voraussetzungen erfüllen.[63] Neben einer ausschließlichen Zuständigkeit der Europäischen Gemeinschaft für den vertraglich geregelten Gegenstand, die unabhängig davon vorliegen muß, ob die Europäische Gemeinschaft einem völkerrechtlichen Vertrag der Mitgliedstaaten förmlich oder formlos beitritt, und deren Umfang darüber entscheidet, ob die Europäische Gemeinschaft an Stelle der Mitgliedstaaten oder neben den Mitgliedstaaten Partei des völkerrechtlichen Vertrages wird, müssen alle Mitgliedstaaten an den völkerrechtlichen Vertrag gebunden sein. Aus Sicht des Gemeinschaftsrechts ist weiter erforderlich, daß der Wille der Mitgliedstaaten, die Europäische Gemeinschaft an die Verpflichtungen aus dem völkerrechtlichen Vertrag zu binden, zum Ausdruck gekommen und von der Europäischen Gemeinschaft durch die Aufnahme entsprechender Tätigkeiten, etwa durch die Mitwirkung in den Organen des früheren völkerrechtlichen Vertrages oder der internationalen Organisation, unter deren Schirmherrschaft der völkerrechtliche Vertrag steht, akzeptiert worden ist. Schließlich bedarf die Rechtsnachfolge der Europäischen Gemeinschaft in den völkerrechtlichen Vertrag zu ihrer völkerrechtlichen Wirksamkeit der Anerkennung der beteiligten Drittstaaten.

Versucht man, die Rechtsprechung des EuGH zum GATT 1947 auf die völkerrechtlichen Verträge zum Schutz des geistigen Eigentums zu übertragen, fällt zunächst auf, daß es nach der Osterweiterung der Europäischen

---

60 EuGH, Rs. 38/75, 19.11.1975, Slg. 1975, 1439, Rn. 21/22 (Zollagentur der NV Nederlandse Spoorwegen/Inspektor der Einfuhrzölle und Verbrauchssteuern).

61 EuG, Rs. T-69/89, 10.7.1991, Slg. 1991, II-485, Rn. 102 (Radio Telefis Eireann/Kommission); EuG, Rs. T-70/89, Slg. 1991, II-535, Rn. 76 (The British Broadcasting Corporation und BBC Enterprises Limited/Kommission); EuG, Rs. T-76/89, 10.7.1991, Slg. 1991, II-575, Rn. 75 (Independent Television Publications Limited/Kommission): „[...] Dazu stellt das Gericht zunächst fest, daß die Gemeinschaft – auf die beim gegenwärtigen Stand des Gemeinschaftsrechts keine Zuständigkeit im Bereich der Immaterialgüterrechte übertragen worden ist – nicht Partei der von allen ihren Mitgliedstaaten ratifizierten Berner Übereinkunft von 1886 ist."

62 *Georg Matthias Berrisch,* Der völkerrechtliche Status der Europäischen Wirtschaftsgemeinschaft im GATT, 1991, S. 232 f., geht davon aus, daß die Europäische Gemeinschaft sogar *de jure* Vertragspartei des GATT 1947 war.

63 EuGH, Verb. Rs. 21 bis 24/72, 12.12.1972, Slg. 1972, 1219, Rn. 10 ff. (International Fruit Company NV u. a./Produktschap voor groenten en fruit).

Union am 1. Mai 2004 keine völkerrechtlichen Verträge auf dem Gebiet des geistigen Eigentums mehr gibt, denen alle Mitgliedstaaten der Europäischen Gemeinschaft beigetreten sind.[64] Deshalb scheidet eine einvernehmliche Rechtsnachfolge der Europäischen Gemeinschaft zum jetztigen Zeitpunkt aus.

Hinzu kommt, daß eine Rechtsnachfolge der Europäischen Gemeinschaft in völkerrechtliche Verträge der Mitgliedstaaten auf dem Gebiet des geistigen Eigentums noch nicht von einem entsprechenden Willen der Mitgliedstaaten getragen wird. Eine Vorschrift wie Art. 131 EGV, in der sich die Europäische Gemeinschaft zu den von dem Allgemeinen Zoll- und Handelsabkommen (*General Agreement on Tariffs and Trade,* GATT) verfolgten Zielen bekennt, enthält der EG-Vertrag für die völkerrechtlichen Verträge zum Schutz des geistigen Eigentums nicht. Auch sind die Mitgliedstaaten dem Anspruch der Europäischen Gemeinschaft, für weite Teile des geistigen Eigentums eine ausschließliche Vertragsschlußkompetenz zu besitzen, in den vergangenen Jahren entgegengetreten. Acht Mitgliedstaaten der Europäischen Gemeinschaft haben im Gutachten 1/94 Stellungnahmen abgegeben und sich gegen eine ausschließliche Vertragsschlußkompetenz der Europäischen Gemeinschaft für das TRIPs-Übereinkommen ausgesprochen. Und wie die Änderungen von Art. 133 EGV in den Verträgen von Amsterdam und Nizza zeigen, sind die Mitgliedstaaten nur zögernd bereit, weitere Kompetenzen im Bereich des geistigen Eigentums an die Europäische Gemeinschaft abzugeben, indem sie dafür sorgen, daß diese nicht zu weit ausgelegt werden können. Schließlich wirkt die Europäische Gemeinschaft nicht in den Organen der Weltorganisation für geistiges Eigentum (*World Intellectual Property Organization,* WIPO) oder der Europäischen Patentrechtsorganisation (EPO) mit und nimmt, vom vollen Delegationsstatus in einigen Ausschüssen abgesehen,[65] keine über ihren Beobachterstatus hinausgehenden Rechte wahr, die für eine Akzeptanz der Europäischen Gemeinschaft als Partei der unter der Verwaltung der WIPO und der EPO stehenden völkerrechtlichen Verträge der Mitgliedstaaten durch die beteiligten Drittstaaten sprechen könnten.

[64] Malta ist z. B. dem Rom-Abkommen (Stand: 4.3.2004) überhaupt nicht und der Stockholmer Fassung der Pariser Verbandsübereinkunft vom 14. Juli 1967 (Stand: 22.4.2004) nur im Hinblick auf Art. 13 bis 30 beigetreten.

[65] Siehe oben Erster Teil, Drittes Kapitel, A.

c) Die Bindung der Europäischen Gemeinschaft an die völkerrechtlichen Verträge der Mitgliedstaaten in ihren völkerrechtlichen Verträgen

Auch ohne förmlichen Beitritt bzw. ohne einvernehmliche Rechtsnachfolge kann die Europäische Gemeinschaft völkerrechtlich an die völkerrechtlichen Verträge der Mitgliedstaaten auf dem Gebiet des geistigen Eigentums gebunden sein, wenn sie sich in ihren völkerrechtlichen Verträgen mit Drittstaaten, wie etwa in Art. 2 Abs. 1, Art. 9 Abs. 1 und Art. 35 des TRIPs-Übereinkommens verpflichtet, Bestimmungen der völkerrechtlichen Verträge der Mitgliedstaaten einzuhalten. Nach Art. 2 Abs. 1, Art. 9 Abs. 1 und Art. 35 des TRIPs-Übereinkommens befolgt die Europäische Gemeinschaft Art. 1 bis 12 sowie Art. 19 der Stockholmer Fassung der Pariser Verbandsübereinkunft vom 14. Juli 1967, Art. 1 bis 21 (mit Ausnahme von Art. 6bis) der Pariser Fassung der Berner Übereinkunft vom 24. Juli 1971 und Art. 2 bis 7 (mit Ausnahme von Art. 6 Abs. 3), Art. 12 und 16 Abs. 3 des nicht in Kraft getretenen Vertrages über den Schutz des geistigen Eigentums im Hinblick auf integrierte Schaltkreise vom 26. Mai 1989 (*Treaty on Intellectual Property in Respect of Integrated Circuits,* IPIC-Übereinkommen). Sie ist aber nicht gegenüber den an den völkerrechtlichen Verträgen der Mitgliedstaaten beteiligten Drittstaaten, sondern nur gegenüber den an ihren völkerrechtlichen Verträgen beteiligten Drittstaaten, etwa den Vertragsparteien des TRIPs-Übereinkommens, an die völkerrechtlichen Verträge der Mitgliedstaaten gebunden.

Wie Generalanwalt La Pergola in seinen Schlußanträgen zu „Egeda" ausgeführt hat, bindet sich die Europäische Gemeinschaft völkerrechtlich jedoch nicht an die völkerrechtlichen Verträge der Mitgliedstaaten auf dem Gebiet des geistigen Eigentums, wenn sie sich in ihren völkerrechtlichen Verträgen mit Drittstaaten, wie etwa in Art. 5 Abs. 1 und 3 des Protokolls Nr. 28 über geistiges Eigentum des Abkommens über den Europäischen Wirtschaftsraums vom 2. Mai 1992 (EWR-Abkommen), verpflichtet, völkerrechtlichen Verträgen der Mitgliedstaaten beizutreten und das sekundäre Gemeinschaftsrecht an die Bestimmungen dieser völkerrechtlichen Verträge anzupassen. Die Bestimmungen der völkerrechtlichen Verträge der Mitgliedstaaten werden anders als im Fall des TRIPs-Übereinkommens nicht als solche in das EWR-Abkommen integriert. Die völkerrechtliche Bindung der Europäischen Gemeinschaft an die völkerrechtlichen Verträge der Mitgliedstaaten setzt vielmehr verschiedene Handlungen der Europäischen Gemeinschaft, den Beitritt und die Anpassung des sekundären Gemeinschaftsrechts an die Vorgaben der völkerrechtlichen Verträge der Mitgliedstaaten, voraus.[66]

d) Die Chancen für eine Bindung der Europäischen Gemeinschaft an die völkerrechtlichen Verträge der Mitgliedstaaten mit Drittstaaten in der Praxis

Unter Berücksichtigung der bisherigen Praxis sind die Chancen der Europäischen Gemeinschaft, einem völkerrechtlichen Vertrag der Mitgliedstaaten förmlich beizutreten, größer als im Wege der einvernehmlichen Rechtsnachfolge, an die Stelle der bzw. neben die Mitgliedstaaten zu treten. Insbesondere in den Teilbereichen des geistigen Eigentums, in denen die Europäische Gemeinschaft gewerbliche Gemeinschaftsschutzrechte eingeführt hat, haben sich auch die an den völkerrechtlichen Verträgen der Mitgliedstaaten beteiligten Drittstaaten bereit gezeigt, der Europäischen Gemeinschaft durch entsprechende Vertragsänderungen den Beitritt zu ermöglichen. Um den Beitritt einer internationalen Organisation wie der Europäischen Gemeinschaft zu ermöglichen, wurde zum einen dem Madrider Markenabkommen am 28. Juni 1989 das Protokoll zum Madrider Abkommen über die internationale Registrierung von Marken (*Protocol Relating to the Madrid Agreement Concerning the International Registration of Marks,* Madrider Markenprotokoll) angefügt und wurden zum anderen das Internationale Übereinkommen über den Schutz von Pflanzenzüchtungen vom 2. Dezember 1961 (*International Convention for the Protection of New Varieties of Plants,* UPOV-Übereinkommen) am 19. März 1991 und das Haager Musterabkommen am 2. Juli 1999 revidiert. Allerdings wäre eine einvernehmliche Rechtsnachfolge der Europäischen Gemeinschaft in diese völkerrechtlichen Verträge der Mitgliedstaaten damals wie heute auch nicht möglich gewesen, da nicht alle Mitgliedstaaten daran gebunden sind.[67] Am bisher weitreichendsten hat sich die Europäische Gemeinschaft jedoch durch den Beitritt zum TRIPs-Übereinkommen an die völkerrechtlichen Verträge der Mitgliedstaaten binden können.

---

[66] Schlußanträge von Generalanwalt La Pergola, Rs. C-293/98, 9.9.1999, Slg. 2000, I-631, Rn. 17 (Entidad de Gestión de Derechos de los Productores Audiovisuales (Egeda)/Hostelería Asturiana SA (Hoasa)).

[67] Estland, Finnland, Griechenland, Irland, Malta, Schweden und das Vereinigte Königreich sind dem Madrider Markenabkommen nicht beigetreten (Stand: 17.3.2004). Griechenland, Luxemburg, Malta und Zypern sind dem UPOV-Übereinkommen nicht, die Slowakei nur der Fassung von 1978 beigetreten (Stand: 15.1.2004). Finnland, Irland, Lettland, Litauen, Malta, Österreich, Polen, Portugal, Schweden, Slowakei, die Tschechische Republik, das Vereinigte Königreich und Zypern sind dem Haager Musterabkommen nicht beigetreten (Stand: 31.3.2004).

2. Die gemeinschaftsrechtliche Bindung der Europäischen Gemeinschaft an die völkerrechtlichen Verträge der Mitgliedstaaten

Eine gemeinschaftsrechtliche Bindung der Europäischen Gemeinschaft an die völkerrechtlichen Verträge der Mitgliedstaaten auf dem Gebiet des geistigen Eigentums könnte dadurch entstehen, daß die Europäische Gemeinschaft Bestimmungen der völkerrechtlichen Verträge der Mitgliedstaaten in das sekundäre Gemeinschaftsrecht aufnimmt.

Wie bereits an anderer Stelle ausgeführt worden ist,[68] nehmen die Erwägungsgründe des sekundären Gemeinschaftsrechts auf dem Gebiet des geistigen Eigentums in vielfältiger Weise auf die völkerrechtlichen Verträge der Mitgliedstaaten bezug. Die Verordnung (EG) Nr. 2100/94 des Rates vom 27. Juli 1994 über den gemeinschaftlichen Sortenschutz berücksichtigt etwa nach Erwägungsgrund 29 „die bestehenden internationalen Übereinkommen, wie z.B. das Internationale Übereinkommen zum Schutz der Pflanzenzüchtungen (UPOV-Übereinkommen) oder das Übereinkommen über die Erteilung Europäischer Patente (Europäisches Patentübereinkommen) [...]. Sie verbietet die Patentierung von Pflanzensorten daher nur in dem durch das Europäische Patentübereinkommen geforderten Umfang, d.h. nur bei Pflanzensorten als solchen".

Allerdings reicht der Verweis auf Bestimmungen der völkerrechtlichen Verträge der Mitgliedstaaten in den Erwägungsgründen des sekundären Gemeinschaftsrechts nicht aus, um sich gemeinschaftsrechtlich an diese Bestimmungen zu binden. Der EuGH und die Generalanwälte stellen nicht nur bei der Auslegung sekundären Gemeinschaftsrechts[69], sondern auch bei der Bestimmung des spezifischen Gegenstands der geistigen Eigentumsrechte im Rahmen von Art. 30 EGV[70] rechtsvergleichende Untersuchungen an, in denen sie sowohl auf das innerstaatliche Recht der Mitgliedstaaten als auch auf die von ihnen geschlossenen völkerrechtlichen Verträge zurückgreifen. Der Verweis auf Bestimmungen der völkerrechtlichen Verträge der Mitgliedstaaten in den Erwägungsgründen des sekundären Gemeinschaftsrechts kann aus diesem Grund ebenso wie Art. 6 Abs. 2 EUV, wonach die Europäische Union die Grundrechte, „wie sie in der am 4. November 1950 in Rom unterzeichneten Europäischen Konvention zum Schutze der Menschenrechte und der Grundfreiheiten gewährleistet sind" ergeben, achtet, nur als Festschrei-

---

[68] Siehe oben Erster Teil, Erstes Kapitel, C. II. 1.

[69] EuGH, Rs. C-104/01, 6.5.2003, Slg. 2003, I-3793, Rn. 73 (Libertel Groep BV/Benelux-Merkenbureau); Schlußanträge von Generalanwalt Ruiz-Jarabo Colomer, Rs. C-305/00, 21.3.2002, Slg. 2003, I-3527, Rn. 17 (Christian Schulin/Saatgut-Treuhandsverwaltungs GmbH).

[70] EuGH, Rs. C-316/95, 9.7.1997, Slg. 1997, I-3929, Rn. 20 (Generics BV/Smith Kline & French Laboratories Ltd).

bung der für die zur Auslegung des sekundären Gemeinschaftsrechts allein heranzuziehenden Rechtserkenntnisquellen verstanden werden.[71]

3. *Zwischenergebnis*

Die Durchsetzbarkeit der völkerrechtlichen Verträge der Mitgliedstaaten mit Drittstaaten auf dem Gebiet des geistigen Eigentums im Gemeinschaftsrecht hat sich dadurch erhöht, daß sich die Europäische Gemeinschaft im TRIPs-Übereinkommen an bestimmte Bestimmungen der Stockholmer Fassung der Pariser Verbandsübereinkunft, der Pariser Fassung der Berner Übereinkunft und des IPIC-Übereinkommens völkerrechtlich gebunden hat.

Neben der Verpflichtung in Art. 2 Abs. 1, Art. 9 Abs. 1 und Art. 35 des TRIPs-Übereinkommens, Bestimmungen der völkerrechtlichen Verträge der Mitgliedstaaten einzuhalten, hat sich die Europäische Gemeinschaft bisher weder durch einen Beitritt noch durch eine einvernehmliche Rechtsnachfolge völkerrechtlich an die völkerrechtlichen Verträge der Mitgliedstaaten auf dem Gebiet des geistigen Eigentums binden können. Während eine völkerrechtliche Bindung der Europäischen Gemeinschaft an die völkerrechtlichen Verträge der Mitgliedstaaten jedoch grundsätzlich möglich ist, scheidet eine gemeinschaftsrechtliche Bindung der Europäischen Gemeinschaft durch Verweis auf Bestimmungen der völkerrechtlichen Verträge der Mitgliedstaaten in den Erwägungsgründen des sekundären Gemeinschaftsrechts von vornherein aus.

B. Das Verhältnis der völkerrechtlichen Verträge der Mitgliedstaaten auf dem Gebiet des geistigen Eigentums zum innerstaatlichen Recht

Die an den völkerrechtlichen Verträgen auf dem Gebiet des geistigen Eigentums beteiligten Mitglied- und Drittstaaten sind laut Art. 26 WVK[72] zur Erfüllung der völkerrechtlichen Verträge nach Treu und Glauben verpflichtet, können aber darüber hinaus – vorbehaltlich besonderer Regelungen in den völkerrechtlichen Verträgen selbst – frei entscheiden, wie sie dieser

[71] *Thorsten Kingreen,* in: Christian Calliess/Matthias Ruffert (Hrsg.), Kommentar des Vertrages über die Europäische Union und des Vertrages zur Gründung der Europäischen Gemeinschaft – EUV/EGV –, 2. Auflage 2002, Art. 6 EUV Rn. 17. Ähnlich *Wolfrum Wormuth,* Die Bedeutung des Europarechts für die Entwicklung des Völkerrechts, 2004, S. 184.

[72] Art. 26 WVK lautet:
„Ist ein Vertrag in Kraft, so bindet er die Vertragsparteien und ist von ihnen nach Treu und Glauben zu erfüllen."

Pflicht nachkommen.[73] Das Verhältnis der völkerrechtlichen Verträge auf dem Gebiet des geistigen Eigentums zum innerstaatlichen Recht wird damit grundsätzlich durch die Rechtsordnungen der beteiligten Mitglied- und Drittstaaten bestimmt.

Das Verhältnis der völkerrechtlichen Verträge der Mitgliedstaaten auf dem Gebiet des geistigen Eigentums zum innerstaatlichen Recht wird anhand der Geltung (I.), des Ranges (II.), der Anwendbarkeit (III.) und der Invokabilität (IV.) der völkerrechtlichen Verträge im innerstaatlichen Recht ermittelt. Dabei wird zwischen den Bestimmungen der völkerrechtlichen Verträge und den Entscheidungen der durch die völkerrechtlichen Verträge eingesetzten Organe unterschieden. Weil eine Darstellung der Rechtsordnungen aller Mitgliedstaaten der Europäischen Gemeinschaft den Rahmen dieser Untersuchung sprengen würde, werden einerseits die einem weitgehend monistischen Modell folgenden Rechtsordnungen Frankreichs und der Niederlande[74] und andererseits die dualistisch geprägten Rechtsordnungen Deutschlands und des Vereinigten Königreichs[75] beispielhaft erläutert.[76]

---

[73] *Georg Dahm/Jost Delbrück/Rüdiger Wolfrum,* Völkerrecht, Band I, Teilband 1, 2. Auflage 1989, § 9, S. 101 f.

[74] Einem weitgehend monistischen Modell folgen ebenfalls Belgien, Luxemburg, Griechenland, Österreich, Portugal und Spanien (vgl. *Andrea Ott,* GATT und WTO im Gemeinschaftsrecht, 1997, S. 48).

[75] Das Verhältnis der völkerrechtlichen Verträge zum innerstaatlichen Recht ist ebenfalls dualistisch geprägt in Dänemark, Finnland, Irland und Schweden (vgl. *Andrea Ott,* GATT und WTO im Gemeinschaftsrecht, 1997, S. 66).

[76] Vgl. zur Durchführung der völkerrechtlichen Verträge in den übrigen, nicht dargestellten Mitgliedstaaten der Europäischen Gemeinschaft beispielhaft: *Belgien: Joe Verhoeven,* Belgique/Belgium, in: Pierre Michel Eisemann (éd.), L'intégration du droit international et communautaire dans l'ordre juridique national, 1996, S. 115 ff.; *Dänemark: Frederik Harhoff,* Danemark/Denmark, in: Pierre Michel Eisemann (éd.), L'intégration du droit international et communautaire dans l'ordre juridique national, 1996, S. 151 ff.; *Finnland: Kari Joutsamo,* The Direct Effect of Treaty Provisions in Finnish Law, NJIL 52 (1983), S. 34 ff.; *Griechenland: Emmanuel Roucounas,* Grèce/Greece, in: Pierre Michel Eisemann (éd.), L'intégration du droit international et communautaire dans l'ordre juridique national, 1996, S. 287 ff.; *Irland: Clive R. Symmons,* Irlande/Ireland, in: Pierre Michel Eisemann (éd.), L'intégration du droit international et communautaire dans l'ordre juridique national, 1996, S. 317 ff.; *Italien: Tullio Treves/Marco Frigessi di Rattalma,* Italie/Italy, in: Pierre Michel Eisemann (éd.), L'intégration du droit international et communautaire dans l'ordre juridique national, 1996, S. 365 ff.; *Karin Oellers-Frahm,* Das Verhältnis von Völkerrecht und Landesrecht in der Italienischen Verfassung, ZaöRV 34 (1974), S. 330 ff.; *Luxemburg: Robert Biever/Nico Edon/Luc Weitzel,* Luxembourg, in: Pierre Michel Eisemann (éd.), L'intégration du droit international et communautaire dans l'ordre juridique national, 1996, S. 407 ff.; *Österreich: Franz Cede/Gerhard Hafner,* National Treaty Law and Practice: Federal Republic of Austria, in: Monroe Leigh/Merritt R. Blakeslee/L. Benjamin Ederington (eds), National Treaty Law and Practice: Austria, Chile, Colombia, Japan, Netherlands, United

Während die einem monistischen Modell folgenden Mitgliedstaaten der Europäischen Gemeinschaft die völkerrechtliche und die innerstaatliche Rechtsordnung als zwei verschiedene Ebenen einer einheitlichen Rechtsordnung ansehen, gehen die dualistisch geprägten Mitgliedstaaten der Europäischen Gemeinschaft von der Notwendigkeit eines innerstaatlichen Akts aus, damit völkerrechtliche Verträge von der völkerrechtlichen in die innerstaatliche Rechtsordnung hineinwirken können.[77]

I. Die Geltung der völkerrechtlichen Verträge der Mitgliedstaaten auf dem Gebiet des geistigen Eigentums

Die Geltung bezieht sich auf den Anspruch völkerrechtlicher Verträge, innerstaatlich beachtliches Recht zu sein.[78] Von der innerstaatlichen Geltung völkerrechtlicher Verträge ist die Anwendbarkeit völkerrechtlicher Verträge[79] zu unterscheiden.[80] Die Frage der Anwendbarkeit völkerrecht-

---

States, 1999, S. 1 ff.; *Polen: Jan Barcz,* Das Verhältnis zwischen Völkerrecht und innerstaatlichem Recht in Polen nach der politischen Wende, ZÖR 52 (1997), S. 91 ff.; *Portugal: Rui Manuel Moura Ramos,* Portugal, in: Pierre Michel Eisemann (éd.), L'intégration du droit international et communautaire dans l'ordre juridique national, 1996, S. 461 ff.; *Schweden: Göran Melander,* The Effect of Treaty Provisions in Swedish Law, NJIL 53 (1984), S. 63 ff.; *Spanien: Romualdo Bermejo García/Valentín Bou Franch/Carlos Valdés Díaz/José Antonio Paja Burgoa,* Espagne/Spain, in: Pierre Michel Eisemann (éd.), L'intégration du droit international et communautaire dans l'ordre juridique national, 1996, S. 183 ff.; *Tschechische Republik: Zdeněk Soväk,* The Effects and Application of International Law on National Tribunals in the Czech Republic, in: Rosa H.M. Jansen (ed.), European Ambitions of the National Judiciary, 1997, S. 153 ff.; *Ungarn: Duc V. Trang,* Beyond the Historical Justice Debate, The Incorporation of International Law and the Impact on Constitutional Structures and Rights in Hungary, Vand. J. Transnat'l L. 28 (1995), S. 1 ff.

[77] Vgl. zu den monistischen und dualistischen Konstruktionen nur *Philip Kunig,* Völkerrecht und staatliches Recht, in: Wolfgang Graf Vitzthum (Hrsg.), Völkerrecht, 2. Auflage 2001, Rn. 28 ff.; *Georg Dahm/Jost Delbrück/Rüdiger Wolfrum,* Völkerrecht, Band I, Teilband 1, 2. Auflage 1989, § 10, S. 105 f.; *Karl Josef Partsch,* International Law and Municipal Law, in: Rudolf Bernhardt (Hrsg.), Encyclopedia of Public International Law, Volume II, 1995, S. 1183 (1184 ff.).

[78] *Antje Wünschmann,* Geltung und gerichtliche Geltendmachung völkerrechtlicher Verträge im Europäischen Gemeinschaftsrecht, 2003, S. 42; *André Nollkaemper,* The Direct Effect of Public International Law, in: Jolande M. Prinssen/Annette Schrauwen (eds), Direct Effect, Rethinking a Classic of EC Legal Doctrine, 2003, S. 155 (159); *Eckart Klein,* Unmittelbare Geltung, Anwendbarkeit und Wirkung von Europäischem Gemeinschaftsrecht, 1988, S. 8; *Manfred Zuleeg,* Die innerstaatliche Anwendbarkeit völkerrechtlicher Verträge am Beispiel des GATT und der Europäischen Sozialcharta, ZaöRV 35 (1975), S. 341 (351); *Albert Bleckmann,* Begriff und Kriterien der innerstaatlichen Anwendbarkeit völkerrechtlicher Verträge, 1970, S. 56.

[79] Siehe unten Zweiter Teil, Zweites Kapitel, B. III.

licher Verträge kann sich nur stellen, wenn die völkerrechtlichen Verträge innerstaatliche Geltung erlangt haben, d.h. in die innerstaatliche Rechtsordnung eingeführt worden sind.[81]

Um herauszufinden, ob die völkerrechtlichen Verträge der Mitgliedstaaten auf dem Gebiet des geistigen Eigentums innerstaatlich beachtliches Recht sind, ist zunächst zu fragen, ob die völkerrechtlichen Verträge die innerstaatliche Geltung ihrer Bestimmungen bzw. der Entscheidungen der durch sie eingesetzten Organe regeln, d.h. sie entweder ge- bzw. verbieten oder offenlassen, und danach, ob und unter welchen Voraussetzungen den Bestimmungen der völkerrechtlichen Verträge bzw. den Entscheidungen der durch sie eingesetzten Organe in den Rechtsordnungen der untersuchten Mitgliedstaaten innerstaatliche Geltung verliehen wird. Regeln die völkerrechtlichen Verträge die innerstaatliche Geltung ihrer Bestimmungen bzw. der Entscheidungen der durch sie eingesetzten Organe in der einen oder anderen Weise, können die Mitgliedstaaten, wenn sie von dieser Regelung abweichen wollen, zwar nicht mehr nach Völkerrecht, aber nach ihren jeweiligen Verfassungen befugt sein, eine andere Regelung zu treffen.

---

[80] *Dagmar I. Siebold,* Die Welthandelsorganisation und die Europäische Gemeinschaft, 2003, S. 247; *Christiane A. Flemisch,* Umfang der Berechtigungen und Verpflichtungen aus völkerrechtlichen Verträgen, 2002, S. 83; *Ondolf Rojahn,* in: Ingo von Münch/Philip Kunig (Hrsg.), Grundgesetz-Kommentar, Band 2 (Art. 20 bis Art. 69), 4./5. Auflage 2001, Art. 59 Rn. 34; *Thomas von Danwitz,* Der EuGH und das Wirtschaftsvölkerrecht – ein Lehrstück zwischen Europarecht und Politik, JZ 56 (2001), S. 721 (722); *Patrick Edgar Holzer,* Die Ermittlung der innerstaatlichen Anwendbarkeit völkerrechtlicher Vertragsbestimmungen, 1998, S. 18; *Anne Peters,* The Position of International Law Within the European Community Legal Order, GYIL 40 (1997), S. 9 (45); *Alain-Didier Olinga,* L'applicabilité directe de la Convention internationale sur les droits de l'enfant devant le juge français, RTDH 6 (1995), S. 678 (683); *Gaby Buchs,* Die unmittelbare Anwendbarkeit völkerrechtlicher Vertragsbestimmungen, 1993, S. 30; *Alexander Oehmichen,* Die unmittelbare Anwendbarkeit der völkerrechtlichen Verträge der EG, 1992, S. 108; *Josef Drexl,* Entwicklungsmöglichkeiten des Urheberrechts im Rahmen des GATT, 1990, S. 28; *Eckart Klein,* Unmittelbare Geltung, Anwendbarkeit und Wirkung von Europäischem Gemeinschaftsrecht, 1988, S. 8 f.; *Alfred Verdross/Bruno Simma,* Universelles Völkerrecht, 3. Auflage 1984, § 863; *Georg Ress,* Der Rang völkerrechtlicher Verträge nach französischem Verfassungsrecht, ZaöRV 35 (1975), S. 445 (453); *Albert Bleckmann,* Begriff und Kriterien der innerstaatlichen Anwendbarkeit völkerrechtlicher Verträge, 1970, S. 64 f.; *Walter Rudolf,* Völkerrecht und deutsches Recht, 1967, S. 173 ff.

[81] *André Nollkaemper,* The Direct Effect of Public International Law, in: Jolande M. Prinssen/Annette Schrauwen (eds), Direct Effect, Rethinking a Classic of EC Legal Doctrine, 2003, S. 155 (164 ff.); *Albert Bleckmann,* Begriff und Kriterien der innerstaatlichen Anwendbarkeit völkerrechtlicher Verträge, 1970, S. 56.

1. Die Geltung der Bestimmungen der völkerrechtlichen Verträge

a) Die Regelung in den völkerrechtlichen Verträgen selbst

Eine Pflicht der Vertragsstaaten, den Bestimmungen der völkerrechtlichen Verträge auf dem Gebiet des geistigen Eigentums innerstaatliche Geltung zu verleihen, kann sich nicht nur aus einzelnen Bestimmungen der völkerrechtlichen Verträge ergeben, in denen eine solche Pflicht niedergelegt ist, sondern auch aus dem Inhalt der völkerrechtlichen Verträge.

Von Teilen der Literatur wird vertreten, daß die aus Art. 26 WVK resultierende Pflicht zur Erfüllung der völkerrechtlichen Verträge nach Treu und Glauben die innerstaatliche Geltung solcher völkerrechtlicher Verträge verlange, die Rechte und/oder Pflichten einzelner begründen[82] bzw. einer rechtsvereinheitlichen Funktion im weiteren Sinne[83] dienen. Wenngleich die innerstaatliche Geltung solcher völkerrechtlichen Verträge wünschenswert erscheinen mag, läßt sich die Pflicht der Vertragsstaaten, den Bestimmungen der völkerrechtlichen Verträge innerstaatliche Geltung zu verleihen, nicht aus dem allgemeinen Begriff des Treu und Glaubens ableiten. Es bedarf eines deutlicheren Hinweises, etwa einer Bestimmung in den völkerrechtlichen Verträgen selbst, um die Vertragsstaaten zu verpflichten, den Bestimmungen der völkerrechtlichen Verträge innerstaatliche Geltung zu verleihen.[84]

Die meisten völkerrechtlichen Verträge auf dem Gebiet des geistigen Eigentums enthalten Bestimmungen ähnlichen Wortlauts, welche die innerstaatliche Geltung der völkerrechtlichen Verträge gebieten könnten. Beispielhaft sei Art. X des Welturheberrechtsabkommens *(Universal Copyright Convention,* WUA) in der Pariser Fassung vom 24. Juli 1971 zitiert:

> „1. Jeder Vertragsstaat verpflichtet sich, gemäß seiner Verfassung die notwendigen Maßnahmen zu ergreifen, um die Anwendung dieses Übereinkommens zu gewährleisten.
>
> 2. Es besteht Einverständnis darüber, daß jeder Staat in dem Zeitpunkt, in dem dieses Abkommen für ihn in Kraft tritt, nach seinen innerstaatlichen Rechtsvorschriften in der Lage sein muß, den Bestimmungen dieses Abkommens Wirkung zu verleihen."[85]

---

[82] *Nguyen Quoc Dinh/Patrick Daillier/Alain Pellet,* Droit international public, 6e édition 1999, Rn. 146: „Le principe d'exécution de bonne foi des obligations conventionelles […] impose l'introduction dans l'ordre juridique interne des traités qui établissent des droits et des obligations pour les particuliers."

[83] *Georg Dahm/Jost Delbrück/Rüdiger Wolfrum,* Völkerrecht, Band I, Teilband 3, 2. Auflage 2002, § 151, S. 608 ff.

[84] *Stefan Kadelbach,* International Law and the Incorporation of Treaties into Domestic Law, GYIL 42 (1999), S. 66 (78 f.).

Ähnlich wie in Art. X WUA sichern die Vertragsparteien in Art. 1 der Konvention zum Schutze der Menschenrechte und Grundfreiheiten vom 4. November 1950 (Europäische Menschenrechtskonvention, EMRK)[86] „allen ihrer Hoheitsgewalt unterstehenden Personen die in Abschnitt I bestimmten Rechte und Freiheiten zu".[87] Dennoch hat der Europäische Gerichtshof für Menschenrechte (EGMR) die Vertragsparteien nicht als verpflichtet angesehen, der EMRK innerstaatliche Geltung zu verleihen.[88] Dabei hat er berücksichtigt, daß das Vereinigte Königreich und Irland sowie die skandinavischen Staaten mehrere Jahrzehnte lang darauf verzichtet hatten, die EMRK in innerstaatliches Recht umzusetzen.[89] Obwohl die dualistisch geprägten Rechtsordnungen dieser Staaten die spezielle Transformation völkerrechtlicher Verträge verlangen, was nicht nur im Fall der EMRK dazu führen kann, daß völkerrechtlichen Verträgen keine innerstaatliche Geltung verliehen wird, lassen sich die Beweggründe des EGMR nicht auf alle völkerrechtlichen Verträge übertragen. Ob völkerrechtliche Verträge eine Pflicht enthalten, ihren Bestimmungen innerstaatliche Geltung zu verleihen, hängt von der Auslegung der völkerrechtlichen Verträge ab. Die Rechtsordnungen der beteiligten Vertragsparteien können lediglich ein Indiz für die beim Vertragsabschluß verfolgte Intention darstellen.

Nach Auslegung der völkerrechtlichen Verträge auf dem Gebiet des geistigen Eigentums ist, soweit es sich um völkerrechtliche Verträge der Mitgliedstaaten mit Drittstaaten handelt, davon auszugehen, daß die Bestimmungen, welche die innerstaatliche Geltung der völkerrechtlichen Verträge gebieten könnten, nur als Hinweis auf die nach Art. 26 WVK bestehende Pflicht der Vertragsstaaten zur Durchführung ihrer völkerrechtlichen Verträge nach Treu und Glauben zu verstehen sind.[90] Die Bestimmungen, welche die innerstaat-

---

[85] Amtlicher deutscher Text nach Art. XVI Abs. 2 WUA.

[86] BGBl. 1952 II, 685.

[87] Darüber hinaus gewährt Art. 13 EMRK jeder Person, die in ihren in der EMRK anerkannten Rechten oder Freiheiten verletzt worden ist, das Recht, bei einer innerstaatlichen Instanz eine wirksame Beschwerde zu erheben.

[88] EGMR, 25.3.1983, Series A No. 61, S. 1 (42) (Silver and others): „[... N]either Article 13 nor the Convention in general lays down for the Contracting States any given manner for ensuring within their internal law the effective implementation of any of the provisions of the Convention – for example by incorporating the Convention into domestic law."

[89] *Jochen Abr. Frowein,* Incorporation of the Convention into Domestic Law, in: J. P. Gardner (ed.), Aspects of Incorporation of the European Convention of Human Rights into Domestic Law, 1993, S. 3 (5).

[90] *Jörg Reinbothe/Silke von Lewinski,* The WIPO Treaties 1996, 2002, Art. 14 WCT Rn. 12 bzw. Art. 23 WPPT Rn. 10; *Nguyen Quoc Dinh/Patrick Daillier/Alain Pellet,* Droit international public, 6e édition 1999, Rn. 149; *Paul Katzenberger,* in: Gerhard Schricker (Hrsg.), Urheberrecht, 2. Auflage 1999, Rn. 114 vor §§ 120 ff.; *Petra Buck,* Geistiges Eigentum und Völkerrecht, 1994, S. 43.

liche Geltung der völkerrechtlichen Verträge gebieten könnten, stellen deutlicher als Art. 1 EMRK auf die „Verfassung" bzw. die „innerstaatlichen Rechtsvorschriften" der Vertragsparteien ab und geben, anders als Art. 13 EMRK, der das Recht auf eine wirksame Beschwerde bei einer innerstaatlichen Instanz festschreibt, im allgemeinen nicht vor, welche Wirkung der völkerrechtlichen Verträge im einzelnen gewährleistet sein muß. Im Gegensatz zu den zitierten Vorschriften der EMRK verpflichten sie die Vertragsstaaten zu „notwendigen Maßnahmen", d.h. zu weiterem gesetzgeberischem Tätigwerden. In dem Gutachten „Échange des populations grecques et turques/Exchange of greek and turkish populations" vom 21. Februar 1925 hat der Ständigen Internationale Gerichtshof einer Art. X Abs. 1 WUA entsprechenden Klausel[91] nur deklaratorische Wirkung beigemessen. Es sei „a principle which is self-evident", daß ein Staat, „which has contracted valid international obligations is bound to make in its legislation such modifications as may be necessary to ensure the fulfilment of the obligations undertaken".[92] Hieran vermag auch das Verbandsprinzip[93], das der Pariser Verbandsübereinkunft und der Berner Übereinkunft, aber auch anderen unter der Verwaltung der WIPO stehenden völkerrechtlichen Verträgen auf dem Gebiet des geistigen Eigentums zugrundeliegt, nichts zu ändern. Zwar erfüllt das Verbandsprinzip eine gewisse Sicherungsfunktion,[94] kann aber nicht dazu beitragen, daß die Vertragsstaaten den völkerrechtlichen Verträgen auf dem Gebiet des geistigen Eigentums zu innerstaatlicher Geltung verhelfen.[95]

[91] Die Klausel, die Gegenstand des Gutachtens „Échange des populations grecques et turques/Exchange of greek and turkish populations" des Ständigen Internationalen Gerichtshofs vom 21. Februar 1925 war, lautet (CPJI Recueil des avis consultatifs/PCIJ Collection of Advisory Opinions, Serie B, Nr. 10, S. 1 (20)):

„The High Contracting Parties undertake to introduce in their respective laws such modifications as may be necessary with a view to ensuring the execution of the present Convention."

[92] CPJI Recueil des avis consultatifs/PCIJ Collection of Advisory Opinions, Serie B, Nr. 10, S. 1 (20).

[93] *Petra Buck,* Geistiges Eigentum und Völkerrecht, 1994, S. 109 ff. Aus dem Verbandsprinzip werden regelmäßig besondere Auswirkungen auf das Verhältnis der Staaten gefolgert. Welche besondere Bedeutung einer Verbandsbildung zukommt, ist fraglich. Ein Unterschied zwischen Verbandsverträgen und anderen völkerrechtlichen Verträgen wird darin gesehen, daß die Verbände mit Organen ausgestattet sind. Eine weitere, sich aus dem Verbandsprinzip ergebende Folge ist, daß die Staaten nicht nur dem jeweiligen Verband in seiner Gesamtheit beitreten können, sondern auch diesen nur in seiner Gesamtheit verlassen können.

[94] Nach Art. 26 Abs. 2 der Stockholmer Fassung der Pariser Verbandsübereinkunft vom 14. Juli 1967 und Art. 35 Abs. 2 der Pariser Fassung der Berner Übereinkunft vom 24. Juli 1971 bewirkt die Kündigung der jüngsten Fassung zugleich die Kündigung aller früheren Fassungen.

[95] *Petra Buck,* Geistiges Eigentum und Völkerrecht, 1994, S. 113. *Alfred Baum,* Völkerrecht, Berner Konvention und Landesgesetze, GRUR 1950, S. 437 (438) ver-

Etwas anderes könnte für die völkerrechtlichen Verträge auf dem Gebiet des geistigen Eigentums gelten, die zwischen den Mitgliedstaaten geschlossen werden. Wird die Auslegung dieser völkerrechtlichen Verträge nicht innerstaatlichen Gerichten überlassen, sondern auf den EuGH, oder wie im Fall des Luxemburger Übereinkommens über das europäische Patent für den Gemeinsamen Markt in der Fassung der Vereinbarung über Gemeinschaftspatente vom 15. Dezember 1989 (Gemeinschaftspatentübereinkommen) auf ein gemeinsames Rechtsprechungsorgan, den *Common Appeal Court* bzw. *Community Patent Appeal Court* (COPAC), übertragen,[96] könnte das darin zum Ausdruck gebrachte Interesse an einer einheitlichen Auslegung der völkerrechtlichen Verträge eine Pflicht der Vertragsparteien begründen, diesen völkerrechtlichen Verträgen innerstaatliche Geltung zu verleihen.[97] Über diese Frage hat der COPAC, da das Gemeinschaftspatentübereinkommen weder in seiner ursprünglichen noch in der durch die Vereinbarung über Gemeinschaftspatente überarbeiteten Form in Kraft getreten ist, nicht entscheiden können. Wie weitreichend die Rechtsprechung des COPAC hätte sein können, zeigt die Auslegung des Übereinkommen über die gerichtliche Zuständigkeit und die Vollstreckung gerichtlicher Entscheidungen in Zivil- und Handelssachen vom 27. September 1968 (EuGVÜ)[98], einem völkerrechtichen Vertrag im Sinne von Art. 293 Spiegelstrich 4 EGV, durch den EuGH. Ohne eine Entscheidung darüber zu treffen, ob das Übereinkommen zwischen den Mitgliedstaaten als Gemeinschaftsrecht zu qualifizieren ist,[99] nähert er es dem Gemeinschaftsrecht in einem seiner wichtigsten Wirkungen an. Nach Ansicht des EuGH genießt das EuGVÜ

---

tritt sogar die darüber hinausgehende These, daß das Verbandsprinzip dazu führe, daß völkerrechtliche Verträge auf dem Gebiet des geistigen Eigentums dem innerstaatlichen Recht im Rang vorgehen.

[96] Siehe oben Erster Teil, Erstes Kapitel, C. I. 1.

[97] *Georg Nolte,* Zur Technik der geplanten Einführung des EG-Schuldvertragsübereinkommens in das deutsche Recht aus völkerrechtlicher Sicht, IPRax 5 (1985), S. 71 (74); *Georg Dahm/Jost Delbrück/Rüdiger Wolfrum,* Völkerrecht, Band I, Teilband 3, 2. Auflage 2002, § 151, S. 611: „[... I]nnerhalb von regionalen Integrationsgemeinschaften oder in anderer Weise eng verbundener Staatengruppierungen [...] ist die Gewährleistung der präzisen Rezeption des Vertragstextes und der Einheitlichkeit der innerstaatlichen Vertragsanwendung von besonderer Bedeutung, weil diese herbeizuführen gerade eines der bestimmenden Motive für den Vertragsschluß durch die der Integrationsgemeinschaft oder einer sonst eng verbundenen Staatengruppierung ist."

[98] BGBl. 1972 II, 774. Das EuGVÜ wurde durch die Verordnung (EG) Nr. 44/2001 des Rates vom 22. Dezember 2000 über die gerichtliche Zuständigkeit und die Anerkennung und Vollstreckung von Entscheidungen in Zivil- und Handelssachen (ABl. EU Nr. L 12 vom 16.1.2001, S. 1 ff.).

[99] *Helene Boriths Müller,* Die Umsetzung der europäischen Übereinkommen von Rom und Brüssel in das Recht der Mitgliedstaaten, 1997, S. 205 ff.

in allen Mitgliedstaaten Vorrang vor entgegenstehendem innerstaatlichem Recht[100] und damit innerstaatliche Geltung. Es bestehen aber berechtigte Zweifel, ob sich diese Rechtsprechung auch auf die völkerrechtlichen Verträge zwischen den Mitgliedstaaten übertragen läßt, die, wie das Gemeinschaftspatentübereinkommen und vergleichbare völkerrechtliche Verträge auf dem Gebiet des geistigen Eigentums, nicht in den Anwendungsbereich des Art. 293 EGV und damit nicht unter die besondere Verantwortung der Mitgliedstaaten für den Gemeinsamen Markt fallen.

b) Die innerstaatliche Geltung in ausgewählten Mitgliedstaaten

Der Anspruch, innerstaatlich beachtliches Recht zu sein, leitet sich in den ausgewählten Mitgliedstaaten der Europäischen Gemeinschaft entweder aus der Transformation der völkerrechtlichen Verträge in innerstaatliches Recht oder aus einem innerstaatlichen Anwendungs- oder Vollzugsbefehl für die völkerrechtlichen Verträge ab.[101]

Die monistischen Rechtsordnungen Frankreichs und der Niederlande enthalten einen verfassungsrechtlich verankerten, generellen Anwendungs- oder Vollzugsbefehl. In Frankreich erlangen völkerrechtliche Verträge nach Art. 55 der französischen Verfassung[102] innerstaatliche Geltung, wenn sie ordnungsgemäß zustandegekommen sind, veröffentlicht wurden und von den anderen Vertragsparteien angewendet werden.[103] Nur das ordnungsgemäße Zustandekommen wichtiger völkerrechtlicher Verträge hängt nach Art. 53 der französischen Verfassung[104] von der parlamentarischen Zustim-

[100] EuGH, Rs. 25/79, 13.11.1979, Slg. 1979, 3423, Rn. 5 (Sanicentral GmbH/ René Collin); EuGH, Rs. 288/82, 15.11.1983, Slg. 1983, 3663, Rn. 14 (Ferdinand M. J. J. Duijnstee/Lodewijk Goderbauer).

[101] Vgl. zu den unterschiedlichen Lehren der Transformation, der Inkorporation und des Vollzugs *Philip Kunig,* Völkerrecht und staatliches Recht, in: Wolfgang Graf Vitzthum (Hrsg.), Völkerrecht, 2. Auflage 2001, Rn. 38 ff.; *Georg Dahm/Jost Delbrück/Rüdiger Wolfrum,* Völkerrecht, Band I, Teilband 1, 2. Auflage 1989, § 19, S. 99 ff.; *Karl Josef Partsch,* International Law and Municipal Law, in: Rudolf Bernhardt (Hrsg.), Encyclopedia of Public International Law, Volume II, 1995, S. 1183 (110 f.); *Alfred Verdross/Bruno Simma,* Universelles Völkerrecht, Theorie und Praxis, 3. Auflage 1984, § 858.

[102] Art. 55 der französischen Verfassung lautet in Übersetzung:
„Die ordnungsgemäß ratifizierten oder genehmigten Verträge oder Abkommen erlangen mit ihrer Veröffentlichung höhere Rechtskraft als die Gesetze, vorausgesetzt, daß die Abkommen oder Verträge von den Vertragspartnern angewandt werden."

[103] *Georg Dahm/Jost Delbrück/Rüdiger Wolfrum,* Völkerrecht, Band I, Teilband 1, 2. Auflage 1989, § 10, S. 114 f.

[104] Art. 53 der französischen Verfassung lautet in Übersetzung:
„Friedensverträge, Handelsverträge, Verträge oder Abkommen über die internationale Ordnung, ferner solche, die Verpflichtungen für die Staatsfinanzen nach sich

mung ab. Unter diese Vorschrift fallen auch die völkerrechtlichen Verträge zum geistigen Eigentum, weil davon ausgegangen werden kann, daß sie „Bestimmungen gesetzlicher Art ändern". Die parlamentarische Zustimmung wurde den wichtigsten völkerrechtlichen Verträgen zum geistigen Eigentum erteilt.[105] In der Niederlande kommt völkerrechtlichen Verträgen auf der Grundlage ungeschriebenen Verfassungsrechts innerstaatliche Geltung zu, wenn sie für das Königreich bindend sind, d.h. eine vorherige parlamentarische Zustimmung vorliegt,[106] die in er Regel stillschweigend erteilt wird,[107] und veröffentlicht wurden.[108]

In den dualistischen Rechtsordnungen Deutschlands und des Vereinigten Königreichs müssen völkerrechtliche Verträge, die von der Exekutive ratifiziert werden, durch einen parlamentarischen Akt in innerstaatliches Recht transformiert werden, um innerstaatliche Geltung zu erlangen. Während die Transformation völkerrechtlicher Verträge, welche die politischen Beziehungen des Bundes regeln oder sich, wie das geistige Eigentum nach Art. 73 Nr. 9 GG,[109] auf einen Gegenstand der Bundesgesetzgebung beziehen, in Deutschland durch den Erlaß eines Zustimmungs- oder Vertragsge-

---

ziehen, die Bestimmungen gesetzlicher Art ändern, die den Personenstand betreffen oder die Abtretung, den Tausch oder Erwerb von Gebieten enthalten, können nur kraft eines Gesetzes ratifiziert oder genehmigt werden.

Sie werden erst mit der Ratifizierung oder Zustimmung wirksam. Keine Abtretung, kein Tausch, kein Erwerb von Gebieten ist gültig ohne die Einwilligung der betroffenen Bevölkerung."

[105] Vgl. für die Pariser Verbandsübereinkunft in der Stockholmer Fassung vom 14. Juli 1967 *décret n° 75-762* vom 6.8.1975, *Journal Officiel* vom 17.8.1975; für die Berner Übereinkunft in der Pariser Fassung vom 24. Juli 1971 *décret n° 74-743* vom 21.8.1974, *Journal Officiel* vom 28.8.1974; für das Rom-Abkommen *loi n° 86-1300, Journal Officiel* vom 24.12.1986, S. 15544 und für das Madrider Markenprotokoll *loi n° 97-741, Journal Officiel* vom 3.7.1997, S. 10090.

[106] Art. 91 Abs. 1 S. 1 der niederländischen Verfassung lautet in Übersetzung:

„Ohne vorherige Zustimmung durch die Generalstaaten ist das Königreich nicht an Verträge gebunden und werden Verträge nicht gekündigt."

[107] *Wolfgang Mincke,* Einführung in das niederländische Recht, 2002, Rn. 54. Die ausdrückliche Zustimmung kann innerhalb von dreißig Tagen, nachdem der Vertragstext im *Tractatenblad* veröffentlicht wurde, durch Antrag von einem Fünftel der Mitglieder einer der beiden Parlamentskammern, verlangt werden.

[108] *J. W. A. Fleuren,* in: C. A. J. M. Kortmann/P. P. T. Bovend'eert/J. C. E. Ackermans-Wijn/J. W. A. Fleuren/M. N. H. van der Nat (Hrsg.), Grondwet voor het Koninkrijk der Nederlanden, Tekst & Commentaar, 1998, Art. 93 Anm. 1; *Henry G. Schermers,* Netherlands, in: Francis J. Jacobs/Shelley Roberts (eds), The Effect of Treaties in Domestic Law, 1987, S. 109 (109). Diese Regel des ungeschriebenen Verfassungsrechts verkennt *Patrick Edgar Holzer,* Die Ermittlung der innerstaatlichen Anwendbarkeit völkerrechtlicher Vertragsbestimmungen, 1998, S. 33, wenn er allein auf Art. 93 der niederländischen Verfassung abstellt und behauptet, die innerstaatliche Geltung völkerrechtlicher Verträge werde in der Niederlande von ihrer unmittelbaren Anwendbarkeit abhängig gemacht.

setzes nach Art. 59 Abs. 2 GG erfolgt,[110] werden völkerrechtliche Verträge im Vereinigten Königreich speziell, d.h. durch die Übernahme ihres Inhalts in innerstaatliches Recht, transformiert. Anders aber als im deutschen Recht, in dem das Zustimmungsgesetz nach Art. 59 Abs. 2 GG völkerrechtlichen Verträgen nicht nur innerstaatliche Geltung verleiht, sondern auch die erforderliche Ermächtigung für den Bundespräsidenten enthält, völkerrechtliche Verträge zu ratifizieren, werden völkerrechtliche Verträge im Vereinigten Königreich ohne einen vorherigen parlamentarischen Akt von der Krone ratifiziert. Wenn sie, wie die völkerrechtlichen Verträge zum geistigen Eigentum, private Rechte berühren, oder das *common law*

---

[109] Gemäß Art. 73 Nr. 9 GG gehören der gewerblichen Rechtsschutz und das Urheberrecht zu den Gegenständen der ausschließlichen Bundesgesetzgebung.

[110] Als Beispiel für ein Zustimmungsgesetz zu einem völkerrechtlichen Vertrag auf dem Gebiet des geistigen Eigentums sei das Gesetz zu den am 24. Juli in Paris unterzeichneten Übereinkünften auf dem Gebiet des Urheberrechts vom 17. August 1973 (BGBl. 1973 II, 1069) zitiert:

„Der Bundestag hat das folgende Gesetz beschlossen:

Artikel 1

Den folgenden von der Bundesrepublik am 24. Juli 1971 in Paris unterzeichneten Übereinkünften wird zugestimmt:

1. der Pariser Fassung der Berner Übereinkunft vom 9. September 1886 zum Schutz von Werken der Kunst und Literatur [...];
2. dem revidierten Welturheberrechtsabkommen vom 6. September 1952 [...].

Die Übereinkünfte werden nachstehend veröffentlicht.

Artikel 2

Die Bundesregierung wird ermächtigt, die in Artikel VI Abs. 1 Ziff. ii des Anhangs zur Pariser Fassung der Berner Übereinkunft zum Schutz von Werken der Literatur und Kunst vorgesehene Erklärung abzugeben.

Artikel 3

§ 133 des Urheberrechtsgesetzes [...] tritt zwei Jahre nach dem Tage außer Kraft, an dem die Pariser Fassung der Berner Übereinkunft [...] für die Bundesrepublik Deutschland in Kraft tritt. [...]

Artikel 6

(1) Dieses Gesetz tritt am Tage nach seiner Verkündung in Kraft.
(2) Der Tag, an dem
    1. die Pariser Fassung der Berner Übereinkunft [...] nach ihrem Artikel 28 für die Bundesrepublik Deutschland in Kraft tritt,
    2. das revidierte Welturheberrechtsabkommen nach seinem Artikel IX und die Zusatzprotkolle 1 und 2 [...] für die Bundesrepublik Deutschland in Kraft treten,
    3. die in Artikel VI Abs. 1 Ziffer ii des Anhangs zur Pariser Fassung der Berner Übereinkunft [...] vorgesehene Erklärung für die Bundesrepublik wirksam wird,

ist im Bundesgesetzblatt bekanntzugeben. [...]“

oder das *statute law* ändern, bedürfen sie zur innerstaatlichen Geltung noch der speziellen Transformation in innerstaatliches Recht durch einen parlamentarischen Akt.[111]

Zwar besteht im Vereinigten Königreich eine generelle Praxis, völkerrechtliche Verträge, wenn notwendig, in innerstaatliches Recht zu transformieren.[112] Wie aber das Beispiel der EMRK zeigt, die für das Vereinigte Königreich am 3. September 1953 in Kraft getreten, aber erst durch den *Human Rights Act 1998*[113] in innerstaatliches Recht transformiert worden ist, ist dies keineswegs zwingend. Aus diesem Grund ist im Unterschied zu den übrigen dargestellten Mitgliedstaaten, in denen die völkerrechtlichen Verträge zum geistigen Eigentum ohne spezielle Transformation innerstaatliche Geltung erlangen, zu untersuchen, inwieweit die völkerrechtlichen Verträge zum geistigen Eigentum in britisches Recht umgesetzt wurden.[114]

Während der *Human Rights Act 1998* den Wortlaut von Art. 2 bis 12, Art. 14 und Art. 16 bis 18 EMRK, Art. 1 bis 3 des ersten Zusatzprotokolls und Art. 1 und Art. 2 des sechsten Zusatzprotokolls in einem *schedule* übernimmt, werden die Bestimmungen der völkerrechtlichen Verträge zum geistigen Eigentum nicht in vollem Wortlaut wiedergegeben. Im Gegensatz zum *Copyright, Design and Patent Act 1988*[115] und zum *Plant Varieties Act 1997*[116] verweisen der britische *Trade Marks Act 1994*[117] und der britische *Patents Act 1977*[118] nicht nur in ihren Einleitungen,[119] sondern auch

---

[111] *Ian Brownlie,* Principles of Public International Law, 6th edition 2003, S. 45; *Philip Kunig,* Völkerrecht und staatliches Recht, in: Wolfgang Graf Vitzthum (Hrsg.), Völkerrecht, 2. Auflage 2001, Rn. 48; *Hilaire Barnett,* Constitutional & Administrative Law, 2nd edition 1998, S. 193 f.; *Ian Sinclair/Susan J. Dickson,* National Treaty Law and Practice: United Kingdom, in: Monroe Leigh/Merritt R. Blakeslee (eds), National Treaty Law and Practice: France, Germany, India, Switzerland, Thailand, United Kingdom, 1995, S. 223 (230); *Georg Dahm/Jost Delbrück/Rüdiger Wolfrum,* Völkerrecht, Band I, Teilband 1, 2. Auflage 1989, § 10, S. 107; *Rosalyn Higgins,* United Kingdom, in: Francis G. Jacobs/Shelley Roberts (eds), The Effect of Treaties in Domestic Law, 1987, S. 123 (125).

[112] *John W. Bridge,* The Relationship Between Public International Law and Municipal Law in British Practice, 1988, S. 11.

[113] *Human Rights Act 1998,* c. 42.

[114] Vgl. zu den verschiedenen Methoden der Umsetzung völkerrechtlicher Verträge im Vereinigten Königreich *Serge-Daniel Jastrow,* Umsetzung und Anwendung völkerrechtlicher Verträge privatrechtlichen Inhalts durch das Vereinigte Königreich, 2000, S. 17 ff.

[115] *Copyright, Design and Patent Act 1988,* c. 48.

[116] *Plant Varieties Act 1997,* c. 66.

[117] *Trade Marks Act 1994,* c. 26.

[118] *Patents Act 1977,* c. 49.

[119] In der Einleitung des *Trade Marks Act 1994* lautet die relevante Passage: „An Act [...] to give effect to the Madrid Protocol Relating to the International Registra-

in ihren Hauptteilen[120] ausdrücklich auf die in diesen Teilbereichen des geistigen Eigentums vom Vereinigten Königreich ratifizierten völkerrechtlichen Verträge. Der Verweis auf völkerrechtliche Verträge stellt jedoch nur ein Indiz, nicht aber eine notwendige Voraussetzung für die Umsetzung in innerstaatliches Recht dar.[121] Nennt das innerstaatliche Recht, wie der *Copyright, Design und Patent Act 1988* oder der *Plant Varieties Act 1997,* keinen völkerrechtlichen Vertrag zum geistigen Eigentum, ist durch Auslegung zu ermitteln, ob seine Bestimmungen in Umsetzung völkerrechtlicher Verträge ergangen sind. Auf dem Gebiet des Urheberrechts paßte bereits der *Copyright Act 1911*[122] das britische Recht, das den urheberrechtlichen Schutz im Vereinigten Königreich von einer Registrierung und anderen Formalitäten abhängig gemacht hatte, an die Berliner Fassung der Berner Übereinkunft vom 13. November 1908 an. Daraufhin erwuchs der urheberrechtliche Schutz auch im Vereinigten Königreich wie in den kontinentaleuropäischen Staaten aus der geistigen Schöpfung selbst.[123] Im späteren *Copyright Act 1956*[124] ging es weniger um die Umsetzung völkerrechtlicher Verträge zum geistigen Eigentum als um die Berücksichtigung neuer technologischer Entwicklungen.[125] Der bereits erwähnte *Copyright, Design und Patent Act 1988* führte in Umsetzung von Art. 6bis der Berner Überein-

---

tion of Marks of 27th June 1989, and to certain provisions of the Paris Convention for the Protection of Industrial Property of 20th March 1883, as revised and amended; and for connected purposes.“ In der Einleitung des *Patents Act 1977* lautet sie: „An Act [...] to give effect to certain international conventions on patents [...]“. Die uneinheitlich vorgenommenen Verweise auf völkerrechtliche Verträge im *Patents Act 1977,* im *Copyright, Design and Patent Act 1988,* im *Trade Marks Act 1994* und im *Plant Varieties Act 1997* sind darauf zurückzuführen, daß Einleitungen, Präambeln und Zweckklauseln im *statute law* des Vereinigten Königreichs eher unbeliebt sind (vgl. *Thomas Weimer,* Grundfragen grenzüberschreitender Rechtssetzung, 1995, S. 138).

120 Sections 53 und 54 des *Trade Marks Act 1994* nehmen auf das Madrider Markenprotokoll, sections 55 bis 60 des *Trade Marks Act 1994* auf die Pariser Verbandsübereinkunft in der Stockholmer Fassung vom 14. Juli 1967 und sections 77 bis 83 des *Patents Act 1977* auf das Übereinkommen über die Erteilung europäischer Patente vom 5. Oktober 1973 (Europäisches Patentübereinkommen) bezug.

121 *Rosalyn Higgins,* United Kingdom, in: Francis G. Jacobs/Shelley Roberts (eds), The Effect of Treaties in Domestic Law, 1987, S. 123 (127); *F. A. Mann,* Foreign Affairs in English Courts, 1986, S. 97.

122 *Copyright Act 1911,* c. 46.

123 *Julia Ellins,* Copyright Law, Urheberrecht und ihre Harmonisierung in der Europäischen Gemeinschaft, 1997, S. 52; *Bernt Lemhöfer,* Die Beschränkung der Rechtsvereinheitlichung auf internationale Sachverhalte, Zeitschrift für ausländisches und internationales Privatrecht 25 (1960), S. 401 (419).

124 *Copyright Act 1956,* c. 74.

125 *Julia Ellins,* Copyright Law, Urheberrecht und ihre Harmonisierung in der Europäischen Gemeinschaft, 1997, S. 53 f.

kunft erstmals *moral rights* im britischen Recht ein.[126] Eine ähnliche Auslegung wie für das britische Urheberrecht kann für die anderen genannten Teilbereiche des geistigen Eigentums vorgenommen werden.

2. *Die Geltung der Organentscheidungen*

a) Die Regelung in den völkerrechtlichen Verträgen selbst

Allein die globalen Schutzverträge, die sicherstellen, daß die internationale Registrierung eines gewerblichen Schutzrechts in den Vertragsstaaten als solche anerkannt wird, regeln die innerstaatliche Geltung der durch sie eingesetzten Organe selbst. Um die Anerkennung der internationalen Registrierung eines gewerblichen Schutzrechts in den Vertragsstaaten sicherzustellen, legen diese völkerrechtlichen Verträge fest, daß die internationale Registrierung eines gewerblichen Schutzrechts beim Internationalen Büro der WIPO, beim Europäischen Patentamt (EPA) oder bei zuständigen Behörden des Vertragsstaats in jedem Vertragsstaat dieselbe Wirkung hat und denselben Vorschriften wie ein in diesem Vertragsstaat registriertes gewerbliches Schutzrecht unterliegt, soweit sich aus dem jeweiligen völkerrechtlichen Vertrag nichts anderes ergibt.[127]

Im Gegensatz zu den universalen, unter der Verwaltung der WIPO stehenden völkerrechtlichen Verträgen gebietet das Übereinkommen über die Erteilung europäischer Patente vom 5. Oktober 1973 (Europäisches Patentübereinkommen) nicht nur die innerstaatliche Geltung der Erteilung eines europäischen Patents, sondern auch die innerstaatliche Geltung anderer Entscheidungen des EPA, wie der Entscheidung der Einspruchsabteilung des EPA über den Einspruch gegen die Erteilung eines europäischen Patents nach Art. 102 des Europäischen Patentübereinkommens und der Entscheidung der Beschwerdekammern des EPA über die Entscheidungen der Einspruchsabteilungen des EPA nach Art. 111 des Europäischen Patentübereinkommens. Diese Entscheidungen widerrufen oder halten die Erteilung eines europäischen Patents aufrecht.

---

[126] Chapter IV, sections 77 bis 89; Chapter V, sections 94 und 95; Chapter VI, section 103 des *Copyright, Design und Patent Act 1988*.

[127] Vgl. z.B. Art. 4 Abs. 1 S. 1 des Madrider Markenabkommens, Art. 4 Abs. 2 S. 2 des Haager Musterabkommens, Art. 11 Abs. 3 des Patentzusammenarbeitsvertrags und Art. 2 Abs. 2 des Europäischen Patentübereinkommens.

b) Die innerstaatliche Geltung in ausgewählten Mitgliedstaaten

Neben einer Assimilierung an andere Formen des Völkerrechts, insbesondere an völkerrechtliche Verträge oder Völkergewohnheitsrecht,[128] kommt für die Einführung der Entscheidungen der durch die völkerrechtlichen Verträge eingesetzten Organe in die innerstaatlichen Rechtsordnungen ein verfassungsrechtlich verankerter, genereller Anwendungs- und Vollzugsbefehl oder eine Transformation der abstrakt-generellen bzw. eine Anerkennung der konkret-individuellen Entscheidungen[129] in Betracht.[130]

Der in den monistischen Rechtsordnungen Frankreichs und der Niederlande enthaltene verfassungsrechtlich verankerte, generelle Anwendungs- und Vollzugsbefehl erstreckt sich nicht nur auf die Bestimmungen der völkerrechtlichen Verträge, sondern implizit auch auf die Entscheidungen der durch die völkerrechtlichen Verträge eingesetzten Organe. Der französische *Conseil d'Etat* hat in einer Studie betont, daß sich Art. 55 der französischen Verfassung nicht nur auf die Bestimmungen der völkerrechtlichen Verträge, sondern auch auf die Organentscheidungen beziehe, die in Anwendung der völkerrechtlichen Verträge getroffen werden.[131] In den Niederlanden ist lediglich unklar, ob den „Beschlüsse[n] völkerrechtlicher Organisationen" auch nach ungeschriebenem Verfassungsrecht innerstaatliche Geltung zukommt oder ob hierfür auf Art. 93 der niederländischen Verfassung[132] zu-

[128] *Philip Kunig,* The Relevance of Resolutions and Declarations of International Organizations for Municipal Law, in: Grigory I. Tunkin/Rüdiger Wolfrum (eds), International Law and Municipal Law, 1988, S. 59 (62): „If a resolution or declaration would itself constitute an agreement, or would, as a sort of authentic interpretation, participate in the normative value of an agreement, or if it would contribute to the development of customary law [...] the principles of treaty transformation would have to be applied."

[129] *Christoph Schreuer,* Die Behandlung internationaler Organakte durch staatliche Gerichte, 1977, S. 194 f.: „Von einer ‚Transformation' im herkömmlichen Sinne kann bei solchen individuell-konkreten Rechtsbefehlen kaum die Rede sein, wohl aber von einer Anerkennung auf Grund bestimmter materieller und prozeduraler Vorschriften des örtlichen Rechts oder internationaler Verträge".

[130] *Christoph Schreuer,* Die Behandlung internationaler Organakte durch staatliche Gerichte, 1977, S. 193.

[131] *Conseil d'Etat,* Droit international et droit français, Etude du Conseil d'Etat, Notes et études documentaires, n° 4803, 1986, S. 23. In der Vergangenheit neigte er allerdings dazu, die Resolutionen der Generalversammlung der Vereinten Nationen als völkerrechtliche Verträge zu behandeln (vgl. *J. D. de la Rochère,* France, in: Francis G. Jacobs/Shelley Roberts (eds), The Effect of Treaties in Domestic Law, 1987, S. 39 (48) m. w. N.).

[132] Art. 93 der niederländischen Verfassung lautet in Übersetzung:
„Bestimmungen von Verträgen und Beschlüssen völkerrechtlicher Organisationen, die ihrem Inhalt nach allgemeinverbindlich sein können, haben Verbindlichkeit nach ihrer Veröffentlichung."

rückgegriffen werden muß, der die unmittelbare Anwendbarkeit der Bestimmungen der völkerrechtlichen Verträge und der Entscheidungen der durch die völkerrechtlichen Verträge eingesetzten Organe regelt.[133]

Grundsätzlich müssen die Entscheidungen der durch die völkerrechtlichen Verträge eingesetzten Organe in den dualistischen Rechtsordnungen Deutschlands und des Vereinigten Königreichs, soweit sie abstrakt-genereller Natur sind, in innerstaatliches Recht transformiert werden. Soweit sie konkret-individueller Natur sind, müssen sie im innerstaatlichen Recht anerkannt werden.[134] Die Transformation bzw. Anerkennung der durch die völkerrechtlichen Verträge eingesetzten Organe wird durch die Transformation der völkerrechtlichen Verträge nicht antizipiert. Etwas anderes gilt in Deutschland, wenn die Entscheidungen den Gründungsvertrag einer internationalen Organisation ändern, weil sie wie „primäres Völkervertragsrecht" wirken und nur die Form „sekundären Völkervertragsrechts" annehmen,[135] und wenn den durch die völkerrechtlichen Verträgen eingesetzten Organen Hoheitsrechte im Sinne von Art. 24 Abs. 1 GG übertragen wurden[136]. Wie bereits an anderer Stelle dargelegt wurde,[137] unterscheiden sich Hoheitsrechte von den herkömmlichen Befugnissen der durch völkerrechtliche Verträge eingesetzten Organe in der Art ihrer Wirkungsweise. Entscheidungen, die auf übertragenen Hoheitsrechten beruhen, erlangen innerstaatliche Geltung, ohne daß es einer Umsetzung in Form einer Transformation bzw. Anerkennung bedarf. Auf das EPA und den Verwaltungsrat der EPO, wurden in den Bereichen der Rechtssetzung und der Rechtsprechung, insbesondere aber im Bereich der Verwaltung, Hoheitsrechte nach Art. 24 Abs. 1 GG übertragen.[138] Entsprechendes gilt für die anderen völkerrechtlichen Ver-

---

[133] *Catherine M. Brölmann/Egbert W. Vierdag,* Pays-Bas/Netherlands, in: Pierre Michel Eisemann (éd.), L'intégration du droit international et communautaire dans l'ordre juridique national, 1996, S. 433 (452).

[134] Vgl. für Deutschland: *Jochen Abr. Frowein/Karin Oellers-Frahm,* Allemagne/Germany, in: Pierre Michel Eisemann (éd.), L'intégration du droit international et communautaire dans l'ordre juridique national, 1996, S. 69 (91), und für das Vereinigte Königreich: *Hazel Fox/Piers Gardner/Chanaka Wickremasinghe,* Royaume-Uni/United Kingdom, in: Pierre Michel Eisemann (éd.), L'intégration du droit international et communautaire dans l'ordre juridique national, 1996, S. 495 (510).

[135] *Philip Kunig,* The Relevance of Resolutions and Declarations of International Organizations for Municipal Law, in: Grigory I. Tunkin/Rüdiger Wolfrum (eds), International Law and Municipal Law, 1988, S. 59 (75 f.).

[136] *Jochen Abr. Frowein/Karin Oellers-Frahm,* Allemagne/Germany, in: Pierre Michel Eisemann (éd.), L'intégration du droit international et communautaire dans l'ordre juridique national, 1996, S. 69 (90).

[137] Siehe oben Erster Teil, Drittes Kapitel, C. I.

[138] BGHZ 102, S. 118 (122): „Mit seiner Zustimmung zum Europäischen Patentübereinkommen und seiner Ausführungsordnung gemäß Art. I Nr. 3 IntPatÜG hat

träge Deutschlands auf dem Gebiet des geistigen Eigentums, die sicherstellen, daß die internationale Registrierung eines gewerblichen Schutzrechts in den Vertragsstaaten wirksam ist.

Im Vereinigten Königreich, dessen Rechtsordnung keine mit Art. 24 Abs. 1 GG vergleichbare Vorschrift kennt, wird die Transformation bzw. Anerkennung der Entscheidungen der durch die völkerrechtlichen Verträge eingesetzten Organe nur dann antizipiert, wenn das Gesetz, das die völkerrechtlichen Verträge in innerstaatliches Recht transformiert hat, eine entsprechende Regelung enthält. In section 54.1.[139] des *Trade Marks Act 1994* wird der *Secretary of State* ermächtigt, den Bestimmungen des Madrider Markenprotokolls und damit auch Art. 4, der die innerstaatliche Geltung der internationalen Registrierung gebietet, innerstaatliche Geltung zu verleihen. In sections 77.1.[140] bzw. 89.1.[141] wird der Erteilung eines europäi-

---

die Bundesrepublik Deutschland das Hoheitsrecht, europäische Patente mit Wirkung für die Bundesrepublik Deutschland zu erteilen, im Sinne von Art. 24 Abs. 1 GG der Europäischen Patentorganisation überlassen." Vgl. auch *Ondolf Rojahn,* in: Ingo von Münch/Philip Kunig (Hrsg.), Grundgesetz-Kommentar, Band 2 (Art. 20 bis Art. 69), 5. Auflage 2001, Art. 24 Rn. 39; *Albrecht Randelzhofer,* in: Theodor Maunz/Günter Dürig (Hrsg.), Grundgesetz, Kommentar, Loseblatt (Dezember 1992), Art. 24 Abs. I Rn. 188 ff.; *Axel Cronauer,* Das Recht auf das Patent im Europäischen Patentübereinkommen unter besonderer Berücksichtigung des deutschen und englischen Rechts, 1988, S. 51; *Peter Pakuscher,* Die Gewaltenteilung im gewerblichen Rechtsschutz, in: Walter Fürst/Roman Herzog/Dieter C. Umbach (Hrsg.), Festschrift für Wolfgang Zeidler, 1987, S. 1611 (1626, 1629).

[139] Section 54.1. des *Trade Marks Act 1994* lautet:

„The Secretary of State may by order make such provisions as he thinks fit for giving effect in the United Kingdom to the provisions of the Madrid Protocol."

[140] Section 77.1. des *Patents Act 1977* lautet:

„Subject to the provisions of this Act, a European patent (UK) shall, as from the publication of the mention of its grant in the European patent Bulletin, be treated for the purposes of Parts I and III of this Act as if it were a patent under this Act granted in pursuance of an application made under this Act and as if notice of the grant of the patent had, on the date of the publication, been published under section 24 above in the journal; and –

(a) the proprietor of a European patent (UK) shall accordingly as respects the United Kingdom have the same rights and remedies, subject to the same conditions, as the proprietor of a patent under this Act;
(b) references in Parts I and III of this Act to a patent shall be construed accordingly; and
(c) any statement made and any certificate filed for the purposes of the provision of the convention corresponding to section 2(4)(c) above shall be respectively treated as a statement written evidence filed for the purposes of the said paragraph (c)."

[141] Section 89.1. des *Patents Act 1977* lautet:

„An international application for a patent (UK) for which a date of filing has been accorded under the Patent Co-operation Treaty shall, subject to section 89A (international and national phases of application) and section 89B (adaptation of

schen Patents bzw. der internationalen Anmeldung eines Patents, in section 91.1. lit. c)[142] des *Patents Act 1977* jeder Entscheidung des durch die völkerrechtlichen Verträge auf dem Gebiet des Patentrechts eingesetzten Gerichtsorgans innerstaatliche Geltung verliehen.[143]

Liegt keiner dieser Ausnahmefälle vor, kommen für abstrakt-generelle Entscheidungen in beiden Rechtsordnungen verschiedene Formen der Transformation in Betracht, zum einen die parallele Gesetzgebung, die abstrakt-generellen Entscheidungen nachgebildet ist,[144] und zum anderen der Verweis auf abstrakt-generelle Entscheidungen in der Gesetzgebung[145].[146] Im Vereinigten Königreich kann die Zuständigkeit des Parlaments zur Transformation abstrakt-genereller Entscheidungen der durch die völkerrechtlichen Verträge eingesetzten Organe auch auf die Krone, die durch *Order in Council*[147] entscheidet, übertragen werden.[148] Im Gegensatz zu ab-

---

provisions in relation to international application), be treated for the purposes of Parts I and III of this Act as an application for a patent under this Act."

[142] Section 91.1. lit. c) des *Patents Act 1977* lautet:
„Judicial notice shall be taken of the following, that is to say- [...]
(c) any decision of, or expression of, or opinion by the relevant convention Court on any question arising under or in connection with the relevant convention."

[143] Vgl. hierzu ausführlich *Simon Thorley/Richard Miller/Guy Burkill/Colin Birss,* Terrell on the Law of Patents, 15th edition 2000, S. 50 ff.

[144] *Christoph Schreuer,* Die innerstaatliche Anwendung von internationalem ‚soft law' aus rechtsvergleichender Sicht, ÖZöRV 34 (1983/84), S. 243 (248 ff.).

[145] *Philip Kunig,* The Relevance of Resolutions and Declarations of International Organizations for Municipal Law, in: Grigory I. Tunkin/Rüdiger Wolfrum (eds), International Law and Municipal Law, 1988, S. 59 (65 f.).

[146] Dagegen haben einfache parlamentarische Entscheidungen außerhalb der Gesetzgebung, die abstrakt-generelle Entscheidungen nicht transformieren, nur politische Bedeutung. *Philip Kunig,* The Relevance of Resolutions and Declarations of International Organizations for Municipal Law, in: Grigory I. Tunkin/Rüdiger Wolfrum (eds), International Law and Municipal Law, 1988, S. 59 (66 f.), nennt als Beispiel den Entschließungsantrag der Fraktionen der SPD, FDP vom 27. Oktober 1977 zur Beratung der Großen Anfrage der Fraktion der CDU/CSU – BT-Drucksachen 8/345, 8/879 – (BT-Drs. 8/1104, S. 5): „Der Deutsche Bundestag gibt der Hoffnung und der Erwartung Ausdruck, daß die durch den Verhaltenskodex angesprochenen Unternehmen mit Sitz in der Bundesrepublik die Unternehmenspolitik ihrer Niederlassungen in Südafrika an den Grundsätzen und Richtlinien des Verhaltenskodex ausrichten werden."

[147] Ein *Order in Council* ist „an order made by the Queen by and with advice of the Privy Council" (*Hazel Fox/Piers Gardner/Chanaka Wickremasinghe,* Royaume-Uni/United Kingdom, in: Pierre Michel Eisemann (éd.), L'intégration du droit international et communautaire dans l'ordre juridique national, 1996, S. 495 (526)).

[148] *Hazel Fox/Piers Gardner/Chanaka Wickremasinghe,* Royaume-Uni/United Kingdom, in: Pierre Michel Eisemann (éd.), L'intégration du droit international et communautaire dans l'ordre juridique national, 1996, S. 495 (510 f.); *Ian Sinclair/Susan J. Dickson,* National Treaty Law and Practice: United Kingdom, in: Monroe

strakt-generellen Entscheidungen müssen konkret-individuelle Entscheidungen entweder durch Gerichtsbeschluß (*Exequatur*) ausdrücklich anerkannt oder durch andere Erklärungen zuständiger Stellen für vollstreckbar erklärt werden, um innerstaatlich beachtlich zu sein.[149]

II. Der Rang der völkerrechtlichen Verträge der Mitgliedstaaten auf dem Gebiet des geistigen Eigentums

Der Rang der Bestimmungen der völkerrechtlichen Verträge ist in Frankreich und in der Niederlande völkerrechtsfreundlich geregelt. Art. 55 der französischen Verfassung räumt ordnungsgemäß zustandegekommenen und veröffentlichten völkerrechtlichen Verträgen Vorrang vor innerstaatlichen Gesetzen, und zwar unabhängig davon, ob sie vor oder nach Inkrafttreten der innerstaatlichen Gesetze in Kraft getreten sind,[150] nicht aber vor der Verfassung,[151] ein. Der Vorrang der Verfassung vor völkerrechtlichen Verträgen ergibt sich implizit aus Art. 54 der französischen Verfassung.[152]

Leigh/Merritt R. Blakeslee (eds), National Treaty Law and Practice: France, Germany, India, Switzerland, Thailand, United Kingdom, 1995, S. 223 (240): „Such legislation may: 1. be in general terms related to the implementation of any legally binding decision of an international organization; or 2. confer general powers to deal with a particular situation, the general powers being formulated in sufficiently broad terms to enable the United Kingdom to implement any legally binding decision of an international organization relating to the particular situation."

149 *Christoph Schreuer,* Die Behandlung internationaler Organakte durch staatliche Gerichte, 1977, S. 194 f.

150 *Conseil d'Etat,* 3.12.2001, RFDA 17 (2002), S. 166 ff. (Syndicat national de l'industrie pharmaceutique); *Conseil d'Etat, Assemblée,* 20.10.1989, AJDA 45 (1989), S. 788 ff. (M. Nicolo). Vgl. hierzu *Pierre-Marie Dupuy,* Droit international public, 6e édition 2002, Rn. 435–437; *Jean Combaucau/Serge Sur,* Droit international public, 5e édition 2001, S. 196 f.; *Pierre Michel Eisemann/Catherine Kessedijan,* National Treaty Law and Practice: France, in: Monroe Leigh/Merritt R. Blakeslee (eds), National Treaty Law and Practice: France, Germany, India, Switzerland, Thailand, United Kingdom, 1995, S. 1 (13); *Philippe Manin,* The Nicolo Case of the Conseil d'Etat: French Constitutional Law and the Supreme Administrative Court's Acceptance of the Primacy of Community Law Over Subsequent National Statute Law, CMLRev. 28 (1991), S. 499 ff.; *Daniel Ludet/Rüdiger Stotz,* Die neue Rechtsprechung des französischen Conseil d'Etat zum Vorrang völkerrechtlicher Verträge, Europäische Grundrechte-Zeitschrift 17 (1990), S. 93 ff.

151 Die Überlegung, völkerrechtlichen Verträgen wegen Art. 55 der französischen Verfassung Verfassungsrang zuzuerkennen, wurde vom *Conseil constitutionnel* bereits im Jahr 1975 abgelehnt (vgl. *Jean Combacau/Serge Sur,* Droit international public, 5e édition 2001, S. 187). Der Vorrang der französischen Verfassung vor den völkerrechtlichen Verträgen wurde vom *Conseil d'Etat* im Jahr 1998 ausdrücklich bestätigt (*Conseil d'Etat, Assemblée,* 30.10.1998, RFDA 14 (1998), S. 1091 ff. (MM. Sarran et Levacher et autres)).

Demgegenüber gehen völkerrechtliche Verträge nach ungeschriebenem niederländischem Verfassungsrecht nicht nur früheren und späteren innerstaatlichen Gesetzen, sondern auch der Verfassung vor.[153] Sind diese „gesetzliche Vorschriften" nicht mit völkerrechtlichen Verträgen vereinbar, treten sie jedoch nach Art. 94 der niederländischen Verfassung nur dann zurück, wenn die völkerrechtlichen Verträge allgemeinverbindlich, d.h. unmittelbar anwendbar,[154] sind.[155]

In Deutschland und im Vereinigten Königreich haben die völkerrechtlichen Verträge den Rang des Gesetzes, das die Transformation ausspricht.[156] Für das Verhältnis zu Normen gleichen oder anderen Ranges gelten die allgemeinen Regeln, zu gleichrangigen Normen insbesondere diejenigen des Vorrangs des spezielleren vor dem allgemeineren *(lex specialis derogat legi generali)*[157] und des späteren vor dem früheren Gesetz *(lex posterior dero-*

[152] Art. 54 der französischen Verfassung lautet in Übersetzung:

„Wenn der vom Präsidenten der Republik, vom Premierminister, vom Präsidenten einer der beiden Kammern oder von sechzig Abgeordneten oder sechzig Senatoren angerufene Verfassungsrat erklärt hat, daß eine internationale Verpflichtung eine verfassungswidrige Klausel enthält, so kann die Ermächtigung zu deren Ratifizierung oder Zustimmung erst nach Verfassungsänderung erfolgen."

[153] Zum einen wird der Begriff der „wettelijke voorschriften" weit ausgelegt (vgl. *J. W. A. Fleuren,* in: C. A. J. M. Kortmann/P. P. T. Bovend'eert/J. C. E. Ackermans-Wijn/J. W. A. Fleuren/M. N. H. van der Nat (Hrsg.), Grondwet voor het Koninkrijk der Nederlanden, Tekst & Commentaar, 1998, Art. 94 Anm. 1 f.; *Catherine M. Brölmann/Egbert W. Vierdag,* Pays-Bas/Netherlands, in: Pierre Michel Eisemann (éd.), L'intégration du droit international et communautaire dans l'ordre juridique national, 1996, S. 433 (448); *P. W. C. Akkermans,* De Grondwet: een artikelsgewijs commentaar, 1987, S. 802). Zum anderen wird durch Art. 91 Abs. 3 der niederländischen Verfassung bestätigt, daß völkerrechtliche Verträge im Widerspruch zur niederländischen Verfassung geschlossen werden können (vgl. *Hermann Mosler,* L'application du droit international public par les tribunaux nationaux, Recueil des Cours 91 (1957), S. 623 (687 f.)). Art. 91 Abs. 3 der niederländischen Verfassung lautet in Übersetzung:

„Enthält ein Vertrag Bestimmungen, die von der Verfassung abweichen beziehungsweise eine solche Abweichung erforderlich machen, können die Kammern ihre Zustimmung durch Zweidrittelmehrheit der abgegebenen Stimmen erteilen."

[154] *Henry G. Schermers,* Some Recent Cases Delaying the Direct Effect of International Treaties in Dutch Law, Mich. J. Int'l L. 10 (1989), S. 266 (269).

[155] Art. 94 der niederländischen Verfassung lautet in Übersetzung:

„Innerhalb des Königreichs geltende gesetzliche Vorschriften werden nicht angewandt, wenn die Anwendung mit allgemeinverbindlichen Bestimmungen von Verträgen und Beschlüssen völkerrechtlicher Organisationen nicht vereinbar ist."

[156] Vgl. für Deutschland: *Hans D. Jarass,* in: Hans D. Jarass/Bodo Pieroth, Grundgesetz für die Bundesrepublik Deutschland, 6. Auflage 2002, Art. 59 GG Rn. 19; für das Vereinigte Königreich: *Philip Kunig,* Völkerrecht und staatliches Recht, in: Wolfgang Graf Vitzthum (Hrsg.), Völkerrecht, 2. Auflage 2001, Rn. 49; *Rosalyn Higgins,* United Kingdom, in: Francis G. Jacobs/Shelley Roberts (eds), The Effect of Treaties in Domestic Law, 1987, S. 123 (129).

gat legi priori)[158].[159] Abweichend von diesen allgemeinen Regeln können spätere Gesetze in Deutschland vorsehen, daß ihnen widersprechende völkerrechtliche Verträge Vorrang genießen.[160]

Die gleichen Grundsätze gelten für den Rang der Entscheidungen der durch die völkerrechtlichen Verträge auf dem Gebiet des geistigen Eigentums eingesetzten Organe, sofern sie innerstaatliche Geltung erlangt haben.[161]

---

157 Nach dem Grundsatz des Vorrangs des spezielleren Gesetzes vor den allgemeineren Gesetzen wurden in Deutschland und in Österreich günstigere Bestimmungen der völkerrechtlichen Verträge auf dem Gebiet des geistigen Eigentums auf die Rechtsstellung ausländischer Urheber angewendet (BGH, 10.7.1986, GRUR Int. 1987, S. 40 f.; ÖOGH, 31.1.1995, GRUR Int. 1995, S. 729 f.).

158 Vgl. zur Anwendung des Grundsatzes des Vorrangs des späteren Gesetzes vor den früheren Gesetzen in Deutschland BGHZ 11, S. 135 (138): „Nach der allgemeinen Rechtsregel ‚lex posterior derogat legi priori' würde § 22a LitUrhG, der durch die Novelle vom 22. Mai 1910 in das Gesetz betreffend das Urheberrecht an Werken der Literatur und Tonkunst vom 19. Juni 1901 eingefügt worden ist, durch die Rom-Fassung der Berner Übereinkunft, die seit 21. Oktober 1933 in Deutschland Rechtswirksamkeit erlangt hat (RGBl. 1933 II, 889), insoweit außer Kraft gesetzt sein, als diese innerdeutsche Bestimmung im Widerspruch zu dem Konventionsrecht stünde."

159 *Karl Riesenhuber,* Der Einfluß der RBÜ auf die Auslegung des deutschen Urheberrechtsgesetzes, ZUM 47 (2003), S. 333 (338 f.); *Philip Kunig,* Völkerrecht und staatliches Recht, in: Wolfgang Graf Vitzthum (Hrsg.), Völkerrecht, 2. Auflage 2001, Rn. 113; *Rosalyn Higgins,* United Kingdom, in: Francis G. Jacobs/Shelley Roberts (eds), The Effect of Treaties in Domestic Law, 1987, S. 123 (129 f.); *Hermann Mosler,* L'application du droit international public par les tribunaux nationaux, Recueil des Cours 91 (1957), S. 623 (681 f.). In Abweichung von dem Grundsatz *lex posterior derogat legi priori* wurde für die Berner Übereinkunft und die Pariser Verbandsübereinkunft vertreten, daß ihnen generell Vorrang vor dem innerstaatlichen Recht zukommt (vgl. in bezug auf die Berner Übereinkunft: *Walter Bappert/Egon Wagner,* Internationales Urheberrecht, 1956, Einleitung RBÜ Rn. 13 und Art. 1 RBÜ Rn. 8; in bezug auf die Pariser Verbandsübereinkunft: *Hans Raible,* Pariser Verbandsübereinkunft und nationales Recht, GRUR Int. 1970, S. 137 (137 f.)).

160 *Jochen Abr. Frowein,* Federal Republic of Germany, in: Francis G. Jacobs/Shelley Roberts (eds), The Effect of Treaties in Domestic Law, 1987, S. 63 (68) mit Beispielen. Auch die völkerrechtlichen Verträge auf dem Gebiet des geistigen Eigentums gehen späteren Gesetzen nicht vor, solange dieser Vorrang nicht in den späteren Gesetzen ausdrücklich geregelt ist (a. A. *Walter Bappert/Egon Wagner,* Internationales Urheberrecht, 1956, Einleitung RBÜ Rn. 13, die vertreten, daß das Verbandsrecht ein Recht höherer Ordnung ist).

161 Vgl. für Frankreich: *Emmanuel Decaux/Pierre Michel Eisemann/Valérie Goesel-Le Bihan/Brigitte Stern,* France, in: Pierre Michel Eisemann (éd.), L'intégration du droit international et communautaire dans l'ordre juridique national, 1996, S. 241 (272); für die Niederlande: *Catherine M. Brölmann/Egbert W. Vierdag,* Pays-Bas/Netherlands, in: Pierre Michel Eisemann (éd.), L'intégration du droit international et communautaire dans l'ordre juridique national, 1996, S. 433 (453); für Deutsch-

III. Die Anwendbarkeit der völkerrechtlichen Verträge der Mitgliedstaaten auf dem Gebiet des geistigen Eigentums

Die innerstaatliche Geltung der völkerrechtlichen Verträge auf dem Gebiet des geistigen Eigentums schafft die Voraussetzung dafür, daß sie im innerstaatlichen Bereich unmittelbar oder mittelbar angewendet werden können, ist aber nicht mit ihrer innerstaatlichen Anwendbarkeit gleichzusetzen.

1. Die unmittelbare Anwendbarkeit der völkerrechtlichen Verträge

Um die unmittelbare Anwendbarkeit der völkerrechtlichen Verträge der Mitgliedstaaten auf dem Gebiet des geistigen Eigentums zu ermitteln, ist – wie bei der innerstaatlichen Geltung – in einer ersten Stufe zu prüfen, ob die völkerrechtlichen Verträge die unmittelbare Anwendbarkeit ihrer Bestimmungen bzw. der Entscheidungen der durch sie eingesetzten Organe regeln, d.h. sie entweder ge- bzw. verbieten oder offen lassen. In einer zweiten Stufe ist zu untersuchen, ob und unter welchen Voraussetzungen die völkerrechtlichen Verträge in den Rechtsordnungen der untersuchten Mitgliedstaaten unmittelbar angewendet werden.[162] Regeln die völkerrechtlichen Verträge die unmittelbare Anwendbarkeit ihrer Bestimmungen bzw. der Entscheidungen der durch sie eingesetzten Organe in der einen oder anderen Weise, können die Mitgliedstaaten – wie bei der innerstaatlichen Geltung –, wenn sie von dieser Regelung abweichen wollen, zwar nicht mehr nach Völkerrecht, aber nach ihren jeweiligen Verfassungen befugt sein, eine andere Regelung zu treffen.

a) Die unmittelbare Anwendbarkeit der Bestimmungen der völkerrechtlichen Verträge

Nach herrschender Ansicht sind völkerrechtliche Verträge unmittelbar anwendbar[163], wenn ihre Bestimmungen in ihrem Originalwortlaut ohne kon-

---

land: *Jochen Abr. Frowein/Karin Oellers-Frahm,* Allemagne/Germany, in: Pierre Michel Eisemann (éd.), L'intégration du droit international et communautaire dans l'ordre juridique national, 1996, S. 69 (92); für das Vereinigte Königreich: *Hazel Fox/Piers Gardner/Chanaka Wickremasinghe,* Royaume-Uni/United Kingdom, in: Pierre Michel Eisemann (éd.), L'intégration du droit international et communautaire dans l'ordre juridique national, 1996, S. 495 (511 f.).

[162] *Christoph Julius Hermes,* TRIPS im Gemeinschaftsrecht, 2002, S. 110; *Patrick Edgar Holzer,* Die Ermittlung der innerstaatlichen Anwendbarkeit völkerrechtlicher Vertragsbestimmungen, 1998, S. 55.

[163] Anstatt des Begriffs der unmittelbaren Anwendbarkeit werden in der Rechtsprechung des EuGH und in der Literatur auch die Begriffe der „unmittelbaren Wir-

kretisierendes Dazwischentreten innerstaatlichen Rechts von den rechtsanwendenden und rechtsetzenden Organen der Vertragsparteien wie innerstaatliches Recht angewendet werden können.[164]

Teilweise wird als zusätzliche Voraussetzung gefordert, daß die völkerrechtlichen Verträge subjektive Rechte und/oder Pflichten einzelner begründen.[165] Allerdings ist die unmittelbare Berechtigung und Verpflichtung ein-

---

kung", der „unmittelbaren Wirksamkeit" oder der „direkten Anwendbarkeit" gebraucht. Unter Bezugnahme auf die Behandlung völkerrechtlicher Verträge in der Verfassungspraxis der Vereinigten Staaten von Amerika wird auch der Begriff *self-executing* verwendet.

[164] *Antje Wünschmann,* Geltung und gerichtliche Geltendmachung völkerrechtlicher Verträge im Europäischen Gemeinschaftsrecht, 2003, S. 46; *Sonja Kreibich,* Das TRIPs-Abkommen in der Gemeinschaftsordnung, 2003, S. 31; *Gerald G. Sander,* Zur unmittelbaren Anwendbarkeit der WTO-Abkommen in der Europäischen Rechtsordnung, VRÜ 36 (2003), S. 261 (263); *Peter Hilpold,* Die EU im GATT/WTO-System, 1999, S. 167; *Patrick Edgar Holzer,* Die Ermittlung der innerstaatlichen Anwendbarkeit völkerrechtlicher Vertragsbestimmungen, 1998, S. 18; *Anne Peters,* The Position of International Law Within the European Community Legal Order, GYIL 40 (1997), S. 9 (44); *Gaby Buchs,* Die unmittelbare Anwendbarkeit völkerrechtlicher Vertragsbestimmungen, 1993, S. 29; *John Jackson,* Status of Treaties in Domestic Legal Systems: A Policy Analysis, AJIL 86 (1992), S. 310 (310; 328 f.); *Josef Drexl,* Entwicklungsmöglichkeiten des Urheberrechts im Rahmen des GATT, 1990, S. 28; *Wolfgang Fikentscher,* Was bedeutet „self-executing"? Überlegungen zur Rechtsnatur des GATT im Blick auf einen GATT-Immaterialgüterschutz, in: Jürgen F. Baur/Klaus J. Hopt/K. Peter Mailänder (Hrsg.), Festschrift für Ernst Steindorff zum 70. Geburtstag am 13. März 1990, 1990, S. 1175 (1185); *Harald Cronauer,* Der internationale Vertrag im Spannungsfeld zwischen Verfassung und Völkerrecht, 1985, S. 135; *Michel Waelbroeck,* Traités internationaux et juridictions internes dans les pays du Marché commun, 1969, S. 162 f.; *Hermann Mosler,* L'application du droit international public par les tribunaux nationaux, Recueil des Cours 91 (1957), S. 623 (664).

[165] *Dagmar I. Siebold,* Die Welthandelsorganisation und die Europäische Gemeinschaft, 2003, S. 246; *Thomas Cottier,* A Theory of Direct Effect in Global Law, in: Armin von Bogdandy/Petros C. Mavroidis/Yves Mény (eds), European Integration and International Co-ordination, 2002, S. 99 (105); *Raoul Duggal,* Die unmittelbare Anwendbarkeit der Konventionen des internationalen Urheberrechts am Beispiel des TRIPs-Übereinkommens, IPRax 22 (2002), S. 101 (104); *Pierre-Marie Dupuy,* Droit international public, 6e édition 2002, Rn. 412; *Sabine Mauderer,* Der Wandel vom GATT zur WTO und die Auswirkungen auf die Europäische Gemeinschaft, 2001, S. 98; *Alesch Staehelin,* Das TRIPs-Abkommen, 2. Auflage 1999, S. 225; *Nguyen Quoc Dinh/Patrick Daillier/Alain Pellet,* Droit international public, 6e édition 1999, Rn. 150; *Thomas Cottier/Krista Nadukavukaren Schefer,* Relationship between World Trade Organization Law, National and Regional Law, JIEL 1 (1998), S. 83 (91); *Christian Tomuschat,* in: Hans von der Groeben/Jochen Thiesing/Claus-Dieter Ehlermann (Hrsg.), Kommentar zum EU-/EG-Vertrag, 5. Auflage 1997/1999, Art. 228 EGV Rn. 61; *Andrea Ott,* GATT und WTO im Gemeinschaftsrecht, 1997, S. 48; *Alesch Staehelin,* Die Frage der unmittelbaren Anwendbarkeit der WTO/TRIPs-Normen, AJP/PJA 5 (1996), S. 1488 (1489); *Arnold Koller,* Die unmittelbare

zelner aus völkerrechtlichen Verträgen, die in der Literatur mit dem Begriff der Invokabilität umschrieben wird,[166] von der unmittelbaren Anwendbarkeit völkerrechtlicher Verträge zu unterscheiden.[167] Ein Zusammenhang be-

---

Anwendbarkeit völkerrechtlicher Verträge und des EWG-Vertrages im innerstaatlichen Bereich, 1971, S. 133 ff.

166 Namentlich in der anglo-amerikanischen und französischen Literatur wird zwischen *self-executiveness* und *invocability* (vgl. *John H. Jackson,* The United States of America, in: Francis G. Jacobs/Shelley Roberts (eds), The Effect of Treaties in Domestic Law, 1987, S. 141 (150 ff.)) bzw. zwischen *applicabilité directe* und *invocabilité* (vgl. *Joël Rideau,* Droit institutionnel de l'Union et des Communautés européennes, 3e édition 1999, S. 829; *Philippe Manin,* A propos de l'accord instituant l'Organisation mondiale du commerce et de l'accord sur les marchés publics: la question de l'invocabilité des accords internationaux conclus par la Communauté européenne, RTDE 3 (1997), S. 399 (401); *Jacques Dehaussy/Mahmoud Salem,* Sources du droit international, Les traités, Effets des traités: applicabilité et application des normes conventionnelles dans l'ordre juridique communautaire et dans les principaux systèmes de droit étrangers, in: Juris-Classeur de droit international, Volume 1, 2003, Anm. 40; *Michel Waelbroeck,* Traités internationaux et juridictions internes dans les pays du Marché commun, 1969, S. 162 f.) unterschieden. Darüber hinaus unterscheidet die französische Literatur zwischen Invokabilität im engeren und im weiteren Sinne. Während unter Invokabilität im engeren Sinne die unmittelbare Berechtigung und Verpflichtung einzelner aus völkerrechtlichen Verträgen zu verstehen ist, ist die Invokabilität im weiteren Sinne gleichbedeutend mit der Anwendbarkeit völkerrechtlicher Verträge (vgl. *Frédérique Berrod,* La Cour de Justice refuse l'invocabilité des accords OMC: essai de régulation de la mondialisation, RTDE 36 (2000), S. 419 (439 ff.)).

167 *Gerald G. Sander,* Zur unmittelbaren Anwendbarkeit der WTO-Abkommen in der Europäischen Rechtsordnung, VRÜ 36 (2003), S. 261 (262); *Thomas von Danwitz,* Der EuGH und das Wirtschaftsvölkerrecht – ein Lehrstück zwischen Europarecht und Politik, JZ 56 (2001), S. 721 (722); *Markus Krajewski,* Verfassungsperspektiven und Legitimation des Rechts der Welthandelsorganisation (WTO), 2001, S. 54; *Ilka Neugärtner/Sebastian Puth,* Die Wirkung der WTO-Übereinkommen im Gemeinschaftsrecht – EuGH, EuZW 2000, 276, JuS 40 (2000), S. 640 (642); *Meinhard Hilf/Frank Schorkopf,* WTO und EG: Rechtskonflikte vor dem EuGH?, EuR 35 (2000), S. 74 (74); *Peter Hilpold,* Die EU im GATT/WTO-System, 1999, S. 167; *Patrick Edgar Holzer,* Die Ermittlung der innerstaatlichen Anwendbarkeit völkerrechtlicher Vertragsbestimmungen, 1998, S. 19; *Anne Peters,* The Position of International Law Within the European Community Legal Order, GYIL 40 (1997), S. 9 (43); *Werner Meng,* Gedanken zur unmittelbaren Anwendung von WTO-Recht in der EG, in: Ulrich Beyerlin/Michael Bothe/Rainer Hofmann/Ernst-Ulrich Petersmann (Hrsg.), Recht zwischen Umbruch und Bewahrung, 1995, S. 1064 (1068 f.); *Michael J. Hahn/Gunnar Schuster,* Le droit des Etats Membres de se prévaloir en justice d'un accord liant la Communauté, RGDIP 99 (1995), S. 367 (370); *Gaby Buchs,* Die unmittelbare Anwendbarkeit völkerrechtlicher Vertragsbestimmungen, 1993, S. 39 ff.; *John Jackson,* Status of Treaties in Domestic Legal Systems: A Policy Analysis, AJIL 86 (1992), S. 310 (317); *Andreas Christians,* Immaterialgüterrechte und GATT, 1990, S. 122; *Josef Drexl,* Entwicklungsmöglichkeiten des Urheberrechts im Rahmen des GATT, 1990, S. 30; *Wolfgang Fikentscher,* Was bedeutet „self-executing"?, Überlegungen zur Rechtsnatur des GATT im Blick auf einen

steht nur insoweit, als völkerrechtliche Verträge, die subjektive Rechte und/ oder Pflichten einzelner begründen, unmittelbar anwendbar sind.

Unmittelbar anwendbare völkerrechtliche Verträge können objektives Recht enthalten, das die rechtsanwendenden und rechtsetzenden Organe der Vertragsparteien berechtigt und verpflichtet.[168] Die Kompetenzen, die diesen Organen im innerstaatlichen Recht eingeräumt sind, können durch unmittelbar anwendbare völkerrechtliche Verträge in gleicher Weise wie durch innerstaatliches Recht erweitert oder beschränkt werden. Aus diesem objektiven Recht können sich, wenn es neben den rechtsanwendenden und rechtsetzenden Organen der Vertragsparteien auch einzelne berechtigt und verpflichtet, subjektive Rechte und/oder Pflichten ergeben, müssen es aber nicht.[169]

Obwohl die unmittelbare Anwendbarkeit der völkerrechtlichen Verträge zum Schutz des geistigen Eigentums, die auf dem Grundsatz der Inländergleichbehandlung aufbauen und einen Mindestschutz der gewerblichen Schutzrechte und des Urheberrechts festlegen, in vielen Fällen mit der unmittelbaren Berechtigung und Verpflichtung einzelner einhergeht, verliert die getroffene Unterscheidung nicht an Bedeutung. Wird die unmittelbare Berechtigung und Verpflichtung einzelner von den völkerrechtlichen Verträgen selbst oder vom innerstaatlichen Recht der Vertragsparteien ausdrücklich oder implizit, vollständig oder teilweise ausgeschlossen,[170] muß nicht gleichzeitig die unmittelbare Anwendbarkeit mit ausgeschlossen sein.[171] Unmittelbar anwendbare völkerrechtliche Verträge gelten weiterhin

---

GATT-Immaterialgüterschutz, in: Jürgen F. Baur/Klaus J. Hopt/K. Peter Mailänder (Hrsg.), Festschrift für Ernst Steindorff zum 70. Geburtstag am 13. März 1990, 1990, S. 1175 (1188); *Jochen Abr. Frowein,* Federal Republic of Germany, in: Francis G. Jacobs/Shelley Roberts (eds), The Effect of Treaties in Domestic Law, 1987, S. 63 (70); *Pierre Pescatore,* Die Rechtsprechung des Europäischen Gerichtshofs zur innergemeinschaftlichen Wirkung völkerrechtlicher Abkommen, in: Rudolf Bernhardt/Wilhelm Karl Geck/Günter Jaenicke/Helmut Steinberger (Hrsg.), Völkerrecht als Rechtsordnung, 1983, S. 661 (687); *Manfred Zuleeg,* Die innerstaatliche Anwendung völkerrechtlicher Verträge am Beispiel des GATT und der Europäischen Sozialcharta, ZaöRV 35 (1975), S. 341 (345); *Albert Bleckmann,* Begriff und Kriterien der innerstaatlichen Anwendbarkeit völkerrechtlicher Verträge, 1970, S. 103; *Michel Waelbroeck,* Traités internationaux et juridictions internes dans les pays du Marché commun, 1969, S. 162 f.

[168] *Ondolf Rojahn,* in: Ingo von Münch/Philip Kunig (Hrsg.), Grundgesetz-Kommentar, Band 2 (Art. 20 bis Art. 69), 4./5. Auflage 2001, Art. 59 Rn. 35b.

[169] So begründen z.B. Auslieferungsverträge keine subjektive Rechte und/oder Pflichten (BVerfGE 46, S. 214 (221); *Michel Waelbroeck,* Traités internationaux et juridictions internes dans les pays du Marché commun, 1969, S. 170 ff.).

[170] *Patrick Edgar Holzer,* Die Ermittlung der innerstaatlichen Anwendbarkeit völkerrechtlicher Vertragsbestimmungen, 1998, S. 20 f.; *John Jackson,* Status of Treaties in Domestic Legal Systems: A Policy Analysis, AJIL 86 (1992), S. 310 (317).

als objektives Recht, begründen aber keine subjektiven Rechte und/oder Pflichten einzelner.

aa) Die Regelung in den völkerrechtlichen Verträgen selbst

In dem Gutachten „Compétence des tribunaux de Dantzig/Jurisdiction of the Courts of Danzig“ vom 3. März 1928 hat der Ständige Internationale Gerichtshof anerkannt, daß völkerrechtliche Verträge die unmittelbare Anwendbarkeit ihrer Bestimmungen im innerstaatlichen Recht gebieten bzw. verbieten können.[172] Enthalten völkerrechtliche Verträge keine ausdrückliche Regelung, kommen sowohl subjektive, wie die Intention der Vertragsparteien, als auch objektive Kriterien, wie Wortlaut, Zweck und Inhalt völkerrechtlicher Verträge, bei der Ermittlung der unmittelbaren Anwendbarkeit zum Tragen. Allerdings entscheide allein die Intention der Vertragsparteien über die unmittelbare Anwendbarkeit völkerrechtlicher Verträge, während es die Aufgabe der objektiven Kriterien sei, Aufschluß über die Intention der Vertragsparteien zu geben.[173]

Von Teilen der Literatur wird vertreten, daß bestimmte völkerrechtliche Verträge, insbesondere solche zum Schutz der Menschenrechte[174] und sol-

[171] *Werner Meng,* Gedanken zur unmittelbaren Anwendung von WTO-Recht in der EG, in: Ulrich Beyerlin/Michael Bothe/Rainer Hofmann/Ernst-Ulrich Petersmann (Hrsg.), Recht zwischen Umbruch und Bewahrung, 1995, S. 1064 (1069).

[172] CPJI Recueil des avis consultatifs/PCIJ Collection of Advisory Opinions, Serie B, Nr. 15, S. 1 (17): „[... I]t cannot be disputed that the very object of an international agreement, according to the intention of the contracting Parties, may be the adoption by the Parties of some definite rules creating individual rights and obligations enforceable by the national courts. [...] The intention of the Parties, which is to be ascertained form the contents of the Agreement, taking into consideration the manner in which the Agreement has been applied, is decisive.“ Das Gutachten des Ständigen Internationalen Gerichtshofs betraf die über die unmittelbare Anwendbarkeit hinausgehende Frage der Invokabilität völkerrechtlicher Verträge. Nachdem die Invokabilität völkerrechtlicher Verträge jedoch ihre unmittelbare Anwendbarkeit voraussetzt, lassen sich die Ausführungen des Ständigen Internationalen Gerichtshofs *a maiore ad minus* auf die unmittelbare Anwendbarkeit völkerrechtlicher Verträge übertragen.

[173] CPJI Recueil des avis consultatifs/PCIJ Collection of Advisory Opinions, Serie B, Nr. 15, S. 1 (18): „The intention of the Parties, which is to be ascertained form the contents of the Agreement, taking into consideration the manner in which the Agreement has been applied, is decisive.“

[174] *Nguyen Quoc Dinh/Patrick Daillier/Alain Pellet,* Droit international public, 6e édition 1999, Rn. 150; *Jochen Abr. Frowein/Karin Oellers-Frahm,* L'application des traités dans l'ordre juridique interne, in: Pierre Michel Eisemann (éd.), L'intégration du droit international et communautaire dans l'ordre juridique national, 1996, S. 11 (17); *Alain-Didier Olinga,* L'applicabilité directe de la Convention internationale sur les droits de l'enfant devant le juge français, RTDH 6 (1995),

che, die, wie die völkerrechtlichen Verträge auf dem Gebiet des geistigen Eigentums,[175] die Einführung von Einheitsrecht zum Gegenstand haben,[176] eine Vermutung der unmittelbaren Anwendbarkeit in sich tragen. Indes überzeugt es nicht, allein aus dem Individualbezug völkerrechtlicher Verträge, wie er für die völkerrechtlichen Verträge zum Schutz der Menschenrechte und für die völkerrechtlichen Verträge auf dem Gebiet des geistigen Eigentums gleichermaßen gegeben ist, eine Vermutung der unmittelbaren Anwendbarkeit abzuleiten. Der Umstand, daß die völkerrechtlichen Verträge auf dem Gebiet des geistigen Eigentums die Rechte einzelner regeln, bedeutet nicht, daß sie sich auch an einzelne richten.[177] Allein aus dem Regelungsgegenstand völkerrechtlicher Verträge eine Vermutung der unmittel-

S. 678 (679); *Erik Suy,* Les rapports entre le droit communautaire et le droit interne des Etats membres, 1964, S. 15 ff.

[175] Obwohl sie nur fremdenrechtliche Regelungen enthalten, haben die völkerrechtlichen Verträgen auf dem Gebiet des geistigen Eigentums die Einführung von Einheitsrecht zum Gegenstand (vgl. *Jan Kropholler,* Internationales Einheitsrecht, 1975, S. 171; *Günther Philipps,* Erscheinungsformen und Methoden der Privatrechts-Vereinheitlichung, 1965, S. 103 f.; *Bernt Lemhöfer,* Die Beschränkung der Rechtsvereinheitlichung auf internationale Sachverhalte, Zeitschrift für ausländisches und internationales Privatrecht 25 (1960), S. 401 (402 f.)). Einheitsrecht wird auch dann eingeführt, wenn die durch die völkerrechtlichen Verträge angestrebte Rechtsvereinheitlichung auf internationale Sachverhalte beschränkt ist (vgl. *Jochen Taupitz,* Europäische Privatrechtsvereinheitlichung heute und morgen, 1993, S. 24; *Jan Kropholler,* Internationales Einheitsrecht, 1975, S. 167; *Günther Philipps,* Erscheinungsformen und Methoden der Privatrechts-Vereinheitlichung, 1965, S. 41; *Bernt Lemhöfer,* Die Beschränkung der Rechtsvereinheitlichung auf internationale Sachverhalte, Zeitschrift für ausländisches und internationales Privatrecht 25 (1960), S. 401 (414 ff.)).

[176] *Georg Dahm/Jost Delbrück/Rüdiger Wolfrum,* Völkerrecht, Band I, Teilband 3, 2. Auflage 2002, § 151, S. 612; *Jost Delbrück,* Multilaterale Staatsverträge erga omnes und deren Inkorporation in nationale IPR-Kodifikationen – Vor- und Nachteile einer solchen Rezeption, Berichte der Deutschen Gesellschaft für Völkerrecht, Heft 27, 1986, S. 147 (159). „Die wachsende internationale Verflechtung der Staaten in wirtschaftlicher und sozialer Hinsicht, insbesondere die hohe internationale Bevölkerungsmobilität [...] erfordern es, das Ziel der Rechtsvereinheitlichung als vorrangig anzusehen."

[177] *Jean Combacau,* Le droit des traités, 1991, S. 71: „Certes les contribuables ayant la qualité des résidents de l'un à l'autre Etat sont bien en cause dans la disposition ainsi lue, ils en sont ‚objet', elle parle *d'*eux; mais elle ne s'adresse pas *à* eux, pour qui elle n'a aucun contenu normatif en ce sens qu'elle ne sollicite d'eux aucun comportement; inversement elle ne crée dans leur chef aucun droit découlant du traité mais seulement un intérêt à ce que l'Etat duquel ils dépendent fasse le nécessaire pour exécuter ses obligations conventionelles ou pour faire valoir les droits qu'il en tire pour son compte." Auch das Landgericht Stuttgart geht in seinem Teilurteil vom 21. Juni 2001, CR 2001, S. 581 (583), davon aus, daß die „Parteien des Rechtsstreits nicht Normadressaten des einschlägigen Konventionsrechts der Art. 9 Abs. 2, 13 TRIPS" sind.

baren Anwendbarkeit abzuleiten, verkennt, daß nicht alle Bestimmungen der völkerrechtlichen Verträge so sorgfältig redigiert sind, daß sie von den Organen der Vertragsstaaten wie innerstaatliches Recht angewendet werden können.[178] Hinzu kommt, daß die unmittelbare Anwendbarkeit völkerrechtlicher Verträge nicht von allen Vertragsstaaten anerkannt wird.[179] Dieser Umstand hat den EGMR dazu bewegt, die Vertragsstaaten der EMRK, die als Beispiel für einen völkerrechtlichen Vertrag, der die Vermutung der unmittelbaren Anwendbarkeit in sich trägt, angeführt wird,[180] nicht als verpflichtet anzusehen, den Bestimmungen der EMRK innerstaatliche Geltung, geschweige denn unmittelbare Anwendbarkeit, zu verleihen.[181]

Selbst wenn man eine Vermutung der unmittelbaren Anwendbarkeit völkerrechtlicher Verträge auf dem Gebiet des geistigen Eigentum bejahen würde, könnte diese Vermutung widerlegt werden. Nachdem die Intention der Vertragsparteien völkerrechtlicher Verträge auf dem Gebiet des geistigen Eigentums, soweit es sich um völkerrechtliche Verträge der Mitgliedstaaten mit Drittstaaten handelt, nicht einmal so weit geht, ihren Bestimmungen innerstaatliche Geltung zu verleihen,[182] können die Vertragsstaaten die auf der innerstaatlichen Geltung völkerrechtlicher Verträge aufbauende unmittelbare Anwendbarkeit nicht beabsichtigt haben. Etwas anderes könnte wiederum für die völkerrechtlichen Verträge auf dem Gebiet des geistigen Eigentums gelten, die zwischen den Mitgliedstaaten geschlossen werden und deren Auslegung dem EuGH oder einem gemeinsamen Rechtsprechungsorgan übertragen wird.[183]

---

[178] *Michel Waelbroeck,* Traités internationaux et juridictions internes dans les pays du Marché commun, 1969, S. 164; *Hermann Mosler,* L'application du droit international public par les tribunaux nationaux, Recueil des Cours 91 (1957), S. 623 (663 f.): „Il est rare qu'un traité soit entièrement constitué de normes qui, par leur nature, sont susceptibles d'être appliquées par les tribunaux. [...] En outre, ces traités ne sont pas toujours élaborés avec un tel soin qu'ils correspondent à la technique législative de chacun des Etats intéressés. A cela s'ajoute que les traités sont très souvent le résultat de compromis politiques. Lorsque les parties ne peuvent se mettre d'accord sur und disposition précise, ils s'expriment en termes plus généraux et laissent le soin de les préciser à une application ultérieure.“

[179] *Michel Waelbroeck,* Traités internationaux et juridictions internes dans les pays du Marché commun, 1969, S. 164.

[180] *Georg Dahm/Jost Delbrück/Rüdiger Wolfrum,* Völkerrecht, Band 1, Teilband 3, 2. Auflage 2002, § 151, S. 611.

[181] Siehe oben Zweiter Teil, Zweites Kapitel, B. I. 1. a).

[182] Siehe oben Zweiter Teil, Zweites Kapitel, B. I. 1. a).

[183] Siehe oben Zweiter Teil, Zweites Kapitel, B. I. 1. a).

bb) Die unmittelbare Anwendbarkeit in ausgewählten Mitgliedstaaten

(1) Allgemeine Grundsätze

Die Rechtsordnungen der an den völkerrechtlichen Verträgen auf dem Gebiet des geistigen Eigentums beteiligten Mitgliedstaaten der Europäischen Gemeinschaft entscheiden nicht nur, ob völkerrechtliche Verträge im eigenen Rechtsraum unmittelbar anwendbar sein können, sondern bejahendenfalls auch, von welchen Voraussetzungen die unmittelbare Anwendbarkeit völkerrechtlicher Verträge abhängt.

(a) Die Anerkennung der unmittelbaren Anwendbarkeit

Spätestens seit der EuGH im Jahre 1963 entschieden hat, daß das primäre Gemeinschaftsrecht bei Erfüllung bestimmter Voraussetzungen in den Mitgliedstaaten der Europäischen Gemeinschaft unmittelbar angewendet werden muß,[184] ist die unmittelbare Anwendbarkeit völkerrechtlicher Verträge in allen Mitgliedstaaten der Europäischen Gemeinschaft, selbst solchen, die wie das Vereinigte Königreich eine spezielle Transformation völkerrechtlicher Verträge vorschreiben, nicht ausgeschlossen.

Bedürfen völkerrechtliche Verträge wie im Vereinigten Königreich zur innerstaatlichen Geltung der speziellen Transformation in ein innerstaatliches Gesetz, können die Bestimmungen völkerrechtlicher Verträge zwar nur insoweit angewendet werden, als sie in innerstaatliches Recht überführt worden sind. In der Regel wird das innerstaatliche Recht in dem Maße, in dem es von den völkerrechtlichen Verträgen abweicht, angepaßt. Allerdings kann das innerstaatliche Recht auch dazwischentreten, ohne die Bestimmungen der völkerrechtlichen Verträge zu konkretisieren. So kann das innerstaatliche Recht, wenn auch nur in Ausnahmefällen, Bestimmungen der völkerrechtlichen Verträge im Wortlaut übernehmen, wie schedule 1 des *Human Rights Acts 1998,*[185] oder einen innerstaatlichen Anwendungs- und Vollzugsbefehl enthalten, wie section 2.1. des *European Communities Act 1972*[186] oder section 46.3 des – allerdings – irischen *Patents Act 1964.* Nach section 1.2. des *Human Rights Acts 1998* sind die im Wortlaut übernommenen Bestimmungen unmittelbar anwendbar.[187] Nach section 2.1. des

[184] EuGH, Rs. 26/62, 5.2.1963, Slg. 1963, 1, Rn. 12 ff. (N.V. Algemene Transport- en Expeditie Onderneming van Gend & Loos/Niederländische Finanzverwaltung).

[185] Nach der Einteilung von *Serge-Daniel Jastrow,* Umsetzung und Anwendung völkerrechtlicher Verträge privatrechtlichen Inhalts durch das Vereinigte Königreich, 2000, S. 17 (30), handelt es sich um eine direkte Umsetzung durch *scheduling.*

[186] *European Communities Act 1972,* c. 68.

European Communities Act 1972 soll bestehendes und zukünftiges Gemeinschaftsrecht, wenn der EG-Vertrag die unmittelbare Anwendbarkeit in den Mitgliedstaaten der Europäischen Gemeinschaft fordert, „be recognised and available in law, and be enforced, allowed and followed accordingly". Sind völkerrechtliche Verträge nicht bzw. nicht vollständig in innerstaatliches Recht überführt worden, sei es durch fehlende Anpassung des bestehenden innerstaatlichen Rechts, sei es durch unvollständige Übernahme des Wortlauts der völkerrechtlichen Verträge oder sei es durch versäumte Erteilung eines Anwendungs- und Vollzugsbefehls, gibt es im Vereinigten Königreich keine Möglichkeit, ihre Bestimmungen unmittelbar anzuwenden.[188] Nach section 46.3 des irischen *Patents Act 1964,* auf den wegen der Vergleichbarkeit der irischen mit der britischen Rechtsordnung an dieser Stelle hingewiesen werden kann, darf hinsichtlich eines Antrags auf Zwangslizenzierung eines Patents nach sections 39 bis 43 des *Patents Acts 1964* keine Anordnung getroffen werden, die einem Vertrag, einem Abkommen, einer Vereinbarung oder einer Verpflichtung widerspricht, der bzw. die für Irland und einen Vertragsstaat gilt.[189]

Weil den Mitgliedstaaten der Europäischen Gemeinschaft die Art und Weise der Erfüllung ihrer völkerrechtlichen Verpflichtungen im innerstaatlichen Bereich selbst überlassen bleibt, ist es auch den Mitgliedstaaten, welche die unmittelbare Anwendbarkeit völkerrechtlicher Verträge anerkennen, nach Völkerrecht nicht verwehrt, die unmittelbare Anwendbarkeit völkerrechtlicher Verträge im Einzelfall auszuschließen.[190] Dies gilt im Grundsatz auch für die völkerrechtlichen Verträge, welche, wie die völkerrechtlichen Verträge auf dem Gebiet des geistigen Eigentums,[191] die Einführung von Einheitsrecht zum Gegenstand haben.[192] Da sie keine Vermutung der unmit-

[187] Section 2.1. des *Human Rights Acts 1998* lautet:
„Those Articles are to have effect for the purposes of this Act [...]."

[188] *Petra Buck,* Geistiges Eigentum und Völkerrecht, 1994, S. 45.

[189] Section 46.3 des irischen *Patents Act 1964* lautet:
„No order shall be made in pursuance of any application under sections 39 to 43 of this Act which would be at variance with any treaty, convention, arrangement or engagement applying to the State and any convention country."

[190] *Werner Meng,* Gedanken zur Frage unmittelbarer Anwendung von WTO-Recht in der EG, in: Ulrich Beyerlin/Michael Bothe/Rainer Hofmann/Ernst-Ulrich Petersmann (Hrsg.), Recht zwischen Umbruch und Bewahrung, 1995, S. 1063 (1070 und 1073 ff.); *Jochen Abr. Frowein,* Federal Republic of Germany, in: Francis G. Jacobs/Shelley Roberts (eds), The Effect of Treaties in Domestic Law, 1987, S. 63 (71 f.).

[191] *Petra Buck,* Geistiges Eigentum und Völkerrecht, 1994, S. 51: „Übereinkommen mit beschränkter Vereinheitlichungswirkung".

[192] *Georg Nolte,* Zur Technik der geplanten Einführung des EG-Schuldvertragsübereinkommens in das deutsche Recht aus völkerrechtlicher Sicht, IPRax 5 (1985), S. 71 (72).

telbaren Anwendbarkeit in sich tragen, sind die Vertragsparteien auch nicht gegenüber den anderen Vertragsparteien begründungspflichtig, wenn sie die unmittelbare Anwendbarkeit dieser völkerrechtlichen Verträge in ihrer Rechtsordnung ausschließen. Den Mitgliedstaaten der Europäischen Gemeinschaft kann aber nach ihrem jeweiligen Verfassungsrecht verwehrt sein, die unmittelbare Anwendbarkeit völkerrechtlicher Verträge im Einzelfall auszuschließen. Dies ist dann der Fall, wenn die Rechtsordnungen der Mitgliedstaaten, wie etwa Frankreich und die Niederlande, einen generellen Anwendungs- und Vollzugsbefehl enthalten. Dieser verfassungsrechtlich verankerte generelle Anwendungs- und Vollzugsbefehl, der die völkerrechtliche Natur der völkerrechtlichen Verträge und damit auch ihre Eignung zur unmittelbaren Anwendbarkeit unberührt läßt, steht nicht zur Disposition des innerstaatlichen Gesetzgebers. Nur in den Rechtsordnungen der Mitgliedstaaten, in denen völkerrechtliche Verträge nicht automatisch innerstaatliche Geltung erlangen, sondern erst durch den innerstaatlichen Gesetzgeber ratifiziert werden müssen, wie etwa in Deutschland[193] und im Vereinigten Königreich, kann die unmittelbare Anwendbarkeit durch den innerstaatlichen Gesetzgeber ausgeschlossen werden.[194]

Die Rechtsordnungen der Mitgliedstaaten entscheiden auch, welche ihrer rechtsanwendenden und rechtsetzenden Organe unmittelbar anwendbare völkerrechtliche Verträge wie innerstaatliches Recht anwenden müssen. Da völkerrechtliche Verträge in Deutschland den Rang eines Bundesgesetzes einnehmen, sind die rechtsetzenden Organe des Bundestags und des Bundesrats, die nach Art. 20 Abs. 3 GG nur an die „verfassungsmäßige Ordnung", nicht aber wie die rechtsanwendenden Organe an „Gesetz und Recht" gebunden sind,[195] verfassungsrechtlich nicht gehindert, Bundesge-

---

[193] Das Übereinkommen über das auf vertragliche Schuldverhältnisse anzuwendende Recht vom 19. Juni 1980 (ABl. Nr. C 27 vom 26.1.1998, S. 34 ff. in der konsolidierten Fassung) sollte nach dem Gesetzesentwurf der Bundesregierung vom 20. Oktober 1983 (BT-Drs. 10/503, S. 5) mit der Maßgabe ratifiziert werden, daß die in ihm enthaltenen einheitlichen Vorschriften „innerstaatlich keine Anwendung finden". Im Gesetzesentwurf vom 11. August 1989 zu dem VN-Übereinkommen vom 10. Dezember 1984 gegen Folter und andere grausame, unmenschliche oder erniedrigende Behandlung oder Strafe erklärte die Bundesregierung, daß nach ihrer Auffassung Art. 3 Abs. 1 des Übereinkommens nicht unmittelbar anwendbar sei (BT-Drs. 385/89, S. 24).

[194] *Markus Krajewski,* Verfassungsperspektiven und Legitimation des Rechts der Welthandelsorganisation (WTO), 2001, S. 56 und 69 f.; *Werner Meng,* Gedanken zur Frage unmittelbarer Anwendung von WTO-Recht in der EG, in: Ulrich Beyerlin/Michael Bothe/Rainer Hofmann/Ernst-Ulrich Petersmann (Hrsg.), Recht zwischen Umbruch und Bewahrung, 1995, S. 1063 (1070 und 1073 ff.).

[195] Unter „verfassungsmäßiger Ordnung" im Sinne von Art. 20 Abs. 3 GG ist allein das Grundgesetz, unter „Gesetz und Recht" das Grundgesetz, die förmlichen Gesetze und alle anderen Rechtsvorschriften mit Ausnahme des Richterrechts und

setze zu erlassen, die im Widerspruch zu unmittelbar anwendbaren völkerrechtlichen Verträgen stehen.[196] Die Verfassungen des Vereinigten Königreichs, Frankreichs und der Niederlande enthalten keine Art. 20 Abs. 3 GG vergleichbare Vorschrift. Rückschlüsse lassen sich jedoch aus dem Rang, den völkerrechtliche Verträge im innerstaatlichen Recht einnehmen, ziehen. Nachdem völkerrechtliche Verträge auch im Vereinigten Königreich den Rang des Gesetzes haben, das ihnen innerstaatliche Geltung verleiht, müssen nur die rechtsanwendenden, nicht aber die rechtsetzenden Organe völkerrechtliche Verträge, die ausnahmsweise unmittelbar anwendbar sind, wie innerstaatliches Recht anwenden.[197] Da unmittelbar anwendbare völkerrechtliche Verträge in der Niederlande über der Verfassung stehen und in der Normenhierarchie den höchsten Rang einnehmen, binden sie, anders als in Deutschland, neben den rechtsanwendenden auch die rechtssetzenden Organe. Ähnliches gilt für Frankreich.[198] Obwohl die französische Verfassung anders als die niederländische Vorrang vor völkerrechtlichen Verträgen beansprucht, können die Nationalversammlung und der Senat ebensowenig wie die erste und zweite Kammer der Generalstaaten nach dem Inkrafttreten völkerrechtlicher Verträge Gesetze erlassen, die völkerrechtlichen Verträgen vorgehen.

(b) Die Voraussetzungen der unmittelbaren Anwendbarkeit

Die französischen Gerichte haben die unmittelbare Anwendbarkeit völkerrechtlicher Verträge über viele Jahre hinweg mit der Begründung abgelehnt, daß die völkerrechtlichen Verträge nur zwischen den Vertragsparteien wirken, diese Wirkung sich aber nicht auf die Angehörigen der Vertragsparteien erstreckt.[199] Kommen sie heute zu dem Schluß, daß die mit einem

---

der Verwaltungsvorschriften zu verstehen (vgl. *Hans D. Jarass,* in: Hans D. Jarass/Bodo Pieroth, Grundgesetz für die Bundesrepublik Deutschland, 6. Auflage 2002, Art. 20 Rn. 32 bzw. 38).

[196] *Philip Kunig,* Völkerrecht und staatliches Recht, in: Wolfgang Graf Vitzthum (Hrsg.), Völkerrecht, 2. Auflage 2001, Rn. 171. Etwas anderes gilt für den Landesgesetzgeber, der an die Bundesgesetze und damit auch an die unmittelbar anwendbaren völkerrechtlichen Verträge der Bundesrepublik Deutschland gebunden ist.

[197] Vgl. zum Problem des Anwendungsvorrangs des Gemeinschaftsrechts vor innerstaatlichem Recht im Vereinigten Königreich *Paul Craig/Gráinne de Búrca,* EU Law, 3rd edition 2003, S. 301 ff.; *Lawrence Collins,* European Community Law in the United Kingdom, 4th edition 1990, S. 22 f.

[198] *J. D. de la Rochère,* France, in: Francis G. Jacobs/Shelley Roberts (eds), The Effect of Treaties in Domestic Law, 1987, S. 39 (59): „binding effect of treaties on all organs of state".

[199] *Patrick Edgar Holzer,* Die Ermittlung der innerstaatlichen Anwendbarkeit völkerrechtlicher Vertragsbestimmungen, 1998, S. 79, Fn. 341 m.w.N. Vgl. zuletzt die Ablehnung der unmittelbaren Anwendbarkeit des Übereinkommens über die Rechte

völkerrechtlichen Vertrag verfolgte Intention der unmittelbaren Anwendbarkeit seiner Bestimmungen nicht entgegensteht,[200] untersuchen sie, ob die fragliche Bestimmung ausreichend präzise ist, um unmittelbar angewendet werden zu können.[201]

In der niederländischen Verfassung ist die unmittelbare Anwendbarkeit völkerrechtlicher Verträge, anders als ihre Geltung und ihr Rang, die auf ungeschriebenen Verfassungsrecht beruhen, ausdrücklich geregelt. Gemäß Art. 93 der niederländischen Verfassung sind die Bestimmungen völkerrechtlicher Verträge, die „ihrem Inhalt nach allgemeinverbindlich" sind, nach ihrer Veröffentlichung unmittelbar anwendbar.[202] Über die Frage, ob die Bestimmungen völkerrechtlicher Verträge „ihrem Inhalt nach allgemeinverbindlich" sind, entscheiden nach der Rechtsprechung der niederländischen Gerichte nicht nur die Intention der Vertragsparteien sowie Wortlaut, Zweck und Inhalt der völkerrechtlichen Verträge, sondern auch außerhalb der völkerrechtlichen Verträge liegende Umstände tatsächlicher und rechtlicher Natur. Diese Umstände können dazu führen, daß völkerrechtliche Verträge entweder gar nicht oder nicht mit ihrer Veröffentlichung, sondern erst ab einem späteren Zeitpunkt als „allgemeinverbindlich" angesehen werden.[203]

Nach der Rechtsprechung deutscher Gerichte führt die Transformation bzw. der Anwendungs- bzw. Vollzugsbefehl eines völkerrechtlichen Vertra-

---

des Kindes vom 26. Januar 1990 durch die *Cour de cassation* (*Cour de cassation,* 10.3.1993, Recueil Dalloz-Sirey, Jurisprudence, 1993, S. 361 ff.).

[200] *J. D. de la Rochère,* France, in: Francis G. Jacobs/Shelley Roberts (eds), The Effect of Treaties in Domestic Law, 1987, S. 39 (55): „[The judge] refrains from recasting the rule in a way that might miss the special objectives of the treaty or ignore the point of view of its other signatories." *Jean Combacau,* Le droit des traités, 1991, S. 75, entdeckt in der französischen Rechtsprechung „une remarquable tendance, quoiqu'elle régresse, à refuser un effet immédiat à des dispositions protectrices des particuliers et à estimer qu'elles ne font droit qu'entre les Etats parties au traité: ainsi de certaines clauses de conventions d'extradition ou même parfois de conventions relatives à la protection internationale des droits de l'homme, dans lesquelles il est pourtant difficile de ne pas déceler l'intention des parties de créer des droits au profit de leurs sujets".

[201] *Conseil d'Etat,* 29.1.1993, AJDA 49 (1993), S. 364 ff. (Mme Joséfa Bouilliez).

[202] Nach *J. W. A. Fleuren,* in: C. A. J. M. Kortmann/P. P. T. Bovend'eert/J. C. E. Ackermans-Wijn/J. W. A. Fleuren/M. N. H. van der Nat (Hrsg.), Grondwet voor het Koninkrijk der Nederlanden, Tekst & Commentaar, 1998, Art. 93 Anm. 1, muß „verbindende kracht" als „*deze* verbindende kracht" gelesen werden.

[203] *J. G. Brouwer,* National Treaty Law and Practice: The Netherlands, in: Monroe Leigh/Merritt R. Blakeslee/L. Benjamin Ederington (ed.), National Treaty Law and Practice, Austria, Chile, Colombia, Japan, Netherlands, United States, 1999, S. 133 (150); *Henry G. Schermers,* Some Recent Cases Delaying the Direct Effect of International Treaties in Dutch Law, Mich. J. Int'l L. 10 (1989), S. 266 (271 ff.), letzterer mit Beispielen aus der niederländischen Rechtsprechung.

ges durch ein Zustimmungsgesetz nach Art. 59 Abs. 2 GG nur dann zur unmittelbaren Anwendbarkeit einer Vertragsnorm, „wenn sie nach Wortlaut, Zweck und Inhalt geeignet und hinreichend bestimmt ist, wie eine innerstaatliche Vorschrift rechtliche Wirkung zu entfalten, also dafür keiner weiteren Auffüllung bedarf".[204] Weil eine Vertragsnorm hinreichend bestimmt für den Vollzug durch die Verwaltung sein kann, ohne in gleicher Weise für die richterliche Anwendung geeignet sein zu müssen, ist aus der Sicht der rechtsanwendenden Organe zu differenzieren.[205] Verpflichtet die Vertragsnorm zu weiterem gesetzgeberischem Tätigwerden, wofür ihr Adressat ein Indiz sein kann, ist sie nicht unmittelbar anwendbar. Im Gegensatz zu den objektiven Kriterien spielt die Intention der Vertragsparteien in der Rechtsprechung deutscher Gerichte, anders als in der Lehre,[206] eine untergeordnete Rolle.[207]

Anders als in den Rechtsordungen Frankreichs, der Niederlande und Deutschlands gibt es im Vereinigten Königreich keine Rechtsprechung zu den Voraussetzungen der unmittelbaren Anwendbarkeit völkerrechtlicher Verträge. Dies erklärt sich aus dem Umstand, daß die unmittelbare Anwendbarkeit völkerrechtlicher Verträge im Vereinigten Königreich eine Ausnahme darstellt, die nur dann gegeben ist, wenn der innerstaatliche Gesetzgeber den Rückgriff auf die völkerrechtlichen Verträge durch Übernahme ihres Wortlauts bzw. durch Erteilung eines Anwendungs- oder Vollzugsbefehls geregelt hat.

---

[204] BVerwGE 80, S. 233 (235); 87, S. 11 (13); 88, S. 254 (257). Vgl. auch BGHZ 11, S. 135 (138): „Da die Rom-Fassung der Berner Übereinkunft durch Ratifikation und Veröffentlichung im Reichsgesetzblatt Bestandteil des deutschen Rechts geworden ist, kann sich nach deutscher Rechtsauffassung jeder nichtdeutsche Urheber verbandseigener Werke unmittelbar auf ihre Bestimmungen berufen, soweit sie nach Inhalt und Fassung als privatrechtliche Rechtssätze anwendbar sind."

[205] *Philip Kunig,* Völkerrecht und staatliches Recht, in: Wolfgang Graf Vitzthum (Hrsg.), Völkerrecht, 2. Auflage 2001, Rn. 42.

[206] Vgl. z.B. *Eckart Klein,* Unmittelbare Geltung, Anwendbarkeit und Wirkung von Europäischem Gemeinschaftsrecht, 1988, S. 39.

[207] *Ondolf Rojahn,* in: Ingo von Münch/Philip Kunig (Hrsg.), Grundgesetz-Kommentar, Band 2 (Art. 20 bis Art. 69), 4./5. Auflage 2001, Art. 59 Rn. 35a; *Gaby Buchs,* Die unmittelbare Anwendbarkeit völkerrechtlicher Vertragsbestimmungen, 1993, S. 70; *Jochen Abr. Frowein,* Federal Republic of Germany, in: Francis G. Jacobs/Shelley Roberts (eds), The Effect of Treaties in Domestic Law, 1987, S. 63 (69).

(2) Die Übertragung dieser allgemeinen Grundsätze auf die völkerrechtlichen Verträge der Mitgliedstaaten auf dem Gebiet des geistigen Eigentums

Während die unmittelbare Anwendbarkeit der völkerrechtlichen Verträge auf dem Gebiet des geistigen Eigentums in den Rechtsordnungen Frankreichs, der Niederlande und Deutschlands an das Vorliegen bestimmter Voraussetzungen geknüpft wird, hängt die unmittelbare Anwendbarkeit der völkerrechtlichen Verträge auf dem Gebiet des geistigen Eigentums im Vereinigten Königreich allein davon ab, ob der innerstaatliche Gesetzgeber die unmittelbare Anwendbarkeit geregelt hat. Nachdem der bereits erwähnte *Copyright, Design and Patent Act 1988* ebensowenig wie der *Patents Act 1977,* der *Trade Marks Act 1994* und der *Plant Varieties Act 1997* den Wortlaut einschlägiger völkerrechtlicher Verträge übernimmt,[208] sind die völkerrechtlichen Verträge auf dem Gebiet des geistigen Eigentums im Vereinigten Königreich nicht unmittelbar anwendbar.

Etwas anderes könnte für die Rechtsordnungen Frankreichs, der Niederlande und Deutschlands gelten. Obwohl die Rechtsordnungen der Niederlande und Deutschlands auch auf die Intention der Vertragsparteien abstellen, sind es in der Regel objektive Kriterien, die über die unmittelbare Anwendbarkeit der völkerrechtlichen Verträge der Mitgliedstaaten auf dem Gebiet des geistigen Eigentums entscheiden, sofern die unmittelbare Anwendbarkeit völkerrechtlicher Verträge überhaupt anerkannt wird. Diese sind leichter zu ermitteln als die Intention der Vertragsparteien,[209] weil die *trauvaux préparatoires* nicht immer Aufschluß über die Intention der Vertragsparteien geben. Dennoch führen auch die objektiven Kriterien, die mit Wortlaut, Zweck und Inhalt völkerrechtlicher Verträge umschrieben werden, nicht zu einer eindeutigen Antwort auf die Frage, ob völkerrechtliche Verträge unmittelbar anwendbar sind. Da sie nur eine Richtschnur für die Auslegung völkerrechtlicher Verträge bilden, bleibt es den Organen der Mitgliedstaaten der Europäischen Gemeinschaft, die an die völkerrechtlichen Verträge gebunden sind, überlassen, wie sie diese Kriterien würdigen.[210] Die

---

[208] Siehe oben Zweiter Teil, Zweites Kapitel, B. III. 1. a) bb) (1) (a).

[209] *Ondolf Rojahn,* in: Ingo von Münch/Philip Kunig (Hrsg.), Grundgesetz-Kommentar, Band 2 (Art. 20 bis Art. 69), 4./5. Auflage 2001, Art. 59 Rn. 35 a.

[210] *Nguyen Quoc Dinh/Patrick Daillier/Alain Pellet,* Droit international public, 6e édition 1999, Rn. 169; *Jochen Abr. Frowein/Karin Oellers-Frahm,* L'application des traités dans l'ordre juridique interne, in: Pierre Michel Eisemann (éd.), L'intégration du droit international et communautaire dans l'ordre juridique national, 1996, S. 11 (18); *Alain-Didier Olinga,* L'applicabilité directe de la Convention internationale sur les droits de l'enfant devant le juge français, RTDH 6 (1995), S. 678 (686): „Les ‚critères' systématisés par la doctrine n'ont pas, de la sorte, de pertinence objective *a priori*; ils constituent des moyens d'interprétation mis à la

Prüfung, ob völkerrechtliche Verträge unmittelbar anwendbar sind, wird in der Regel auf die Frage verkürzt, ob ihre Bestimmungen inhaltlich bestimmt genug sind, um wie innerstaatliches Recht angewendet werden zu können.[211]

Nicht alle Regelungskategorien der völkerrechtlichen Verträge auf dem Gebiet des geistigen Eigentums weisen die erforderliche inhaltliche Bestimmtheit auf. Insoweit ist zwischen drei Regelungskategorien zu unterscheiden: einheitlichen Regelungen materiell-, verwaltungs- oder prozeßrechtlicher Art, die in allen Vertragsstaaten gelten sollen (*iure conventionis*), Regelungen, die die Vertragsstaaten zur Umsetzung verpflichten, und organisatorischen Regelungen.[212] Da die Regelungen der zweiten Kategorie durch Ausdrücke wie „sollen", „sind verpflichtet" oder „gehalten" zu weiterem gesetzgeberischen Tätigwerden verpflichten und die Regelungen der dritten Kategorie nicht in den innerstaatlichen Bereich hineinwirken, sondern Beginn, Bestand, Änderung und Auflösung der völkerrechtlichen Verträge zum Schutz des geistigen Eigentums bestimmen, können nur die Regelungen der ersten Kategorie, das „vertragseigene Recht", über die notwendige inhaltliche Bestimmtheit verfügen.

Es gibt völkerrechtliche Verträge auf dem Gebiet des geistigen Eigentums, die keine Regelungen der ersten Kategorie enthalten. Hierzu zählen namentlich die Klassifikationsverträge[213], die zwar beabsichtigen, der Eintragung verschiedener gewerblicher Schutzrechte eine einheitliche Klassifi-

---

disposition ou laissés à la discrétion du juge: face à un problème d'applicabilité directe, le juge national décide presque souverainement si la règle invoquée est ou non directement applicable. Il n'existe pas *a priori* de règle claire, précise et parfaite, mais seulement des régles clarifiées, précisées, perfectionées en fonctions des besoins du juge."

[211] *Alain-Didier Olinga,* L'applicabilité directe de la Convention internationale sur les droits de l'enfant devant le juge français, RTDH 6 (1995), S. 678 (701); *Hermann Mosler,* L'application du droit international public par les tribunaux nationaux, Recueil des Cours 91 (1957), S. 623 (664).

[212] *Petra Buck,* Geistiges Eigentum und Völkerrecht, 1994, S. 46; *Andreas Christians,* Immaterialgüterrechte und GATT, 1990, S. 120 f.; *Alois Troller,* Die mehrseitigen völkerrechtlichen Verträge im internationalen gewerblichen Rechtsschutz und Urheberrecht, 1965, S. 32 ff.

[213] Zu den Klassifikationsverträgen gehören das Locarno-Abkommen, das Abkommen von Nizza über die internationale Klassifkation von Waren und Dienstleistungen für die Eintragung von Marken in der Genfer Fassung vom 13. Mai 1977 (*Nice Agreement Concerning the International Classification of Goods and Services for the Purposes of the Registration of Marks,* Nizza-Abkommen), das Straßburger Abkommen über die Internationale Patentklassifizierung vom 24. März 1971 (*Strasbourg Agreement Concerning the International Patent Classification,* Straßburg-Abkommen), und das Wiener Abkommen über die Internationale Klassifizierung von Bildbestandteilen von Marken vom 12. Juni 1973 (*Vienna Agreement Establishing*

kation zugrundezulegen. Allerdings überlassen sie es den Vertragsstaaten, die rechtliche Bedeutung der einheitlichen Klassifikation zu bestimmen, binden sie insbesondere nicht an den Schutzumfang der klassifizierten gewerblichen Schutzrechte.[214] Beispielhaft sei Art. 2 des Abkommens von Nizza über die internationale Klassifikation von Waren und Dienstleistungen für die Eintragung von Marken in der Genfer Fassung vom geändert 13. Mai 1977 (*Nice Agreement Concerning the International Classification of Goods and Services for the Purposes of the Registration of Marks,* Nizza-Abkommen) zitiert:

„Article 2 Legal Effect and Use of the Classification

(1) Subject to the requirements prescribed to this Agreement, the effect of the Classification shall be that attributed to it by each country of the Special Union. In particular, the Classification shall not bind the countries of the Special Union in respect of either the evaluation of the extent of protection afforded to any given mark or the recognition of service marks.

(2) Each of the countries of the Special Union reserves the right to use the Classification either as a principal or as a subsidiary system. [...]"

Anders als die Klassifikationsverträge können sowohl die globalen Schutzverträge als auch die völkerrechtlichen Verträge zum Schutz des geistigen Eigentums Regelungen der ersten Kategorie enthalten. Die globalen Schutzverträge, zu denen insbesondere das Madrider Markenabkommen, das Haager Musterabkommen, der Patentzusammenarbeitsvertrag und das Europäische Patentübereinkommen[215] gehören, enthalten einheitliche Regelungen verwaltungsrechtlicher Art, welche die Art und Weise der internationalen Hinterlegung gewerblicher Muster und Modelle, der internationalen Registierung von Marken, der internationalen Anmeldung von Patenten durch das Internationale Büro der WIPO bzw. der Erteilung eines europäischen Patents durch das EPA bzw. durch zuständige Behörden der Vertragsstaaten regeln. Allerdings sind die einheitlichen Regelungen verwaltungsrechtlicher Art nur unmittelbar anwendbar, wenn die Rechtsordnungen der Vertragsstaaten bereits eine Hinterlegung gewerblicher Muster und Modelle, eine Registrierung von Marken bzw. eine Erteilung von Patenten und im Falle des Patentzusammenarbeitsvertrags darüber hinaus ein Anmelde-

---

an International Classification of the Figurative Elements of Marks, Wien-Abkommen).

[214] Vgl. Art. 2 Abs. 1 und 2 des Locarno-Abkommens, Art. 2 Abs. 1 und Abs. 2 des Nizza-Abkommens, Art. 4 Abs. 1 und 2 des Straßburg-Abkommens und Art. 4 Abs. 1 und 2 des Wien-Abkommens.

[215] Das Europäische Patentübereinkommen besitzt eine Zwitterstellung, da es wegen seinen einheitlichen Regelungen materiell- und verwaltungsrechtlicher Art sowohl zu den globalen Schutzverträgen als auch zu den völkerrechtlichen Verträgen zum Schutz des geistigen Eigentums gehört.

amt bestimmt haben, bei dem die internationale Anmeldung nach Art. 10 des Patentzusammenarbeitsvertrags einzureichen ist, vorsehen. Tun sie dies nicht, werden die Vertragsstaaten zunächst verpflichtet, gesetzgeberisch tätig zu werden.[216] Erst wenn sie ein Hinterlegungs-, Registrierungs- bzw. Anmeldungsverfahren in ihren Rechtsordnungen eingeführt haben, das entweder nicht, weil es nur für innerstaatliche gewerbliche Muster und Modelle, Marken bzw. Patente gilt, oder nicht vollständig den vertraglichen Anforderungen entspricht, können die einheitlichen Regelungen verwaltungsrechtlicher Art unmittelbar anwendbar sein. Beispiele für unmittelbare anwendbare Regelungen stellen insbesondere Art. 4 Abs. 2 S. 2 des Haager Musterabkommens, Art. 4 Abs. 1 des Madrider Markenabkommens, Art. 11 Abs. 3 des Patentzusammenarbeitsvertrags und Art. 2 Abs. 2 des Europäischen Patentübereinkommens dar, die festlegen, daß die internationale Hinterlegung, die internationale Registierung, die internationale Anmeldung bzw. die Erteilung eines europäischen Patents in den Vertragsstaaten dieselben Wirkungen erzeugt, als wenn die gewerblichen Schutzrechte dort unmittelbar hinterlegt, registiert, angemeldet bzw. erteilt worden wären. Da der Patentzusammenarbeitsvertrag und das Europäische Patentübereinkommen im Gegensatz zum Haager Musterabkommen und zum Madrider Markenabkommen vorsehen, daß die internationale Anmeldung nicht beim Internationalen Büro der WIPO, sondern nach Art. 10 des Patentzusammenarbeitsvertrags bei innerstaatlichen Anmeldebehörden eingereicht wird bzw. die europäische Patentanmeldung nicht nur beim EPA, sondern nach Art. 75 Abs. 1 lit. b) auch bei der Zentralbehörde für den gewerblichen Rechtsschutz oder bei anderen zuständigen Behörden eines Vertragsstaats eingereicht werden kann, sind auch andere einheitliche Regelungen verwaltungsrechtlicher Art, die die internationale Anmeldung, die internationale Recherche und die internationale vorläufige Prüfung bzw. die Einreichung und die Erfordernisse der europäischen Patentanmeldung regeln, unmittelbar anwendbar.

Greift man aus den völkerrechtlichen Verträgen zum Schutz des geistigen Eigentums die Pariser Verbandsübereinkunft in der Stockholmer Fassung vom 14. Juli 1967 und die Berner Übereinkunft in der Pariser Fassung vom 24. Juli 1971 heraus, so ist anerkannt, daß beide völkerrechtliche Verträge –

[216] Vgl. unter Verweis auf die niederländische Rechtsprechung aus den 1930er Jahren *Michel Waelbroek,* Traités internationaux et juridictions internes dans les pays du Marché commun, 1969, S. 176; *Lambertus Erades,* International Law and the Netherlands Legal Order, in: Haro Frederik van Panhuys/W. P. Heere/J. W. Josephus Jitta/Ko Swan Sik/A. M. Stuyt (eds), International Law in the Netherlands, Volume Three, 1980, S. 375 (403 f.). Die Niederlande war dem Haager Musterabkommen beigetreten, ohne ein innerstaatliches Hinterlegungsverfahren für gewerbliche Muster und Modelle zu kennen.

im Gegensatz etwa zum Welturheberrechtsabkommen in der Pariser Fassung vom 24. Juli 1971[217] – eine große Anzahl inhaltlich bestimmter und damit unmittelbar anwendbarer Bestimmungen enthalten.[218]

Im Vergleich zur Pariser Verbandsübereinkunft beinhaltet die Berner Übereinkunft ein höheres Maß an materiell-rechtlichen Regelungen, welche die Voraussetzungen, den Inhalt und die Dauer der vereinbarten Mindestrechte des Urhebers festlegen.[219] Zu den inhaltlich bestimmten und damit unmittelbar anwendbaren Bestimmungen gehören, um nur einige aufzuzählen, Art. 5 (Grundsatz der Inländergleichbehandlung), Art. 6bis (Urheberpersönlichkeitsrecht), Art. 7 (Schutzfrist), Art. 8 (Übersetzungsrecht) und Art. 9 (Vervielfältigungsrecht).[220] Jedoch sieht die Pariser Verbandsübereinkunft im Gegensatz zur Berner Übereinkunft nicht nur materiell-rechtliche, sondern auch verwaltungsrechtliche Regelungen vor, die sich unmittelbar an die innerstaatlichen Behörden wenden, welche die Patenterteilungs- bzw. Markeneintragungsverfahren durchzuführen haben. Zu den inhaltlich bestimmten und damit unmittelbar anwendbaren Bestimmungen der Pariser Verbandsübereinkunft zählen insbesondere Art. 2 (Grundsatz der Inländer-

---

217 *Josef Drexl,* Entwicklungsmöglichkeiten des Urheberrechts im Rahmen des GATT, 1990, S. 30.

218 Vgl. für die Pariser Verbandsübereinkunft *Karl-Heinz Fezer,* Markenrecht, 3. Auflage 2001, Int Markenrecht, Rn. 37; *Alesch Staehelin,* Das TRIPs-Abkommen, 2. Auflage 1999, S. 230 f.; *G. H. C. Bodenhausen,* Pariser Verbandsübereinkunft zum Schutz des gewerblichen Eigentums, 1971, S. 6; und für die Berner Übereinkunft BGHZ 11, S. 135 (138); *Karl Riesenhuber,* Der Einfluß der RBÜ auf die Auslegung des deutschen Urheberrechtsgesetzes, ZUM 47 (2003), S. 333 (337); *Haimo Schack,* Urheber- und Urhebervertragsrecht, 2. Auflage 2001, Rn. 849; *Paul Katzenberger,* in: Gerhard Schricker (Hrsg.), Urheberrecht, 2. Auflage 1999, Rn. 116 vor §§ 120 ff.; *Josef Drexl,* Entwicklungsmöglichkeiten des Urheberrechts im Rahmen des GATT, 1990, S. 30 f.; *Eugen Ulmer,* Urheber- und Verlagsrecht, 3. Auflage 1980, S. 66 f. Die unmittelbare Anwendbarkeit der frühen Fassungen der Berner Übereinkunft, der heute kein Mitgliedstaat der Europäischen Gemeinschaft mehr als jüngster Fassung angehört, war im Gegensatz zu den späteren noch umstritten (vgl. *Petra Buck,* Geistiges Eigentum und Völkerrecht, 1994, S. 46 m. w. N.).

219 *Petra Buck,* Geistiges Eigentum und Völkerrecht, 1994, S. 54.

220 Vgl. allgemein *Eugen Ulmer,* Urheber- und Verlagsrecht, 3. Auflage 1980, S. 93; für Art. 5 auch *Rüdiger Wolfrum,* Das internationale Recht für den Austausch von Waren und Dienstleistungen, in: Reiner Schmidt (Hrsg.), Öffentliches Wirtschaftsrecht, Besonderer Teil 2, 1996, S. 535 (597); *Wolfgang Fikentscher,* Was bedeutet „self-executing"? Überlegungen zur Rechtsnatur des GATT im Blick auf einen GATT-Immaterialgüterschutz, in: Jürgen F. Baur/Klaus J. Hopt/K. Peter Mailänder (Hrsg.), Festschrift für Ernst Steindorff zum 70. Geburtstag am 13. März 1990, 1990, S. 1175 (1187), Fn. 20, für Art. 9 Abs. 2 auch ÖOGH, 31.1.1995, GRUR Int. 1995, S. 729 ff. und für Art. 13 Abs. 1 und 2 Abs. 1 und 2 der Berner Übereinkunft in der Fassung von Rom (Vervielfältigungs- und Aufführungsrecht des Urhebers von musikalischen Werken) auch BGHZ 11, S. 135 (138 f.).

gleichbehandlung), Art. 4 (Prioritätsrecht), Art. 4bis (Unabhängigkeit der Patente), Art. 4ter (Recht auf Erfindernennung), Art. 4^{quater} (Beseitigung gesetzlicher Schranken der Patenterteilung), Art. 5 (Ausschluß des Ausübungszwangs im Staat der Nachanmeldung), Art. 5ter (Freizügigkeit von Verkehrsmitteln), Art. 5^{quater} (Schutz der Erzeugnisse eines Verfahrens), Art. $6^{\text{quinquies}}$ (Schutz der im Ursprungsland eingetragenen Marke in den Verbandsstaaten), Art. 6^{septies} (Agenten- und Vertretermarken), Art. 7 (Beschaffenheit der Erzeugnisse), Art. 10 Abs. 2 (Definition der beteiligten Partei) und Art. 10bis Abs. 2 und 3 (Definition des unlauteren Wettbewerbs).[221]

Fraglich ist, ob darüber hinaus auch solche Bestimmungen der Pariser Verbandsübereinkunft unmittelbar anwendbar sind, die nur den Schutz der gewerblichen Muster und Modelle (Art. $5^{\text{quinquies}}$[222]), der Dienstleistungsmarken (Art. 6^{sexies}[223]), des Handelsnamens (Art. 8[224]) und des unlauteren Wettbewerbs (Art. 10bis Abs. 1[225]) als solchen festlegen. Weil nicht klar ist, auf welche Art und Weise der Schutz dieser gewerblichen Schutzrechte zu gewährleisten ist, könnte es an der inhaltlichen Bestimmtheit dieser Bestimmungen fehlen. Enthält einer der Bestimmungen, wie Art. 6^{sexies} und 10bis Abs. 1 der Pariser Verbandsübereinkunft, Ausdrücke wie „verpflichten sich" oder „sind gehalten" und damit nur eine Verpflichtung der Mitgliedstaaten, den Schutz eines gewerblichen Schutzrechts vorzusehen, fehlt es an der inhaltlichen Bestimmtheit.[226] Aber auch, wenn einer der Bestimmungen, wie Art. $5^{\text{quinquies}}$ und Art. 8 der Pariser Verbandsübereinkunft, festlegt, daß ein gewerbliches Schutzrecht in den Vertragsstaaten zu schützen ist, könnte es an der inhaltlichen Bestimmtheit fehlen. Dies gilt für gewerbliche Schutz-

---

[221] *Karl-Heinz Fezer,* Markenrecht, 3. Auflage 2001, Int Markenrecht, Rn. 37; *G. H. C. Bodenhausen,* Pariser Verbandsübereinkunft zum Schutz des gewerblichen Eigentums, 1971, S. 8.

[222] Art $5^{\text{quinquies}}$ der Pariser Verbandsübereinkunft lautet in Übersetzung:

„Die gewerblichen Muster und Modelle werden in allen Verbandsländern geschützt."

[223] Art. 6^{sexies} der Pariser Verbandsübereinkunft lautet in Übersetzung:

„Die Verbandsländer verpflichten sich, die Dienstleistungsmarken zu schützen. Sie sind nicht gehalten, die Eintragung dieser Marken vorzusehen."

[224] Art. 8 der Pariser Verbandsübereinkunft lautet in Übersetzung:

„Der Handelsname wird in allen Verbandsländern, ohne Verpflichtung zur Hinterlegung oder Eintragung, geschützt, gleichgültig ob er einen Bestandteil einer Fabrik- oder Handelsmarke bildet oder nicht."

[225] Art. 10bis Abs. 1 der Pariser Verbandsübereinkunft lautet in Übersetzung:

„Die Verbandsländer sind gehalten, den Verbandsangehörigen einen wirksamen Schutz gegen unlauteren Wettbewerb zu sichern."

[226] Vgl. für Art. 10bis Abs. 1 der Pariser Verbandsübereinkunft auch *Josef Drexl,* Entwicklungsmöglichkeiten des Urheberrechts im Rahmen des GATT, 1990, S. 29, Fn. 17.

rechte, die eingetragen, hinterlegt oder registriert werden müssen, wenn der Vertragsstaat noch kein innerstaatliches Eintragungs-, Hinterlegungs- oder Registrierungsverfahren eingeführt hat, aber auch für gewerbliche Schutzrechte, deren Schutz in den Vertragsstaaten nicht vorgesehen ist und deshalb klärender Ausführungen durch den innerstaatlichen Gesetzgeber bedarf, um von den Organen der Vertragsstaaten wie innerstaatliches Recht angewendet werden zu können.[227] Aus diesem Grund ist Art. 8, sollte der Handelsname in einem Vertragsstaat geschützt sein, im Gegensatz zu Art. 5^{quinquies} der Pariser Verbandsübereinkunft unmittelbar anwendbar,[228] da der Handelsname anders als die gewerblichen Muster und Modelle weder hinterlegt noch eingetragen werden muß.[229]

b) Die unmittelbare Anwendbarkeit der Organentscheidungen

Die Entscheidungen der durch die völkerrechtlichen Verträge der Mitgliedstaaten auf dem Gebiet des geistigen Eigentums eingesetzten Organe sind unmittelbar anwendbar, wenn sie ohne konkretisierendes Dazwischentreten des innerstaatlichen Rechts von den Organen der Vertragsparteien wie innerstaatliches Recht angewendet bzw., wo es sich um Entscheidungen konkret-individuellen Charakters handelt, wie innerstaatliche Entscheidungen im Bereich der Verwaltung und der Rechtsprechung durchgesetzt werden können.

aa) Die Regelung in den völkerrechtlichen Verträgen selbst

Indem die globalen Schutzverträge festlegen, daß die internationale Registrierung eines gewerblichen Schutzrechts beim Internationalen Büro der WIPO, beim EPA oder bei zuständigen Behörden der Vertragsstaaten in je-

---

227 *Michel Waelbroek,* Traités internationaux et juridictions internes dans les pays du Marché commun, 1969, S. 177: „Si tous ces traités n'ont pas été appliqués directement par les juges, c'est parce que, constitutionellement, ces derniers ne pouvaient pas qu'appliquer et interpréter le droit existant, sans pouvoir créer de toutes pièces les institutions qui eussent été nécessaires pour permettre aux règles conventionelles de produire leurs effets dans l'ordre interne. Si les ‚structures d'accueil' n'existent pas, il incombera au législateur de les créer pour que le traité puisse être invoqué devant les tribunaux; ces derniers ne pourront y suppléer eux-mêmes."

228 ÖOGH, 18.5.1999, GRUR Int. 2000, S. 453 ff.

229 Ähnliches gilt für die Bestimmungen der Berner Übereinkunft. *Josef Drexl,* Entwicklungsmöglichkeiten des Urheberrechts im Rahmen des GATT, 1990, S. 29, führt Art. 16 Abs. 1 der Berner Übereinkunft als Beispiel an, der die Möglichkeit der Beschlagnahme von unbefugt hergestellten Werkstücken vorsieht. Enthalte das innerstaatliche Recht keine passenden Beschlagnahmevorschriften, ergebe sich aus Art. 16 Abs. 1 der Berner Übereinkunft keine unmittelbare Anwendbarkeit.

dem Vertragsstaat dieselbe Wirkung hat und denselben Vorschriften wie ein in diesem Vertragsstaat registriertes gewerbliches Schutzrecht unterliegt, gebieten sie nicht nur die innerstaatliche Geltung, sondern auch die unmittelbare Anwendbarkeit der internationalen Registrierung eines gewerblichen Schutzrechts. Entsprechendes gilt für die anderen genannten Entscheidungen des EPA. Die Kostenentscheidung, die sowohl die Entscheidung der Einspruchsabteilung des EPA nach Art. 102 des Europäischen Patentübereinkommens als auch die Entscheidung der Beschwerdekammern des EPA nach Art. 111 des Europäischen Patentübereinkommens begleiten kann, „wird in jedem Vertragsstaat in bezug auf die Vollstreckung wie ein rechtskräftiges Urteil eines Zivilgerichts behandelt, in dessen Hoheitsgebiet die Vollstreckung stattfindet".

bb) Die unmittelbare Anwendbarkeit in ausgewählten Mitgliedstaaten

Während die unmittelbare Anwendbarkeit der Entscheidungen der durch völkerrechtliche Verträge eingesetzten Organe in Frankreich eine Ausnahme darstellt,[230] ist sie in der Niederlande ausdrücklich geregelt. Gemäß Art. 93 der niederländischen Verfassung sind nicht nur die Bestimmungen der völkerrechtlichen Verträge, sondern auch die Entscheidungen der durch die völkerrechtlichen Verträge eingesetzten Organe, die „ihrem Inhalt nach allgemeinverbindlich", nach ihrer Veröffentlichung unmittelbar anwendbar. Entscheidungen im Bereich der Rechtsprechung, die eine Auslegung der Bestimmungen der völkerrechtlichen Verträge vorsehen, werden als Teil der unmittelbar anwendbaren Bestimmungen der völkerrechtlichen Verträge angesehen.[231] In Frankreich erfordern internationale Schiedsgerichtsentscheidungen aufgrund des Ausnahmecharakters der unmittelbaren Anwendbarkeit der Entscheidungen der durch völkerrechtliche Verträge eingesetzten Organe eines *Exequaturs,* um innerstaatlich durchgesetzt werden zu können.[232] Andere internationale Entscheidungen rechtsprechender Organe wer-

---

[230] *David Ruzié,* Le juge français et les actes des organisations internationales, in: Paul Reuter/Ange Blondeau/Nicole Questiaux/Louis Dubouis/David Ruzié (éd.), L'application du droit international par le juge français, 1972, S. 103 (106): „La jurisprudence, relativement peu fournie d'ailleurs et cependant quelque peu divergente, fait apparaître que, normalement, les actes des organisations internationales de coordination font l'objet d'une incorporation en droit français, tandis que l'application directe de ces actes est exceptionelle."

[231] *Catherine M. Brölmann/Egbert W. Vierdag,* Pays Bas/Netherlands, in: Pierre Michel Eisemann (éd.), L'intégration du droit international et communautaire dans l'ordre juridique national, 1996, S. 433 (457).

[232] Vgl. Titel VI des Buchs III des neuen französischen Gesetzbuchs des Zivilprozeßrechts (*Nouveau code de la procédure civile*) (vgl. http://admi.net/code/index-CPROCIV0.html, letzte Abfrage: 19.5.2004).

den, sofern sie Frankreich betreffen, durch die Verwaltung vollstreckt, bedürfen aber der vorherigen Veröffentlichung, wenn sie die Rechte einzelner betreffen.[233] Die unmittelbare Anwendbarkeit der Entscheidungen der durch die völkerrechtlichen Verträge eingesetzten Organe kann gesetzlich geregelt werden. Der unmittelbaren Anwendbarkeit der Erteilung eines europäischen Patents sowie der internationalen Anmeldung eines Patents ist im französischen Gesetzbuch des geistigen Eigentums (*Code de la propriété intellectuelle*)[234] jeweils ein eigener Abschnitt mit der Überschrift „Wirkungen europäischer Patente in Frankreich“ bzw. „Wirkungen internationaler Anmeldungen in Frankreich“ gewidmet.[235]

In den dualistischen Rechtsordnungen Deutschlands und des Vereinigten Königreichs stellt sich die Frage der unmittelbaren Anwendbarkeit der Entscheidungen der durch die völkerrechtlichen Verträge eingesetzten Organe nur, wenn diese weder transformiert noch anerkannt werden mußten, um innerstaatliche Geltung zu erlangen. Demzufolge sind Entscheidungen der durch die völkerrechtlichen Verträge eingesetzten Organe in Deutschland unmittelbar anwendbar, wenn diesen Organen entsprechende Hoheitsrechte im Sinne von Art. 24 Abs. 1 GG übertragen wurden und wenn die Entscheidungen inhaltlich bestimmt genug sind, um wie innerstaatliches Recht

---

[233] *Emmanuel Decaux/Pierre Michel Eisemann/Valérie Goesel-Le Bihan/Brigitte Stern,* France, in: Pierre Michel Eisemann (éd.), L'intégration du droit international et communautaire dans l'ordre juridique national, 1996, S. 241 (282).

[234] *Loi n° 92-597* vom 1. Juli 1992, *Journal Officiel* vom 3.7.1992, S. 8801.

[235] Art. L. 614-9 des französischen Gesetzbuchs des geistigen Eigentums lautet in Übersetzung (vgl. *Thomas Dreier/Rudolf Krasser,* Das französische Gesetzbuch des geistigen Eigentums (Legislativer Teil), Zweisprachige Textausgabe mit Einführungen, 1994, S. 220 f.):

„Die in den Artikeln L. 613-3 bis L. 613-6, L. 615-4 und L. 615-5 des vorliegenden Gesetzbuchs umschriebenen Rechte können von dem Zeitpunkt an ausgeübt werden, in dem eine europäische Patentanmeldung gemäß den Bestimmungen von Art. 93 des Münchener Übereinkommens veröffentlicht ist.

Ist die Veröffentlichung in einer anderen Sprache als der französischen Sprache erfolgt, so können die im vorstehenden Absatz genannten Rechte erst von dem Zeitpunkt an ausgeübt werden, an dem eine französische Übersetzung der Patentansprüche auf Antrag des Anmelders vom Nationalen Amt für gewerbliches Eigentum gemäß den durch Dekret des Staatsrats festgelegten Voraussetzungen veröffentlicht oder dem vermeintlichen Verletzer zugestellt wurde.“

Art. L. 614-24 des französischen Gesetzbuchs des geistigen Eigentums lautet in Übersetzung (vgl. *Thomas Dreier/Rudolf Krasser,* Das französische Gesetzbuch des geistigen Eigentums (Legislativer Teil), Zweisprachige Textausgabe mit Einführungen, 1994, S. 227):

„Wird in einer nach dem Washingtoner Vertrag eingereichten internationalen Anmeldung zum Schutz von Erfindungen Frankreich als Bestimmungsstaat oder als ausgewählter Staat benannt, so gilt diese Anmeldung als auf die Erlangung eines europäischen Patents gemäß dem Münchener Übereinkommen gerichtet.“

angewendet bzw. wie innerstaatliche Entscheidungen durchgesetzt werden zu können. Infolgedessen sind nicht nur die Entscheidungen des Internationalen Büros der WIPO und des EPA, deren unmittelbare Anwendbarkeit von den völkerrechtlichen Verträgen auf dem Gebiet des geistigen Eigentums geboten wird, sondern auch das „sekundäre Völkervertragsrecht", das durch den Verwaltungsrat der EPO in Ausübung der ihm übertragenen Hoheitsrechte erlassen wird, in Deutschland, die hinreichende inhaltliche Bestimmtheit vorausgesetzt, unmittelbar anwendbar. Dagegen sind die Entscheidungen der durch die völkerrechtlichen Verträge eingesetzten Organe im Vereinigten Königreich nur dann unmittelbar anwendbar, wenn das Gesetz, das die völkerrechtlichen Verträge in innerstaatliches Recht transformiert hat, eine entsprechende Regelung enthält. Die bereits erwähnten sections 77.1. und 89.1. des *Patents Act 1977* und section 54.1. des *Trade Marks Act 1994* regeln nicht nur die innerstaatliche Geltung der Erteilung eines europäischen Patents bzw. der internationalen Anmeldung eines Patents sowie der internationalen Registrierung einer Marke,[236] sondern auch deren unmittelbare Anwendbarkeit. Darüber hinaus ist section 93[237] des *Patents Acts 1977* zu nennen, welcher die Durchsetzung der Kostenentscheidungen des EPA (*enforcement*) zum Inhalt hat.

2. Die mittelbare Anwendbarkeit der völkerrechtlichen Verträge

a) Die mittelbare Anwendbarkeit der Bestimmungen der völkerrechtlichen Verträge

Unter den verschiedenen Formen, welche die mittelbare Anwendbarkeit der Bestimmungen völkerrechtlicher Verträge im innerstaatlichen Bereich annehmen kann,[238] ragt das Prinzip der völkerrechtskonformen Auslegung

---

[236] Siehe oben Zweiter Teil, Zweites Kapitel, B. I. 2. a).

[237] Section 93 des *Patents Act 1977* lautet:

„If the European Patent Office orders the payment of costs in any proceedings before it –

(a) in England and Wales the costs shall, if a county Court so orders, be recoverable by execution issued from the county Court or otherwise as if they were payable under an order of that Court;

(b) in Scotland the order may be enforced in like manner as an extract registered decree arbitral bearing a warrant for execution issued by the sheriff Court of any sheriffdom im Scotland;

(c) in Northern Ireland the order may be enforced as if it were a money judgment;

(d) in the Isle of Man the order may be enforced in like manner as an execution issued out of the Court."

[238] Vgl. zu den weiteren Formen der mittelbaren Anwendbarkeit völkerrechtlicher Verträge *Alfred Verdross/Bruno Simma,* Universelles Völkerrecht, 3. Auflage 1984, § 864.

hervor. Das Prinzip, innerstaatliches Recht im Lichte der Bestimmungen völkerrechtlicher Verträge auch dann auszulegen, wenn sie nicht unmittelbar anwendbar sind, findet sich in allen Rechtsordnungen der Mitgliedstaaten.[239] Läßt das innerstaatliche Recht mehrere Deutungen zu, ist die Auslegung vorzuziehen, in der sie mit dem Inhalt der völkerrechtlichen Verträge übereinstimmt.[240]

Die Bedeutung des Prinzips der völkerrechtskonformen Auslegung ist in den Mitgliedstaaten, in denen die Bestimmungen völkerrechtlicher Verträge im Rang von innerstaatlichen Gesetzen stehen, größer als in den Mitgliedstaaten, in denen die Bestimmungen völkerrechtlicher Verträge einen übergeordneten Platz in der innerstaatlichen Normenhierarchie einnehmen. Lassen sich nämlich spätere innerstaatliche Gesetze im Einklang mit den Bestimmungen völkerrechtlicher Verträge auslegen, müssen völkerrechtliche Verträge nicht zugunsten späterer innerstaatlicher Gesetze zurücktreten.[241] An eine Grenze stößt das Prinzip der völkerrechtskonformen Auslegung allerdings, wenn spätere innerstaatliche Gesetze keinen Spielraum für eine völkerrechtskonforme Auslegung lassen. Allerdings wird dies auf dem Gebiet des geistigen Eigentums eher selten der Fall sein, enthalten die innerstaatlichen Gesetze zum geistigen Eigentum doch in der Regel unbestimmte Rechtsbegriffe, wie z. B. „Werk“ und „persönliche geistige Schöpfung“ im deutschen Urheberrecht bzw. „Erfindung“, „Neuheit“, „erfinderische Tätigkeit“ und „gewerbliche Anwendbarkeit“ im deutschen Patentrecht.[242]

---

239 Vgl. etwa für Deutschland BVerfGE 58, S. 1 (34); 59, S. 63 (89); 64, S. 1 (20); 74, S. 358 (370); für das Vereinigte Königreich *Sam Makkan,* The Human Rights Act 1998: The Essentials, 2000, S. 6; *Rainer Grote,* Die Inkorporierung der Europäischen Menschenrechtskonvention in das britische Recht durch den Human Rights Act 1998, ZaöRV 58 (1998), S. 309 (314); *Rosalyn Higgins,* United Kingdom, in: Francis G. Jacobs/Shelley Roberts (eds), The Effect of Treaties in Domestic Law, 1987, S. 123 (137) (*consistent interpretation);* für Frankreich *Philippe Manin,* A propos de l'accord instituant l'Organisation mondiale du commerce et de l'accord sur les marchés publics: la question de l'invocabilité des accords internationaux conclus par la Communauté européenne, RTDE 33 (1997), S. 399 (412), Fn. 34 (*interprétation harmonisante*) und für die Niederlande *J. W. A. Fleuren,* in: C. A. J. M. Kortmann/P. P. T. Bovend'eert/J. C. E. Ackermans-Wijn/J. W. A. Fleuren/M. N. H. van der Nat (Hrsg.), Grondwet voor het Koninkrijk der Nederlanden, Tekst & Commentaar, 1998, Art. 93 Anm. 6 (*volkenrechtskonforme interpretatie*).

240 *Rudolf Bernhardt,* Bundesverfassungsgericht und völkerrechtliche Verträge, in: Christian Starck (Hrsg.), Bundesverfassungsgericht und Grundgesetz, Band 2: Verfassungsauslegung, 1976, S. 154 (159 ff.).

241 Es ist nicht anzunehmen, daß der innerstaatliche Gesetzgeber, sofern er dies nicht klar bekundet hat, vom Vertragsrecht abweichen oder eine Verletzung vertraglicher Pflichten ermöglichen will (BVerfGE 74, S. 358 (370); BVerwGE 110, S. 203 (210 ff.)).

242 Die völkerrechtskonforme Auslegung unbestimmter Rechtsbegriffe im innerstaatlichen Recht wird auch als Reflexwirkung völkerrechtlicher Verträge bezeichnet

Die völkerrechtskonforme Auslegung innerstaatlicher Gesetze zum geistigen Eigentum kommt auch dann in Betracht, wenn die unmittelbare Anwendbarkeit einer Bestimmung eines völkerrechtlichen Vertrags auf dem Gebiet des geistigen Eigentums deshalb verneint wird, weil die innerstaatliche Rechtsordnung noch kein Eintragungs-, Hinterlegungs- bzw. Registrierungsverfahren kennt, das zum Schutz der gewerblichen Schutzrechte notwendig ist. In diesem Fall kann zumindest das Recht über den unlauteren Wettbewerb so ausgelegt werden, daß es die Verletzung des eigentlich zu schützenden gewerblichen Schutzrechts als unlautere Wettbewerbshandlung untersagt.[243]

b) Die mittelbare Anwendbarkeit der Organentscheidungen

Auch die Entscheidungen der durch die völkerrechtlichen Verträge eingesetzten Organe können mittelbar angewendet werden, indem das innerstaatliche Recht in ihrem Lichte ausgelegt wird. Obwohl die Entscheidungen der durch die völkerrechtlichen Verträge eingesetzten Organe auch im Bereich der Verwaltung, insbesondere bei der Ausübung des Ermessens, eine Rolle spielen können,[244] fällt die Aufgabe, die Entscheidungen der durch die völkerrechtlichen Verträge eingesetzten Organe bei der Auslegung des innerstaatlichen Rechts zu berücksichtigen, in erster Linie dem Bereich der Rechtsprechung zu.

Während die niederländischen Gerichte von der unmittelbaren Anwendbarkeit der Entscheidungen der durch die völkerrechtlichen Verträge eingesetzten Organe ausgehen können, sind französische Gerichte innerstaatlich selbst dann nicht an Entscheidungen der durch die völkerrechtlichen Verträge eingesetzten Organe gebunden, wenn sie Frankreich betreffen. Dennoch vermeiden es die französischen Gerichte in der Praxis, in Widerspruch zu einer internationalen Rechtsprechung, die Frankreich oder aber auch einen anderen Vertragsstaat betrifft, zu treten.[245]

(vgl. *J. W. A. Fleuren,* in: C. A. J. M. Kortmann/P. P. T. Bovend'eert/J. C. E. Ackermans-Wijn/J. W. A. Fleuren/M. N. H. van der Nat (Hrsg.), Grondwet voor het Koninkrijk der Nederlanden, Tekst & Commentaar, 1998, Art. 93 Anm. 6).

[243] Die niederländische Rechtsprechung aus den 1930er Jahren, die die unmittelbare Anwendbarkeit des Haager Musterabkommens abgelehnt hatte, verneinte die Anwendung des Rechts über den unlauteren Wettbewerb unzutreffend (vgl. *Michel Waelbroek,* Traités internationaux et juridictions internes dans les pays du Marché commun, 1969, S. 176, Fn. 54).

[244] *Philip Kunig,* The Relevance of Resolutions and Declarations of International Organizations for Municipal Law, in: Grigory I. Tunkin/Rüdiger Wolfrum (eds), International Law and Municipal Law, 1988, S. 59 (70).

In Deutschland nehmen auf internationale Entscheidungen Bezug das Bundesverfassungsgericht, um eine allgemeine Regel des Völkerrechts nach Art. 100 Abs. 2 i.V.m. Art. 25 GG nachzuweisen, und rangniedrigere Gerichte, um eine bestimmte Auslegung, etwa im Rahmen unbestimmter Rechtsbegriffe, die in den innerstaatlichen Gesetzen zum geistigen Eigentum enthalten sind, oder eine getroffene Entscheidung zu bestätigen.[246] Britische Gerichte können internationalen Entscheidungen ebenfalls ein besonderes Gewicht beimessen, ohne daß diese innerstaatliche Geltung erlangt haben müssen.[247] Verpflichtet sind sie jedoch nur dazu, wenn dies innerstaatlich geregelt wurde.[248] Section 2.1. des *Human Rights Acts 1998* legt fest, daß „a court or tribunal determining a question which has arisen in connection with a Convention right must take into account any", worauf eine Aufzählung der möglichen Entscheidungen durch den Europäischen Gerichtshof und die Europäische Kommission für Menschenrechte sowie den Ministerrat folgt. In ähnlicher Weise bestimmt section 91.1. lit. c) des *Patents Act 1977,* daß „judicial notice shall be taken of [...] any decision of, or expression of, or opinion by the relevant convention Court on any question arising under or in connection with the relevant convention".

IV. Die Invokabilität der völkerrechtlichen Verträge der Mitgliedstaaten auf dem Gebiet des geistigen Eigentums

Die völkerrechtlichen Verträge der Mitgliedstaaten auf dem Gebiet des geistigen Eigentums können die Invokabilität ihrer Bestimmungen bzw. der Entscheidungen der durch sie eingesetzten Organe entweder ge- bzw. verbieten oder den beteiligten Mitgliedstaaten freistellen. Wenn die beteiligten Mitgliedstaaten auch an die Regelung, die in den völkerrechtlichen Verträgen getroffen wird, gebunden sind, können ihre Rechtsordnungen eine andere, widersprechende Regelung der Invokabilität vorsehen.

---

[245] *Emmanuel Decaux/Pierre Michel Eisemann/Valérie Goesel-Le Bihan/Brigitte Stern,* France, in: Pierre Michel Eisemann (éd.), L'intégration du droit international et communautaire dans l'ordre juridique national, 1996, S. 241 (281).

[246] *Jochen Abr. Frowein/Karin Oellers-Frahm,* Allemagne/Germany, in: Pierre Michel Eisemann (éd.), L'intégration du droit international et communautaire dans l'ordre juridique national, Étude de la pratique en Europe, 1996, S. 69 (102 f.).

[247] Dies gilt insbesondere für die von dem Europäischen Gerichtshof und der Europäischen Kommission für Menschenrechte getroffenen Entscheidungen (vgl. *Rainer Grote,* Die Inkorporierung der Europäischen Menschenrechtskonvention in das britische Recht durch den Human Rights Act 1998, ZaöRV 58 (1998), S. 309 (321); *Hazel Fox/Piers Gardner/Chanaka Wickremasinghe,* Royaume-Uni/United Kingdom, in: Pierre Michel Eisemann (éd.), L'intégration du droit international et communautaire dans l'ordre juridique national, 1996, S. 495 (523)).

[248] *Sam Makkan,* The Human Rights Act 1998: The Essentials, 2000, S. 13.

1. Die Invokabilität der Bestimmungen der völkerrechtlichen Verträge

Wie bereits an anderer Stelle dargelegt wurde, ist unter dem Begriff der Invokabilität völkerrechtlicher Verträge die Berechtigung und/oder Verpflichtung einzelner aus unmittelbar anwendbaren Bestimmungen völkerrechtlicher Verträge zu verstehen.[249] Unmittelbar anwendbare Bestimmungen völkerrechtlicher Verträge können nicht nur objektives Recht enthalten, sondern auch subjektive Rechte und/oder Pflichten einzelner begründen, auf die sie sich vor innerstaatlichen Gerichten und Behörden berufen und/ oder die ihnen vor innerstaatlichen Gerichten oder Behörden entgegengehalten werden können.

a) Die Regelung in den völkerrechtlichen Verträgen selbst

In dem bereits erwähnten Gutachten „Compétence des tribunaux de Dantzig/Jurisdiction of the Courts of Danzig" vom 3. März 1928 hat der Ständige Internationale Gerichtshof bestätigt, daß völkerrechtliche Verträge die unmittelbare Berechtigung und Verpflichtung einzelner im innerstaatlichen Bereich ge- bzw. verbieten können.[250] Allerdings enthalten die völkerrechtlichen Verträge auf dem Gebiet des geistigen Eigentums keine Regelung dieser Art.

b) Die Invokabilität in ausgewählten Mitgliedstaaten

Aus diesem Grunde entscheiden allein die Rechtsordnungen der beteiligten Mitgliedstaaten der Europäischen Gemeinschaft, ob einzelne aus völkerrechtlichen Verträgen auf dem Gebiet des geistigen Eigentums unmittelbar berechtigt und verpflichtet werden können, und bejahendenfalls, welche Bedingungen an die Invokabilität dieser völkerrechtlichen Verträge gestellt werden.

aa) Allgemeine Grundsätze

Da völkerrechtliche Verträge unmittelbar anwendbar sein müssen, um subjektive Rechte und/oder Pflichten einzelner begründen zu können, ist die Invokabilität völkerrechtlicher Verträge in dem Maße ausgeschlossen, in dem die innerstaatlichen Rechtsordungen von der unmittelbaren Anwendbarkeit völkerrechtlicher Verträge absehen. Haben die Mitgliedstaaten der

---

[249] Siehe oben Zweiter Teil, Zweites Kapitel, B. III 1. a).

[250] CPJI Recueil des avis consultatifs/PCIJ Collection of Advisory Opinions, Serie B, Nr. 15, S. 1 (17). Siehe oben Zweiter Teil, Zweites Kapitel, B. III. 1. a) aa).

Europäischen Gemeinschaft die unmittelbare Anwendbarkeit völkerrechtlicher Verträge im Einzelfall ausgeschlossen bzw., im Falle des Vereinigten Königreichs, nicht ausnahmsweise geregelt, können einzelne nicht unmittelbar durch völkerrechtliche Verträge berechtigt und verpflichtet werden. Stehen die innerstaatlichen Rechtsordnungen der Invokabilität völkerrechtlicher Verträge nicht prinzipiell entgegen, ist immer noch zu prüfen, ob die Mitgliedstaaten die unmittelbare Berechtigung und Verpflichtung einzelner aus völkerrechtlichen Verträgen nicht im Einzelfall ausgeschlossen haben, bzw. stehen sie ihr entgegen, wie im Fall des Vereinigten Königreichs, ob sie sie nicht ausnahmsweise geregelt haben.

Wie die unmittelbare Anwendbarkeit ist auch die Invokabilität völkerrechtlicher Verträge in den Rechtsordnungen Frankreichs, der Niederlande und Deutschlands durch Auslegung zu bestimmen. Da in diesen Rechtsordnungen nicht immer deutlich zwischen der unmittelbaren Anwendbarkeit völkerrechtlicher Verträge einerseits und der Invokabilität völkerrechtlicher Verträge andererseits unterschieden wird,[251] ist nicht klar, welche Voraussetzungen im einzelnen an die Invokabilität völkerrechtlicher Verträge geknüpft werden. Es ist aber nach dem Gutachten „Compétence des tribunaux de Dantzig/Jurisdiction of the Courts of Danzig“ des Ständigen Internationalen Gerichtshofes davon auszugehen, daß unmittelbar anwendbare völkerrechtliche Verträge einzelne unmittelbar berechtigen und verpflichten, wenn es die Intention der Vertragsparteien war, subjektive Rechte und/oder Pflichten zu begründen und diese von den völkerrechtlichen Verträgen nach Wortlaut, Zweck und Inhalt hinreichend bestimmt umschrieben werden.[252]

Dagegen muß die Invokabilität völkerrechtlicher Verträge im Vereinigten Königreich vom innerstaatlichen Gesetzgeber geregelt werden. So regeln sections 6 und 7 des *Human Rights Acts 1998* die Durchsetzung der in schedule 1 im Wortlaut übernommenen Bestimmungen der EMRK gegenüber „public authorities“, zu denen neben Gerichten auch Verwaltungsbehörden zählen,[253] durch betroffene einzelne.[254] Auch section 2.1. des

[251] Vgl. für Frankreich etwa *Hélène Tigroudja,* Le juge administratif français et l'effet direct des engagements internationaux, RFDA 19 (2003), S. 154 (157 ff.).

[252] Vgl. für Frankreich *Philippe Manin,* A propos de l'accord instituant l'Organisation mondiale du commerce et de l'accord sur les marchés publics: la question de l'invocabilité des accords internationaux conclus par la Communauté européenne, RTDE 3 (1997), S. 399 (401); für die Niederlande *J. W. A. Fleuren,* in: C. A. J. M. Kortmann/P. P. T. Bovend'eert/J. C. E. Ackermans-Wijn/J. W. A. Fleuren/M. N. H. van der Nat (Hrsg.), Grondwet voor het Koninkrijk der Nederlanden, Tekst & Commentaar, 1998, Art. 93 Anm. 4.

[253] Section 6.3. des *Human Rights Acts 1998.*

[254] Section 6.1. des *Human Rights Acts 1998* lautet:
„It is unlawful for a public authority to act in a way which is incompatible with a Convention right.“

European Community Acts 1972 führt den Begriff „enforceable Community right“ ein.

bb) Die Übertragung dieser allgemeinen Grundsätze auf die völkerrechtlichen Verträge der Mitgliedstaaten auf dem Gebiet des geistigen Eigentums

Die Frage der Invokabilität der völkerrechtlichen Verträge auf dem Gebiet des geistigen Eigentums stellt sich nur in den Rechtsordnungen Frankreichs, der Niederlande und Deutschlands, in denen die unmittelbare Anwendbarkeit der völkerrechtlichen Verträge auf dem Gebiet des geistigen Eigentums nicht wie im Vereinigten Königreich von vornherein ausgeschlossen ist.

Da nur das „vertragseigene Recht“ der völkerrechtlichen Verträge auf dem Gebiet des geistigen Eigentums unmittelbar anwendbar sein kann, nicht aber die anderen, ebenfalls genannten Regelungskategorien, kann auch nur das „vertragseigene Recht“ einzelne unmittelbar berechtigen und verpflichten. Wie bereits erwähnt, teilt sich das „vertragseigene Recht“ auf in einheitliche Regelungen materiell-, verwaltungs- oder prozeßrechtlicher Art, die in allen Vertragsstaaten gelten sollen.[255] Anders als die Regelungen verwaltungs- oder prozeßrechtlicher Art begründen die Regelungen materiell-rechtlicher Art, welche die Voraussetzungen, den Inhalt und die Dauer der vereinbarten Mindestrechte des geistigen Eigentums definieren, subjektive Rechte und/oder Pflichten.[256] Da nur die völkerrechtlichen Verträge zum Schutz des geistigen Eigentums materiell-rechtliche Regelungen enthalten, nicht aber die globalen Schutzverträge, sind auch nur sie invokabil.

Allerdings erstreckt sich der persönliche Anwendungsbereich der materiell-rechtlichen Regelungen der völkerrechtlichen Verträge zum Schutz des

---

Section 7.1. des *Human Rights Acts 1998* lautet:

„A person who claims that a public authority has acted (or proposes to act) in a way which is made unlawful by section 6 (1) may bring proceedings against the authority under this Act in the appropriate court or tribunal, or rely on the Convention right or rights concerned in any legal proceedings, but only if he is (or would be) a victim of the unlawful act.“

[255] Siehe oben Zweiter Teil, Zweites Kapitel, B. III. 1. a) bb) (2).

[256] *Josef Drexl,* Entwicklungsmöglichkeiten des Urheberrechts im Rahmen des GATT, 1990, S. 30 f.; *Alois Troller,* Die mehrseitigen völkerrechtlichen Verträge im internationalen gewerblichen Rechtsschutz und Urheberrecht, 1965, S. 32. Vgl. allgemein *Wolfgang Fikentscher,* Was bedeutet „self-executing“?, Überlegungen zur Rechtsnatur des GATT im Blick auf einen GATT-Immaterialgüterschutz, in: Jürgen F. Baur/Klaus J. Hopt/K. Peter Mailänder (Hrsg.), Festschrift für Ernst Steindorff zum 70. Geburtstag am 13. März 1990, 1990, S. 1175 (1189).

geistigen Eigentums nicht auf die eigenen Angehörigen, sondern ist auf die Angehörigen anderer Vertragsstaaten beschränkt.[257] Nach Art. 5 Abs. 1 der Berner Übereinkunft genießen Urheber für ihre Werke „in allen Verbandsländern mit Ausnahme des Ursprungslandes des Werkes [...] die in dieser Übereinkunft besonders gewährten Rechte". Daneben stellt Art. 5 Abs. 3 S. 1 der Berner Übereinkunft klar, daß sich der Schutz im Ursprungsland allein nach innerstaatlichem Recht richtet. Obwohl die Pariser Verbandsübereinkunft wegen des offenen Wortlauts von Art. 2 Abs. 1 keine vergleichbare Regelung enthält, ergibt sich aus ihrer Entstehungsgeschichte, daß auch im Bereich des gewerblichen Rechtsschutzes eine Erstreckung der vertraglich niedergelegten Mindestrechte auf die eigenen Angehörigen nicht gewollt war.[258] Wenn der von der innerstaatlichen Rechtsordnung gewährte Schutz hinter den vereinbarten Mindestrechten zurückbleibt, können sich die eigenen Angehörigen nicht auf die entsprechenden Bestimmungen in den völkerrechtlichen Verträgen zum Schutz des geistigen Eigentums berufen.[259] Etwas anderes gilt nur, wenn die Mitgliedstaaten der Europäischen Gemeinschaft, wie z.B. Frankreich,[260] im innerstaatlichen Recht bestim-

---

[257] *Karl Riesenhuber,* Der Einfluß der RBÜ auf die Auslegung des deutschen Urheberrechtsgesetzes, ZUM 47 (2003), S. 333 (338); *Karl-Heinz Fezer,* Markenrecht, 3. Auflage 2001, Int Markenrecht Rn. 37; *Petra Buck,* Geistiges Eigentum und Völkerrecht, 1994, S. 59; *Konrad Zweigert/Hans-Jürgen Puttfarken,* Zum Kollisionsrecht der Leistungsschutzrechte, GRUR Int. 1973, S. 573 (575); *Alois Troller,* Die mehrseitigen völkerrechtlichen Verträge im gewerblichen Rechtsschutz und im Urheberrecht, 1965, S. 117 f.; *Günther Philipps,* Erscheinungsformen und Methoden der Privatrechts-Vereinheitlichung, 1965, S. 135.

[258] *Karl-Heinz Fezer,* Markenrecht, 3. Auflage 2001, Art. 2 PVÜ Rn. 4; *Petra Buck,* Geistiges Eigentum und Völkerrecht, 1994, S. 59.

[259] Nach § 121 Abs. 4 des deutschen Gesetzes vom 9. September 1965 über Urheberrecht und verwandte Schutzrechte (UrheberrechtsG, UrhG) (BGBl. 1965 I, 1273; zuletzt geändert durch Gesetz vom 23. Juli 2002, BGBl. 2002 I, 2852) genießen Ausländer subsidiär, wenn das sonstige deutsche Urheberrecht keinen Schutz bietet, „den urheberrechtlichen Schutz nach Inhalt der Staatsverträge". Auch neuere Urteile bundesdeutscher Gerichte gehen für den Bereich des gewerblichen Rechtsschutzes davon aus, daß sich nur Angehörige eines anderen Vertragsstaats auf unmittelbar anwendbare Bestimmungen der Pariser Verbandsübereinkunft berufen können (BGH, 4.7.1991, GRUR Int. 1992, S. 60 ff.: „Ein verbandsangehöriger Ausländer kann sich jederzeit im Lauf des Warenzeicheneintragungsverfahrens [...] auf die Telle-Quelle-Klausel (PVÜ Art. 6^{quinquies} Abschnitt A Abs. 1) berufen [...]").

[260] Art. L. 614-31 des französischen Gesetzbuchs des geistigen Eigentums lautet in Übersetzung (vgl. *Thomas Dreier/Rudolf Krasser,* Das französische Gesetzbuch des geistigen Eigentums (Legislativer Teil), Zweisprachige Textausgabe mit Einführungen, 1994, S. 230):

„Die Franzosen können sich in Frankreich zu ihren Gunsten auf die Vorschriften der am 20. März 1883 in Paris unterzeichneten internationalen Übereinkunft zum Schutz des gewerblichen Eigentums ebenso wie auf Vereinbarungen, Zusatzakte und Schlußprotokolle, die diese Übereinkunft geändert haben oder ändern werden, immen, daß die völkerrechtlichen Verträge auch auf die eigenen Angehörigen Anwendung finden sollen,[261] oder wenn bereits eine Verletzung objektiven Rechts, das in unmittelbar anwendbaren völkerrechtlichen Verträgen enthalten ist, wie z.B. in Deutschland,[262] in Verbindung mit der in Art. 2 Abs. 1 GG niedergelegten allgemeinen Handlungsfreiheit ein individuelles Klage- und Beschwerderecht begründen kann.

Sehen die materiell-rechtlichen Regelungen darüber hinaus eine Schutzfrist für die Ausübung der vereinbarten Mindestrechte des geistigen Eigentums vor,[263] ist auch eine Beschränkung des zeitlichen Anwendungsbereichs gegeben. Wenn die innerstaatliche Rechtsordnung keine längere Prioritäts- oder Schutzfrist vorsieht, können sich die Angehörigen anderer Vertragsstaaten nach Ablauf der Mindestfrist nicht mehr auf die vereinbarten Mindestrechte berufen.

---

mer dann berufen, wenn diese Vorschriften zum Schutz der Rechte des gewerblichen Eigentums günstiger sind als das französische Gesetz.

Keine Vorschrift dieses Titels kann in einer Weise ausgelegt werden, die Franzosen ein Recht vorenthalten würde, das ihnen nach dem vorstehenden Absatz gewährt ist."

Obwohl das deutsche Recht keine vergleichbare Bestimmung enthält, spricht in der Regel eine bei der Gesetzesauslegung zu berücksichtigende Vermutung dafür, daß der Gesetzgeber das innerstaatliche Recht zumindest dem Standard der Bestimmungen der völkerrechtlichen Verträge auf dem Gebiet des geistigen Eigentums angleichen wollte, um eine Benachteiligung der eigenen Angehörigen gegenüber den Angehörigen anderer Vertragsstaaten zu vermeiden (vgl. *Paul Katzenberger,* in: Gerhard Schricker (Hrsg.), Urheberrecht, Rn. 119 vor §§ 120 ff.; *Bernt Lemhöfer,* Die Beschränkung der Rechtsvereinheitlichung auf internationale Sachverhalte, Zeitschrift für ausländisches und internationales Privatrecht 25 (1960), S. 401 (417); a.A. *Karl Riesenhuber,* Der Einfluß der RBÜ auf die Auslegung des deutschen Urheberrechtsgesetzes, ZUM 47 (2003), S. 333 (340 f.)).

[261] *Karl Becher,* Die Bedeutung der Pariser Verbandsübereinkunft für das Patentwesen, 1967, S. 88 f.; *Bernt Lemhöfer,* Die Beschränkung der Rechtsvereinheitlichung auf internationale Sachverhalte, Zeitschrift für ausländisches und internationales Privatrecht 25 (1960), S. 401 (416 ff.). Dagegen stellt die andere von *Bernt Lemhöfer* genannte Möglichkeit, die Angleichung des innerstaatlichen Rechts an die völkerrechtlichen Verträge, keine Frage der Invokabilität völkerrechtlicher Verträge dar.

[262] BVerfGE 6, S. 32 (37 ff.). Dies gilt etwa für die Klagebefugnis nach Art. 42 Abs. 2 VwGO oder die Beschwerdebefugnis nach § 90 Abs. 1 BVerfGG.

[263] Vgl. z.B. Art. 4 (C) Abs. 1 der Pariser Verbandsübereinkunft (Prioritätsfrist) und Art. 7 der Berner Übereinkunft (Schutzfrist).

2. Die Invokabilität der Organentscheidungen in ausgewählten Mitgliedstaaten

a) Die Regelung in den völkerrechtlichen Verträgen selbst

Die völkerrechtlichen Verträge der Mitgliedstaaten auf dem Gebiet des geistigen Eigentums können nur die Invokabilität der Entscheidungen der durch sie eingesetzten Organe gebieten, zu deren unmittelbaren Anwendbarkeit sie die Vertragsstaaten verpflichtet haben.

Da die globalen Schutzverträge regeln, daß die internationale Registrierung eines gewerblichen Schutzrechts denselben Vorschriften wie ein in den Vertragsstaaten registriertes Schutzrecht unterliegt, werden einzelne durch die internationale Registrierung eines gewerblichen Schutzrechts unmittelbar berechtigt, indem sie sich auf die aus dem gewerblichen Schutzrecht folgenden Ausschließlichkeitsrechte berufen können. Auch die Entscheidungen der Einspruchsabteilung und der Beschwerdekammern des EPA berechtigen und verpflichten einzelne unmittelbar, indem sie ein europäisches Patent aufrechterhalten bzw. widerrufen und die Kosten festsetzen. Anders als bei anderen internationalen Entscheidungen im Bereich der Rechtsprechung sind die Entscheidungen der Beschwerdekammern des EPA nicht an die Vertragsstaaten gerichtet, sondern an die Parteien des Beschwerdeverfahrens, die einzelne, z. B. der Anmelder des europäischen Patents, sein können.

b) Die Invokabilität in ausgewählten Mitgliedstaaten

Neben den bereits erwähnten Entscheidungen des EPA kann auch für das „sekundäre Völkervertragsrecht", das der Verwaltungsrat der EPO erläßt, davon ausgegangen werden, daß es einzelne unmittelbar berechtigt und verpflichtet. Dies gilt für die Änderung der festgesetzten Fristen nach Art. 33 Abs. 1 lit. a) des Europäischen Patentübereinkommens, die Änderung der Ausführungsordnung nach Art. 33 Abs. 1 lit. b) des Europäischen Patentübereinkommens und den Erlaß bzw. die Änderung der Gebührenordnung nach Art. 33 Abs. 2 lit. d) des Europäischen Patentübereinkommens.

V. Zwischenergebnis

Die völkerrechtlichen Verträge der Mitgliedstaaten auf dem Gebiet des geistigen Eigentums können im innerstaatlichen Recht der untersuchten Mitgliedstaaten, die stellvertretend für andere Mitgliedstaaten stehen, weitgehend durchgesetzt werden, wenn ihr Verhältnis zum innerstaatlichen Recht auch im einzelnen uneinheitlich ist.

Während die Bestimmungen der völkerrechtlichen Verträge auf dem Gebiet des geistigen Eigentums in den ausgewählten Mitgliedstaaten innerstaatlich beachtliches Recht darstellen, hängt die innerstaatliche Geltung der Entscheidungen der durch die völkerrechtlichen Verträge auf dem Gebiet des geistigen Eigentums eingesetzten Organe in Deutschland und in dem Vereinigten Königreich davon ab, ob sie in innerstaatliches Recht transformiert bzw. anerkannt wurden. Allerdings ist der Rang, den die Bestimmungen der völkerrechtlichen Verträge auf dem Gebiet des geistigen Eigentums in den innerstaatlichen Rechtsordnungen einnehmen, ein jeweils unterschiedlicher. Während sie in Deutschland und im Vereinigten Königreich Gesetzesrang haben, stehen sie in Frankreich über den Gesetzen, aber unter der Verfassung, und nehmen in der Niederlande sogar den höchsten Rang in der Normenhierarchie ein. Entsprechendes gilt für die Entscheidungen der durch die völkerrechtlichen Verträge auf dem Gebiet des geistigen Eigentums eingesetzten Organe.

Außer im Vereinigten Königreich, in dem die unmittelbare Anwendbarkeit der Bestimmungen völkerrechtlicher Verträge auf dem Gebiet des geistigen Eigentums ausgeschlossen ist, können einheitliche Regelungen materiell-, verwaltungs- oder prozeßrechtlicher Art, die in allen Vertragsstaaten gelten sollen, in den untersuchen Mitgliedstaaten unmittelbar angewendet werden, wenn sie hinreichend bestimmt sind, um wie innerstaatliches Recht angewendet werden zu können. Während die unmittelbare Anwendbarkeit der Entscheidungen der durch die völkerrechtlichen Organe auf dem Gebiet des geistigen Eigentums eingesetzten Organe in der Niederlande die Regel und in Frankreich die Ausnahme darstellt, kommt es in der Bundesrepublik Deutschland und in dem Vereinigten Königreich darauf an, ob diese ausnahmsweise weder transformiert noch anerkannt werden mußten, um innerstaatliche Geltung zu erlangen. Daneben kann das innerstaatliche Recht in allen untersuchten Rechtordungen völkerrechtskonform, d.h. im Lichte sowohl der Bestimmungen der völkerrechtlichen Verträge auf dem Gebiet des geistigen Eigentums als auch der Entscheidungen der durch sie eingesetzten Organe, ausgelegt werden.

Subjektive Rechte und/oder Pflichten begründen zum einen die unmittelbar anwendbaren materiell-rechtlichen Regelungen der völkerrechtlichen Verträge auf dem Gebiet des geistigen Eigentums und zum anderen die unmittelbar anwendbare internationale Registrierung eines gewerblichen Schutzrechts, einschließlich der möglichen Entscheidungen weiterer Instanzen, sowie das durch den Verwaltungsrat der EPO erlassene „sekundäre Völkervertragsrecht“. Zu den begünstigten Personen der Bestimmungen der völkerrechtlichen Verträge auf dem Gebiet des geistigen Eigentums zählen jedoch grundsätzlich nur die Angehörigen anderer Vertragsstaaten, nicht aber die eigenen Angehörigen.

C. Zusammenfassende Bewertung

Die Durchsetzung der völkerrechtlichen Verträge der Mitgliedstaaten auf dem Gebiet des geistigen Eigentums im Gemeinschaftsrecht und im innerstaatlichen Recht ist uneinheitlich geregelt. Während die völkerrechtlichen Verträge der Mitgliedstaaten im Gemeinschaftsrecht nur eingeschränkt durchgesetzt werden können, sind sie im innerstaatlichen Recht der ausgewählten Mitgliedstaaten, d.h. in Deutschland, Frankreich, der Niederlande und dem Vereinigten Königreich, weitgehend durchsetzbar.

Die die Vertragskonkurrenz zu völkerrechtlichen Verträgen der Mitgliedstaaten mit Drittstaaten regelnde Unberührtheits- bzw. Vereinbarkeitsklausel des Art. 307 Abs. 1 EGV führt, indem sie zwischen früheren und späteren völkerrechtlichen Verträgen, d.h. völkerrechtlichen Verträgen, die für die Gründungsmitgliedstaaten vor bzw. nach dem 1. Januar 1958 und für die anderen Mitgliedstaaten vor bzw. nach ihrem Beitritt zur Europäischen (Wirtschafts-)Gemeinschaft in Kraft getreten sind, unterscheidet, nur zu einer eingeschränkten Möglichkeit, die völkerrechtlichen Verträge der Mitgliedstaaten mit Drittstaaten im Gemeinschaftsrecht durchzusetzen. Sie gibt den Mitgliedstaaten das durch Art. 307 Abs. 2 und 3 EGV eingeschränkte Recht, primäres und sekundäres Gemeinschaftsrecht nicht anzuwenden bzw. nicht gegen sich gelten zu lassen, wenn es der Erfüllung der Pflichten widerspricht, die sie in früheren, nicht aber in späteren völkerrechtlichen Verträgen übernommen haben. Selbst neuere Fassungen früherer völkerrechtlicher Verträge, z.B. die Stockholmer Fassung der Pariser Verbandsübereinkunft vom 14. Juli 1967 und die Pariser Fassung der Berner Übereinkunft vom 24. Juli 1971, bleiben unberücksichtigt. Die völkerrechtlichen Verträge, die die Mitgliedstaaten untereinander schließen, können in der Europäischen Gemeinschaft nicht einmal eingeschränkt durchgesetzt werden, da sie dem Gemeinschaftsrecht unabhängig davon, in welchem Zeitpunkt sie in Kraft getreten sind, untergeordnet sind. Die Möglichkeit, die völkerrechtlichen Verträge der Mitgliedstaaten auf dem Gebiet des geistigen Eigentums in der Europäischen Gemeinschaft durchzusetzen, hat sich jedoch mit dem Beitritt der Europäischen Gemeinschaft zum TRIPs-Übereinkommen und zum Madrider Markenprotokoll gebessert und wird sich, wenn sich die Europäische Gemeinschaft entschließen sollte, der Genfer Fassung des UPOV-Übereinkommens vom 19. März 1991 und der Genfer Fassung des Haager Musterabkommens vom 2. Juli 1999 beizutreten, weiter verbessern.

Dagegen sind die völkerrechtlichen Verträge der Mitgliedstaaten auf dem Gebiet des geistigen Eigentums im innerstaatlichen Recht der ausgewählten Mitgliedstaaten weitgehend durchsetzbar, da sie, vom Vereinigten Königreich abgesehen und ihre hinreichenden Bestimmtheit vorausgesetzt, nicht nur unmittelbar anwendbar sind, sondern, insbesondere, was die Bestimmungen der völkerrechtlichen Verträge zum Schutz des geistigen Eigentums und die Entscheidungen der durch die globalen Schutzverträge eingesetzten Organe betrifft, subjektive Rechte und/oder Pflichten einzelner begründen können.

Drittes Kapitel

Das Verhältnis der völkerrechtlichen Verträge der Europäischen Gemeinschaft auf dem Gebiet des geistigen Eigentums zum Gemeinschaftsrecht und zum innerstaatlichen Recht

Die völkerrechtlichen Verträge der Europäischen Gemeinschaft auf dem Gebiet des geistigen Eigentums reichen weder an Anzahl noch an Bedeutung an die völkerrechtlichen Verträge der Mitgliedstaaten auf dem Gebiet des geistigen Eigentums heran. Dies liegt daran, daß es bislang außer dem Protokoll vom 27. Juni 1989 zum Madrider Abkommen über die internationale Registrierung von Marken (*Protocol Relating to the Madrid Agreement Concerning the International Registration of Marks,* Madrider Markenprotokoll) lediglich völkerrechtliche Verträge der Europäischen Gemeinschaft auf dem Gebiet des geistigen Eigentums gibt, die auf der Grundlage von Art. 133 Abs. 1 EGV, Art. 181 Abs. 1 S. 2 EGV und Art. 310 EGV geschlossen wurden und das geistige Eigentum akzessorisch regeln. Während die Handelsabkommen, die sich wie der Vertrag zur Gründung der Europäischen (Wirtschafts-)Gemeinschaft an dem Allgemeinen Zoll- und Handelsabkommens vom 30. Oktober 1947 (*General Agreement on Tariffs and Trade,* GATT 1947)[1] orientieren, und die frühen Assoziationsabkommen der Europäischen Wirtschaftsgemeinschaft, Bestimmungen enthalten, die Art. XX lit. d) GATT 1947 und Art. 30 EGV nachempfunden sind,[2] weisen die späten Assoziationsabkommen nach dem Vorbild des Abkommens über den Europäischen Wirtschaftsraum vom 2. Mai 1992 (EWR-Abkommen) ausführlichere Regelungen zum geistigen Eigentum auf.[3]

Obwohl an den meisten Assoziationsabkommen, insbesondere an dem EWR-Abkommen, neben der Europäische Gemeinschaft alle Mitgliedstaaten und ein oder mehrere assoziierte Drittstaaten als Vertragsparteien beteiligt sind, handelt es sich nach der materiellen Definition nicht um gemischte Verträge, sondern um völkerrechtliche Verträge der Europäischen Gemeinschaft, die unter Verletzung einer ausschließlichen Vertragsschlußkompetenz der Europäischen Gemeinschaft zustandegekommen sind. Die

---

[1] BGBl. 1951 II, 173.

[2] Im Wortlaut nahezu identisch sind, um nur zwei Beispiele anzuführen, Art. 23 des Abkommens zwischen der Europäischen Wirtschaftsgemeinschaft und der Portugiesischen Republik vom 22. Juli 1972 (ABl. EU Nr. L 301 vom 31.12.1972, S. 165 ff.) und Art. 35 des Kooperationsabkommens zwischen der Europäischen Wirtschaftsgemeinschaft und dem Königreich Marokko vom 27. April 1976 (ABl. EU Nr. L 264 vom 27.9.1978, S. 2 ff.).

[3] Siehe oben Erster Teil, Zweites Kapitel, A. III.

Assoziierungskompetenz der Europäischen Gemeinschaft nach Art. 310 EGV erstreckt sich nach dem Urteil „Demirel" auf „all[e] vom EWG-Vertrag erfaßten Bereich[e]"[4] und ist ausschließlich[5]. Eine geteilte Vertragsschlußkompetenz der Europäischen Gemeinschaft, die nach der materiellen Definition zu einem gemischten Vertrag führt, liegt erst vor, wenn die Assoziationsabkommen Regelungen enthalten, die über die vom EG-Vertrag erfaßten Bereiche hinausgehen und damit in die Zuständigkeit der Mitgliedstaaten fallen. Dies ist etwa dann der Fall, wenn die Assoziationsabkommen, wie etwa die Europa-Abkommen mit den mittel- und osteuropäischen Staaten[6] und die Partnerschafts- und Kooperationsabkommen mit den GUS-Staaten[7], Regelungen zur politischen Zusammenarbeit enthalten.[8]

Nicht ausgeschlossen ist jedoch, daß die Europäische Gemeinschaft auf der Grundlage von Art. 133 Abs. 5 UAbs. 1 EGV bzw. der impliziten, aus Art. 95 Abs. 1 S. 2 EGV abgeleiteten Vertragsschlußkompetenz über das Madrider Markenprotokoll hinaus völkerrechtliche Verträge schließen wird, die das geistige Eigentum nicht mehr nur akzessorisch regeln, sondern es, wie die dargestellten völkerrechtlichen Verträge der Mitgliedstaaten auf dem Gebiet des geistigen Eigentums, in den Mittelpunkt ihrer Bestimmungen stellen. Art. 133 Abs. 5 UAbs. 1 EGV bzw. die implizite, aus Art. 95 Abs. 1 S. 2 EGV abgeleitete Vertragsschlußkompetenz der Europäischen Gemeinschaft ist für die von ihr geschaffenen gewerblichen Gemeinschaftsschutzrechte, d.h. die Gemeinschaftsmarke, den gemeinschaftlichen Sortenschutz, die geographischen Angaben und Ursprungsbezeichnungen für Agrarerzeugnisse und Lebensmittel sowie das Gemeinschaftsgeschmacksmuster, ausschließlich. Im übrigen ist Art. 133 Abs. 5 UAbs. 1 EGV bzw. die implizite, aus Art. 95 Abs. 1 S. 2 EGV abgeleitete Vertragsschlußkom-

---

[4] EuGH, Rs. 12/86, 30.9.1987, Slg. 1987, 3719, Rn. 9 (Meryem Demirel/Stadt Schwäbisch Gmünd).

[5] Siehe oben Erster Teil, Zweites Kapitel, B. IV.

[6] Der erste Titel der Europa-Abkommen mit den mittel- und osteuropäischen Staaten richtet einen politischen Dialog zwischen den Vertragsparteien ein (vgl. z.B. Art. 2 bis 5 des Europa-Abkommens vom 16. Dezember 1991 zur Gründung einer Assoziation zwischen den Europäischen Gemeinschaften und ihren Mitgliedstaaten einerseits und der Republik Polen andererseits (ABl. EU Nr. L 348 vom 31.12.1993, S. 2 ff.)).

[7] Der zweite Titel der Partnerschafts- und Kooperationsabkommen mit den GUS-Staaten richtet ebenfalls einen politischen Dialog zwischen den Vertragsparteien ein (vgl. z.B. Art. 6 bis 9 des Abkommens vom 14. Juni 1994 zur Gründung einer Partnerschaft zwischen den Europäischen Gemeinschaften und ihren Mitgliedstaaten einerseits und der Ukraine andererseits (ABl. EU Nr. L 49 vom 19.2.1998, S. 3 ff.)).

[8] *Oliver Vogt,* Die Regelung des Personenverkehrs in den Europa-Abkommen, 2001, S. 30; *Jean-Victor Louis,* Some Reflections on the Implementation of WTO Rules in the European Community Legal Order, in: Marco Bronckers/Reinhard Quick (eds), New Directions in International Economic Law, 2000, S. 493 (496).

petenz der Europäischen Gemeinschaft überwiegend konkurrierend, da die auf der Grundlage von Art. 95 Abs. 1 S. 2 EGV erlassenen Richtlinien auf dem Gebiet des geistigen Eigentums in erster Linie Mindestvorschriften enthalten.[9]

Aus diesem Grund zählen zu den völkerrechtlichen Verträgen, die den Schutz des geistigen Eigentums in den Mittelpunkt ihrer Bestimmungen stellen und die von der Europäischen Gemeinschaft in unmittelbarer Zukunft geschlossen werden können, die globalen Schutzverträge (*global protection system treaties/traités relatifs au système mondial de protection*), die gewährleisten, daß die internationale Registrierung eines gewerblichen Schutzrechts in den Vertragsstaaten als solche anerkannt wird, nicht aber die völkerrechtlichen Verträge zum Schutz des geistigen Eigentums (*intellectual property protection treaties/traités de protection de la propriété intellectuelle*), die auf dem Grundsatz der Inländergleichbehandlung aufbauen und Mindestrechte des geistigen Eigentums festlegen.[10] Bislang wurde der Europäischen Gemeinschaft allerdings nur der Beitritt zum Madrider Markenprotokoll[11], zur Genfer Fassung des Internationales Übereinkommen über den Schutz von Pflanzenzüchtungen vom 19. März 1991 (*International Convention for the Protection of New Varieties of Plants,* UPOV-Übereinkommen)[12] und zur Genfer Fassung des Haager Abkommens über die

[9] Siehe oben Erster Teil, Erstes Kapitel, A. III. 2. a).

[10] Die Weltorganisation für geistiges Eigentum (*World Intellectual Property Organization,* WIPO) unterteilt die völkerrechtlichen Verträge auf dem Gebiet des geistigen Eigentums in drei Kategorien: völkerrechtlichen Verträgen zum Schutz des geistigen Eigentums (*intellectual property protection treaties/traités de protection de la propriété intellectuelle*), die auf dem Grundsatz der Inländergleichbehandlung aufbauen und Mindestrechte des geistigen Eigentums festlegen, globalen Schutzverträgen (*global protection system treaties/traités relatifs au système mondial de protection*), die sicherstellen, daß die internationale Registrierung eines gewerblichen Schutzrechts in den Vertragsstaaten anerkannt wird, und Klassifikationsverträgen (*classification treaties/traités de classification*) (vgl. http://www.wipo.org/treaties/index.html, letzte Abfrage: 19.5.2004).

[11] Art. 14 Abs. 1 lit. b) des Madrider Markenprotokolls lautet:
„Furthermore, any intergovernmental organization may also become party to this Protocol where the following conditions are fulfilled:
(i) at least one of the member States of that organization is a party to the Paris Convention for the Protection of Industrial Property;
(ii) that organization has a regional Office for the purposes of registering marks with effect in the territory of the organization, provided that such Office is not the subject of a notification under Article 9^{quater}."

[12] Art. 34 Abs. 1 lit. b) der Genfer Fassung des UPOV-Übereinkommens vom 19. März 1991 lautet:
„Jede zwischenstaatliche Organisation kann nach diesem Artikel eine Vertragspartei dieses Übereinkommens werden, sofern sie
(i) für die in diesem Übereinkommen geregelten Angelegenheiten zuständig ist,

internationale Hinterlegung gewerblicher Muster und Modelle vom 2. Juli 1999 (*Hague Agreement Concerning the International Deposit of Industrial Designs,* Haager Musterabkommen)[13] ermöglicht. Der Umstand, daß einige Mitgliedstaaten bereits Vertragsparteien des Madrider Markenprotokolls, des UPOV-Übereinkommens und des Haager Musterabkommens sind, führt nach dem Beitritt der Europäischen Gemeinschaft nach der materiellen Definition nicht zu gemischten Verträgen. Die ausschließliche Vertragsschlußkompetenz der Europäischen Gemeinschaft für die von ihr geschaffenen gewerblichen Gemeinschaftsschutzrechte erstreckt sich, ebenso wie die ausschließliche Vertragsschlußkompetenz der Mitgliedstaaten für die nationalen gewerblichen Schutzrechte, nicht nur auf Teilbereiche, sondern auf den gesamten Bereich des Madrider Markenprotokolls, des UPOV-Übereinkommens und des Haager Musterabkommens. Es handelt sich um eine parallele, nicht um eine geteilte Vertragsschlußkompetenz.

A. Das Verhältnis der völkerrechtlichen Verträge der Europäischen Gemeinschaft auf dem Gebiet des geistigen Eigentums zum Gemeinschaftsrecht

Das Verhältnis der völkerrechtlichen Verträge der Europäischen Gemeinschaft auf dem Gebiet des geistigen Eigentums zum Gemeinschaftsrecht wird anhand der Geltung (I.), des Ranges (II.), der Anwendbarkeit (III.), der Invokabilität (IV.) und, im Unterschied zum Verhältnis der völkerrechtlichen Verträge der Mitgliedstaaten zum innerstaatlichen Recht, auch anhand der Durchsetzung (V.) der völkerrechtlichen Verträge der Europäischen Gemeinschaft im Gemeinschaftsrecht ermittelt. Die ausdrückliche und nicht allein aufgrund einer Zusammenschau von Geltung, Rang, Anwendbarkeit und Invokabilität gewonnene Darstellung der Durchsetzung bietet sich wegen der bestimmten, auf der Grundlage des Prinzips der begrenzten Einzelermächtigung nach Art. 5 Abs. 1 EGV im einzelnen defi-

---

(ii) über ihr eigenes für alle ihre Mitgliedstaaten verbindliches Recht über die Erteilung und den Schutz von Züchterrechten verfügt und
(iii) gemäß ihrem internen Verfahren ordnungsgemäß befugt worden ist, diesem Übereinkommen beizutreten."

[13] Art. 27 Abs. 1 (ii) der Genfer Fassung des Haager Musterabkommens vom 2. Juli 1999 lautet:

„Subject to paragraphs (2) and (3) and Article 28, [...]
(ii) any intergovernmental organization which maintains an Office in which protection of industrial designs may be obtained with effect in the territory in which the constituting treaty of the intergovernmental organization applies may sign and become party to this Act, provided that at least one of the member States of the intergovernmental organization is a member of the Organization and provided that such Office is not the subject of a notification under Article 19."

nierten Rechtsprechungsbefugnisse der Gemeinschaftsgerichte an. Darüber hinaus wird, wie bereits im zweiten Kapitel,[14] zwischen den Bestimmungen der völkerrechtlichen Verträge und den Entscheidungen der durch die völkerrechtlichen Verträge eingesetzten Organe unterschieden.

I. Die Geltung der völkerrechtlichen Verträge der Europäischen Gemeinschaft auf dem Gebiet des geistigen Eigentums

1. Die Geltung der Bestimmungen der völkerrechtlichen Verträge

a) Die Regelung in den völkerrechtlichen Verträgen selbst

Im Unterschied zu den meisten völkerrechtlichen Verträgen der Mitgliedstaaten auf dem Gebiet des geistigen Eigentums weisen die völkerrechtlichen Verträge der Europäischen Gemeinschaft auf dem Gebiet des geistigen Eigentums keine Bestimmungen auf, welche die innerstaatliche Geltung der völkerrechtlichen Verträge der Europäischen Gemeinschaft gebieten könnten.

Eine Ausnahme stellen allein die Assoziationsabkommen der Europäischen Gemeinschaft nach Art. 310 EGV dar. Der Wortlaut von Art. 7 Abs. 1 des Abkommens zur Gründung einer Assoziation zwischen der Europäischen Wirtschaftsgemeinschaft und der Türkei vom 12. September 1963 (Assoziationsabkommen EWG-Türkei)[15] und Art. 3 Abs. 1 des EWR-Abkommens, um nur zwei Beispiele zu nennen, ist jedoch noch allgemeiner gehalten als der im vorherigen Kapitel zitierte Art. X des Welturheberrechtsabkommens (*Universal Copyright Convention,* WUA) in der Pariser Fassung vom 24. Juli 1971[16]. Die Bestimmungen der Assoziationsabkommen der Europäischen Gemeinschaft gehen deshalb ebensowenig wie Art. X WUA über die aus Art. 26 des Wiener Übereinkommens über das Recht der Verträge vom 23. Mai 1969 (Wiener Vertragsrechtskonvention, WVK)[17] resultierende Pflicht zur Erfüllung der völkerrechtlichen Verträge nach Treu und Glauben hinaus.

---

[14] Siehe oben Zweiter Teil, Zweites Kapitel, B.

[15] ABl. EU Nr. 217 vom 29.12.1964, S. 3687; BGBl. 1964 II, 509. Art. 7 Abs. 1 des Assoziationsabkommens EWG-Türkei lautet:

„Die Vertragsparteien treffen alle geeigneten Maßnahmen allgemeiner oder besonderer Art zur Erfüllung der Verpflichtungen aus dem Abkommen.“

[16] Siehe oben Zweiter Teil, Zweites Kapitel, B. I. 1. a).

[17] BGBl. 1985 II, 926.

b) Die innergemeinschaftliche Geltung der Bestimmungen der völkerrechtlichen Verträge

Nach der Rechtsprechung des EuGH bilden die Bestimmungen der völkerrechtlichen Verträge der Europäischen Gemeinschaft, „sobald sie [für die Europäische Gemeinschaft] in Kraft treten, einen integrierenden Bestandteil der Gemeinschaftsrechtsordnung“.[18] Innergemeinschaftliche Geltung erlangen nicht nur die Bestimmungen der völkerrechtlichen Verträge, denen die Europäische Gemeinschaft förmlich beigetreten ist, sondern auch die Bestimmungen der völkerrechtlichen Verträge, die von den Mitgliedstaaten geschlossen wurden, in deren Rechts- und Pflichtenstellung die Europäische Gemeinschaft aber nach dem Entstehen einer ausschließlichen Zuständigkeit im Wege der formlosen Vertragsänderung eingetreten ist[19], und zu deren Einhaltung sie sich in ihren völkerrechtlichen Verträgen mit Drittstaaten verpflichtet hat[20].

Da die innergemeinschaftliche Geltung der Bestimmungen der völkerrechtlichen Verträge der Europäischen Gemeinschaft nach der Rechtsprechung des EuGH allein von dem Inkrafttreten der völkerrechtlichen Verträge abhängt, ist ein dualistisches Erklärungsmodell, wonach völkerrechtliche Verträge durch den in Art. 300 Abs. 2 UAbs. 1 EGV vorgesehenen Beschluß des Rates in innergemeinschaftliches Recht transformiert werden,[21] abzulehnen.[22] Zwar mag er, wie ein deutsches Zustimmungsgesetz nach Art. 59 Abs. 2 GG, den Willen der Europäischen Gemeinschaft zum Ausdruck bringen, eine völkerrechtliche Bindung einzugehen. Anders als das deutsche Zustimmungsgesetz dient er aber gerade nicht der Transformation der erst noch abzuschließenden völkerrechtlichen Verträge in inner-

---

[18] EuGH, Rs. 181/73, 30.4.1974, Slg. 1974, 449, Leitsatz 1 (R. & V. Haegeman/Belgien).

[19] EuGH, Verb. Rs. 21 bis 24/72, 12.12.1972, Slg. 1972, 1219, Rn. 18 (International Fruit Company NV u. a./Produktschap voor groenten en fruit); EuGH, Rs. 38/75, 19.11.1975, 1439, Rn. 21 (Zollagent der NV Nederlandse Spoorwegen/Inspektor der Einfuhrzölle und Verbrauchssteuern).

[20] Schlußanträge von Generalanwalt La Pergola, Rs. C-293/98, 9.9.1999, Slg. 1999, I-631, Rn. 17 (Entitad de Gestión de Derechos de los Productores Audiovisuales (Egeda)/Hostelería Asturiana SA (Hoasa)): „[... D]ie Auferlegung dieser Verpflichtungen genügt, damit die Bestimmungen der Übereinkunft in der Gemeinschaftsrechtsordnung vollständig und unverzüglich in Kraft treten.“

[21] *Hans Krück,* Völkerrechtliche Verträge im Recht der Europäischen Gemeinschaften, 1977, S. 169; *Michael d'Orville,* Die rechtlichen Grundlagen für die gemeinsame Zoll- und Handelspolitik der EWG, 1973, S. 62.

[22] Vgl. zu den Argumenten, die für und gegen eine Transformation der völkerrechtlichen Verträge in innergemeinschaftliches Recht sprechen, ausführlich *Anne Peters,* The Position of International Law Within the European Community Legal Order, GYIL 40 (1997), S. 9 (28 ff.).

gemeinschaftliches Recht.[23] Darüber hinaus wäre mit einem dualistischen Erklärungsmodell, wie es Deutschland und das Vereinigte Königreich kennen, nicht begreiflich zu machen, wie das GATT 1947, in dessen Rechts- und Pflichtenstellung die Europäische Gemeinschaft im Wege der formlosen Vertragsänderung eingetreten ist, innergemeinschaftliche Geltung erlangt hat.

Damit ist aber noch nicht entschieden, daß der Rechtsprechung des EuGH ein rein monistisches Verständnis des Verhältnisses der völkerrechtlichen Verträge der Europäischen Gemeinschaft zum Gemeinschaftsrecht zugrundeliegt. Art. 300 Abs. 7 EGV, wonach die völkerrechtlichen Verträge der Europäischen Gemeinschaft für ihre Organe verbindlich sind, könnte nicht nur, wie z. B. Art. 53 der französischen Verfassung, als genereller Anwendungs- und Vollzugsbefehl, der die völkerrechtliche Natur der völkerrechtlichen Verträge der Europäischen Gemeinschaft unberührt läßt,[24] zu verstehen sein, sondern auch als Generaltransformator, der den völkerrechtlichen Verträgen der Europäischen Gemeinschaft die Rechtsnatur des Gemeinschaftsrechts verleiht.[25] Das Verhältnis der völkerrechtlichen Verträge der Europäischen Gemeinschaft zum Gemeinschaftsrecht wäre dann nicht mehr monistisch, sondern dualistisch geprägt. Aber anders als in Deutschland und im Vereinigten Königreich würden die völkerrechtlichen Verträge der Europäischen Gemeinschaft nicht von Fall zu Fall durch einen Rechtsakt der Gemeinschaftsorgane in innergemeinschaftliches Recht transformiert, sondern automatisch durch Art. 300 Abs. 7 EGV. Die Einordnung von Art. 300 Abs. 7 EGV gewinnt aber erst an praktischer Relevanz, wenn es um das Verhältnis der völkerrechtlichen Verträge der Europäischen Gemeinschaft zum innerstaatlichen Recht der Mitgliedstaaten geht.[26]

---

[23] *Alexander Oehmichen,* Die unmittelbare Anwendbarkeit der völkerrechtlichen Verträge der EG, 1992, S. 143 ff.; a. A. *Jürgen Schwarze,* Die EWG in ihren völkerrechtlichen Beziehungen, NJW 32 (1979), S. 456 (461).

[24] *Markus Krajewski,* Verfassungsperspektiven und Legitimation des Rechts der Welthandelsorganisation (WTO), 2001, S. 69 f.; *Sabine Mauderer,* Der Wandel vom GATT zur WTO und die Auswirkungen auf die Europäische Gemeinschaft, 2001, S. 108; *Rudolf Geiger,* EUV/EGV, Vertrag über die Europäische Union und Vertrag zur Gründung der Europäischen Gemeinschaft, 3. Auflage 2000, Art. 300 EGV Rn. 20; *Christian Tomuschat,* in: Hans von der Groeben/Jochen Thiesing/Claus-Dieter Ehlermann (Hrsg.), Kommentar zum EU-/EG-Vertrag, 5. Auflage 1997/1999, Art. 228 Rn. 59.

[25] *Hans Krück,* in: Jürgen Schwarze (Hrsg.), EU-Kommentar, 2000, Art. 281 EGV Rn. 32; *Anne Peters,* The Position of International Law Within the European Community Legal Order, GYIL 40 (1997), S. 9 (34 f.); *Albert Bleckmann,* Die Position des Völkerrechts im inneren Rechtsraum der Europäischen Gemeinschaften, GYIL 18 (1975), S. 300 (301).

[26] Siehe unten Zweiter Teil, Drittes Kapitel, B.

2. *Die Geltung der Organentscheidungen*

a) Die Regelung in den völkerrechtlichen Verträgen selbst

Allein das Madrider Markenprotokoll, dem die Europäische Gemeinschaft beigetreten ist, sowie die Genfer Fassung des UPOV-Übereinkommens vom 19. März 1991 und die Genfer Fassung des Haager Musterabkommens vom 2. Juli 1999, denen die Europäische Gemeinschaft in unmittelbarer Zukunft beitreten könnte, regeln die innergemeinschaftliche Geltung der Entscheidungen der durch sie eingesetzten Organe, genauer gesagt der internationalen Registrierung der Marke und des gewerblichen Musters und Modells beim Internationalen Büro der Weltorganisation für geistiges Eigentum (*World Intellectual Property Organization,* WIPO) bzw. der internationalen Anmeldung des Sortenrechts bei der zuständigen Behörde, d.h. im Fall der Europäischen Gemeinschaft bei dem Gemeinschaftlichen Sortenamt in Angers, Frankreich.[27]

b) Die innergemeinschaftliche Geltung der Organentscheidungen

Die Vertragsschlußkompetenzen ermächtigen die Europäische Gemeinschaft nicht nur dazu, völkerrechtliche Verträge zu schließen, sondern auch dazu, Hoheitsrechte auf die Organe, die in diesen völkerrechtlichen Verträge eingesetzt werden, zu übertragen. Entscheidungen, die auf übertragenen Hoheitsrechten beruhen, erlangen innergemeinschaftliche Geltung, ohne daß es einer Umsetzung in innergemeinschaftliches Recht in Form einer Transformation bzw. Anerkennung bedarf. In seiner bisherigen Rechtsprechung hat der EuGH eine Kompetenz der Europäischen Gemeinschaft zur Übertragung von Hoheitsrechten im Bereich der Rechtsprechung anerkannt. Im Gutachten 1/91 über den Entwurf eines Abkommens über die Schaffung des Europäischen Wirtschaftsraums legte er dar, daß die Entscheidungen eines Gerichts, das für die Regelung von Streitigkeiten zwischen den Parteien der völkerrechtlichen Verträge und damit für die Auslegung seiner Bestimmungen zuständig sei, „für die Organe der Gemeinschaft, einschließlich des Gerichtshofes, verbindlich" und damit innergemeinschaftlich beachtlich seien.[28] Mit der herrschenden Lehre ist die Rechtsprechung des EuGH dahingehend zu ergänzen, daß die Vertragsschlußkompetenzen der Europäischen Gemeinschaft nicht nur zur Übertragung von Hoheitsrechten im Be-

---

[27] Siehe oben Zweiter Teil, Zweites Kapitel, B. I. 2. a).

[28] EuGH, Gutachten 1/91, 14.12.1991, Slg. 1991, I-6079, Rn. 39 (Entwurf eines Abkommens zwischen der Gemeinschaft einerseits und den Ländern der Europäischen Freihandelszone andererseits über die Schaffung des Europäischen Wirtschaftsraums).

reich der Rechtsprechung, sondern auch in den Bereichen der Verwaltung und der Rechtssetzung ermächtigen[29] und daß die Entscheidungen, welche die von den völkerrechtlichen Verträgen eingesetzten Organe in diesen Bereichen treffen, ebenfalls innergemeinschaftliche Geltung erlangen.

Nach der Rechtsprechung des EuGH können selbst Entscheidungen im Bereich der Rechtssetzung, die nicht auf übertragenen Hoheitsrechten beruhen, ausnahmsweise „einen integrierenden Bestandteil der Gemeinschaftsrechtsordnung“ bilden, sofern sie entweder in unmittelbaren Zusammenhang mit den Bestimmungen der völkerrechtlichen Verträge stehen, zu deren Durchführung sie ergehen,[30] oder die durch die völkerrechtlichen Verträge eingesetzten Organe paritätisch besetzt sind und die Entscheidungen nur einstimmig getroffen werden können[31]. In unmittelbarem Zusammenhang mit den Bestimmungen der völkerrechtlichen Verträge stehen die Entscheidungen, wenn sie auf Befugnisse gestützt werden, die in den Bestimmungen der völkerrechtlichen Verträge enthalten sind. Zur Durchführung der völkerrechtlichen Verträge ergehen die Entscheidungen, wenn sie auf Befugnisse gestützt werden, die „so deutlich und genau umschrieben werden, daß es sich [...] um bloße Durchführungsbefugnisse handelt“.[32] Dabei hängt die innergemeinschaftliche Geltung der Entscheidungen der durch die völkerrechtlichen Verträge eingesetzten Organe nicht davon ab, ob sie verbindlich oder, wie die Empfehlungen nach Art. 15 Abs. 2 lit. b) des Übereinkommens zwischen der Europäischen Wirtschaftsgemeinschaft, der Republik Österreich, der Republik Finnland, der Republik Island, dem Königreich Norwegen, dem Königreich Schweden und der Schweizerischen Eidgenossenschaft über ein gemeinsames Versandverfahren[33], unverbindlich sind.[34] Sind die durch die völkerrechtlichen Verträge eingesetzten Organe wie der durch das Assoziationsabkommen EWG-Türkei errichtete Assoziationsrat paritätisch, d.h. mit Vertretern aller Vertragsparteien besetzt, und können die Entscheidungen nur einstimmig, d.h. im Konsens mit den Vertretern der Europäischen Gemeinschaft, getroffen werden, verhindert der Umstand, daß die Befugnisse der durch die völkerrechtlichen Verträge eingesetzten Organe einen Ermes-

---

[29] Siehe oben Erster Teil, Drittes Kapitel, C. II.

[30] EuGH, Rs. C-188/91, 21.1.1993, Slg. 1993, I-363, Rn. 17 (Deutsche Shell/Hauptzollamt Hamburg-Harburg); EuGH, Rs. C-192/89, 20.9.1990, Slg. 1990, I-3461, Rn. 9 (S. Z. Sevince/Staatssecretaris van Justitie); EuGH, Rs. 30/88, 14.11.1989, Slg. 1989, 3711, Rn. 13 (Griechenland/Kommission).

[31] Siehe oben Erster Teil, Drittes Kapitel, C. II.

[32] EuGH, Gutachten 1/76, 26.4.1977, S. 741, Rn. 16 (Entwurf zu einem Übereinkommen über die Errichtung eines europäischen Stillegungsfonds für die Binnenschiffahrt).

[33] ABl. EU Nr. L 226 vom 13.8.1987, S. 2 ff.

[34] EuGH, Rs. C-188/91, 21.1.1993, Slg. 1993, I-363, Rn. 17 (Deutsche Shell AG/Hauptzollamt Hamburg-Harburg).

senspielraum einräumen und über „bloße Durchführungsbefugnisse" hinausgehen, nicht die innergemeinschaftliche Geltung der getroffenen Entscheidungen.[35] In diesem Fall können die Entscheidungen der durch die völkerrechtlichen Verträge eingesetzten Organe an völkerrechtliche Verträge der Europäischen Gemeinschaft assimiliert werden.[36]

II. Der Rang der völkerrechtlichen Verträge der Europäischen Gemeinschaft auf dem Gebiet des geistigen Eigentums

Nach der Rechtsprechung des EuGH nehmen die Bestimmungen der völkerrechtlichen Verträge der Europäischen Gemeinschaft einen Rang unter dem primären, aber über dem sekundären Gemeinschaftsrecht ein.[37] Der Vorrang des primären Gemeinschaftsrechts vor den Bestimmungen der völkerrechtlichen Verträge der Europäischen Gemeinschaft folgt aus der allgemeinen Erwägung, die sich unter anderem in Art. 300 Abs. 5 und 6 EGV i.V.m. Art. 48 EUV niedergeschlagen hat, daß die Europäische Gemeinschaft, anders als die Mitgliedstaaten, zur Änderung des primären Gemeinschaftsrechts nicht befugt ist. Der „Vorrang der von der Gemeinschaft geschlossenen völkerrechtlichen Verträge vor den Bestimmungen des abgeleiteten Rechts"[38] ergibt sich vor allem aus Art. 300 Abs. 7 EGV, wonach die völkerrechtlichen Verträge der Europäischen Gemeinschaft für die Organe der Europäischen Gemeinschaft verbindlich sind, aber auch aus Art. 300 Abs. 3 UAbs. 2 Alt. 4 EGV, wonach die völkerrechtlichen Verträge der Europäischen Gemeinschaft „eine Änderung eines nach dem Verfahren des Artikels 251 angenommenen Rechtsakts" bedingen können.

Sofern die Entscheidungen der durch die völkerrechtlichen Verträge der Europäischen Gemeinschaft eingesetzten Organe ebenso wie die Bestimmungen der völkerrechtlichen Verträge selbst einen „integrierenden Bestandteil der Gemeinschaftsrechtsordnung" darstellen, nehmen sie auch den Rang derselben ein.[39]

---

[35] Siehe oben Erster Teil, Drittes Kapitel, C. II.

[36] Siehe oben Erster Teil, Drittes Kapitel, C. II.

[37] Vgl. hierzu ausführlich *Antje Wünschmann,* Geltung und gerichtliche Geltendmachung völkerrechtlicher Verträge im Europäischen Gemeinschaftsrecht, 2003, S. 84 f.; *Anne Peters,* The Position of International Law Within the European Community Legal Order, GYIL 40 (1997), S. 9 (38 ff.).

[38] EuGH, Rs. C-61/94, 10.9.1996, Slg. 1996, I-3989, Rn. 52 (Kommission/ Deutschland).

[39] *Kirsten Schmalenbach,* in: Christian Calliess/Matthias Ruffert (Hrsg.), Kommentar des Vertrages über die Europäische Union und des Vertrages zur Gründung der Europäischen Gemeinschaft – EUV/EGV –, 2. Auflage 2002, Art. 300 EGV

III. Die Anwendbarkeit der völkerrechtlichen Verträge der Europäischen Gemeinschaft auf dem Gebiet des geistigen Eigentums

1. Die unmittelbare Anwendbarkeit der völkerrechtlichen Verträge

Seit den Urteilen „Kupferberg"[40] und „Sevince"[41] prüft der EuGH die unmittelbare Anwendbarkeit der völkerrechtlichen Verträge der Europäischen Gemeinschaft in zwei Stufen, die den Prüfungsschritten entsprechen, die schon bei der Ermittlung der unmittelbaren Anwendbarkeit der völkerrechtlichen Verträge der Mitgliedstaaten auf dem Gebiet des geistigen Eigentums in den innerstaatlichen Rechtsordnungen angewendet wurden[42]. Auf der ersten Stufe untersucht er, ob die völkerrechtlichen Verträge der Europäischen Gemeinschaft die unmittelbare Anwendbarkeit ihrer Bestimmungen bzw. der Entscheidungen der durch sie eingesetzten Organe regeln, d.h. sie entweder gebieten oder verbieten,[43] und auf der zweiten, ob und unter welchen Voraussetzungen die völkerrechtlichen Verträge der Europäischen Gemeinschaft in der Gemeinschaftsrechtsordnung unmittelbar angewendet werden. Die Prüfung auf der zweiten Stufe ist zweigeteilt. Zunächst untersucht der EuGH anhand von Sinn, Aufbau und Wortlaut der völkerrechtlichen Verträge, inwieweit die besondere Natur der völkerrechtlichen Verträge die unmittelbare Anwendbarkeit ihrer Bestimmungen bzw. der Entscheidungen der durch sie eingesetzten Organe ausschließt.[44] Diese

Rn. 78; *Joël Rideau,* La participation de l'Union européenne aux organisations internationales, in: Société Française pour le Droit International (éd.), Colloque de Bordeaux, Droit international et droit communautaire, Perspectives actuelles, 2000, S. 303 (374 f.).

[40] EuGH, Rs. 104/81, 26.10.1982, Slg. 1982, 3641 ff. (Hauptzollamt Mainz/C. A. Kupferberg & Cie. KG a. A.).

[41] EuGH, Rs. C-192/89, 20.9.1990, Slg. 1990, I-3461, Rn. 14 (S. Z. Sevince/Staatssecretaris van Justitie): „Den Bestimmungen eines Beschlusses des Assoziationsrates kann eine [unmittelbare] Wirkung nur zuerkannt werden, wenn sie dieselben Voraussetzungen erfüllen, wie sie für die Bestimmungen des Abkommens selbst gelten."

[42] Siehe oben Zweiter Teil, Zweites Kapitel, B. III.

[43] EuGH, Rs. 104/81, 26.10.1982, Slg. 1982, 3641, Rn. 17 (Hauptzollamt Mainz/C. A. Kupferberg & Cie. KG a. A.): „Nach den Grundsätzen des Völkerrechts bleibt es den Gemeinschaftsorganen, die für das Aushandeln und den Abschluß eines Abkommens mit einem dritten Land zuständig sind, unbenommen, mit diesem Land zu vereinbaren, welche Wirkungen die Bestimmungen des Abkommens in der internen Rechtsordnung der Vertragsparteien haben sollen. Nur wenn diese Frage durch das Abkommen nicht geregelt worden ist, haben die zuständigen Gerichte und hat insbesondere der Gerichtshof im Rahmen seiner Zuständigkeit aufgrund des Vertrages, über diese Frage ebenso wie über jede andere Auslegungsfrage im Zusammenhang mit der Anwendung des Abkommens in der Gemeinschaft zu entscheiden."

Untersuchung ist nicht identisch mit der Untersuchung auf der ersten Stufe, da sie anders als jene zu einer autonomen Entscheidung des EuGH führt, in der auch rechtspolitische Erwägungen ihren Platz haben. Danach prüft er in Anlehnung an seine Rechtsprechung zur unmittelbaren Anwendbarkeit des primären und sekundären Gemeinschaftsrechts,[45] ob die Bestimmungen der völkerrechtlichen Verträge bzw. die Entscheidungen der durch sie eingesetzten Organe eine klare und eindeutige Verpflichtung enthalten, deren Erfüllung oder deren Wirkungen nicht vom Erlaß eines weiteren Aktes abhängen.[46]

a) Die unmittelbare Anwendbarkeit der Bestimmungen der völkerrechtlichen Verträge

aa) Die Handelsabkommen nach Art. 133 Abs. 1 EGV

Bei der Ermittlung der unmittelbaren Anwendbarkeit der Bestimmungen der Handelsabkommen der Europäischen Gemeinschaft nach Art. 133 Abs. 1 EGV legt der EuGH den Schwerpunkt auf den ersten Teil der zweiten Stufe der Prüfung.[47] Der unmittelbaren Anwendbarkeit der Handelsabkommen stehe weder der Umstand entgegen, daß nicht alle Gerichte der jeweiligen Vertragsparteien die Bestimmungen der Handelsabkommen unmittelbar anwenden, da dies „für sich allein noch keine fehlende Gegenseitigkeit

---

[44] EuGH, Rs. 12/86, 30.9.1987, Slg. 1987, 3719, Rn. 14 (Meryem Demirel/Stadt Schwäbisch Gmünd); EuGH, Rs. 104/81, 26.10.1982, Slg. 1982, 3641, Rn. 22 (Hauptzollamt Mainz/C. A. Kupferberg & Cie. KG a. A.).

[45] Vgl. zur unmittelbaren Anwendbarkeit des primären Gemeinschaftsrechts: EuGH, Rs. 26/62, 5.2.1963, Slg. 1963, 1, Rn. 16 (N. V. Algemene Transport- en Expeditie Onderneming van Gend & Loos/Niederländische Finanzverwaltung) bzw. des sekundären Gemeinschaftsrechts in Form von Richtlinien: EuGH, Rs. 148/78, 5.4.1979, Slg. 1979, 1629, Rn. 23 (Strafverfahren gegen Tullio Ratti) und von Entscheidungen: EuGH, Rs. 9/70, 6.10.1970, Slg. 1970, 825, Rn. 5 (Franz Grad/Finanzamt Traunstein).

[46] EuGH, C-162/00, 29.1.2002, Slg. 2002, I-1049, Rn. 19 (Land Nordrhein-Westfalen/Beata Pokrzeptowicz-Meyer); EuGH, Rs. C-257/99, 27.9.2001, Slg. 2001, I-6557, Rn. 31 (The Queen/Secretary of State for the Home Department (Julius Barkoci und Marcel Malik)); EuGH, Rs. C-235/99, 27.9.2001, Slg. 2001, I-6427, Rn. 31 (The Queen/Secretary of State for the Home Department (Eleonora Ivanovna Kondova)); EuGH, Rs. C-63/99, 27.9.2001, Slg. 2001, I-6369, Rn. 30 (The Queen/Secretary of State for the Home Department (Wieslaw Gloszczuk und Elzbieta Gloszczuk)); EuGH, Rs. C-262/96, 4.5.1999, Slg. 1999, I-2685, Rn. 60 (Sema Sürül/Bundesanstalt für Arbeit); EuGH, Rs. 12/86, 30.9.1987, Slg. 1987, 3719, Rn. 14 (Meryem Demirel/Stadt Schwäbisch Gmünd); EuGH, Rs. 104/81, 26.10.1982, Slg. 1982, 3641, Rn. 23 (Hauptzollamt Mainz/C. A. Kupferberg & Cie. KG a. A.).

[47] *Stefan Griller,* Judicial Enforceability of WTO Law in the European Union, JIEL 3 (2000), S. 441 (445).

bei der Durchführung [der] Abkomme[n] darstelle",[48] noch die Tatsache, daß die Vertragsparteien einen besonderen institutionellen Rahmen für Konsultationen und Verhandlungen über die Durchführung der Handelsabkommen geschaffen[49] sowie zahlreiche Ausnahme- und Schutzklauseln vereinbart haben[50].

Kommt der EuGH, wie im Falle des GATT 1947, zu dem Ergebnis, daß die besondere Natur der Handelsabkommen die unmittelbare Anwendbarkeit ihrer Bestimmungen ausschließt, geht er nicht mehr auf die mögliche inhaltliche Bestimmtheit ihrer Bestimmungen ein.[51] Den Ausschluß der unmittelbaren Anwendbarkeit der Bestimmungen des GATT 1947 begründet der EuGH in dem Urteil „International Fruit Company"[52] zunächst damit, daß dem GATT 1947 das Prinzip von Verhandlungen „auf der Grundlage der Gegenseitigkeit und zum gemeinsamen Nutzen"[53] zugrunde liege. Ferner sei das GATT 1947 durch „die große Geschmeidigkeit seiner Bestimmungen gekennzeichnet", was insbesondere für die Vorschriften über Abweichungen von den allgemeinen Regeln, über Notstandsmaßnahmen und über das Streitbeilegungsverfahren gelte.[54] Die unmittelbare Anwendbarkeit des Übereinkommens über die Errichtung der Welthandelsorganisation vom 15. April 1994 (*Agreement Establishing the World Trade Organization*, WTO-Übereinkommen), dessen Bestandteile nach Art. II Abs. 2 und 3 des WTO-Übereinkommens sowohl die in den Anlagen 1, 2 und 3 enthaltenen multilateralen Handelsübereinkommen, einschließlich des Übereinkommens über die handelsbezogenen Aspekte der Rechte des geistigen Eigentums (*Agreement on the Trade-Related Aspects of Intellectual Property Rights*, TRIPs-Übereinkommen), als auch die in Anlage 4 enthaltenen plurilateralen Handelsübereinkommen bilden, wird, da es sich um einen gemischten Vertrag handelt, erst im nächsten Kapitel erörtert.[55]

---

[48] EuGH, Rs. 104/81, 26.10.1982, Slg. 1982, 3641, Rn. 18 (Hauptzollamt Mainz/ C. A. Kupferberg & Cie. KG a. A.).

[49] EuGH, Rs. 104/81, 26.10.1982, Slg. 1982, 3641, Rn. 20 (Hauptzollamt Mainz/ C. A. Kupferberg & Cie. KG a. A.).

[50] EuGH, Rs. 104/81, 26.10.1982, Slg. 1982, 3641, Rn. 21 (Hauptzollamt Mainz/ C. A. Kupferberg & Cie. KG a. A.).

[51] Vgl. z. B. EuGH, Verb. Rs. 21 bis 24/72, 12.12.1972, Slg. 1972, 1219, Rn. 27 (International Fruit Company NV u. a./Produktschap voor groenten en fruit): „Diese Regelungen zeigen zur Genüge, daß Artikel XI des GATT nach dem Zusammenhang, in den er gestellt ist, kein Recht der Gemeinschaftsangehörigen begründen kann, sich vor Gericht auf ihn zu berufen."

[52] EuGH, Verb. Rs. 21 bis 24/72, 12.12.1972, Slg. 1972, 1219 ff. (International Fruit Company NV u. a./Produktschap voor groenten en fruit).

[53] Präambel des GATT 1947.

[54] EuGH, Verb. Rs. 21 bis 24/72, 12.12.1972, Slg. 1972, 1219, Rn. 21 (International Fruit Company NV u. a./Produktschap voor groenten en fruit).

Die Ablehnung der unmittelbaren Anwendbarkeit der Bestimmungen des GATT 1947 durch den EuGH ist in der Literatur auf Kritik gestoßen, weil eine Reihe von Bestimmungen des EG-Vertrags, die der EuGH für unmittelbar anwendbar erklärt hat, auf Bestimmungen des GATT 1947 zurückgehen.[56] Die ähnliche Formulierung der Ausnahmebestimmungen zugunsten des geistigen Eigentums, die sich nicht nur in Art. XX lit. d) des GATT 1947, sondern auch in anderen Handelsabkommen der Europäischen Gemeinschaft finden, bedeutet jedoch nicht, daß die Entscheidung über die unmittelbare Anwendbarkeit einer Bestimmung ausschlaggebend für das Ergebnis der Prüfung der unmittelbaren Anwendbarkeit der anderen Bestimmungen ist.[57] In dem Urteil „Polydor", dem Art. 23 des Abkommens zwischen der Europäischen Wirtschaftsgemeinschaft und der Portugiesischen Republik vom 22. Juli 1972 zugrunde liegt, hat der EuGH festgestellt, daß „diese Ähnlichkeit des Wortlauts [...] kein ausreichender Grund dafür [ist], die [...] Rechtsprechung, die das Verhältnis zwischen dem Schutz der gewerblichen und kommerziellen Eigentumsrechte und den Vorschriften über den freien Warenverkehr im Rahmen der Gemeinschaft bestimmt, auf das System des Abkommens zu übertragen".[58] Die unterschiedliche Zielsetzung der völkerrechtlichen Verträge, Errichtung eines Gemeinsamen Marktes und einer Wirtschafts- und Währungsunion hier, harmonische Entwicklung des Handels und schrittweise Beseitigung der Hemmnisse für den Handel dort, könne – trotz des ähnlichen Wortlauts der Bestimmungen – eine unterschiedliche Auslegung rechtfertigen. Die völkerrechtlichen Verträge der Europäischen Gemeinschaft verlieren auch dann, wenn sie zu „integrierenden Bestandteilen der Gemeinschaftsrechtsordnung" geworden sind und innergemeinschaftliche Geltung erlangt haben, nicht ihren völkerrechtlichen Geltungsgrund.[59] Infolgedessen kann die unmittelbare Anwendbarkeit des Gemeinschaftsrechts nicht unbesehen auf eine im Wortlaut identische oder ähnliche Bestimmung der völkerrechtlichen Verträge der Europäischen Gemeinschaft übertragen werden. Die unmittelbare Anwendbarkeit der Ausnahmebestimmungen vom freien Verkehr von Waren und Dienstleistungen zugunsten des geistigen Eigentums ist

---

55 Siehe unten Zweiter Teil, Viertes Kapitel, C. I. 1.

56 *Christoph Schmid,* Immer wieder Bananen: Der Status des GATT/WTO-Systems im Gemeinschaftsrecht, NJW 51 (1998), S. 190 (195); *Ernst-Ulrich Petersmann,* Darf die EG das Völkerrecht ignorieren?, EuZW 8 (1997), S. 325 (325 f.).

57 Vgl. hierzu ausführlich *Alexander Oehmichen,* Die unmittelbare Anwendbarkeit der völkerrechtlichen Verträge der EG, 1992, S. 145 ff.

58 EuGH, Rs. C-270/80, 9.2.1982, Slg. 1982, 329, Rn. 15 (Polydor Limited und RSO Records Inc./Harlequin Record Shops Limited und Simons Records Limited).

59 *Astrid Epiney,* Zur Stellung des Völkerrechts in der EU, EuZW 10 (1999), S. 5 (6).

vielmehr für jedes Handelsabkommen entsprechend seiner Zielsetzung und seiner Besonderheiten eigens zu prüfen.

bb) Die Kooperationsabkommen nach Art. 181 Abs. 1 S. 2 EGV

Bislang war die unmittelbare Anwendbarkeit der Bestimmungen der Kooperationsabkommen nach Art. 181 Abs. 1 S. 2 EGV nicht Gegenstand der Rechtsprechung des EuGH, was daran liegen mag, daß es den meisten Bestimmungen, auch den Bestimmungen zum geistigen Eigentum, von vornherein an der inhaltlichen Bestimmtheit fehlt. Bestimmungen, in denen sich die Vertragsparteien, wie etwa in Art. 4 Abs. 1 i.V.m. Abs. 3 Spiegelstrich 5 des Kooperationsabkommens vom 20. Dezember 1993 zwischen der Europäischen Gemeinschaft und der Republik Indien über Partnerschaft und Entwicklung[60], verpflichten, eine möglichst umfassende wirtschaftliche Zusammenarbeit bei allen Aspekten des geistigen Eigentums zu fördern, sind ebenso inhaltlich unbestimmt wie Bestimmungen, in denen sich die Vertragsparteien, wie etwa in Art. 12 des Rahmenabkommens vom 22. Februar 1999 über die Zusammenarbeit zwischen der Europäischen Wirtschaftsgemeinschaft und den Republiken Costa Rica, El Salvador, Guatemala, Honduras und Panama[61], verpflichten, das Niveau des Schutzes des geistigen Eigentums zu verbessern und völkerrechtlichen Verträgen zum Schutz des geistigen Eigentums beizutreten.

cc) Die Assoziationsabkommen nach Art. 310 EGV

Im Vordergrund der Ermittlung der unmittelbaren Anwendbarkeit der Bestimmungen der Assoziationsabkommen der Europäischen Gemeinschaft nach Art. 310 EGV, bei der der EuGH keinen Unterschied zwischen Assoziationsabkommen macht, die er alleine oder gemeinsam mit den Mitgliedstaaten geschlossen hat, steht demgegenüber der zweite Teil der zweiten Stufe der Prüfung. Ohne auf die Frage einzugehen, ob bereits die besondere Natur der Assoziationsabkommen die unmittelbare Anwendbarkeit ihrer Bestimmungen ausschließt, untersucht der EuGH die inhaltliche Bestimmtheit ihrer Bestimmungen. Keine hinreichend genauen, nicht an Bedingungen geknüpfte Bestimmungen sind nach der Rechtsprechung des EuGH solche, die im wesentlichen Programmcharakter haben oder den Vertragsparteien einen Ermessensspielraum einräumen,[62] wie z.B. Art. 12 des Assoziationsabkom-

[60] ABl. EU Nr. L 223 vom 27.8.1994, S. 24 ff.

[61] ABl. EU Nr. L 63 vom 12.3.1999, S. 39 ff.

[62] EuGH, Rs. 12/86, 30.9.1987, Slg. 1987, 3719, Rn. 23 (Meryem Demirel/Stadt Schwäbisch Gmünd).

mens EWG-Türkei. Nach Art. 12 des Assoziationsabkommens EWG-Türkei vereinbaren die Vertragsparteien lediglich, „sich von den Artikeln 48, 49 und 50[63] des Vertrages zur Gründung der Gemeinschaft leiten zu lassen, um untereinander die Freizügigkeit der Arbeitnehmer schrittweise herzustellen." Hängen die Wirkungen der in einer Bestimmung der Assoziationsabkommen enthaltenen klaren und eindeutigen Verpflichtung nicht vom Erlaß eines weiteren Aktes ab, schadet es nicht, daß eine andere Bestimmung die ergänzende Durchführung der in dieser Bestimmung niedergelegten Grundsätze durch den Assoziationsrat vorsieht[64] oder den Mitgliedstaaten die ergänzende Anwendung innerstaatlichen Rechts vorbehält[65].

Wird die inhaltliche Bestimmtheit der entscheidungserheblichen Bestimmung bejaht, holt der EuGH eine Prüfung der ersten Stufe nach.[66] Zur besonderen Natur der Assoziationsabkommen, welche die unmittelbare Anwendbarkeit ihrer Bestimmungen trotz ihrer inhaltlichen Bestimmtheit ausschließt, gehört nach der Rechtsprechung des EuGH weder das Ungleichgewicht zwischen den Verpflichtungen der Europäischen Gemeinschaft und denen der assoziierten Drittstaaten[67] noch der Umstand, daß ein Assoziierungsabkommen nicht auf einen zukünftigen Beitritt der assoziierten Drittstaaten abzielt, sondern sich darauf beschränkt, eine Zusammenarbeit zwischen den Vertragsparteien einzuführen[68].

Auch die unmittelbare Anwendbarkeit der Ausnahmebestimmungen vom freien Verkehr von Waren und Dienstleistungen zugunsten des geistigen

[63] Art. 39, 40 und 41 EGV n.F.

[64] EuGH, Rs. C-18/90, 31.1.1991, Slg. 1991, I-199, Rn. 19 (Office national de l'emploi (ONEM)/Bahia Kziber).

[65] EuGH, C-162/00, 29.1.2002, Slg. 2002, I-1049, Rn. 28 (Land Nordrhein-Westfalen/Beata Pokrzeptowicz-Meyer); EuGH, Rs. C-257/99, 27.9.2001, Slg. 2001, I-6557, Rn. 38 (The Queen/Secretary of State for the Home Department (Julius Barkoci und Marcel Malik)); EuGH, Rs. C-235/99, 27.9.2001, Slg. 2001, I-6427, Rn. 38 (The Queen/Secretary of State for the Home Department (Eleonora Ivanovna Kondova)); EuGH, Rs. C-63/99, 27.9.2001, Slg. 2001, I-6369, Rn. 37 (The Queen/ Secretary of State for the Home Department (Wieslaw Gloszczuk und Elzbieta Gloszczuk)).

[66] Vgl. z.B. EuGH, Rs. C-18/90, 31.1.1991, Slg. 1991, I-199, Rn. 20 (Office national de l'emploi (ONEM)/Bahia Kziber): „Die Feststellung, daß das Diskriminierungsverbot des Artikels 41 Absatz 1 geeignet ist, die Stellung eines marokkanischen Arbeitnehmers und der mit ihm in den Mitgliedstaaten der Gemeinschaft zusammenlebenden Familienangehörigen unmittelbar zu regeln, wird auch nicht durch eine Untersuchung des Sinns und Zwecks des Abkommens widerlegt, dessen Teil diese Bestimmung ist."

[67] EuGH, Rs. 87/75, 5.2.1976, Slg. 1976, 129, Rn. 22/23 (Conceria Daniele Bresciani/Italienische Finanzverwaltung).

[68] EuGH, Rs. C-18/90, 31.1.1991, Slg. 1991, I-199, Rn. 21 (Office national de l'emploi (ONEM)/Bahia Kziber).

Eigentums in den Assoziationsabkommen der Europäischen Gemeinschaft kann nicht allein wegen der Ähnlichkeit mit Art. 30 EGV angenommen werden. Im Gutachten 1/91 über den Entwurf eines Abkommens zwischen der Gemeinschaft einerseits und den Ländern der Europäischen Freihandelsassoziation andererseits über die Schaffung des Europäischen Wirtschaftsraums führt der EuGH aus, daß „die wörtliche Übereinstimmung der Bestimmungen des Abkommens mit den entsprechenden gemeinschaftsrechtlichen Bestimmungen [nicht bedeutet], daß beide notwendigerweise gleich auszulegen sind".[69] Art. 31 WVK bestimme, daß ein völkerrechtlicher Vertrag nach Treu und Glauben in Übereinstimmung mit der gewöhnlichen, seinen Bestimmungen in ihrem Zusammenhang zukommenden Bedeutung und im Lichte seines Zieles und Zweckes auszulegen sei. Obwohl die Zielsetzung des Kooperationsabkommen mit Marokko, Einführung einer umfassenden Zusammenarbeit,[70] noch vager ist als die des Abkommens mit der Portugiesischen Republik, hat der EuGH zwei Bestimmungen des Kooperationsabkommens mit Marokko aus dem Bereich der Arbeitnehmerfreizügigkeit unmittelbar angewendet.[71] Fraglich ist, ob der EuGH seine großzügige Rechtsprechung auch für den Bereich des freien Warenverkehrs, der im Kooperationsabkommen mit Marokko nur als handelspolitische Zusammenarbeit ausgestaltet ist, aufrechterhalten würde. Nachdem Art. 35 des Kooperationsabkommens mit Marokko, der Art. 30 EGV nachempfunden ist, aber inhaltlich bestimmt genug ist, erscheint es sehr unwahrscheinlich, daß die allgemeine Zielsetzung des Kooperationsabkommens mit Marokko die unmittelbare Anwendbarkeit der in Art. 40 Abs. 1 und Art. 41 Abs. 1 niedergelegten Diskriminierungsverbote, aber nicht der in Art. 35 niedergelegten Ausnahmebestimmung gestattet.

Teilweise wird die Auslegung ähnlicher Bestimmungen in den Assoziationsabkommen selbst, wie etwa in Art. 6 des EWR-Abkommens, angesprochen. Nach Art. 6 des EWR-Abkommens werden die Bestimmungen des EWR-Abkommens, soweit sie mit entsprechenden Bestimmungen entweder des EG-Vertrags oder des sekundären Gemeinschaftsrechts „in ihrem wesentlichen Gehalt identisch" sind, im Einklang mit der vor dem 2. Mai

---

[69] EuGH, Gutachten 1/91, 14.12.1991, Slg. 1991, I-6079, Rn. 14 (Entwurf eines Abkommens zwischen der Gemeinschaft einerseits und den Ländern der Europäischen Freihandelsassoziation andererseits über die Schaffung des Europäischen Wirtschaftsraums).

[70] Präambel des Kooperationsabkommens mit Marokko.

[71] Dabei handelt es sich zum einen um Art. 40 Abs. 1 (EuGH, C-416/96, 2.3.1999, Slg. 1999, I-1209, Rn. 32 (Nour-Eddline El-Yassini/Secretary of State for Home Department)) und zum anderen um Art. 41 Abs. 1 (EuGH, Rs. C-18/90, 31.1.1991, Slg. 1991, I-199, Rn. 23 (Office national de l'emploi (ONEM)/Bahia Kziber)).

1992 ergangenen Rechtsprechung des EuGH ausgelegt. Dies gilt auf dem Gebiet des geistigen Eigentums sowohl für Art. 13 des EWR-Abkommens, der Art. 30 EGV nachempfunden ist, als auch für die Richtlinien und Entscheidungen, auf die Anhang XVII Bezug nimmt. Nicht unmittelbar anwendbar sind dagegen die einzelnen Bestimmungen des Protokolls 28 über geistiges Eigentum, da sie die Vertragsparteien erst zu weiterem gesetzgeberischem Tätigwerden verpflichten, etwa dazu, ihre Rechtsvorschriften auf dem Gebiet des geistigen Eigentums dem in der Europäischen Gemeinschaft geltenden Schutzniveau anzupassen (Art. 1).

dd) Die völkerrechtlichen Verträge der Europäischen Gemeinschaft, die den Schutz des geistigen Eigentums in den Mittelpunkt ihrer Bestimmungen stellen

Die Prüfung der unmittelbaren Anwendbarkeit der völkerrechtlichen Verträge der Europäischen Gemeinschaft auf dem Gebiet des geistigen Eigentums führt auf der ersten Stufe zu dem gleichen Ergebnis wie die Prüfung der unmittelbaren Anwendbarkeit der völkerrechtlichen Verträge der Mitgliedstaaten auf dem Gebiet des geistigen Eigentums. Die völkerrechtlichen Verträge auf dem Gebiet des geistigen Eigentums überlassen die Frage der unmittelbaren Anwendbarkeit ihrer Bestimmungen dem innergemeinschaftlichen bzw. innerstaatlichen Recht.[72]

Die Untersuchung des ersten Teils der zweiten Stufe ist nur bei den völkerrechtlichen Verträgen der Europäischen Gemeinschaft auf dem Gebiet des geistigen Eigentums von Bedeutung, die einen unmittelbaren Bezug zum Handel aufweisen. Ein unmittelbarer Bezug zum Handel kann sich entweder aus der handelspolitischen Ausrichtung der internationalen Organisation, unter deren Schirmherrschaft die völkerrechtlichen Verträge verhandelt wurden, oder aus der Nähe der Bestimmungen der völkerrechtlichen Verträge zu Handelsfragen ergeben. Obwohl die besondere Natur von völkerrechtlichen Verträgen, die einen unmittelbaren Bezug zum Handel aufweisen, die unmittelbare Anwendbarkeit ihrer Bestimmungen nicht notwendig ausschließt, wird der EuGH die unmittelbare Anwendbarkeit dieser Bestimmungen eingedenk seiner ständigen Rechtsprechung, welche die unmittelbare Anwendbarkeit des GATT 1947 ablehnt, kritisch prüfen. Dagegen nimmt die Prüfung des ersten Teils der zweiten Stufe bei völkerrechtlichen Verträgen der Europäischen Gemeinschaft auf dem Gebiet des geistigen Eigentums, die keinen unmittelbaren Bezug zum Handel aufweisen, wie etwa das Madrider Markenprotokoll, dem die Europäischen Gemeinschaft beigetreten ist, sowie das UPOV-Übereinkommen und das Haager Musterabkom-

[72] Siehe oben Zweiter Teil, Zweites Kapitel, B. III. 1. a) aa).

men, dem die Europäische Gemeinschaft in unmittelbarer Zukunft beitreten könnte, keinen hohen Stellenwert ein.

Beim zweiten Teil der zweiten Stufe der Prüfung ist das Augenmerk wie bei den völkerrechtlichen Verträgen der Mitgliedstaaten auf dem Gebiet des geistigen Eigentums weder auf die Regelungen, welche die Vertragsparteien zur Umsetzung verpflichten, noch auf die Regelungen organisatorischer Natur, sondern auf die einheitlichen Regelungen materiell-, verwaltungs- und prozeßrechtlicher Art zu richten (*iure conventionis*), da nur letztere der unmittelbaren Anwendbarkeit fähig sind.[73] Ein Auslegungsproblem könnte sich wegen der im Wortlaut ähnlichen Bestimmungen ergeben, die sich in den völkerrechtlichen Verträgen der Europäischen Gemeinschaft ebenso wie im sekundären Gemeinschaftsrecht wiederfinden. Wie bereits dargelegt, finden sich einheitliche Regelungen materiell-, verwaltungs- und prozeßrechtlicher Art nur in den völkerrechtlichen Verträgen zum Schutz des geistigen Eigentums und in den globalen Schutzverträgen, nicht aber in den Klassifikationsverträgen.[74] Da zu den völkerrechtlichen Verträgen, denen die Europäische Gemeinschaft beigetreten ist bzw. die von der Europäischen Gemeinschaft in unmittelbarer Zukunft geschlossen werden können, nur die globalen Schutzverträge gerechnet werden können, kommen als unmittelbare anwendbare Bestimmungen nur einheitliche Regelungen verwaltungsrechtlicher Art, wie z.B. Art. 2 Abs. 1 des Madrider Markenprotokolls, Art. 10 Abs. 3 des UPOV-Übereinkommens in der Genfer Fassung vom 19. März 1991 oder Art. 14 Abs. 1 des Haager Musterabkommens in der Genfer Fassung vom 2. Juli 1999, in Betracht.

b) Die unmittelbare Anwendbarkeit der Organentscheidungen

Bislang hat der EuGH nur die unmittelbare Anwendbarkeit von Entscheidungen der durch die völkerrechtlichen Verträge der Europäischen Gemeinschaft eingesetzten Organe untersucht, die keinen besonderen Bezug zum geistigen Eigentum aufwiesen. Es ist allerdings davon auszugehen, daß er die unmittelbare Anwendbarkeit der internationalen Registrierung der Marke, des Sortenrechts und des gewerblichen Musters und Modells, sollte die Europäische Gemeinschaft über das Madrider Markenprotokoll hinaus dem UPOV-Übereinkommen in der Genfer Fassung vom 19. März 1991 und dem Haager Musterschutzabkommen in der Genfer Fassung vom 2. Juli 1999 beitreten, anerkennen wird.

---

[73] Siehe oben Zweiter Teil, Zweites Kapitel, B. III. 1. A) bb) (2).
[74] Siehe oben Zweiter Teil, Zweites Kapitel, B. III. 1. A) bb) (2).

2. Die mittelbare Anwendbarkeit der völkerrechtlichen Verträge

a) Die mittelbare Anwendbarkeit der Bestimmungen der völkerrechtlichen Verträge

Die mittelbare Anwendbarkeit der Bestimmungen der völkerrechtlichen Verträge der Europäischen Gemeinschaft ergibt sich nicht nur aus dem Prinzip der völkerrechtskonformen Auslegung, sondern auch aus der sog. Handelshemmnisverordnung oder *Trade Barriers Regulation.*

aa) Die völkerrechtskonforme Auslegung des Gemeinschaftsrechts

Bereits in den achtziger Jahren formulierte der EuGH eine allgemeine, auf Art. 10 i.V.m. Art. 249 Abs. 3 EGV zurückgehende Verpflichtung der Organe der Mitgliedstaaten, innerstaatliches Recht richtlinienkonform auszulegen, wenn Richtlinien nicht rechtzeitig bzw. nicht ordnungsgemäß in innerstaatliches Recht umgesetzt wurden.[75] Parallel zu dieser Rechtsprechung[76] hat der EuGH entschieden, daß die Organe der Europäischen Gemeinschaft verpflichtet sind, sekundäres Gemeinschaftsrecht völkerrechtskonform, d.h. im Lichte der völkerrechtlichen Verträge der Europäischen Gemeinschaft und des sie bindenden Völkergewohnheitsrechts, auszulegen.[77] In dem Urteil „Kommission/Deutschland" hat der EuGH ausgeführt, daß „es der Vorrang der von der Gemeinschaft geschlossenen völkerrecht-

---

[75] EuGH, Rs. C-106/89, 13.11.1989, Slg. 1990, I-4135, Rn. 8 (Marleasing SA/Comercial Internacional de Alimentacion SA); EuGH, Rs. 79/83, 10.4.1984, Slg. 1984, 1921, Rn. 26 (Dorit Harz/Deutsche Tradax GmbH); EuGH, Rs. 14/83, 10.4.1984, Slg. 1984, 1891, Rn. 26 (Sabine von Colson und Elisabeth Kamann/Land Nordrhein-Westfalen).

[76] *Pascal Royla,* WTO-Recht – EG-Recht: Kollision, Justiziabilität, Implementation, EuR 36 (2001), S. 495 (506); *Georg M. Berrisch/Hans-Georg Kamann,* WTO-Recht im Gemeinschaftsrecht – (k)eine Kehrtwende des EuGH, EWS 11 (2000), S. 89 (95); *Ton Heukels,* Von richtlinienkonformer zur völkerrechtskonformen Auslegung im EG-Recht: Internationale Dimensionen einer normhierarchiegerechten Interpretationsmaxime, ZEuS 2 (1999), S. 313 (319).

[77] EuGH, Rs. C-179/97, 2.3.1999, Slg. 1999, I-1251, Rn. 11 (Spanien/Kommission); EuGH, Rs. C-341/95, 14.7.1998, Slg. 1998, I-4355, Rn. 20 (Gianni Bettati/Safety Hi-Tech Srl); EuGH, Rs. C-61/94, 10.9.1996, Slg. 1996, I-3989, Rn. 52 (Kommission/Deutschland); EuGH, Rs. C-70/94, 17.10.1995, Slg. 1995, 3189, Rn. 23 (Fritz Werner Industrie-Ausrüstungen GmbH/Deutschland); EuGH, Rs. C-70/94, 17.10.1995, Slg. 1995, I-3231, Rn. 24 (Strafverfahren gegen Peter Leifer, Reinhold Otto Krauskopf und Otto Holzer); EuGH, Verb. Rs. 267 bis 269/81, 16.3.1983, Slg. 1983, 801, Rn. 14 f. (Amministrazione del tesoro dello stato/Societa Petrolifera Italiana Spa (SPI) und Spa Michelin Italiana (SAMI)); EuGH, Rs. C-92/71, 26.4.1971, Slg. 1972, 231, Rn. 6 (Interfood GmbH/Hauptzollamt Hamburg-Ericus).

lichen Verträge vor den Bestimmungen des abgeleiteten Gemeinschaftsrechts [gebietet], diese nach Möglichkeit in Übereinstimmung mit diesen Verträgen auszulegen."[78] In dem Urteil „Gianni Bettati/Safety Hi-Tech Srl" hat er diese Verpflichtung erweitert, indem er festgestellt hat, daß „Bestimmungen des Gemeinschaftsrechts nach Möglichkeit im Lichte des Völkerrechts auszulegen [sind], insbesondere", aber eben nicht ausschließlich, „wenn sie einen von der Gemeinschaft geschlossenen Vertrag durchführen sollen".[79] Weder die richtlinienkonforme noch die völkerrechtskonforme Auslegung hängen von der unmittelbaren Anwendbarkeit der Richtlinien im innerstaatlichen bzw. der völkerrechtlichen Verträge im Gemeinschaftsrecht ab.

Obwohl der EuGH die Möglichkeit der völkerrechtskonformen Auslegung des Gemeinschaftsrechts in seiner bisherigen Rechtsprechung weitgehend ungenutzt ließ,[80] ist die völkerrechtskonforme Auslegung des Gemeinschaftsrechts in ihren praktischen Auswirkungen nicht zu unterschätzen. Wie das Urteil „Kommission/Deutschland" beweist, in dem der EuGH Art. 16 der Verordnung (EWG) Nr. 2228/91 der Kommission vom 26. Juni 1991 mit Durchführungsvorschriften zu der Verordnung (EWG) Nr. 1999/85 des Rates über den aktiven Veredelungsverkehr[81] über den Wortlaut hinweg so ausgelegt hat, daß er mit der Internationalen Übereinkunft über Milcherzeugnisse übereinstimmte,[82] liegt zwischen der völkerrechtskonformen Auslegung des Gemeinschaftsrechts und der unmittelbaren Anwendbarkeit der Bestimmungen völkerrechtlicher Verträge im Gemeinschaftsrecht nur ein kleiner Schritt.[83]

---

78 EuGH, Rs. C-61/94, 10.9.1996, Slg. 1996, I-3989, Rn. 52 (Kommission/Deutschland).

79 EuGH, Rs. C-341/95, 14.7.1998, Slg. 1998, I-4355, Rn. 20 (Gianni Bettati/Safety Hi-Tech Srl). Vgl. zur Bindung der Europäischen Gemeinschaft an das Völkergewohnheitsrecht auch EuGH, Rs. 162/96, 16.6.1998, Slg. 1998, I-3655, Rn. 45/46 (A. Racke GmbH & Co./Hauptzollamt Mainz).

80 *Thomas von Danwitz,* Der EuGH und das Wirtschaftsvölkerrecht – ein Lehrstück zwischen Europarecht und Politik, JZ 56 (2001), S. 721 (729).

81 ABl. EU Nr. L 188 vom 20.7.1985, S. 1 ff. Art. 16 der Verordnung (EWG) Nr. 1999/85 lautet:

„Die Überführung von Nichtgemeinschaftswaren in das Nichterhebungsverfahren hat zur Folge, daß die für diese Waren geltenden besonderen handelspolitischen Maßnahmen bei der Einfuhr nicht angewendet werden."

82 EuGH, Rs. C-61/94, 10.9.1996, Slg. 1996, I-3989, Rn. 57 (Kommission/Deutschland): „Artikel 16 der Verordnung Nr. 2228/91 ist deshalb so auszulegen, daß danach Waren, die in der Gemeinschaft im Rahmen des aktiven Veredelungsverkehrs in das Nichterhebungsverfahren überführt worden sind, nicht von der Anwendung der Übereinkunft ausgeschlossen sind."

83 *Frédérique Berrod,* La Cour de Justice refuse l'invocabilité des accords OMC: essai de régulation de la mondialisation, RTDE 36 (2000), S. 419 (449); *Stefan*

bb) Die Handelshemmnisverordnung

Art. 4 Abs. 1 der Verordnung (EG) Nr. 3286/94 des Rates vom 22. Dezember 1994 zur Festlegung der Verfahren der Gemeinschaft im Bereich der gemeinsamen Handelspolitik zur Ausübung der Rechte der Gemeinschaft nach internationalen Handelsregeln, insbesondere den im Rahmen der Welthandelsorganisation vereinbarten Regeln[84] (sog. Handelshemmnisverordnung oder *Trade Barriers Regulation*), gibt einzelnen Unternehmen oder Unternehmensvereinigungen der Europäischen Gemeinschaft darüber hinaus das Recht, bei der Kommission eine Untersuchung *drittstaatlicher* Handelshemmnisse zu beantragen. Ergibt das innergemeinschaftliche Untersuchungsverfahren, daß ein drittstaatliches Handelshemmnis vorliegt, und wird das nach Art. 12 Abs. 1 der Verordnung (EG) Nr. 3286/94 erforderliche Gemeinschaftsinteresse bejaht, leitet die Kommission nach Art. 12 Abs. 2 der Verordnung (EG) Nr. 3286/94 ein internationales Streitbeilegungsverfahren, in der Regel ein WTO-Streitbeilegungsverfahren, ein. Ergibt das innergemeinschaftliche Untersuchungsverfahren hingegen, daß ein drittstaatliches Handelshemmnis nicht besteht, und/oder wird das erforderliche Gemeinschaftsinteresse verneint, wird das innergemeinschaftliche Untersuchungsverfahren nach Art. 11 Abs. 1 der Verordnung (EG) Nr. 3286/94 eingestellt.

Fraglich ist, ob die völkerrechtlichen Verträge der Europäischen Gemeinschaft auf dem Gebiet des geistigen Eigentums in den Anwendungsbereich der Verordnung (EG) Nr. 3286/94 fallen. Gemäß Art. 2 Abs. 1 gilt die Handelshemmnisverordnung für jede Art von Handelshemmnis, d.h. für „alle von einem Drittland eingeführten oder beibehaltenen Handelspraktiken, gegen die die internationalen Handelsregeln das Recht zu einem Vorgehen einräumen". Ein Recht zu einem Vorgehen räumen die internationale Handelsregeln ein, wenn sie „entweder eine Praktik vollständig verbieten oder der von dieser Praktik betroffenen Partei das Recht geben, sich um die Beseitigung der Auswirkungen dieser Praktik zu bemühen". Internationale Handelsregeln sind nach Art. 2 Abs. 2 S. 2 nicht nur im WTO-Übereinkommen festgelegt, sondern auch in „anderen Übereinkünften [...], bei denen die Gemeinschaft Vertragspartei ist und die Regeln für den Handel zwischen der Gemeinschaft und Drittländern enthalten". Die bilateralen, das

Griller, Judicial Enforceability of WTO Law in the European Union, JIEL 3 (2000), S. 441 (468); *Richard H. Lauwaars,* Interpretations of International Agreements by National Courts: An EC View, in: Marco Bronckers/Reinhard Quick (eds), New Directions in International Economic Law, 2000, S. 509 (514); *Axel Desmedt,* ECJ Restricts Effect of WTO Agreements in the EC Legal Order, JIEL 2 (2000), S. 191 (192).

[84] ABl. EU Nr. L 349 vom 31.12.1994, S. 71 ff.

geistige Eigentum akzessorisch regelnden Handels-, Assoziations- und Kooperationsabkommen der Europäischen Gemeinschaft stellen allerdings keine „anderen Übereinkünfte" dar. Soweit einzelne Unternehmen oder Unternehmensvereinigungen der Europäischen Gemeinschaft nämlich von ihrem Recht Gebrauch machen, bei der Kommission eine Untersuchung drittstaatlicher Handelshemmnisse zu beantragen, können „andere Übereinkünfte" nach Art. 4 Abs. 1 S. 2 der Verordnung (EG) Nr. 3286/94 nur „multilateral[e] oder plurilater[e]", nicht aber bilaterale „Handelsübereinkünfte" sein.[85] Im Hinblick auf die künftigen multilateralen oder plurilateralen völkerrechtlichen Verträge der Europäischen Gemeinschaft, die den Schutz des geistigen Eigentums in den Mittelpunkt ihrer Regelungen stellen, ist hingegen zu differenzieren. Um „andere Handelsübereinkünfte" handelt es sich nur dann, wenn die künftigen völkerrechtlichen Verträge der Europäischen Gemeinschaft, wie etwa das TRIPs-Übereinkommen, handelsbezogen sind, nicht aber wenn die künftigen völkerrechtlichen Verträge, wie etwa das Madrider Markenprotokoll, unter der Schirmherrschaft der WIPO verhandelt werden und keine „Regeln für den Handel zwischen der Gemeinschaft und Drittländern enthalten" können.

b) Die mittelbare Anwendbarkeit der Organentscheidungen

Wenn auch eine mittelbare Anwendbarkeit auf der Grundlage der Handelshemmnisverordnung, die nicht auf die Entscheidungen der durch die völkerrechtlichen Verträge der Europäischen Gemeinschaft eingesetzten Organe verweist, von vornherein ausscheidet, ist davon auszugehen, daß die Organe der Europäischen Gemeinschaft verpflichtet sind, sekundäres Gemeinschaftsrecht im Lichte der Entscheidungen der durch die völkerrechtlichen Verträge der Europäischen Gemeinschaft eingesetzten Organe auszulegen.

IV. Die Invokabilität der völkerrechtlichen Verträge der Europäischen Gemeinschaft auf dem Gebiet des geistigen Eigentums

Der EuGH unterscheidet nicht immer deutlich zwischen der unmittelbaren Anwendbarkeit völkerrechtlicher Verträge und der unmittelbaren Berechtigung und/oder Verpflichtung einzelner aus völkerrechtlichen Verträgen, die

[85] *Marco Bronckers/Natalie McNelis,* The EU Trade Barriers Regulation Comes of Age, in: Armin von Bogdandy/Petros C. Mavroidis/Yves Mény (eds), European Integration and International Co-ordination, 2002, S. 55 (63 f.); *Georg M. Berrisch/ Hans-Georg Kamann,* Die Handelshemmnis-Verordnung – Ein neues Mittel zur Öffnung von Exportmärkten, EuZW 10 (1999), S. 101 (102).

in der Literatur mit dem Begriff der Invokabilität umschrieben wird. Ohne klarzustellen, daß die unmittelbare Berechtigung und/oder Verpflichtung einzelner aus völkerrechtlichen Verträgen keine Voraussetzung der unmittelbaren Anwendbarkeit völkerrechtlicher Verträge darstellt, sondern auf ihr aufbaut, untersucht er, wenn auch nicht regelmäßig, über die auf der zweiten Stufe genannten Voraussetzungen hinaus, ob die Bestimmungen der völkerrechtlichen Verträge bzw. die Entscheidungen der durch sie eingesetzten Organe subjektive Rechte und/oder Pflichten einzelner begründen.[86]

Da die völkerrechtlichen Verträge der Europäischen Gemeinschaft auf dem Gebiet des geistigen Eigentums die Invokabilität ihrer Bestimmungen nicht selbst regeln, ist zu untersuchen, ob sie subjektive Rechte und/oder Pflichten einzelner begründen. Die Art. 30 EGV nachgebildeten und unmittelbar anwendbaren Bestimmungen in den Handelsabkommen nach Art. 133 Abs. 1 EGV und den Assoziationsabkommen nach Art. 310 EGV, die zugunsten des geistigen Eigentums Ausnahmen vom freien Verkehr von Waren und Dienstleistungen vorsehen, begründen keine subjektiven Rechte und/oder Pflichten einzelner, da sie an die Vertragsparteien adressiert sind. Die einheitlichen Regelungen verwaltungsrechtlicher Art in den globalen Schutzverträgen, wie z. B. Art. 2 Abs. 1 des Madrider Markenprotokolls, Art. 10 Abs. 3 des UPOV-Übereinkommens in der Genfer Fassung vom 19. März 1991 und Art. 14 Abs. 1 des des Haager Musterschutzabkommens in der Genfer Fassung vom 2. Juli 1999, sind zwar unmittelbar anwendbar, aber nicht invokabil.[87]

Da das Madrider Markenprotokoll, das UPOV-Übereinkommen in der Genfer Fassung vom 19. März 1991 und das Haager Musterschutzabkommen in der Genfer Fassung vom 2. Juli 1999 regeln, daß die internationale Registrierung der Marke, des Sortenrechts und des gewerblichen Musters und Modells denselben Vorschriften wie eine in den Vertragsparteien registrierte Marke bzw. ein in den Vertragsparteien registriertes Sortenrecht und gewerbliches Muster und Modell unterliegt, werden einzelne durch die die internationale Registrierung der Marke, des Sortenrechts und des gewerblichen Musters und Modells unmittelbar berechtigt, indem sie sich auf die aus der Marke, des Sortenrechts und des gewerblichen Musters und Modells folgenden Ausschließlichkeitsrechte berufen können.[88]

---

[86] Vgl. z. B. EuGH, Rs. C-58/93, 20.4.1994, Slg. 1994, I-1353, Rn. 19 (Zoubir Yousfi/Belgien); EuGH, Rs. 87/75, 5.2.1976, Slg. 1976, 129, Rn. 15 (Conceria Daniele Bresciani/Italienische Finanzverwaltung): „Die vierte Frage lautet, ob Artikel 2 Absatz 1 des Jaunde-Abkommens von 1963 unmittelbar in dem Sinne gilt, daß er den Gemeinschaftsangehörigen das – von den innerstaatlichen Gerichten zu beachtende – subjektive Recht verleiht, keine Abgaben zollgleicher Wirkung an einen Mitgliedstaat zu entrichten.“

[87] Siehe oben Zweiter Teil, Zweites Kapitel, B. IV. 1. b) bb).

V. Die Durchsetzung der völkerrechtlichen Verträge der Europäischen Gemeinschaft auf dem Gebiet des geistigen Eigentums

Für die Beantwortung der Frage, ob und inwieweit die völkerrechtlichen Verträge der Europäischen Gemeinschaft auf dem Gebiet des geistigen Eigentums durchgesetzt werden können, wird im folgenden untersucht, ob und inwieweit die Nichtigkeitsklage nach Art. 230 EGV und das Vorabentscheidungsverfahren nach Art. 234 Abs. 1 lit. b) Alt. 1 EGV (1.), das Vorabentscheidungsverfahren nach Art. 234 Abs. 1 lit. b) Alt. 2 EGV (2.), die Vertragsverletzungsklage nach Art. 226, 227 EGV (3.) und die Schadensersatzklage nach Art. 235 i. V. m. Art. 288 Abs. 2 EGV (4.) die unmittelbare Anwendbarkeit der Bestimmungen der völkerrechtlichen Verträge der Europäischen Gemeinschaft voraussetzen.

1. Die Nichtigkeitsklage nach Art. 230 EGV und das Vorabentscheidungsverfahren nach Art. 234 Abs. 1 lit. b) Alt. 1 EGV

a) Die unmittelbare Anwendbarkeit als Voraussetzung der gerichtlichen Kontrolle sekundären Gemeinschaftsrechts

In seiner Rechtsprechung zum GATT 1947 hat der EuGH den Grundsatz entwickelt, daß die Rechtmäßigkeit des sekundären Gemeinschaftsrechts im Rahmen der Nichtigkeitsklage nach Art. 230 Abs. 1 EGV bzw. die Gültigkeit des sekundären Gemeinschaftsrechts im Rahmen des Vorabentscheidungsverfahrens nach Art. 234 Abs. 1 lit. b) Alt. 1 EGV nur dann an den Bestimmungen der völkerrechtlichen Verträge der Europäischen Gemeinschaft gemessen werden könne, wenn diese unmittelbar anwendbar seien. Dabei komme es nicht darauf an, ob diese Verfahren von einem Mitgliedstaat, von einem Organ der Europäischen Gemeinschaft oder einer natürlichen bzw. juristischen Person angestrengt werden.[89]

In dem Urteil „International Fruit Company", dem ein Vorabentscheidungsverfahren mehrerer juristischer Personen, unter anderem der International Fruit Company NV, nach Art. 234 Abs. 1 lit. b) Alt. 1 EGV zugrunde lag, hat der EuGH erstmals ausgeführt, daß die Unvereinbarkeit sekundären Gemeinschaftsrechts mit einer Bestimmung der völkerrechtlichen Verträge der Europäischen Gemeinschaft die Gültigkeit sekundären Gemein-

---

[88] Siehe oben Zweiter Teil, Zweites Kapitel, B. IV. 2. b).

[89] Ausdrücklich hat der EuGH den in seiner Rechtsprechung zum GATT 1947 entwickelten Grundsatz jedoch nur auf Verfahren angewendet, die von einem Mitgliedstaat oder einer natürlichen bzw. juristischen Person angestrengt wurden.

schaftsrechts nur dann beeinträchtige, wenn die Europäische Gemeinschaft an diese Bestimmung gebunden sei und wenn „diese Bestimmung ein Recht der Gemeinschaftsangehörigen begründen kann, sich vor Gericht auf sie zu berufen".[90] In dem Urteil „Deutschland/Rat" hat der EuGH verdeutlicht, daß die gerichtliche Kontrolle der Rechtmäßigkeit sekundären Gemeinschaftsrechts auch dann, wenn eine Nichtigkeitsklage nicht von einer natürlichen bzw. juristischen Person, sondern von einem Mitgliedstaat erhoben werde, die unmittelbare Anwendbarkeit der Bestimmungen der völkerrechtlichen Verträge der Europäischen Gemeinschaft voraussetze. Er hat ausgeschlossen, „die Bestimmungen des GATT für die Beurteilung der Rechtmäßigkeit einer Verordnung im Rahmen einer von einem Mitgliedstaat nach Artikel 173 Absatz 1 EWG-Vertrag[91] erhobenen Klage [zu] berücksichtig[en]".[92]

Die Rechtsprechung des EuGH, welche die Rechtmäßigkeit bzw. Gültigkeit sekundären Gemeinschaftsrechts nur dann an den Bestimmungen der völkerrechtlichen Verträge der Europäischen Gemeinschaft mißt, wenn diese unmittelbar anwendbar sind, wird in der Literatur stark kritisiert. Die starke Kritik liegt in einem subjektiven Verständnis der unmittelbaren Anwendbarkeit der Bestimmungen der völkerrechtlichen Verträge der Europäischen Gemeinschaft begründet. Die unmittelbare Berechtigung und Verpflichtung einzelner aus völkerrechtlichen Verträgen, auch Invokabilität genannt, wird mit der unmittelbaren Anwendbarkeit der Bestimmungen der völkerrechtlichen Verträge gleichgesetzt.[93]

Aus diesem Grunde meinen manche Stimmen in der Literatur, die Frage der Vereinbarkeit sekundären Gemeinschaftsrechts mit den Bestimmungen der völkerrechtlichen Verträge der Europäischen Gemeinschaft sei von derjenigen der unmittelbaren Anwendbarkeit dieser Bestimmungen zu unterscheiden. Da die Frage der Rechtmäßigkeit bzw. Gültigkeit sekundären Gemeinschaftsrechts objektiver Natur sei, könne die gerichtliche Kontrolle sekundären Gemeinschaftsrechts nicht von der subjektiv verstandenen unmittelbaren Anwendbarkeit der Bestimmungen der völkerrechtlichen Verträge der Europäischen Gemeinschaft abhängen. Die Verneinung der unmit-

---

90 EuGH, Verb. Rs. 21 bis 24/72, 12.12.1972, Slg. 1972, 1219, Rn. 7/9 (International Fruit Company NV u. a./Produktschap voor groenten en fruit).

91 Art. 230 Abs. 1 EGV n. F.

92 EuGH, Rs. C-280/93, 5.10.1994, Slg. 1994, I-4973, Rn. 109 f. (Deutschland/Rat).

93 Besonders deutlich wird dies bei *Andrea Ott,* GATT und WTO im Gemeinschaftsrecht, 1997, S. 258: „Denn zum einen ist die allgemein anerkannte Definition von dem Kriterium der unmittelbaren Anwendbarkeit, daß es sich dabei um die Frage dreht, ob sich der einzelne vor den nationalen Gerichten auf Vorschriften völkerrechtlicher Verträge berufen kann."

telbaren Anwendbarkeit könne allenfalls zu einer geringeren Kontrolldichte des EuGH führen.[94]

Wie bereits an anderer Stelle gezeigt wurde, besteht ein Zusammenhang zwischen der Invokabilität einerseits und der unmittelbaren Anwendbarkeit andererseits aber nur insoweit, als die Bestimmungen der völkerrechtliche Verträge, die subjektive Rechte und/oder Pflichten einzelner begründen, unmittelbar anwendbar sind.[95] Obgleich manche Formulierungen des EuGH, insbesondere die zitierte Passage aus dem Urteil „International Fruit Company", ein subjektives Verständnis der unmittelbaren Anwendbarkeit der Bestimmungen der völkerrechtlichen Verträge der Europäischen Gemeinschaft nahelegen, ist im Gemeinschaftsrecht ebenso wie im innerstaatlichen Recht zwischen der unmittelbaren Anwendbarkeit der Bestimmungen der völkerrechtlichen Verträge und der unmittelbaren Berechtigung und/oder Verpflichtung einzelner aus völkerrechtlichen Verträgen zu trennen.

Wird die unmittelbare Anwendbarkeit der Bestimmungen der völkerrechtlichen Verträge der Europäischen Gemeinschaft nicht subjektiv, sondern objektiv in dem Sinne verstanden, daß sie in ihrem Originalwortlaut ohne konkretisierendes Dazwischentreten sekundären Gemeinschaftsrechts von den Organen der Europäischen Gemeinschaft wie Gemeinschaftsrecht angewendet werden können,[96] kann gegen die Rechtsprechung des EuGH nicht mehr eingewandt werden, die Forderung nach der unmittelbaren Anwendbarkeit der Bestimmungen der völkerrechtlichen Verträge der Europäischen Gemeinschaft vertrage sich nicht mit der objektiven Natur der Überprüfung der Rechtmäßigkeit bzw. Gültigkeit sekundären Gemeinschaftsrechts.[97] Übrig bleibt allein der Vorwurf, die Überprüfung der Rechtmäßigkeit sekundären Gemeinschaftsrechts an den Bestimmungen der völkerrechtlichen

[94] *Astrid Epiney,* Zur Stellung des Völkerrechts in der EU, EuZW 10 (1999), S. 5 (11); *Christian Tomuschat,* in: Hans von der Groeben/Jochen Thiesing/Claus-Dieter Ehlermann (Hrsg.), Kommentar zum EU-/EG-Vertrag, 5. Auflage 1997/1999, Art. 228 EGV Rn. 91. Vgl. auch Schlußanträge von Generalanwalt Saggio, Rs. C-149/96, 25.2.1999, Slg. 1999, I-8397, Rn. 18 (Portugal/Rat): „[... Es] ist [...] meines Erachtens möglich, daß eine Regel einer internationalen Übereinkunft nicht unmittelbar anwendbar ist, ohne daß es deshalb gerrechtfertigt ist, ihr jede bindende Wirkung gegenüber den Gemeinschaftsorganen und somit eine Funktion als (gemeinschaftsrechtlicher) Maßstab für die Rechtmäßigkeit abzusprechen."

[95] Siehe oben Zweiter Teil, Zweites Kapitel, B. III. 1. a).

[96] Siehe oben Zweiter Teil, Zweites Kapitel, B. III. 1. a) und *Anne Peters,* The Position of International Law Within the European Community Legal Order, GYIL 40 (1997), S. 9 (52).

[97] *Ilka Neugärtner/Sebastian Puth,* Die Wirkung der WTO-Übereinkommen im Gemeinschaftsrecht – EuGH, EuZW 2000, 276, JuS 40 (2000), S. 640 (642); *Anne Peters,* The Position of International Law Within the European Community Legal Order, GYIL 40 (1997), S. 9 (69).

Verträge der Europäischen Gemeinschaft sei auch dann möglich, wenn diese nicht unmittelbar angewendet werden können. Dieser Vorwurf ist nur insofern haltbar, als die Vereinbarkeit sekundären Gemeinschaftsrechts mit den Bestimmungen der völkerrechtlichen Verträge der Europäischen Gemeinschaft unabhängig davon geprüft werden kann, ob die Bestimmungen der völkerrechtlichen Verträge der Europäischen Gemeinschaft unmittelbar anwendbar sind.[98] Der EuGH hat im Urteil „Niederlande/Parlament und Rat" erklärt, daß die fehlende unmittelbare Anwendbarkeit der Bestimmungen der völkerrechtlichen Verträge der Europäischen Gemeinschaft ihn nicht daran hindere, „die Einhaltung der Verpflichtungen zu prüfen, die der Gemeinschaft als Vertragspartei obliegen".[99] Die Unvereinbarkeit sekundären Gemeinschaftsrechts mit den Bestimmungen der völkerrechtlichen Verträge der Europäischen Gemeinschaft führt allerdings nur dann zur Rechtswidrigkeit bzw. Ungültigkeit sekundären Gemeinschaftsrechts, wenn die Bestimmungen der völkerrechtlichen Verträge der Europäischen Gemeinschaft, die nicht im Einklang mit sekundärem Gemeinschaftsrecht stehen, unmittelbar anwendbar sind.[100] Nur wenn die Bestimmungen der völkerrechtlichen Verträge der Europäischen Gemeinschaft unmittelbar anwendbar sind, müssen sie von den Organen der Europäischen Gemeinschaft wie Gemeinschaftsrecht angewendet werden. Nur wenn sie von den Organen der Europäischen Gemeinschaft wie Gemeinschaftsrecht angewendet werden müssen, können sie, im Rang höher als sekundäres Gemeinschaftsrecht stehend,[101] zur Rechtswidrigkeit bzw. Ungültigkeit sekundären Gemeinschaftsrechts führen.[102] Die niederländische Verfassung, welche das Verhältnis von

---

[98] *André Nollkaemper,* The Direct Effect of Public International Law, in: Jolande M. Prinssen/Annette Schrauwen (eds), Direct Effect, Rethinking a Classic of EC Legal Doctrine, 2003, S. 155 (163): „In case where a plaintiff seeks a mere declaration of compatibility of a national act with international law, the court may not require more than validity". Die Feststellung der Unvereinbarkeit sekundären Gemeinschaftsrechts mit den Bestimmungen der völkerrechtlichen Verträge der Europäischen Gemeinschaft fällt umso schwerer, je größer der Beurteilungsspielraum ist, den die Bestimmungen der völkerrechtlichen Verträge den Parteien einräumen.

[99] EuGH, Rs. C-377/98, 9.10.2001, Slg. 2001, I-7079, Rn. 54 (Niederlande/Parlament und Rat).

[100] In dem Urteil „International Fruit Company" hat der EuGH selbst gesagt, daß die Bestimmungen der völkerrechtlichen Verträge der Europäischen Gemeinschaft, die nicht unmittelbar anwendbar sind, „die Gültigkeit [sekundären Gemeinschaftsrechts] nicht berühr[en können]" (EuGH, Verb. Rs. 21 bis 24/72, 12.12.1972, Slg. 1972, 1219, Rn. 28 (International Fruit Company NV u. a./Produktschap voor groenten en fruit)).

[101] Siehe oben Zweiter Teil, Drittes Kapitel, A. II.

[102] *Ilona Cheyne,* Haegeman, Demirel and the Progeny, in: Alan Dashwood/Christophe Hillion (eds), The General Law of E.C. External Relations, 2000, S. 20 (39 f.): „[... T]he fact that international legal obligations will prevail over secondary Community law is not relevant unless there is a conflict between them." Ähn-

völkerrechtlichen Verträgen und innerstaatlichem Recht im Gegensatz zu vielen anderen Verfassungen der Mitgliedstaaten der Europäischen Gemeinschaft ausdrücklich regelt, bestätigt diese Ansicht in Art. 94, demzufolge innerstaatliches Recht nur dann nicht angewandt werden darf, wenn die Anwendung mit unmittelbar anwendbaren Bestimmungen von völkerrechtlichen Verträgen nicht vereinbar ist.[103]

Andere Stimmen in der Literatur kritisieren, daß der EuGH bei der Forderung nach der unmittelbaren Anwendbarkeit der Bestimmungen der völkerrechtlichen Verträge der Europäischen Gemeinschaft nicht angemessen zwischen den natürlichen bzw. juristischen Personen und den Mitgliedstaaten, die anders als die natürlichen bzw. juristischen Personen im Rahmen der Nichtigkeitsklage nicht geltend machen müssen, unmittelbar und individuell betroffen zu sein, sondern nach Art. 230 Abs. 2 EGV privilegiert klagebefugt sind, unterscheidet. Im Rahmen der Nichtigkeitsklage, das sich für die Mitgliedstaaten wegen der privilegierten Klagebefugnis nach Art. 230 Abs. 2 EGV als objektives Verfahren darstelle, treten die Mitgliedstaaten nicht nur zur Wahrung ihrer eigenen Interessen, sondern auch als Wächter der Interessen der Europäischen Gemeinschaft auf.[104]

Diese Kritik ist nicht nur unberechtigt, weil sie wie die vorherige von einem subjektiven Verständnis der unmittelbaren Anwendbarkeit ausgeht, sondern auch, weil sie keinen Unterschied zwischen der Klagebefugnis,

---

lich *Philippe Manin,* A propos de l'accord instituant l'Organisation mondiale du commerce et de l'accord sur les marché publics: la question de l'invocabilité des accords internationaux conclus par la Communauté européenne, RTDE 33 (1997), S. 399 (408): „Il s'agit là en effet d'un problème de caractère général lié à la nature même de l'accord international et qui se pose à l'égard de tout ordre juridique. L'ordre juridique communautaire, n'est pas, vis-à-vis de celui-ci, dans une situation différente de celle d'un Etat. Dès lors qu'il s'agit d'invoquer un accord à l'encontre d'une disposition du droit communautaire, la juridiction communautaire doit se demander, comme tout autre juridiction, si l'accord est bien invocable."

[103] Art. 94 der niederländischen Verfassung lautet in Übersetzung:

„Innerhalb des Königreichs geltende gesetzliche Vorschriften werden nicht angewandt, wenn die Anwendung mit allgemeinverbindlichen Bestimmungen von Verträgen und Beschlüssen völkerrechtlicher Organisationen nicht vereinbar ist."

[104] *Gerald G. Sander,* Zur unmittelbaren Anwendbarkeit der WTO-Abkommen in der Europäischen Rechtsordnung, VRÜ 36 (2003), S. 261 (275 f.); *Naboth van den Broek,* Legal Persuasion, Political Realism, and Legitimacy: The European Court's Recent Treatment of the Effect of WTO Agreements in the EC Legal Order, JIEL 4 (2001), S. 411 (438 ff.); *Andrea Ott,* GATT und WTO im Gemeinschaftsrecht, 1997, S. 258 ff.; *Ulrich Everling,* Will Europe Slip on Bananas? The Bananas Judgment of the Court of Justice and National Courts, CMLRev. 33 (1996), S. 401 (422); *Michael J. Hahn/Gunnar Schuster,* Le droit des États membres de se prévaloir en justice d'un accord liant la communauté, RGDIP 99 (1995), S. 367 (375 ff.; *Michael J. Hahn/Gunnar Schuster,* Zum Verstoß von gemeinschaftlichem Sekundärrecht gegen das GATT, EuR 28 (1993), S. 261 (280 f.).

einer Frage der Zulässigkeit und der unmittelbaren Anwendbarkeit der Bestimmungen der völkerrechtlichen Verträge der Europäischen Gemeinschaft, einer Frage der Begründetheit, nämlich der Rechtmäßigkeit bzw. Gültigkeit sekundären Gemeinschaftsrechts, macht.[105] Zwar scheint der EuGH die unmittelbare Anwendbarkeit der Bestimmungen des GATT 1947 im Urteil „International Fruit Company" in der Zulässigkeit des Vorabentscheidungsverfahrens nach Art. 234 Abs. 1 lit. b) Alt. 1 EGV zu prüfen. Dies liegt aber allein an der Formulierung der zur Vorabentscheidung vorgelegten Fragen. Eine Unterscheidung zwischen natürlichen bzw. juristischen Personen und Mitgliedstaaten im Rahmen der Begründetheit der Nichtigkeitsklage ist nicht angezeigt, weil die Mitgliedstaaten einerseits wie natürliche bzw. juristische Personen eigene Interessen vertreten und weil die natürlichen bzw. juristischen Personen andererseits auch zur objektiven Kontrolle des sekundären Gemeinschaftsrechts beitragen.[106]

Schließlich wird im Schrifttum argumentiert, daß der EuGH, indem er die gerichtliche Kontrolle der Rechtmäßigkeit sekundären Gemeinschaftsrechts von der unmittelbaren Anwendbarkeit der Bestimmungen der völkerrechtlichen Verträge der Europäischen Gemeinschaft abhängig mache, die Mitgliedstaaten jeder Möglichkeit beraube, die Rechtmäßigkeit sekundären Gemeinschaftsrechts an nicht unmittelbar anwendbaren Bestimmungen der völkerrechtlichen Verträge der Europäischen Gemeinschaft überprüfen zu lassen.[107] Dies sei, so Generalanwalt Jacobs in seinen Schlußanträgen zu „Niederlande/Parlament und Rat", rechtspolitisch nicht wünschenswert, da sich die Mitgliedstaaten im Fall der Unvereinbarkeit sekundären Gemeinschaftsrechts mit den Bestimmungen der völkerrechtlichen Verträge der Europäischen Gemeinschaft, an die sie nach Art. 300 Abs. 7 EGV gebunden sind, widerstreitenden Verpflichtungen gegenüber sehen würden, „ohne daß es einen Weg gebe, sie zu lösen".[108] Ein anderes Gericht, das Gemeinschaftsbestimmungen überprüfen könnte, existiere nicht. Die widerstreitenden Verpflichtungen, denen sich die Mitgliedstaaten gegenüber sehen würden, hat der EuGH im Urteil „Niederlande/Parlament und Rat" auch zum Anlaß genommen, die Rechtmäßigkeit der Richtlinie 98/44/EG des Euro-

---

[105] *Anne Peters,* The Position of International Law Within the European Community Legal Order, GYIL 40 (1997), S. 9 (68); *Piet Eeckhout,* The Domestic Legal Status of the WTO Agreement: Interconnecting Legal Systems, CMLRev. 34 (1997), S. 11 (24 f.).

[106] *Anne Peters,* The Position of International Law Within the European Community Legal Order, GYIL 40 (1997), S. 9 (68).

[107] *Georg M. Berrisch/Hans-Georg Kamann,* WTO-Recht im Gemeinschaftsrecht – (k)eine Kehrtwende des EuGH, EWS 11 (2000), S. 89 (94).

[108] Schlußanträge von Generalanwalt Jacobs, Rs. C-377/98, 14.6.2001, Slg. 2001, I-7084, Rn. 147 (Niederlande/Parlament und Rat).

päischen Parlaments und des Rates vom 6. Juli 1998 über den rechtlichen Schutz biotechnologischer Erfindungen an den Bestimmungen des TRIPs-Übereinkommens, des Übereinkommens über technische Handelshemmnisse vom 15. April 1994 (*Agreement on Technical Barriers to Trade,* TBT-Übereinkommen),[109] des Übereinkommens über die Erteilung europäischer Patente vom 5. Oktober 1973 (Europäisches Patentübereinkommen) und des Übereinkommens über die biologische Vielfalt vom 5. Juni 1992 (*Convention on Biological Diversity,* CBD-Übereinkommen) zu überprüfen.[110] Dies, obwohl der EuGH im Urteil „Portugal/Rat" entschieden hatte, daß die Bestimmungen des Übereinkommens über die Errichtung der Welthandelsorganisation vom 15. April 1994 (*Agreement Establishing the World Trade Organization,* WTO-Übereinkommen), als dessen Bestandteile das TRIPs- und das TBT-Übereinkommen nach Art. II Abs. 2 des WTO-Übereinkommens gelten, „wegen ihrer Natur und ihrer Struktur grundsätzlich nicht zu den Vorschriften gehör[en], an denen der Gerichtshof die Rechtmäßigkeit von Handlungen der Gemeinschaftsorgane mißt",[111] und obwohl es sich bei dem Europäischen Patentübereinkommen um einen späteren völkerrechtlichen Vertrag der Mitgliedstaaten handelt.

Es wäre jedoch falsch, aus dem Urteil „Niederlande/Parlament und Rat" die Schlußfolgerung zu ziehen, die gerichtliche Kontrolle der Rechtmäßigkeit sekundären Gemeinschaftsrechts setze die unmittelbare Anwendbarkeit der Bestimmungen der völkerrechtlichen Verträge der Europäischen Gemeinschaft ausnahmsweise dann nicht voraus, wenn die Mitgliedstaaten sich widerstreitenden Verpflichtungen gegenüber sehen. Zwar führt die Geltendmachung widerstreitender Verpflichtungen nach Ansicht des EuGH zur Zulässigkeit der Nichtigkeitsklage. „[D]er Klagegrund [ist] so zu verstehen, daß er weniger einen Verstoß der Gemeinschaft gegen ihre völkerrechtlichen Verpflichtungen, sondern vielmehr die den Mitgliedstaaten durch die Richtlinie vermeintlich auferlegte Verpflichtung beanstandet, gegen ihre völkerrechtlichen Pflichten zu verstoßen".[112] Da der EuGH in dem Urteil „Niederlande/Parlament und Rat" aber die Vereinbarkeit der Richtlinie 98/44/EG mit den Bestimmungen der geltend gemachten völkerrechtlichen Verträge festgestellt, d.h. widerstreitende Verpflichtungen der Mitgliedstaaten verneint hat, hat er gerade nicht beantwortet, welche Konsequenzen sich aus der Unvereinbarkeit sekundären Gemeinschaftsrechts mit nicht

---

[109] ABl. EU Nr. L 336 vom 23.12.1994, S. 86 ff.

[110] EuGH, Rs. C-377/98, 9.10.2001, Slg. 2001, I-7079, Rn. 50 ff. (Niederlande/Parlament und Rat).

[111] EuGH, Rs. C-149/69, 23.11.1999, Slg. 1999, I-8395, Rn. 47 (Portugal/Rat).

[112] EuGH, Rs. C-377/98, 9.10.2001, Slg. 2001, I-7079, Rn. 55 (Niederlande/Parlament und Rat).

unmittelbar anwendbaren Bestimmungen der völkerrechtlichen Verträge der Europäischen Gemeinschaft ergeben.

b) Die Ausnahmen nach der Rechtsprechung des EuGH

aa) Die ablehnenden Entscheidungen, die die Kommission auf der Grundlage der Handelshemmnisverordnung trifft

Sofern die Kommission in einem innergemeinschaftlichen Untersuchungsverfahren auf der Grundlage der Verordnung (EG) Nr. 3286/94 des Rates vom 22. Dezember 1994 zur Festlegung der Verfahren der Gemeinschaft im Bereich der gemeinsamen Handelspolitik zur Ausübung der Rechte der Gemeinschaft nach allgemeinen Handelsregeln, insbesondere den im Rahmen der Welthandelsorganisation vereinbarten Regeln (sog. Handelshemmnisverordnung bzw. *Trade Barriers Regulation*) zu dem Ergebnis kommen sollte, daß ein drittstaatliches Handelshemmnis nicht besteht, und/oder das erforderliche Gemeinschaftsinteresse verneint, können die antragstellenden Unternehmen oder Unternehmensvereinigungen der Europäischen Gemeinschaft die Entscheidung der Kommission durch den EuGH überprüfen lassen.

Nach dem Urteil „Fediol“[113] können die Rechtmäßigkeit bzw. die Gültigkeit der ablehnenden Entscheidungen der Kommission ausnahmsweise an den Bestimmungen der völkerrechtlichen Verträge der Europäischen Gemeinschaft, die nicht unmittelbar anwendbar sind, gemessen werden, wenn erstens das sekundäre Gemeinschaftsrecht einzelnen das Recht verleiht, sich in einem besonderen innergemeinschaftlichen Verfahren auf die Bestimmungen der völkerrechtlichen Verträge zu berufen[114] und wenn zweitens das sekundäre Gemeinschaftsrecht auf die Bestimmungen der völkerrechtlichen Verträge der Europäischen Gemeinschaft verweist[115]. Da die Verweisung auf Bestimmungen der völkerrechtlichen Verträge der Europäischen

---

[113] EuGH, Rs. 70/87, 22.6.1989, Slg. 1989, 1781 ff. (Vereinigung der Ölmühlenindustrie der EWG (Fediol)/Kommission).

[114] EuGH, Rs. 70/87, 22.6.1989, Slg. 1989, 1781, Rn. 22 (Vereinigung der Ölmühlenindustrie der EWG (Fediol)/Kommission).

[115] EuGH, Rs. 70/87, 22.6.1989, Slg. 1989, 1781, Rn. 19 (Vereinigung der Ölmühlenindustrie der EWG (Fediol)/Kommission). Die spätere Rechtsprechung des EuGH (z.B. EuGH, Rs. C-280/93, 5.10.1994, Slg. 1994, I-4973, Rn. 111 (Deutschland/Rat)) reduziert den Anwendungsbereich der durch das Urteil „Fediol“ bestimmten Ausnahme zu Unrecht auf die Formel „wenn die Gemeinschaftshandlung ausdrücklich auf spezielle Bestimmungen [...] verweist“ (vgl. *Sabine Mauderer,* Der Wandel vom GATT zur WTO und die Auswirkungen auf die Europäische Gemeinschaft, 2001, S. 125; *Andrea Ott,* GATT und WTO im Gemeinschaftsrecht, 1997, S. 147).

Gemeinschaft im sekundären Gemeinschaftsrecht alleine nicht genügt, um eine mittelbare Anwendbarkeit der Bestimmungen der völkerrechtlichen Verträge der Europäischen Gemeinschaft anzunehmen, fällt, nachdem die Verordnung (EWG) Nr. 2641/84 des Rates vom 17. September 1984 zur Stärkung der gemeinsamen Handelspolitik und insbesondere des Schutzes gegen unerlaubte Handelspraktiken[116] nicht mehr rechtskräftig ist, mangels vergleichbarem sekundärem Gemeinschaftsrecht nur die ihr nachfolgende Handelshemmnisverordnung in den Anwendungsbereich der durch das Urteil „Fediol“ bestimmten Ausnahme.[117]

bb) Das sekundäre Gemeinschaftsrecht, das die Bestimmungen der völkerrechtlichen Verträge umsetzt

Ausnahmsweise kann die Rechtmäßigkeit bzw. die Gültigkeit des sekundären Gemeinschaftsrechts nach dem Urteil „Nakajima“[118] auch dann an den Bestimmungen der völkerrechtlichen Verträge der Europäischen Gemeinschaft, die nicht unmittelbar anwendbar sind, gemessen werden, wenn die Europäische Gemeinschaft eine bestimmte, im Rahmen ihrer völkerrechtlichen Verträge übernommene Verpflichtung umsetzt[119] und dadurch an der Wirkung des sekundären Gemeinschaftsrechts teilhaben läßt.

Die Umsetzung einer bestimmten, im Rahmen ihrer völkerrechtlichen Verträge übernommenen Verpflichtung liegt vor, wenn die Europäische Gemeinschaft sekundäres Gemeinschaftsrecht in der Absicht erläßt, Bestimmungen ihrer völkerrechtlichen Verträge in das sekundäre Gemeinschaftsrecht aufzunehmen, und dies in den Erwägungsgründen des sekundären Gemeinschaftsrechts zum Ausdruck bringt.[120] Die Verordnung (EWG) Nr. 2423/88 des Rates vom 11. Juli 1988 über den Schutz gegen gedumpte oder subventionierte Einfuhren aus nicht zur Europäischen Wirtschaftsgemeinschaft gehörenden Ländern[121], die dem Urteil „Nakajima“ zugrunde

---

116 ABl. EU Nr. L 252 vom 20.9.1984, S. 1 ff. Die Verordnung (EWG) Nr. 2641/84 ist als „Neues Handelspolitisches Instrument“ bekannt geworden.

117 *Georg M. Berrisch/Hans-Georg Kamann,* WTO-Recht im Gemeinschaftsrecht – (k)eine Kehrtwende des EuGH, EWS 11 (2000), S. 89 (96); *Piet Eeckhout,* The Domestic Legal Status of the WTO Agreement: Interconnecting Legal Systems, CMLRev. 34 (1997), S. 11 (43).

118 EuGH, Rs. C-69/89, 7.5.1991, Slg. 1991, I-2069 ff. (Nakajima All Precision Co. Ltd./Rat).

119 EuGH, Rs. C-69/89, 7.5.1991, Slg. 1991, I-2069, Rn. 31 (Nakajima All Precision Co. Ltd./Rat).

120 *Georg M. Berrisch/Hans-Georg Kamann,* WTO-Recht im Gemeinschaftsrecht – (k)eine Kehrtwende des EuGH, EWS 11 (2000), S. 89 (95).

121 ABl. EU Nr. L 209 vom 2.8.1988, S. 1 ff.

lag, macht in ihrem zweiten Erwägungsgrund deutlich, daß sie in Übereinstimmung mit den bestehenden internationalen Verpflichtungen, die im einzelnen aufgezählt werden, festgelegt wurde. Fehlt ein solcher Hinweis in den Erwägungsgründen, muß im Wege der Auslegung ermittelt werden, ob das sekundäre Gemeinschaftsrecht in Umsetzung der Bestimmungen der völkerrechtlichen Verträge der Europäischen Gemeinschaft erlassen wurde.[122] Wie bei der Überprüfung der Wahl der richtigen Rechtsgrundlage sekundären Gemeinschaftsrechts muß die Auslegung auf objektiven, gerichtlich nachprüfbaren Umständen beruhen, zu denen insbesondere das Ziel und der Inhalt des sekundären Gemeinschaftsrechts gehören.[123] Da die Umsetzung nicht unmittelbar anwendbarer Bestimmungen der völkerrechtlichen Verträge der Europäischen Gemeinschaft in sekundäres Gemeinschaftsrecht aber eher eine Regel als eine Ausnahme darstellt,[124] ist der Anwendungsbereich der durch das Urteil „Nakajima" bestimmten Form der Ausnahme nicht zu weit auszulegen. Er setzt vielmehr voraus, daß die Europäische Gemeinschaft eine im Rahmen ihrer völkerrechtlichen Verträge übernommene Verpflichtung umsetzt, d.h. nicht nur von einem ihr gewährten Ermessen Gebrauch macht,[125] und daß die in das sekundäre Gemeinschaftsrecht umgesetzte Verpflichtung zumindest bestimmbar ist. Aus diesem Grunde reicht das allgemeine Bekenntnis zur „Einhaltung verschiedener internationaler Verpflichtungen" in dem dritten Erwägungsgrund der Verordnung (EG) Nr. 404/93 des Rates vom 13. Februar 1993 über die gemeinsame Marktorganisation für Bananen[126], die nicht näher erläutert werden, nach dem Urteil „Deutschland/Rat" nicht aus, um eine Umsetzung der Bestimmungen der völkerrechtlichen Verträge der Europäischen Gemeinschaft im sekundären Gemeinschaftsrecht anzunehmen.[127]

Soweit ersichtlich, sind die Bestimmungen der bisherigen völkerrechtlichen Verträge der Europäischen Gemeinschaft auf dem Gebiet des geistigen Eigentums mit Ausnahme der Bestimmungen des Madrider Markenprotokolls[128] nicht in sekundäres Gemeinschaftsrecht umgesetzt worden, so daß sie, sollten sie nicht unmittelbar anwendbar sein, auch nicht ausnahmsweise

---

[122] *Georg M. Berrisch/Hans-Georg Kamann,* WTO-Recht im Gemeinschaftsrecht – (k)eine Kehrtwende des EuGH, EWS 11 (2000), S. 89 (95).

[123] Vgl. z.B. EuGH, Rs. C-300/89, 11.6.1991, Slg. 1991, I-2867, Rn. 10 (Kommission/Rat).

[124] *Anne Peters,* The Position of International Law Within the European Community Legal Order, GYIL 40 (1997), S. 9 (75).

[125] *Stefan Griller,* Judicial Enforceability of WTO Law in the European Union, JIEL 3 (2000), S. 441 (466).

[126] ABl. EU Nr. L 47 vom 25.2.1993, S. 1 ff.

[127] EuGH, Rs. C-280/93, 5.10.1994, Slg. 1994, I-4973, Rn. 111 f. (Deutschland/Rat).

herangezogen werden könnten, um die Rechtmäßigkeit bzw. Gültigkeit sekundären Gemeinschaftsrechts zu überprüfen.

2. Das Vorabentscheidungsverfahren nach Art. 234 Abs. 1 lit. b) Alt. 2 EGV

Wenn die Bestimmungen der völkerrechtlichen Verträge der Europäischen Gemeinschaft nicht unmittelbar anwendbar sind, entscheidet der EuGH im Wege des Vorabentscheidungsverfahrens nach Art. 234 Abs. 1 lit. b) Alt. 2 EGV nur über die Auslegung der Bestimmungen der völkerrechtlichen Verträge.

3. Die Vertragsverletzungsklage nach Art. 226, 227 EGV

Noch weitgehend ungeklärt ist, ob die Feststellung des EuGH nach Art. 228 Abs. 1 EGV, daß ein Mitgliedstaat der Europäischen Gemeinschaft gegen eine Verpflichtung aus dem EG-Vertrag verstoßen hat, indem er die Bestimmungen der völkerrechtlichen Verträge der Europäischen Gemeinschaft nicht beachtet hat,[129] die unmittelbare Anwendbarkeit dieser Bestimmungen voraussetzt.

Teile der Literatur sehen in der bisherigen Rechtsprechung deutliche Anzeichen, daß der EuGH die gerichtliche Kontrolle der innerstaatlichen Maßnahmen anders als die gerichtliche Kontrolle des sekundären Gemeinschaftsrechts nicht von der unmittelbaren Anwendbarkeit der Bestimmungen der völkerrechtlichen Verträge der Europäischen Gemeinschaft abhängig macht.[130] In dem Urteil „Kommission/Deutschland", das als Beispiel angeführt wird, habe die Kommission Deutschland nicht nur eine Verletzung der Verordnung (EWG) Nr. 1999/85 des Rates vom 16. Juli 1985

---

[128] Verordnung (EG) Nr. 422/2004 des Rates vom 19. Februar 2004 zur Änderung der Verordnung (EG) Nr. 40/94 über die Gemeinschaftsmarke (ABl. EU Nr. L 70 vom 9.3.2004, S. 1 ff.).

[129] Nach Art. 300 Abs. 7 EGV sind die völkerrechtlichen Verträge der Europäischen Gemeinschaft für die Mitgliedstaaten verbindlich.

[130] *Steve Peers,* Fundamental Right or Political Whim? WTO Law and the European Court of Justice, in: Gráinne de Búrca/Joanne Scott (eds), The EU and the WTO, Legal and Constitutional Issues, 2001, S. 111 (113); *Armin von Bogdandy,* Rechtsgleichheit, Rechtssicherheit und Subsidiarität im transnationalen Wirtschaftsrecht, EuZW 12 (2001), S. 357 (361 f.); *Armin von Bogdandy/Tilman Makatsch,* Kollision, Koexistenz oder Kooperation?, EuZW 11 (2000), S. 261 (267 f.); *Astrid Epiney,* Zur Stellung des Völkerrechts in der EU, EuZW 10 (1999), S. 5 (11), Rn. 67; *Jörn Sack,* Noch einmal: GATT/WTO und europäisches Rechtsschutzsystem, EuZW 8 (1997), S. 688.

über den aktiven Veredelungsverkehr[131] vorgeworfen, sondern auch eine Verletzung der Internationalen Übereinkunft über Milcherzeugnisse,[132] die im Zuge der Handelsverhandlungen von 1973–1979 (GATT) ausgehandelt worden war.[133] Daraufhin habe der EuGH die Vereinbarkeit der Bewilligung der Einfuhr von Milcherzeugnissen im aktiven Veredelungsverkehr mit den Bestimmungen der Internationalen Übereinkunft über Milcherzeugnisse untersucht, ohne die Frage der unmittelbaren Anwendbarkeit dieser Bestimmungen zu problematisieren. Der damit vermeintlich aufgezeigten Herausbildung unterschiedlicher Voraussetzungen bei der gerichtlichen Kontrolle des sekundären Gemeinschaftsrechts einerseits und der innerstaatlichen Maßnahmen andererseits wird unter Hinweis auf die schwachen Aufsichtsbefugnisse der Kommission gegenüber den Mitgliedstaaten Verständnis entgegengebracht.[134]

Die Ansicht, der EuGH beabsichtige, die gerichtliche Kontrolle der innerstaatlichen Maßnahmen anders als die gerichtliche Kontrolle des sekundären Gemeinschaftsrechts nicht von der unmittelbaren Anwendbarkeit der Bestimmungen der völkerrechtlichen Verträge der Europäischen Gemeinschaft abhängig zu machen, ist nicht überzeugend. Denn der EuGH setzt die unmittelbare Anwendbarkeit der Bestimmungen der völkerrechtlichen Verträge der Europäischen Gemeinschaft nur dann voraus, wenn die Unvereinbarkeit sekundären Gemeinschaftsrechts mit diesen Bestimmungen zur Rechtswidrigkeit bzw. Ungültigkeit sekundären Gemeinschaftsrechts führen soll. Für die Prüfung der Rechtmäßigkeit bzw. der Gültigkeit innerstaatlicher Maßnahmen ist der EuGH aber gerade nicht zuständig. Es obliegt ihm lediglich, im Rahmen eines Vertragsverletzungsverfahrens nach Art. 226, 227 EGV festzustellen, daß ein Mitgliedstaat gegen eine Verpflichtung aus dem EG-Vertrag verstoßen hat. Anders als das Nichtigkeitsurteil nach Art. 231 EGV[135] und die Ungültigkeitsentscheidung nach Art. 234 Abs. 1 lit. b) Alt. 1 EGV[136] hat das Urteil, das im Rahmen eines Vertragsverlet-

[131] ABl. EU Nr. L 210 vom 31.7.1991, S. 1 ff.

[132] ABl. EU Nr. L 71 vom 17.3.1980, S. 11 ff.

[133] EuGH, Rs. C-61/94, 10.9.1996, Slg. 1996, I-3989, Rn. 1 (Kommission/Deutschland).

[134] *Armin von Bogdandy/Tilman Makatsch,* Kollision, Koexistenz oder Kooperation?, EuZW 11 (2000), S. 261 (267).

[135] Das Nichtigkeitsurteil nach Art. 231 EGV hat gestaltende Wirkung, da ein der Nichtigkeitsklage stattgebendes Urteil das sekundäre Gemeinschaftsrecht für nichtig erklärt (vgl. *Christian Koenig/Matthias Pechstein/Claude Sander,* EU-/EG-Prozeßrecht, 2. Auflage 2002, Rn. 542; *Rudolf Geiger,* EUV/EGV, Vertrag über die Europäische Union und Vertrag zur Gründung der Europäischen Gemeinschaft, 3. Auflage 2000, Art. 231 EGV Rn. 1).

[136] Die Wirkung des Urteils im Vorabentscheidungsverfahren ist nicht ausdrücklich geregelt. Die Organe der Europäischen Gemeinschaft und ihrer Mitgliedstaaten

zungsverfahrens getroffen wird, gemäß Art. 228 Abs. 1 EGV nur feststellende, aber keine gestaltende Wirkung.[137] Stellt es die Unvereinbarkeit innerstaatlichen Rechts mit den Bestimmungen der völkerrechtlichen Verträge der Europäischen Gemeinschaft fest, ist das innerstaatliche Recht nicht nichtig. Der verurteilte Mitgliedstaat ist lediglich verpflichtet, das innerstaatliche Recht so zu ändern, daß es den Anforderungen der Bestimmungen der völkerrechtlichen Verträge der Europäischen Gemeinschaft entspricht.[138] Sind die Bestimmungen der völkerrechtlichen Verträge der Europäischen Gemeinschaft, gegen die der verurteilte Mitgliedstaat verstoßen hat, unmittelbar anwendbar, müssen sie – wegen des Anwendungsvorrangs des Gemeinschaftsrechts – vorrangig angewendet werden. Sind sie nicht unmittelbar anwendbar, wird der verurteilte Mitgliedstaat durch das Feststellungsurteil nach Art. 228 Abs. 1 EGV lediglich verpflichtet, das innerstaatliche Recht gemeinschaftsrechtskonform auszulegen bzw., wo dies nicht möglich ist, anzupassen.[139] Da der EuGH in dem Vertragsverletzungsverfahren, das dem Urteil „Kommission/Deutschland" zugrundelag, nur über die Vereinbarkeit der Bewilligung der Einfuhr von Milcherzeugnissen mit den Bestimmungen der Internationalen Übereinkunft über Milcherzeugnisse, aber nicht über die Folgen einer möglichen Unvereinbarkeit entscheiden durfte, konnte er neben einem Verstoß gegen die Verordnung (EWG) Nr. 1999/85 des Rates vom 16. Juli 1985 über den aktiven Veredelungsverkehr einen Verstoß gegen Bestimmungen der Internationalen Übereinkunft über Milcherzeugnisse feststellen,[140] ohne verpflichtet zu sein, die unmittelbare Anwendbarkeit dieser Bestimmungen in den Urteilsgründen zu problematisieren. Der Umstand, daß der EuGH die unmittelbare Anwendbarkeit der Bestimmungen der Internationalen Übereinkunft über Milcherzeugnisse nicht problematisiert hat, vermag die in der Literatur vertretene Auffassung damit nicht zu stützen.[141]

---

dürfen jedoch nach der Rechtsprechung des EuGH ohne weiteres von der Ungültigkeit sekundären Gemeinschaftsrechts ausgehen, das für ungültig erklärt wurde (EuGH, Rs. 66/80, 13.5.1981, Slg. 1981, 1191, Rn. 13 (SPA International Chemical Corporation/Amminstrazione delle finanze dello stato); *Rudolf Geiger,* EUV/EGV, Vertrag über die Europäische Union und Vertrag zur Gründung der Europäischen Gemeinschaft, 3. Auflage 2000, Art. 234 EGV Rn. 34).

[137] *Rudolf Geiger,* EUV/EGV, Vertrag über die Europäische Union und Vertrag zur Gründung der Europäischen Gemeinschaft, 3. Auflage 2000, Art. 228 EGV Rn. 2 ff.

[138] Vgl. *mutatis mutandis* EuGH, Verb. Rs. 314 bis 316/81 und 83/82, 14.12.1982, Slg. 1985, 4337, Rn. 14 (Procureur de la République und Comité national de défense contre l'alcoolisme/Alex Waterkeyn u. a.; Procureur de la République/Jean Cayard u. a.).

[139] Vgl. zum Anwendungsvorrang des Gemeinschaftsrechts z. B. *Rudolf Streinz,* Europarecht, 6. Auflage 2003, Rn. 223a.

[140] EuGH, Rs. C-61/94, 10.9.1996, Slg. 1996, I-3989, Leitsatz 1 (Kommission/Deutschland).

4. Die Schadensersatzklage nach Art. 235 i.V.m. Art. 288 Abs. 2 EGV

Ebenfalls noch weitgehend ungeklärt ist, ob die einer Schadensersatzklage nach Art. 235 i.V.m. Art. 288 Abs. 2 EGV stattgebende Entscheidung voraussetzt, daß die Bestimmungen der völkerrechtlichen Verträge der Europäischen Gemeinschaft, die ein Gemeinschaftsorgan in Ausübung einer Amtsätigkeit verletzt hat, invokabil sind, d.h. einzelne unmittelbar berechtigen und/oder verpflichten.

Die Schadensersatzklage nach Art. 235 i.V.m. Art. 288 Abs. 2 EGV ist nach der Rechtsprechung des EuGH begründet, wenn ein Gemeinschaftsorgan in Ausübung einer Amtstätigkeit im Falle administrativen Unrechts[142] eine dem Schutz einzelner dienende Rechtsnorm bzw. im Falle legislativen Unrechts[143] eine höherrangige, dem Schutz einzelner dienende Rechtsnorm in qualifizierter Weise verletzt und dadurch unmittelbar einen kausalen Schaden des Klägers verursacht hat. Die verletzte Rechtsnorm dient dem Schutz einzelner über die Schutznormlehre des deutschen Verwaltungsprozeßrechts[144] hinaus[145], wenn sie die Interessen einzelner zumindest reflex-

---

[141] Zu diesem Ergebnis kommen auch *Pascal Royla,* WTO-Recht – EG-Recht: Kollision, Justiziabilität, Implementation, EuR 36 (2001), S. 495 (520), und *Stefan Griller,* Judicial Enforceability of WTO Law in the European Union, JIEL 3 (2000), S. 441 (470 ff.), wenn auch mit anderen Begründungen. *Roylas* Argument, die Verurteilung Deutschlands beruhe allein darauf, die Bewilligung der Einfuhr von Milcherzeugnissen habe nicht den völkerrechtskonform ausgelegten Bestimmungen der Verordnung (EWG) Nr. 1999/85 entsprochen, kann indes nicht gefolgt werden. Deutschland wurde sowohl wegen einer Verletzung der völkerrechtskonform ausgelegten Bestimmungen der Verordnung (EWG) Nr. 1999/85 als auch wegen einer Verletzung der Bestimmungen der Internationalen Übereinkunft über Milcherzeugnisse verurteilt (EuGH, Rs. C-61/94, 10.9.1996, Slg. 1996, I-3989, Leitsatz 1 (Kommission/Deutschland)).

[142] Vgl. z.B. EuGH, Rs. 145/83, 7.11.1985, Slg. 1985, 3539, Rn. 30 (Stanley George Adams/Kommission): „Obwohl die Kommission somit dem Kläger gegenüber zur Vertraulichkeit verpflichtet gewesen sei, habe sie diese Verpflichtung verletzt [...]".

[143] Vgl. z.B. EuGH, Rs. 5/71, 2.12.1971, Slg. 1971, 975, Rn. 11 (Aktien-Zuckerfabrik Schöppenstedt/Rat).

[144] *Friedhelm Hufen,* Verwaltungsprozeßrecht, 5. Auflage 2003, § 14, Rn. 96 ff.; *Ferdinand O. Kopp/Wolf-Rüdiger Schenke,* Verwaltungsgerichtsordnung, 13. Auflage 2003, § 42 Rn. 83 ff.; *Hans-Uwe Erichsen,* in: Hans-Uwe Erichsen (Hrsg.), Allgemeines Verwaltungsrecht, 12. Auflage 2002, § 11, Rn. 31 ff.

[145] *Christian Koenig/Matthias Pechstein/Claude Sander,* EU-/EG-Prozeßrecht, 2. Auflage 2002, Rn. 729; *Armin von Bogdandy,* in: Eberhard Grabitz/Meinhard Hilf (Hrsg.), Das Recht der Europäischen Union, Band II, EUV/EGV, 20. Ergänzungslieferung – Stand August 2002, Art. 288 EGV Rn. 69; *Hans-Uwe Erichsen,* in: Hans-Uwe Erichsen (Hrsg.), Allgemeines Verwaltungsrecht, 12. Auflage 2002, § 11, Rn. 44; *Hans J. Wolff/Otto Bachof/Rolf Stober,* Verwaltungsrecht, Band 1, 11. Auf-

artig betrifft.[146] Dieser auf subjektive Interessen und nicht auf subjektiv-öffentliche Rechte bezogene Ansatz des EuGH ist konsequent, da das Gemeinschaftsprozeßrecht anders als das deutsche Verwaltungsprozeßrecht nicht auf der Dogmatik des subjektiven-öffentlichen Rechts aufbaut[147] und Art. 288 Abs. 2 EGV auf die allgemeinen Rechtsgrundsätze verweist, die den Rechtsordnungen der Mitgliedstaaten gemeinsam sind. Die Rechtsordnungen anderer Mitgliedstaaten bauen ebenfalls nicht auf der Dogmatik des subjektiv-öffentlichen Rechts auf, sondern lassen ein *intérêt pour agier* oder ein *sufficient interest* genügen.[148]

In der Literatur ist umstritten, ob die Bestimmungen der völkerrechtlichen Verträge der Europäischen Gemeinschaft, die grundsätzlich Rechtsnormen im Sinne von Art. 235 i. V. m. Art. 288 Abs. 2 EGV darstellen können,[149] dem Schutz einzelner nur dienen, wenn sie invokabil sind, d.h. subjektive Rechte und/oder Pflichten einzelner begründen,[150] oder auch dann, wenn sie die Interessen einzelner zumindest reflexartig betreffen.[151]

---

lage 1999, § 43, Rn. 26c („gemeinschaftsrechtlich modifizierte Schutznormtheorie"); *Fritz Ossenbühl,* Staatshaftungsrecht, 5. Auflage 1998, S. 591.

[146] EuGH, Verb. Rs. 5, 7 und 13 bis 24/66, 14.7.1967, Slg. 1967, 332 (354) (Firma E. Kampffmeyer und andere 13 Kläger/Kommission): „Daß diese Interessen allgemeiner Art sind, schließt nicht aus, daß sie auch die Interessen einzelner Unternehmen [...] umfassen, die [...] am innergemeinschaftlichen Handel teilnehmen."

[147] Im Rahmen der Nichtigkeitsklage nach Art. 230 EGV ist anders als in der deutschen Anfechtungsklage nach § 113 Abs. 1 S. 1 VwGO keine Auseinandersetzung mit der Frage erforderlich, ob durch das rechtswidrige Gemeinschaftshandeln auch ein subjektiv-öffentliches Recht des Klägers verletzt wurde (vgl. *Christian Koenig/Matthias Pechstein/Claude Sander,* EU-/EG-Prozeßrecht, 2. Auflage 2002, Rn. 525, 527, 729).

[148] *Hans. J. Wolff/Otto Bachof/Rolf Stober,* Verwaltungsrecht, Band 1, 11. Auflage 1999, § 43, Rn. 26c.

[149] *Armin von Bogdandy,* in: Eberhard Grabitz/Meinhard Hilf (Hrsg.), Das Recht der Europäischen Union, Band II, EUV/EGV, 20. Ergänzungslieferung – Stand August 2002, Art. 288 EGV Rn. 73 und 131; *Matthias Ruffert,* in: Christian Calliess/Matthias Ruffert (Hrsg.), Kommentar des Vertrages über die Europäische Union und des Vertrages zur Gründung der Europäischen Gemeinschaft – EUV/EGV –, 2. Auflage 2002, Art. 288 EGV Rn. 13; *August Reinisch,* Entschädigung für die unbeteiligten „Opfer" des Hormon- und Bananenstreites nach Art. 288 II EG?, EuZW 11 (2000), S. 42 (45).

[150] *Armin von Bogdandy,* in: Eberhard Grabitz/Meinhard Hilf (Hrsg.), Das Recht der Europäischen Union, Band II, EUV/EGV, 20. Ergänzungslieferung – Stand August 2002, Art. 288 EGV Rn. 73; *Matthias Ruffert,* in: Christian Calliess/Matthias Ruffert (Hrsg.), Kommentar des Vertrages über die Europäische Union und des Vertrages zur Gründung der Europäischen Gemeinschaft – EUV/EGV –, 2. Auflage 2002, Art. 288 EGV Rn. 13; *Pascal Royla,* WTO-Recht – EG-Recht: Kollision, Justiziabilität, Implementation, EuR 36 (2001), S. 495 (508 f.).

[151] *Birgit Schoißwohl,* Haftung der Gemeinschaft für WTO-Rechtsverletzungen ihrer Organe: Doktrin der „Nichtverantwortung"?, ZEuS 4 (2001), S. 689 (713 f.);

Für eine weite Auslegung könnte sprechen, daß die Voraussetzungen der Haftung der Europäischen Gemeinschaft und der Mitgliedstaaten bei einer Verletzung des Gemeinschaftsrechts, wozu auch die völkerrechtlichen Verträge der Europäischen Gemeinschaft gehören, nach der Rechtsprechung des EuGH[152] und der herrschenden Lehre[153] nach gleichen Regeln auszulegen sind. In dem Urteil „Francovich" des EuGH ist der gemeinschaftsrechtliche Schadensersatzanspruch nicht daran gescheitert, daß die von Italien nicht fristgerecht in innerstaatliches Recht umgesetzte Richtlinie 80/987/EWG des Rates vom 20. Oktober 1980 zur Angleichung der Rechtsvorschriften der Mitgliedstaaten über den Schutz der Arbeitnehmer bei Zahlungsunfähigkeit des Arbeitgebers[154] nicht unmittelbar anwendbar war[155] und damit auch keine subjektive Rechte und/oder Pflichten der betroffenen Arbeitnehmer begründen konnte.[156] Es genügte, daß die Richtlinie 80/987/EWG die Mitgliedstaaten nach Art. 249 Abs. 3 EGV verpflichtete, ein subjektives Recht der betroffenen Arbeitnehmer auf eine Garantie für die Befriedigung ihrer nichterfüllten Ansprüche auf das Arbeitsentgelt im innerstaatlichen Recht zu begründen, und der Inhalt dieses subjektiven Rechts auf der Grundlage der Richtlinie 80/987/EWG bestimmt werden konnte.[157]

Würde die Parallelisierung der Voraussetzungen der Haftung der Europäischen Gemeinschaft und der Mitgliedstaaten bei einer Verletzung des Gemeinschaftsrechts in allen Einzelheiten erfolgen, würden die Bestimmungen der völkerrechtlichen Verträge der Europäischen Gemeinschaft dem Schutz einzelner zwar nicht bereits dann dienen, wenn sie die Interessen einzelner nur reflexartig betreffen, aber auch nicht erst dann, wenn sie sub-

---

Geert A Zonnekeyn, EC Liability for Non-Implementation of Adopted WTO Panel and Appellate Body Reports, in: Vincent Kronenberger (ed.), The European Union and the International Legal Order: Discord or Harmony?, 2001, S. 251 (263); *August Reinisch,* Entschädigung für die unbeteiligten „Opfer" des Hormon- und Bananenstreites nach Art. 288 II EG?, EuZW 11 (2000), S. 42 (45).

[152] EuGH, Rs. C-352/98 P, 4.7.2000, Slg. 2000, I-5291, Rn. 41 (Laboratoires pharmaceutiques Bergaderm SA u. Jean-Jacques Goupil/Kommission); EuGH, Verb. Rs. 46 und 48/93, 5.3.1996, Slg. 1996, I-1029, Rn. 42 (Brasserie du Pêcheur SA/Deutschland und The Queen/Secretary of State for Transport, ex parte: Factortame Ltd u. a.).

[153] Vgl. z. B. *Armin von Bogdandy,* in: Eberhard Grabitz/Meinhard Hilf (Hrsg.), Das Recht der Europäischen Union, Band II, EUV/EGV, 20. Ergänzungslieferung – Stand August 2002, Art. 288 EGV Rn. 5 ff.

[154] ABl. EU Nr. L 283 vom 28.10.1980, S. 23 ff.

[155] EuGH, Verb. Rs. C-6 und 9/90, 19.11.1991, Slg. 1991, I-5357, Rn. 26 (Andrea Francovich, Danila Bonifaci u. a./Italien).

[156] Mißverständlich insoweit *Pascal Royla,* WTO-Recht – EG-Recht: Kollision, Justiziabilität, Implementation, EuR 36 (2001), S. 495 (509).

[157] EuGH, Verb. Rs. C-6 und 9/90, 19.11.1991, Slg. 1991, I-5357, Rn. 44 (Andrea Francovich, Danila Bonifaci u. a./Italien).

jektive Rechte und/oder Pflichten einzelner begründen. Notwendig, aber auch ausreichend wäre, daß die Bestimmungen der völkerrechtlichen Verträge der Europäischen Gemeinschaft zur Begründung subjektiver Rechte und/oder Pflichten verpflichten und der Inhalt der subjektiven Rechte und/ oder Pflichten auf der Grundlage dieser Bestimmungen bestimmt werden könnte.[158]

Da die Voraussetzungen der Haftung der Europäischen Gemeinschaft und der Mitgliedstaaten bei einer Verletzung des Gemeinschaftsrechts jedoch nur im Grundsatz nach gleichen Regeln auszulegen sind,[159] ist zu prüfen, ob und inwieweit die rechtlichen Erwägungen, die im Urteil „Francovich" angestellt wurden, übertragen werden können. Der EuGH hat im Urteil „Francovich" ausgeführt, daß „[d]ie volle Wirksamkeit der gemeinschaftsrechtlichen Bestimmungen [...] beeinträchtigt und der Schutz der durch sie begründeten Rechte gemindert [wäre], wenn der einzelne nicht die Möglichkeit hätte, für den Fall eine Entschädigung zu erlangen, daß seine Rechte durch einen Verstoß gegen das Gemeinschaftsrecht verletzt werden, der einem Mitgliedstaat zuzurechnen ist".[160] Zumindest der hierin zum Ausdruck kommende Rechtsschutzgedanke kann auf die Haftung der Europäischen Gemeinschaft bei einer Verletzung der Bestimmungen ihrer völkerrechtlichen Verträge übertragen werden. Nach der Rechtsprechung des EuGH ist die Schadensersatzklage als selbständiger Rechtsbehelf mit eigener Funktion und eigenen Voraussetzungen geschaffen worden, der „sich von der Nichtigkeitsklage dadurch, das [er] nicht auf die Aufhebung einer bestimmten Maßnahme gerichtet ist, sondern auf den Ersatz des von einem Gemeinschaftsorgans verursachten Schadens[, unterscheidet]".[161] Aus diesem Grund ist eine enge Koppelung des Primärrechtsschutzes und des Sekundärrechtsschutzes dahingehend, daß die Rechtmäßigkeit des Gemeinschaftshandelns nur dann inzident im Rahmen der Schadensersatzklage an den Bestimmungen der völkerrechtlichen Verträge der Europäischen Ge-

---

[158] *Philipp Gasparon,* The Transposition of the Principle of Member State Liability into the Context of External Relations, EJIL 10 (1999), S. 605 (615).

[159] *Armin von Bogdandy,* in: Eberhard Grabitz/Meinhard Hilf (Hrsg.), Das Recht der Europäischen Union, Band II, EUV/EGV, 20. Ergänzungslieferung – Stand August 2002, Art. 288 EGV Rn. 7. Vgl. auch *Matthias Ruffert,* in: Christian Calliess/ Matthias Ruffert (Hrsg.), Kommentar des Vertrages über die Europäische Union und des Vertrages zur Gründung der Europäischen Gemeinschaft – EUV/EGV –, 2. Auflage 2002, Art. 288 EGV Rn. 13: „Zu beachten sind die Unterschiede zur subjektiven Berechtigung im Richtlinienrecht und beim Staatshaftungsanspruch gegenüber den Mitgliedstaaten."

[160] EuGH, Verb. Rs. C-6 und 9/90, 19.11.1991, Slg. 1991, I-5357, Rn. 33 (Andrea Francovich, Danila Bonifaci u. a./Italien).

[161] Vgl. z. B. EuGH, Rs. 175/84, 26.2.1986, Slg. 1986, 753, Rn. 32 (Firma Krohn und Co. Import-Export (GmbH und Co. KG)/Kommission).

meinschaft geprüft werden kann, wenn diese invokabil sind, d.h. wie im Rahmen der Nichtigkeitsklage unmittelbar anwendbar sind und darüber hinaus subjektive Rechte und/oder Pflichten einzelner begründen, nicht angezeigt. Die Voraussetzungen der Nichtigkeitsklage und der Schadensersatzklage weichen bereits dadurch voneinander ab, daß die Schadensersatzklage im Gegensatz zur Nichtigkeitsklage die unmittelbare und individuelle Betroffenheit natürlicher und juristischer Personen durch das Gemeinschaftshandeln nach Art. 230 Abs. 4 EGV nicht voraussetzt.

Zweifel bestehen allerdings an der Übertragbarkeit des Arguments der vollen Wirksamkeit (*effet utile*) der gemeinschaftsrechtlichen Bestimmungen, da die Anerkennung einer Haftung der Europäischen Gemeinschaft bei einer Verletzung der Bestimmungen der völkerrechtlichen Verträge der Europäischen Gemeinschaft die volle Wirksamkeit der angegriffenen gemeinschaftsrechtlichen Bestimmungen gerade in Frage stellen könnte. Dem ist allerdings entgegenzuhalten, daß die implizite Feststellung rechtswidriger gemeinschaftsrechtlicher Bestimmungen in der einer Schadensersatzklage stattgebenden Entscheidung nicht deren Gültigkeit berührt.[162] Wie bereits an anderer Stelle ausgeführt wurde,[163] setzt der EuGH die unmittelbare Anwendbarkeit der Bestimmungen der völkerrechtlichen Verträge der Europäischen Gemeinschaft, auf der die Invokabilität aufbaut, nur dann voraus, wenn die Unvereinbarkeit sekundären Gemeinschaftsrechts mit diesen Bestimmungen zur Ungültigkeit sekundären Gemeinschaftsrechts führen soll. Anders als das Nichtigkeitsurteil nach Art. 231 EGV hat die einer Schadensersatzklage stattgebende Entscheidung keine gestaltende Wirkung. Stellt es die Rechtswidrigkeit gemeinschaftsrechtlicher Bestimmungen fest, sind die gemeinschaftsrechtlichen Bestimmungen nicht nichtig. Die Europäische Gemeinschaft ist lediglich verpflichtet, Schadensersatz zu leisten.

Schließlich könnte gegen eine Übertragung der rechtlichen Erwägungen aus dem Urteil „Francovich" eingewandt werden, daß die Pflicht der Europäischen Gemeinschaft nach Art. 26 WVK, die Bestimmungen der völkerrechtlichen Verträge nach Treu und Glauben zu erfüllen, nicht mit den Pflichten der Mitgliedstaaten aus Art. 249 Abs. 3 EGV, die Richtlinie umzusetzen, und aus Art. 10 EGV, alle geeigneten Maßnahmen allgemeiner oder besonderer Art zur Erfüllung ihrer Verpflichtungen aus dem Gemeinschaftsrecht zu treffen, zu vergleichen wäre. Diese Argumentation übersieht jedoch, daß Art. 10 EGV nach der Rechtsprechung des EuGH nicht nur die Mitgliedstaaten, sondern auch die Europäische Gemeinschaft verpflichtet[164] und die völkerrechtlichen Verträge der Europäischen Gemein-

---

162 *Christian Koenig/Matthias Pechstein/Claude Sander,* EU-/EG-Prozeßrecht, 2. Auflage 2002, Rn. 681 und 747.

163 Siehe oben Zweiter Teil, Drittes Kapitel, A. V. 1. a).

schaft, einschließlich der darin niedergelegten Pflichten, einen „integrierenden Bestandteil der Gemeinschaftsrechtsordnung" bilden.[165]

Zusammenfassend ist festzuhalten, daß die Bestimmungen der völkerrechtlichen Verträge der Europäischen Gemeinschaft bereits dann dem Schutz einzelner dienen, wenn sie zur Begründung subjektiver Rechte und/oder Pflichten einzelner verpflichten und der Inhalt der subjektiven Rechte und/oder Pflichten einzelner auf der Grundlage der Bestimmungen bestimmt werden kann. Die einer Schadensersatzklage nach Art. 235 i.V.m. Art. 288 Abs. 2 EGV stattgebende Entscheidung setzt nicht voraus, daß die Bestimmungen der völkerrechtlichen Verträge der Europäischen Gemeinschaft, die ein Gemeinschaftsorgan in Ausübung einer Amtsätigkeit verletzt hat, invokabil sind.

5. Zwischenergebnis

Die völkerrechtlichen Verträge der Europäischen Gemeinschaft auf dem Gebiet des geistigen Eigentums sind mit Ausnahme der völkerrechtlichen Verträge, die wie das GATT 1947 einen unmittelbaren Bezug zum Handel aufweisen, im Gemeinschaftsrecht durchsetzbar.

Der EuGH hat die unmittelbare Anwendbarkeit des GATT 1947 in ständiger Rechtsprechung abgelehnt. Allerdings setzen nur die Nichtigkeitsklage nach Art. 230 EGV und das Vorabentscheidungsverfahren nach Art. 234 Abs. 1 lit. b) Alt. 1 EGV die unmittelbare Anwendbarkeit der völkerrechtlichen Verträge der Europäischen Gemeinschaft voraus, nicht aber das Vorabentscheidungsverfahren nach Art. 234 Abs. 1 lit. b) Alt. 2 EGV, die Vertragsverletzungsklage nach Art. 226, 227 EGV und die Schadensersatzklage nach Art. 235 i.V.m. Art. 288 Abs. 2 EGV. Hinzu kommt, daß die Rechtmäßigkeit bzw. die Gültigkeit sekundären Gemeinschaftsrechts nach der Rechtsprechung des EuGH in zwei Konstellationen ausnahmsweise an völkerrechtlichen Verträgen der Europäischen Gemeinschaft, die nicht unmittelbar anwendbar sind, gemessen werden kann. Die erste Konstellation betrifft die ablehnenden Entscheidungen, die die Kommission auf der Grundlage der Handelshemmnisverordnung trifft; die zweite setzt voraus, daß die Europäische Gemeinschaft eine bestimmte, im Rahmen ihrer völkerrechtlichen Verträge übernommene Verpflichtung umgesetzt hat.

---

[164] Vgl. z.B. EuGH, Verb. Rs. C-36 und 37/97, 22.10.1998, Slg. 1998, I-6337, Rn. 30 (Hilmar Kellinghusen gegen Amt für Land- und Wasserwirtschaft Kiel und Ernst-Detlef Ketelsen/Amt für Land- und Wasserwirtschaft Husum); EuGH, Rs. 2/88-IMM, 13.7.1990, Slg. 1990, I-3365, Rn. 17 (Strafverfahren gegen J. J. Zwartveld u. a.).

[165] *Birgit Schoißwohl,* Haftung der Gemeinschaft für WTO-Rechtsverletzungen ihrer Organe: Doktrin der „Nichtverantwortung"?, ZEuS 4 (2001), S. 689 (708 ff.).

B. Das Verhältnis der völkerrechtlichen Verträge der Europäischen Gemeinschaft auf dem Gebiet des geistigen Eigentums zum innerstaatlichen Recht

Das Verhältnis der völkerrechtlichen Verträge der Europäischen Gemeinschaft auf dem Gebiet des geistigen Eigentums zum innerstaatlichen Recht der Mitgliedstaaten bestimmt sich danach, ob Art. 300 Abs. 7 EGV, wonach die völkerrechtlichen Verträge der Europäischen Gemeinschaft für ihre Organe und die Mitgliedstaaten verbindlich sind, als Generaltransformator, der den völkerrechtlichen Verträgen der Europäischen Gemeinschaft die Rechtsnatur des Gemeinschaftsrechts verleiht, oder als genereller Anwendungs- und Vollzugsbefehl zu verstehen ist, der die völkerrechtliche Natur der völkerrechtlichen Verträge der Europäischen Gemeinschaft unberührt läßt.[166]

Werden die völkerrechtlichen Verträge der Europäischen Gemeinschaft auf dem Gebiet des geistigen Eigentums in Gemeinschaftsrecht transformiert, nehmen ihre Bestimmungen in den Rechtsordnungen der Mitgliedstaaten an der Wirkung des Gemeinschaftsrechts, insbesondere am Vorrang des Gemeinschaftsrechts, teil. Unabhängig von den Besonderheiten der mitgliedstaatlichen Rechtsordnungen gehen die völkerrechtlichen Verträge der Europäischen Gemeinschaft innerstaatlichem Recht im Rang vor und können, wie das Gemeinschaftsrecht selbst, unmittelbar anwendbar sein. Werden die völkerrechtlichen Verträge der Europäischen Gemeinschaft auf dem Gebiet des geistigen Eigentums hingegen nicht in Gemeinschaftsrecht transformiert, erlangen sie, sofern das Verhältnis der völkerrechtlichen Verträge der Europäischen Gemeinschaft zum innerstaatlichen Recht nicht in den Rechtsordnungen der Mitgliedstaaten geregelt ist,[167] nicht einmal innerstaatliche Geltung. Zwar wiederholt Art. 300 Abs. 7 EGV den in Art. 26 WVK niedergelegten Grundsatz *pacta sunt servanda* und erstreckt ihn auf die Mitgliedstaaten. Aus der Verbindlichkeit völkerrechtlicher Verträge alleine, auch solcher der Europäischen Gemeinschaft, lassen sich aber keine Schlußfolgerungen im Hinblick auf Geltung, Rang, Anwendbarkeit und Invokabilität ihrer Bestimmungen im innerstaatlichen Recht ziehen.

Die Rechtsprechung des EuGH geht von einem dualistisch geprägten Verhältnis der völkerrechtlichen Verträge der Europäischen Gemeinschaft

---

[166] Siehe oben Zweiter Teil, Drittes Kapitel, A. I. 1. b).

[167] Im Vereinigten Königreich nehmen völkerrechtliche Verträge der Europäischen Gemeinschaft, die nach dem Beitritt des Vereinigten Königreichs zur Europäischen Gemeinschaft geschlossen wurden, nach Section 2.1. des *European Communities Act 1972* an der Wirkung des Gemeinschaftsrechts teil (vgl. *Marc Maresceau,* The Effect of Community Agreements in the United Kingdom under the European Communites Act 1972, ICLQ 28 (1979), S. 241 (243 ff.)).

zum Gemeinschaftsrecht aus, indem sie Art. 300 Abs. 7 EGV als Generaltransformator ansieht. In dem grundlegenden Urteil „Kupferberg" hat der EuGH nicht nur den „gemeinschaftsrechtlichen Charakter"[168] der völkerrechtlichen Verträge der Europäischen Gemeinschaft betont, sondern die Folge, die eine fehlende Transformation der völkerrechtlichen Verträge der Europäischen Gemeinschaft in Gemeinschaftsrecht hätte, nämlich unterschiedliche Rechtswirkungen in den Mitgliedstaaten, ausdrücklich ausgeschlossen. Der EuGH hat dargelegt, daß die Bestimmungen der völkerrechtlichen Verträge der Europäischen Gemeinschaft „keine unterschiedlichen Rechtswirkungen entfalten [können], je nachdem, ob sie in der Praxis von den Gemeinschaftsorganen oder von den Mitgliedstaaten anzuwenden sind, und im letztgenannten Fall je nachdem, welche Wirkungen das Recht des jeweiligen Mitgliedstaats den von diesem abgeschlossenen internationalen Abkommen innerhalb der innerstaatlichen Rechtsordnung zuerkennt."[169] Nur die Transformation der völkerrechtlichen Verträge der Europäischen Gemeinschaft in Gemeinschaftsrecht kann zu einheitlichen Rechtwirkungen in den Mitgliedstaaten führen, da es, wenn sie an der Wirkung des Gemeinschaftsrechts teilnehmen, nicht mehr auf die Besonderheiten der mitgliedstaatlichen Rechtsordnungen ankommt.[170]

C. Zusammenfassende Bewertung

Die völkerrechtlichen Verträge der Europäischen Gemeinschaft auf dem Gebiet des geistigen Eigentums sind im Gemeinschaftsrecht und im innerstaatlichen Recht der Mitgliedstaaten einheitlich durchsetzbar. Art. 300 Abs. 7 EGV ist als Generaltransformator, der den völkerrechtlichen Verträgen der Europäischen Gemeinschaft die Rechtsnatur des Gemeinschafts-

---

[168] EuGH, Rs. 104/81, 26.10.1982, Slg. 1982, 3641, Rn. 14 und 15 (Hauptzollamt Mainz/C. A. Kupferberg & Cie. KG a. A.).

[169] EuGH, Rs. 104/81, 26.10.1982, Slg. 1982, 3641, Rn. 14 (Hauptzollamt Mainz/C. A. Kupferberg & Cie. KG a. A.).

[170] In dem Urteil „Kupferberg" widerspricht sich der EuGH nicht, wenn er ausführt, daß bei der Entscheidung, welche Wirkungen die Bestimmungen völkerrechtlicher Verträge der Europäischen Gemeinschaft entfalten, „der völkerrechtliche Ursprung der fraglichen Bestimmungen nicht außer acht gelassen werden darf" (EuGH, Rs. 104/81, 26.10.1982, Slg. 1982, 3641, Rn. 17 (Hauptzollamt Mainz/C. A. Kupferberg & Cie. KG a. A.). Damit wendet er sich nicht einem monistischen Erklärungsmodell zu, sondern berücksichtigt, daß bei der Bestimmung des Verhältnisses der völkerrechtlichen Verträge der Europäischen Gemeinschaft zum Gemeinschaftsrecht, d.h. der Geltung, des Ranges, der Anwendbarkeit und der Invokabilität völkerrechtlicher Verträge im Gemeinschaftsrecht, zunächst zu prüfen ist, ob diese Fragen bereits von den völkerrechtlichen Verträgen der Europäischen Gemeinschaft beantwortet werden.

rechts verleiht, und nicht als genereller Anwendungs- und Vollzugsbefehl, der die völkerrechtliche Natur der völkerrechtlichen Verträge der Europäischen Gemeinschaft unberührt läßt, zu verstehen.

Zwar sind die völkerrechtlichen Verträge der Europäischen Gemeinschaft auf dem Gebiet des geistigen Eigentums ebenso wie die völkerrechtlichen Verträge der Mitgliedstaaten auf dem Gebiet des geistigen Eigentums im innerstaatlichen Recht der im vorherigen Kapitel untersuchten Mitgliedstaaten weitgehend durchsetzbar. Die Gemeinschaftsrechtsordnung ist wie die Rechtsordnungen Deutschlands und des Vereinigten Königreichs dualistisch geprägt. Die völkerrechtlichen Verträge der Europäischen Gemeinschaft müssen transformiert werden, um innergemeinschaftliche Geltung zu erlangen, wenn auch Art. 300 Abs. 7 EGV besondere Transformationsakte ersetzt. Der Rang, den die völkerrechtlichen Verträge der Europäischen Gemeinschaft in der Gemeinschaftsrechtsordnung zwischen dem primären und dem sekundären Gemeinschaftsrecht einnehmen, ähnelt dem Rang, den die völkerrechtlichen Verträge Frankreichs in der innerstaatlichen Rechtsordnung zwischen der Verfassung und den innerstaatlichen Gesetzen einnehmen. Anders als in den Mitgliedstaaten ist die Prüfung der unmittelbaren Anwendbarkeit der völkerrechtlichen Verträge der Europäischen Gemeinschaft aber in der zweiten Stufe zweigeteilt. Vor der hinreichenden Bestimmtheit entscheidet der EuGH autonom, ob und inwieweit die besondere Natur der völkerrechtlichen Verträge der Europäischen Gemeinschaft die unmittelbare Anwendbarkeit ihrer Bestimmungen bzw. der Entscheidungen der durch sie eingesetzten Organe in der Gemeinschaftsrechtsordnung ausschließt. Dies ist für die völkerrechtlichen Verträge der Europäischen Gemeinschaft auf dem Gebiet des geistigen Eigentums, die einen unmittelbaren Bezug zum Handel aufweisen, insofern relevant, als der EuGH entschieden hat, daß die besondere Natur des GATT 1947 seine unmittelbare Anwendbarkeit ausschließt.

Solange die Europäische Gemeinschaft dem UPOV-Übereinkommen in der Genfer Fassung vom 19. März 1991 und dem Haager Musterabkommen in der Genfer Fassung vom 2. Juli 1999 jedoch nicht über das Madrider Markenprotokoll hinaus beitritt und fortfährt, das geistige Eigentum in ihren völkerrechtlichen Verträgen überwiegend akzessorisch zu regeln, wird sich die weitgehende Durchsetzbarkeit der völkerrechtlichen Verträge der Europäischen Gemeinschaft auf dem Gebiet des geistigen Eigentums jedoch in der Praxis nicht auswirken.

Viertes Kapitel

Das Verhältnis der gemischten Verträge auf dem Gebiet des geistigen Eigentums zum Gemeinschaftsrecht und zum innerstaatlichen Recht

Neben den Europa-Abkommen mit den mittel- und osteuropäischen Staaten und den Partnerschafts- und Kooperationsabkommen mit den GUS-Staaten gehören zu den gemischten Verträgen auf dem Gebiet des geistigen Eigentums das auf der Umwelt- und Entwicklungskonferenz der Vereinten Nationen in Rio de Janeiro verhandelte Übereinkommen über die biologische Vielfalt vom 5. Juni 1992 (*Convention on Biological Diversity,* CBD-Übereinkommen),[1] das in der Uruguay-Runde verhandelte und mit der Welthandelsorganisation (*World Trade Organization,* WTO) eingeführte Übereinkommen über die handelsbezogenen Aspekte der Rechte des geistigen Eigentums vom 15. April 1994 (*Agreement on Trade-Related Aspects of Intellectual Property Rights,* TRIPS-Übereinkommen) sowie die unter der Schirmherrschaft der Weltorganisation für geistiges Eigentum (*World Intellectual Property Organization,* WIPO) geschlossenen völkerrechtlichen Verträge auf dem Gebiet des Urheberrechts und der verwandten Schutzrechte, der WIPO-Urheberrechtsvertrag (*WIPO Copyright Treaty,* WCT) und der WIPO-Vertrag über Darbietungen und Tonträger (*WIPO Performances and Phonograms Treaty,* WPPT), beide vom 20. Dezember 1996. Während die Europa-Abkommen und die Partnerschafts- und Kooperationsabkommen das geistige Eigentum wie die bisherigen völkerrechtlichen Verträge der Europäischen Gemeinschaft auf dem Gebiet des geistigen Eigentums nur akzessorisch regeln, zieht das TRIPs-Übereinkommen mit 147 Vertragsparteien[2] an weltweiter Bedeutung mit der Pariser Verbandsübereinkunft zum Schutz des gewerblichen Eigentums vom 20. März 1883 in der Stockholmer Fassung vom 14. Juli 1967 (*Paris Convention for the Protec-*

---

1 Vgl. zur Bedeutung des geistigen Eigentums innerhalb des CBD-Übereinkommens *Anja von Hahn,* Traditionelles Wissen indigener und lokaler Gemeinschaften zwischen geistigen Eigentumsrechten und der *public domain,* 2004, S. 63 ff.; *Anja von Hahn,* Implementation and Further Development of the Biodiversity Convention, ZaöRV 63 (2003), S. 295 ff.; *Rüdiger Wolfrum/Gernot Klepper/Peter-Tobias Stoll/Stephanie L. Franck,* Genetische Ressourcen, traditionelles Wissen und geistiges Eigentum im Rahmen des Übereinkommens über die biologische Vielfalt, 2001; *Peter-Tobias Stoll,* Gestaltung der Biosprospektion unter dem Übereinkommen für biologische Vielfalt durch international unverbindliche Verhaltensstandards: Hintergründe, Möglichkeiten und Inhalte, 2000; *Rüdiger Wolfrum/Peter-Tobias Stoll,* Access to Genetic Ressources under the Convention on Biological Diversity and the Law of the Federal Republic of Germany, 1996.

2 Stand: 23.4.2004.

tion of Industrial Property, Pariser Verbandsübereinkunft) und der Berner Übereinkunft zum Schutz von Werken der Literatur und Kunst vom 9. September 1886 in der Pariser Fassung vom 24. Juli 1971 (*Berne Convention for the Protection of Literary and Artistic Works,* Berner Übereinkunft) gleich. WCT und WPPT zeigen darüber hinaus, daß die Beteiligung der Europäischen Gemeinschaft an völkerrechtlichen Verträgen, die den Schutz des geistigen Eigentums in den Mittelpunkt ihrer Bestimmungen stellen, nicht davon abhängt, daß die internationale Organisation, unter deren Schirmherrschaft der gemischter Vertrag geschlossen wird, einen unmittelbaren Bezug zum Handel aufweist.

Wegen des in Rechtsprechung und Literatur uneinheitlich verwendeten Begriffs des gemischten Vertrags wird zunächst dargelegt, warum es sich bei den Europa-Abkommen mit den mittel- und osteuropäischen Staaten und den Partnerschafts- und Kooperationsabkommen mit den GUS-Staaten, dem CBD-Übereinkommen, dem TRIPs-Übereinkommen sowie WCT und WPPT nach der vorzugswürdigen materiellen Definition[3] um gemischte Verträge handelt. Im Anschluß daran wird das Verhältnis der gemischten Verträge auf dem Gebiet des geistigen Eigentums zum Gemeinschaftsrecht und zum innerstaatlichen Recht anhand der Geltung (A.), des Ranges (B.), der Anwendbarkeit (C.), der Invokabilität (D.) und der Durchsetzung (E.) der gemischten Verträge im Gemeinschaftsrecht und im innerstaatlichen Recht ermittelt. Anders als in den beiden vorhergehenden Kapiteln[4] wird das Verhältnis der gemischten Verträge zum Gemeinschaftsrecht und zum innerstaatlichen Recht nicht getrennt voneinander dargestellt. Das Verhältnis der gemischten Verträge zum Gemeinschaftsrecht und zum innerstaatlichen Recht wirft, wie bereits in der Einleitung und im ersten Kapitel des zweiten Teils der Arbeit angedeutet wurde,[5] besondere Probleme auf, die sich nicht nach allgemeinen Regeln lösen lassen. Unklar ist insbesondere, ob alle Bestimmungen der gemischten Verträge, die Bestimmungen der gemischten Verträge, die in die ausschließliche bzw. konkurrierende Vertragsschlußkompetenz der Europäischen Gemeinschaft fallen, oder die Bestimmungen, welche die Europäische Gemeinschaft völkerrechtlich berechtigen und verpflichten, innergemeinschaftliche Geltung erlangen.[6] Wie in den beiden vorhergehenden Kapiteln[7] wird im vierten Kapitel zwischen den Bestimmungen der völkerrechtlichen Verträge und den Entscheidungen der durch die völkerrechtlichen Verträge eingesetzten Organe unterschieden.

---

[3] Siehe oben Zweiter Teil, Erstes Kapitel, A.

[4] Siehe oben Zweiter Teil, Zweites Kapitel, B, und Zweiter Teil, Drittes Kapitel.

[5] Siehe oben Zweiter Teil, Erstes Kapitel, A.

[6] Siehe unten Zweiter Teil, Viertes Kapitel, A. I. 2. a).

[7] Siehe oben Zweiter Teil, Zweites Kapitel, B, und Zweiter Teil, Drittes Kapitel.

Die Frage, ob die für die Europäische Gemeinschaft verbindlichen endgültigen Entscheidungen, die der Allgemeine Rat als Streitbeilegungsgremium (*Dispute Settlement Body,* DSB) trifft, indem er die Berichte der von ihm *ad hoc* eingesetzten *Panels* und des ständigen *Appellate Body* annimmt, unmittelbar anwendbar sind, wird in Rechtsprechung und Literatur kontrovers diskutiert.[8]

Die durch die späten Assoziationsabkommen assoziierten Drittstaaten verpflichten sich über eine Art. XX lit. d) des Allgemeinen Zoll- und Handelsabkommens vom 30. Oktober 1947 (*General Agreement on Tariffs and Trade,* GATT 1947)[9] und 30 EGV nachempfundene Bestimmung[10] hinaus, ihre Rechtsvorschriften auf dem Gebiet des geistigen Eigentums dem in der Europäischen Gemeinschaft geltenden Schutzniveau anzupassen[11] und den wichtigsten völkerrechtlichen Verträgen auf dem Gebiet des geistigen Eigentums beizutreten[12]. Bei den späten Assoziationsabkommen handelt es sich nach der materiellen Definition des gemischten Vertrags nur bei den Europa-Abkommen mit den mittel- und osteuropäischen Staaten und den Partnerschafts- und Kooperationsabkommen mit den GUS-Staaten um gemischte Verträge, im übrigen um völkerrechtliche Verträge der Europäischen Gemeinschaft.[13] Die Vertragsschlußkompetenz für die Europa-Abkommen und die Partnerschafts- und Kooperationsabkommen ist geteilt, weil sich die Assoziationskompetenz der Europäischen Gemeinschaft nach dem Urteil „Demirel" zwar auf „all[e] vom EWG-Vertrag erfaßten Bereich[e]" erstreckt[14], beide Arten von Assoziationsabkommen aber darüber hinaus noch Regelungen zur politischen Zusammenarbeit enthalten, welche in die Zuständigkeit der Mitgliedstaaten fallen.

---

[8] Siehe unten Zweiter Teil, Viertes Kapitel, C. I. 1. b).

[9] BGBl. 1951 II, 173.

[10] Vgl. z.B. Art. 35 des Europa-Abkommens vom 13. Dezember 1993 zur Gründung einer Assoziation zwischen der Europäischen Gemeinschaften und ihren Mitgliedstaaten einerseits und der Republik Polen andererseits (Europa-Abkommen mit Polen; ABl. EU Nr. L 348 vom 31.12.1993, S. 2 ff.) und Art. 20 des Abkommens über Partnerschaft und Zusammenarbeit vom 14. Juni 1994 zur Gründung einer Partnerschaft zwischen den Europäischen Gemeinschaften und ihren Mitgliedstaaten einerseits und der Ukraine andererseits (Partnerschaftsabkommen mit der Ukraine; ABl. EU Nr. L 49 vom 19.2.1998, S. 3 ff.).

[11] Vgl. z.B. Art. 66 Abs. 1 des Europa-Abkommens mit Polen bzw. z.B. Art. 50 Abs. 1 i.V.m. Annex III des Partnerschaftsabkommens mit der Ukraine.

[12] Vgl. z.B. Art. 66 Abs. 2 i.V.m. Annex XIII Nummer 1 des Europa-Abkommens mit Polen bzw. z.B. Art. 50 Abs. 2 i.V.m. Annex III Abs. 1 des Partnerschaftsabkommens mit der Ukraine.

[13] Siehe oben Zweiter Teil, Drittes Kapitel.

[14] EuGH, Rs. 12/86, 30.9.1987, Slg. 1987, 3719, Rn. 9 (Meryem Demirel/Stadt Schwäbisch Gmünd).

Daneben stellen sowohl das CBD-Übereinkommen, das TRIPs-Übereinkommen als auch WCT und WPPT gemischte Verträge im Sinne der materiellen Definition dar. Dies ergibt sich für das CBD-Übereinkommen, das das geistige Eigentum in Art. 8 lit. j) und Art. 15 bis 17 regelt,[15] daraus, daß die aus Art. 175 Abs. 1 EGV abgeleitete implizite Vertragsschlußkompetenz der Europäischen Gemeinschaft angesichts des bisher im Bereich der biologischen Vielfalt erlassenen sekundären Gemeinschaftsrechts[16] überwiegend konkurrierend geblieben ist. Nach dem Gutachten 1/76 kann die Europäische Gemeinschaft einen völkerrechtlichen Vertrag auf der Grundlage einer konkurrierenden Vertragsschlußkompetenz nur dann alleine schließen, wenn dies notwendig sein sollte, um eines der Ziele der Europäischen Gemeinschaft zu erreichen.[17] Im Umweltbereich ist diese Notwendigkeit in Anbetracht von Art. 174 Abs. 4 UAbs. 2 EGV, nach dem die Zuständigkeit der Mitgliedstaaten, „internationale Abkommen zu schließen", unberührt bleibt, generell nicht gegeben.

Im Hinblick auf das TRIPs-Übereinkommen, das den Schutz des geistigen Eigentums wie WCT und WPPT in den Mittelpunkt seiner Bestimmungen stellt, hat der EuGH im Gutachten 1/94 festgestellt, „daß die Zuständigkeit für den Abschluß des TRIPs zwischen der Gemeinschaft und ihren Mitgliedstaaten geteilt ist".[18] Die Europäische Gemeinschaft besitze eine ausschließliche Vertragsschlußkompetenz nur insoweit, als das Verbot der Überführung nachgeahmter Waren in den zollrechtlich freien Verkehr[19] in den Bereich der gemeinsamen Handelspolitik nach Art. 133 Abs. 1 EGV falle[20] und als das sekundäre Gemeinschaftsrecht auf dem Gebiet des geistigen Eigentums durch die Mitwirkung der Mitgliedstaaten an dem TRIPs-Übereinkommen beeinträchtigt werden würde.[21] Wenn der EuGH auch

---

[15] *Graham Dutfield,* Intellectual Property Rights, Trade and Biodiversity, 2000, S. 33 ff.

[16] Vgl. hierzu die in der Erklärung der Europäischen Wirtschaftsgemeinschaft gemäß Artikel 34 Absatz 3 des Übereinkommens über die biologische Vielfalt (ABl. EU Nr. L 309 vom 13.12.1993, S. 19) aufgezählten Rechtsakte.

[17] EuGH, Gutachten 1/76, 26.4.1977, Entwurf zu einem Übereinkommen über die Errichtung eines europäischen Stillegungsfonds für die Binnenschiffahrt, Slg. 1977, 741, Rn. 4. Siehe oben Erster Teil, Zweites Kapitel, B. I. 1.

[18] EuGH, Gutachten 1/94, 15.11.1994, Slg. 1994, I-5267, Rn. 105 (Zuständigkeit der Gemeinschaft für den Abschluß völkerrechtlicher Abkommen auf dem Gebiet der Dienstleistungen und des Schutzes des geistigen Eigentums). Vgl. auch EuGH, Verb. Rs. C-300 und 392/98, 14.12.2000, Slg. 2000, I-11307, Rn. 33 (Parfums Christian Dior SA/Tuk Consultancy BV und Assco Gerüste GmbH, Rob van Dijk/Wilhelm Layher GmbH & Co. KG, Layher BV).

[19] Art. 51 bis 60 des TRIPs-Übereinkommens.

[20] EuGH, Gutachten 1/94, 15.11.1994, Slg. 1994, I-5267, Rn. 71 (Zuständigkeit der Gemeinschaft für den Abschluß völkerrechtlicher Abkommen auf dem Gebiet der Dienstleistungen und des Schutzes des geistigen Eigentums).

letztendlich nicht entscheidet, inwieweit das sekundäre Gemeinschaftsrecht auf dem Gebiet des geistigen Eigentums durch die Mitwirkung der Mitgliedstaaten an den TRIPs-Übereinkommen beeinträchtigt wird,[22] mit anderen Worten, inwieweit die implizite, aus Art. 95 Abs. 1 S. 2 EGV abgeleitete Vertragsschlußkompetenz der Europäischen Gemeinschaft für das geistige Eigentum ausschließlich geworden ist, führt allein die ausschließliche Vertragsschlußkompetenz der Europäischen Gemeinschaft nach Art. 133 Abs. 1 EGV für die Art. 51 bis 60 des TRIPs-Übereinkommens zu einer geteilten Vertragsschlußkompetenz der Europäischen Gemeinschaft für das TRIPs-Übereinkommen.[23]

Das TRIPs-Übereinkommen hat auch nach der Übertragung der Vertragsschlußkompetenz für die Handelsaspekte des geistigen Eigentums auf die Europäische Gemeinschaft durch den Vertrag von Nizza nicht aufgehört, ein gemischter Vertrag zu sein. Zwar entspricht der Begriff der Handelsaspekte des geistigen Eigentums in Art. 133 Abs. 5 UAbs. 1 EGV, wie im ersten Teil der Arbeit aufgezeigt wurde,[24] den Fragen des geistigen Eigentums, die im TRIPs-Übereinkommen geregelt sind. Die Vertragsschlußkompetenz der Europäischen Gemeinschaft für die Handelsaspekte des geistigen Eigentums besteht jedoch nach Art. 133 Abs. 6 UAbs. 1 EGV nur im Umfang der impliziten, aus Art. 95 Abs. 1 S. 2 EGV abgeleiteten Vertragsschlußkompetenz der Europäischen Gemeinschaft.[25] Wie die implizite, aus Art. 95 Abs. 1 S. 2 EGV abgeleitete Vertragsschlußkompetenz ist die Vertragsschlußkompetenz für die Handelsaspekte des geistigen Eigentums nach Art. 133 Abs. 5 UAbs. 4 EGV konkurrierend und wird in dem Maße ausschließlich, in dem sekundäres Gemeinschaftsrecht auf der Grundlage von Art. 95 Abs. 1 S. 2 EGV erlassen wird, das durch einen völkerrechtlichen Vertrag der Mitgliedstaaten beeinträchtigt werden würde.[26]

---

[21] EuGH, Gutachten 1/94, 15.11.1994, Slg. 1994, I-5267, Rn. 102 (Zuständigkeit der Gemeinschaft für den Abschluß völkerrechtlicher Abkommen auf dem Gebiet der Dienstleistungen und des Schutzes des geistigen Eigentums).

[22] EuGH, Gutachten 1/94, 15.11.1994, Slg. 1994, I-5267, Rn. 103 (Zuständigkeit der Gemeinschaft für den Abschluß völkerrechtlicher Abkommen auf dem Gebiet der Dienstleistungen und des Schutzes des geistigen Eigentums): „Hierzu genügt die Feststellung, daß in bestimmten vom TRIPs erfaßten Bereichen im Rahmen der Gemeinschaft jedenfalls nur eine teilweise Harmonisierung verwirklicht worden ist und daß in anderen Bereichen keinerlei Harmonisierung vorgesehen ist."

[23] Dies übersieht *Allan Rosas,* The European Union and Mixed Agreements, in: Alan Dashwood/Christophe Hillion (eds), The General Law of E.C. External Relations (2000), S. 200 (206), wenn er sagt, das Gutachten 1/94 habe offengelassen, ob die Beteiligung der Europäischen Gemeinschaft und der Mitgliedstaaten am TRIPs-Übereinkommen rechtlich notwendig gewesen sei.

[24] Siehe oben Erster Teil, Zweites Kapitel, A. I. 2. a).

[25] Siehe oben Erster Teil, Zweites Kapitel, A. I. 2. b).

[26] Siehe oben Erster Teil, Zweites Kapitel, B. II. 2.

Neben dem TRIPs-Übereinkommen wurden auch WCT und WPPT auf der Grundlage einer geteilten Vertragsschlußkompetenz der Europäischen Gemeinschaft geschlossen.[27] Zwar führt der dritte Erwägungsgrund des Beschlusses des Rates vom 16. März 2000 über die Zustimmung – im Namen der Europäischen Gemeinschaft – zu WCT und WPPT nur an, daß die in WCT und WPPT geregelten Sachgebiete „weitgehend in den Anwendungsbereich der einschlägigen gemeinschaftlichen Richtlinien" fallen,[28] was für sich genommen noch nicht zu einer geteilten Vertragsschlußkompetenz führt. Es müßte eine Beeinträchtigung der auf der Grundlage von Art. 95 Abs. 1 S. 2 EGV auf dem Gebiet des Urheberrechts und der verwandten Schutzrechte erlassenen Richtlinien durch den Abschluß von WCT und WPPT durch die Mitgliedstaaten hinzutreten. Allerdings ist die Vertragsschlußkompetenz aus Art. 133 Abs. 5 UAbs. 1 EGV bzw. die implizite, aus Art. 95 Abs. 1 S. 2 EGV abgeleitete Vertragsschlußkompetenz der Europäischen Gemeinschaft für das geistige Eigentums insoweit ausschließlich, als sie die Schutzdauer des Urheberrechts und bestimmter verwandter Schutzrechte einerseits und des Folgerechts andererseits in den Richtlinien 93/98/EWG und 2001/84/EG konkret festlegt und als sie einen weiterreichenden Schutz der in Art. 2, 3, Art. 6, 7 und Art. 9 der Richtlinie 92/100/EWG des Rates vom 19. November 1992 zum Vermietrecht und Verleihrecht sowie zu bestimmten dem Urheberrecht verwandten Schutzrechten im Bereich des geistigen Eigentums geregelten Rechte nicht erlaubt.[29] Nachdem die Schutzdauer in Art. 9 WCT und Art. 17 WPPT sowie das Vermietrecht der Urheber, der ausübenden Künstler und der Tonträger- und Filmhersteller in Art. 7 WCT und Art. 9 und Art. 13 WPPT, das Vervielfältigungsrecht der ausübenden Künstler und der Tonträger- und Filmhersteller in Art. 7 und Art. 11 WPPT und das Verbreitungsrecht der ausübenden Künstler und der Tonträger- und Filmhersteller in Art. 8 und Art. 12 WPPT geregelt wird, besitzt die Europäische Gemeinschaft für diese Teilaspekte von WCT und WPPT die ausschließliche Vertragsschlußkompetenz, während die Mitgliedstaaten für die übrigen Teilaspekte zuständig sind.[30]

---

[27] Vgl. auch die Denkschrift der Bundesregierung vom 16. August 2002 zum WIPO-Urheberrechtsvertrag (BR-Drs. 685/2002, S. 41) und zum WIPO-Vertrag über Darbietungen und Tonträger (BR-Drs. 684/2002, S. 50).

[28] ABl. EU Nr. L 89 vom 11.4.2000, S. 6 f.

[29] Siehe oben Erster Teil, Zweites Kapitel, B. V. 1. a) cc).

[30] Vgl. auch die Denkschrift der Bundesregierung vom 16. August 2002 zum WIPO-Vertrag über Darbietungen und Tonträger (BR-Drs. 685/2002, S. 50 f.): „Die dem Urheberrecht verwandten Leistungsschutzrechte sind bereits durch das Kapitel II der Richtlinie des Rates vom 19. November 1992 zum Vermietrecht und Verleihrecht sowie zu bestimmten dem Urheberrecht verwandten Schutzrechten im Bereich des geistigen Eigentums (92/100/EWG) weitgehend harmonisiert."

A. Die Geltung der gemischten Verträge auf dem Gebiet des geistigen Eigentums in der Europäischen Gemeinschaft und in den Mitgliedstaaten

I. Die Geltung der Bestimmungen der gemischten Verträge

1. Die Regelung in den gemischten Verträgen selbst

Mit Ausnahme des CBD-Übereinkommens enthalten die gemischten Verträge auf dem Gebiet des geistigen Eigentums ebenso wie die völkerrechtlichen Verträge der Mitgliedstaaten auf dem Gebiet des geistigen Eigentums[31] Bestimmungen, welche die innergemeinschaftliche bzw. innerstaatliche Geltung der gemischten Verträge gebieten könnten.

Eine weitgehend ähnliche Formulierung wie der bereits beispielhaft zitierte Art. X des Welturheberrechtsabkommen vom 6. September 1952 in der Pariser Fassung vom 24. Juli 1971 (*World Copyright Convention,* WUA)[32] enthalten sowohl die Europa-Abkommen der Europäischen Gemeinschaft mit den mittel- und osteuropäischen Staaten und die Partnerschafts- und Kooperationsabkommen mit den GUS-Staaten[33] als auch Art. XVI Abs. 4 des Übereinkommens vom 15. April 1994 zur Errichtung der Welthandelsorganisation (*Agreement Establishing the World Trade Organisation,* WTO-Übereinkommen)[34] und Art. 1 Abs. 1 S. 1 und 3 des TRIPs-Übereinkommens[35] einerseits sowie Art. 14 Abs. 1 WCT und Art. 23

---

[31] Siehe oben Zweiter Teil, Zweites Kapitel, B. I. 1. a).

[32] Siehe oben Zweiter Teil, Zweites Kapitel, B. I. 1. a).

[33] Art. 115 Abs. 1 des Europa-Abkommens vom 13. Dezember 1993 zur Gründung einer Assoziation zwischen den Europäischen Gemeinschaften und ihren Mitgliedstaaten einerseits und der Republik Polen andererseits (ABl. EU Nr. L 348 vom 31.12.1993, S. 2 ff.) und Art. 102 Abs. 1 des Abkommens vom 14. Juni 1994 zur Gründung einer Partnerschaft zwischen den Europäischen Gemeinschaften und ihren Mitgliedstaaten einerseits und der Ukraine andererseits (ABl. EU Nr. L 49 vom 19.2.1998, S. 3 ff.) lauten etwa:

„Die Vertragsparteien treffen alle allgemeinen oder besonderen Maßnahmen, die zur Erfüllung ihrer Verpflichtungen aus diesem Abkommen erforderlich sind. Sie sorgen dafür, daß die Ziele dieses Abkommens erreicht werden."

[34] Art. XVI Abs. 4 des WTO-Übereinkommens lautet:

„Jedes Mitglied stellt sicher, daß seine Gesetze, sonstigen Vorschriften und Verwaltungsverfahren mit seinen Verpflichtungen aufgrund der als Anlage beigefügten Übereinkommen in Einklang stehen."

[35] Die maßgeblichen Sätze des Art. 1 Abs. 1 des TRIPs-Übereinkommens lauten:

„Die Mitglieder wenden die Bestimmungen dieses Abkommens an. [...] Es steht den Mitgliedern frei, die für die Umsetzung dieses Übereinkommens in ihrem eigenen Rechtssystem und in ihrer Rechtspraxis geeignete Methode festzulegen."

Abs. 1 WPPT[36] andererseits. Die Auslegung der gemischten Verträge auf dem Gebiet des geistigen Eigentums ergibt jedoch, daß diese Bestimmungen ebenso wie die entsprechenden Bestimmungen der völkerrechtlichen Verträge der Mitgliedstaaten auf dem Gebiet des geistigen Eigentums[37] nur als Hinweis auf die ohnehin nach Art. 26 des Wiener Übereinkommens über das Recht der Verträge (Wiener Vertragsrechtskonvention, WVK)[38] bestehende Pflicht zur Erfüllung der völkerrechtlichen Verträge nach Treu und Glauben zu verstehen sind.[39] Die Bestimmungen der gemischten Verträge verweisen zwar nicht wie Art. X Abs. 1 WUA auf die „Verfassung", aber in vergleichbarer Weise auf die „Gesetze, sonstigen Vorschriften und Verwaltungsverfahren" (Art. XVI Abs. 4 des WTO-Übereinkommens), auf „Rechtssystem" und „Rechtspraxis" (Art. 1 Abs. 1 S. 3 des TRIPs-Übereinkommens) bzw. auf die „Rechtsordnungen" (Art. 14 Abs. 1 WCT und Art. 23 Abs. 1 WPPT) der jeweiligen Vertragsparteien. Jeder dieser Be-

---

[36] Art. 14 Abs. 1 WCT und Art. 23 Abs. 1 WPPT sind im Wortlaut identisch: „Die Vertragsparteien verpflichten sich, in Übereinstimmung mit ihren Rechtsordnungen die notwendigen Maßnahmen zu ergreifen, um die Anwendung des Vertrags sicherzustellen."

[37] Siehe oben Zweiter Teil, Zweites Kapitel, B. I. 1. a).

[38] BGBl. 1985 II, 926.

[39] Vgl. für die Bestimmungen im TRIPs-Übereinkommen *Daniel Gervais,* The TRIPS Agreement, 2nd edition 2003, Rn. 2.18; *Christoph Julius Hermes,* TRIPS im Gemeinschaftsrecht, 2002, S. 182; *Raoul Duggal,* Die unmittelbare Anwendbarkeit der Konventionen des internationalen Urheberrechts, IPRax 22 (2002), S. 101 (105 f.); *Markus Krajewski,* Verfassungsperspektiven und Legitimation des Rechts der Welthandelsorganisation (WTO), 2001, S. 58; *Raoul Duggal,* TRIPs-Übereinkommen und internationales Urheberrecht, 2001, S. 104 f.; *Richard Senti,* WTO – System und Funktionsweise der Welthandelsordnung, 2000, S. 616, Rn. 1308; *Georg Berrisch/Hans-Georg Kamann,* WTO-Recht im Gemeinschaftsrecht – (k)eine Kehrtwende des EuGH, EWS 11 (2000), S. 89 (93); *Andrés Moncayo von Hase,* The Application and Interpretation of the Agreement on Trade-Related Aspects of Intellectual Property Rights, in: Carlos M. Correa/Abdulqawi A. Yusuf (eds), Intellectual Property and International Trade: The TRIPs Agreement, 1999, S. 93 (128); *Alesch Staehelin,* Das TRIPs-Abkommen, 2. Auflage 1999, S. 235 f.; *Thomas Cottier,* The Impact of the TRIPs Agreement on Private Practice and Litigation, in: James Cameron/Karen Campbell (eds), Dispute Resolution in the World Trade Organisation, 1998, S. 111 (119 f.); *Alesch Staehelin,* Zur Frage der unmittelbaren Anwendbarkeit der WTO/TRIPs-Normen, AJP/PJA 5 (1996), S. 1488 (1493); *Paul Katzenberger,* TRIPs and Copyright Law, in: Friedrich-Karl Beier/Gerhard Schrikker (eds), From GATT to TRIPs – The Agreement on Trade-Related Aspects of Intellectual Property Rights, 1996, S. 59 (71 f.); *Josef Drexl,* Nach „GATT und WIPO": Das TRIPs-Abkommen und seine Anwendung in der Europäischen Gemeinschaft, GRUR Int. 1994, S. 777 (784 f.). Vgl. für die Bestimmungen in WCT und WPPT Denkschrift der Bundesregierung vom 16. August 2002 zum WIPO-Urheberrechtsvertrag (BR-Drs. 685/2002, S. 47) und zum WIPO-Vertrag über Darbietungen und Tonträger (BR-Drs. 685/2002, S. 60); *Jörg Reinbothe/Silke von Lewinski,* The WIPO Treaties 1996, 2002, Art. 14 WCT Rn. 10 und Art. 23 WPPT Rn. 8.

griffe verdeutlicht, daß die Vertragsparteien selbst entscheiden können, wie sie ihre vertraglichen Verpflichtungen umsetzen.

Über den beispielhaft zitierten Art. X WUA hinaus verpflichten Art. 41 Abs. 1 des TRIPs-Übereinkommens und ihm nachfolgend Art. 14 Abs. 2 WCT und Art. 23 Abs. 2 WPPT die Vertragsparteien, Durchsetzungsverfahren im innergemeinschaftlichen bzw. innerstaatlichen Recht einzuführen, um einen effektiven und wirtschaftlich wirksamen Schutz des geistigen Eigentums zu gewährleisten. Diese Bestimmungen schränken die Pflicht zur Erfüllung der gemischten Verträge auf dem Gebiet des geistigen Eigentums nach Treu und Glauben weiter ein, indem sie zu einem großen Teil vorgeben, was unter Treu und Glauben zu verstehen ist. Sie gebieten aber ebensowenig wie die in ihrer Formulierung an Art. X WUA angelehnten Bestimmungen die innergemeinschaftliche bzw. innerstaatliche Geltung der Bestimmungen des TRIPs-Übereinkommens, des WCT und des WPPT.

2. *Die innergemeinschaftliche bzw. innerstaatliche Geltung der Bestimmungen der gemischten Verträge*

Innergemeinschaftliche bzw. innerstaatliche Geltung können von vornherein nur die Bestimmungen der gemischten Verträge auf dem Gebiet des geistigen Eigentums erlangen, die für die Europäische Gemeinschaft und die Mitgliedstaaten in Kraft getreten sind. WCT und WPPT blieben im folgenden außer Betracht, weil sie von der Europäischen Gemeinschaft und den Mitgliedstaaten zwar unterzeichnet, aber nur von einigen neuen Mitgliedstaaten vor ihrem Beitritt am 1. Mai 2004 ratifiziert wurden.[40]

[40] Stand: 24.3.2004. Nach Art. 21 WCT bzw. Art. 30 WPPT treten WCT und WPPT für die Mitgliedstaaten und für die Europäische Gemeinschaft nach Ablauf von drei Monaten nach Hinterlegung der Ratifikationsurkunde beim Generaldirektor der WIPO in Kraft. Vgl. für den Ratifikationsstand in der Europäischen Gemeinschaft den Beschluß 2000/278/EG des Rates vom 16. März 2000 über die Zustimmung – im Namen der Europäischen Gemeinschaft – zum WIPO-Urheberrechtsvertrag und zum WIPO-Vertrag über Darbietungen und Tonträger (ABl. EU Nr. L 89 vom 11.4.2000, S. 6 f.) und in Deutschland den Entwurf eines Gesetzes zu den WIPO-Verträgen vom 20. Dezember 1996 über Urheberrecht sowie über Darbietungen und Tonträger vom 16. August 2002 (BR-Drs. 685/2002). Nach den Erklärungen zum Beschluß 2000/278/EG (ABl. EU Nr. C 103 vom 11.4.2000, S. 1) erfolgt die Hinterlegung der Ratifikationsurkunden der Europäischen Gemeinschaft und der Mitgliedstaaten gleichzeitig.

a) Die innergemeinschaftliche Geltung

Innergemeinschaftliche Geltung können entweder alle Bestimmungen der gemischten Verträge (aa)), die Bestimmungen der gemischten Verträge, die in die ausschließliche bzw. konkurrierende Vertragsschlußkompetenz der Europäischen Gemeinschaft fallen (bb)), oder die Bestimmungen der gemischten Verträge, welche die Europäische Gemeinschaft völkerrechtlich berechtigen und verpflichten (cc)), erlangen.

aa) Alle Bestimmungen der gemischten Verträge

Eine Ansicht in der Literatur geht davon aus, daß alle Bestimmungen der gemischten Verträge einen „integrierenden Bestandteil der Gemeinschaftsrechtsordnung" bilden.[41]

Nach der Theorie der Vertragsdurchbrechung stellt der Abschluß gemischter Verträge eine stillschweigende Ergänzung des EG-Vertrags dar, durch die die gemischten Verträge in ihrem gesamten Umfang zu völkerrechtlichen Verträgen der Europäischen Gemeinschaft und damit ab ihrem Inkrafttreten zu einem „integrierende[m] Bestandteil der Gemeinschaftsrechtsordnung" werden.[42] Allerdings scheitert eine stillschweigende Ergänzung des EG-Vertrags bereits bei gemischten Verträgen, die, wie etwa das Seerechtsübereinkommen der Vereinten Nationen vom 10. Dezember 1982 (*United Nations Convention on the Law of the Sea,* UNCLOS),[43] nicht unter Beteiligung aller Mitgliedstaaten der Europäischen Gemeinschaft geschlossen wurden, da der EG-Vertrag nach Art. 48 EUV nur von allen Mitgliedstaaten geändert werden kann. Darüber hinaus entspricht eine stillschweigende Ergänzung des EG-Vertrags selbst bei gemischten Verträgen,

---

[41] *Thomas Oppermann,* Europarecht, 2. Auflage 1999, Rn. 1721; *Andrea Filippo Gagliardi,* The Right of Individuals to Invoke the Provisions of Mixed Agreements Before the National Courts: A New Message From Luxembourg?, ELRev. 24 (1999), S. 276 (285 ff.); *Piet Eeckhout,* The Domestic Legal Status of the WTO Agreement: Interconnecting Legal Systems, CMLRev. 34 (1997), S. 11 (20 ff.); *Alexander Oehmichen,* Die unmittelbare Anwendbarkeit der völkerrechtlichen Verträge der EG, 1992, S. 77; *Fernando Castillo de la Torre,* The Status of GATT in EC Law – Revisited, JWT 29 (1995) 1, S. 53 (67 f.); *Jean Groux/Philippe Manin,* Die Europäischen Gemeinschaften in der Völkerrechtsordnung, 1984, S. 118; *Albert Bleckmann,* Der gemischte Vertrag im Europarecht, EuR 11 (1976), S. 301 (305 ff.).

[42] *Albert Bleckmann,* Der gemischte Vertrag im Europarecht, EuR 11 (1976), S. 301 (305). Vgl. auch *Hans Krück,* Völkerrechtliche Verträge im Recht der Europäischen Gemeinschaften, 1977, S. 102 f.

[43] ABl. EU Nr. L 179 vom 23.6.1998, S. 3 ff.; BGBl. 1994 II, 1799. Dänemark ist UNCLOS als einziger Mitgliedstaat der Europäischen Gemeinschaft nicht beigetreten.

an denen alle Mitgliedstaaten der Europäischen Gemeinschaft beteiligt sind, nicht dem Willen der Mitgliedstaaten, die durch ihre Beteiligung an den völkerrechtlichen Verträgen der Europäischen Gemeinschaft gerade zum Ausdruck bringen möchten, daß die erforderlichen Vertragsschlußkompetenzen noch nicht umfassend auf die Europäische Gemeinschaft übertragen wurden.[44]

Ebensowenig wie die Theorie der Vertragsdurchbrechung überzeugen die Auffassungen, die die innergemeinschaftliche Geltung aller Bestimmungen der gemischten Verträge allein aus praktischen Gesichtspunkten rechtfertigen. Der Auffassung, die vorbringt, daß die Bestimmungen „wegen ihres gemeinschaftsrechtlichen Charakters keine unterschiedlichen Rechtswirkungen entfalten können, je nachdem, ob sie in der Praxis von den Gemeinschaftsorganen oder von den Mitgliedstaaten anzuwenden sind",[45] liegt ein Zirkelschluß zugrunde. Sie begründet die innergemeinschaftliche Geltung der Bestimmungen der gemischten Verträge mit ihrem „gemeinschaftsrechtlichen Charakter", der für die Bestimmungen, die nicht in die ausschließliche bzw. konkurrierende Vertragsschlußkompetenz der Europäischen Gemeinschaft fallen, gerade in Frage zu stellen ist. Der Auffassung schließlich, die geltend macht, alles andere als eine innergemeinschaftliche Geltung aller Bestimmungen der gemischten Verträge sei „undesirable, artificial and perhaps unworkable",[46] ist das Gutachten 1/94 entgegenzuhalten, in dem der EuGH klargestellt hat, daß „die Schwierigkeiten, die bei der Durchführung" der gemischten Verträge auftreten, sich nicht auf die Verteilung der Vertragsschlußkompetenzen zwischen der Europäischen Gemeinschaft und den Mitgliedstaaten auswirken können.[47] Die innergemeinschaftliche Geltung aller Bestimmungen der gemischten Verträge folgt auch nicht zwingend aus der Pflicht zur Zusammenarbeit.[48] Die Pflicht zur Zusammen-

---

[44] *Allan Rosas,* The European Union and Mixed Agreements, in: Alan Dashwood/Christophe Hillion (eds), The General Law of E.C. External Relations, 2000, S. 200 (213): „True, the fact that in such instances the Council and the Member States insist on mixity may be taken as an indication that they want to reserve Community participation to areas of exclusive Community competences."

[45] *Hans Krück,* in: Hans von der Groeben/Jochen Thiesing/Claus-Dieter Ehlermann (Hrsg.), Kommentar zum EU-/EG-Vertrag, 5. Auflage 1997/1999, Art. 177 EGV Rn. 29. Vgl. auch *Klaus-Dieter Borchardt,* in: Carl Otto Lenz/Klaus-Dieter Borchardt (Hrsg.), EU- und EG-Vertrag, 3. Auflage 2003, Art. 234 EGV Rn. 9.

[46] *Piet Eeckhout,* The Domestic Legal Status of the WTO Agreement: Interconnecting Legal Systems, CMLRev. 34 (1997), S. 11 (20).

[47] EuGH, Gutachten 1/94, 15.11.1994, Slg. 1994, I-5267, Rn. 107 (Zuständigkeit der Gemeinschaft für den Abschluß völkerrechtlicher Abkommen auf dem Gebiet der Dienstleistungen und des Schutzes des geistigen Eigentums).

[48] So *Piet Eeckhout,* The Domestic Legal Status of the WTO Agreement: Interconnecting Legal Systems, CMLRev. 34 (1997), S. 11 (23).

arbeit ist in der bisherigen Rechtsprechung des EuGH viel zu vage umschrieben worden, als daß sich eine derart konkrete Rechtsfolge daraus ableiten ließe, zumal berücksichtigt werden muß, daß die Pflicht zur Zusammenarbeit den Mitgliedstaaten nicht einseitig auferlegt wurde, sondern auch die Europäische Gemeinschaft bindet.

bb) Die Bestimmungen der gemischten Verträge, die in die ausschließliche bzw. konkurrierende Vertragsschlußkompetenz der Europäischen Gemeinschaft fallen

Andere Stimmen im Schrifttum vertreten den Standpunkt, daß nur die Bestimmungen der gemischten Verträge, die in die ausschließliche bzw. konkurrierende Vertragsschlußkompetenz der Europäischen Gemeinschaft fallen, einen „integrierenden Bestandteil der Gemeinschaftsrechtsordnung" bilden.[49] Die gemischten Verträge lassen sich danach in zwei Teile aufspalten, einen gemeinschaftlichen Teil, der ab dem Inkrafttreten der gemischten Verträge wie ein auf der Grundlage einer ausschließlichen bzw. konkurrierenden Vertragsschlußkompetenz der Europäischen Gemeinschaft geschlossener völkerrechtlicher Vertrag zu einem „integrierenden Bestandteil der Gemeinschaftsrechtsordnung" wird, und einen mitgliedstaatlichen Teil, über dessen innerstaatliche Geltung die Rechtsordnungen der Mitgliedstaaten entscheiden. Dieser Ansicht entspricht, daß der Rat den gemischten Verträ-

[49] *Antje Wünschmann,* Geltung und gerichtliche Geltendmachung völkerrechtlicher Verträge im Europäischen Gemeinschaftsrecht, 2003, S. 77 ff.; *Sonja Kreibich,* Das TRIPs-Abkommen in der Gemeinschaftsordnung, 2003, S. 95; *Martin Nettesheim,* Kompetenzen, in: Armin von Bogdandy (Hrsg.), Europäisches Verfassungsrecht, 2003, S. 415 (456); *Sabine Mauderer,* Der Wandel vom GATT zur WTO und die Auswirkung auf die Europäische Gemeinschaft, 2001, S. 110 f.; *Raoul Duggal,* TRIPs-Übereinkommen und internationales Urheberrecht, 2001, S. 105; *T. C. Hartley,* The Foundations of European Community Law, 4th edition 1998, S. 179 f.; *Ian MacLeod/I. D. Hendry/Stephen Hyett,* The External Relations of the European Communities, 1996, S. 157; *Henry G. Schermers/Denis Waelbroeck,* Judicial Protection in the European Communities, 5th edition 1992, S. 430; *Claus-Dieter Ehlermann,* Mixed Agreements: A List of Problems, in: David O'Keeffe/Henry G. Schermers (eds), Mixed Agreements, 1984, S. 3 (18 f.); *Kay Hailbronner,* Die Freizügigkeit türkischer Staatsangehöriger nach dem Assoziationsabkommen EWG/Türkei, EuR 19 (1984), S. 54 (64); *Henry G. Schermers,* The Internal Effect of Community Treaty-Making, in: David O'Keeffe/Henry G. Schermers (eds), Essays in European Law and Integration, 1982, S. 167 (174 f.); *Rainer Arnold,* Der Abschluß gemischter Verträge durch die Europäischen Gemeinschaften, AVR 19 (1980/81), S. 419 (456); *Karl Matthias Meessen,* Das Abkommen von Lomé als gemischter Vertrag, EuR 15 (1980), S. 36 (47 f.); *Christoph Wilhelm Vedder,* Die auswärtige Gewalt des Europa der Neun, 1980, S. 226. Vgl. auch die Schlußanträge von Generalanwalt Tesauro, Rs. C-53/96, 13.11.1997, Slg. 1998, I-3606, Rn. 15 (Hermès International/FHT Marketing Choice BV).

gen im Namen der Gemeinschaft in der Regel nur „für die in ihre Zuständigkeit fallenden Bereiche“ zustimmt.[50]

Während plausibel ist, daß die Bestimmungen der gemischten Verträge innergemeinschaftliche Geltung erlangen, wenn sie in die ausschließliche Vertragsschlußkompetenz der Europäischen Gemeinschaft fallen, stellt sich für die Bestimmungen der gemischten Verträge, die in die konkurrierende Vertragsschlußkompetenz der Europäischen Gemeinschaft fallen, die Frage, ob sie bereits innergemeinschaftliche Geltung erlangen, wenn sie überhaupt in die konkurrierende Vertragsschlußkompetenz der Europäischen Gemeinschaft fallen, oder nur, wenn die konkurrierende Vertragsschlußkompetenz auch ausgeübt wurde.[51] Da die konkurrierende Vertragsschlußkompetenz der Europäischen Gemeinschaft nur dann zu einer geteilten Vertragsschlußkompetenz führt, wenn die Beteiligung der Europäischen Gemeinschaft an den gemischten Verträgen nach dem Gutachten 1/76 notwendig ist, um eines der Ziele der Europäischen Gemeinschaft zu erreichen,[52] ist davon auszugehen, daß die Bestimmungen der gemischten Verträge nur dann innergemeinschaftliche Geltung erlangen, wenn die konkurrierende Vertragsschlußkompetenz der Europäischen Gemeinschaft auch ausgeübt wurde.

cc) Die Bestimmungen der gemischten Verträge, welche die Europäische Gemeinschaft völkerrechtlich berechtigen und verpflichten

Eine vermittelnde Ansicht in der Literatur macht die innergemeinschaftliche Geltung der Bestimmungen der gemischten Verträge davon abhängig, inwieweit sie die Europäische Gemeinschaft völkerrechtlich berechtigen und verpflichten. Teilen die gemischten Verträge die völkerrechtliche Bindungswirkung zwischen der Europäischen Gemeinschaft und den Mitglied-

[50] Dies gilt insbesondere für die gemischten Verträge auf dem Gebiet des geistigen Eigentums, vgl. z. B. Erwägungsgrund 7 des Beschlusses 93/626/EWG des Rates vom 25. Oktober 1993 über den Abschluß des Übereinkommens über die biologische Vielfalt (ABl. EU Nr. L 309 vom 13.12.1993, S. 1 f.), Art. 1 Abs. 1 des Beschlusses 94/800/EG des Rates vom 22. Dezember 1994 über den Abschluß der Übereinkünfte im Rahmen der multilateralen Verhandlungen der Uruguay-Runde (1986–1994) im Namen der Europäischen Gemeinschaft in bezug auf die in ihre Zuständigkeiten fallenden Bereiche (ABl. EU Nr. 336 vom 23.12.1994, S. 1 f.) und Erwägungsgrund 5 des Beschlusses des Rates vom 16. März 2000 über die Zustimmung – im Namen der Europäischen Gemeinschaft – zum WIPO-Urheberrechtsvertrag und zum WIPO-Vertrag über Darbietungen und Tonträger (ABl. EU Nr. L 89 vom 11.4.2000, S. 6 f.).

[51] Vgl. u. a. *Piet Eeckhout,* The Domestic Legal Status of the WTO Agreement: Interconnecting Legal Systems, CMLRev. 34 (1997), S. 11 (19).

[52] Siehe oben Erster Teil, Zweites Kapitel, B. I. 1.

staaten, wie etwa Art. 2[53] und Art. 5 Abs. 2[54] von Annex IX des Seerechtsübereinkommens der Vereinten Nationen,[55] auf, erlangen die Bestimmungen der gemischten Verträge nur insoweit innergemeinschaftliche Geltung, als die Europäische Gemeinschaft dadurch völkerrechtlich berechtigt und verpflichtet werde.[56] Nehmen die gemischten Verträge hingegen keine Aufteilung der völkerrechtlichen Bindungswirkung zwischen der Europäischen Gemeinschaft und den Mitgliedstaaten vor, was für die meisten gemischten Verträge zutrifft,[57] werde die Europäische Gemeinschaft umfassend völkerrechtlich berechtigt und verpflichtet mit der Folge,[58] daß alle Bestimmungen der gemischten Verträge innergemeinschaftliche Geltung erlangen.[59]

---

[53] Art. 2 von Annex IX des Seerechtsübereinkommens der Vereinten Nationen lautet:

„An international organization may sign this Convention if a majority of its member States are signatories of this Convention. At the time of signature an international organization shall make a declaration specifying the matters governed by this Convention in respect of which competence has been transferred to that organization by its member States which are signatories, and the nature and extent of that competence."

[54] Art. 5 Abs. 2 von Annex IX des Seerechtsübereinkommens der Vereinten Nationen lautet:

„A member State of an international organization shall, at the time it ratifies or accedes to this Convention or at the time when the organization deposits its instrument of formal confirmation or of accession, whichever is later, make a declaration specifying the matters governed by this Convention in respect of which it has transferred competence to the organization."

[55] Die Europäische Gemeinschaft hat nach Art. 2 von Annex IX des Seerechtsübereinkommens eine Erklärung zur „Zuständigkeit der Europäischen Gemeinschaften in bezug auf die durch das Seerechtsübereinkommen geregelten Angelegenheiten" abgegeben. Die Erklärung der Europäischen Gemeinschaft sowie die Anlage, „Gemeinschaftstexte, die im Bereich des Schutzes und der Bewahrung der Meeresumwelt Anwendung finden und sich unmittelbar auf die durch das Übereinkommen geregelten Themen beziehen", sind in der Denkschrift der Bundesregierung vom 10. Juni 1994 zu dem Entwurf eines Gesetz zu dem Seerechtsübereinkommen der Vereinten Nationen vom 10. Dezember 1982 abgedruckt (BT-Drs. 12/7829, S. 308 bzw. 309 ff.).

[56] *Jean-Victor Louis,* Some Reflections on the Implementation of WTO Rules in the European Community Order, in: Marco Bronckers/Reinhard Quick (eds), New Directions in International Economic Law, 2000, S. 493 (499); *Klaus D. Stein,* Der gemischte Vertrag im Recht der Außenbeziehungen der Europäischen Wirtschaftsgemeinschaft, 1986, S. 188 f.

[57] *Ian MacLeod/I. D. Hendry/Stephen Hyett,* The External Relations of the European Communities, 1996, S. 160.

[58] Anders *Christian Pitschas,* Die völkerrechtliche Verantwortlichkeit der Europäischen Gemeinschaft und ihrer Mitgliedstaaten, 2001, S. 240 f.: „[... D]ie Gemeinschaft und die Mitgliedstaaten [sind] trotz fehlender Bindungsklausel nur an die Vertragsbestandteile gebunden, die in ihre jeweilige Zuständigkeit fallen."

[59] *Klaus D. Stein,* Der gemischte Vertrag im Recht der Außenbeziehungen der Europäischen Wirtschaftsgemeinschaft, 1986, S. 190 f.

Aus diesem Grund geht etwa *Hermes* von der innergemeinschaftlichen Geltung aller Bestimmungen des TRIPs-Übereinkommens aus.[60]

Dieser vermittelnden Ansicht ist zuzugestehen, daß der Umstand, ob und inwieweit sich die Europäische Gemeinschaft und die Mitgliedstaaten beim Abschluß der gemischten Verträge zu der Verteilung ihrer Vertragsschlußkompetenzen erklären, über den Umfang der völkerrechtlichen Berechtigung und Verpflichtung der Europäischen Gemeinschaft gegenüber den an den gemischten Verträgen beteiligten dritten Völkerrechtssubjekten, d.h. das Außenverhältnis, entscheidet.[61] Bereits in dem Urteil „Demirel" hat der EuGH unterstrichen, daß die Europäische Gemeinschaft, sobald es sich um ein von den Gemeinschaftsorganen geschlossenen völkerrechtlichen Vertrag handelt, mag es auch ein gemischter sein, umfassend völkerrechtlich berechtigt und verpflichtet werde.[62] Der Umstand, ob und inwieweit sich die Europäische Gemeinschaft und die Mitgliedstaaten zu der Verteilung ihrer Vertragsschlußkompetenzen erklären, entscheidet aber nicht über den Umfang der innergemeinschaftlichen Geltung der Bestimmungen der gemischten Verträge, d.h. das Innenverhältnis.[63] Im Beschluß 1/78 hat der EuGH betont, daß der Umstand, ob und inwieweit sich die Europäische Gemein-

---

[60] *Christoph Julius Hermes,* TRIPS im Gemeinschaftsrecht, 2002, S. 102.

[61] Vgl. *Christian Tomuschat,* in: Hans von der Groeben/Jochen Thiesing/Claus-Dieter Ehlermann (Hrsg.), Kommentar zum EU-/EG-Vertrag, 5. Auflage 1997/1999, Art. 228 EGV Rn. 55; *Fernando Castillo de la Torre,* The Status of GATT in EC Law – Revisited, JWT 29 (1995) 1, S. 53 (67 f.); *Nanette A. Neuwahl,* Joint Participation in International Treaties and the Exercise of Power by the EEC and its Member States: Mixed Agreements, CMLRev. 28 (1991), S. 717 (733 ff.); *Meinhard Hilf,* Die Anwendung des GATT im deutschen Recht, in: Meinhard Hilf/Ernst-Ulrich Petersmann (Hrsg.), GATT und Europäisches Gemeinschaft, 1986, S. 11 (32); *Giorgio Gaja,* The European Community's Rights and Obligations under Mixed Agreements, in: David O'Keeffe/Henry G. Schermers (eds), Mixed Agreements, 1984, S. 133 (137); *Christian Tomuschat,* Liability for Mixed Agreements, in: David O'Keeffe/Henry G. Schermers (eds), Mixed Agreements, 1984, S. 125 (129 f.). Kritisch *Martin Björklund,* Responsibility in the EC for Mixed Agreements – Should Non-Member Parties Care?, NJIL 70 (2001), S. 373 (382 ff.).

[62] EuGH, Rs. 12/86, 30.9.1987, Slg. 1987, 3719, Rn. 11 (Meryem Demirel/Stadt Schwäbisch Gmünd): „Wie der Gerichtshof in seinem Urteil vom 26. Oktober 1982 in der Rechtssache 104/81 (Kupferberg, Slg. 1982, 3641) festgestellt hat, erfüllen die Mitgliedstaaten, indem sie dafür sorgen, daß die Verpflichtungen aus einem von den Gemeinschaftsorganen geschlossenen Abkommen eingehalten werden, im Rahmen der Gemeinschaftsrechtsordnung eine Pflicht gegenüber der Gemeinschaft, die die Verantwortung für die ordnungsgemäße Durchführung des Abkommens übernommen hat". Vgl. auch EuGH, Rs. C-316/91, 2.3.1994, Slg. 1994, I-625, Rn. 29 (Parlament/Rat); Schlußanträge von Generalanwalt Tesauro, Rs. C-53/96, 13.11.1997, Slg. 1998, I-3606, Rn. 18 (Hermès International/FHT Marketing Choice BV).

[63] *Rudolf Mögele,* in: Rudolf Streinz (Hrsg.), EUV/EGV, Vertrag über die Europäische Union und Vertrag zur Gründung der Europäischen Gemeinschaft, 2003,

schaft und die Mitgliedstaaten beim Abschluß der gemischten Verträge zu der Verteilung ihrer Vertragsschlußkompetenzen erklären, keinen Einfluß auf die „interne Frage" der Verteilung ihrer Vertragsschlußkompetenzen habe.[64] Im Urteil „Hermès" hat der EuGH auf die fehlende Aufteilung der jeweiligen Verpflichtungen der Europäischen Gemeinschaft und der Mitgliedstaaten aus dem WTO-Übereinkommen gegenüber den anderen Vertragsparteien hingewiesen,[65] sie jedoch nicht zum Anlaß genommen, die innergemeinschaftliche Geltung aller Bestimmungen des WTO-Übereinkommens – trotz der geteilten Vertragsschlußkompetenz der Europäischen Gemeinschaft – zu bejahen.

dd) Zwischenergebnis unter besonderer Berücksichtigung der Rechtsprechung des EuGH

Bisher hat der EuGH nicht klar entschieden, ob alle Bestimmungen der gemischten Verträge zu einem „integrierenden Bestandteil der Gemeinschaftsrechtsordnung" werden oder nur solche, die in die ausschließliche bzw. ausgeübte konkurrierende Vertragsschlußkompetenz der Europäischen Gemeinschaft fallen bzw. die Europäische Gemeinschaft völkerrechtlich berechtigen und verpflichten.

Die Frage der innergemeinschaftlichen Geltung der Bestimmungen der gemischten Verträge ist eng mit der Frage der Auslegungszuständigkeit des EuGH im Rahmen des Vorabentscheidungsverfahrens nach Art. 234 Abs. 1 lit. b) Alt. 2 EGV verknüpft. Nach Art. 234 Abs. 1 lit. b) Alt. 2 EGV entscheidet der EuGH über die Auslegung der „Handlungen der Organe

---

Art. 300 EGV Rn. 90; *Christoph Julius Hermes,* TRIPS im Gemeinschaftsrecht, 2002, S. 73.

[64] EuGH, Beschluß 1/78, 14.11.1978, Slg. 1978, 2151, Rn. 35 (Entwurf der Internationalen Atomenergieorganisation zu einem Übereinkommen über den Objektschutz von Kernmaterial, kerntechnischen Anlagen und Nukleartransporten): „Hervorzuheben ist außerdem noch, daß, wie die Kommission mit Recht dargelegt hat, daß es nicht erforderlich ist, den anderen Parteien des Übereinkommens gegenüber die Verteilung der einschlägigen Zuständigkeiten zwischen der Gemeinschaft und den Mitgliedstaaten aufzuzeigen und festzulegen, zumal sich diese Zuständigkeitsverteilung im Laufe der Zeit weiterentwickeln könnte. Es genügt, den anderen Vertragsparteien gegenüber festzustellen, daß in der Materie die Zuständigkeiten innerhalb der Gemeinschaft verteilt sind, wobei die genaue Beschaffenheit dieser Verteilung eine interne Frage ist, in die sich die dritten Länder nicht einzumischen haben."

[65] EuGH, Rs. C-53/96, 16.6.1998, Slg. 1998, I-3603, Rn. 24 (Hermès International/FHT Marketing Choice BV): „Jedoch wurde das WTO-Übereinkommen von der Gemeinschaft geschlossen und von deren Mitgliedstaaten ratifiziert; dabei wurden die jeweiligen Verpflichtungen gegenüber den anderen Vertragsparteien nicht zwischen ihnen aufgeteilt."

der Gemeinschaft", worunter nach ständiger Rechtsprechung des EuGH auch die völkerrechtlichen Verträge der Europäischen Gemeinschaft zu verstehen sind. Der EuGH hat mehrfach Bestimmungen der gemischten Verträge, insbesondere der Assoziationsabkommen, ausgelegt, ohne deutlich zu machen, ob seine Zuständigkeit darauf beruhte, daß alle Bestimmungen der gemischten Verträge als „Handlungen der Organe der Gemeinschaft" anzusehen sind oder nur solche, die in die ausschließliche bzw. ausgeübte konkurrierende Vertragsschlußkompetenz der Europäischen Gemeinschaft fallen.[66] Lediglich im Urteil „Demirel" hat er klargestellt, daß sich seine Auslegungszuständigkeit zumindest auf die Bestimmungen der gemischten Verträge, die in die ausschließliche Vertragsschlußkompetenz der Europäischen Gemeinschaft fallen, erstreckt, aber offengelassen, ob sie auch darüber hinaus gehen kann.[67] Anders als von Teilen der Literatur angenommen,[68] ist die Frage der Auslegungszuständigkeit des EuGH indes nicht zwangsläufig mit der Frage der innergemeinschaftlichen Geltung der Bestimmungen der gemischten Verträge identisch.[69] So hat Generalanwalt Tesauro die Auslegungszuständigkeit des EuGH in seinen Schlußanträgen zu „Hermès" nicht mit der innergemeinschaftlichen Geltung von Art. 50 des TRIPs-Übereinkommens begründet. Er hat sich zum einen auf das „Erfordernis der Einheitlichkeit von Auslegung und Anwendung" und zum anderen auf das Interesse der Gemeinschaft berufen, „nicht für Zuwiderhandlungen eines oder mehrerer Mitgliedstaaten verantwortlich gemacht zu werden", und schließlich mit der vom EuGH statuierten Pflicht zur Zusammenarbeit argumentiert.[70]

---

[66] Vgl. insbesondere zu den Europa-Abkommen mit den mittel- und osteuropäischen Staaten EuGH, Rs. C-162/00, 29.1.2002, Slg. 2002, I-1049 ff. (Land Nordrhein-Westfalen/Beata Pokrzeptowicz-Meyer); EuGH, Rs. C-63/99, 27.9.2001, Slg. 2001, I-6368 ff. (The Queen/Secretary of State for the Home Department, ex parte: Wieslaw Gloszczuk und Elzbieta Gloszczuk); EuGH, Rs. C-235/99, 27.9.2001, Slg. 2001, I-6427 ff. (The Queen/Secretary of State for the Home Department, ex parte: Eleanora Ivanova Kondova); EuGH, Rs. C-257/99, 27.9.2001, Slg. 2001, I-6557 ff. (The Queen/Secretary of State for the Home Department, ex parte: Julius Barkoci und Marcel Malik).

[67] EuGH, Rs. 12/86, 30.9.1987, Slg. 1987, 3719, Rn. 9 (Meryem Demirel/Stadt Schwäbisch Gmünd).

[68] *Allan Rosas,* The European Union and Mixed Agreements, in: Alan Dashwood/Christophe Hillion (eds), The General Law of E.C. External Relations, 2000, S. 200 (215): „If a mixed agreement is an „act of the institutions of the Community", as provided in Article 234, it forms part of Community law [...]." Vgl. auch *Claus-Dieter Ehlermann,* Mixed Agreements: A List of Problems, in: David O'Keeffe/Henry G. Schermers (eds), Mixed Agreements, 1984, S. 3 (18 f.).

[69] *Christoph Julius Hermes,* TRIPS im Gemeinschaftsrecht, 2002, S. 85.

[70] Schlußanträge von Generalanwalt Tesauro, Rs. C-53/96, 13.11.1997, Slg. 1998, I-3606, Rn. 20 f. (Hermès International/FHT Marketing Choice BV).

In den Urteilen „Hermès“ und „Dior“ hat der EuGH, ohne auf die Verteilung der Vertragsschlußkompetenzen der Europäischen Gemeinschaft und der Mitgliedstaaten für das TRIPs-Übereinkommen einzugehen, entschieden, daß sich seine Auslegungszuständigkeit auch auf solche Bestimmungen der gemischten Verträge erstreckt, die, wie etwa Art. 50 des TRIPs-Übereinkommens, sowohl auf dem innerstaatlichen Recht der Mitgliedstaaten als auch auf dem Gemeinschaftsrecht unterliegende Sachverhalte anwendbar sind.[71] Nicht ausdrücklich geklärt wird, ob diese Bestimmungen innergemeinschaftliche Geltung erlangen oder die Auslegungszuständigkeit des EuGH, wie von Generalanwalt Tesauro vorgeschlagen, aus Gründen der Zweckmäßigkeit erwogen wird. Dies offenbart sich unter anderem in den vorsichtigen Formulierungen im Urteil „Dior“, in dem der EuGH untersucht hat, „ob und gegebenenfalls inwieweit die Verfahrensvorschriften des Artikels 50 Absatz 6 des TRIPs-Übereinkommens der Sphäre des Gemeinschaftsrechts zuzurechnen sind“.[72]

Teilweise wird das Urteil „Hermès“ dahingehend interpretiert, daß auch die Bestimmungen der gemischten Verträge innergemeinschaftliche Geltung erlangen, die in die konkurrierende Vertragsschlußkompetenz der Europäischen Gemeinschaft fallen,[73] ohne daß es darauf ankäme, daß die konkurrierende Vertragsschlußkompetenz beim Abschluß der gemischten Verträge ausgeübt wurde.

Das TRIPs-Übereinkommen ist, wie der Verweis des EuGH im Urteil „Hermès“ auf die Verordnung (EG) Nr. 40/94 des Rates vom 20. Dezember 1993 über die Gemeinschaftsmarke[74] bestätigt,[75] nicht nur auf der Grund-

---

[71] EuGH, Verb. Rs. C-300 und 392/98, 14.12.2000, Slg. 2000, I-11307, Rn. 35 ff. (Parfums Christian Dior SA/Tuk Consultancy BV und Assco Gerüste GmbH, Rob van Dijk/Wilhelm Layher GmbH & Co KG, Layher BV); EuGH, Rs. C-53/96, 16.6.1998, Slg. 1998, I-3603, Rn. 32 f. (Hermès International/FHT Marketing Choice BV).

[72] EuGH, Verb. Rs. C-300 und 392/98, 14.12.2000, Slg. 2000, I-11307, Rn. 41 (Parfums Christian Dior SA/Tuk Consultancy BV und Assco Gerüste GmbH, Rob van Dijk/Wilhelm Layher GmbH & Co KG, Layher BV).

[73] *Alan Dashwood,* Preliminary Rulings on the Interpretation of Mixed Agreements, in: David O'Keeffe/Antonio Bavasso (eds), Judicial Review in European Union Law: Liber Amicorum in Honour of Lord Slynn of Hadley, 2000, S. 167 (173): „Indeed, it is submitted, the Court's reasoning, designed ‚forestall future differences of interpretation‘, would apply with equal force where Community competence remains, for the time being, purely potential.“

[74] ABl. EU Nr. L 11 vom 14.1.1994, S. 1 ff.

[75] EuGH, Rs. C-53/96, 16.6.1998, Slg. 1998, I-3603, Rn. 28 (Hermès International/FHT Marketing Choice BV): „Da jedoch die Gemeinschaft Partei des TRIPS ist und dieses Übereinkommen die Gemeinschaftsmarke betrifft, sind die in Artikel 99 der Verordnung Nr. 40/94 angesprochenen Gerichte verpflichtet, im Rahmen des Möglichen den Wortlaut und den Zweck des Artikels 50 des TRIPS zu berücksich-

lage einer geteilten, sondern auch einer parallelen Vertragsschlußkompetenz der Europäischen Gemeinschaft geschlossen worden. Aus diesem Grund fallen die Bestimmungen des TRIPs-Übereinkommens, die sowohl auf dem innerstaatlichen Recht der Mitgliedstaaten als auch auf dem Gemeinschaftsrecht unterliegende Sachverhalte anwendbar sind, nicht in die konkurrierende, sondern in die ausschließliche implizite, aus Art. 95 Abs. 1 S. 2 EGV abgeleitete Vertragsschlußkompetenz der Europäischen Gemeinschaft für die von ihr geschaffenen gewerblichen Gemeinschaftsschutzrechte. Die ausschließliche Vertragsschlußkompetenz der Europäischen Gemeinschaft für die von ihr geschaffenen gewerblichen Gemeinschaftsschutzrechte erstreckt sich auf alle Bestimmungen des TRIPs-Übereinkommens, die die gewerblichen Gemeinschaftsschutzrechte betreffen. Da Art. 50 Abs. 6 des TRIPs-Übereinkommens als Bestimmung, die die Gemeinschaftsmarke betrifft, innergemeinschaftliche Geltung erlangt hat, mußte die Auslegungszuständigkeit des EuGH nicht auf Zweckmäßigkeitserwägungen gestützt werden. Die Ausführungen des EuGH im Urteil „Hermès" im Hinblick auf das „klare Interesse der Gemeinschaft daran, daß diese Vorschrift unabhängig davon, unter welchen Voraussetzungen sie angewandt werden soll, einheitlich ausgelegt wird, um in der Zukunft voneinander abweichende Auslegungen zu vermeiden",[76] sind deshalb entbehrlich. Hat Art. 50 Abs. 6 des TRIPs-Übereinkommens einmal innergemeinschaftliche Geltung erlangt, so verliert er diese nicht, wenn die Verfahrensbestimmung im Einzelfall, wie etwa im Urteil „Dior", mangels umfassender gewerblicher Gemeinschaftsschutzrechte, nur auf dem innerstaatlichen Recht unterliegende Sachverhalte anwendbar ist.[77]

Obwohl die Rechtsprechung des EuGH keine der in der Literatur vertretenen Ansichten zur innergemeinschaftlichen Geltung der Bestimmungen der gemischten Verträge ausschließt, ist nach allem davon auszugehen, daß nur die Bestimmungen der gemischten Verträge, die in die ausschließliche bzw. konkurrierende Vertragsschlußkompetenz der Europäischen Gemeinschaft fallen, einen „integrierenden Bestandteil der Gemeinschaftsrechtsordnung" bilden und innergemeinschaftliche Geltung erlangen. Die Bestimmungen der gemischten Verträge, die in die konkurrierende Vertragsschlußkompetenz der Europäischen Gemeinschaft fallen, erlangen nur innerge-

---

tigen, wenn sie bei der Anordnung einstweiliger Maßnahmen zum Schutz von Rechten aus der Gemeinschaftsmarke nationale Vorschriften anzuwenden haben [...]."

[76] EuGH, Rs. C-53/96, 16.6.1998, Slg. 1998, I-3603, Rn. 32 (Hermès International/FHT Marketing Choice BV).

[77] Anders Schlußanträge von Generalanwalt Cosmas, Verb. Rs. C-300 und 392/98, 11.7.2000, Slg. 2000, I-11310, Rn. 31 ff. (Parfums Christian Dior SA/Tuk Consultancy BV und Assco Gerüste GmbH, Rob van Dijk/Wilhelm Layher GmbH & Co KG, Layher BV).

meinschaftliche Geltung, wenn die konkurrierende Vertragsschlußkompetenz der Europäischen Gemeinschaft beim Abschluß der gemischten Verträge auch ausgeübt wurde.[78]

Diese Auffassung wird der bestehenden Verteilung der Vertragsschlußkompetenzen zwischen der Europäischen Gemeinschaft und den Mitgliedstaaten am ehesten gerecht. Im Einzelfall kann sich allerdings die Frage stellen kann, wie die innergemeinschaftliche Geltung der Bestimmungen der gemischten Verträge bestimmt werden kann, wenn die Vertragsschlußkompetenzen der Europäischen Gemeinschaft und der Mitgliedstaaten, etwa aufgrund der „möglichen Verknüpfung zwischen mehreren Bestimmungen" desselben gemischten Vertrages[79] bzw. der „synallagmatischen Beziehung" aller vertraglichen Rechte und Pflichten[80], nur unter Schwierigkeiten bzw. gar nicht voneinander abgegrenzt werden können.[81] Diese Schwierigkeiten führen in der Praxis dazu, daß die meisten gemischten Verträge ohne eine Erklärung der Europäischen Gemeinschaft und der Mitgliedstaaten zur Verteilung ihrer Vertragsschlußkompetenzen abgeschlossen werden. Selbst in den Fällen, in denen die gemischten Verträge eine solche Erklärung enthalten, werden die Schwierigkeiten nicht restlos beseitigt, da die gemischten Verträge zum einen nicht entsprechend der Verteilung der Vertragsschlußkompetenzen zwischen der Europäischen Gemeinschaft und den Mitgliedstaaten gestaltet sind[82] und sich die Vertragsschlußkompetenzen der Europäischen Gemeinschaft zum anderen zu Lasten der Vertragsschlußkompetenzen der Mitgliedstaaten weiterentwickeln können[83].

---

[78] Ähnlich *Rudolf Mögele,* in: Rudolf Streinz (Hrsg.), EUV/EGV, Vertrag über die Europäische Union und Vertrag zur Gründung der Europäischen Gemeinschaft, 2003, Art. 300 EGV Rn. 89.

[79] Schlußanträge von Generalanwalt Tesauro, Rs. C-53/96, 13.11.1997, Slg. 1998, I-3606, Rn. 20 (Hermès International/FHT Marketing Choice BV). Siehe auch *Phoebe Okawa,* The European Community and International Environmental Agreements, YEL 15 (1995), S. 169 (173); *John Temple Lang,* The ERTA Judgment and the Court's Case Law on Competence and Conflict, YEL 6 (1986), S. 183 (218).

[80] *Klaus D. Stein,* Der gemischte Vertrag im Recht der Außenbeziehungen der Europäischen Wirtschaftsgemeinschaft, 1986, S. 163 f.

[81] *Martin Björklund,* Responsibility in the EC for Mixed Agreements – Should Non-Member Parties Care?, NJIL 70 (2001), S. 373 (380 ff.); *Rachel Frid,* The Relations Between the EC and International Organizations, 1995, S. 112; *Alexander Oehmichen,* Die unmittelbare Anwendbarkeit der völkerrechtlichen Verträge der EG, 1992, S. 77; *Philip Allott,* Adherence To and Withdrawal From Mixed Agreements, in: David O'Keeffe/Henry G. Schermers (eds), Mixed Agreements, 1984, S. 97 (118).

[82] *John Temple Lang,* The Ozone Layer Convention: A New Solution to the Question of Community Participation in ‚Mixed' International Agreements, CMLRev. 23 (1986), S. 157 (162); *Henry G. Schermers,* A Typology of Mixed Agreements, in: David O'Keeffe/Henry G. Schermers (eds), Mixed Agreements, S. 23 (26 f.).

Zumindest auf dem Gebiet des geistigen Eigentums bereitet die Abgrenzung der Vertragsschlußkompetenzen für die gemischten Verträge weniger Schwierigkeiten als vielfach[84] angenommen. Dies gilt für die Europa-Abkommen mit den mittel- und osteuropäischen Staaten und die Partnerschafts- und Kooperationsabkommen mit den GUS-Staaten, für das CBD-Übereinkommen und, wenn auch eingeschränkt, für das TRIPs-Übereinkommen.

Mit Ausnahme der Regelungen zur politischen Zusammenarbeit fallen die Bestimmungen der Europa-Abkommen mit den mittel- und osteuropäischen Staaten und der Partnerschafts- und Kooperationsabkommen mit den GUS-Staaten, einschließlich der Bestimmungen, die die assoziierten Drittstaaten verpflichten, ihre Rechtsvorschriften auf dem Gebiet des geistigen Eigentums dem in der Europäischen Gemeinschaft geltenden Schutzniveau anzupassen und den wichtigsten völkerrechtlichen Verträgen auf dem Gebiet des geistigen Eigentums beizutreten, in die ausschließliche Assoziierungskompetenz der Europäischen Gemeinschaft nach Art. 310 EGV.[85] Die Bestimmungen des CBD-Übereinkommens sind, soweit sie das geistige Eigentum betreffen, hingegen in der Vertragsschlußkompetenz der Mitgliedstaaten verblieben, da das in der Erklärung der Europäischen Wirtschaftsgemeinschaft gemäß Artikel 34 Absatz 3 des CBD-Übereinkommens[86] aufgezählte sekundäre Gemeinschaftsrecht keine Fragen des geistigen Eigentums regelt.

Vergegenwärtigt man sich, daß die Bestimmungen des TRIPs-Übereinkommens nicht nur in die geteilte, sondern auch in die parallele Vertragsschlußkompetenz der Europäischen Gemeinschaft fallen, kann die innergemeinschaftliche Geltung einer Vielzahl von Bestimmungen unabhängig von einer „möglichen Verknüpfung zwischen mehreren Bestimmungen" des TRIPs-Übereinkommens angenommen werden. Dies gilt aufgrund der ausschließlichen Vertragsschlußkompetenz der Europäischen Gemeinschaft insbesondere für die Bestimmungen, die die gewerblichen Gemeinschaftsschutzrechte, d.h. die Gemeinschaftsmarke, den gemeinschaftlichen Sortenschutz, die geographischen Angaben und Ursprungsbezeichnungen für Agrarerzeugnisse und Lebensmittel und das Gemeinschaftsgeschmacksmuster, betreffen. Hierzu zählen nicht nur die Bestimmungen des zweiten

---

[83] Vgl. z.B. *Martin Björklund,* Responsibility in the EC for Mixed Agreements – Should Non-Member Parties Care?, NJIL 70 (2001), S. 373 (381).

[84] *Sonja Kreibich,* Das TRIPs-Abkommen in der Gemeinschaftsordnung, 2003, S. 91 f.; Schlußanträge von Generalanwalt Tesauro, Rs. C-53/96, 13.11.1997, Slg. 1998, I-3606, Rn. 20 (Hermès International/FHT Marketing Choice BV).

[85] Siehe oben Zweiter Teil, Drittes Kapitel.

[86] ABl. EU Nr. L 309 vom 13.12.1993, S. 19.

Teils des TRIPs-Übereinkommens, die sich dem Schutz von Marken (Art. 15 bis 21), von geographischen Angaben (Art. 22 bis 24), soweit sie Agrarerzeugnisse und Lebensmittel betreffen, von gewerblichen Mustern und Modellen (Art. 25, 26) und von Patenten (Art. 27 bis 34), soweit sie für den gemeinschaftlichen Sortenschutz maßgeblich sind, widmen, sondern auch die allgemeinen Bestimmungen und Grundprinzipien des ersten Teils des TRIPs-Übereinkommens (Art. 1 bis 8), die im dritten Teil des TRIPs-Übereinkommens geregelten Bestimmungen zur Durchsetzung der Rechte des geistigen Eigentums (Art. 41 bis 61) und die in den restlichen Teilen des TRIPs-Übereinkommens niedergelegten Bestimmungen zum Erwerb und zur Aufrechterhaltung von Rechten des geistigen Eigentums (Art. 62) und zu Streitvermeidung und -beilegung (Art. 63, 64) sowie die Übergangs- und Schlußbestimmungen (Art. 65 bis 73).

Nicht in die parallele, sondern in die geteilte Vertragsschlußkompetenz der Europäischen Gemeinschaft fallen hingegen die Bestimmungen zum Urheberrecht und zu den verwandten Schutzrechten sowie die Bestimmungen, die die gewerbliche Schutzrechte betreffen, die bislang nur auf nationaler Ebene vorhanden sind. Diese Bestimmungen erlangen nur innergemeinschaftliche Geltung, wenn sie im Einzelfall in die ausschließliche Vertragsschlußkompetenz der Europäischen Gemeinschaft fallen, wie z.B. Art. 11, 12 und Art. 14 Abs. 1 bis 3, 5 und 6 des TRIPs-Übereinkommens. Wie aber bereits im ersten Teil dieser Arbeit gezeigt wurde,[87] ist die Vertragsschlußkompetenz der Europäischen Gemeinschaft in dem von den Richtlinien auf dem Gebiet des geistigen Eigentums erfaßten Bereich überwiegend konkurrierend geblieben. Im Zweifel ist deshalb davon auszugehen, daß diese Bestimmungen keine innergemeinschaftliche Geltung erlangt haben. Dies gilt auch für Art. 9 Abs. 1 des TRIPs-Übereinkommens, der die Vertragsparteien verpflichtet, Art. 1 bis 21 der Berner Übereinkunft in der Pariser Fassung vom 24. Juli 1971 mit Ausnahme des in Art. 6bis geregelten Urheberpersönlichkeitsrechts einzuhalten. Generalanwalt La Pergola, der in seinen Schlußanträgen zu „Egeda" eine gegenteilige Ansicht vertreten hat, verkennt das Urteil „Hermès", wenn er die Auslegungszuständigkeit des EuGH im Rahmen des Vorabentscheidungsverfahrens nach Art. 234 Abs. 1 lit. b) EGV und die innergemeinschaftliche Geltung des Art. 9 Abs. 1 des TRIPs-Übereinkommens implizit damit begründet, daß „der Schutz des Urheberrechts [...] ein Gebiet [ist], auf dem die Gemeinschaft ihre Zuständigkeit intern bereits tatsächlich ausgeübt hat" und der inkorporierte Art. 11bis der Berner Übereinkunft „sowohl auf vom nationalen Recht geregelte Sachverhalte als auch auf unter das Gemeinschaftsrecht fallende Sachverhalte anwendbar ist".[88]

---

[87] Siehe oben Erster Teil, Zweites Kapitel, B. V. 1. b).

b) Die innerstaatliche Geltung in ausgewählten Mitgliedstaaten

Die Bestimmungen der gemischten Verträge auf dem Gebiet des geistigen Eigentums, die in der Vertragsschlußkompetenz der Mitgliedstaaten verblieben sind, haben in Frankreich durch ausdrückliche parlamentarische Zustimmung nach Art. 53 der französischen Verfassung,[89] in der Niederlande durch eine stillschweigende parlamentarische Zustimmung nach Art. 91 Abs. 1 S. 1 der niederländischen Verfassung[90] und in Deutschland durch die Gesetze z.B. vom 7. Oktober 1994 zu dem Europa-Abkommen vom 4. Oktober 1993 zur Gründung einer Assoziation zwischen den Europäischen Gemeinschaften sowie ihren Mitgliedstaaten und der Slowakischen Republik,[91] vom 30. August 1993 zu dem Übereinkommen vom 5. Juni 1992 über die biologische Vielfalt[92] und vom 30. August 1994 zu dem Übereinkommen vom 15. April 1994 zur Errichtung der Welthandelsorganisation[93] nach Art. 59 Abs. 2 GG innerstaatliche Geltung erlangt. In ihrer Denkschrift zu dem Entwurf eines Gesetzes zu dem Übereinkommen vom 15. April 1994 zur Errichtung der Welthandelsorganisation vom 24. Mai 1994 hat die Bundesregierung erläutert, daß „[e]ine Zustimmung durch den deutschen Gesetzgeber [...] insoweit aus[scheidet], als die Außenkompetenz der EG zusteht“.[94]

Im Vereinigten Königreich unterliegt die innerstaatliche Geltung der Bestimmungen der gemischten Verträge, die nach dem 22. Januar 1972 geschlossen wurden, anders als die der Bestimmungen der völkerrechtlichen Verträge der Europäischen Gemeinschaft[95] nach section 1.3 des *European*

---

[88] Schlußanträge von Generalanwalt La Pergola, Rs. C-293/98, 9.9.1999, Slg. 2000, I-631, Rn. 18 (Entidad de Gestión de Derechos de los Productores Audiovisuales (Egeda)/Hostelería Asturiana SA (Hoasa)).

[89] Vgl. z.B. für das Europa-Abkommen vom 16. Dezember 1991 zur Gründung einer Assoziation zwischen den Europäischen Gemeinschaften sowie ihren Mitgliedstaaten und Ungarn *loi n° 93–1181, Journal Officiel* vom 23.10.1993, S. 14720; für das CBD-Übereinkommen *loi n° 94-477, Journal Officiel* vom 11.06.1994, S. 8450, und für das WTO-Übereinkommen, einschließlich des TRIPs-Übereinkommens, *loi n° 94–1137, Journal Officiel* vom 28.12.1994, S. 18536.

[90] Siehe oben Zweiter Teil, Zweites Kapitel, B. I. b).

[91] BGBl. 1994 II, 3126. Vgl. zu den übrigen Europa-Abkommen BGBl. 1993 II, 1316 (Polen); BGBl. 1993 II, 1666 (Ungarn); BGBl. 1994 II, 2957 (Rumänien); BGBl. 1994 II, 2753 (Bulgarien); BGBl. 1994 II, 3320 (Tschechische Republik); BGBl. 1996 II, 1666 (Estland), BGBl. 1996 II, 2186 (Litauen); BGBl. 1996 II, 1879 (Lettland); BGBl. 1997 II, 1855 (Slowenien).

[92] BGBl. 1993 II, 1741.

[93] BGBl. 1994 II, 1438.

[94] BT-Drs. 12/7655 (neu), S. 344.

[95] *Marc Maresceau,* The Effect of Community Agreements in the United Kingdom under the European Communities Act 1972, ICLQ 28 (1979), S. 241 (243):

Communities Act 1972[96] einem bestimmten Verfahren. Die Bestimmungen der gemischten Verträge gelten als völkerrechtliche Verträge der Europäischen Gemeinschaft, wenn „Her Majesty by Order in Council declares that a treaty specified in the Order is to be regarded as one of the Community Treaties“ und wenn „a draft of the Order in Council has been approved by resolution of each House of Parliament“.

Die Europa-Abkommen mit den mittel- und osteuropäischen Staaten[97] und das WTO-Übereinkommen, einschließlich des TRIPs-Übereinkommens,[98] wurden im Gegensatz zu dem CBD-Übereinkommen nach section 1.3 des *European Communities Act 1972* zu völkerrechtlichen Verträgen der

---

„Treaties entered into after January 22, 1972, by the Community without the member States‘ participation […] are […] fully covered by section 1 (2) of the Act and are not subject to the restrictions laid down in section 1 (3).“

[96] *European Communites Act 1972,* c. 68.

[97] *The European Communities (Definition of Treaties) (Europe Agreement establishing an Association between the European Communities and their Member States and the Republic of Hungary) Order 1992,* Statutory Instrument 1992, No. 2871; *The European Communities (Definition of Treaties) (Europe Agreement establishing an Association between the European Communities and their Member States and the Republic of Poland) Order 1992,* Statutory Instrument 1992 No. 2872; *The European Communities (Definition of Treaties) (Europe Agreement establishing an Association between the European Communities and their Member States and the Republic of Bulgaria) Order 1994,* Statutory Instrument 1992 No. 758; *The European Communities (Definition of Treaties) (Europe Agreement establishing an Association between the European Communities and their Member States and the Czech Republic) Order 1994,* Statutory Instrument 1994 No. 759; *The European Communities (Definition of Treaties) (Europe Agreement establishing an Association between the European Communities and their Member States and the Romania) Order 1994,* Statutory Instrument 1994 No. 760; *The European Communities (Definition of Treaties) (Europe Agreement establishing an Association between the European Communities and their Member States and the Slovak Republic) Order 1994,* Statutory Instrument 1994 No. 761; *The European Communities (Definition of Treaties) (Europe Agreement establishing an Association between the European Communities and their Member States and the Republic of Estonia) Order 1997,* Statutory Instrument 1997 No. 269; *The European Communities (Definition of Treaties) (Europe Agreement establishing an Association between the European Communities and their Member States and the Republic of Latvia) Order 1997,* Statutory Instrument 1997 No. 270; *The European Communities (Definition of Treaties) (Europe Agreement establishing an Association between the European Communities and their Member States and the Republic of Lithuania) Order 1997,* Statutory Instrument 1997 No. 271; *The European Communities (Definition of Treaties) (Europe Agreement establishing an Association between the European Communities and their Member States and the Republic of Slovenia) Order 1998,* Statutory Instrument 1998 No. 1062.

[98] *The European Communities (Definition of Treaties) (The Agreement Establishing the World Trade Organisation) Order 1995,* Statutory Instrument 1995, No. 265.

Europäischen Gemeinschaft erklärt. Die Bestimmungen der Europa-Abkommen und des WTO-Übereinkommens haben demnach im Vereinigten Königreich unabhängig davon, ob sie in die Vertragsschlußkompetenz der Europäischen Gemeinschaft oder der Mitgliedstaaten fallen,[99] nach section 2.1 des *European Communities Act 1972* innerstaatliche Geltung erlangt. Die jeweiligen *explanatory notes* der *Orders* führen aus, daß „[t]he principal effect of declaring this Agreement to be a Community treaty as so defined is to bring into play in relation to it the provisions of section 2 of the European Communities Act 1972 which provides for the implementation of treaties so specified".

Wurden die gemischten Verträge auf dem Gebiet des geistigen Eigentums nicht zu völkerrechtlichen Verträgen der Europäischen Gemeinschaft erklärt, können sie im Vereinigten Königreich immer noch innerstaatliche Geltung erlangen, wenn sie durch einen parlamentarischen Akt in innerstaatliches Recht transformiert werden. Die Bestimmungen des CBD-Übereinkommens haben im Vereinigten Königreich insoweit innerstaatliche Geltung erlangt, als section 74 des *Countryside and Rights of Way Act 2000*[100] auf sie verweist. Section 74.1 verpflichtet verschiedene Amtsträger dazu, ihre Befugnisse in Übereinstimmung mit dem CBD-Übereinkommen auszuüben. Section 74.7 verweist für die Begriffe „biological diversity" und „habitat" auf die jeweiligen Definitionen des CBD-Übereinkommens.

II. Die Geltung der Organentscheidungen

Im Rahmen der Europa-Abkommen mit den mittel- und osteuropäischen Staaten werden die Entscheidungen in erster Linie durch den Assoziationsrat, der für die Vertragsparteien verbindliche Beschlüsse zur Erreichung der Ziele des Abkommens (z.B. Art. 104 Abs. 1 des Europa-Abkommens mit Polen) und zur Beilegung einer Streitigkeit (z.B. Art. 105 Abs. 1 des Europa-Abkommens mit Polen) faßt, getroffen. Im Rahmen der Partnerschafts- und Kooperationsabkommen mit den GUS-Staaten kann der Kooperationsrat dagegen nur „nach Vereinbarung der beiden Vertragsparteien" geeignete Empfehlungen aussprechen (z.B. Art. 85 S. 3 des Partnerschafts- und Kooperationsabkomments mit der Ukraine).

Im Rahmen des CBD-Übereinkommens werden die Entscheidungen von der Konferenz der Vertragsparteien, die nach dem Auffangtatbestand des Art. 23 Abs. 4 lit. i) alle Maßnahmen, die zur Erreichung der Zwecke des

[99] *Marc Maresceau,* The Effect of Community Agreements in the United Kingdom under the European Communities Act 1972, ICLQ 28 (1979), S. 241 (255 f.).

[100] *Countryside and Rights of Way Act 2000,* c. 37.

Übereinkommens erforderlich sind, ergreifen kann, von dem Sekretariat (Art. 24), von dem Nebenorgan für wissenschaftliche, technische und technologische Beratung (Art. 25) sowie im Fall einer Streitigkeit zwischen den Vertragsparteien über die Auslegung und Anwendung des Übereinkommens von dem Internationalen Gerichtshof bzw. einem Schiedsgericht (Art. 27 Abs. 3) getroffen.

Im Rahmen des TRIPs-Übereinkommens, das nach Art. II Abs. 2 des WTO-Übereinkommens Bestandteil desselben ist, werden die Entscheidungen von der Ministerkonferenz (*Ministerial Conference*), die in der Hauptsache Beschlüsse auf Antrag der Vertragsparteien (Art. IV Abs. 1 des WTO-Übereinkommens), zur Auslegung (Art. IX Abs. 2 des WTO-Übereinkommens) und zur Änderung (Art. X Abs. 1 des WTO-Übereinkommens) der multilateralen Handelsübereinkommen, einschließlich des TRIPs-Übereinkommens, und zur Aufnahme neuer Vertragsparteien (Art. XII Abs. 2 WTO-Übereinkommen) faßt, von dem Allgemeinen Rat (*General Council*), dem in erster Linie die Aufgaben des Streitbeilegungsgremiums (*Dispute Settlement Body,* DSB) (Art. IV Abs. 3 des WTO-Übereinkommens) und des Organs zur Überprüfung der Handelspraktiken (*Trade Policy Review Body,* TPRM) (Art. IV Abs. 4 des WTO-Übereinkommens) zugewiesen sind, und von dem Sekretariat getroffen. Als DSB fällt der Allgemeine Rat endgültige, rechtskräftige Entscheidungen, indem er die Berichte der von ihm *ad hoc* eingesetzten *Panels* (Art. 16 Abs. 4 der Vereinbarung über Regeln und Verfahren zur Beilegung von Streitigkeiten vom 15. April 1994 (*Understanding on Rules and Procedures Governing the Settlement of Disputes,* DSU)) und des ständigen *Appellate Body* (Art. 17 Abs. 14 DSU) annimmt.

Da es unwahrscheinlich ist, daß die Entscheidungen des Assoziations- und des Kooperationsrats die Verpflichtungen der assoziierten Drittstaaten betreffen wird, ihre Rechtsvorschriften auf dem Gebiet des geistigen Eigentums dem in der Europäischen Gemeinschaft geltenden Schutzniveau anzupassen und den wichtigsten völkerrechtlichen Verträgen auf dem Gebiet des geistigen Eigentums beizutreten, werden im folgenden nur die Entscheidungen der durch das TRIPs-Übereinkommen und das CBD-Übereinkommen eingesetzten Organe zu berücksichtigt.

1. Die Regelung in den gemischten Verträgen selbst

Das TRIPs-Übereinkommen und das CBD-Übereinkommen regeln die innergemeinschaftliche bzw. innerstaatliche Geltung der Entscheidungen der durch sie eingesetzten Organe nicht selbst.

2. *Die innergemeinschaftliche Geltung*

Im Gegensatz zu Entscheidungen, die nur die internen Angelegenheiten der durch die gemischten Verträge auf dem Gebiet des geistigen Eigentums eingesetzten Organe betreffen, erlangen Entscheidungen, die auf übertragenen Hoheitsrechten der Europäischen Gemeinschaft beruhen, innergemeinschaftliche Geltung, ohne daß es einer Umsetzung in innergemeinschaftliches Recht in Form einer Transformation bzw. Anerkennung bedarf.[101]

a) Entscheidungen der durch das TRIPs-Übereinkommen eingesetzten Organe

Im Rahmen des TRIPs-Übereinkommens können deshalb die Entscheidungen des Sekretariats, die nach Art. VI Abs. 4 des WTO-Übereinkommens nur „internationalen Charakter" haben, von vornherein keine innergemeinschaftliche Geltung erlangen.[102] Die Entscheidungen der anderen Organe erlangen dagegen innergemeinschaftliche Geltung, wenn sie auf übertragenen Hoheitsrechten der Europäischen Gemeinschaft beruhen. Wie im ersten Teil dieser Arbeit ausgeführt wurde,[103] ermächtigen die Vertragsschlußkompetenzen der Europäischen Gemeinschaft zur Übertragung von Hoheitsrechten. Im Bereich der Rechtsprechung besteht eine solche Ermächtigung nach dem Gutachten 1/91 über den Entwurf eines Abkommens über die Schaffung des Europäischen Wirtschaftsraums allerdings nur, soweit der gemischte Vertrag „ein eigenes Gerichtssystem mit einem Gerichtshof vor[sieht], der für die Regelung von Streitigkeiten zwischen den Vertragsparteien [...] und damit für die Auslegung seiner Bestimmungen zuständig ist".[104]

Die Beschlüsse, die die Ministerkonferenz im Bereich der Rechtssetzung nach Art. IV Abs. 1, Art. IX Abs. 2, Art. X Abs. 1 und Art. XII Abs. 2 des WTO-Übereinkommens faßt, erlangen von ihrem Inkrafttreten an innergemeinschaftliche Geltung, wenn sie auf übertragenen Hoheitsrechten der Europäischen Gemeinschaft beruhen, d.h. in die ausschließliche bzw. ausgeübte konkurrierende Vertragsschlußkompetenz der Europäischen Gemeinschaft fallen. Dies gilt auch für die von der Ministerkonferenz in Doha

---

[101] Siehe oben Erster Teil, Drittes Kapitel, C. I.

[102] *Andrea Ott,* GATT und WTO im Gemeinschaftsrecht, 1997, S. 177 und 242 f.

[103] Siehe oben Erster Teil, Drittes Kapitel, C. II.

[104] EuGH, Gutachten 1/91, 14.12.1991, Slg. 1991, I-6079, Rn. 39 (Entwurf eines Abkommens zwischen der Gemeinschaft einerseits und den Ländern der Europäischen Freihandelsassoziation andererseits über die Schaffung des Europäischen Wirtschaftsraums).

verabschiedete *Declaration on the TRIPs Agreement and Public Health* vom 14. November 2001[105] einerseits und die auf der Ministerkonferenz in Cancún verabschiedete Erklärung vom 30. August 2003[106] andererseits, soweit sie in die ausschließliche bzw. ausgeübte konkurrierende Vertragsschlußkompetenz der Europäischen Gemeinschaft fallen. Es kommt nicht darauf an, ob es sich bei der ersten Erklärung um einen Beschluß nach Art. IV Abs. 1 des WTO-Übereinkommens,[107] einen Beschluß nach Art. IX Abs. 1 des WTO-Übereinkommens[108] oder eine authentische Interpretation des TRIPs-Übereinkommens nach Art. IX Abs. 2 des WTO-Übereinkommens[109] handelt bzw. ob die zweite Erklärung einen Beschluß nach Art. XI Abs. 3 des WTO-Übereinkommens (*waiver*)[110] oder eine Vertragsänderung nach Art. X Abs. 1 des WTO-Übereinkommens darstellt.

Fraglich ist, unter welchen Voraussetzungen die endgültigen, rechtskräftigen Entscheidungen, die der Allgemeine Rat als DSB trifft, indem er die Berichte der von ihm *ad hoc* eingesetzten *Panels* (Art. 16 Abs. 4 DSU) und des ständigen *Appellate Body* (Art. 17 Abs. 14 DSU) annimmt, innergemeinschaftliche Geltung erlangen. Das Gutachten 1/91 macht die Übertragung von Hoheitsrechten der Europäischen Gemeinschaft im Bereich der Rechtsprechung von einem „eigene[n] Gerichtssystem mit einem Gerichtshof" abhängig, „der für die Regelung von Streitigkeiten zwischen den Vertragsparteien [...] und damit für die Auslegung seiner Bestimmungen zuständig ist",[111] nennt aber darüber hinaus keine materiellen Kritierien, die den Gerichtscharakter begründen könnten. In der Literatur ist deshalb umstritten, ob das WTO-Streitbeilegungssystem ein „eigenes Gerichtssystem mit einem Gerichtshof" darstellt. Die Auffassung, die diese Frage be-

[105] WTO-Doc. WT/MIN(01)/DEC/W/2.

[106] WTO-Doc. WT/L/540.

[107] *Steve Charnovitz,* The Legal Status of the Doha Declarations, JIEL 5 (2002), S. 207 (210).

[108] *Frederick M. Abbott,* The Doha Declaration on the TRIPS Agreement and Public Health: Lighting a Dark Corner at the WTO, JIEL 5 (2002), S. 469 (491 f.).

[109] *Holger Hestermeyer,* Flexible Entscheidungsfindung in der WTO – Die Rechtsnatur der neuen WTO Beschlüsse über TRIPS und Zugang zu Medikamenten, GRUR Int. 2004, S. 194 (197 f.); *Christoph Herrmann,* TRIPS, Patentschutz für Medikamente und staatliche Gesundheitspolitik: Hinreichende Flexibilität, EuZW 13 (2002), S. 37 (42).

[110] *Holger Hestermeyer,* Flexible Entscheidungsfindung in der WTO – Die Rechtsnatur der neuen WTO Beschlüsse über TRIPS und Zugang zu Medikamenten, GRUR Int. 2004, S. 194 (199 f.); *Christoph Herrmann,* Historischer Wendepunkt für den internationalen Patentschutz?, ZEuS 6 (2003), S. 589 (602 f.).

[111] EuGH, Gutachten 1/91, 14.12.1991, Slg. 1991, I-6079, Rn. 39 (Entwurf eines Abkommens zwischen der Gemeinschaft einerseits und den Ländern der Europäischen Freihandelsassoziation andererseits über die Schaffung des Europäischen Wirtschaftsraums).

jaht,[112] versucht anhand selbst aufgestellter materieller Kritierien den Gerichtscharakter des DSB zu begründen. Dabei wird insbesondere auf die Unabhängigkeit und Objektivität der Mitglieder der *Panels* und des *Appellate Body,* die rechtsstaatliche Sicherung des WTO-Streitbeilegungsverfahrens und die Rechtsqualität und Konsistenz der Entscheidungen des DSB hingewiesen.[113] Die Ansicht, die die Voraussetzungen des Gutachtens 1/91 nicht für gegeben hält, argumentiert, daß es sich bei dem WTO-Streitbeilegungsverfahren nicht um ein Gerichts-, sondern um ein schiedsgerichtliches Verfahren handele. Die von der Gegenauffassung vorgebrachten Verfahrensgrundsätze stellen nach dieser Ansicht keine gerichtstypischen Grundsätze dar, sondern können sich auch im Rahmen einer institutionalisierten Schiedsgerichtspraxis entwickeln.[114]

Der letztgenannten Ansicht ist zuzugestehen, daß an dem Gerichtscharakter des EWR-Gerichtshofs und des EWR-Gerichts erster Instanz, wie sie in dem Entwurf eines Abkommens über die Schaffung des Europäischen Wirtschaftsraums, der dem Gutachten 1/91 zugrundelag, vorgesehen waren,[115] im Gegensatz zu dem des DSB nicht gezweifelt werden kann. Zusammen-

---

[112] *Antje Wünschmann,* Geltung und gerichtliche Geltendmachung völkerrechtlicher Verträge im Europäischen Gemeinschaftsrecht, 2003, S. 134; *Christoph Julius Hermes,* TRIPS im Gemeinschaftsrecht, 2002, S. 330; *Pascal Royla,* WTO-Recht – EG-Recht: Kollision, Justiziabilität, Implementation, EuR 36 (2001), S. 495 (511 f.); *Nikolaos Lavranos,* Die Rechtswirkung von WTO panel reports im Europäischen Gemeinschaftsrecht sowie im deutschen Verfassungsrecht, EuR 34 (1999), S. 289 (298); *Albrecht Weber/Flemming Moos,* Rechtswirkungen von WTO-Streitbeilegungsentscheidungen im Gemeinschaftsrecht, EuZW 10 (1999), S. 229 (234); *Thomas Cottier,* The Impact of the TRIPS Agreement on Private Practice and Litigation, in: James Cameron/Karen Campbell (eds), Dispute Resolution in the WTO, 1998, S. 111 (127); *Thomas Cottier,* Dispute Settlement in the World Trade Organization: Characteristics and Structural Implications for the European Union, CMLRev. 35 (1998), S. 325 (371); *Piet Eeckhout,* The Domestic Legal Status of the WTO Agreement: Interconnecting Legal Systems, CMLRev. 34 (1997), S. 11 (52 f.); *Andrea Ott,* GATT und WTO im Gemeinschaftsrecht, 1997, S. 177 und 242 f.; *José Maria Beneyto,* The EU and the WTO, Direct Effect of the New Dispute Settlement System?, EuZW 7 (1996), S. 295 (299).

[113] *Albrecht Weber/Flemming Moos,* Rechtswirkungen von WTO-Streitbeilegungsentscheidungen im Gemeinschaftsrecht, EuZW 10 (1999), S. 229 (231 ff.).

[114] *Markus Krajewski,* Verfassungsperspektiven und Legitimation des Rechts der Welthandelsorganisation (WTO), 2001, S. 61 f.; ähnlich *Meinhard Hilf,* The Role of National Courts in International Trade Relations, Mich. J. Int'l L. 18 (1997), S. 321 (345).

[115] Der EuGH hat das Gutachten 1/91 auf der Grundlage einer englischen, nicht endgültigen Fassung des Abkommens über die Schaffung des Europäischen Wirtschaftsraums erstellt, aus dem er auszugsweise zitiert hat (EuGH, Gutachten 1/91, 14.12.1991, Slg. 1991, I-6079 (6085 ff.) (Entwurf eines Abkommens zwischen der Gemeinschaft einerseits und den Ländern der Europäischen Freihandelsassoziation andererseits über die Schaffung des Europäischen Wirtschaftsraums).

setzung[116] und Funktion des EWR-Gerichtshofs und des EWR-Gerichts erster Instanz ist denen des EuGH und des EuG nachgebildet. Während der EWR-Gerichtshof in erster Linie für Streitigkeiten zwischen den Vertragsparteien zuständig ist,[117] entscheidet das EWR-Gericht erster Instanz über Klagen natürlicher und juristischer Personen gegen Entscheidungen der EFTA-Überwachungsbehörde[118]. Allerdings ist der Schiedsgerichtscharakter des DSB ebensowenig eindeutig, weil die wesentlichen Merkmale, die ein Schiedsgericht von einem Gericht unterscheiden, wie etwa der geringe Grad der Institutionalisierung und der große Einfluß der Streitparteien auf die Zusammensetzung des jeweiligen (Schieds-)Gerichts und auf das jeweilige Verfahren,[119] nicht den DSB kennzeichnen. Zwar werden die Panels nach wie vor *ad hoc* für jeden einzelnen Streitfall vom DSB auf Antrag der antragstellenden Partei eingesetzt. Die Berufung von Entscheidungen der *Panels* ist jedoch einem stehenden Organ, nämlich dem *Appellate Body,* zugewiesen. Darüber hinaus ist der Einfluß der Streitparteien auf das WTO-Streitbeilegungsverfahren insofern gering einzuschätzen, als die Einsetzung eines *Panels* nach Art. 6 Abs. 1 DSU auf der zweiten Sitzung des DSB, auf der der Antrag auf der Tagesordnung steht, beschlossen werden muß, d.h. nicht von der Zustimmung der anderen Streitpartei abhängt, als die Berichte der *Panels* und des *Appellate Body* nach Art. 16 Abs. 4 bzw. Art. 17 Abs. 14 DSU innerhalb des DSB nur einstimmig abgelehnt werden können und als die Entscheidungen des DSB nach Art. 3 Abs. 2 DSU[120] die im Anhang 1 des DSU aufgeführten und unter das DSU fallenden Handelsübereinkommen sowie „die herkömmlichen Regeln der Auslegung des Völ-

---

[116] Vgl. Art. 95 des Entwurfs und Art. 221 EGV sowie Art. 101 des Entwurfs und Art. 224 EGV.

[117] Art. 96 Abs. 1 des Entwurfs lautet:
„The EEA Court is competent for:
(a) the settlement of disputes between the Contracting Parties;
(b) actions concerning the surveillance procedure regarding the EFTA States;
(c) appeals concerning decisions in the field of competition initiated by the EFTA Surveillance Authority."

[118] Art. 102 Abs. 1 des Entwurfs lautet:
„The EEA Court of First Instanz shall have jurisdiction at first instance in actions brought by a natural or legal person against a decision by the EFTA Surveillance Authority, relating to the implementation of the competition rules applicable to undertakings, if that decision is addressed to that person or if it is of direct and individual concern to him."

[119] *Norbert Wühler,* Die internationale Schiedsgerichtsbarkeit in der völkerrechtlichen Praxis der Bundesrepublik Deutschland, 1985, S. 19; *Hans von Mangoldt,* Die Schiedsgerichtsbarkeit als Mittel internationaler Streitschlichtung, 1974, S. 15 ff.

[120] Bericht des *Appellate Body* vom 29.4.1996, „United States – Standards for Reformulated and Conventional Gasoline" (WTO-Doc. WT/DS2/AB/R, S. 17): „[Article 3 (2) of the DSU] reflects that the *General Agreement* is not to be read in clinical isolation from public international law."

kerrechts“ betreffen, die Bestimmungen des anzuwendenden Rechts den Streitparteien also im Einzelfall entzogen ist.

Nachdem sich die Schiedsgerichtsbarkeit immer mehr zu einer echten Gerichtsbarkeit entwickelt[121] und die Grenzen zwischen Schiedsgerichten und Gerichten zunehmend verfließen[122], wäre es falsch, die Unterschiede zwischen Gerichten und Schiedsgerichten überzubetonen und das Gutachten 1/91 insofern restriktiv auszulegen, als es auf der Grundlage der Vertragsschlußkompetenzen der Europäischen Gemeinschaft im Bereich der Rechtsprechung nur die Übertragung von Hoheitsrechten auf Gerichte, nicht aber auf Schiedsgerichte bzw. „quasi-Gerichte“[123] wie den DSB erlaube. Für die Frage der innergemeinschaftlichen Geltung, d.h. der innergemeinschaftlichen Beachtlichkeit, der Entscheidungen des DSB dürfte eher eine wesentliche Gemeinsamkeit[124] zwischen Schiedsgerichtsbarkeit und Gerichtsbarkeit entscheidend sein, nämlich die Verbindlichkeit der jeweils ergehenden Entscheidungen für die Streitparteien. Für diese Ansicht spricht, daß der EuGH Art. 111 Abs. 4 S. 2 des Entwurfs des endgültigen EWR-Abkommens, das dem späteren Gutachten 1/92[125] zugrundelag, nicht beanstandete. Art. 11 Abs. 4 S. 2 des EWR-Abkommens sieht jedoch vor, daß „der Schiedsspruch“, den ein nach dem Protokoll 33 über das Schiedsverfahren[126] *ad hoc* eingesetztes Schiedsgericht über den Umfang und die Dauer von Schutzmaßnahmen betreffen, „für die Streitparteien verbindlich [ist]“. Gleiches gilt für die Entscheidungen des DSB. Berichte des *Panel* oder des *Appellate Body* sind für die Streitparteien ebenfalls verbindlich, wenn sie von dem DSB angenommen worden sind.[127]

---

[121] *Klaus Lionnet,* Handbuch der internationalen und nationalen Schiedsgerichtsbarkeit, 1996, S. 31 ff. Vgl. auch *David Palmeter/Petros C. Mavroidis,* Dispute Settlement in the World Trade Organization, 2nd edition 2004, S. 303: „[T]he DSU represents a decided move of the GATT/WTO dispute settlement system toward litigation.“

[122] *Hans von Mangoldt,* Die Schiedsgerichtsbarkeit als Mittel internationaler Streitschlichtung, 1974, S. 17 f.

[123] *Pascal Royla,* WTO-Recht – EG-Recht: Kollision, Justiziabilität, Implementation, EuR 36 (2001), S. 495 (511): „justizähnliche[s] System“; *Meinhard Hilf,* The Role of National Courts in International Trade Relations, Mich. J. Int'l L. 18 (1997), S. 321 (345); *John H. Jackson,* The WTO Dispute Settlement Understanding – Misunderstanding on the Nature of Legal Obligation, AJIL 91 (1997), S. 60 (62).

[124] *Norbert Wühler,* Die internationale Schiedsgerichtsbarkeit in der völkerrechtlichen Praxis der Bundesrepublik Deutschland, 1985, S. 18; *Hans von Mangoldt,* Die Schiedsgerichtsbarkeit als Mittel internationaler Streitschlichtung, 1974, S. 15.

[125] EuGH, Gutachten 1/92, 10.4.1992, Slg. 1992, I-2821 ff. (Entwurf eines Abkommens zwischen der Gemeinschaft einerseits und den Ländern der Europäischen Freihandelsassoziation andererseits über die Schaffung eines Europäischen Wirtschaftsraums).

[126] ABl. EU 1994 Nr. L 1 vom 3.1.1994, S. 204.

Die endgültigen, rechtskräftigen Entscheidungen, die der Allgemeine Rat als DSB trifft, indem er die Berichte der *Panel* oder des *Appellate Body* annimmt, erlangen nur innergemeinschaftliche Geltung, wenn sie für die Europäische Gemeinschaft verbindlich sind, d.h. wenn die Europäische Gemeinschaft eine beteiligte Streitpartei ist.[128] Die Entscheidungen des DSB stellen, wie der *Appellate Body* in seinem Bericht vom 4. Oktober 1996, „Japan – Taxes on Alcoholic Beverages" ausführt, weder eine „spätere Übung" im Sinne von Art. 31 Abs. 3 lit. b) WVK[129] dar, die von allen WTO-Mitgliedern bei der Auslegung des WTO-Übereinkommens zu berücksichtigen wäre. Eine „spätere Übung" kann nicht durch einen einzelnen, isolierten Akt begründet werden. Noch stellen sie eine für alle WTO-Mitglieder verbindliche Auslegung des WTO-Übereinkommens dar, da die Ministerkonferenz und der Allgemeine Rat nach Art. IX Abs. 2 des WTO-Übereinkommens „ausschließlich befugt" sind, das WTO-Übereinkommen auszulegen.[130] Wenn Entscheidungen des DSB, die Berichte der *Panels* oder des *Appellate Body* annehmen, von späteren Berichten der *Panels* oder des *Appellate Body* oder von der innergemeinschaftlichen bzw. innerstaatlichen Rechtsprechung der WTO-Mitglieder, die keine beteiligte Streitparteien sind, berücksichtigt werden, dann nur als „persuasive authority"[131], „praktische wirkende Präjudizien"[132] oder „zur Schaffung von Sicherheit und Vorhersehbarkeit" im Sinne von Art. 3 Abs. 2 DSU. Wie das *Panel* in seinem Bericht vom 24. August 1998, „India – Patent Protection for Pharmaceutical and Agricultural Chemical Products" klargestellt hat, kommt

---

[127] Bericht des *Appellate Body* vom 4. Oktober 1996, „Japan – Taxes on Alcoholic Beverages" (WTO-Doc. WT/DS8/AB/R; WT/DS10/AB/R; WT/DS11/AB/R, S. 14 f.): „Adopted panel reports [...] are not binding, except with respect to resolving the particular dispute between the parties to that dispute." Vgl. auch *Peter-Tobias Stoll/Frank Schorkopf,* WTO – Welthandelsordnung und Welthandelsrecht, 2002, Rn. 482; *Simon N. Lester,* WTO Panel and the Appellate Body Interpretation of the WTO Agreement in US Law, JWT 35 (2001) 3, S. 521 (540); *Geert A. Zonnekeyn,* The Legal Status of WTO Panel Reports in the EC Legal Order, JIEL 2 (1999), S. 713 (720); *John H. Jackson,* The WTO Dispute Settlement Understanding – Misunderstanding on the Nature of Legal Obligation, AJIL 91 (1997), S. 60 (63 f.).

[128] *Peter-Tobias Stoll/Frank Schorkopf,* WTO – Welthandelsordnung und Welthandelsrecht, 2002, Rn. 482; *Christoph Julius Hermes,* TRIPS im Gemeinschaftsrecht, 2002, S. 330.

[129] Art. 31 Abs. 3 lit. b) WVK lautet:

„Außer dem Zusammenhang sind in gleicher Weise zu berücksichtigen [...] b) jede spätere Übung bei der Anwendung des Vertrags, aus der die Übereinstimmung der Vertragsparteien über seine Auslegung hervorgeht; [...]."

[130] WTO-Doc. WT/DS8/AB/R; WT/DS10/AB/R; WT/DS11/AB/R, S. 13 f.

[131] *Christoph Julius Hermes,* TRIPS im Gemeinschaftsrecht, 2002, S. 330.

[132] *Albrecht Weber/Flemming Moos,* Rechtswirkungen von WTO-Streitbeilegungsentscheidungen im Gemeinschaftsrecht, EuZW 10 (1999), S. 229 (233).

ihnen keine strikte Bindungswirkung (*stare decisis*) nach dem Muster des angloamerikanischen Rechts zu.[133]

Im Bereich des TRIPs-Übereinkommens sind die Berichte des *Panel* vom 6. August 2001[134] und des *Appellate Body* vom 2. Januar 2002[135], „United States – Section 211 Omnibus Appropriations Act of 1998", der Bericht des *Panel* vom 17. März 2000[136], „Canada – Patent Protection of Pharmaceutical Products", der Bericht des *Panel* vom 24. August 1998[137], „India – Patent Protection for Pharmaceutical and Agricultural Chemical Products" und der Bericht des *Panel* vom 2. Juli 1998[138], „Indonesia – Certain Measures Affecting the Automobile Industry" für die Europäische Gemeinschaft verbindlich. Anders als für die Beschlüsse, die von der Ministerkonferenz gefaßt werden, kommt es wegen der *inter partes*-Wirkung der Entscheidungen des DSB nicht darauf an, daß die betroffenen Bestimmungen des TRIPs-Übereinkommens in die ausschließliche bzw. ausgeübte konkurrierende Vertragsschlußkompetenz der Europäischen Gemeinschaft fallen.[139]

b) Entscheidungen der durch das CBD-Übereinkommen eingesetzten Organe

Im Rahmen des CBD-Übereinkommens können die Entscheidungen des Sekretariats und des Nebenorgans für wissenschaftliche, technische und technologische Beratung nach Art. 24, 25 des CBD-Übereinkommens ebensowenig wie die des Sekretariats der WTO innergemeinschaftliche Geltung erlangen.

Dagegen erlangen die Maßnahmen der Konferenz der Vertragsparteien im Rahmen des CBD-Übereinkommens, soweit sie in die ausschließliche bzw. ausgeübte konkurrierende Vertragsschlußkompetenz der Europäischen Gemeinschaft fallen, innergemeinschaftliche Geltung. Dabei kommt es nicht darauf an, ob sie auf übertragenen Hoheitsrechten der Europäischen Gemeinschaft beruhen. Ebenso wie bei den verbindlichen Beschlüssen des durch das Abkommen zur Gründung einer Assoziation zwischen der Euro-

---

[133] WTO-Doc. WT/DS79/R, para. 7.30; a. A. *Simon N. Lester,* WTO Panel and the Appellate Body Interpretation of the WTO Agreement in US Law, JWT 35 (2001) 3, S. 521 (529 f.); *Raj Bhala,* The Precedent Setters: de facto stare decisis in WTO Adjudication, JTLP 9 (1999), S. 1 ff.

[134] WTO-Doc. WT/DS176/R.

[135] WTO-Doc. WT/DS176/AB/R.

[136] WTO-Doc. WT/DS114/R.

[137] WTO-Doc. WT/DS79/R.

[138] WTO-Doc. WT/DS54/R; WT/DS55/R; WT/DS59/R; WT/DS64/R.

[139] Anders *Antje Wünschmann,* Geltung und gerichtliche Geltendmachung völkerrechtlicher Verträge im Europäischen Gemeinschaftsrecht, 2003, S. 135.

päischen Wirtschaftsgemeinschaft und der Türkei vom 12. September 1963 (Assoziationsabkommen EWG-Türkei)[140] eingerichteten Assoziationsrats, die der Rechtsprechung des EuGH zugrunde lagen,[141] wird die innergemeinschaftliche Geltung bereits dadurch herbeigeführt, daß die Konferenz paritätisch, d.h. mit den Vertretern aller Vertragsparteien besetzt, sind[142] und die Maßnahmen mangels anderweitiger Regelungen nur einstimmig, d.h. im Konsens mit den Vertretern der Europäischen Gemeinschaft gefaßt werden können.

Die für die Europäische Gemeinschaft nach Art. 16 des Anhangs II des CBD-Übereinkommens verbindlichen Entscheidungen des Schiedsgerichts erlangen nach dem Gutachten 1/91[143] innergemeinschaftliche Geltung. Für die innergemeinschaftliche Geltung der Entscheidungen ist auf ihre Verbindlichkeit abzustellen.[144]

3. Die innerstaatliche Geltung in ausgewählten Mitgliedstaaten

Die Beschlüsse der Ministerkonferenz der WTO und die Maßnahmen der Konferenz der Vertragsparteien im Rahmen des CBD-Übereinkommens erlangen, soweit sie in der Vertragsschlußkompetenz der Mitgliedstaaten verblieben sind, in Frankeich und der Niederlande innerstaatliche Geltung. In Deutschland hängt die innerstaatliche Geltung davon ab, daß den durch die gemischten Verträge eingesetzten Organen Hoheitsrechte im Sinne von Art. 24 Abs. 1 GG übertragen wurden, wovon nicht ausgegangen werden kann. Im Vereinigten Königreich setzt die innerstaatliche Geltung voraus, daß die gemischten Verträge entweder, wie etwa die Europa-Abkommen, nach section 1.3 des *European Communities Act 1972* zu völkerrechtlichen Verträgen der Europäischen Gemeinschaft erklärt wurden, oder die innerstaatliche Geltung des „sekundären Völkervertragsrechts" im Transformationsakt antizipiert wurde[145].

Die für die Mitgliedstaaten verbindlichen Streitbeilegungsentscheidungen des DSB im Rahmen des TRIPs-Übereinkommens und des Schiedsgerichts im Rahmen des CBD-Übereinkommens erlangen aus den gleichen Gründen

---

[140] ABl. EU Nr. 217 vom 29.12.1964, S. 3687; BGBl. 1964 II, 509.

[141] Siehe oben Erster Teil, Drittes Kapitel, C. II.

[142] Art. 23 Abs. 1 des CBD-Übereinkommens.

[143] EuGH, Gutachten 1/91, 14.12.1991, Slg. 1991, I-6079, Rn. 39 (Entwurf eines Abkommens zwischen der Gemeinschaft einerseits und den Ländern der Europäischen Freihandelsassoziation andererseits über die Schaffung des Europäischen Wirtschaftsraums).

[144] Siehe oben Zweiter Teil, Viertes Kapitel, A. I. 3. b) aa).

[145] Siehe oben Zweiter Teil, Zweites Kapitel, B. I. 2. b).

in Frankreich und in den Niederlanden, nicht aber in Deutschland und im Vereinigten Königreich innerstaatliche Geltung.[146] Bislang wurden die endgültigen, rechtskräftigen Entscheidungen, die der Allgemeine Rat als DSB trifft, indem er die Berichte der von ihm *ad hoc* eingesetzten *Panels* (Art. 16 Abs. 4 DSU) und des ständigen *Appellate Body* (Art. 17 Abs. 14 DSU) annimmt, nicht an die Mitgliedstaaten gerichtet. Es wurden zwar wegen angeblicher Verletzung des TRIPs-Übereinkommens sowohl Konsultationsverfahren gegen Mitgliedstaaten eingeleitet, etwa gegen Dänemark[147], Griechenland[148], Irland[149], Portugal[150] und Schweden[151], als auch Anträge auf Einsetzung eines *Panels* gestellt, etwa gegen Irland[152]. Allerdings gaben die Vertragsparteien in allen Fällen eine *mutally agreed solution* bekannt.[153]

B. Der Rang der gemischten Verträge auf dem Gebiet des geistigen Eigentums in der Europäischen Gemeinschaft und in den Mitgliedstaaten

Die Bestimmungen der gemischten Verträge auf dem Gebiet des geistigen Eigentums, die in die ausschließliche bzw. ausgeübte konkurrierende Vertragsschlußkompetenz der Europäischen Gemeinschaft fallen und dadurch innergemeinschaftliche Geltung erlangt haben, nehmen ebenso wie die Bestimmungen der völkerrechtlichen Verträge der Europäischen Gemeinschaft einen Rang unter dem primären, aber über dem sekundären Gemeinschaftsrecht ein. Dagegen richtet sich der Rang der Bestimmungen der gemischten Verträge auf dem Gebiet des geistigen Eigentums, die in die den Mitgliedstaaten verbliebenen Vertragsschlußkompetenzen fallen, nach der Rechtsordnung des jeweiligen Mitgliedstaats. Je nachdem, ob die Bestimmungen der gemischten Verträge auf dem Gebiet des geistigen Eigen-

[146] Siehe oben Zweiter Teil, Zweites Kapitel, B. I. 2. b).

[147] WTO-Doc. WT/DS83/1 vom 21. Mai 1997, „Denmark – Measures Affecting the Enforcement of Intellectual Property Rights".

[148] WTO-Doc. WT/DS125/1 vom 7. Mai 1998, „Greece – Enforcement of Intellectual Property Rights for Motion Pictures and Television Programs".

[149] WTO-Doc. WT/DS82/1 vom 22. Mai 1997, „Ireland – Measures Affecting the Grant of Copyright and Neighbouring Rights".

[150] WTO-Doc. WT/DS37/1 vom 6. Mai 1996, „Portugal – Patent Protection under the Industrial Property Act".

[151] WTO-Doc. WT/DS86/1 vom 2. Juni 1997, „Sweden – Measures Affecting the Enforcement of Intellectual Property Rights".

[152] WTO-Doc. WT/DS82/2 vom 12. Januar 1998.

[153] WTO-Doc. WT/DS 37/2 vom 8. Oktober 1996; WT/DS/82/3 vom 13. September 2002; WT/83/2 vom 13. Juni 2001; WT/DS86/2 vom 11. Dezember 1998; WT/DS125/2 vom 26. März 2001.

tums in die geteilte oder parallele Vertragsschlußkompetenz der Europäischen Gemeinschaft fallen, nehmen sie einen geteilten oder doppelten Rang ein. Während sich ein geteilter Rang dadurch auszeichnet, daß die Bestimmungen der gemischten Verträge auf dem Gebiet des geistigen Eigentums entweder einen innergemeinschaftlichen oder einen innerstaatlichen Rang einnehmen, wird ein doppelter Rang dadurch charakterisiert, daß die Bestimmungen der gemischten Verträge auf dem Gebiet des geistigen Eigentums sowohl einen innergemeinschaftlichen als auch einen innerstaatlichen Rang einnehmen. Im Vereinigten Königreich besteht die Besonderheit, daß die Bestimmungen der gemischten Verträge, die nach section 1.3 des *European Communities Act 1972* zu völkerrechtlichen Verträgen der Europäischen Gemeinschaft erklärt werden, unabhängig davon, ob sie in die geteilte oder parallele Vertragsschlußkompetenz der Europäischen Gemeinschaft fallen, einen innergemeinschaftlichen Rang einnehmen.

Die Entscheidungen der durch die gemischten Verträge auf dem Gebiet des geistigen Eigentums eingesetzten Organe, die in die ausschließliche bzw. ausgeübte konkurrierende Vertragsschlußkompetenz der Europäischen Gemeinschaft fallen und dadurch innergemeinschaftliche Geltung erlangt haben, nehmen ebenso wie die Entscheidungen der durch die völkerrechtlichen Verträge der Europäischen Gemeinschaft eingesetzten Organe einen Rang unter dem primären, aber über dem sekundären Gemeinschaftsrecht ein. Entsprechendes gilt für die endgültigen, rechtskräftigen Entscheidungen im Bereich des TRIPs-Übereinkommens, die der Allgemeine Rat als DSB trifft, indem er die Berichte der *Panels* oder des *Appellate Body* annimmt, und die für die Europäische Gemeinschaft verbindlich sind, unabhängig davon, ob die betreffenden Bestimmungen des TRIPs-Übereinkommens in die ausschließliche bzw. ausgeübte konkurrierende Vertragsschlußkompetenz der Europäischen Gemeinschaft fallen. Dagegen richtet sich der Rang der Entscheidungen der durch die gemischten Verträge auf dem Gebiet des geistigen Eigentums eingesetzten Organe, die in die den Mitgliedstaaten verbliebenen Vertragsschlußkompetenzen fallen, nach der Rechtsordnung des jeweiligen Mitgliedstaats. Entsprechendes gilt wiederum für die endgültigen, rechtskräftigen Entscheidungen im Bereich des TRIPs-Übereinkommens, die der Allgemeine Rat als DSB trifft, indem er die Berichte der *Panels* oder des *Appellate Body* annimmt, und die für einen, mehrere oder alle Mitgliedstaaten verbindlich sind, unabhängig davon, ob die betreffenden Bestimmungen des TRIPs-Übereinkommens in die den Mitgliedstaaten verbliebenen Vertragsschlußkompetenzen fallen.

C. Die Anwendbarkeit der gemischten Verträge auf dem Gebiet des geistigen Eigentums in der Europäischen Gemeinschaft und in den Mitgliedstaaten

I. Die unmittelbare Anwendbarkeit der gemischten Verträge

1. Die unmittelbare Anwendbarkeit des TRIPs-Übereinkommens

a) Die unmittelbare Anwendbarkeit der Bestimmungen des TRIPs-Übereinkommens

Die unmittelbare Anwendbarkeit der Bestimmungen des WTO-Übereinkommens, dessen Bestandteile nach Art. II Abs. 2 und 3 des WTO-Übereinkommens sowohl die in den Anlagen 1, 2 und 3 enthaltenen multilateralen Handelsübereinkommen, einschließlich des TRIPs-Übereinkommens, als auch die in Anlage 4 enthaltenen plurilateralen Handelsübereinkommen, soweit sie von den Mitgliedern der WTO angenommen worden sind, bilden, wird in Rechtsprechung und Literatur sowohl bejaht[154] als auch verneint[155].[156] Auch die unmittelbare Anwendbarkeit der Bestimmungen des

[154] *Sabine Mauderer,* Der Wandel vom GATT zur WTO und die Auswirkungen auf die Europäische Gemeinschaft 2001, S. 195 f.; *Naboth van den Broek,* Legal Persuasion, Political Realism, and Legitimacy: The European Court's Recent Treatment of the Effect of WTO Agreements in the EC Legal Order, JIEL 4 (2001), S. 411 (440); *Stefan Griller,* Judicial Enforcement of WTO Law in the European Union, JIEL 3 (2000), S. 441 (472); *Ilka Neugärtner/Sebastian Puth,* Die Wirkung der WTO-Übereinkommen im Gemeinschaftsrecht, JuS 40 (2000), S. 640 (643 f.); *Andrea Ott,* The Friction Between GATT/WTO Law and EC Law, in: Wybo P. Heere (ed.), International Law and the Hague's 750th Anniversary, 1999, S. 323 (331 f.); *Thomas Cottier,* Dispute Settlement in the World Trade Organization: Characteristics and Structural Implications for the European Union, CMLRev. 35 (1998), S. 325 (369 ff.); *Josef Drexl,* Unmittelbare Anwendbarkeit des WTO-Rechts in der globalen Privatrechtsordnung, in: Bernhard Großfeld/Rolf Sack/Thomas M. J. Möllers/Josef Drexl/Andreas Heinemann (Hrsg.), Festschrift für Wolfgang Fikentscher zum 70. Geburtstag, 1998, S. 822 (850 f.); *Ulrich Everling,* Will Europe Slip on Bananas? The Bananas Judgment of the Court of Justice and National Courts, CMLRev. 33 (1996), 401 (421 ff.); *Ernst-Ulrich Petersmann,* GATT/WTO-Recht: Duplik, EuZW 8 (1997), S. 651 ff.; *Ernst-Ulrich Petersmann,* Darf die EG das Völkerrecht ignorieren?, EuZW 8 (1997), S. 325 ff.; *Philip Lee/Brian Kennedy,* The Potential Direct Effect of GATT 1994 in European Community Law, JWT 30 (1996) 1, S. 67 ff.; *Werner Meng,* Gedanken zur Frage unmittelbarer Anwendung von WTO-Recht in der EG, in: Ulrich Beyerlin/Michael Bothe/Rainer Hofmann/Ernst-Ulrich Petersmann (Hrsg.), Recht zwischen Umbruch und Bewahrung, 1995, S. 1063 (1085).

[155] EuGH, Rs. C-94/02 P, 30.9.2003, noch nicht in der amtlichen Sammlung veröffentlicht, Rn. 55 (Etablissements Biret et Cie SA/Rat); EuGH, Rs. C-93/02 P, 30.9.2003, noch nicht in der amtlichen Sammlung veröffentlicht, Rn. 52 (Biret International SA/Rat); EuGH, Rs. C-76/00 P, 9.1.2003, Slg. 2003, I-79, Rn. 53

TRIPs-Übereinkommens als solches wird in Rechtsprechung und Literatur sowohl bejaht[157] als auch verneint[158] mit der Besonderheit, daß für die

(Petrotub SA und Republica SA/Rat und Kommission); EuGH, Rs. C-491/01, 10.12.2002, Slg. 2002, I-11453, Rn. 154 (The Queen/Secretary of State for Health, ex parte: British American Tobacco (Investments) Ltd und Imperial Tobacco Ltd, unterstützt durch Japan Tobacco Inc. und JT International SA); EuGH, Verb. Rs. C-27 und 122/00, 12.3.2002, Slg. 2002, I-2569, Rn. 93 (The Queen/Secretary of State of the Environment, Transport and the Regions, ex parte: Omega Air Ltd, und Omega Air Ltd, Aero Engines Ireland Ltd, Omega Aviation Services Ltd/Irish Aviation Authority); EuGH, Rs. C-307/99, 2.5.2001, Slg. 2001, I-3159 (OGT Fruchthandelsgesellschaft mbH/Hauptzollamt Hamburg-St. Annen); EuGH, Rs. C-149/96, 23.11.1999, Slg. 1999, I-8395, Rn. 47 (Portugal/Rat); EuG, Verb. Rs. T-64 und 65/01, 10.2.2004, noch nicht in der amtlichen Sammlung veröffentlicht, Rn. 139 (Afrikanische Frucht-Compagnie GmbH und Internationale Fruchtimport Gesellschaft Weichert & Co./Rat und Kommission); EuG, Rs. T-174/00, 11.1.2002, Slg. 2002, II-17, Rn. 61 (Biret International SA/Kommission); EuG, T-210/00, 11.1.2002, Slg. 2002, II-47, Rn. 71; (Etablissements Biret et Cie SA/Rat); EuG, Rs. T-3/99, 12.7.2001, Slg. 2001, II-2123, Rn. 43 (Bananatrading GmbH/Rat); EuG, Rs. T-2/99, 12.7.2001, Slg. 2001, II-2093, Rn. 51 (T. Port GmbH & Co. KG/Rat); EuG, Rs. T-52/99, 20.3.2001, Slg. 2001, II-981, Rn. 46 ff. (T. Port GmbH & Co. KG/Kommission); EuG, Rs. T-30/99, 20.3.2001, Slg. 2001, II-943, Rn. 51 ff. (Bocchi Food Trade International GmbH/Kommission); EuG, T-18/99, 20.3.2001, Slg. 2001, II-913, Rn. 46 ff. (Cordis Obst und Gemüse Großhandel GmbH/Kommission); *Piet Eeckhout,* Judicial Enforcement of WTO Law in the European Union – Some Further Reflections, JIEL 5 (2002), S. 91 (110); *Steve Peers,* Fundamental Rights or Political Whim? WTO Law and the European Court of Justice, in: Gráinne de Búrca/Joanne Scott (eds), The EU and the WTO, Legal and Constitutional Issues, 2001, S. 111 (130); *Allan Rosas,* Implementation and Enforcement of WTO Dispute Settlement Findings: An EU Perspective, JIEL 4 (2001), S. 131 (139); *Armin von Bogdandy,* Rechtsgleichheit, Rechtssicherheit und Subsidiarität im transnationalen Wirtschaftsrecht, EuZW 12 (2001), S. 357 (365); *Pascal Royla,* WTO-Recht – EG-Recht: Kollision, Justiziabilität, Implementation, EuR 36 (2001), S. 495 (505); *Gerhard Pischel,* Trade, Treaties and Treason: Some Underlying Aspects of the Difficult Relationship Between the EU and the WTO, EFARev. 6 (2001), S. 103 (132 f.); *Natalie McNelis,* The Role of the Judge in the EU and the WTO, JIEL 4 (2001), S. 189 (205); *Carlos D. Espósito,* International Trade and National Legal Orders: The Problem of Direct Applicability of WTO Law, PYIL 24 (1999–2000), S. 169 (193 ff.); *Peter Hilpold,* Die EU im GATT/WTO-System, 1999, S. 165 ff.; *Christoph Schmid,* Immer wieder Bananen: Der Status des GATT/WTO-Systems im Gemeinschaftsrecht, NJW 51 (1998), S. 190 (195 f.); *Justin Osterhoudt Berkey,* The European Court of Justice and Direct Effect for the GATT: A Question Worth Revisiting, EJIL 9 (1998), S. 626 ff.; *Piet Eeckhout,* The Domestic Legal Status of the WTO Agreement: Interconnecting Legal Systems, CMLRev. 34 (1997), S. 11 (55 ff.); *Jörn Sack,* Von der Geschlossenheit und den Spannungsfeldern in einer Weltordnung des Rechts, EuZW 9 (1997), S. 650 f.; *Fernando Castillo de la Torre,* The Status of GATT in EC Law, Revisited, JWT 29 (1995) 1, S. 53 (64 ff.); *P. J. Kuijper,* The New WTO Dispute Settlement System, The Impact on the European Community, JWT 29 (1995) 6, S. 49 ff.

[156] Die einzelnen Argumente, die für und gegen die unmittelbare Anwendbarkeit des WTO-Übereinkommens sprechen, werden zusammengestellt von *Richard H.*

Frage der unmittelbaren Anwendbarkeit des TRIPs-Übereinkommen anders als für die des WTO-Übereinkommens zwischen den Bestimmungen, die in die ausschließliche bzw. ausgeübte konkurrierende Vertragsschlußkompetenz der Europäischen Gemeinschaft fallen, und den Bestimmungen, „in [denen] die Gemeinschaft noch keine Rechtsvorschriften erlassen hat und [die] somit in die Zuständigkeit der Mitgliedstaaten [fallen]", unterschieden werden muß.[159] Nur die unmittelbare Anwendbarkeit der Bestimmungen des TRIPs-Übereinkommens, die in die ausschließliche bzw. ausgeübte konkurrierende Vertragsschlußkompetenz der Europäischen Gemeinschaft fallen, einen „integrierenden Bestandteil der Gemeinschaftsrechtsordnung" bilden, d.h. innergemeinschaftliche Geltung erlangen, richtet sich nach der

---

Lauwaars, Interpretation of International Agreements by National Courts: an EC View, in: Marco Bronkers/Reinhard Quick (eds), New Directions in International Economic Law, 2000, S. 509 (519 ff.); *Meinhard Hilf/Frank Schorkopf,* WTO und EG: Rechtskonflikte vor dem EuGH?, EuR 35 (2000), S. 74 (76 ff.); *Thomas Cottier/Krista Nadukavukaren Schefer,* Relationship Between World Trade Organization Law, National and Regional Law, JIEL 1 (1998), S. 83 (120 ff.).

[157] *Christoph Julius Hermes,* TRIPS im Gemeinschaftsrecht, 2002, S. 327 f.; *Raoul Duggal,* Die unmittelbare Anwendbarkeit der Konventionen des internationalen Urheberrechts, IPRax 22 (2002), S. 101 (107); *Raoul Duggal,* TRIPs-Übereinkommen und internationales Urheberrecht, 2001, S. 110; *Thomas Groh/Sebastion Wündisch,* Die Europäische Gemeinschaft und TRIPS: Hermès, Dior und die Folgen, GRUR Int. 2001, S. 497 (502 f.); *Paul Katzenberger,* in: Gerhard Schricker (Hrsg.), Urheberrecht, 2. Auflage 1999, Rn. 116 vor §§ 120 ff.; *Dominique Carreau/Patrick Juillard,* Droit international économique, 4e édition 1998, Rn. 393 ff.; *Thomas Cottier,* The Impact of the TRIPs Agreement on Private Practice and Litigation, in: James Cameron/Karen Campbell (eds), Dispute Resolution in the World Trade Organisation, 1998, S. 111 (121); *Ernst-Ulrich Petersmann,* Darf die EG das Völkerrecht ignorieren?, EuZW 8 (1997), S. 325 (327); *Andrea Ott,* GATT und WTO im Gemeinschaftsrecht, 1997, S. 241 f.; *Alesch Staehelin,* Zur Frage der unmittelbaren Anwendbarkeit der WTO/TRIPs-Normen, AJP/PJA 5 (1996), S. 1488 (1496); *Alfons Schäfers,* Normsetzung zum geistigen Eigentum in internationalen Organisationen: WIPO und WTO – ein Vergleich, GRUR Int. 1996, S. 763 (775); *Josef Drexl,* Nach „GATT und WIPO": Das TRIPs-Abkommen und seine Anwendung in der Europäischen Gemeinschaft, GRUR Int. 1994, S. 777 (784 f.).

[158] EuGH, Rs. 377/98, 9.10.2001, Slg. 2001, I-7079, Rn. 54 f. (Niederlande/Parlament und Rat); EuGH, Rs. C-89/99, 13.9.2001, Slg. 2001, I-5851, Rn. 55 (Schieving-Nijstad vof u.a./Robert Groeneveld); EuGH, Verb. Rs. C-300 und 392/98, 14.12.2000, Slg. 2000, I-11307, Rn. 44 (Parfums Christian Dior SA/Tuk Consultancy BV und Assco Gerüste GmbH, Rob van Dijk/Wilhelm Layher GmbH & Co. KG, Layher BV); englischer *High Court,* Queen's Bench Division and Chancery Division, Patents Court, 20.12.1996, GRUR Int. 1997, S. 1010 ff.; *Hanns Ullrich,* Technologieschutz nach TRIPS: Prinzipien und Probleme, GRUR Int. 1995, S. 623 (637 ff.).

[159] EuGH, Verb. Rs. C-300 und 392/98, 14.12.2000, Slg. 2000, I-11307, Rn. 47 (Parfums Christian Dior SA/Tuk Consultancy BV und Assco Gerüste GmbH, Rob van Dijk/Wilhelm Layher GmbH & Co. KG, Layher BV).

Gemeinschaftsrechtsordnung. Dabei ist das Urteil „Dior" insofern mißverständlich, als der Erlaß von Rechtsvorschriften durch die Europäische Gemeinschaft die Vertragsschlußkompetenz der Mitgliedstaaten nicht automatisch ausschließt, sondern voraussetzt, daß das erlassene sekundäre Gemeinschaftsrecht nicht durch einen völkerrechtlichen Vertrag der Europäischen Gemeinschaft beeinträchtigt werden würde.[160] Über die unmittelbare Anwendbarkeit der übrigen Bestimmungen des TRIPs-Übereinkommens entscheidet hingegen die jeweilige innerstaatliche Rechtsordnung der Mitgliedstaaten.

aa) Die Regelung im TRIPs-Übereinkommen selbst

Obwohl die unmittelbare Anwendbarkeit der Bestimmungen des TRIPs-Übereinkommens ebensowenig wie die innergemeinschaftliche bzw. innerstaatliche Geltung ausdrücklich geregelt ist, überzeugt es, wie bereits im zweiten Kapitel des zweiten Teils dieser Arbeit erörtert wurde,[161] nicht, allein aus dem Individualbezug bzw. dem Regelungsgegenstand der völkerrechtlichen Verträge auf dem Gebiet des geistigen Eigentums, wie von Teilen des Schrifttums auch für das TRIPs-Übereinkommen vorgetragen,[162] eine Vermutung der unmittelbaren Anwendbarkeit abzuleiten.

Vielmehr ist durch Auslegung zu ermitteln, ob die Vertragsparteien die unmittelbare Anwendbarkeit der Bestimmungen des TRIPs-Übereinkommens ge- bzw. verbieten wollten. In seinem Bericht „United States – Sections 301–310 of the Trade Act of 1974" vom 22. Dezember 1999 hat sich das *Panel* zur unmittelbaren Anwendbarkeit des WTO-Übereinkommens geäußert.[163] Ohne über die unmittelbare Anwendbarkeit des WTO-Übereinkommens zu entscheiden, hat es folgende Feststellung getroffen:

> „Neither the GATT nor the WTO has so far been interpreted by GATT/WTO institutions as a legal order producing direct effect."[164]

---

[160] Siehe oben Erster Teil, Zweites Kapitel, B. V. 1.

[161] Siehe oben Zweiter Teil, Zweites Kapitel, B. III. 1. a) aa).

[162] *Christoph Julius Hermes,* TRIPS im Gemeinschaftsrecht, 2002, S. 220 f.; *Raoul Duggal,* Die unmittelbare Anwendbarkeit der Konventionen des internationalen Urheberrechts, IPRax 22 (2002), S. 101 (105); *Thomas Groh/Sebastian Wündisch,* Die Europäische Gemeinschaft und TRIPS: Hermès, Dior und die Folgen, GRUR Int. 2001, S. 497 (503); *Dominique Carreau/Patrick Juillard,* Droit international économique, 4e édition 1998, Rn. 393 ff.; *Paul Katzenberger,* TRIPs and Copyright Law, in: Friedrich-Karl Beier/Gerhard Schricker (eds), From GATT to TRIPs – The Agreement on Trade-Related Aspects of Intellectual Property Rights, 1996, S. 59 (71 f.); *Josef Drexl,* Nach „GATT und WIPO": Das TRIPS-Abkommen und seine Anwendung in der Europäischen Gemeinschaft, GRUR Int. 1994, S. 777 (785).

[163] WTO-Doc. WT/DS152/R, para. 7.71 ff.

Dies gilt auch für den EuGH. Anders als im Urteil „International Fruit Company“ hat der EuGH in den Urteilen „Portugal/Rat“ und „Omega“ untersucht, ob das WTO-Übereinkommen die unmittelbare Anwendbarkeit seiner Bestimmungen im innergemeinschaftlichen Recht gebietet.[165] Obwohl das WTO-Übereinkommen die institutionellen und rechtlichen Mängel des GATT 1947 zu einem beträchtlichen Teil beseitigt,[166] kommt der EuGH wegen des nach wie vor hohen Stellenwerts des Verhandlungsprinzips im WTO-Streitbeilegungsmechanismus zu dem Ergebnis, daß das WTO-Übereinkommen nicht die Art und Weise festlege, wie seine Bestimmungen von den Vertragsparteien in die internen Rechtsordnungen umzusetzen seien. Die den Vertragsparteien in Art. 22 Abs. 2 DSU, wenn auch nur vorübergehend, gegebene Möglichkeit, über eine Entschädigung zu verhandeln, wenn sie einer Entscheidung des DSB nicht nachkommen, werde den Vertragsparteien genommen, anerkenne man eine unmittelbare Anwendbarkeit der Bestimmungen des WTO-Übereinkommens.[167]

An dieser Rechtsprechung des EuGH wird im Schrifttum weniger wegen des Ergebnisses als wegen des Verweises auf Art. 22 Abs. 2 DSU Kritik geübt.[168] Die Möglichkeit der Vertragsparteien, über eine Entschädigung zu verhandeln, entbinde die schädigende Vertragspartei nach Art. 22 Abs. 1 DSU nämlich nicht davon, die Entscheidung des DSB vollständig umzusetzen. Eine Entschädigung stelle aus diesem Grund keine Alternative zu einer Erfüllung des nach Art. 300 Abs. 7 EGV verbindlichen WTO-Übereinkommens dar, sondern allenfalls zu Strafmaßnahmen der geschädigten Vertragspartei.[169] Alternativen zu Strafmaßnahmen der geschädigten Vertragsparteien seien auch bei anderen völkerrechtlichen Verträgen vorgesehen.[170] Die im Schrifttum geübte Kritik übersieht, daß der EuGH die Verbindlichkeit

---

164 WTO-Doc. WT/DS152/R, para. 7.72.

165 EuGH, Verb. Rs. C-27 und 122/00, 12.3.2002, Slg. 2002, I-2569, Rn. 89 ff. (The Queen/Secretary of State of the Environment, Transport and the Regions, ex parte: Omega Air Ltd, und Omega Air Ltd, Aero Engines Ireland Ltd, Omega Aviation Services Ltd/Irish Aviation Authority); EuGH, Rs. C-149/96, 23.11.1999, Slg. 1999, I-8395, Rn. 35 ff. (Portugal/Rat).

166 *Peter-Tobias Stoll,* Die WTO: Neue Welthandelsorganisation, neue Welthandelsordnung, ZaöRV 54 (1994), S. 241 (257 ff.).

167 EuGH, Rs. C-149/96, 23.11.1999, Slg. 1999, I-8395, Rn. 40 (Portugal/Rat).

168 Vgl. insbesondere *Georg Berrisch/Hans-Georg Kamann,* WTO-Recht im Gemeinschaftsrecht – (k)eine Kehrtwende des EuGH, EWS 11 (2000), S. 89 (92 f.).

169 *Sabine Mauderer,* Der Wandel vom GATT zur WTO und die Auswirkungen auf die Europäische Gemeinschaft, 2001, S. 133 f.; *Ilka Neugärtner/Sebastian Puth,* Die Wirkung der WTO-Übereinkommen im Gemeinschaftsrecht, JuS 40 (2000), S. 640 (643); *Stefan Griller,* Judicial Enforcement of WTO Law in the European Union, JIEL 3 (2000), S. 441 (450 ff.); *Georg Berrisch/Hans-Georg Kamann,* WTO-Recht im Gemeinschaftsrecht – (k)eine Kehrtwende des EuGH, EWS 11 (2000), S. 89 (93).

des WTO-Übereinkommens nicht in Frage stellt, erst recht keine „Freiheit zum Vertragsbruch“[171] legitimiert, sondern lediglich untersucht, ob das WTO-Übereinkommen die unmittelbare Anwendbarkeit seiner Bestimmungen regelt. Zwischen beiden Fragen, die der Verbindlichkeit und die der unmittelbaren Anwendbarkeit des WTO-Übereinkommens, ist streng zu trennen.[172] Genausowenig wie aus der bloßen Verbindlichkeit eines völkerrechtlichen Vertrags Rückschlüsse auf die unmittelbare Anwendbarkeit seiner Bestimmungen gezogen werden können, können aus der Feststellung, daß ein völkerrechtlicher Vertrag die unmittelbare Anwendbarkeit seiner Bestimmungen nicht regelt, Rückschlüsse auf die Verbindlichkeit der Bestimmungen gezogen werden.

Letztlich kann die Frage, ob Art. 22 Abs. 2 DSU die dargestellte Rechtsprechung des EuGH trägt, dahinstehen, weil sich die Intention der Vertragsparteien des WTO-Übereinkommens, die unmittelbare Anwendbarkeit seiner Bestimmungen offen zu lassen, auf andere objektive Kriterien stützen läßt. Es ist bereits fraglich, ob die Vertragsparteien des WTO-Übereinkommens, die die innergemeinschaftliche bzw. innerstaatliche Geltung seiner Bestimmungen offen gelassen haben,[173] eine Regelung der auf der innergemeinschaftlichen bzw. innerstaatlichen Geltung aufbauenden unmittelbaren Anwendbarkeit treffen wollten. Art. XVI Abs. 4 des WTO-Übereinkommens und Art. 1 Abs. 1 S. 1 und 3 des TRIPs-Übereinkommens sind nur als Hinweis auf die ohnehin nach Art. 26 WVK bestehende Pflicht zur Erfüllung der völkerrechtlichen Verträge nach Treu und Glauben zu verstehen.[174] Für die Intention der Vertragsparteien des WTO-Übereinkommens, die unmittel-

[170] *Piet Eeckhout,* The Domestic Legal Status of the WTO Agreement: Interconnecting Legal Systems, CMLRev. 34 (1997), S. 11 (55).

[171] *Josef Drexl,* Unmittelbare Anwendbarkeit des WTO-Rechts in der globalen Privatrechtsordnung, in: Bernhard Großfeld/Rolf Sack/Thomas M. J. Möllers/Josef Drexl/Andreas Heinemann (Hrsg.), Festschrift für Wolfgang Fikentscher zum 70. Geburtstag, 1998, S. 822 (830).

[172] *Piet Eeckhout,* Judicial Enforcement of WTO Law in the European Union – Some Further Reflections, JIEL 5 (2002), S. 91 (93). Vgl. insbesondere die Schlußanträge von Generalanwalt Alber, Rs. C-93/02 P, 15.5.2003, noch nicht in der amtlichen Sammlung veröffentlicht, Rn. 52 (Biret International SA/Rat) und Rs. C-94/02 P, 15.5.2003, noch nicht in der amtlichen Sammlung veröffentlicht, Rn. 52 (Etablissements Biret et Cie SA/Rat): „[... D]ie Frage, ob das WTO-Recht Teil des Gemeinschaftsrechts ist oder nicht, [ist] unerheblich für die Antwort auf die Frage [...], ob seine Verletzung von einem Einzelnen gerügt werden kann. [... D]ie bisherige Rechtsprechung zum WTO-Recht und der Unmöglichkeit für Einzelne, sich hierauf gegenüber Sekundärrechtsakten der Gemeinschaft zu berufen, [beruht] nicht auf einer Verkennung der Wirkungen des Artikels 300 Absatz 7 EG, sondern auf der Systematik der Regeln über die Zulässigkeit und Begründetheit von Klagen gegen Sekundärrechtsakte der Gemeinschaftsorgane [...].“

[173] Siehe oben Zweiter Teil, Viertes Kapitel, A. I. 1.

bare Anwendbarkeit seiner Bestimmungen weder zu ge- noch zu verbieten, spricht außerdem, daß die Vertragsparteien des WTO-Übereinkommens die unmittelbare Anwendbarkeit dort, wo sie sie regeln wollten, wie etwa im dritten Absatz der Einleitung des *Schedule of Specific Commitments* der Europäischen Gemeinschaft und ihrer Mitgliedstaaten im Rahmen des Allgemeinen Übereinkommens über den Handel mit Dienstleistungen vom 15. April 1994 (*General Agreement on Trade in Services,* GATS)[175], ausdrücklich angesprochen haben,[176] und daß der schweizerische Vorschlag, die unmittelbare Anwendbarkeit der Bestimmungen des WTO-Übereinkommens im WTO-Übereinkommen anzuordnen, um einen einheitlichen Status des WTO-Übereinkommens in den Rechtsordnungen aller Vertragsparteien sicherzustellen, in der Uruguay-Runde abgelehnt wurde[177].

In der Literatur wird darüber hinaus argumentiert, daß die Vertragsparteien immer dann kein Interesse an der unmittelbaren Anwendbarkeit der Bestimmungen eines völkerrechtlichen Vertrags haben, wenn sie vertragseigene Organe zur Streitbeilegung errichtet haben und die vertragseigene Rechtsanwendung durch die unmittelbare Anwendbarkeit der Bestimmungen des völkerrechtlichen Vertrags behindert werden würde.[178] Eine Behin-

---

174 Siehe oben Zweiter Teil, Viertes Kapitel, A. I. 1. Ebenso wie Art. 41 Abs. 1 des TRIPs-Übereinkommens schränken Art. XX Abs. 2 des Übereinkommens über das öffentliche Beschaffungswesen (*Agreement on Government Procurement*) (ABl. EU Nr. L 336 vom 23.12.1994, S. 273 ff.) und Art. 4 des Übereinkommens über die Kontrolle vor dem Versand (*Agreement on Preshipment Inspection*) (ABl. EU Nr. L 336 vom 23.12.1994, S. 138 ff.) die Pflicht zur Erfüllung der völkerrechtlichen Verträge nach Treu und Glauben lediglich ein, gebieten aber weder die innergemeinschaftliche bzw. innerstaatliche Geltung der Bestimmungen dieser völkerrechtlichen Verträge noch deren unmittelbare Anwendbarkeit (vgl. *Meinhard Hilf/ Frank Schorkopf,* WTO und EG: Rechtskonflikte vor dem EuGH?, EuR 35 (2000), S. 74 (89); *Petros C. Mavroidis/Werner Zdouc,* Legal Means to Protect Private Parties' Interests in the WTO, The Case of the EC New Trade Barriers Regulation, JIEL 1 (1998), S. 407 (413); a.A. *Thomas Cottier,* A Theory of Direct Effect in Global Law, in: Armin von Bogdandy/Petros C. Mavroidis/Yves Mény (eds), European Integration and International Co-ordination, 2002, S. 99 (109), für Art. XX Abs. 2 des Übereinkommens über das öffentliche Beschaffungswesen).

175 ABl. EU Nr. L 336 vom 22.12.1994, S. 190 ff.; BGBl. 1994 II, 1643.

176 WTO-Doc. GATS/SC/31 vom 15. April 1994, S. 1: „The rights and obligations arising from the GATS, including the schedule of commitments, shall have no self-executing effect and thus confer no rights directly to individual natural persons or juridical persons."

177 GATT-Doc. MTN/GNG/NG8/W/67 vom 24. Januar 1990.

178 *Markus Krajewski,* Verfassungsperspektiven und Legitimation des Rechts der Welthandelsorganisation (WTO), 2001, S. 63. Dagegen geht *Alesch Staehelin,* Das TRIPs-Abkommen, 2. Auflage 1999, S. 238 davon aus, daß die unmittelbare Anwendbarkeit der Bestimmungen des völkerrechtlichen Vertrags die vertragseigenen Organe zur Streitbeilegung nicht behindern, sondern entlasten würden.

derung der vertragseigenen Rechtsanwendung wird wegen der Gefahr einer unterschiedlichen Auslegung der Bestimmungen des völkerrechtlichen Vertrags insbesondere dann angenommen, wenn die verschiedenen Ebenen der Rechtsanwendung nicht institutionell miteinander verknüpft sind, sei es durch eine Bestimmung, wonach sich die vertragseigenen Organe erst nach Erschöpfung des innergemeinschaftlichen bzw. innerstaatlichen Rechtswegs mit einem Rechtsstreit befassen können,[179] sei es durch die Einrichtung eines Vorabentscheidungsverfahrens vor den vertragseigenen Organen,[180] oder sei es durch die vertraglich vorgesehene Möglichkeit von einzelnen, in dem vertragseigenen Streitbeilegungsverfahren teilzunehmen[181].[182] Der WTO-Streitbeilegungsmechanismus weist nicht nur keine der genannten institutionellen Verknüpfungen auf,[183] die unmittelbare Anwendbarkeit der

---

[179] Vgl. z. B. Art. 35 Abs. 1 der Konvention zum Schutz der Menschenrechte und Grundfreiheiten vom 4. November 1950 (Europäische Menschenrechtskonvention, EMRK).

[180] Vgl. Art. 234 EGV.

[181] Vgl. z. B. Art. 25 Abs. 1 S. 1 des Übereinkommens zur Beilegung von Investitionsstreitigkeiten zwischen Staaten und Angehörigen anderer Staaten vom 18. März 1965 (*Convention on the Settlement of Investment Disputes between States and Nationals of Other States,* ICSID-Übereinkommen) (BGBl. 1969 II, 371), welcher lautet:

„The jurisdiction of the Centre shall extend to any legal dispute arising directly out of an investment, between a Contracting State (or any constituent subdivision or agency of a Contracting State designated to the Centre by that State) and a national of another Contracting State, which the parties to the dispute consent in writing to submit to the Centre."

[182] *Markus Krajewski,* Verfassungsperspektiven und Legitimation des Rechts der Welthandelsorganisation (WTO), 2001, S. 63; *Thomas Cottier/Krista Nadukavukaren Schefer,* Relationship between World Trade Organization Law, National and Regional Law, JIEL 1 (1998), S. 83 (99 f.); *Meinhard Hilf,* Internationales Wirtschaftsrecht und nationale Gerichte, 1998, S. 11 ff.; *Meinhard Hilf,* The Role of National Courts in International Trade Relations, Mich. J. Int'l L. 18 (1997), S. 321 (335).

[183] *Markus Krajewski,* Verfassungsperspektiven und Legitimation des Rechts der Welthandelsorganisation (WTO), 2001, S. 65; *Thomas Cottier,* Dispute Settlement in the World Trade Organization: Characteristics and Structural Implications for the European Union, CMLRev. 35 (1998), S. 325 (341 f.); *Meinhard Hilf,* Internationales Wirtschaftsrecht und nationale Gerichte, 1998, S. 10; *Meinhard Hilf,* The Role of National Courts in International Trade Relations, Mich. J. Int'l L. 18 (1997), S. 321 (335); *Paolo Mengozzi,* The Marrakesh DSU and its Implications on the International and European Level, in: Jacques H. J. Bourgeois/Frédérique Berrod/Eric Gippini Fournier (eds), The Uruguay Round Results – A European Lawyers' Perspective, 1997, S. 115 (121 ff.); a. A. *Pieter Jan Kuijper,* The New WTO Dispute Settlement System: The Impact on the Community, in: Jacques H. J. Bourgeois/Frédérique Berrod/Eric Gippini Fournier (eds), The Uruguay Round Results – A European Lawyers' Perspective, 1997, S. 87 (106 ff.), der von einem völkergewohnheitsrechtlichen Grundsatz der Erschöpfung des innergemeinschaftlichen bzw.

Bestimmungen des WTO-Übereinkommens würde im Falle ihrer Verletzung über die Gefahr einer unterschiedlichen Auslegung hinaus weitreichendere Folgen nach sich ziehen als die Entscheidungen des DSB, weil die gesetzgebenden Organe der unterlegenen Streitpartei nicht mehr zwischen der Aufhebung und anschließenden Ersetzung des mit dem WTO-Übereinkommen unvereinbaren sekundären Gemeinschaftsrechts einerseits und der Änderung des mit dem WTO-Übereinkommen unvereinbaren sekundären Gemeinschaftsrechts andererseits wählen könnten.[184] Die unmittelbare Anwendbarkeit würde allerdings nicht notwendig, wie vereinzelt angenommen,[185] zur Nichtigkeit sekundären, nicht mit dem WTO-Übereinkommen vereinbaren Gemeinschaftsrechts *ex tunc* führen und die Europäische Gemeinschaft zur Leistung von Schadensersatz verpflichten. Im Rahmen einer Nichtigkeitsklage hätte der EuGH nämlich nach Art. 231 Abs. 2 EGV die Möglichkeit, die Wirkung der Nichtigerklärung auf die Zukunft zu beschränken, um dem prospektiven Charakter der Entscheidungen des DSB gerecht zu werden und gegen die Europäische Gemeinschaft gerichtete Schadensersatzklagen einzelner Unternehmer zu vermeiden.[186]

Die Intention der Vertragsparteien des WTO-Übereinkommens, die unmittelbare Anwendbarkeit seiner Bestimmungen nicht zu regeln, hat sich nach Abschluß des WTO-Übereinkommens nicht geändert. Der Umstand, daß, so der EuGH im Urteil „Portugal/Rat", einige Vertragsparteien des WTO-Übereinkommens, „die zu den wichtigsten Handelspartnern der Gemeinschaft gehören, aus Sinn und Zweck" des WTO-Übereinkommens fol-

---

innerstaatlichen Rechtswegs ausgeht, von dem die Vertragsparteien des WTO-Übereinkommens nur ausdrücklich abweichen konnten.

[184] *Thomas Cottier,* A Theory of Direct Effect in Global Law, in: Armin von Bogdandy/Petros C. Mavroidis/Yves Mény (eds), European Integration and International Co-ordination, 2002, S. 99 (111 f.); *Markus Krajewski,* Verfassungsperspektiven und Legitimation des Rechts der Welthandelsorganisation (WTO), 2001, S. 66 f.

[185] *Piet Eeckhout,* Judicial Enforcement of WTO Law in the European Union – Some Further Reflections, JIEL 5 (2002), S. 91 (93 f.).

[186] *Jacques H. J. Bourgeois,* The European Court of Justice and the WTO: Problems and Challenges, in: J. H. H. Weiler (ed.), The EU, the WTO, and the NAFTA, Towards a Common Law of International Trade?, 2000, S. 71 (121); allgemein *Wolfram Cremer,* in: Christian Calliess/Matthias Ruffert (Hrsg.), Kommentar des Vertrages über die Europäische Union und des Vertrages zur Gründung der Europäischen Gemeinschaft – EUV/EGV –, 2. Auflage 2002, Art. 231 EGV Rn. 4. Vgl. auch Art. 3 der Verordnung (EG) Nr. 1515/2001 des Rates vom 23. Juli 2001 über die möglichen Maßnahmen der Gemeinschaft aufgrund eines vom WTO-Streitbeilegungsgremiums angenommenen Berichts über Antidumping oder Antisubventionsmaßnahmen (ABl. EU Nr. L 201 vom 26.7.2001, S. 10 f.): „Sofern nichts anderes bestimmt ist, sind Maßnahmen aufgrund der vorliegenden Verordnung ab ihrem Inkrafttreten wirksam und geben nicht zur Erstattung der vor diesem Zeitpunkt erhobenen Zölle Anlaß."

gern, „daß diese nicht zu den Normen gehören, an denen ihre Gerichte die Rechtmäßigkeit der internen Rechtsvorschriften messen“,[187] stellt, wie im Schrifttum vorgetragen,[188] keine „spätere Übung“ im Sinne von Art. 31 Abs. 3 lit. b) WVK dar, aus der hervorginge, daß die Vertragsparteien des WTO-Übereinkommens die unmittelbare Anwendbarkeit seiner Bestimmungen *nunmehr* übereinstimmend ausschließen wollen. Bei einer Anzahl von 147 Vertragsparteien[189] kann, selbst wenn die wichtigsten Handelspartner der Europäischen Gemeinschaft die Bestimmungen des WTO-Übereinkommens nicht unmittelbar anwenden, nicht von einer übereinstimmenden Auslegung des WTO-Übereinkommens im Hinblick auf die unmittelbare Anwendbarkeit seiner Bestimmungen gesprochen werden. Die Interessen der Vertragsparteien des WTO-Übereinkommens, Industriestaaten auf der einen und Entwicklungsstaaten auf der anderen Seite, sind zu unterschiedlich, als daß die spätere Übung der Industriestaaten einen Anhaltspunkt für die übereinstimmende Auslegung des WTO-Übereinkommens auch durch die Entwicklungsstaaten bieten könnte.[190] Für dieses Ergebnis spricht auch der bereits erwähnte Bericht „United States – Sections 301–310 of the Trade Act of 1974“, in dem das *Panel* ausgeführt hat:

> „The fact that WTO institutions have not to date construed any obligations as producing direct effect does not necessarily preculde that in the legal system of any given Member, following internal constitutional principles, some obligation will be found to give rights to individuals.“[191]

Das TRIPs-Übereinkommen wird in Argentinien und Brasilien seit dem 1. Januar 2000 unmittelbar angewendet.[192]

[187] EuGH, Rs. C-149/96, 23.11.1999, Slg. 1999, I-8395, Rn. 43 (Portugal/Rat).

[188] *Pascal Royla,* WTO-Recht – EG-Recht: Kollision, Justiziabilität, Implementation, EuR 36 (2001), S. 495 (505).

[189] Stand: 23.4.2004.

[190] Vgl. *Andrés Moncayo von Hase,* The Application and Interpretation of the Agreement on Trade-Related Aspects of Intellectual Property Rights, in: Carlos M. Correa/Abdulqawi A. Yusuf (eds), Intellectual Property and International Trade: The TRIPs Agreement, 1999, S. 93 (125): „[T]he manifold but equally ranking advantages or benefits that Members purport to derive from the protection and enforcement of IPRs do not allow easily to decipher the real intent of Members.“

[191] WTO-Doc. WT/DS152/R, para. 7.72, Fn. 661.

[192] *Martin Franz,* Die unmittelbare Anwendbarkeit von TRIPS in Argentinien und Brasilien, GRUR Int. 2002, S. 1001 (1011 f.).

bb) Die unmittelbare Anwendbarkeit in der Europäischen Gemeinschaft

(1) Der Ausschluß der unmittelbaren Anwendbarkeit durch den Beschluß 94/800/EG des Rates

Der letzte Erwägungsgrund des Beschlusses 94/800/EG des Rates vom 22. Dezember 1994 über den Abschluß der Übereinkünfte im Rahmen der multilateralen Verhandlungen der Uruguay-Runde (1986–1994) im Namen der Europäischen Gemeinschaft[193], demzufolge „[d]as Übereinkommen zur Errichtung der Welthandelsorganisation einschließlich seiner Anhänge [...] nicht so angelegt [ist], daß es unmittelbar vor den Rechtsprechungsorganen der Gemeinschaft und den Mitgliedstaaten angeführt werden kann“, ist nicht als bloßer Hinweis darauf zu verstehen, daß das WTO-Übereinkommen die unmittelbare Anwendbarkeit seiner Bestimmungen nicht gebietet,[194] sondern deutet, wie in der englischen und französischen Fassung des Beschlusses, „by its nature [...] is not susceptible“ bzw. „par sa nature [...] n'est pas susceptible“, deutlich wird, auf eine eigene, vorweggenommene Beurteilung der unmittelbaren Anwendbarkeit des WTO-Übereinkommens durch den Rat hin.[195] Wie bereits im vorhergehenden Kapitel dargestellt wurde,[196] setzt die unmittelbare Anwendbarkeit von Bestimmungen völkerrechtlicher Verträge in der Europäischen Gemeinschaft nach der Rechtsprechung des EuGH neben der hinreichenden Bestimmtheit voraus, daß die besondere *Natur* der völkerrechtlichen Verträge die unmittelbare Anwendbarkeit ihrer Bestimmungen nicht ausschließt. Dieses Ergebnis wird durch den dem Beschluß 94/800/EG des Rates zugrundeliegenden Vorschlag der Kommission vom 15. April 1994 bestätigt, in dem die Kommission ausführt, daß es darauf ankomme, ausdrücklich auszuschließen, „daß die Bestimmungen des WTO-Abkommens und seiner Anhänge direkte Wirkung haben, dergestalt, daß sie von natürlichen oder juristischen Personen des privaten Rechts bei den Gerichten ihrer Länder in Anspruch genommen werden können“.[197]

---

[193] ABl. EU Nr. L 336 vom 23.12.1994, S. 1 ff.

[194] So aber *Sabine Mauderer,* Der Wandel vom GATT zur WTO und die Auswirkung auf die Europäische Gemeinschaft, 2001, S. 191; *Werner Meng,* Gedanken zur Frage unmittelbarer Anwendung von WTO-Recht in der EG, in: Ulrich Beyerlin/Michael Bothe/Rainer Hofmann/Ernst-Ulrich Petersmann (Hrsg.), Recht zwischen Umbruch und Bewahrung, 1995, S. 1063 (1070).

[195] Vgl. hierzu EuGH, Rs. C-149/96, 23.11.1999, Slg. 1999, I-8395, Rn. 48 f. (Portugal/Rat): „Somit gehören die WTO-Übereinkünfte wegen ihrer Natur und ihrer Struktur grundsätzlich nicht zu den Vorschriften, an denen der Gerichtshof die Rechtmäßigkeit von Handlungen der Organe der Gemeinschaftsorgane mißt. Diese Auslegung entspricht auch der letzten Begründungserwägung des Beschlusses 94/800 [...].“

[196] Siehe oben Zweiter Teil, Drittes Kapitel, A. III. 1.

Bevor auf die Frage eingegangen wird, inwieweit der Rat berechtigt war, die unmittelbare Anwendbarkeit der Bestimmungen des WTO-Übereinkommens, die in die ausschließliche bzw. ausgeübte konkurrierende Vertragsschlußkompetenz der Europäischen Gemeinschaft fallen, auszuschließen, ist sicherzustellen, daß er nicht nur die Invokabilität dieser Bestimmungen, sondern auch ihre unmittelbare Anwendbarkeit ausschließen wollte. In der englischen und französischen Fassung des Beschlusses ist „unmittelbar [...] angeführt werden kann" mit „susceptible to being directly invoked" bzw. „susceptible d'être invoqué directement" übersetzt worden. Wie das Beispiel von section 102 des *Uruguay Round Agreements Act*[198], der das Verhältnis des WTO-Übereinkommens zum US-amerikanischen Recht regelt, zeigt, ist nicht immer klar, ob der innergemeinschaftliche bzw. innerstaatliche Gesetzgeber nur die Invokabilität oder aber auch die unmittelbare Anwendbarkeit der Bestimmungen des WTO-Übereinkommens ausschließen wollte. In section 102 (a) (1)[199] wird die unmittelbare Anwendbarkeit der Bestimmungen des WTO-Übereinkommens nur insoweit ausgeschlossen, als die Unvereinbarkeit des US-amerikanischen Rechts mit den Bestimmungen des WTO-Übereinkommens folgenlos bleibt, d.h. in keinem Fall zur Rechtswidrigkeit des US-amerikanischen Rechts führen kann. Dieser Ausschluß ist notwendig, weil die Unvereinbarkeit des US-amerikanischen Rechts mit den Bestimmungen völkerrechtlicher Verträge zur Rechtswidrigkeit des (früheren) US-amerikanischen Rechts führt, wenn die Bestimmungen völkerrechtlicher Verträge unmittelbar anwendbar sind.[200] Die unmittelbare Anwendbarkeit der Bestimmungen des WTO-Übereinkommens wird aber nicht insoweit ausgeschlossen, als auch die Unvereinbarkeit der Exekutivakte („any action or inaction by any department, agency, or other instru-

---

[197] KOM (94) 143 endg., S. 5a. Der letzte Erwägungsgrund des Vorschlags der Kommission ist deshalb deutlicher formuliert: „Es handelt sich um Übereinkommen, Abkommen und Übereinkünfte zwischen den Regierungen, so daß ausgeschlossen werden muß, daß natürliche oder juristische Personen des privaten Rechts sich vor den Gerichten der Mitgliedstaaten und der Gemeinschaft unmittelbar auf die Bestimmungen der vorgenannten Übereinkommen, Abkommen und Übereinkünfte berufen können."

[198] Pub. L. No. 103–465, § 514, 108 Stat. 4809, 4976 (1994).

[199] Section 102 (a) (1) des *Uruguay Round Agreements Act* lautet:

„No provision of any of the Uruguay Round Agreements, nor the application of any such provision to any person or circumstance, that is inconsistent with any law of the United States shall have effect."

[200] Da der unmittelbar anwendbare völkerrechtliche Vertrag nach Art. VI der US-amerikanischen Verfassung den gleichen Rang wie ein Bundesgesetz hat, geht er im Falle der Unvereinbarkeit mit US-amerikanischem Recht allen früheren Bundesgesetzen und allen einzelstaatlichen Gesetzen, unabhängig von dem Zeitpunkt, in dem sie in Kraft getreten sind, vor (vgl. *Thomas Buergenthal/Harold G. Maier,* Public International Law in a Nutshell, 2nd edition 1990, S. 202).

mentality of the United States, any State, or any political subdivision of a State") mit den Bestimmungen des WTO-Übereinkommens folgenlos bleibt. Section 102 (b) (1) (B)[201] schränkt nur die über die unmittelbare Anwendbarkeit hinausgehende Invokabilität der Bestimmungen des WTO-Übereinkommens ein, indem er festlegt, daß keiner außer den Vereinigten Staaten von Amerika selbst durch die Bestimmungen des WTO-Übereinkommens unmittelbar berechtigt und/oder verpflichtet wird.[202] Bei der Auslegung des letzten Erwägungsgrundes des Beschlusses 94/800/EG ist zu berücksichtigen, daß der EuGH nicht immer deutlich zwischen der unmittelbaren Anwendbarkeit völkerrechtlicher Verträge und der unmittelbaren Berechtigung und/oder Verpflichtung einzelner aus völkerrechtlichen Verträgen unterscheidet. Es ist deshalb davon auszugehen, daß der Rat, indem er die in der Rechtsprechung des EuGH verwendete Formel verwendete, nicht nur die Invokabilität, sondern auch die unmittelbare Anwendbarkeit des WTO-Übereinkommens in der Europäischen Gemeinschaft ausschließen wollte, ohne dabei zwischen verschiedenen Rechtsakten der Europäischen Gemeinschaft zu unterscheiden.

Zwar ist, wie bereits im zweiten Kapitel des zweiten Teils dieser Arbeit ausgeführt wurde,[203] der Europäischen Gemeinschaft nach Völkerrecht nicht verwehrt, die unmittelbare Anwendbarkeit völkerrechtlicher Verträge im Einzelfall auszuschließen, wenn die völkerrechtlichen Verträge die unmittelbare Anwendbarkeit, wie im Fall des WTO-Übereinkommens, nicht selbst gebieten.[204] Allerdings ist die Europäische Gemeinschaft nach primären Gemeinschaftsrecht gehindert, die unmittelbare Anwendbarkeit völkerrechtlicher Verträge im Einzelfall auszuschließen. Zwar ist Art. 300 Abs. 7 EGV, wonach die Bestimmungen der gemischten Verträge, die in die ausschließliche bzw. ausgeübte konkurrierende Vertragsschlußkompetenz der

---

[201] Section 102 (b) (1) (B) des *Uruguay Round Agreements Act* lautet:
„No person other than the United States may challenge, in any action brought under any provision of law, any action or inaction by any department, agency, or other instrumentality of the United States, any State, or any political subdivision of a State on the ground that such action or inaction is inconsistent with such agreement."

[202] *Joel P. Trachtman,* Bananas, Direct Effect and Compliance, EJIL 10 (1999), S. 655 (657); *Carlos D. Espósito,* International Trade and National Legal Orders: The Problem of Direct Applicability of WTO Law, PYIL 24 (1999–2000), S. 169 (185).

[203] Siehe oben Zweiter Teil, Zweites Kapitel, B. III. 1. a) bb) (1) (a).

[204] Anders Schlußanträge von Generalanwalt Saggio, Rs. C-149/96, 25.2.1999, Slg. 1999, I-8397, Rn. 20 (Portugal/Rat): „Es ist klar, daß die einseitige Auslegung des Übereinkommens im Rahmen des innergemeinschaftlichen Genehmigungsverfahrens seine Wirkungen – über den Vorbehaltsmechanismus hinaus – nicht beschränken kann."

Europäischen Gemeinschaft fallen, für ihre Organe und die Mitgliedstaaten verbindlich sind, nicht als genereller Anwendungs- und Vollzugsbefehl, der die völkerrechtliche Natur dieser Bestimmungen unberührt läßt, sondern als Generaltransformator, der diesen Bestimmungen die Rechtsnatur des Gemeinschaftsrechts verleiht, zu verstehen.[205] Anders aber als etwa in Deutschland und dem Vereinigten Königreich, in denen die Transformation völkerrechtlicher Verträge einer besonderen Entscheidung des innerstaatlichen Gesetzgebers bedarf, werden die Bestimmungen der gemischten Verträge, die in die ausschließliche bzw. ausgeübte konkurrierende Vertragsschlußkompetenz der Europäischen Gemeinschaft fallen, durch Art. 300 Abs. 7 EGV generell, d.h. unabhängig von einer besonderen Entscheidung des innergemeinschaftlichen Gesetzgebers, transformiert. Ähnlich wie der Inhalt eines, wie etwa in Frankreich und den Niederlanden verfassungsrechtlich verankerten, generellen Anwendungs- und Vollzugsbefehls steht die im primären Gemeinschaftsrecht ausgesprochene generelle Transformation, einschließlich ihrer objektiven Eignung zur unmittelbaren Anwendbarkeit, nicht mehr zur Disposition des innergemeinschaftlichen Gesetzgebers.[206] Dies mag den Rat auch dazu bewogen haben, im letzten Erwägungsgrund des späteren Beschlusses 99/61/EG vom 14. Dezember 1998 über die Annahme der Ergebnisse der Verhandlungen der Welthandelsorganisation über Finanzdienstleistungen im Namen der Europäischen Gemeinschaft[207] eine vorsichtigere Formulierung zu wählen, nämlich die, daß „angesichts des Wesens des Übereinkommens zur Errichtung der Welthandelsorganisation und der Protokolle zum Allgemeinen Übereinkommen über den Handel mit Dienstleistungen [...] eine unmittelbare Berufung auf sie vor den Gerichten der Gemeinschaft oder der Mitgliedstaaten nicht wahrscheinlich [ist]“.

Der Rat konnte die unmittelbare Anwendbarkeit der Bestimmungen des TRIPs-Übereinkommens nach allem nicht durch den Beschluß 94/800/EG ausschließen.

---

[205] Siehe oben Zweiter Teil, Drittes Kapitel, B.

[206] Anders, obwohl unklar, *Christian Tomuschat,* in: Hans von der Groeben/Jochen Thiesing/Claus-Dieter Ehlermann (Hrsg.), Kommentar zum EU-/EG-Vertrag, 5. Auflage 1997/1999, Art. 228 EGV Rn. 69: „Die Vertragsparteien können in einem völkerrechtlichen Abkommen allerdings selbst bestimmte Vollzugsmodalitäten festlegen oder ausschließen. Solche Bestimmungen legen dann verbindlich die innergemeinschaftlichen Rechtswirkungen des in Rede stehenden Vertragswerks fest. Als Beispiele aus der Praxis der Anwendung des Artikels 228 lassen sich bisher der Genehmigungsbeschluß zum WTO-Übereinkommen sowie der entsprechende Beschluß zum zweiten Protokoll zum GATS anführen.“

[207] ABl. EU Nr. L 20 vom 27.1.1999, S. 38 ff.

(2) Der Ausschluß der unmittelbaren Anwendbarkeit durch Sinn, Aufbau und Wortlaut der Bestimmungen des TRIPs-Übereinkommens

Obwohl der EuGH im Urteil „Kupferberg“ entschieden hatte, daß der unmittelbaren Anwendbarkeit der völkerrechtlichen Verträge der Europäischen Gemeinschaft nicht der Umstand entgegenstehe, daß nicht alle Gerichte der anderen Vertragsparteien die Bestimmungen der völkerrechtlichen Verträge unmittelbar anwenden, da dies „für sich allein noch keine fehlende Gegenseitigkeit bei der Durchführung [der] Abkomme[n] darstelle“,[208] ist der EuGH in dem Urteil „Portugal/Rat“ zu dem Ergebnis gekommen, daß die besondere Natur des WTO-Übereinkommens unter Berücksichtigung seines Sinns, Aufbaus und Wortlauts die unmittelbare Anwendbarkeit seiner Bestimmungen ausschließe.[209] Der Umstand, daß die Gerichte anderer Vertragsparteien des WTO-Übereinkommens die unmittelbare Anwendbarkeit seiner Bestimmungen ablehnen, beseitige ausnahmsweise die Gegenseitigkeit bei der Durchführung eines völkerrechtlichen Vertrags der Europäischen Gemeinschaft, da das WTO-Übereinkommen ausweislich seiner Präambel wie das GATT 1947 auf dem Prinzip von Verhandlungen „auf der Grundlage der Gegenseitigkeit und zum gemeinsamen Nutzen“ beruhe und sich dadurch von den völkerrechtlichen Verträgen der Europäischen Gemeinschaft, die „eine gewisse Asymmetrie in den Verpflichtungen oder besondere Integrationsbeziehungen mit der Gemeinschaft begründen“, unterscheide.[210] Die unmittelbare Anwendbarkeit sei nicht nicht nur für das WTO-Übereinkommen als solches, sondern, wie der EuGH im Urteil „Dior“ bestätigt, auch für dessen Bestandteile und damit für die Bereiche des TRIPs-Übereinkommens ausgeschlossen, in denen „die Europäische Gemeinschaft bereits Rechtsvorschriften erlassen hat“,[211] d.h. die in die ausschließliche bzw. ausgeübte konkurrierende Vertragsschlußkompetenz der

---

208 EuGH, Rs. 104/81, 26.10.1982, Slg. 1982, 3641, Rn. 18 (Hauptzollamt Mainz/C. A. Kupferberg & Cie. KG a. A.).

209 EuGH, Rs. C-149/96, 23.11.1999, Slg. 1999, I-8395, Rn. 47 (Portugal/Rat). Ebenso EuG, Rs. T-56/00, 6.3.2003, Slg. 2003, II-577, Rn. 74 (Dole Fresh Fruit International Ltd./Rat und Kommission); EuG, Rs. T-174/00, 11.1.2002, Slg. 2002, II-17, Rn. 61 (Biret International SA/Kommission); EuG, T-210/00, 11.1.2002, Slg. 2002, II-47, Rn. 71; (Etablissements Biret et Cie SA/Rat); EuG, Rs. T-3/99, 12.7.2001, Slg. 2001, II-2123, Rn. 43 (Bananatrading GmbH/Rat); EuG, Rs. T-2/99, 12.7.2001, Slg. 2001, II-2093, Rn. 51 (T. Port GmbH & Co. KG/Rat); EuG, Rs. T-52/99, 20.3.2001, Slg. 2001, II-981, Rn. 46 ff. (T. Port GmbH & Co. KG/Kommission); EuG, Rs. T-30/99, 20.3.2001, Slg. 2001, II-943, Rn. 51 ff. (Bocchi Food Trade International GmbH/Kommission); EuG, T-18/99, 20.3.2001, Slg. 2001, II-913, Rn. 46 ff. (Cordis Obst und Gemüse Großhandel GmbH/Kommission).

210 EuGH, Rs. C-149/96, 23.11.1999, Slg. 1999, I-8395, Rn. 42 ff. (Portugal/Rat).

Europäischen Gemeinschaft fallen.[212] Angesichts des Beschlusses „OGT Fruchthandelsgesellschaft“ vom 2. Mai 2001, in dem der EuGH im Verfahren nach Art. 104 § 3 seiner Verfahrensordnung, d.h. ohne mündliche Verhandlung nach Anhörung der Beteiligten und des Generalanwalts,[213] mit Verweis auf frühere Urteile entschieden hat, daß Art. I und XIII des GATT 1994 „keine Rechte [begründen], auf die sich ein Einzelner vor einem nationalen Gericht unmittelbar berufen kann“,[214] ist eine Änderung der Rechtsprechung des EuGH im Hinblick auf die unmittelbare Anwendbarkeit des WTO-Übereinkommens nicht zu erwarten. Sie wird auch nicht durch das Urteil „Niederlande/Parlament und Rat“ eingeleitet,[215] in dem der EuGH die Rechtmäßigkeit der Richtlinie 98/44/EG des Europäischen Parlaments und des Rates vom 6. Juli 1998 über den rechtlichen Schutz biotechnologischer Erfindungen unter anderem an den Bestimmungen des TRIPs-Übereinkommens und des Übereinkommens über technische Handelshemmnisse (*Agreement on Technical Barriers to Trade,* TBT-Übereinkommen)[216] überprüft hat.[217] Der EuGH ist nämlich nach wie vor davon ausgegangen, daß TRIPs- und TBT-Übereinkommen „wegen ihrer Natur und ihrer Struktur grundsätzlich nicht zu den Vorschriften gehören, an denen der Gerichtshof die Rechtsmäßigkeit von Handlungen der Gemeinschaftsorgane mißt“[218], und hat lediglich erklärt, daß die fehlende unmittelbare Anwendbarkeit ihn nicht daran hindere, „die Einhaltung der Verpflichtungen zu prüfen, die der

---

211 EuGH, Verb. Rs. C-300 und 392/98, 14.12.2000, Slg. 2000, I-11307, Rn. 44 ff. (Parfums Christian Dior SA/Tuk Consultancy BV und Assco Gerüste GmbH, Rob van Dijk/Wilhelm Layher GmbH & Co. KG, Layher BV).

212 Siehe oben Zweiter Teil, Viertes Kapitel, C. I. 1. a).

213 Art. 104 § 3 der Verfahrensordnung des EuGH (ABl. EU Nr. L 176 vom 4.7.1991, S. 1 ff.; zuletzt geändert nach dem Inkrafttreten des Vertrags von Nizza (ABl. EU Nr. L 147 vom 14.6.2003, S. 17 ff.)) lautet:

„Stimmt eine zur Vorabentscheidung vorgelegte Frage offensichtlich mit einer Frage überein, über die der Gerichtshof bereits entschieden hat, so kann der Gerichtshof nach Unterrichtung des vorlegenden Gerichts und nachdem er in den Artikeln 20 der EG-Satzung, 21 der EAG-Satzung und 103 § 3 dieser Verfahrensordnung bezeichneten Beteiligten Gelegenheit zur Äußerung gegeben hat, sowie nach Anhörung des Generalanwalts durch Beschluß entscheiden, der mit Gründen zu versehen ist und auf das frühere Urteil verweist.“

214 EuGH, Rs. C-307/99, 2.5.2001, Slg. 2001, I-3159, Rn. 23 ff. (OGT Fruchthandelsgesellschaft mbH/Hauptzollamt Hamburg-St. Annen).

215 Anders *Christian Calliess/Christian Meiser,* Menschenwürde und Biotechnologie, JuS 42 (2002), S. 426 (432), die davon ausgehen, daß letztlich unklar bleibt, ob der EuGH eine Abkehr von seiner Rechtsprechung beabsichtigt hat.

216 ABl. EU Nr. L 336 vom 23.12.1994, S. 86 ff.

217 EuGH, Rs. C-377/98, 9.10.2001, Slg. 2001, I-7079, Rn. 50 ff. (Niederlande/Parlament und Rat).

218 EuGH, Rs. C-377/98, 9.10.2001, Slg. 2001, I-7079, Rn. 52 (Niederlande/Parlament und Rat).

Gemeinschaft als Vertragspartei obliegen".[219] Diese Auslegung des Urteils „Niederlande/Parlament und Rat" wird durch die nachfolgende Rechtsprechung des EuGH bestätigt, der in den Urteilen „Omega", „British American Tobacco", „Petrotub" und „Biret", in denen die Frage der Vereinbarkeit sekundären Gemeinschaftsrechts mit den Bestimmungen des TBT-Übereinkommens, des TRIPs-Übereinkommens, des Übereinkommens zur Durchführung des Artikels VI des Allgemeinen Zoll- und Handelsabkommens 1994 (*Agreement on the Implementation of Article VI of the General Agreement on Tariffs and Trade 1994,* Antidumping-Übereinkommen)[220] bzw. des Übereinkommens über die Anwendung gesundheitspolizeilicher und pflanzenschutzrechtlicher Maßnahmen (*Agreement on the Application of Sanitary and Phytosanitary Measures,* SPS-Übereinkommen)[221] erneut aufgeworfen wurde, auf seine Rechtsprechung in dem Urteil „Portugal/Rat" verwiesen hat.[222]

Anders als teilweise in der Literatur vorgetragen[223] war der EuGH im Gegensatz zum Rat nach primärem Gemeinschaftsrecht nicht gehindert, die unmittelbare Anwendbarkeit des WTO-Übereinkommens unter Hinweis auf seine besondere Natur auszuschließen. Zwar steht die durch Art. 300 Abs. 7 EGV ausgesprochene generelle Transformation der völkerrechtlichen Verträge der Europäischen Gemeinschaft, einschließlich ihrer objektiven Eignung zur unmittelbaren Anwendbarkeit, nicht zur Disposition der Organe der Europäischen Gemeinschaft, zu denen auch der EuGH gehört. Allerdings geht der EuGH anders als der Rat, der nicht zu erkennen gibt, woraus seiner Meinung nach die besondere Natur des WTO-Übereinkommens besteht, da-

---

[219] EuGH, Rs. C-377/98, 9.10.2001, Slg. 2001, I-7079, Rn. 54 (Niederlande/Parlament und Rat).

[220] ABl. EU Nr. L 336 vom 23.12.1994, S. 103 ff.

[221] ABl. EU Nr. L 336 vom 23.12.1994, S. 40 ff.

[222] EuGH, Rs. C-94/02 P, 30.9.2003, noch nicht in der amtlichen Sammlung veröffentlicht, Rn. 55 (Etablissements Biret et Cie SA/Rat); EuGH, Rs. C-93/02 P, 30.9.2003, noch nicht in der amtlichen Sammlung veröffentlicht, Rn. 52 (Biret International SA/Rat); EuGH, Rs. C-76/00 P, 9.1.2003, Slg. 2003, I-79, Rn. 53 (Petrotub SA und Republica SA/Rat und Kommission); EuGH, Rs. C-491/01, 10.12.2002, Slg. 2002, I-11453, Rn. 154 (The Queen/Secretary of State for Health, ex parte: British American Tobacco (Investments) Ltd und Imperial Tobacco Ltd, unterstützt durch Japan Tobacco Inc. und JT International SA); EuGH, Verb. Rs. C-27 und 122/00, 12.3.2002, Slg. 2002, I-2569, Rn. 89 (The Queen/Secretary of State of the Environment, Transport and the Regions, ex parte: Omega Air Ltd, und Omega Air Ltd, Aero Engines Ireland Ltd, Omega Aviation Services Ltd/Irish Aviation Authority).

[223] *Werner Meng,* Gedanken zur Frage unmittelbarer Anwendung von WTO-Recht in der EG, in: Ulrich Beyerlin/Michael Bothe/Rainer Hofmann/Ernst-Ulrich Petersmann (Hrsg.), Recht zwischen Umbruch und Bewahrung, 1995, S. 1063 (1079).

von aus, daß der im WTO-Übereinkommen niedergelegte und durch Art. 300 Abs. 7 EGV transformierte Grundsatz der Gegenseitigkeit ihm erlaube, die unmittelbare Anwendbarkeit abzulehnen. Anders als der Rat beabsichtigt der EuGH nicht, sich über Art. 300 Abs. 7 EGV hinwegsetzen.

(a) Der Grundsatz der Gegenseitigkeit

Der Grundsatz der Gegenseitigkeit oder Reziprozität (*reciprocity, réciprocité*) liegt nach dem kleinsten gemeinsamen Nenner der im Schrifttum angebotenen Definitionen[224] einem Rechtsverhältnis von zwei oder mehr Völkerrechtssubjekten zugrunde, die sich eine Behandlung zukommen lassen, die, und dies ist schon streitig,[225] durch die andere(n) bedingt ist. Unterschieden wird zwischen formeller und materieller Gegenseitigkeit. Während die formelle Gegenseitigkeit bereits gegeben ist, wenn die Völkerrechtssubjekte sich nur irgendeine Behandlung zukommen lassen, ist die materielle Gegenseitigkeit dadurch gekennzeichnet, daß die Behandlungen eine gleiche oder zumindest gleichwertige Gewährung von Vorteilen oder Zufügung von Nachteilen enthalten.[226] Der Grundsatz der Gegenseitigkeit kann nicht nur beim Zustandekommen, sondern auch bei der Durchführung und, wie Art. 60 WVK zeigt, bei der Verletzung völkerrechtlicher Rechte und/oder Pflichten eine Rolle spielen.[227] Art. 60 WVK ermächtigt die Vertragsparteien bei einer erheblichen Verletzung eines völkerrechtlichen Ver-

[224] *Rudolf Dolzer,* Wirtschaft und Kultur im Völkerrecht, in: Wolfgang Graf Vitzthum (Hrsg.), Völkerrecht, 2. Auflage 2001, Rn. 25; *Bruno Simma,* Reciprocity, in: Rudolf Bernhardt (ed.), Encyclopedia of Public International Law, Volume IV, 2000, S. 29 (30); *Rüdiger Wolfrum,* Das internationale Recht für den Austausch von Waren und Dienstleistungen, in: Reiner Schmidt (Hrsg.), Öffentliches Wirtschaftsrecht, Besonderer Teil 2, 1996, S. 535 (570); *Marcus Brößkamp,* Meistbegünstigung und Gegenseitigkeit im GATT, 1990, S. 49; *Eduard Westreicher,* Der Grundsatz der Gegenseitigkeit in den Handelsbeziehungen zwischen Industrie- und Entwicklungsländern, 1984, S. 31; *Bruno Simma,* Das Reziprozitätselement im Zustandekommen völkerrechtlicher Verträge, 1972, S. 46 ff.; *Georg Dahm,* Völkerrecht, Band III, 1. Auflage 1961, S. 106; *Karl Strupp/Hans-Jürgen Schlochauer* (Hrsg.), Wörterbuch des Völkerrechts, Erster Band, 1960, S. 630 ff.

[225] *Rudolf Dolzer,* Wirtschaft und Kultur im Völkerrecht, in: Wolfgang Graf Vitzthum (Hrsg.), Völkerrecht, 2. Auflage 2001, Rn. 25; *Bruno Simma,* Reciprocity, in: Rudolf Bernhardt (ed.), Encyclopedia of Public International Law, Volume IV, 2000, S. 29 (30): „Most attempts at definition add the element of subjective interrelation of action and counteraction according to which the action of one party, whether consummated or expected, provides the motivation for that of the other."

[226] *Petra Buck,* Geistiges Eigentum und Völkerrecht, 1994, S. 88 f.; *Josef Drexl,* Entwicklungsmöglichkeiten des Urheberrechts im Rahmen des GATT, 1990, S. 43 f.; *Marcus Bröẞkamp,* Meistbegünstigung und Gegenseitigkeit im GATT, 1990, S. 51; *Eduard Westreicher,* Der Grundsatz der Gegenseitigkeit in den Handelsbeziehungen zwischen Industrie- und Entwicklungsländern, 1984, S. 32 f.

trags, den völkerrechtlichen Vertrag zu suspendieren oder zu beenden, um das Gleichgewicht der gewährten Vor- und zugefügten Nachteile wiederherzustellen.

(b) Kritik in der Literatur an der Verwendung des Grundsatzes der Gegenseitigkeit durch den EuGH

Kritik wird in der Lehre zunächst an der Behauptung des EuGH geübt, eine einseitige Anerkennung der unmittelbaren Anwendbarkeit des WTO-Übereinkommens durch die Europäische Gemeinschaft verletze den Grundsatz der Gegenseitigkeit. Damit nehme er, wie der Generalanwalt Tesauro in seinen Schlußanträgen zu „Hermès" ausdrücklich darlegt,[228] nämlich implizit an, daß das WTO-Übereinkommen nicht nur im Hinblick auf sein Zustandekommen, sondern auch hinsichtlich seiner Durchführung auf dem Grundsatz der Gegenseitigkeit, und zwar der materiellen, beruhe. Zwar habe der EuGH bereits in dem Urteil „International Fruit Company" festgestellt, daß der Grundsatz der Gegenseitigkeit in der Präambel des GATT 1947 angesprochen werde,[229] und die Präambeln des WTO-Übereinkommens und des GATT 1947 seien in ihrem dritten Erwägungsgrund auch nahezu identisch. Nach diesen sind die Vertragsparteien von dem Wunsch geleitet, zur Verwirklichung der in den anderen Erwägungsgründen genannten Zielen „durch den Abschluß von Übereinkünften [Vereinbarungen] beizutragen, die auf der Grundlage der Gegenseitigkeit und zum gemeinsamen Nutzen auf einen wesentlichen Abbau der Zölle und anderer Handelsschranken sowie auf die Beseitigung der Diskriminierung in den internationalen Handelsbeziehungen [im internationalen Handel] abzielen". Wie aber bereits in dem gewählten Wortlaut, „Abschluß von Übereinkünften", deutlich werde, beziehe sich der in diesem Erwägungsgrund genannte Grundsatz der Gegenseitigkeit nur auf die Entstehung, nicht auch auf die Durchführung der völkerrechtlichen Verträge.[230] Zwar komme der Grundsatz der materiellen Ge-

---

[227] *Emmanuel Decaux,* La réciprocité en droit international, 1980, S. 15 ff., 127 ff. und 221 ff.

[228] Schlußanträge von Generalanwalt Tesauro, Rs. C-53/96, 13.11.1997, Slg. 1998, I-3606, Rn. 34: „[... A]ngesichts des Gegenstands und der Zweckrichtung der WTO [kann] [es] keinen Zweifel daran geben, daß Gegenseitigkeit auch bei der Durchführung des Abkommens und nicht nur bei seiner Aushandlung erforderlich ist. [... D]ie Versagung der Anerkennung der unmittelbaren Wirkung seitens einiger Vertragsparteien [muß] notwendig zumindest ein Ungleichgewicht bei der Erfüllung der übernommenen Verpflichtungen zur Folge haben."

[229] EuGH, Verb. Rs. 21 bis 24/72, 12.12.1972, Slg. 1972, 1219, Rn. 21 (International Fruit Company NV u. a./Produktschap voor groenten en fruit).

[230] *Christoph Julius Hermes,* TRIPS im Gemeinschaftsrecht, 2002, S. 293 ff.; *Markus Krajewski,* Verfassungsperspektiven und Legitimation des Rechts der Welt-

genseitigkeit in einzelnen Bestimmungen des WTO-Übereinkommens zum Tragen, wie z. B. in Art. XIX Abs. 3 und Art. XXIII des GATT 1994,[231] beeinträchtige damit aber nicht die grundsätzlich unbedingte Geltung der Bestimmungen des WTO-Übereinkommens. Auch die Praxis der WTO-Streitbeilegungsorgane spreche eher gegen als für die Geltung des Grundsatzes der materiellen Gegenseitigkeit im Rahmen der Durchführung des WTO-Übereinkommens, wobei zum einen auf den Bericht des *Panel*, „European Communities – Regime for the Importation, Sale and Distribution of Bananas“, vom 22. Mai 1997, in dem auf die subjektive Betroffenheit des Beschwerdeführers verzichtet wurde,[232] und zum anderen auf den bereits erwähnten Bericht des *Panel*, „United States – Sections 301–310 of the Trade Act of 1974“, in dem ein rein zwischenstaatliches Verständnis des WTO-Übereinkommens abgelehnt wurde,[233] verwiesen wird.[234] Hinzufügen ließe sich der Bericht des *Appellate Body*, „United States – Import Prohibition of Certain Shrimp and Shrimp Products“, vom 12. Oktober 1998, in dem festgestellt wurde, daß es im Ermessen des *Panel* stehe, Erklärungen von Nichtregierungsorganisationen zu berücksichtigen, auch wenn es nicht um sie ersucht habe,[235] und der zu einer weiteren Aufwertung der Stellung einzelner innerhalb des WTO-Systems führt.[236]

---

handelsorganisation (WTO), 2001, S. 58 f.; *Stefan Griller*, Judicial Enforcement of WTO Law in the European Union, JIEL 3 (2000), S. 441 (456 f.); *Peter-Tobias Stoll*, Freihandel und Verfassung, ZaöRV 57 (1997), S. 83 (141); *Frederick M. Abbott*, Protecting First World Assets in the Third World: Intellectual Property Negotiations in the GATT Multilateral Framework, Vand. J. Transnat'l L. 22 (1989), S. 689 (733); *John H. Jackson*, World Trade and the Law of GATT, 1969, S. 240; a. A. *Sabine Mauderer*, Der Wandel vom GATT zur WTO und die Auswirkungen auf die Europäische Gemeinschaft, 2001, S. 168 f.; *Peter Hilpold*, Die EU im GATT/WTO-System, 1999, S. 268; Schlußanträge von Generalanwalt Tesauro, Rs. C-53/96, 13.11.1997, Slg. 1998, I-3606, Rn. 34 (Hermès International/FHT Marketing Choice BV).

[231] *Rudolf Dolzer*, Wirtschaft und Kultur im Völkerrecht, in: Wolfgang Graf Vitzthum (Hrsg.), Völkerrecht, 2. Auflage 2001, S. Rn. 26.

[232] WTO-Doc. WT/DS27/R/ECU, para. 7.50: „[... A] Member's potential interest in trade in goods or services and its interest in a determination of rights and obligations under the WTO Agreement are each sufficient to establish a right to pursue a WTO dispute settlement proceeding.“

[233] WTO-Doc. WT/DS152/R, para. 7.81: „In treaties which concern only the relation between States, State responsibility is incurred only when an actual violation takes place. By contrast, in a treaty the benefits of which depend in part on the activity of individual operators the legislation itself may be construed as a breach, since the mere existence of legislation could have an appreciable „chilling effect“ on the economic activities of individuals.“

[234] *Christoph Julius Hermes*, TRIPS im Gemeinschaftsrecht, 2002, S. 295 ff.

[235] WTO-Doc. WT/DS58/AB/R, para. 110.

Die Kritik in der Literatur richtet sich darüber hinaus gegen die im Urteil „Portugal/Rat“ erstmals vom EuGH vorgenommene Unterscheidung zwischen den multilateralen völkerrechtlichen Verträgen der Europäischen Gemeinschaft „auf der Grundlage der Gegenseitigkeit und zum gemeinsamen Nutzen“, die auf dem Grundsatz der Gegenseitigkeit beruhen, einerseits und den vorwiegend bilateralen Handels-, Assoziations- und Kooperationsabkommen der Europäischen Gemeinschaft, die „eine gewisse Asymmetrie in den Verpflichtungen oder besondere Integrationsbeziehungen“ begründen und aus diesem Grunde nicht auf dem Grundsatz der Gegenseitigkeit beruhen, andererseits. Da das Gegenseitigkeitsprinzip im WTO-Übereinkommen,[237] wie auch schon im GATT 1947,[238] zugunsten der Entwicklungsstaaten durchbrochen sei, weise auch das WTO-Übereinkommen „eine gewisse Asymmetrie“ in den Verpflichtungen auf.[239] Diese „gewisse Asymmetrie“ ergebe sich insbesondere aus Art. XXXVI Abs. 8 des GATT 1994 und der *enabling clause*[240], sowie aus den in Art. IV des GATS sowie Art. 65 Abs. 2 und Art. 66 Abs. 1 des TRIPs-Übereinkommens enthal-

---

[236] *Jacques H. J. Bourgeois,* The European Court of Justice and the WTO: Problems and Challenges, in: J. H. H. Weiler (ed.), The EU, the WTO, and the NAFTA, Towards a Common Law of International Trade?, 2000, S. 71 (116).

[237] Vgl. allgemein *Wolfgang Benedek,* Die Entwicklungsländer in der WTO, ZEuS 3 (2000), S. 41 (44 ff.); *Michael J. Trebilcock/Robert Howse,* The Regulation of International Trade, 2nd edition 1999, S. 367 ff. und speziell für das TRIPs-Übereinkommen *Jayashree Watal,* Intellectual Property Rights in the WTO and Developing Countries, 2001; *Carlos M. Correa,* Intellectual Property Rights, the WTO and Developing Countries, The TRIPS Agreement and Policy Options, 2000; *Alesch Staehelin,* Das TRIPs-Abkommen, 2. Auflage 1999, S. 260 ff.; *Ana María Pacón,* Was bringt TRIPS den Entwicklungsländern?, GRUR Int. 1995, S. 875 ff.

[238] *Rudolf Dolzer,* Wirtschaft und Kultur im Völkerrecht, in: Wolfgang Graf Vitzthum (Hrsg.), Völkerrecht, 2. Auflage 2001, Rn. 26; *Rüdiger Wolfrum,* Das internationale Recht für den Austausch von Waren und Dienstleistungen, in: Reiner Schmidt (Hrsg.), Öffentliches Wirtschaftsrecht, Besonderer Teil 2, 1996, S. 535 (571); *Alfred Verdross/Bruno Simma,* Universelles Völkerrecht, 3. Auflage 1984, S. 216, § 368.

[239] *Steve Peers,* Fundamental Right or Political Whim? WTO Law and the European Court of Justice, in: Gráinne de Búrca/Joanne Scott (eds), The EU and the WTO, Legal and Constitutional Issues, 2001, S. 111 (121); *Stefan Griller,* Judicial Enforcement of WTO Law in the European Union, JIEL 3 (2000), S. 441 (459); *Georg M. Berrisch/Hans-Georg Kamann,* WTO-Recht im Gemeinschaftsrecht – (k)eine Kehrtwende des EuGH, EWS 11 (2000), S. 89 (93).

[240] Entscheidung der Vertragsparteien des GATT 1947 über differenzierte und günstigere Behandlung, Gegenseitigkeit und verstärkte Teilnahme der Entwicklungsländer vom 28. November 1979, abgedruckt in: Waldemar Hummer/Friedl Weiss, Vom GATT 47 zur WTO 94, Dokumente zur alten und zur neuen Welthandelsordnung, 1997, S. 259 ff. Die *enabling clause* gilt unter der WTO weiter (vgl. *Peter-Tobias Stoll/Frank Schorkopf,* WTO – Welthandelsordnung und Welthandelsrecht, 2002, Rn. 125).

tenen temporären Ausnahmeregelungen zugunsten der Entwicklungsstaaten. Bei der *enabling clause* handelt es sich um eine ständige Ausnahmeregelung zugunsten der Entwicklungsstaaten, welche die Vertragsparteien des GATT 1994 ermächtigt, Entwicklungsstaaten eine differenzierte und günstigere Behandlung vor allem im Bereich des allgemeinen Präferenzsystems zu gewähren. Die Kriterien, nach denen der EuGH zwischen den völkerrechtlichen Verträgen der Europäischen Gemeinschaft unterscheide, seien nicht nur unklar,[241] der EuGH übersehe auch die besondere Beziehung zwischen den vorwiegend bilateralen Handels-, Assoziations- und Kooperationsabkommen der Europäischen Gemeinschaft und ihren multilateralen Verpflichtungen aus dem GATT 1994. Die vorwiegend bilateralen Handels-, Assoziations- und Kooperationsabkommen der Europäischen Gemeinschaft stehen, da sie entweder als Zollunionen oder Freihandelszonen gemäß Art. XXIV des GATT 1994 anzusehen seien oder eine besondere Behandlung für Entwicklungsstaaten auf der Grundlage von Teil IV des GATT 1994 gewähren, nicht außerhalb der Welthandelsordnung, sondern seien gerade ein Teil von ihr.[242]

Unterstellt, das WTO-Übereinkommen unterläge dem Grundsatz der materiellen Gegenseitigkeit, wird im Schrifttum schließlich die rechtliche Erheblichkeit des durch die Ablehnung der unmittelbaren Anwendbarkeit durch die wichtigsten Handelspartner der Europäischen Gemeinschaft entstehenden Ungleichgewichts in der Umsetzung des WTO-Übereinkommens bezweifelt.[243] Ein rechtlich erhebliches, zur Beseitigung der Gegenseitigkeit führendes Ungleichgewicht könne allenfalls dann angenommen werden, wenn der Europäischen Gemeinschaft keine völkerrechtlichen Mittel zur

---

[241] *Georg M. Berrisch/Hans-Georg Kamann,* WTO-Recht im Gemeinschaftsrecht – (k)eine Kehrtwende des EuGH, EWS 11 (2000), S. 89 (94).

[242] *Steve Peers,* Fundamental Right or Political Whim? WTO Law and the European Court of Justice, in: Gráinne de Búrca/Joanne Scott (eds), The EU and the WTO, Legal and Constitutional Issues, 2001, S. 111 (120).

[243] *Sabine Mauderer,* Der Wandel vom GATT zur WTO und seine Auswirkungen auf die Europäische Gemeinschaft, 2001, S. 181; *Georg M. Berrisch/Hans-Georg Kamann,* WTO-Recht im Gemeinschaftsrecht – (k)eine Kehrtwende des EuGH, EWS 11 (2000), S. 89 (93); *Josef Drexl,* Unmittelbare Anwendbarkeit des WTO-Rechts in der globalen Privatrechtsordnung, in: Bernhard Großfeld/Rolf Sack/Thomas M. J. Möllers/Josef Drexl/Andreas Heinemann (Hrsg.), Festschrift für Wolfgang Fikentscher zum 70. Geburtstag, 1998, S. 822 (835); *Alesch Staehelin,* Zur Frage der unmittelbaren Anwendbarkeit der WTO/TRIPs-Normen, AJP/PJA 5 (1996), S. 1488 (1495); *Werner Meng,* Gedanken zur Frage unmittelbarer Anwendung von WTO-Recht in der EG, in: Ulrich Beyerlin/Michael Bothe/Rainer Hofmann/Ernst-Ulrich Petersmann (Hrsg.), Recht zwischen Umbruch und Bewahrung, 1995, S. 1063 (1076); *Josef Drexl,* Nach „GATT und WIPO“: Das TRIPs-Abkommen und seine Anwendung in der Europäischen Gemeinschaft, GRUR Int. 1994, S. 777 (786).

Verfügung stünden, eine mangelnde Umsetzung des WTO-Übereinkommens durch andere Vertragsparteien zu sanktionieren.[244] Dies wird unter Hinweis auf den WTO-Streitbeilegungsmechanismus und auf die nach Art. 60 Abs. 2 WVK subsidiär bestehende Möglichkeit der Vertragsparteien eines mehrseitigen völkerrechtlichen Vertrags, den völkerrechtlichen Vertrag bei einer erheblichen Verletzung zu suspendieren oder zu beenden, verneint. Vergegenwärtigt man sich allerdings, daß das WTO-Übereinkommen die unmittelbare Anwendbarkeit seiner Bestimmungen weder ge- noch verbietet,[245] die Vertragsparteien demnach nach Art. 26 WVK lediglich verpflichtet sind, das WTO-Übereinkommen nach Treu und Glauben zu erfüllen, ist schwer einzusehen, wie die Ablehnung der unmittelbaren Anwendbarkeit durch die wichtigsten Handelspartner der Europäischen Gemeinschaft überhaupt zu einem *rechtlichen* Ungleichgewicht führen kann.[246] Nachdem den wichtigsten Handelspartnern der Europäischen Gemeinschaft eine mangelnde Umsetzung allein auf Grund der Ablehnung der unmittelbaren Anwendbarkeit nicht vorgeworfen werden kann,[247] führt der Hinweis auf den WTO-Streitbeilegungsmechanismus und auf Art. 60 Abs. 2 WVK ins Leere.

Jede weitere Auseinandersetzung mit der eher pauschalen Kritik in der Literatur an der Rechtsprechung des EuGH erübrigt sich, da der Ausschluß der unmittelbaren Anwendbarkeit durch Sinn, Aufbau und Wortlaut des

---

[244] *Georg M. Berrisch/Hans-Georg Kamann,* WTO-Recht im Gemeinschaftsrecht – (k)eine Kehrtwende des EuGH, EWS 11 (2000), S. 89 (93); *Werner Meng,* Gedanken zur Frage unmittelbarer Anwendung von WTO-Recht in der EG, in: Ulrich Beyerlin/Michael Bothe/Rainer Hofmann/Ernst-Ulrich Petersmann (Hrsg.), Recht zwischen Umbruch und Bewahrung, 1995, S. 1063 (1067 f.).

[245] Siehe oben Zweiter Teil, Viertes Kapitel, C. I. 1. a) aa).

[246] Vgl. auch Schlußanträge von Generalanwalt Saggio, Rs. C-149/96, 25.2.1999, Slg. 1999, I-8397, Rn. 21, Fn. 28 (Portugal/Rat): „[... D]ie fehlende Möglichkeit, sich vor Gericht auf die Übereinkunftsbestimmungen zu berufen, [schließt] nicht aus [...], daß ein Drittland andere Mittel zum Schutz der Belange und Rechte der Betroffenen bereitstellt und daher das Vorhandensein eines alternativen Systems für den Schutz dieser Rechte die tiefgreifensten Folgen des etwaigen Versäumnisses des Drittlandes beseitigt."

[247] *Dagmar I. Siebold,* Die Welthandelsorganisation und die Europäische Gemeinschaft, 2003, S. 272; *Christoph Julius Hermes,* TRIPS im Gemeinschaftsrecht, 2002, S. 317; *Sabine Mauderer,* Der Wandel vom GATT zur WTO und die Auswirkungen auf die Europäische Gemeinschaft unter besonderer Berücksichtigung der unmittelbaren Anwendbarkeit des primären WTO-Rechts, 2001, S. 179 f.; *Ilka Neugärtner/Sebastian Puth,* Die Wirkung der WTO-Übereinkommen im Gemeinschaftsrecht, JuS 40 (2000), S. 640 (643); *Werner Meng,* Gedanken zur Frage unmittelbarer Anwendung von WTO-Recht in der EG, in: Ulrich Beyerlin/Michael Bothe/Rainer Hofmann/Ernst-Ulrich Petersmann (Hrsg.), Recht zwischen Umbruch und Bewahrung, 1995, S. 1063 (1073): „Ausschluß oder Vermeidung unmittelbarer Anwendung ist nicht etwa pauschal ein Zeichen lückenhafter oder unentschiedener Vertragstreue."

WTO-Übereinkommens, einschließlich des TRIPs-Übereinkommen, ohnehin nicht einheitlich beantwortet werden kann. Vielmehr muß wegen der Vielfalt und der Unterschiedlichkeit der einzelnen Handelsübereinkommen auf jedes einzelne Handelsübereinkommen,[248] das nach Art. II Abs. 2 und 3 des WTO-Übereinkommens Bestandteil des WTO-Übereinkommens ist, und innerhalb jedes einzelnen Handelsübereinkommens auf jede einzelne Vorschrift[249] abgestellt werden. In seinem Bericht vom 5. September 1997, „India – Patent Protection for Pharmaceutical and Agricultural Chemical Products",[250] hat das *Panel* zwar die Sonderstellung des TRIPs-Übereinkommens innerhalb des WTO-Übereinkommens, „a relatively self-contained, *sui generis* status in the WTO Agreement", hervorgehoben, aber durch den Verweis auf Art. XVI Abs. 1 des WTO-Übereinkommens zugleich die Bedeutung der bisherigen Streitbeilegungspraxis unter dem GATT 1947 unterstrichen. Sofern sich aus dem TRIPs-Übereinkommen nichts anderes ergebe, sei es, „as a part of the overall balance of concessions in the Uruguay Round", nach den gleichen Regeln auszulegen wie die anderen Handelsübereinkommen und das WTO-Übereinkommen selbst. Demnach ist die unmittelbare Anwendbarkeit durch Sinn, Aufbau und Wortlaut der Bestimmungen des TRIPs-Übereinkommens nicht ausgeschlossen, wenn sich aus dem TRIPs-Übereinkommen ergibt, daß es nicht dem Grundsatz der materiellen Gegenseitigkeit unterliegt.

(c) Der Grundsatz der Gegenseitigkeit und das TRIPs-Übereinkommen

Da das geistige Eigentum in den Anwendungsbereich einzelner völkerrechtlicher Verträge zum Schutz der Menschenrechte fällt, könnte das TRIPs-Übereinkommen selbst als völkerrechtlicher Vertrag zum Schutz der Menschenrechte verstanden werden. Die völkerrechtlichen Verträge zum Schutz der Menschenrechte unterliegen nicht dem Grundsatz der Gegenseitigkeit, da der Schutz der Menschenrechte in einem Vertragsstaat nicht davon abhängig gemacht werden kann, daß die Menschenrechte in gleicher

[248] *Christoph Julius Hermes,* TRIPS im Gemeinschaftsrecht, 2002, S. 297; *Jacques H. J. Bourgeois,* The European Court of Justice and the WTO: Problems and Challenges, in: J. H. H. Weiler (ed.), The EU, the WTO, and the NAFTA, Towards a Common Law of International Trade?, 2000, S. 71 (119); *Andrea Ott,* GATT und WTO im Gemeinschaftsrecht, 1997, S. 221 f.; *Werner Meng,* Gedanken zur Frage unmittelbarer Anwendung von WTO-Recht in der EG, in: Ulrich Beyerlin/Michael Bothe/Rainer Hofmann/Ernst-Ulrich Petersmann (Hrsg.), Recht zwischen Umbruch und Bewahrung, 1995, S. 1063 (1079).

[249] *Peter-Tobias Stoll/Frank Schorkopf,* WTO – Welthandelsordnung und Welthandelsrecht, 2002, Rn. 110 f.

[250] WTO-Doc. WT/DS50/R, para. 7.19.

Weise auch in einem anderen Vertragsstaat geschützt werden.[251] Die in den völkerrechtlichen Verträgen zum Schutz der Menschenrechte niedergelegten Rechte und Pflichten stehen nicht in einem synallagmatischen Verhältnis bzw. werden, wenn man das Synallagma nicht als Voraussetzung des Grundsatzes der Gegenseitigkeit begreift,[252] „objektiv" erfüllt.

Das geistige Eigentum wird ausdrücklich aufgeführt in Art. XIII Abs. 2 der *American Declaration on the Rights and Duties of Man* von 1948[253], Art. 27 Abs. 2 der Allgemeinen Erklärung der Menschenrechte vom 10. Dezember 1948 (*Universal Declaration of Human Rights*)[254] und Art. 15 Abs. 1 lit. c) des Internationalen Pakts über wirtschaftliche, soziale und kulturelle Rechte vom 19. Dezember 1966 (*International Covenant on Economic, Social and Cultural Rights*)[255], wobei streitig ist, welche Bereiche außer dem Urheberrecht von diesen Vorschriften erfaßt werden,[256] sowie in Art. 17 Abs. 2 der Charta der Grundrechte der Europäischen Union (Grundrechtscharta)[257]. Das geistige Eigentum kann, soweit es in den völkerrechtlichen Verträgen zum Schutz der Menschenrechte nicht ausdrücklich aufgeführt wird, vom Recht auf Eigentum umfaßt sein.[258] Der Europäische Gerichtshof für Menschenrechte (EGMR) hat entschieden, daß das geistige Eigentum in den Schutzbereich von Art. 1 des 1. Zusatzprotokolls

---

[251] Vgl. z. B. *Georg Dahm/Jost Delbrück/Rüdiger Wolfrum,* Völkerrecht, Band I, Teilband 3, 2. Auflage 2002, § 159, S. 739 f.

[252] Siehe oben Zweiter Teil, Viertes Kapitel, C. I. 1. a) bb) (2) (a).

[253] Art. XIII Abs. 2 der *American Declaration on the Rights and Duties of Man* (http://www.cidh.oas.org/Basicos/basic2.htm, letzte Abfrage: 19.5.2004):

„He likewise has the right to the protection of his moral and material interests as regards his inventions or any literary, scientific or artistic works of which he is the author."

[254] GA res. 217 (III) A. Art. 27 Abs. 2 der Allgemeinen Erklärung der Menschenrechte lautet:

„Jedermann hat das Recht auf Schutz der geistigen und materiellen Interessen, die sich für ihn als Urheber von Werken der Wissenschaft, Literatur oder Kunst ergeben."

[255] BGBl. 1973 II, 1569. Art. 15 Abs. 1 lit. c) des Internationalen Pakts über wirtschaftliche, soziale und kulturelle Rechte lautet:

„Die Vertragsstaaten erkennen das Recht eines jeden an, den Schutz der geistigen und materiellen Interessen zu genießen, die ihm als Urheber von Werken der Wissenschaft, Literatur und Kunst erwachsen."

[256] UN-Doc. E/C.12/2001/15 vom 26. November 2001, para. 6; *Petra Buck,* Geistiges Eigentum und Völkerrecht, Beiträge des Völkerrechts zur Fortentwicklung des Schutzes von geistigem Eigentums, 1994, S. 227.

[257] Art. 17 Abs. 2 der Charta der Grundrechte der Europäischen Union lautet:

„Geistiges Eigentum wird geschützt."

[258] *Silke von Lewinski,* Intellectual Property, Nationality, and Non-Discrimination, in: WIPO/OHCHR (eds), Intellectual Property and Human Rights, 1999, S. 175 (178).

vom 20. März 1952[259] der Konvention zum Schutze der Menschenrechte und Grundfreiheiten (Europäische Menschenrechtskonvention, EMRK) fällt.[260] Ob das geistige Eigentum auch in den Schutzbereich von Art. 21 der Amerikanischen Konvention über Menschenrechte vom 22. November 1969 (*American Convention on Human Rights*)[261] und Art. 14 der Banjul Charta der Menschenrechte und Rechte der Völker vom 27. Juni 1981 (*African [Banjul] Charter on Human and Peoples' Rights*)[262] fällt, ist dagegen unklar.[263]

Auch wenn vereinzelt versucht wird, völkerrechtliche Verträge auf dem Gebiet des geistigen Eigentums mit völkerrechtlichen Verträgen zum Schutz der Menschenrechte zu vergleichen,[264] kann das TRIPs-Übereinkommen aus zwei Gründen nicht als völkerrechtlicher Vertrag zum Schutz der Menschenrechte verstanden werden: erstens wegen unterschiedlicher Grundauffassungen über den Rechtscharakter des geistigen Eigentums, die in der Uruguay-Runde nicht gelöst, sondern nur überspielt wurden, und zweitens wegen grundlegender Unterschiede zwischen den Menschenrechten, einschließlich des in den Anwendungsbereich einzelner völkerrechtlicher Verträge zum Schutz der Menschenrechte fallenden geistigen Eigentums, und den im TRIPs-Übereinkommen niedergelegten Rechten des geistigen Eigentums. Dieser Befund wird durch die von *Petersmann* angestoßene[265] und in der Literatur kontrovers geführte[266] Diskussion um den Schutz von Menschenrechten durch die WTO erhärtet.

---

[259] BGBl. 1956 II, 1880.

[260] Siehe oben Erster Teil, Erstes Kapitel, C. I. 7.

[261] UNTS Vol. 1144, 123.

[262] UNTS Vol. 1520, 217.

[263] *Petra Buck,* Geistiges Eigentum und Völkerrecht, 1994, S. 233 f.

[264] *Sonja Kreibich,* Das TRIPs-Abkommen in der Gemeinschaftsordnung, 2003, S. 200 f.; *Peter Drahos,* The Universality of Intellectual Property Rights: Origins and Developments, in: WIPO/OHCHR (eds), Intellectual Property and Human Rights, 1999, S. 13 (30 f.).

[265] *Ernst-Ulrich Petersmann,* Taking Human Rights, Poverty and Empowerment of Individuals More Seriously: Rejoinder to Alston, EJIL 13 (2002), S. 845 ff.; *Ernst-Ulrich Petersmann,* Time for a United Nations „Global Compact" for Integrating Human Rights into the Law of Worldwide Organizations, EJIL 13 (2002), S. 621 ff.; *Ernst-Ulrich Petersmann,* European and International Constitutional Law: Time for Promoting „Cosmopolitan Democracy" in the WTO, in: Gráinne de Búrca/Joanne Scott, The EU and the WTO, Legal and Constitutional Issues, 2001, S. 81 ff.; *Ernst-Ulrich Petersmann,* From „Negative" to „Positive" Integration in the WTO, Time for „Mainstreaming Human Rights" into WTO Law, CMLRev. 37 (2000), S. 1363 ff.; *Ernst-Ulrich Petersmann,* The WTO Constitution and Human Rights, JIEL 3 (2000), S. 19 ff.

[266] *Philip Alston,* Resisting the Merger and Acquisition of Human Rights by Trade Law: A Reply to Petersmann, EJIL 13 (2002), S. 815 ff.; *Robert Howse,* Hu-

Wie die genannten völkerrechtlichen Verträge zum Schutz der Menschenrechte bereits erkennen lassen, bestehen über den Rechtscharakter des geistigen Eigentums unterschiedliche Grundauffassungen, und zwar nicht nur zwischen Industrie- und Entwicklungsstaaten. Letztere sehen in den Rechten des geistigen Eigentums keine „natürlichen" Rechte, begreifen sie vielmehr als „technological protectionism"[267] oder „a polite form of economic imperialism"[268]. Unterschiedliche Grundauffassungen bestehen, wie bereits im ersten Teil der Arbeit ausgeführt wurde,[269] auch zwischen den kontinentaleuropäischen und angloamerikanischen Rechtsordnungen der Industriestaaten. Dies gilt insbesondere für das Urheberrecht. Während das Urheberrecht im kontinentaleuropäischen *droit d'auteur*-System menschenrechtlich verankert ist, dient das *copyright* in den angloamerikanischen Rechtsordnungen als Instrument der Verwirklichung ausschließlich wirtschaftlicher Interessen. Die unterschiedlichen Grundauffassungen zwischen den Industrie- und den Entwicklungsstaaten einerseits und innerhalb der Industriestaaten andererseits konnten bei der Verhandlung des TRIPs-Übereinkommens nur aufgrund des welthandelspolitischen Ansatzes der Uruguay-Runde überwunden werden.[270]

---

man Rights in the WTO: Whose Rights, what Humanity? Comment on Petersmann, EJIL 13 (2002), S. 651 ff.; *Thomas Cottier,* Trade and Human Rights: A Relationship to Discover, JIEL 5 (2002), S. 111 ff.; *Armin von Bogdandy,* Rechtsgleichheit, Rechtssicherheit und Subsidiarität im transnationalen Wirtschaftsrecht, EuZW 12 (2001), S. 357 (363); *Steve Peers,* Fundamental Rights or Political Whim? WTO Law and the European Court of Justice, in: Gráinne de Búrca/Joanne Scott (eds), The EU and the WTO, Legal and Constitutional Issues, 2001, S. 111 (125): „The text of the GATT/WTO agreements does not suggest that the parties see such agreements as human rights treaties."

[267] *Carlos M. Correa,* Intellectual Property Rights, the WTO and Developing Countries, The TRIPS Agreement and Policy Options, 2000, S. 5.

[268] *A. Samuel Oddi,* TRIPS – Natural Rights and a „Polite Form of Economic Imperialism", Vand. J. Transnat'l L. 29 (1996), S. 415 ff.; *Marci A. Hamilton,* The TRIPS Agreement: Imperalistic, Outdated, and Overprotective, Vand. J. Transnat'l L. 29 (1996), S. 613 (616); beide unter Berufung auf *Stephen P. Ladas,* Patents, Trademarks, and Related Rights: National and International Protection, 1975, S. 14 f.

[269] Siehe oben Erster Teil, Erstes Kapitel, C. I. 3.

[270] Vgl. hierzu auch *Thomas Oppermann,* Geistiges Eigentum – Ein „Basic Human Right" des Allgemeinen Völkerrechts, Eine deutsche Initiative innerhalb der International Law Association (ILA), in: Albrecht Weber (Hrsg.), Währung und Wirtschaft, 1997, S. 447 (461), der die Ablehnung des deutschen Entwurfs der Prinzipienerklärung zum geistigen Eigentum, der in Art. 3 Abs. 1 eine menschenrechtliche Verankerung des geistigen Eigentums vorsah, in der ILA mit „Bedenken" begründete, „die Eröffnung einer ‚fundamentalistischen' Debatte über a-priori-Elemente geistigen Eigentums im internationalen Recht könne den Erfolg schmälern, den der Abschluß des TRIPS-Übereinkommens im Rahmen der WTO erst kürzlich – 1994 – bedeutet hatte."

Wären die Vertragsparteien des TRIPs-Übereinkommens von einem menschenrechtlichen Gehalt der Rechte des geistigen Eigentums ausgegangen, hätten sie sie, wie etwa Art. XIII Abs. 1 der *American Declaration on the Rights and Duties of Man,* Art. 27 Abs. 1 der Allgemeinen Erklärung der Menschenrechte und Art. 15 Abs. 1 lit. a) und b) des Internationalen Pakts über wirtschaftliche, soziale und kulturelle Rechte, mit anderen Menschenrechten, insbesondere dem Recht, an den Errungenschaften des wissenschaftlichen Fortschritts teilzuhaben, oder wie sich in dem Kampf der Entwicklungsstaaten gegen HIV/Aids und andere Epidemien zeigt, dem Recht auf Gesundheit,[271] zum Ausgleich bringen müssen.[272]

Zwar soll der Schutz der Rechte des geistigen Eigentums nach Art. 7 des TRIPs-Übereinkommens „in einer dem gesellschaftlichen und wirtschaftlichen Wohl zuträglichen Weise erfolgen und einen Ausgleich zwischen Rechten und Pflichten herstellen". Den Vertragsparteien ist es aus diesem Grund nach Art. 8 des TRIPs-Übereinkommens erlaubt, Maßnahmen zu ergreifen, „die zum Schutz der öffentlichen Gesundheit und Ernährung sowie zur Förderung des öffentlichen Interesses in den für ihre sozio-ökonomische und technische Entwicklung lebenswichtige Sektoren notwendig sind". Die Vertragsparteien dürfen nach Art. 27 Abs. 2 des TRIPs-Übereinkommens Erfindungen von der Patentierbarkeit „zum Schutz der öffentlichen Ordnung oder der guten Sitten einschließlich des Schutzes des Lebens oder der Gesundheit von Menschen, Tieren oder Pflanzen oder zur Vermeidung einer ernsten Schädigung der Umwelt" ausschließen.[273] Allerdings werden diese Möglichkeiten, wie auch der *United Nations High Commissioner for Human Rights* in seinem Bericht vom 27. Juni 2001, „The Impact of the Agreement on Trade-Related Aspects of Intellectual Property Rights on Human Rights",[274] betont, durch das TRIPs-Übereinkommen selbst wieder eingeschränkt.[275] Maßnahmen nach Art. 8 müssen mit dem TRIPs-Übereinkommen vereinbar sein, und Ausschlüsse nach Art. 27 Abs. 2 dürfen nicht allein deshalb vorgenommen werden, weil die Verwertung durch das Recht der Vertragsparteien verboten ist.

---

[271] Vgl. Art. 12 Abs. 1 des Internationalen Pakts über wirtschaftliche, soziale und kulturelle Rechte, welcher lautet:

„Die Vertragsstaaten erkennen das Recht eines jeden auf das für ihn erreichbare Höchstmaß an körperlicher und geistiger Gesundheit an."

[272] *Audrey R. Chapman,* A Human Rights Perspective on Intellectual Property, Scientific Progress, and Access to the Benefits of Science, in: WIPO/OHCHR (eds), Intellectual Property and Human Rights, 1999, S. 127 (161 f.).

[273] Vgl. zur Flexibilität des TRIPs-Abkommens insgesamt *Peter Rott,* TRIPS-Abkommen, Menschenrechte, Sozialpolitik und Entwicklungsländer, GRUR Int. 2003, S. 103 ff.

[274] UN-Doc. E/CN.4/Sub.2/2001/13.

[275] UN-Doc. E/CN.4/Sub.2/2001/13, para. 16 ff.

Zwar beinhaltet das TRIPs-Übereinkommen nach Art. 31 sowohl das Recht der Vertragsparteien, Zwangslizenzen zu vergeben und die Voraussetzungen für die Vergabe festzulegen, als auch, die Anforderungen an einen nationalen Notstand zu bestimmen, und fördert außerdem die internationale Zusammenarbeit zwischen Industrie- und Entwicklungsstaaten. Die Industriestaaten werden in Art. 65 Abs. 2 und Art. 67 verpflichtet, den Technologietransfer zugunsten der am wenigsten entwickelten Staaten, die Vertragsparteien sind, zu fördern, und technische und finanzielle Zusammenarbeit zugunsten der Entwicklungsstaaten und der am wenigsten entwickelten Staaten, die Vertragsparteien sind, vorzusehen. Allerdings qualifiziert sich das TRIPs-Übereinkommen auch durch diese Bestimmungen nicht zu einem völkerrechtlichen Vertrag zum Schutz der Menschenrechte. „[R]ecognizing the links between the standards in the TRIPS Agreement and the promotion and protection of human rights" ist, wie der *United Nations High Commissioner for Human Rights* in dem bereits erwähnten Bericht vom 27. Juni 2001 dargelegt hat, „not the same as saying that the TRIPS Agreement takes a human rights approach to intellectual property protection".[276]

Aus diesem Grund unterscheiden die Resolutionen 2000/7 vom 17. August 2000, „Intellectual Property Rights and Human Rights",[277] und 2001/21 vom 16. August 2001, „Intellectual Property and Human Rights",[278] der *Sub-Commission on the Promotion and Protection of Human Rights* grundlegend zwischen Menschenrechten, einschließlich des in Art. 15 Abs. 1 lit. c) des Internationalen Pakts über wirtschaftliche, soziale und kulturelle Rechte niedergelegten Rechts des Urhebers auf den Schutz seiner geistigen und materiellen Interessen, und den in völkerrechtlichen Verträgen zum Schutz des geistigen Eigentums, insbesondere im TRIPs-Übereinkommen, niedergelegten Rechten des geistigen Eigentums. Der Unterschied wird in der Erklärung des *Committee on Economic, Social and Cultural Rights* vom 26. November 2001, „Human rights and intellectual property",[279] folgendermaßen zusammengefaßt:

> „The fact that the human person is the central subject and primary beneficiary of human rights distinguishes human rights, including the right of authors to the mo-

[276] UN-Doc. E/CN.4/Sub.2/2001/13, para. 21.

[277] UN-Doc. E/CN.4/Sub.2/2000/46 vom 23. November 2000, S. 27 ff., para. 2: „[... S]ince the implementation of the TRIPS Agreement does not adequately reflect the fundamental nature and indivisibility of all human rights, including the right of everyone to enjoy the benefits of scientific progress and its applications, the right to health, the right to food and the right to self-determination, there are apparent conflicts between the intellectual property regime embodied in the TRIPS Agreement, on the one hand, and international human rights law, on the other".

[278] UN-Doc. E/CN.4/Sub.2/2001/40 vom 22. November 2001, S. 62 ff., Erwägungsgrund 11.

[279] UN-Doc. E/C.12/2001/15.

ral and material interests in their works, from legal rights recognized in intellectual property systems. Human rights are fundamental, inalienable and universal entitlements belonging to individuals, and in some situations groups of individuals and communities. Human rights are fundamental as they derive from the human person as such, whereas intellectual property rights derived from intellectual property systems are instrumental, in that they are a means by which States seek to provide incentives for inventiveness and creativity from which society benefits. In contrast with human rights, intellectual property rights are generally of a temporary nature, and can be revoked, licensed or assigned to somebody else. While intellectual property rights may be allocated, limited in time and scope, traded, amended and even forfeited, human rights are timeless expressions of fundamental entitlements of the human person. Whereas human rights are dedicated to assuring satisfactory standards of human welfare and well-being, intellectual property regimes, although they traditionally provide protection to individual authors and creators, are increasingly focused on protecting business and corporate interests and investments."[280]

Zwar bemüht sich die auf der WTO-Ministerkonferenz in Doha verabschiedete *Declaration on the TRIPs Agreement and Public Health* vom 14. November 2001[281] über das TRIPs-Übereinkommen hinaus, einen Ausgleich zwischen den Interessen der Entwicklungsstaaten an der effektiven Bekämpfung von Epidemien und den Interessen der Industriestaaten an der Aufrechterhaltung des Patentschutzes zu treffen. Sie bekräftigt hauptsächlich, daß das TRIPs-Übereinkommen in einer Weise ausgelegt werden kann und soll, die das Recht der Vertragsparteien, wirksame Maßnahmen zum Schutz der Gesundheit zu treffen und insbesondere den Zugang zu Medikamenten für alle zu sichern, unterstützt.[282] Nachdem die Erklärung die bestehenden Rechte und Pflichten der Vertragsparteien des TRIPs-Übereinkommen mit Ausnahme der generellen Fristverlängerung für die am wenigsten entwickelten Staaten, die Vertragsparteien sind,[283] aber nicht verändert,[284] kann sie keinen Einfluß auf die Frage haben, ob das TRIPS-Übereinkommen einen völkerrechtlichen Vertrag zum Schutz der Menschenrechte darstellt.

Wenngleich das TRIPs-Übereinkommen kein völkerrechtlicher Vertrag zum Schutz der Menschenrechte ist, könnte eine Reihe anderer Umstände

280 UN-Doc. E/C.12/2001/15, para. 6.

281 WTO-Doc. WT/MIN(01)/DEC/W/2.

282 WTO-Doc. WT/MIN(01)/DEC/W/2, para. 4.

283 WTO-Doc. WT/MIN(01)/DEC/W/2, para. 7.

284 *Carmen Otero García-Castrillón,* An Approach to the WTO Ministerial Declaration on the TRIPS Agreement and Public Health, JIEL 5 (2002), S. 212 (218 f.); *Steve Charnovitz,* The Legal Status of the Doha Declarations, JIEL 5 (2002), S. 191 (210); *Christoph Herrmann,* TRIPS, Patentschutz für Medikamente und staatliche Gesundheitspolitik: Hinreichende Flexibilität, EuZW 13 (2002), S. 37 (42 f.).

für seine Objektivität sprechen: erstens der Umstand, daß das TRIPs-Übereinkommen ebenso wie die völkerrechtlichen Verträge zum Schutz der Menschenrechte individualschützend ist,[285] und zweitens der Umstand, daß das TRIPs-Übereinkommen als „Übereinkommen mit beschränkter Vereinheitlichungswirkung"[286] angesehen wird.

Der individualschützende Charakter der Rechte des geistigen Eigentums wird im vierten Erwägungsgrund der Präambel des TRIPs-Übereinkommens, wonach die „Rechte an geistigem Eigentum private Rechte" sind, ausdrücklich angesprochen, ergibt sich darüber hinaus aber auch aus Art. 1 Abs. 3 des TRIPs-Übereinkommens, wonach die Vertragsparteien „die in diesem Übereinkommen festgelegte Behandlung den Angehörigen" der anderen Vertragsparteien gewähren, und den in Art. 3 Abs. 1 und Art. 4 Abs. 1 des TRIPs-Übereinkommens niedergelegten Grundsätzen der Inländergleichbehandlung und der Meistbegünstigung. Anders als das GATT 1994[287] knüpft das TRIPs-Übereinkommen nicht an ein Waren-, sondern an ein Personalstatut an, d.h. bezieht sich nicht auf ausländische Waren, sondern stellt auf ausländische Staatsangehörige ab.[288] Allerdings kann der individualschützende Charakter der Rechte des geistigen Eigentums allein noch nicht den Schluß rechtfertigen, daß das TRIPs-Übereinkommen nicht auf dem Grundsatz der Gegenseitigkeit beruht. Auch die völkerrechtlichen Verträge des humanitären Kriegsvölkerrechts, insbesondere die Genfer Konventionen, unterliegen, obwohl sie individualschützend sind, nach herrschender Lehre dem Grundsatz der Gegenseitigkeit.[289]

---

285 *Christiane A. Flemisch,* Umfang der Berechtigungen und Verpflichtungen aus völkerrechtlichen Verträgen, 2002, S. 206; *Raoul Duggal,* Die unmittelbare Anwendbarkeit der Konventionen des internationalen Urheberrechts, IPRax 22 (2002), S. 101 (105); *Christoph Julius Hermes,* TRIPS im Gemeinschaftsrecht, 2002, S. 220 f. und 298; *Raoul Duggal,* TRIPs-Übereinkommen und internationales Urheberrecht, 2001, S. 103 f.; *Thomas Groh/Sebastian Wündisch,* Die Europäische Gemeinschaft und TRIPS: Hermès, Dior und die Folgen, GRUR Int. 2001, S. 497 (503); *Paul Katzenberger,* in: Gerhard Schricker (Hrsg.), Urheberrecht, 2. Auflage 1999, Rn. 116 vor §§ 120 ff.; *Dominique Carreau/Patrick Juillard,* Droit international économique, 4e édition 1998, Rn. 393 ff.; *Ernst-Ulrich Petersmann,* Darf die EG das Völkerrecht ignorieren?, EuZW 8 (1997), S. 325 (327); *Alfons Schäfers,* Normsetzung zum geistigen Eigentum in internationalen Organisationen: WIPO und WTO – ein Vergleich, GRUR Int. 1996, S. 763 (775); *Josef Drexl,* Nach „GATT und WIPO": Das TRIPs-Abkommen und seine Anwendung in der Europäischen Gemeinschaft, GRUR Int. 1994, S. 777 (785).

286 *Petra Buck,* Geistiges Eigentum und Völkerrecht, 1994, S. 51.

287 Art. I Abs. 1 und III GATT 1994.

288 Art. II GATS enthält eine Kombination von Dienstleistungs- und Personalstatut. Der darin geregelte Grundsatz der Meistbegünstigung kommt „[...] den Dienstleistungen und Dienstleistungserbringern eines anderen Mitglieds [...]" zugute.

289 *Christian Feist,* Kündigung, Rücktritt und Suspendierung von multilateralen Verträgen, 2001, S. 159 f.; *Arthur Henry Robertson,* Humanitarian Law and Human

Das TRIPs-Übereinkommen ist in erster Linie deshalb individualschützend, weil es die Einführung von Einheitsrecht privatrechtlichen Inhalts zum Gegenstand hat. Anders als in den anderen Handelsübereinkommen[290] werden die Vertragsparteien in Art. 1 Abs. 1 des TRIPs-Übereinkommens über die Grundsätze der Inländergleichbehandlung und Meistbegünstigung hinaus verpflichtet, den im TRIPs-Übereinkommen festgelegten Mindestschutz des geistigen Eigentums in der innergemeinschaftlichen bzw. innerstaatlichen Rechtsordnung zu gewährleisten.[291] Das geistige Eigentum wird trotz des welthandelspolitischen Ansatzes der Uruguay-Runde nicht mehr nur als mögliches Handelshemmnis wie noch in Art. XII Abs. 3 lit. c) Nr. iii), Art. XVIII Abs. 10 und Art. XX lit. d) des GATT 1947 gesehen, sondern ein wirksamer und angemessener Schutz der Rechte des geistigen Eigentums wird, wie der erste Erwägungungsgrund der Präambel des TRIPs-Übereinkommens verdeutlicht, als für den internationalen Handel notwendig anerkannt. Zwar enthält das TRIPs-Übereinkommen nur fremdenrechtliche Regelungen, indem es die Vertragsparteien in Art. 1 Abs. 3 des TRIPs-Übereinkommens verpflichtet, den im TRIPs-Übereinkommen festgelegten Mindestschutz für die „Angehörigen der anderen" Vertragsparteien, nicht aber für die eigenen Angehörigen, zu gewährleisten, und gestattet damit eine Inländerdiskriminierung.[292] Die Einführung von privatem

---

Rights, in: Christophe Swinarski (éd.), Etudes et essais sur le droit international humanitaire et sur les principes de la Croix-Rouge en l'honneur de Jean Pictet, 1984, S. 793 ff.; *Bruno Simma,* Das Reziprozitätselement im Zustandekommen völkerrechtlicher Verträge, 1972, S. 104 ff.

[290] *Armin von Bogdandy,* Rechtsgleichheit, Rechtssicherheit und Subsidiarität im transnationalen Wirtschaftsrecht, EuZW 12 (2001), S. 357 (362): „Harmonisierung ist kein Ziel der WTO."

[291] Vgl. *Christoph Julius Hermes,* TRIPS im Gemeinschaftsrecht, 2002, S. 222 f., 298 f.; *Joachim Lippott,* Die Strukturreform der Rechte an technischen Erfindungen beim Übergang zur Marktwirtschaft, 1998, S. 32 f.; *Frederick M. Abbott,* WTO Dispute Settlement and the Agreement on Trade-Related Aspects of Intellectual Property Rights, in: Ernst-Ulrich Petersmann (ed.), International Trade Law and the GATT/WTO Dispute Settlement System, 1997, S. 413 (415); aber auch EuGH, Gutachten 1/94, 15.11.1994, Slg. 1994, I-5267, Rn. 60 (Zuständigkeit der Gemeinschaft für den Abschluß völkerrechtlicher Abkommen auf dem Gebiet der Dienstleistungen und des Schutzes des geistigen Eigentums): „Würde der Gemeinschaft eine ausschließliche Zuständigkeit zuerkannt, mit Drittländern Abkommen zur Harmonisierung des Schutzes des geistigen Eigentums und zur gleichzeitigen Herstellung einer Harmonisierung auf Gemeinschaftsebene zu schließen, so könnten sich die Gemeinschaftsorgane den Zwängen entziehen, denen sie intern hinsichtlich des Verfahrens und der Art der Beschlußfassung unterliegen."

[292] Vgl. zur Inländerdiskriminierung *Armin von Bogdandy,* Rechtsgleichheit, Rechtssicherheit und Subsidiarität im transnationalen Wirtschaftsrecht, EuZW 12 (2001), S. 357 (362); *Alesch Staehelin,* Das TRIPs-Abkommen, 2. Auflage 1999, S. 53.

Einheitsrecht wird durch die Beschränkung des TRIPs-Übereinkommens auf internationale Sachverhalte aber nicht ausgeschlossen. Sie setzt nicht einmal voraus, daß die Vertragsparteien des TRIPs-Übereinkommens, ebenso wie die Vertragsparteien der Pariser Verbandsübereinkunft und der Berner Übereinkunft, die ebenfalls auf den Schutz der Angehörigen anderer Vertragsparteien beschränkt sind,[293] versuchen, Angehörigen anderer Vertragsparteien keinen umfassenderen Schutz als eigenen zu gewähren[294].

Die völkerrechtlichen Verträge, die die Einführung von privatem Einheitsrecht zum Gegenstand haben, beruhen, solange sich die Vertragsparteien verpflichten, unabhängig voneinander privates Einheitsrecht in ihren Rechtsordnungen einzuführen, ebensowenig wie die völkerrechtlichen Verträge zum Schutz der Menschenrechte auf dem Grundsatz der Gegenseitigkeit.[295] Eine Ausnahme stellen die völkerrechtlichen Verträge dar, in denen sich die Vertragsparteien verpflichten, Angehörigen der anderen Vertragsparteien „bestimmte für den Privatrechtsverkehr wichtige Erleichterungen oder staatlichen Schutz zu gewähren, weil sich der Abbau fremdenrechtlicher diskriminierender Bestimmungen nur Zug um Zug erreichen läßt".[296] Die völkerrechtlichen Verträge auf dem Gebiet des geistigen Eigentums, einschließlich des TRIPs-Übereinkommens, bemühen sich wegen des herrschenden Territorialitätsprinzips in besonderer Weise um den Abbau fremdenrechtlicher diskriminierender Bestimmungen.

Nachdem die Grundsätze der Inländergleichbehandlung und der Meistbegünstigung und die im TRIPs-Übereinkommen niedergelegten Mindestrechte nur auf die Angehörigen der Vertragsparteien des TRIPs-Übereinkommens Anwendung finden, nicht aber, wie die europäischen „Menschenrechte und Grundfreiheiten" nach Art. 1 EMRK, auf alle der Hoheitsgewalt der Vertragsparteien unterstehenden Menschen, unterliegt das TRIPs-Übereinkommen zumindest dem Grundsatz der formellen Gegenseitigkeit. Dieser verpflichtet die Vertragsparteien zur gegenseitigen Anwendung des TRIPs-Übereinkommens.[297] Das TRIPS-Übereinkommen errichtet

---

[293] Siehe oben Zweiter Teil, Zweites Kapitel, B. IV. 1. b) bb).

[294] *Hanns Ullrich,* Technologieschutz nach TRIPS: Prinzipien und Probleme, GRUR Int. 1995, S. 623 (632); *Petra Buck,* Geistiges Eigentum und Völkerrecht, 1994, S. 60 f.; *Josef Drexl,* Entwicklungsmöglichkeiten des Urheberrechts im Rahmen des GATT, 1990, S. 110; *Jan Kropholler,* Internationales Einheitsrecht, 1975, S. 168 f.; *Bernt Lemhöfer,* Die Beschränkung der Rechtsvereinheitlichung auf internationale Sachverhalte, Zeitschrift für ausländisches und internationales Privatrecht 25 (1960), S. 401 (416 ff.).

[295] *Bruno Simma,* From Bilateralism to Community Interest in International Law, Recueil des Cours 250 (1994), S. 221 (337); *Jan Kropholler,* Internationales Einheitsrecht, 1975, S. 21.

[296] *Jan Kropholler,* Internationales Einheitsrecht, 1975, S. 21.

trotz des Beitritts von 147 Staaten[298] und seiner wesentlichen Bedeutung für das internationale Wirtschaftsleben keine objektive, allgemein geltende Ordnung zum Schutz des geistigen Eigentums.[299] Die in ihm niedergelegten Rechte und Pflichten gelten nicht über die Vertragsparteien hinaus.[300] Das internationale Wirtschaftsleben, für welches das TRIPS-Übereinkommen von wesentlicher Bedeutung ist, stellt kein *community interest* dar.[301]

Fraglich ist jedoch, ob das TRIPs-Übereinkommen über den Grundsatz der formellen Gegenseitigkeit hinaus auch dem Grundsatz der materiellen Gegenseitigkeit unterliegt. In diesem Fall könnte sich eine Vertragspartei auf den Umstand berufen, daß ihre Angehörigen von einer anderen Vertragspartei weniger geschützt werden, um den Schutz der Angehörigen der anderen Vertragspartei einzuschränken bzw. auszuschließen. Die Europäische Gemeinschaft könnte sich darauf berufen, daß ihre Angehörigen, womit nach der ersten Fußnote des TRIPs-Übereinkommens „natürliche und juristische Personen mit Wohnsitz oder einer wirklichen oder tatsächlichen gewerblichen oder Handelsniederlassung" in der Europäischen Gemeinschaft gemeint sind, von ihren wichtigsten Handelspartnern weniger geschützt werden, weil diese die unmittelbare Anwendbarkeit des WTO-Übereinkommens in ihren innerstaatlichen Rechtsordnungen ablehnen, um die unmittelbare Anwendbarkeit des WTO-Übereinkommens in der Gemeinschaftsrechtsordnung ebenfalls abzulehnen. Die Angehörigen der Europäischen Gemeinschaft wären von ihren wichtigsten Handelspartnern weniger geschützt, weil sie erst dann in den Schutz der in dem TRIPs-Übereinkommen niedergelegten Rechte des geistigen Eigentums kämen, wenn die Rechte des geistigen Eigentums in innerstaatliches Recht umgesetzt worden wären.

---

297 *Petra Buck,* Geistiges Eigentum und Völkerrecht, 1994, S. 89; *Josef Drexl,* Entwicklungsmöglichkeiten des Urheberrechts im Rahmen des GATT, 1990, S. 44; anders, weil den Grundsatz der formellen Gegenseitigkeit verkennend, *Andrea Ott,* Der EuGH und das WTO-Recht: Die Entdeckung der politischen Gegenseitigkeit, EuR 38 (2003), S. 504 (512).

298 Stand: 23.4.2004.

299 *Rüdiger Wolfrum,* Das internationale Recht für den Austausch von Waren und Dienstleistungen, in: Reiner Schmidt (Hrsg.), Öffentliches Wirtschaftsrecht, Besonderer Teil 2, 1996, S. 535 (593), versteht den von ihm verwendeten Begriff der internationalen Ordnung zum Schutz des geistigen Eigentums vielmehr als die Gesamtheit der Rechtsvorschriften, die die Rechte des geistigen Eigentums auf völkerrechtlicher Ebene regeln.

300 Vgl. allgemein zu Ordnungsverträgen *Georg Dahm/Jost Delbrück/Rüdiger Wolfrum,* Völkerrecht, Band I, Teilband 1, 2. Auflage 1989, § 4, S. 52 ff.

301 *Bruno Simma,* From Bilateralism to Community Interest in International Law, Recueil des Cours 250 (1994), S. 221 (236 ff.) zählt zu den *community interests* nur „international peace and security", „solidarity between developed and developing countries", „protection of the environment", „the ‚common heritage' concept" und „international concern with human rights".

Ausdrücklich unterliegt das TRIPs-Übereinkommen dem Grundsatz der materiellen Gegenseitigkeit nur insoweit, als die Bestimmungen der Berner Übereinkunft, die durch Art. 9 Abs. 1 des TRIPs-Übereinkommens inkorporiert werden, ausnahmsweise materielle Gegenseitigkeit vorsehen. Im einzelnen handelt es sich um Art. 2 Abs. 7 (Schutz von Werken der angewandten Kunst), Art. 6 Abs. 1 (Retorsion), Art. 7 Abs. 8 (Schutzfristenvergleich) und Art. 14ter Abs. 2 (Folgerecht).[302] Weder die durch Art. 2 Abs. 1 und Art. 35 des TRIPs-Übereinkommens inkorporierten Bestimmungen der Pariser Verbandsübereinkunft und des Washingtoner Vertrags über den Schutz des geistigen Eigentums im Hinblick auf integrierte Schaltkreise vom 26. Mai 1989 (*Washington Treaty on Intellectual Property in Respect of Integrated Circuits,* IPIC-Übereinkommen)[303] noch die über diese Bestimmungen hinausgehenden „Plus-Elemente" des TRIPs-Übereinkommens[304] beruhen auf dem Grundsatz der materiellen Gegenseitigkeit. Dies läßt sich damit begründen, daß der Grundsatz der materiellen Gegenseitigkeit auf dem Gebiet des geistigen Eigentums allgemein als eine Durchbrechung des Grundsatzes der Inländergleichbehandlung und der in den völkerrechtlichen Verträgen auf dem Gebiet des geistigen Eigentums geregelten Mindestrechte angesehen wird.[305] Das TRIPs-Übereinkommen, das an dem Grundsatz der Inländergleichbehandlung festhält und ausweislich seiner Präambel die Notwendigkeit eines wirksamen und angemessenen Schutzes der Rechte des geistigen Eigentums für den internationalen Handel erkannt hat, stellt in dieser Hinsicht keine Ausnahme dar. Der Intention der Vertragsparteien des TRIPs-Übereinkommens würde es nicht entsprechen, wenn der Schutz der „Plus-Elemente" des TRIPs-Übereinkommens in einer Vertragspartei unter Anwendung des Grundsatzes der materiellen Gegenseitigkeit vom

302 *Rajan Dhanjee/Laurence Boisson de Chazournes,* Trade Related Aspects of Intellectual Property Rights (TRIPS): Objectives, Approaches and Basic Principles of the GATT and of Intellectual Property Conventions, JWT 24 (1990) 5, S. 5 (9); *Josef Drexl,* Entwicklungsmöglichkeiten des Urheberrechts im Rahmen des GATT, 1990, S. 124 ff.

303 *Petra Buck,* Geistiges Eigentum und Völkerrecht, 1994, S. 93; *Hans Ballreich,* Enthält das GATT den Weg aus dem Dilemma der steckengebliebenen PVÜ-Revision?, GRUR Int. 1987, S. 747 (756); *G. H. C. Bodenhausen,* Pariser Verbandsübereinkunft zum Schutz des gewerblichen Eigentums, 1971, S. 6, 21 f.

304 *Peter-Tobias Stoll/Frank Schorkopf,* WTO – Welthandelsordnung und Welthandelsrecht, 2002, Rn. 111.

305 *Petra Buck,* Geistiges Eigentum und Völkerrecht, 1994, S. 95; *Rajan Dhanjee/Laurence Boisson de Chazournes,* Trade Related Aspects of Intellectual Property Rights (TRIPS): Objectives, Approaches and Basic Principles of the GATT and of Intellectual Property Conventions, JWT 24 (1990) 5, S. 5 (9); *Josef Drexl,* Entwicklungsmöglichkeiten des Urheberrechts im Rahmen des GATT, 1990, S. 43 f.; *Andreas Christians,* Immaterialgüterrechte und GATT, 1990, S. 112 f.; *Walter Bappert/Egon Wagner,* Internationales Urheberrecht, 1956, S. 41.

Schutzniveau in einer anderen Vertragspartei abhängig gemacht und dadurch letztlich insgesamt eingeschränkt werden könnte.

Das TRIPs-Übereinkommen ist auch, insoweit es dem Grundsatz der materiellen Gegenseitigkeit nicht ausdrücklich unterliegt, nicht in diesem Sinne auszulegen.[306] Das Ziel der Auslegung von Einheitsrecht privatrechtlichen Inhalts ist nicht die Bewahrung oder Herstellung eines Gleichgewichts, wie nach dem Abschluß eines Handels, sondern eine sachgerechte Rechtsfindung für privatrechtliche Beziehungen.[307] Zwar muß der EuGH die Auslegung des TRIPs-Übereinkommens durch die anderen Vertragsparteien und damit auch die Ablehnung der unmittelbaren Anwendbarkeit des TRIPs-Übereinkommens durch die wichtigsten Handelspartner der Europäischen Gemeinschaft beachten, weil „ohne diesen Blick über die Grenzen die gewünschte international einheitliche Rechtsentwicklung nicht möglich ist“.[308] Er ist deswegen aber noch nicht verpflichtet, die unmittelbare Anwendbarkeit des TRIPs-Übereinkommens ebenfalls abzulehnen.[309] Indem das TRIPs-Übereinkommen in Art. 1 Abs. 1 S. 3 für die Umsetzung der in ihm niederlegten Rechte und Pflichten auf die jeweilige innergemeinschaftliche bzw. innerstaatliche Rechtsordnung der Vertragsparteien verweist, verlangt er gerade kein „strenges Ebenmaß“.[310] Das Ungleichgewicht, das sich dadurch ergibt, daß die unmittelbare Anwendbarkeit in manchen Rechtsordnungen der Vertragsparteien abgelehnt oder gar nicht anerkannt ist, ist im TRIPs-Übereinkommen angelegt. Indem der EuGH die unmittelbare Anwendbarkeit des TRIPs-Übereinkommens entgegen seiner ansonsten großzügigen Rechtsprechung zur unmittelbaren Anwendbarkeit völkerrechtlicher Verträge der Europäischen Gemeinschaft ablehnt, gibt er sich mit dem unbefriedigenden kleinsten gemeinsamen Nenner bei der Umsetzung des TRIPs-Übereinkommens zufrieden. Daß die Rechtsprechung des EuGH

[306] Kritisch zu der Auslegungsregel, nach der völkerrechtliche Verträge im Zweifel so interpretiert werden sollen, daß sich ein Gleichgewicht der Rechte und Pflichten auf beiden Seiten ergibt, *Bruno Simma,* Das Reziprozitätselement im Zustandekommen völkerrechtlicher Verträge, 1972, S. 129 f.

[307] *Jan Kropholler,* Internationales Einheitsrecht, 1975, S. 288.

[308] *Jan Kropholler,* Internationales Einheitsrecht, 1975, S. 280.

[309] *Jan Kropholler,* Internationales Einheitsrecht, 1975, S. 281 f.

[310] *Jan Kropholler,* Internationales Einheitsrecht, 1975, S. 289 f.: „Selbst wenn Staatsverträge ihre Anwendung mit gutem Grund von Reziprozitätserfordernissen abhängig machen [...], bedeutet das nicht, daß alle Bestimmungen dieser Verträge unbedingt nach dem Gegenseitigkeitsprinzip auszulegen sind. Vielmehr müssen – hier wie sonst – sämtliche Auslegungscanones herangezogen werden. Danach ergibt sich nicht selten, daß der Vertrag nicht in jedem Detail das gleiche Gewicht für jeden beteiligten Staat und seine Bürger hat, weil die unterschiedlichsten nationalen Rechtsordnungen, auf die Bezug genommen werden muß, ein strenges Ebenmaß nicht zulassen, es sei denn, man wolle sich mit dem unbefriedigenden kleinsten gemeinsamen Nenner begnügen.“

nicht zwingend ist, zeigt die Reaktion der Gerichte der Mitgliedstaaten der Europäischen Gemeinschaft auf die Ablehnung der unmittelbaren Anwendbarkeit der Berner Übereinkunft, der die Vereinigten Staaten von Amerika erst am 1. März 1989 beitraten, durch section 2 (1)[311] des US-amerikanischen *Berne Convention Implementation Act*. Die Gerichte der Mitgliedstaaten der Europäischen Gemeinschaft, die der Berner Übereinkunft vor den Vereinigten Staaten von Amerika beigetreten waren und ihre Bestimmungen in diesem Zeitraum unmittelbar angewandt hatten, sahen sich dadurch nicht veranlaßt, ihre Rechtsprechung zu ändern.

Wenn damit auch festgestellt ist, daß das TRIPs-Übereinkommen als solches nicht dem Grundsatz der materiellen Gegenseitigkeit unterliegt und der EuGH durch die Ablehnung der unmittelbaren Anwendbarkeit durch die wichtigsten Handelspartner der Europäischen Gemeinschaft nicht zu der Schlußfolgerung gezwungen ist, daß Sinn, Aufbau und Wortlaut des TRIPs-Übereinkommens die unmittelbare Anwendbarkeit seiner Bestimmungen ausschliessen, ist zu beachten, daß das TRIPs-Übereinkommen, wie vom *Panel* in dem bereits erwähnten Bericht vom 5. September 1997 betont, nicht nur „a relatively self-contained, *sui generis* status in the WTO Agreement" innehat, sondern über den WTO-Streitbeilegungsmechanismus mit den anderen Handelsübereinkommen verknüpft ist. Als „zwischenabhängiger" oder „interdependenter" völkerrechtlicher Vertrag, dessen *quid pro quo* für die übernommenen Verpflichtungen in den gleichzeitig abgeschlossenen anderen Handelsübereinkommen zu finden ist, kann das TRIPs-Übereinkommen für die Frage, ob es dem Grundsatz der materiellen Gegenseitigkeit unterliegt, nicht isoliert betrachtet werden.[312]

Im Schrifttum wird einerseits vertreten, daß das TRIPs-Übereinkommen durch seine Verknüpfung mit den anderen Handelsübereinkommen über den WTO-Streitbeilegungsmechanismus, „[der] auf die Wiederherstellung des wirtschaftlichen Konsensus durch Neubestimmung der Wettbewerbsparität auch im Verhältnis zu anderen Teilen der WTO-Abkommen angelegt ist", dem Grundsatz der materiellen Gegenseitigkeit unterworfen werde.[313] Unter den in Art. 22 Abs. 3 lit. c) DSU niedergelegten Voraussetzungen kann der

---

311 Pub. L. No. 100–568, 102 Stat. 2853 (1988). Section 2 (1) des *Berne Convention Implementation Act* lautet:

„The Convention for the Protection of Literary and Artistic Works, signed at Berne, Switzerland on September 9, 1886, and all acts, protocols, and revisions thereto (hereafter in this Act referred to as the ‚Berne Convention') are not self-executing under the Constitution and laws of the United States."

312 Vgl. zu „zwischenabhängigen" oder „interdependenten" völkerrechtlichen Verträgen im Zusammenhang mit dem Grundsatz der Gegenseitigkeit *Bruno Simma*, Das Reziprozitätselement im Zustandekommen völkerrechtlicher Verträge, 1972, S. 223 ff.

DSB der geschädigten Vertragspartei insbesondere die Genehmigung zur *cross retaliation* erteilen. Die geschädigte Vertragspartei kann Zugeständnisse oder sonstige Pflichten aus anderen, nicht verletzten Handelsübereinkommen gegenüber der schädigenden Vertragspartei aussetzen, wenn die schädigende Vertragspartei die Empfehlungen und Entscheidungen des DSB nicht innerhalb einer angemessenen Frist umsetzt und innerhalb von 20 Tagen keine zufriedenstellende Einigung hinsichtlich der Entschädigung erzielt wird. Allerdings wird in der Literatur aus den rechtlichen und tatsächlichen Schwierigkeiten, mit denen die Aussetzung von Zugeständnissen oder sonstigen Pflichten aus dem TRIPs-Übereinkommen nach Art. 22 Abs. 3 lit. c) DSU verbunden ist, andererseits geschlossen, daß die Verknüpfung des TRIPs-Übereinkommens über den WTO-Streitbeilegungsmechnanismus mit den anderen Handelsübereinkommen keinen Einfluß auf die Frage haben kann, ob das TRIPs-Übereinkommen dem Grundsatz der materiellen Gegenseitigkeit unterliegt.[314]

Die rechtlichen Schwierigkeiten, die in einem *obiter dictum* der Entscheidung der Schiedsrichter vom 24. März 2000, „European Communities – Regime for the Importation, Sale and Distribution of Bananas – Recourse to Arbitration by the European Communities under Article 22.6 of the DSU“,[315] aufgezeigt werden, ergeben sich aus der jeweiligen innergemeinschaftlichen bzw. innerstaatlichen Rechtsordnung der geschädigten Vertragspartei,[316] aus der Pariser Verbandsübereinkunft und der Berner Übereinkunft, deren Bestimmungen durch Art. 2 Abs. 1 und Art. 9 Abs. 1 des

---

313 *Hanns Ullrich,* Technologieschutz nach TRIPS: Prinzipien und Probleme, GRUR Int. 1995, S. 623 (638 f.).

314 *Christoph Julius Hermes,* TRIPS im Gemeinschaftsrecht, 2002, S. 308; *Werner Meng,* Gedanken zur Frage unmittelbarer Anwendung von WTO-Recht in der EG, in: Ulrich Beyerlin/Michael Bothe/Rainer Hofmann/Ernst-Ulrich Petersmann (Hrsg.), Recht zwischen Umbruch und Bewahrung, 1995, S. 1063 (1079): „[Die „cross retaliation“] sollte aber kein Argument dafür sein, alle Normen des Komplexes der WTO-Abkommen einheitlich als unmittelbar anwendbar anzusehen, weil diese Qualifikation nichts darüber aussagt, ob ihre Nichterfüllung zu Vergeltungsmaßnahmen geeignet ist.“

315 WTO-Doc. WT/DS27/ARB/ECU. Vgl. allgemein zu der Entscheidung der Schiedsrichter *Peter-Tobias Stoll/Karen Raible,* Schutz geistigen Eigentums und das TRIPS-Abkommen, in: Hans-Joachim Prieß/Georg Berrisch (Hrsg.), WTO-Handbuch, 2003, Rn. 189; *Christoph Julius Hermes,* TRIPS im Gemeinschaftsrecht, 2002, S. 303 ff.; *Erich Vranes,* Principles and Emerging Problems of WTO Cross Retaliation – Some Comments on a new Enforcement Precedent, EuZW 12 (2001), S. 10 ff.

316 Vgl. WTO-Doc. WT/DS27/ARB/ECU, para. 158: „We are aware that the implementation of the suspension of certian TRIPS obligations may give rise to legal difficulties or conflicts within the domestic legal system of the Member so authorized […].“

TRIPS-Übereinkommens teilweise inkorporiert werden,[317] und aus dem in Art. 22 Abs. 4 DSU niedergelegten Grundsatz der Verhältnismäßigkeit.

Dabei hängen die rechtliche Schwierigkeiten, die sich aus der jeweiligen innergemeinschaftlichen bzw. innerstaatlichen Rechtsordnung ergeben, zum einen von dem Rang, den die völkerrechtlichen Verträge in der innergemeinschaftlichen bzw. innerstaatlichen Rechtsordnung einnehmen, und zum anderen von der Umsetzung des TRIPs-Übereinkommens in der innergemeinschaftlichen bzw. innerstaatlichen Rechtsordnung ab. Nimmt das TRIPs-Übereinkommen, wie etwa in Frankreich, den Niederlanden und der Europäischen Gemeinschaft, einen Rang über den innerstaatlichen Gesetzen bzw. dem sekundären Gemeinschaftsrecht ein, können die darin niedergelegten Pflichten im Falle der unmittelbaren Anwendbarkeit seiner Bestimmungen nicht mehr ausgesetzt werden. Muß das TRIPs-Übereinkommen hingegen durch innergemeinschaftliches bzw. innerstaatliches Recht umgesetzt werden bzw. hat es, wie etwa in Deutschland, Gesetzesrang, können die darin niedergelegten Pflichten durch ein späteres Gesetz ausgesetzt werden.[318] Darüber hinaus können rechtliche Schwierigkeiten auch aus dem Umstand folgen, daß die Rechte des geistigen Eigentums in einigen Vertragsparteien grundrechtlich geschützt sind,[319] ihre Aussetzung daher einer besonderen Rechtfertigung bedarf.

Aus der Pariser Verbandsübereinkunft und der Berner Übereinkunft können sich rechtliche Schwierigkeiten hingegen nur ergeben, wenn die geschädigte Vertragspartei zugleich Vertragspartei dieser völkerrechtlichen Verträge ist. Zwar hindere, so die Schiedsrichter in der bereits erwähnten Entscheidung vom 24. März 2000, Art. 2 Abs. 2 des TRIPs-Übereinkommens die geschädigte Vertragspartei nicht daran, die aus inkorporierten Bestimmungen der Pariser Verbandsübereinkunft und der Berner Übereinkunft resultierenden Zugeständnisse oder sonstigen Pflichten gegenüber der schädigenden Vertragspartei auszusetzen.[320] Die Frage, ob die geschädigte Vertragspartei nach der Pariser Verbandsübereinkunft und der Berner Übereinkunft berechtigt ist, die in ihnen niedergelegten Pflichten gegenüber einer Vertragspartei des TRIPs-Übereinkommens, die zugleich Vertragspartei der Verbandsübereinkünfte ist, auszusetzen, ist jedoch unabhängig davon zu beurteilen.[321] Die Möglichkeit einer Leistungsverweigerung bei einer erheb-

---

[317] Das IPIC-Übereinkommen bleibt, da es nicht in Kraft getreten ist, unberücksichtigt.

[318] Siehe oben Zweiter Teil, Zweites Kapitel, B. II.

[319] Vgl. etwa für Deutschland *Frank Fechner,* Geistiges Eigentum und Verfassung, 1999, S. 253 ff.

[320] WTO-Doc. WT/DS27/ARB/ECU, para. 150 f.

[321] WTO-Doc. WT/DS27/ARB/ECU, para. 152.

lichen Verletzung der Verbandsübereinkünfte wird zwar im Schrifttum diskutiert,[322] könnte aber von vornherein nur für Verletzungen derselben Verbandsübereinkunft, womöglich sogar derselben Bestimmung, in Betracht kommen. Letztlich wird sie unter Hinweis darauf, daß die Verbandsübereinkünfte gerade nicht auf dem Grundsatz der materiellen Gegenseitigkeit beruhen, abgelehnt.[323]

Rechtliche Schwierigkeiten ergeben sich schließlich im Hinblick auf den in Art. 22 Abs. 4 DSU niedergelegten Grundsatz der Verhältnismäßigkeit, da die wirtschaftlichen Folgen der Aussetzung von Rechten des geistigen Eigentums, wie in der Literatur vorgebracht,[324] in der Regel außer Verhältnis zum Schaden der geschädigten Vertragspartei stehen. In der bereits erwähnten Entscheidung vom 24. März 2000 haben die Schiedsrichter hervorgehoben, daß mit der Aussetzung von Zugeständnissen oder sonstigen Pflichten aus dem TRIPs-Übereinkommen stets eine Beeinträchtigung privater Rechte einhergehe. Eine solche Beeinträchtigung sei im Bereich des TRIPs-Übereinkommens weitreichender als in den Bereichen des GATT 1994 und des GATS, da die Möglichkeiten, Tonträger zu kopieren oder andere Rechte des geistigen Eigentums zu benutzen, potentiell unbegrenzt sei, während Hersteller von Waren und Erbringer von Dienstleistungen nur die Ausfuhr einstellen müßten.[325]

Die eingeschränkten Auswirkungen der Aussetzung von Zugeständnissen oder sonstigen Pflichten aus dem TRIPs-Übereinkommen, insbesondere der Umstand, daß die Genehmigung der Aussetzung nicht die Pflichten der anderen Vertragsparteien aus dem TRIPs-Übereinkommen berührt, können nicht nur zu rechtlichen, sondern auch zu tatsächlichen Schwierigkeiten führen, da die geschädigte Vertragspartei darauf achten muß, nicht ihrerseits das TRIPs-Übereinkommen zu verletzen. Da die Inhaber der Rechte des geistigen Eigentums, deren Schutz von der geschädigten Vertragspartei ausgesetzt wird, nach Ansicht der Schiedsrichter nach wie vor berechtigt sind, gegen mögliche Exporte der geschädigten Vertragspartei in die Märkte anderer Vertragsparteien vorzugehen und Grenzmaßnahmen nach Art. 51 des TRIPs-Übereinkommens zu beantragen, könne die geschädigte Vertragspartei die Rechte des geistigen Eigentums, wohl in Anlehnung an Art. 31 lit. f) des TRIPs-Übereinkommens, „only for the purposes of supply destined

---

322 *Hans Ballreich,* Ist „Gegenseitigkeit“ ein für die Pariser Verbandsübereinkunft maßgebliches Völkerrechtsprinzip?, GRUR Int. 1983, S. 470 (474).

323 *Petra Buck,* Geistiges Eigentum und Völkerrecht, 1994, S. 193 f.

324 *Frederick M. Abbott,* WTO Dispute Settlement and the Agreement on Trade-Related Aspects of Intellectual Property Rights, in: Ernst-Ulrich Petersmann (ed.), International Trade Law and the GATT/WTO Dispute Settlement System, 1997, S. 413 (433).

325 WTO-Doc. WT/DS27/ARB/ECU, para. 157.

for the domestic market" aussetzen.[326] Die geschädigte Vertragspartei müsse ferner darauf achten, nur den Schutz der Rechte des geistigen Eigentums der Angehörigen der schädigenden Vertragspartei auszusetzen, was, wie die Schiedsrichter betonen, im Bereich von Art. 14 des TRIPS-Übereinkommen angesichts der Tatsache, daß der ausübende Künstler und der Tonträgerhersteller verschiedenen Vertragsparteien angehören können, einer sorgfältigen Prüfung bedarf.[327] Hinzu kommt, daß die Unternehmen der geschädigten Vertragspartei nicht voraussehen können, wie lange sie von der Aussetzung des Schutzes bestimmter Rechte des geistigen Eigentums profitieren können, da die Aussetzung nach Art. 22 Abs. 1 DSU nur vorübergehend genehmigt wird.[328]

Dennoch ist zweifelhaft, ob die Frage, ob das TRIPs-Übereinkommen durch seine Verknüpfung über den WTO-Streitbeilegungsmechanismus mit den anderen Handelsübereinkommen dem Grundsatz der materiellen Gegenseitigkeit unterworfen wird, durch die rechtlichen und tatsächlichen Schwierigkeiten, mit denen die Aussetzung von Zugeständnissen oder sonstigen Pflichten aus dem TRIPs-Übereinkommen verbunden ist, beantwortet werden kann. Die rechtlichen und tatsächlichen Schwierigkeiten können allenfalls dazu führen, daß der Grundsatz der materiellen Gegenseitigkeit, wenn er denn dem TRIPs-Übereinkommen unterläge, in der Praxis nicht zum Tragen käme. Käme indes der Grundsatz der materiellen Gegenseitigkeit in der Praxis nicht zum Tragen, wäre das TRIPs-Übereinkommen durch seine Verknüpfung über den WTO-Streitbeilegungsmechanismus mit den anderen Handelsübereinkommen ebensowenig von dem Grundsatz der materiellen Gegenseitigkeit geprägt wie durch die vier Bestimmungen der Berner Übereinkunft, die durch Art. 9 Abs. 1 des TRIPs-Übereinkommens inkorporiert werden und ausnahmsweise materielle Gegenseitigkeit vorsehen.

---

[326] WTO-Doc. WT/DS27/ARB/ECU, para. 155 f. Art. 31 lit. f) des TRIPs-Übereinkommens lautet:

„Läßt das Recht eines Mitglieds die sonstige Benutzung des Gegenstands eines Patents ohne die Zustimmung des Rechtsinhabers zu, einschließlich der Benutzung durch die Regierung oder von der Regierung ermächtigte Dritte, so sind folgende Bestimmungen zu beachten: [...]

f) eine solche Bestimmung ist vorwiegend für die Versorgung des Binnenmarkts des Mitglieds zu gestatten, das diese Benutzung gestattet; [...]."

[327] WTO-Doc. WT/DS27/ARB/ECU, para. 144.

[328] *Erich Vranes,* Principles and Emerging Problems of WTO Cross Retaliation – Some Comments on a new Enforcement Precedent, EuZW 12 (2001), S. 10 (15).

(d) Der rechtspolitische Hintergrund des Ausschlusses der unmittelbaren Anwendbarkeit durch Sinn, Aufbau und Wortlaut der Bestimmungen des TRIPs-Übereinkommens

Letztlich kann dahinstehen, ob das WTO-Übereinkommen, einschließlich des TRIPs-Übereinkommens, auf dem Grundsatz der materiellen Gegenseitigkeit beruht. Zwar stellt der EuGH, wie von Generalanwalt Tesauro in seinen Schlußanträgen zu „Hermès" vorgeschlagen, vordergründig auf den Grundsatz der materiellen Gegenseitigkeit ab,[329] um die Auslegung des WTO-Übereinkommens nicht „den ‚politischen' Organen, d.h. der Kommission und dem Rat, zu überlassen",[330] trifft aber am Ende selbst eine rechtspolitische Entscheidung.[331]

Wie bereits die Rechtsordnungen der Mitgliedstaaten zu erkennen geben, die, wie das Vereinigte Königreich, die unmittelbare Anwendbarkeit völkerrechtlicher Verträge nur ausnahmsweise anerkennen, ist die unmittelbare Anwendbarkeit völkerrechtlicher Verträge zunächst eine rechtspolitische Frage, die erst dann, wenn positiv über sie entschieden wird, zu einer positiv-rechtlichen Frage erwächst. Der Grundsatz der materiellen Gegenseitigkeit wird, wie Art. 55 der französischen Verfassung allgemein und section 914 (a) des US-amerikanischen *Semiconductor Chip Protection Act,*[332] Art. 3

---

[329] Nach *Andrea Ott,* Der EuGH und das WTO-Recht: Die Entdeckung der politischen Gegenseitigkeit, EuR 38 (2003), S. 504 (512), hat der EuGH den neuen Grundsatz der politischen Gegenseitigkeit in seine Rechtsprechung eingeführt.

[330] Schlußanträge von Generalanwalt Tesauro, Rs. C-53/96, 13.11.1997, Slg. 1998, I-3606, Rn. 35 (Hermès International/FHT Marketing Choice BV).

[331] *Piet Eeckhout,* Judicial Enforcement of WTO Law in the European Union – Some Further Reflections, JIEL 5 (2002), S. 91 (95); *Christoph Julius Hermes,* TRIPS im Gemeinschaftsrecht, 2002, S. 318; *Markus Krajewski,* Verfassungsperspektiven und Legitimation des Rechts der Welthandelsorganisation (WTO), 2001, S. 59 f.; *Gerhard Pischel,* Trade, Treaties and Treason: Some Underlying Aspects of the Difficult Relationship Between the EU and the WTO, EFARev. 6 (2001), S. 103 (151); *Sabine Mauderer,* Der Wandel vom GATT zur WTO und die Auswirkungen auf die Europäische Gemeinschaft, 2001, S. 177, 181 f. und 187; *Meinhard Hilf/Frank Schorkopf,* WTO und EG: Rechtskonflikte vor dem EuGH?, EuR 35 (2000), S. 74 (89); *Thomas Cottier/Krista Nadukavukaren Schefer,* Relationship between World Trade Organization Law, National and Regional Law, JIEL 1 (1998), S. 83 (99). Vgl. auch die Schlußanträge von Generalanwalt Alber, Rs. C-93/02 P, 15.5.2003, noch nicht in der amtlichen Sammlung veröffentlicht, Rn. 102 (Biret International SA/Rat) und Rs. C-94/02 P, 15.5.2003, noch nicht in der amtlichen Sammlung veröffentlicht, Rn. 102 (Etablissements Biret et Cie SA/Rat): „[... B]ei dem Gegenseitigkeitsargument [handelt es sich] eher um ein handelspolitisches Argument [...], das durch das Etikett des Gegenseitigkeitsprinzips in ein rechtliches Gewand gekleidet wird."

[332] 17 U.S.C.A. §§ 901–914 (West 2003). Section 914 (a) des *Semiconductor Chip Protection Act* lautet:

Abs. 7 der Richtlinie 87/54/EWG des Rates vom 16. Dezember 1986 über den Rechtsschutz der Topographien von Halbleitererzeugnissen[333] sowie Art. 11 Abs. 3 der Richtlinie 96/9/EG des Europäischen Parlaments und des Rates vom 11. März 1996 über den rechtlichen Schutz von Datenbanken[334] für das geistige Eigentum zeigen, nicht nur in völkerrechtlichen Verträgen vereinbart, sondern auch einseitig in innergemeinschaftliche bzw. innerstaatliche Rechtsordnungen eingeführt, um nationale Wettbewerbsinteressen durchzusetzen.[335]

„Notwithstanding the conditions set forth in subparagraphs (A) and (C) of section 902 (a) (1) with respect to the availability of protection under this chapter to nationals, domiciliaries, and sovereign authorities of a foreign nation, the Secretary of Commerce may, upon the petition of any person, or upon the Secretary's own motion, issue an order extending protection under this chapter to such foreign nationals, domiciliaries, and sovereign authorities if the Secretary finds

(1) that the foreign nation is making good faith efforts and reasonable progress toward
    (A) entering into a treaty described in section 902 (a) (1) (A); or
    (B) enacting or implementing legislation that would be in compliance with subparagraph (A) or (B) of section 902 (a) (2); and
(2) that the nationals, domiciliaries, and sovereign authorities of the foreign nation, and persons controlled by them, are not engaged in the misappropriation, or unauthorized distribution or commercial exploitation, of mask works; and
(3) that issuing the order would promote the purposes of this chapter and international comity with respect to the protection of mask works."

Vgl. hierzu *Peter-Tobias Stoll,* Technologietransfer, Internationalisierungs- und Nationalisierungstendenzen, 1994, S. 299 ff.; *Walburga Kullmann,* Der Schutz von Computerprogrammen und -chips in der Bundesrepublik Deutschland und in den USA, 1988, S. 154 ff.

333 Art. 3 Abs. 7 der Richtlinie 87/54/EG lautet:

„Die Mitgliedstaaten können mit Drittstaaten Verhandlungen mit dem Ziel aufnehmen, den Schutzanspruch auf Personen auszudehnen, die nach dieser Richtlinie keinen Schutzanspruch haben. [...]"

334 Art. 11 Abs. 3 der Richtlinie 96/6/EG lautet:

„Vereinbarungen über die Ausdehnung des in Artikel 7 vorgesehen Rechts auf in Drittländern hergestellte Datenbanken, auf die die Bestimmungen der Absätze 1 und 2 keine Anwendung finden, werden vom Rat auf Vorschlag der Kommission geschlossen. Die Dauer des nach diesem Verfahren auf Datenbanken ausgedehnten Schutzes übersteigt nicht die Schutzdauer nach Artikel 20."

Erwägungsgrund 56 der Richtlinie 96/6/EG spezifiziert, daß eine solche Vereinbarung nur unter der Bedingung der materiellen Gegenseitigkeit geschlossen werden darf. Die betroffenen Drittländer müssen für Datenbanken, die von Staatsangehörigen der Mitgliedstaaten oder anderen berechtigten Personen hergestellt wurden, einen mit dem Schutz der Richtlinie 96/6/EG vergleichbaren Schutz bieten (vgl. *Silke von Lewinski,* Datenbank-RL, in: Michel M. Walter (Hrsg.), Europäisches Urheberrecht, 2001, Rn. 14).

335 *Silke von Lewinski,* Datenbank-RL, in: Michel M. Walter (Hrsg.), Europäisches Urheberrecht, 2001, Art. 11 Rn. 16; *Matthew O'Regan,* The Protection of Intellectual Property, International Trade and the European Community, LIEI 22

Extern hätte die unmittelbare Anwendbarkeit, wie der EuGH in dem Urteil „Portugal/Rat" unterstrichen hat, zum Verlust des „Spielraums" der Gemeinschaftsorgane geführt, „über den die entsprechenden Organe der Handelspartner der Gemeinschaft verfügen".[336] Der Spielraum, den der EuGH angesprochen hat, ist der Spielraum der Vertragsparteien des WTO-Übereinkommens im Rahmen der Verhandlung über eine Entschädigung nach Art. 22 Abs. 2 DSU und der Aussetzung von Zugeständnissen oder sonstigen Pflichten nach Art. 22 Abs. 3 DSU. In der Lehre wird vorgebracht, daß die Zugeständnisse oder sonstigen Pflichten aus einzelnen Bestandteilen des WTO-Übereinkommens, wende die Europäische Gemeinschaft ihre Bestimmungen unmittelbar an, nicht mehr ausgesetzt werden könnten.[337] Weil sich die völkerrechtlichen Verträge in der Europäischen Gemeinschaft den Rang nicht mit dem sekundären Gemeinschaftsrecht teilen, sondern gemäß Art. 300 Abs. 7 EGV im Rang über dem sekundären Gemeinschaftsrecht stehen, wäre sekundäres Gemeinschaftsrecht, mit dem Zugeständnisse oder sonstigen Pflichten des WTO-Übereinkommens ausgesetzt würden, gegenüber den unmittelbar anwendbaren Bestimmungen des WTO-Übereinkommens nachrangig.[338] Werde demgegenüber die unmittelbare Anwendbarkeit des WTO-Übereinkommens in der Europäischen Gemeinschaft abgelehnt, mit der Folge, daß es, soweit es nicht mit geltendem Gemeinschaftsrecht übereinstimme, umgesetzt werden müsse, könnten die einmal gewährten Zugeständnisse nach der allgemeinen Regel des Vorrangs des späteren vor dem früheren Gesetz (*lex posterior derogat legi priori*) durch späteres sekundäres Gemeinschaftsrecht ausgesetzt werden.

(1995), S. 1 (20); *Hanns Ullrich,* Technologieschutz nach TRIPS: Prinzipien und Probleme, GRUR Int. 1995, S. 623 (632), Fn. 74; *Petra Buck,* Geistiges Eigentum und Völkerrecht, 1994, S. 89 f.; *Josef Drexl,* Entwicklungsmöglichkeiten des Urheberrechts im Rahmen des GATT, 1990, S. 99 ff.

[336] EuGH, Rs. C-149/96, 23.11.1999, Slg. 1999, I-8395, Rn. 46 (Portugal/Rat).

[337] *Armin von Bogdandy/Tilman Makatsch,* Kollision, Koexistenz oder Kooperation?, EuZW 11 (2000), S. 261 (266); *Armin von Bogdandy,* Die Überlagerung der ZPO durch WTO-Recht, NJW 52 (1999), S. 2088 (2089); ähnlich *Hanns Ullrich,* Technologieschutz nach TRIPS: Prinzipien und Probleme, GRUR Int. 1995, S. 623 (638).

[338] Dies wird etwa von *Alesch Staehelin,* Zur Frage der unmittelbaren Anwendbarkeit der WTO/TRIPs-Normen, AJP/PJA 5 (1996), S. 1488 (1495) und *Josef Drexl,* Unmittelbare Anwendbarkeit des WTO-Rechts in der globalen Privatrechtsordnung, in: Bernhard Großfeld/Rolf Sack/Thomas M. J. Möllers/Josef Drexl/Andreas Heinemann (Hrsg.), Festschrift für Wolfgang Fikentscher zum 70. Geburtstag, 1998, S. 822 (835); *Josef Drexl,* Nach „GATT und WIPO": Das TRIPs-Abkommen und seine Anwendung in der Europäischen Gemeinschaft, GRUR Int. 1994, S. 777 (786) übersehen, die davon ausgehen, daß die Europäische Gemeinschaft, würde sie die unmittelbare Anwendbarkeit des WTO-Übereinkommens anerkennen, immer noch „zeitlich begrenztes Recht schaffen" könnte, welches die Aussetzung von Zugeständnissen und sonstigen Pflichten vorsieht.

Intern hätte die unmittelbare Anwendbarkeit des WTO-Übereinkommen, insbesondere des GATT 1994, wie in der Literatur geltend gemacht wird, nicht zur Angleichung der Rechts- und Verwaltungsvorschriften der Mitgliedstaaten geführt.[339] Während die unmittelbare Anwendbarkeit etwa der Assoziationsabkommen nach Art. 310 EGV vom EuGH dazu benutzt worden sei, Rechts- und Verwaltungsvorschriften der Mitgliedstaaten, in deren Zuständigkeit die Asyl- und Einwanderungspolitik bis zur Einführung des vierten Titels in den EG-Vertrag durch den Vertrag von Amsterdam ausschließlich fiel, in Frage zu stellen und an die Vorgaben der Assoziationsabkommen anzugleichen, hätte die unmittelbare Anwendbarkeit des WTO-Übereinkommens die entgegengesetzte Wirkung gehabt. Sie hätte sekundäres Gemeinschaftsrecht im Bereich der gemeinsamen Handelspolitik in Frage stellen und an die Vorgaben des WTO-Übereinkommens angleichen können. Indes wird dieses rechtspolitische Argument in der Rechtsprechung des EuGH nicht hinreichend deutlich.

Ein Teil des Schrifttums zweifelt den Wert einer „Freiheit zum Vertragsbruch“, die in der Beibehaltung des durch Art. 22 Abs. 2 und 3 DSU gegebenen Spielraums der Gemeinschaftsorgane gesehen wird, an.[340] Dem ist entgegenzuhalten, daß sich die unmittelbare Anwendbarkeit völkerrechtlicher Verträge für die effektive Durchsetzung von Menschenrechten eignet, nicht aber für das WTO-Übereinkommen, „de[ss]en Akzeptanz [...] auf einem fragilen und sorgsam ausgehandelten Gleichgewicht beruht“.[341] Verletzungen des WTO-Übereinkommens können von Vertragsparteien, die das WTO-Übereinkommen unmittelbar anwenden, schneller beseitigt werden als von anderen Vertragsparteien. Die Verhandlungsposition der Vertragsparteien, die das WTO-Übereinkommen unmittelbar anwenden, ist im Vergleich zu anderen Vertragsparteien geschwächt.[342]

Ein anderer Teil des Schrifttums verfolgt rechtspolitische Ansätze, die sich teilweise mit dem des EuGH decken. Unterschieden werden kann zwischen einem systematischen, einem konstitutionellen, einem ökonomischen und einem privatrechtlichen Ansatz.

---

339 *Gerhard Pischel,* Trade, Treaties and Treason: Some Underlying Aspects of the Difficult Relationship Between the EU and the WTO, EFARev. 6 (2001), S. 103 (151 f.); ähnlich *Thomas Cottier,* A Theory of Direct Effect in Global Law, in: Armin von Bogdandy/Petros C. Mavroidis/Yves Mény (eds), European Integration and International Co-ordination, 2002, S. 99 (108 f.).

340 *Sonja Kreibich,* Das TRIPs-Abkommen in der Gemeinschaftsordnung, 2003, S. 219 ff.; *Christoph Julius Hermes,* TRIPS im Gemeinschaftsrecht, 2002, S. 319 f.

341 *Markus Krajewski,* Verfassungsperspektiven und Legitimation des Rechts der Welthandelsorganisation (WTO), 2001, S. 202.

342 *Markus Krajewski,* Verfassungsperspektiven und Legitimation des Rechts der Welthandelsorganisation (WTO), 2001, S. 201.

Der systematische Ansatz, der auch beim EuGH anklingt,[343] sieht die Gefahr, daß eine Anerkennung der unmittelbaren Anwendbarkeit des WTO-Übereinkommens, insbesondere des TRIPs-Übereinkommens, mangels einer institutionellen Verknüpfung der verschiedenen Rechtsanwendungsebenen[344] zu einer Auslegung durch unterschiedliche Gerichte der Vertragsparteien führen würde, was zur Folge hätte, daß die einheitliche Auslegung des WTO-Übereinkommens durch die WTO-Streitbeilegungsorgane nicht mehr gesichert sei,[345] und lehnt die unmittelbare Anwendbarkeit des WTO-Übereinkommens ab. Jedoch sind die WTO-Streitbeilegungsorgane an die Auslegung durch die Gerichte der Vertragsparteien nicht nur nicht gebunden;[346] es stellt sich auch die Frage, ob die unmittelbare Anwendbarkeit des WTO-Übereinkommens die Gewährleistung von Rechtsgleichheit in Form der einheitlichen Auslegung seiner Bestimmungen überhaupt zwingend voraussetzt.[347] Die Möglichkeit divergierender Entscheidungen ist keine Besonderheit des WTO-Übereinkommens, sondern besteht in allen Fällen unmittelbarer Anwendbarkeit,[348] und ist umso kleiner, je bestimmter die Bestimmungen der unmittelbar anwendbaren völkerrechtlichen Verträge sind. Wegen der hinreichenden Bestimmtheit der meisten Bestimmungen des TRIPs-Übereinkommens[349] ist die Möglichkeit divergierender Entscheidungen sehr klein. Dies wird durch die Erfahrung mit der unmittelbaren Anwendung der ebenso hinreichend bestimmten Bestimmungen der völkerrechtlichen Verträge der Mitgliedstaaten auf dem Gebiet des geistigen Eigentums, insbesondere der Pariser Verbandsübereinkunft und der Berner Übereinkunft, belegt.

Der in erster Linie von *Petersmann* vertretene konstitutionelle Ansatz geht davon aus, daß die Europäische Gemeinschaft durch protektionistische,

---

[343] EuGH, Rs. C-149/96, 23.11.1999, Slg. 1999, I-8395, Rn. 45 (Portugal/Rat). In der englischen Fassung spricht der EuGH nicht von „Ungleichgewicht", sondern von „disuniform application of the WTO rules".

[344] Siehe oben Zweiter Teil, Viertes Kapitel, C. I. 1. a) aa).

[345] *Piet Eeckhout,* Judicial Enforcement of WTO Law in the European Union – Some Further Reflections, JIEL 5 (2002), S. 91 (99); *Christoph Schmid,* Immer wieder Bananen: Der Status des GATT/WTO-Systems im Gemeinschaftsrecht, NJW 51 (1998), S. 190 (195 f.); *Piet Eeckhout,* The Domestic Legal Status of the WTO Agreement: Interconnecting Legal Systems, CMLRev. 34 (1997), S. 11 (50 f.).

[346] *Georg M. Berrisch/Hans-Georg Kamann,* WTO-Recht im Gemeinschaftsrecht – (k)eine Kehrtwende des EuGH, EWS 11 (2000), S. 89 (95).

[347] *Armin von Bogdandy,* Rechtsgleichheit, Rechtssicherheit und Subsidiarität im transnationalen Wirtschaftsrecht, EuZW 12 (2001), S. 357 (363).

[348] *Thomas Cottier/Krista Nadukavukaren Schefer,* Relationship between World Trade Organization Law, National and Regional Law, JIEL 1 (1998), S. 83 (99 f.); *Werner Meng,* Gedanken zur Frage unmittelbarer Anwendung von WTO-Recht in der EG, in: Ulrich Beyerlin/Michael Bothe/Rainer Hofmann/Ernst-Ulrich Petersmann (Hrsg.), Recht zwischen Umbruch und Bewahrung, 1995, S. 1063 (1086).

[349] Siehe unten Zweiter Teil, Viertes Kapitel, C. I. 1. a) cc) (2).

d.h. den Handel mit Drittstaaten kontrollierende Maßnahmen in das Gemeinschaftsgrundrecht einzelner auf Handel mit Drittstaaten eingreift.[350] Zwar führe die Anerkennung eines Gemeinschaftsgrundrechts einzelner auf Handel mit Drittstaaten noch nicht zur unmittelbaren Anwendbarkeit des WTO-Übereinkommens, aber sekundäres Gemeinschaftsrecht, das das WTO-Übereinkommen verletze, verletze in der Regel auch das Gemeinschaftsgrundrecht auf Handel mit Drittstaaten und könne deshalb nach Art. 231 Abs. 1 EGV für nichtig erklärt werden. Als allgemeiner Rechtsgrundsatz sei das Gemeinschaftsgrundrecht auf Handel mit Drittstaaten ein Teil des primären Gemeinschaftsrechts mit der Folge, daß sekundäres Gemeinschaftsrecht daran gemessen werden könne. Das Urteil „ABDHU", auf das sich *Petersmann* stützt, um die Existenz eines Gemeinschaftsgrundrechts auf Handel mit Drittstaaten nachzuweisen, bezieht sich jedoch nur auf den innergemeinschaftlichen Handel, nicht auch auf den Handel mit Drittstaaten.[351] Nachdem sich aus der EMRK und aus den gemeinsamen Verfassungsüberlieferungen der Mitgliedstaaten nur eine Berufs- und Eigentumsfreiheit, nicht aber eine Außenhandelsfreiheit ergibt, ist die Existenz eines eigenständigen, sich nicht aus Berufs- und Eigentumsfreiheit zusammensetzenden[352] Gemeinschaftsgrundrechts auf Handel mit Drittstaaten nicht nur abzulehnen.[353] Der Wert eines solchen Gemeinschaftsgrundrechts

---

[350] Vgl. z.B. *Ernst-Ulrich Petersmann,* Constitutional Principles Governing the EEC's Commercial Policy, in: Marc Maresceau (ed.), The European Community's Commercial Policy After 1992: The Legal Dimension, 1993, S. 21 ff.; *Ernst-Ulrich Petersmann,* National Constitutions and International Economic Law, in: Meinhard Hilf/Ernst-Ulrich Petersmann (eds), National Constitutions and International Economic Law, 1993, S. 3 ff.; *Ernst-Ulrich Petersmann,* The EEC as a GATT Member: Legal Conflicts Between GATT Law and European Community Law, in: Meinhard Hilf/Francis G. Jacobs/Ernst-Ulrich Petersmann (eds), The European Community and GATT, 1986, S. 23 ff. Vgl. auch die Schlußanträge von Generalanwalt Alber, Rs. C-93/02 P, 15.5.2003, noch nicht in der amtlichen Sammlung veröffentlicht, Rn. 110 (Biret International SA/Rat) und Rs. C-94/02 P, 15.5.2003, noch nicht in der amtlichen Sammlung veröffentlicht, Rn. 110 (Etablissements Biret et Cie SA/Rat): „In gemeinschaftsrechtlicher Sicht spricht schließlich auch das Grundrecht auf wirtschaftliche Betätigungsfreiheit für eine Anerkennung der unmittelbaren Wirkung der DSB-Empfehlungen und -Entscheidungen nach Ablauf eines angemessenen Zeitraums zu ihrer Umsetzung."

[351] EuGH, Rs. 240/83, 7.2.1985, Slg. 1985, 531, Rn. 9 ff., insbesondere 15 (Procureur de la République/Association de défense des bruleurs d'huiles usagées (ADBHU)): „Aus diesen Gründen können die in der Richtlinie vorgesehenen Maßnahmen den innergemeinschaftlichen Handel nicht behindern."

[352] EuGH, Rs. C-280/93, 5.10.1994, Slg. 1994, I-4973, Rn. 78 (Deutschland/Rat): „[... S]owohl das Eigentumsrecht als auch die freie Berufsausübung [gehören] zu den allgemeinen Grundsätzen des Gemeinschaftsrechts [...]."

[353] *Markus Krajewski,* Verfassungsperspektiven und Legitimation des Rechts der Welthandelsorganisation (WTO), 2001, S. 167; *Steve Peers,* Fundamental Right or Political Whim? WTO Law and the European Court of Justice, in: Gráinne de

ist angesichts des umfassenden WTO-Übereinkommens, dem 147 Staaten[354] beigetreten sind, und des unklaren Verhältnisses eines solchen Gemeinschaftsgrundrechts zum WTO-Übereinkommen und anderen Grund- und Menschenrechten obendrein anzuzweifeln.[355]

Der ökonomische Ansatz stellt die Frage, ob sich die unmittelbare Anwendbarkeit des WTO-Übereinkommens bei Zugrundelegung einer Kosten-Nutzen-Analyse „rechnet". Während die Liberalisierung des internationalen Wirtschaftsverkehrs von manchen Stimmen in der Literatur unter Verweis auf die Außenhandels- bzw. Außenwirtschaftstheorie[356] befürwortet wird,[357] wird sie von *Meng* nur für die zweitbeste Lösung gehalten, „weil ihr politischer Nutzen gemessen an den Kosten unsicherer ist".[358] Die Entscheidung für den Protektionismus stelle dagegen nach dem Erklärungsmodell der „Neuen Politischen Ökonomie" für den auf Machterhalt bedachten Politiker die erstbeste Lösung dar, weil die am Protektionismus interessierten Kreise stärkeren politischen Einfluß besäßen als die am Freihandel interessierten Exporteure und Verbraucher.

Bleibt der privatrechtliche, von *Drexl* vertretene Ansatz, der den konstitutionellen und den ökonomischen Ansatz nach eigener Aussage kombiniert, indem er die Freiheit zum wirtschaftlichen Handeln voraussetzt, dem konstitutionellen Ansatz aber die Erklärung der „ökonomischen Sinnhaftigkeit" der Entscheidung für die unmittelbaren Anwendbarkeit hinzufügt.[359] Dabei wird die „ökonomische Sinnhaftigkeit" in dem Schaffen der notwendigen

---

Búrca/Joanne Scott (eds), The EU and the WTO, Legal and Constitutional Issues, 2001, S. 111 (130).

354 Stand: 23.4.2004.

355 *Steve Peers,* Fundamental Right or Political Whim? WTO Law and the European Court of Justice, in: Gráinne de Búrca/Joanne Scott (eds), The EU and the WTO, Legal and Constitutional Issues, 2001, S. 111 (124 ff.).

356 *Markus Krajewski,* Verfassungsperspektiven und Legitimation des Rechts der Welthandelsorganisation (WTO), 2001, S. 132 ff.

357 *Ilka Neugärtner/Sebastian Puth,* Die Wirkung der WTO-Übereinkommen im Gemeinschaftsrecht, JuS 40 (2000), S. 640 (643); *Thomas Cottier/Krista Nadukavukaren Schefer,* Relationship between World Trade Organization Law, National and Regional Law, JIEL 1 (1998), S. 83 (99); *Ernst-Ulrich Petersmann,* Application of GATT by the Court of Justice of the European Communities, CMLRev. 20 (1983), S. 397 (427 ff.).

358 *Werner Meng,* Gedanken zur Frage unmittelbarer Anwendung von WTO-Recht in der EG, in: Ulrich Beyerlin/Michael Bothe/Rainer Hofmann/Ernst-Ulrich Petersmann (Hrsg.), Recht zwischen Umbruch und Bewahrung, 1995, S. 1063 (1080 ff.); ihm folgend *Sabine Mauderer,* Der Wandel vom GATT zur WTO und die Auswirkungen auf die Europäische Gemeinschaft, 2001, S. 172 ff.

359 *Peter Hilpold,* Die EU im GATT/WTO-System, 1999, S. 281 ff.; *Josef Drexl,* Unmittelbare Anwendbarkeit des WTO-Rechts in der globalen Privatrechtsordnung, in: Bernhard Großfeld/Rolf Sack/Thomas M. J. Möllers/Josef Drexl/Andreas Heine-

rechtlichen Rahmenbedingungen für die „marktliche Koordination der wirtschaftlichen Entscheidungen Privater über die Grenzen hinweg" gesehen. Da sich in dem WTO-Übereinkommen, insbesondere aber in dem TRIPs-Übereinkommen, bereits Elemente einer internationalen Privatrechtsordnung abzeichnen, könne nur die unmittelbare Anwendbarkeit des WTO-Übereinkommens einzelnen hinreichende Rechtssicherheit bieten.[360] Diese Überlegung erinnert an die Argumentation, daß das TRIPs-Übereinkommen, weil es die Einführung von Einheitsrecht privatrechtlichen Inhalts zum Gegenstand habe, nicht dem Grundsatz der Gegenseitigkeit unterliege, und ist aus denselben Gründen abzulehnen.[361]

(3) Zwischenergebnis

Die Bestimmungen des TRIPs-Übereinkommens, die in die ausschließliche bzw. ausgeübte konkurrierende Vertragsschlußkompetenz der Europäischen Gemeinschaft fallen, sind in der Gemeinschaftsrechtsordnung nicht unmittelbar anwendbar. Die unmittelbare Anwendbarkeit der Bestimmungen des TRIPs-Übereinkommens, die in die ausschließliche bzw. ausgeübte konkurrierende Vertragsschlußkompetenz der Europäischen Gemeinschaft fallen, wird zwar nicht durch den Beschluß 94/800/EG des Rates vom 22. Dezember 1994 über den Abschluß der Übereinkünfte im Rahmen der multilateralen Verhandlungen der Uruguay-Runde (1986–1994), aber nach der Rechtsprechung des EuGH durch Sinn, Aufbau und Wortlaut des TRIPs-Übereinkommens ausgeschlossen. Dem Ausschluß der unmittelbaren Anwendbarkeit liegt eine rechtspolitische Entscheidung des EuGH zugrunde. Es kommt weder darauf an, daß das TRIPs-Übereinkommen dem Grundsatz der materiellen Gegenseitigkeit nicht unterliegt, noch, ob die Bestimmungen des TRIPs-Übereinkommens, die in die ausschließliche bzw. ausgeübte konkurrierende Vertragsschlußkompetenz der Europäischen Gemeinschaft fallen, hinreichend bestimmt sind.

---

mann (Hrsg.), Festschrift für Wolfgang Fikentscher zum 70. Geburtstag, 1998, S. 822 (850).

[360] *Josef Drexl,* Unmittelbare Anwendbarkeit des WTO-Rechts in der globalen Privatrechtsordnung, in: Bernhard Großfeld/Rolf Sack/Thomas M. J. Möllers/Josef Drexl/Andreas Heinemann (Hrsg.), Festschrift für Wolfgang Fikentscher zum 70. Geburtstag, 1998, S. 822 (841 und 845 ff.).

[361] Siehe oben Zweiter Teil, Viertes Kapitel, C. I. 1. a) bb) (2) (c).

cc) Die unmittelbare Anwendbarkeit in ausgewählten Mitgliedstaaten

(1) Der Ausschluß der unmittelbaren Anwendbarkeit

Die Mitgliedstaaten der Europäischen Gemeinschaft sind nach ihrem jeweiligen Verfassungsrecht nur dann berechtigt, die unmittelbare Anwendbarkeit der Bestimmungen des TRIPs-Übereinkommens, die nicht in die ausschließliche bzw. ausgeübte konkurrierende Vertragsschlußkompetenz der Europäischen Gemeinschaft fallen, auszuschließen, wenn die Transformation völkerrechtlicher Verträge wie in Deutschland und dem Vereinigten Königreich einer besonderen Entscheidung des innerstaatlichen Gesetzgebers bedarf, nicht aber wenn die völkerrechtlichen Verträge wie in Frankreich und den Niederlanden durch einen verfassungsrechtlich verankerten, generellen Anwendungs- und Vollzugsbefehl innerstaatliche Geltung erlangt haben.[362]

In Deutschland ist die unmittelbare Anwendbarkeit der Bestimmungen des TRIPs-Übereinkommens, die in die Zuständigkeit der Mitgliedstaaten fallen, nicht ausgeschlossen worden. Die Denkschrift der Bundesregierung zu dem Entwurf eines Gesetzes zu dem Übereinkommen vom 15. April 1994 zur Errichtung der Welthandelsorganisation geht sogar davon aus, daß Änderungen des innerstaatlichen Rechts zur Umsetzung der völkerrechtlichen Verpflichtungen nur in geringem Umfang erforderlich sind, weil „ein Teil der Vertragsbestimmungen, jedenfalls aus dem Übereinkommen über die handelsbezogenen Aspekte des geistigen Eigentums innerstaatlich unmittelbar anwendbar [ist].“[363]

Im Vereinigten Königreich ist das WTO-Übereinkommen, einschließlich des TRIPs-Übereinkommen durch den *The European Communities (Definition of Treaties) (The Agreement Establishing the World Trade Organisation) Order 1995* nach section 1.3. des *European Communities Act 1972* zu einem völkerrechtlichen Vertrag der Europäischen Gemeinschaft erklärt worden, mit der Folge, daß sich die unmittelbare Anwendbarkeit auch der Bestimmungen des TRIPs-Übereinkommens, die in die Vertragsschlußkompetenz der Mitgliedstaaten fallen, nach Gemeinschaftsrecht richtet. In dem Urteil des englischen *High Court* vom 20. Dezember 1996 hat *Justice Jacob* die unmittelbare Anwendbarkeit der Bestimmungen des TRIPs-Übereinkommens unter Hinweis auf den letzten Erwägungsgrund des Beschlusses 94/800/EG des Rates und die Rechtsprechung des EuGH zur unmittelbaren Anwendbarkeit des GATT 1947 konsequent abgelehnt.[364]

---

[362] Siehe oben Zweiter Teil, Zweites Kapitel, B. III. 1. a) bb) (1) (a).

[363] BT-Drs. 12/7655 (neu), S. 335 (337).

[364] Englischer *High Court,* Queen's Bench Division und Chancery Division, Patents Court, 20.12.1996, GRUR Int. 1997, S. 1010 (1011).

Anders als in der Europäischen Gemeinschaft ist in Frankreich nicht der Versuch unternommen worden, die unmittelbare Anwendbarkeit der Bestimmungen des TRIPs-Übereinkommens, die in die Zuständigkeit der Mitgliedstaaten fallen, auszuschließen, obwohl Art. 55 der französischen Verfassung anders als Art. 300 Abs. 7 EGV die innerstaatliche Geltung völkerrechtlicher Verträge, auf der die unmittelbare Anwendbarkeit aufbaut, von dem Grundsatz der Gegenseitigkeit abhängig macht. Zum einen findet der Grundsatz der Gegenseitigkeit nach der Rechtsprechung des *Conseil constitutionnel* nur in dem Fall Anwendung, in dem sich das innerstaatliche Recht und die Bestimmungen des völkerrechtlichen Vertrags widersprechen.[365] Zum anderen ist umstritten, inwieweit Art. 55 auf völkerrechtliche Verträge Anwendung findet, deren vereinbarte Leistungen nicht in einem Gegenseitigkeitsverhältnis stehen.[366] Die französische Regierung geht vielmehr, wie in den Schlußanträgen von Generalanwalt Tesauro zu „Hermès" deutlich wird, davon aus, daß „einige Bestimmungen des Teils III des TRIPS, [...], zu allgemein formuliert und eindeutig an die Vertragsparteien gerichtet seien", um unmittelbar anwendbar zu sein. Es „müsse ausgeschlossen werden, daß Teil II des Übereinkommens und allgemein das TRIPS als Ganzes unmittelbar vor den nationalen Gerichten geltend gemacht werden könnten".[367]

(2) Die hinreichende Bestimmtheit der Bestimmungen des TRIPs-Übereinkommens, die in der Vertragsschlußkompetenz der Mitgliedstaaten verblieben sind

Obwohl das TRIPs-Übereinkommen über die völkerrechtlichen Verträge der Mitgliedstaaten zum Schutz des geistigen Eigentums, die auf dem Grundsatz der Inländergleichbehandlung aufbauen und Mindestrechte des geistigen Eigentums festlegen (*intellectual property protection treaties/traités de protection de la propriété intellectuelle*),[368] insofern hinausgeht, als

[365] *François Luchaire,* La réserve constitutionnelle de réciprocité, RDP 115 (1999), S. 37 (40) m.w.N.

[366] *Jean Combacau/Serge Sur,* Droit international public, 5e édition 2001, S. 191; *François Luchaire,* La réserve constitutionelle de réciprocité, Revue du droit public 119 (1999), S. 37 (41 f.).

[367] Schlußanträge von Generalanwalt Tesauro, Rs. C-53/96, 13.11.1997, Slg. 1998, I-3606, Rn. 34 (Hermès International/FHT Marketing Choice BV).

[368] Die WIPO unterteilt die völkerrechtlichen Verträge auf dem Gebiet des geistigen Eigentums in drei Kategorien: völkerrechtlichen Verträgen zum Schutz des geistigen Eigentums (*intellectual property protection treaties/traités de protection de la propriété intellectuelle*), die auf dem Grundsatz der Inländergleichbehandlung aufbauen und Mindestrechte des geistigen Eigentums festlegen, globalen Schutzverträgen (*global protection system treaties/traités relatifs au système mondial de*

es nach dem ersten Absatz seiner Präambel nicht nur „die Notwendigkeit, einen wirksamen Schutz der Rechte des geistigen Eigentums zu fördern" berücksichtigt, sondern auch „von dem Wunsch geleitet" ist, „Verzerrungen und Behinderungen des internationalen Handels zu verringern", können seine Bestimmungen den bekannten Regelungskategorien zugeordnet werden: einheitlichen Regelungen materiell-, verwaltungs- oder prozeßrechtlicher Art, die in allen Vertragsparteien gelten sollen,[369] Regelungen, die die Vertragsparteien zur Umsetzung verpflichten, und organisatorischen Regelungen.[370] Über die für die unmittelbare Anwendbarkeit notwendige inhaltliche Bestimmtheit verfügen nur die Regelungen der ersten Kategorie,[371] zu denen wegen der nicht immer konsequenten redaktionellen Ausgestaltung des TRIPs-Übereinkommens auch Regelungen gehören können, die als an die Vertragsparteien adressierte Verpflichtung ausgestaltet sind, sofern die Verpflichtung hinreichend genau und unbedingt formuliert ist[372].

Die Bestimmungen des ersten Teils des TRIPs-Übereinkommens (Art. 1 bis 8) fallen nicht in die geteilte, sondern in die parallele Vertragsschlußkompetenz der Europäischen Gemeinschaft und ihrer Mitgliedstaaten[373] und erlangen, je nach der Rechtsordnung des jeweiligen Mitgliedstaats, inner-

---

protection), die sicherstellen, daß die internationale Registrierung eines gewerblichen Schutzrechts in den Vertragsstaaten anerkannt wird, und Klassifikationsverträgen (*classification treaties/traités de classification*) (vgl. http://www.wipo.org/treaties/index.html, letzte Abfrage: 19.5.2004).

[369] Die einheitlichen Regelungen des TRIPs-Übereinkommens materiell-, verwaltungs- oder prozeßrechtlicher Art werden weiter untergliedert in Regelungen, die auf andere völkerrechtliche Verträge auf dem Gebiet des geistigen Eigentums verweisen, Regelungen, die im TRIPs-Übereinkommen originär getroffen werden, und Regelungen, die Regelungen anderer völkerrechtlicher Verträge auf dem Gebiet des geistigen Eigentums konkretisieren (vgl. *Frederick M. Abbott,* WTO Dispute Settlement and the Agreement on Trade-Related Aspects of Intellectual Property Rights, in: Ernst-Ulrich Petersmann (ed.), International Trade Law and the GATT/WTO Dispute Settlement System, 1997, S. 413 (419 f.)). Für die Frage der hinreichenden Bestimmtheit der Bestimmungen des TRIPs-Übereinkommens ist diese weitere Untergliederung aber ohne Bedeutung.

[370] Siehe oben Zweiter Teil, Zweites Kapitel, B. III. 1. a) bb) (2). Vgl. für die Anwendung der Regelungskategorien der völkerrechtlichen Verträge auf dem Gebiet des geistigen Eigentums auf das TRIPs-Übereinkommen *Alesch Staehelin,* Das TRIPs-Abkommen, 2. Auflage 1999, S. 234 f.; *Alesch Staehelin,* Zur Frage der unmittelbaren Anwendbarkeit der WTO/TRIPs-Normen, AJP/PJA 5 (1996), S. 1488 (1493).

[371] Siehe oben Zweiter Teil, Zweites Kapitel, B. III. 1. a) bb) (2).

[372] *Alfons Schäfers,* Normsetzung zum geistigen Eigentum in internationalen Organisationen: WIPO und WTO – ein Vergleich, GRUR Int. 1996, S. 763 (776). Beispiele für solche Regelungen stellen z.B. Art. 2 Abs. 1 und Art. 9 Abs. 1 des TRIPS-Übereinkommens dar.

[373] Siehe oben Zweiter Teil, Viertes Kapitel, A. I. 2. a) dd).

staatliche Geltung. Während die allgemeinen Bestimmungen (Art. 1, 2 und 6 bis 8) mit Ausnahme von Art. 2 lediglich allgemeine, großen Spielraum eröffnende Rechte und Pflichten der Vertragsparteien festlegen, sind die Grundprinzipien (Art. 3 bis 5) hinreichend bestimmt.[374] Art. 2 Abs. 1 des TRIPs-Übereinkommens verpflichtet die Vertragsparteien, Art. 1 bis 12 sowie Art. 19 der Pariser Verbandsübereinkunft in der Stockholmer Fassung vom 14. Juli 1967 einzuhalten. Er und Art. 2 Abs. 2 sind ebenso hinreichend bestimmt wie die in das TRIPs-Übereinkommen inkorporierten Art. 2, Art. 4, Art. 4bis, 4ter, 4^{quater}, 5, Art. 5ter, 5^{quater}, Art. $6^{quinquies}$, Art. $6^{septies}$, 7, Art. 10 Abs. 2 und Art. 10bis Abs. 2 und 3 der Pariser Verbandsübereinkunft.[375] In der Literatur wird argumentiert, daß die hinreichende Bestimmtheit der angegebenen Bestimmungen der Pariser Verbandsübereinkunft nicht dadurch verloren gehen könne, daß sie durch materielle Verweisung in das TRIPs-Übereinkommen inkorporiert werden.[376] *Abbott* versucht dies damit zu erklären, daß die Vertragsparteien durch die materielle Verweisung nicht nur die angegebenen Bestimmungen der Pariser Verbandsübereinkunft als solche, sondern auch die entsprechende Staatenpraxis, ein-

---

[374] Vgl. für die Grundprinzipien *Christoph Julius Hermes,* TRIPS im Gemeinschaftsrecht, 2002, S. 252; *Sabine Mauderer,* Der Wandel vom GATT zur WTO und die Auswirkungen auf die Europäische Gemeinschaft, 2001, S. 117; *Matthias Kloth,* Der Schutz der ausübenden Künstler nach TRIPs und WPPT, 2000, S. 101; *Andrea Ott,* GATT und WTO im Gemeinschaftsrecht, 1997, S. 242; *Alfons Schäfers,* Normsetzung zum geistigen Eigentum in internationalen Organisationen: WIPO und WTO – ein Vergleich, GRUR Int. 1996, S. 763 (776); *Josef Drexl,* Nach „GATT und WIPO“: Das TRIPs-Abkommen und seine Anwendung in der Europäischen Gemeinschaft, GRUR Int. 1994, S. 777 (785). Vgl. für Art. 3 Abs. 1 S. 1 und 2 und Art. 4 S. 1 des TRIPs-Übereinkommens *Christiane A. Flemisch,* Umfang der Berechtigungen und Verpflichtungen aus völkerrechtlichen Verträgen, 2002, S. 273 ff.

[375] Siehe oben Zweiter Teil, Zweites Kapitel, B. III. 1. a) bb) (2). Im Hinblick auf Art. 2 Abs. 1 anders *Alesch Staehelin,* Das TRIPs-Abkommen, 2. Auflage 1999, S. 235, Fn. 51; *Alesch Staehelin,* Zur Frage der unmittelbaren Anwendbarkeit der WTO/TRIPs-Normen, AJP/PJA 5 (1996), S. 1488 (1493), Fn. 50.

[376] *Christoph Julius Hermes,* TRIPS im Gemeinschaftsrecht, 2002, S. 247; *Thomas Cottier/Krista Nadukavukaren Schefer,* Relationship between World Trade Organization Law, National and Regional Law, JIEL 1 (1998), S. 83 (104); *Thomas Cottier,* The Impact of the TRIPs Agreement on Private Practice and Litigation, in: James Cameron/Karen Campbell (eds), Dispute Resolution in the World Trade Organisation, 1998, S. 111 (121); *Alfons Schäfers,* Normsetzung zum geistigen Eigentum in internationalen Organisationen: WIPO und WTO – ein Vergleich, GRUR Int. 1996, S. 763 (776). Diese Überlegungen gelten für die in Art. 9 Abs. 1 und Art. 35 des TRIPs-Übereinkommens inkorporierten Bestimmungen der Berner Übereinkunft und des IPIC-Übereinkommens entsprechend (vgl. für die Berner Übereinkunft *Paul Katzenberger,* TRIPs and Copyright Law, in: Friedrich-Karl Beier/Gerhard Schrikker (eds), From GATT to TRIPs – The Agreement on Trade-Related Aspects of Intellectual Property Rights, 1996, S. 59 (71 f.)).

schließlich übereinstimmender Auslegungsergebnisse, in das TRIPs-Übereinkommen inkorporiert haben.[377] Von der hinreichenden Bestimmtheit der in Art. 3 und Art. 4 des TRIPs-Übereinkommens niedergelegten Grundsätze der Inländergleichbehandlung und der Meistbegünstigung geht die Bundesregierung in ihrer Denkschrift zu dem Entwurf eines Gesetzes zu dem WTO-Übereinkommen ausdrücklich aus.[378] Dem entspricht, daß auch der in den völkerrechtlichen Verträgen der Mitgliedstaaten auf dem Gebiet des geistigen Eigentums geregelte Grundsatz der Inländergleichbehandlung hinreichend bestimmt ist.[379] Der hinreichenden Bestimmtheit des ebenso detailliert geregelten Grundsatzes der Meistbegünstigung steht nicht entgegen, daß er anders als der Grundsatz der Inländergleichbehandlung auf dem Gebiet des geistigen Eigentums erstmals in die Freihandelsabkommen der EFTA-Staaten mit den mittel- und osteuropäischen und einigen außereuropäischen Staaten und in das TRIPs-Übereinkommen aufgenommen wurde.

Die Bestimmungen des zweiten Teils des TRIPs-Übereinkommens (Art. 9 bis 40), der mit „Standards über die Verfügbarkeit, den Umfang und die Ausübung von Rechten des geistigen Eigentums" überschrieben ist, fallen nur insoweit in die parallele Vertragsschlußkompetenz der Europäischen Gemeinschaft und ihrer Mitgliedstaaten, als die ausschließliche Vertragsschlußkompetenz der Europäischen Gemeinschaft für die von ihr geschaffenen gewerblichen Gemeinschaftsschutzrechte, d.h. die Gemeinschaftsmarke, der gemeinschaftliche Sortenschutz, die geographischen Angaben und Ursprungsbezeichnungen für Agrarerzeugnisse und Lebensmittel und das Gemeinschaftsgeschmacksmuster, betroffen ist, und im übrigen in die geteilte Vertragsschlußkompetenz der Europäischen Gemeinschaft und ihrer Mitgliedstaaten. Die hinreichende Bestimmtheit der Art. 11, 12 und Art. 14 Abs. 1 bis 3, 5 und 6 des TRIPs-Übereinkommens, die in die ausschließliche Vertragsschlußkompetenz der Europäischen Gemeinschaft fallen, muß aus diesem Grund nicht untersucht werden. Die Bundesregierung differenziert in ihrer bereits angesprochenen Denkschrift pauschal zwischen Min-

---

[377] *Frederick M. Abbott,* WTO Dispute Settlement and the Agreement on Trade-Related Aspects of Intellectual Property Rights, in: Ernst-Ulrich Petersmann (ed.), International Trade Law and the GATT/WTO Dispute Settlement System, 1997, S. 413 (421).

[378] Denkschrift der Bundesregierung vom 24. Mai 1994 zu dem Entwurf eines Gesetzes zu dem Übereinkommen vom 15. April 1994 zur Errichtung der Welthandelsorganisation (BT-Drs. 12/7655 (neu), S. 335 (345)): „Im übrigen soll den Verpflichtungen aus dem TRIPs-Abkommen insoweit Rechnung getragen werden, als solche Regelungen, die ihrem Wortlaut nach hierfür in Betracht kommen, unmittelbar anwendbar sind. Dies gilt zum Beispiel für die Verpflichtung zur Inländerbehandlung und zur Meistbegünstigung und auch für die als absolute Rechtssätze formulierten Rechte der Schutzrechtsinhaber."

[379] Siehe oben Zweiter Teil, Zweites Kapitel, B. III. 1. a) bb) (2).

deststandards, die entweder „als unmittelbar geltende Rechtssätze“ oder „als Verpflichtung der Mitglieder, bestimmte Regelungen zu treffen“ formuliert sind.[380] Die „als absoluten Rechtssätze formulierten Rechte der Schutzrechtsinhaber“ werden als hinreichend bestimmt angesehen, ohne daß diese jedoch im einzelnen näher bezeichnet werden.[381]

Was die Bestimmungen zum Urheberrecht und den verwandten Schutzrechte (Art. 9 bis 14) anbelangt, ist Art. 9 Abs. 1 des TRIPs-Übereinkommens, der die Vertragsparteien verpflichtet, Art. 1 bis 21 der Berner Übereinkunft in der Pariser Fassung vom 24. Juli 1971 mit Ausnahme des in Art. 6bis geregelten Urheberpersönlichkeitsrechts einzuhalten, ebenso hinreichend bestimmt wie Art. 2 Abs. 1 des TRIPs-Übereinkommens, der eine vergleichbare Verpflichtung der Vertragsparteien enthält.[382] Die in das TRIPs-Übereinkommen inkorporierten, an anderer Stelle beispielhaft genannten Art. 5 und Art. 7 bis 9 der Berner Übereinkunft sind ebenfalls hinreichend bestimmt.[383] Gleiches gilt für die „Bern-Plus-Elemente“, die in Art. 9 Abs. 2, Art. 10 und Art. 13 des TRIPs-Übereinkommens geregelt sind. Art. 13, der unter bestimmten Voraussetzungen Beschränkungen und Ausnahmen von ausschließlichen Rechten des Urhebers vorsieht, ist, da er sich in der Formulierung weitgehend an Art. 9 Abs. 2 der Berner Übereinkunft anlehnt, ebenfalls hinreichend bestimmt.[384] Art. 14 Abs. 4 ist in den Rechtsordnungen der Vertragsparteien, in denen bei Abschluß des TRIPs-Übereinkommens am 15. April 1994 anstelle eines Vermietrechts der ausübenden Künstler ein System der angemessenen Vergütung in Kraft war,

---

380 Denkschrift der Bundesregierung vom 24. Mai 1994 zu dem Entwurf eines Gesetzes zu dem Übereinkommen vom 15. April 1994 zur Errichtung der Welthandelsorganisation (BT-Drs. 12/7655 (neu), S. 335 (344)).

381 Denkschrift der Bundesregierung vom 24. Mai 1994 zu dem Entwurf eines Gesetzes zu dem Übereinkommen vom 15. April 1994 zur Errichtung der Welthandelsorganisation (BT-Drs. 12/7655 (neu), S. 335 (345)).

382 Schlußanträge von Generalanwalt La Pergola, Rs. C-293/98, 9.9.1999, Slg. 1999, I-631, Rn. 19 (Entidad de Gestión de Derechos de los Productores Audiovisuales (Egeda)/Hostelería Asturiana SA (Hoasa)); BGHZ 141, S. 13 (35): „Das TRIPs-Übereinkommen hat wie die Berner Übereinkunft aufgrund des Zustimmungsgesetzes innerstaatlich den Rang eines einfachen Gesetzes und ist in seinen Art. 9 und 13 unmittelbar anwendbar.“ Anders *Alesch Staehelin,* Das TRIPs-Abkommen, 2. Auflage 1999, S. 235, Fn. 51; *Alesch Staehelin,* Zur Frage der unmittelbaren Anwendbarkeit der WTO/TRIPs-Normen, AJP/PJA 5 (1996), S. 1488 (1493), Fn. 50.

383 Siehe oben Zweiter Teil, Zweites Kapitel, B. III. 1. a) bb) (2).

384 BGHZ 141, S. 13 (35); ÖOGH, 16.6.1998, GRUR Int. 1999, S. 279 (281), wobei der ÖOGH nicht zwischen innerstaatlicher Geltung und unmittelbarer Anwendbarkeit differenziert; anders jedoch *Christoph Julius Hermes,* TRIPS im Gemeinschaftsrecht, 2002, S. 255; *Andrea Ott,* GATT und WTO im Gemeinschaftsrecht, 1997, S. 242.

wegen der Möglichkeit der Vertragsparteien, dieses beizubehalten, nicht hinreichend unbedingt formuliert.

Unter der Voraussetzung bestehender Eintragungs-, Hinterlegungs- oder Regisitrierungsverfahren in den Rechtsordnungen der Vertragsparteien[385] sind, was die „Paris-Plus-Elemente" betrifft, Art. 15 Abs. 1 und 4, Art. 16 und Art. 18 innerhalb der Vorschriften über Marken (Art. 15 bis 21) hinreichend bestimmt,[386] während Art. 15 Abs. 2, 3 und 5, Art. 17 und Art. 19 bis 21[387] („die Mitglieder können") ein weiteres legislatorisches Tätigwerden erfordern und damit der zweiten Regelungskategorie zuzuordnen sind. Die hinreichende Bestimmtheit von Art. 16 des TRIPs-Übereinkommens wird durch die Ausnahmeregelung des Art. 17 des TRIPs-Übereinkommens nicht aufgehoben, da Ausnahmeregelungen in den völkerrechtlichen Verträgen der Mitgliedstaaten auf dem Gebiet des geistigen Eigentums vielfach vorgesehen sind, ohne daß dies einen Einfluß auf die hinreichende Bestimmtheit der gewährten Rechte hätte.[388] Innerhalb der Bestimmungen über geographische Angaben (Art. 22 bis 24) sind Art. 22, 23 im Gegensatz zu Art. 24, der die Vertragsparteien zu weiterführenden Verhandlungen auffordert und offen formulierte Ausnahmetatbestände enthält, hinreichend bestimmt.[389] Die beiden knappen Bestimmungen zum Schutz von gewerblichen Mustern und Modellen (Art. 25, 26) sind, weil den Vertragsparteien in Art. 25 Abs. 1 S. 1 ein weiter Spielraum bei der Festlegung der Schutzvoraussetzungen eingeräumt wird, nur im Hinblick auf Art. 26 Abs. 1 und 3 (Verbotsrecht und Schutzdauer) hinreichend bestimmt.[390] Innerhalb der demgegenüber präzise formulierten Regelungen zum Schutz von Patenten (Art. 27 bis 34) sind insbesondere Art. 27 Abs. 1 (Voraussetzungen des Patents),[391] Art. 28 (Rechte aus dem Patent)[392] und Art. 33 (Schutzdauer), nicht aber Art. 31, 32[393], als hinreichend bestimmt anzusehen.[394] Art. 31

---

385 Siehe oben Zweiter Teil, Zweites Kapitel, B. III. 1. a) bb) (2).

386 *Christoph Julius Hermes,* TRIPS im Gemeinschaftsrecht, 2002, S. 257; *Alesch Staehelin,* Das TRIPs-Abkommen, 2. Auflage 1999, S. 235, Fn. 52; *Andrea Ott,* GATT und WTO im Gemeinschaftsrecht, 1997, S. 242; *Alesch Staehelin,* Zur Frage der unmittelbaren Anwendbarkeit der WTO/TRIPs-Normen, AJP/PJA 5 (1996), S. 1488 (1493), Fn. 51.

387 *Christiane A. Flemisch,* Umfang der Berechtigungen und Verpflichtungen aus völkerrechtlichen Verträgen, 2002, S. 279.

388 Anders *Christiane A. Flemisch,* Umfang der Berechtigungen und Verpflichtungen aus völkerrechtlichen Verträgen, 2002, S. 278.

389 *Christiane A. Flemisch,* Umfang der Berechtigungen und Verpflichtungen aus völkerrechtlichen Verträgen, 2002, S. 279; *Christoph Julius Hermes,* TRIPS im Gemeinschaftsrecht, 2002, S. 257 f.

390 *Christoph Julius Hermes,* TRIPS im Gemeinschaftsrecht, 2002, S. 258; *Andrea Ott,* GATT und WTO im Gemeinschaftsrecht, 1997, S. 242.

391 So auch der irische *High Court,* 26.7.1996, GRUR Int. 1998, S. 339 f.

enthält eine umfangreiche Regelung über die Benutzung des Patents ohne Zustimmung des Rechtsinhabers, die den Vertragsparteien allerdings großen Spielraum eröffnet. Art. 32 verpflichtet die Vertragsparteien, eine nicht näher bestimmte Möglichkeit zur gerichtlichen Überprüfung von Entscheidungen, mit denen Patente widerrufen oder für verfallen erklärt werden, vorzusehen.

Die nachfolgenden Bestimmungen zum Schutz von *layout-designs* (Topographien) integrierter Schaltkreise (Art. 35 bis 38) sind ebenfalls hinreichend bestimmt.[395] Dies gilt sowohl für Art. 35, der nach dem Vorbild von Art. 2 Abs. 1 und Art. 9 Abs. 1 des TRIPs-Übereinkommens verschiedene Bestimmungen des nicht in Kraft getretenen IPIC-Übereinkommens inkorporiert, als auch für die inkorporierten Bestimmungen des IPIC-Übereinkommens selbst mit Ausnahme von Art. 4 und für Art. 36 bis 38 des TRIPs-Übereinkommens, die über die Bestimmungen des IPIC-Übereinkommens hinausgehen („Washington-Plus-Elemente"). Die letzten beiden Abschnitte des zweiten Teils des TRIPs-Übereinkommens widmen sich in jeweils einem Artikel dem Schutz nicht offenbarter Informationen (Art. 39) und der Bekämpfung wettbewerbswidriger Praktiken (Art. 40). Im Gegensatz zu Art. 39 ist Art. 40 zu programmatisch formuliert, um als hinreichend bestimmt angesehen werden zu können.[396]

Die Vorschriften des dritten Teils des TRIPs-Übereinkommens (Art. 41 bis 61), die sich auf dem Gebiet des geistigen Eigentums erstmals umfas-

---

[392] Anders *Christiane A. Flemisch,* Umfang der Berechtigungen und Verpflichtungen aus völkerrechtlichen Verträgen, 2002, S. 279.

[393] So auch *Christiane A. Flemisch,* Umfang der Berechtigungen und Verpflichtungen aus völkerrechtlichen Verträgen, 2002, S. 280, und der englische *High Court,* Queen's Bench Division and Chancery Division, Patents Court, 20.12.1996, GRUR Int. 1997, S. 1010 (1011).

[394] *Christoph Julius Hermes,* TRIPS im Gemeinschaftsrecht, 2002, S. 259; *Andrés Moncayo von Hase,* The Application and Interpretation of the Agreement on Trade-Related Aspects of Intellectual Property Rights, in: Carlos M. Correa/Abdulqawi A. Yusuf (eds), Intellectual Property and International Trade: The TRIPs Agreement, 1999, S. 93 (125), Fn. 72; *Alesch Staehelin,* Das TRIPs-Abkommen, 2. Auflage 1999, S. 235, Fn. 52; *Andrea Ott,* GATT und WTO im Gemeinschaftsrecht, 1997, S. 242; *Alesch Staehelin,* Zur Frage der unmittelbaren Anwendbarkeit der WTO/TRIPs-Normen, AJP/PJA 5 (1996), S. 1488 (1493), Fn. 51.

[395] *Christoph Julius Hermes,* TRIPS im Gemeinschaftsrecht, 2002, S. 260; einschränkend *Andrea Ott,* GATT und WTO im Gemeinschaftsrecht, 1997, S. 242.

[396] Ähnlich *Christoph Julius Hermes,* TRIPS im Gemeinschaftsrecht, 2002, S. 260 f.; einschränkend *Andrés Moncayo von Hase,* The Application and Interpretation of the Agreement on Trade-Related Aspects of Intellectual Property Rights, in: Carlos M. Correa/Abdulqawi A. Yusuf (eds), Intellectual Property and International Trade: The TRIPs Agreement, 1999, S. 93 (125), Fn. 72; *Andrea Ott,* GATT und WTO im Gemeinschaftsrecht, 1997, S. 242.

send der „Durchsetzung der Rechte des geistigen Eigentums“ widmen, fallen mit Ausnahme der Art. 51 bis 60, die allein von der ausschließlichen Vertragsschlußkompetenz der Europäischen Gemeinschaft nach Art. 133 Abs. 1 EGV erfaßt werden,[397] in die parallele Vertragsschlußkompetenz der Europäischen Gemeinschaft und ihrer Mitgliedstaaten. Sie sind für die Durchsetzung der gemeinschaftlichen Schutzrechte, d.h. der Gemeinschaftsmarke, des gemeinschaftlichen Sortenschutzes, der geographischen Angaben und Ursprungsbezeichnungen für Agrarerzeugnisse und Lebensmittel und des Gemeinschaftsgeschmacksmusters, die in die ausschließliche Vertragsschlußkompetenz der Europäischen Gemeinschaft fallen, von Bedeutung.[398] Nicht nur nach Ansicht der französischen Regierung,[399] auch nach Auffassung der Bundesregierung sind die Vorschriften des dritten Teils des TRIPs-Übereinkommens „so gestaltet, daß sie nicht unmittelbar anwendbar sind, sondern lediglich Verpflichtungen für die Mitgliedstaaten enthalten, bestimmte Regelungen einzuführen oder vorzusehen“.[400] Dem ist nur insoweit zuzustimmen, als die Vertragsparteien ausdrücklich nicht für verpflichtet erklärt werden,[401] die Einführung bestimmter Maßnahmen ausdrücklich in ihr Ermessen gestellt wird,[402] eine Präzisierung der Vorschriften wegen der Offenheit der gewählten Formulierung auch durch eine nachfolgende

---

[397] Siehe oben Erster Teil, Zweites Kapitel, A. I. 1.

[398] In ihrem Vorschlag für eine Richtlinie des Europäischen Parlaments und des Rates über die Maßnahmen und Verfahren zum Schutz der Rechte an geistigem Eigentum vom 30. Januar 2003 geht die Kommission von „den Verpflichtungen, die die Gemeinschaft und ihre Mitgliedstaaten im Rahmen des TRIPs-Übereinkommens, insbesondere Artikel 61 eingegangen sind“, aus.

[399] Schlußanträge von Generalanwalt Tesauro, Rs. C-53/96, 13.11.1997, Slg. 1998, I-3606, Rn. 34 (Hermès International/FHT Marketing Choice BV).

[400] Denkschrift der Bundesregierung vom 24. Mai 1994 zu dem Entwurf eines Gesetzes zu dem Übereinkommen vom 15. April 1994 zur Errichtung der Welthandelsorganisation (BT-Drs. 12/7655 (neu), S. 335 (347)). Im Ergebnis ähnlich *Ulrich Krieger,* Durchsetzung gewerblicher Schutzrechte in Deutschland und die TRIPS-Standards, GRUR Int. 1997, S. 421 (422); *Josef Drexl,* The TRIPs Agreement and the EC: What Comes Next After Joint Competence?, in: Friedrich-Karl Beier/Gerhard Schricker (eds), From GATT to TRIPs – The Agreement on Trade-Related Aspects of Intellectual Property Rights, 1996, S. 18 (51); *Alfons Schäfers,* Normsetzung zum geistigen Eigentum in internationalen Organisationen: WIPO und WTO – ein Vergleich, GRUR Int. 1996, S. 763 (774) und die Kommission (Schlußanträge von Generalanwalt Tesauro, Rs. C-53/96, Slg. 1998, I-3606, Rn. 36 (Hermès International/FHT Marketing Choice BV)): „Im gegenteiligen Sinn ha[t] sich hingegen die Kommission [...] ausgesprochen, die [...] das Gewicht darauf leg[t], daß einige Bestimmungen des Teils III des TRIPS [...] zu allgemein formuliert und eindeutig an die Vertragsparteien gerichtet seien“.

[401] Vgl. z.B. Art. 41 Abs. 4 S. 2 und Abs. 5, Art. 44 Abs. 1 S. 2 des TRIPs-Übereinkommens.

[402] Vgl. z.B. Art. 43 Abs. 2, Art. 44 Abs. 2, Art. 45 Abs. 2 S. 2, Art. 47, Art. 48 Abs. 2 und Art. 61 S. 4 des TRIPs-Übereinkommens.

Rechtsprechungspraxis nicht zu erwarten ist[403] oder bestimmte Verfahren in den Rechtsordnungen der Vertragsparteien vorausgesetzt werden, die erst geschaffen werden müßten[404]. Die Vorschriften des dritten Teils des TRIPs-Übereinkommens sind nämlich entgegen der Auffassung der Bundesregierung zum einen dann hinreichend bestimmt, wenn sie zwar unbestimmte Rechtsbegriffe enthalten, diese aber, wie etwa „keine unangemessenen Fristen" in Art. 41 Abs. 2 S. 2 des TRIPs-Übereinkommens, von den Gerichten der Vertragsparteien ausgefüllt werden können.[405] Der EuGH etwa hatte im Urteil „Hermès" keine Schwierigkeiten, den in Art. 50 enthaltenen unbestimmten Rechtsbegriff „einstweilige Maßnahme" auszulegen.[406] Da angenommen werden kann, daß die im dritten Teil angesprochenen Verfahren im innergemeinschaftlichen bzw. innerstaatlichen Recht der Mitgliedstaaten der Europäischen Gemeinschaft, anders als in den Rechtsordnungen mancher Entwicklungsstaaten, nicht erst geschaffen werden müssen,[407] sind zum anderen auch die Vorschriften, die diese Verfahren modifizieren, indem sie bestimmte Verfahrensregeln oder Rechtsfolgen vorschreiben, wie z. B. die in Art. 50 Abs. 1 lit. b) geregelte Befugnis der Gerichte, Maßnahmen zur Sicherung von Beweisen anzuordnen, hinreichend bestimmt.[408]

---

[403] Vgl. z. B. Art. 41 Abs. 3 S. 1 des TRIPs-Übereinkommens: „Sachentscheidungen sind vorzugsweise schriftlich abzufassen [...]".

[404] *Thomas Dreier,* TRIPS und die Durchsetzung von Rechten des geistigen Eigentums, GRUR Int. 1996, S. 205 (215).

[405] *Christoph Julius Hermes,* TRIPS im Gemeinschaftsrecht, 2002, S. 267 f.; a. A. im Hinblick auf Art. 41 Abs. 1 S. 1 und Abs. 2 S. 1, Art. 42 Abs. 1 S. 1 und Art. 61 des TRIPs-Übereinkommens *Christiane A. Flemisch,* Umfang der Berechtigungen und Verpflichtungen aus völkerrechtlichen Verträgen, 2002, S. 280 f.

[406] EuGH, Rs. C-53/96, 16.6.1998, Slg. 1998, I-3603, Rn. 36 ff. (Hermes International/FHT Marketing Choice BV).

[407] Dies gilt etwa wegen Art. 90 der Verordnung (EG) Nr. 6/2002 des Rates vom 12. Dezember 2001 über das Gemeinschaftsgeschmacksmuster und Art. 99 der Verordnung (EG) Nr. 40/94 des Rates vom 20. Dezember 1993 über die Gemeinschaftsmarke für den in Art. 50 angesprochenen und einstweiligen Rechtsschutz sowie wegen der Verordnung (EG) Nr. 3295/94 des Rates vom 22. Dezember 1994 über Maßnahmen zum Verbot der Überfuehrung nachgeahmter Waren und unerlaubt hergestellter Vervielfältigungsstücke oder Nachbildungen in den zollrechtlich freien Verkehr oder in ein Nichterhebungsverfahren sowie zum Verbot ihrer Ausfuhr und Wiederausfuhr für das in Art. 51 ff. geregelte Verfahren über Maßnahmen an der Grenze.

[408] *Christoph Julius Hermes,* TRIPS im Gemeinschaftsrecht, 2002, S. 269; *Thomas Dreier,* TRIPS und die Durchsetzung von Rechten des geistigen Eigentums, GRUR Int. 1996, S. 205 (215). Vgl. hierzu auch *Tanja Karg,* Interferenz der ZPO durch TRIPS – Auswirkungen auf den einstweiligen Rechtsschutz im Urheberrechtsprozess, ZUM 44 (2000), S. 934 ff.; *Ulrich Krieger,* Durchsetzung gewerblicher Schutzrechte in Deutschland und die TRIPS-Standards, GRUR Int. 1997, S. 421 ff.

Schließlich fallen auch die abschließenden vierten bis siebten Teile des TRIPs-Übereinkommens in die parallele Vertragsschlußkompetenz der Europäischen Gemeinschaft und ihrer Mitgliedstaaten, da nicht ausgeschlossen werden kann, daß die ausschließliche Vertragsschlußkompetenz der Europäischen Gemeinschaft für die von ihr geschaffenen gewerblichen Gemeinschaftsschutzrechte, d.h. die Gemeinschaftsmarke, den gemeinschaftlichen Sortenschutz, die geographischen Angaben und Ursprungsbezeichnungen für Agrarerzeugnisse und Lebensmittel und das Gemeinschaftsgeschmacksmuster, hiervon berührt wird. Art. 62, zugleich vierter Teil des TRIPs-Übereinkommens, ermächtigt die Vertragsparteien, den Erwerb und die Aufrechterhaltung der im TRIPs-Übereinkommen geschützten Rechte mit Ausnahme des Urheberrechts und der verwandten Schutzrechte von der „Beachtung angemessener Verfahren und Förmlichkeiten" abhängig zu machen. Ihm fehlt es an hinreichender Bestimmtheit, weil er ein weiteres gesetzgeberisches Tätigwerden erfordert und er damit der zweiten Regelungskategorie zuzuordnen ist.[409] Die abschließenden Teile V bis VII des TRIPs-Übereinkommens (Art. 63 bis 73) mit den Titeln „Streitvermeidung und -beilegung", „Übergangsregelungen" und „Institutionelle Regelungen; Schlußbestimmungen" sind nicht hinreichend bestimmt, da sie überwiegend organisatorische Regelungen im Sinne der dritten Kategorie enthalten. Sie legen die allgemeinen, großen Spielraum eröffnenden Rechte und Pflichten der Vertragsparteien fest, wie z.B. die Pflicht zur internationalen Zusammenarbeit in Art. 69,[410] errichten in Art. 68 den Rat für handelsbezogene Aspekte der Rechte des geistigen Eigentums (*Council for Trade-Related Aspects of Intellectual Property Rights,* TRIPs-Rat), dessen Rolle und Aufgaben in Art. 63 Abs. 2, Art. 64 Abs. 3 und Art. 71 näher ausgeführt werden,[411] setzen institutionelle Mechanismen ein, indem sie in Art. 64 Abs. 1 auf den im DSU geregelten WTO-Streitbeilegungsmechnanismus verweisen,[412] und regeln in Art. 71 Überprüfung und Änderung des TRIPs-Übereinkommens.

---

[409] Anders *Christoph Julius Hermes,* TRIPS im Gemeinschaftsrecht, 2002, S. 271, der zumindest von der hinreichenden Bestimmtheit von Art. 62 Abs. 3 und 4 ausgeht, was aber wegen des Bezugs auf Art. 61 Abs. 1 und 2 ausgeschlossen erscheint.

[410] *Christoph Julius Hermes,* TRIPS im Gemeinschaftsrecht, 2002, S. 272; *Alesch Staehelin,* Das TRIPs-Abkommen, 2. Auflage 1999, S. 234.

[411] *Christoph Julius Hermes,* TRIPS im Gemeinschaftsrecht, 2002, S. 272; *Alesch Staehelin,* 2. Auflage 1999, S. 234.

[412] *Christoph Julius Hermes,* TRIPS im Gemeinschaftsrecht, 2002, S. 272.

(3) Zwischenergebnis

Während der Großteil der Bestimmungen des TRIPs-Übereinkommens, die in die Vertragsschlußkompetenz der Mitgliedstaaten fallen, hinreichend bestimmt und damit in Deutschland, Frankreich und den Niederlanden unmittelbar anwendbar ist, wurde das WTO-Übereinkommen, einschließlich des TRIPs-Übereinkommens, im Vereinigten Königreich nach section 1.3. des *European Communities Act 1972* zu einem völkerrechtlichen Vertrag der Europäischen Gemeinschaft erklärt. Infolgedessen richtet sich nicht nur die unmittelbare Anwendbarkeit der Bestimmungen des TRIPs-Übereinkommens, die in die Vertragsschlußkompetenz der Europäischen Gemeinschaft fallen, sondern auch die unmittelbare Anwendbarkeit der Bestimmungen, die in der Vertragsschlusskompetenz des Vereinigten Königreichs verblieben sind, nach Gemeinschaftsrecht. Im Vereinigten Königreich ist die unmittelbare Anwendbarkeit aller Bestimmungen des TRIPs-Übereinkommens durch Sinn, Aufbau und Wortlaut ausgeschlossen.

dd) Zusammenfassende Bewertung

Die unterschiedlichen Antworten der Rechtsordnungen der Europäischen Gemeinschaft und der Mitgliedstaaten auf die Frage der unmittelbaren Anwendbarkeit der Bestimmungen des TRIPs-Übereinkommens, insbesondere die Ablehnung der unmittelbaren Anwendbarkeit der Bestimmungen des TRIPs-Übereinkommens, die in die ausschließliche bzw. ausgeübte konkurrierende Vertragsschlußkompetenz der Europäischen Gemeinschaft fallen, zeigen, daß das Kriterium der hinreichenden Bestimmtheit ungeeignet ist, die unmittelbare Anwendbarkeit des TRIPs-Übereinkommens pauschal zu beurteilen.

Eine neuere Untersuchung zur unmittelbaren Anwendbarkeit der Bestimmungen völkerrechtlicher Verträge in der Schweiz kommt deshalb zu dem Schluß, daß die unmittelbare Anwendbarkeit nicht einen ganzen völkerrechtlichen Vertrag oder eine einzelne Bestimmung des völkerrechtlichen Vertrags betreffen kann, sondern immer dann vorliegt, wenn „ein Rechtsanwender vermittels konkretisierender Tätigkeit, gestützt auf eine Norm, eine Antwort zu einer konkreten Rechtsfrage geben kann“.[413] Anhaltspunkte für die Grenzen rechtsanwendender Konkretisierungsbefugnis liefern Kriterien, die sich aus dem Demokratieprinzip, dem Gewaltenteilungsprinzip und dem

[413] *Daniel Wüger,* Die direkte Anwendbarkeit staatsvertraglicher Normen, in: Thomas Cottier/Alberto Achermann/Daniel Wüger/Valentin Zellweger (Hrsg.), Der Staatsvertrag im schweizerischen Verfassungsrecht, Beiträge zu Verhältnis und methodischer Angleichung von Völkerrecht und Bundesrecht, 2001, S. 93 (160 f.).

Rechtsstaatsprinzip auch für das innerstaatliche Recht ergeben. Der Rechtsanwender soll weder gestützt auf unbestimmte innerstaatliche noch auf unbestimmte völkervertragliche Bestimmungen konkretisierend tätig werden, wenn seine Entscheidung etwa große finanzielle Konsequenzen nach sich zieht oder die prinzipielle, zukünftige Ausrichtung eines Politikbereichs betrifft.[414] Da sich erst im Anwendungsfall entscheidet, ob eine Bestimmung hinreichend bestimmt ist, um auf die sich stellende Rechtsfrage angewendet zu werden, kann die unmittelbare Anwendbarkeit der Bestimmungen eines völkerrechtlichen Vertrags innerhalb einer Rechtsordnung, und da die Grenzen rechtsanwendender Konkretisierungsbefugnis von Rechtsordnung zu Rechtsordnung unterschiedlich sein können, auch von Rechtsordnung zu Rechtsordnung anders beurteilt werden.

Obwohl die Gemeinschaftsrechtsordnung nicht nach dem Gewaltenteilungsprinzip aufgebaut ist, vielmehr dem Prinzip des institutionellen Gleichgewichts zwischen den Gemeinschaftsorganen folgt, läßt sich das Ergebnis dieser Untersuchung auch auf die Europäische Gemeinschaft übertragen.[415] Im Urteil „Dior" hat der EuGH die Möglichkeit anerkannt, daß die unmittelbare Anwendbarkeit der Bestimmungen des TRIPs-Übereinkommens in den Rechtsordnungen der Mitgliedstaaten anders beurteilt werden kann als in der Gemeinschaftsrechtsordnung.[416] Der Umstand, daß die Grenzen

---

[414] *Daniel Wüger,* Die direkte Anwendbarkeit staatsvertraglicher Normen, in: Thomas Cottier/Alberto Achermann/Daniel Wüger/Valentin Zellweger (Hrsg.), Der Staatsvertrag im schweizerischen Verfassungsrecht, Beiträge zu Verhältnis und methodischer Angleichung von Völkerrecht und Bundesrecht, 2001, S. 93 (250); ähnlich *Hélène Tigroudja,* Le juge administratif français et l'effet direct des engagements internationaux, RFDA 19 (2003), S. 154 (157): „[... C]e critère de l'effet direct n'est pas propre aux normes conventionelles mais s'applique à d'autres normes juridiques dont le caractère simplement programmatoire les empêchent d'être directement applicables, en vertu notamment du principe de séparation des pouvoirs qui distingue l'auteur de la norme et l'organe chargé de l'appliquer."

[415] *Thomas Cottier,* A Theory of Direct Effect in Global Law, in: Armin von Bogdandy/Petros C. Mavroidis/Yves Mény (eds), European Integration and International Co-ordination, 2002, S. 99 (120): „It leaves, in principle, fundamental policy decisions in implementing obligations of global law to the democratic and political process while allowing for direct effect of a global norm in areas of EC law where basic policy decisions had been made by treaty law, and judicial lawmaking essentially consists in fine-tuning implementing provisions with the requirements of global law."

[416] EuGH, Verb. Rs. C-300 und 392/98, 14.12.2000, Slg. 2000, I-11307, Rn. 49 (Parfums Christian Dior SA/Tuk Consultancy BV und Assco Gerüste GmbH, Rob van Dijk/Wilhelm Layher GmbH & Co. KG, Layher BV). Hierauf weisen sowohl *Daniel Wüger,* Die direkte Anwendbarkeit staatsvertraglicher Normen, in: Thomas Cottier/Alberto Achermann/Daniel Wüger/Valentin Zellweger (Hrsg.), Der Staatsvertrag im schweizerischen Verfassungsrecht, Beiträge zu Verhältnis und methodischer Angleichung von Völkerrecht und Bundesrecht, 2001, S. 93 (249), als auch

rechtsanwendender Konkretisierungsbefugnis des EuGH schon erreicht sind, wenn er, wie im Fall des WTO-Übereinkommens, „den Legislativ- und Exekutivorganen der Gemeinschaft den Spielraum [nehmen würde], über den die entsprechenden Organe der Handelspartner der Gemeinschaft verfügen“,[417] bedeutet nicht, daß die Grenzen rechtsanwendender Konkretisierungsbefugnis der mitgliedstaatlichen Gerichte in gleicher Weise ausgelegt werden müssen. Auch die Urteile „Niederlande/Parlament und Rat“[418] und „Capespan“[419] zeigen im Unterschied zu den Urteilen „Portugal/Rat“[420], „Omega“[421], „British American Tobacco“[422] und „Biret“[423], daß der EuGH im Einzelfall auf den pauschalen Ausschluß der unmittelbaren Anwendbarkeit des WTO-Übereinkommens verzichtet, wenn auf ihn, insbesondere wegen der Vereinbarkeit des zu überprüfenden sekundären Gemeinschaftsrechts mit den Bestimmungen des WTO-Übereinkommens, verzichtet werden kann.

Thomas Cottier, A Theory of Direct Effect in Global Law, in: Armin von Bogdandy/Petros C. Mavroidis/Yves Mény (eds), European Integration and International Co-ordination, 2002, S. 99 (116), hin.

417 EuGH, Rs. C-149/96, 23.11.1999, Slg. 1999, I-8395, Rn. 46 (Portugal/Rat). Vgl. auch *Markus Krajewski,* Foreign Policy and the European Constitution, Yearbook of European Law 22 (2003), S. 435 (447); *Markus Krajewski,* The Emerging Constitutional Law of European Foreign Policy, in: Adam Bodnar/Michal Kowalski/Karen Raible/Frank Schorkopf (eds), The Emerging Constitutional Law of the European Union, German and Polish Perspectives, 2003, S. 441 (453): „This could be seen as an indication that the court is unwilling to interfere with matters which it considers within the political sphere of other community organs.“

418 EuGH, Rs. C-377/98, 9.10.2001, Slg. 2001, I-7079 ff. (Niederlande/Parlament und Rat).

419 EuGH, Rs. C-422/00, 16.1.2003, Slg. 2003, I-597 ff. (Capespan International plc/Commissioners of Customs & Excise).

420 EuGH, Rs. C-149/96, 23.11.1999, Slg. 1999, I-8395 ff. (Portugal/Rat).

421 EuGH, Verb. Rs. C-27 und 122/00, 12.3.2002, Slg. 2002, I-2569 ff. (The Queen/Secretary of State of the Environment, Transport and the Regions, ex parte: Omega Air Ltd, und Omega Air Ltd, Aero Engines Ireland Ltd, Omega Aviation Services Ltd/Irish Aviation Authority).

422 EuGH, Rs. C-491/01, 10.12.2002, Slg. 2002, I-11453, Rn. 154 (The Queen/Secretary of State for Health, ex parte: British American Tobacco (Investments) Ltd und Imperial Tobacco Ltd, unterstützt durch Japan Tobacco Inc. und JT International SA).

423 EuGH, Rs. C-94/02 P, 30.9.2003, noch nicht in der amtlichen Sammlung veröffentlicht, Rn. 55 (Etablissements Biret et Cie SA/Rat); EuGH, Rs. C-93/02 P, 30.9.2003, noch nicht in der amtlichen Sammlung veröffentlicht, Rn. 52 (Biret International SA/Rat).

b) Die unmittelbare Anwendbarkeit der Entscheidungen der durch das TRIPs-Übereinkommen eingesetzten Organe

Die unmittelbare Anwendbarkeit der Entscheidungen der durch das TRIPs-Übereinkommen eingesetzten Organe ist weder im WTO-Übereinkommen noch im DSU geregelt.

aa) Die unmittelbare Anwendbarkeit in der Europäischen Gemeinschaft

Fraglich ist, ob die unmittelbare Anwendbarkeit der Entscheidungen der durch das WTO-Übereinkommen eingesetzten Organe nicht von vornherein durch die besondere Natur des WTO-Übereinkommens unter Berücksichtigung seines Sinns, Aufbaus und Wortlauts ausgeschlossen ist. Zwar hat der EuGH in seiner bisherigen Rechtsprechung nur die hinreichende Bestimmtheit der Entscheidungen der durch die völkerrechtlichen Verträge der Europäischen Gemeinschaft eingesetzten Organe bejaht, deren unmittelbare Anwendbarkeit er nicht zuvor unter Hinweis auf ihre besondere Natur ausgeschlossen hatte.[424] Er hat jedoch nie ausdrücklich erklärt, daß die besondere Natur der völkerrechtlichen Verträge der Europäischen Gemeinschaft, die die unmittelbare Anwendbarkeit ihrer Bestimmungen ausschließt, notwendigerweise auch die unmittelbare Anwendbarkeit der Entscheidungen der durch sie eingesetzten Organe ausschließt. Es ist deshalb im Einzelfall zu prüfen, inwieweit die besondere Natur der völkerrechtlichen Verträge der Europäischen Gemeinschaft auch die unmittelbare Anwendbarkeit der Entscheidungen der durch sie eingesetzten Organe ausschließt, gegebenenfalls unter Berücksichtigung der Rechtsprechung des EuGH, die den Ausschluß der unmittelbaren Anwendbarkeit der Bestimmungen der völkerrechtlichen Verträge der Europäischen Gemeinschaft unter Hinweis auf ihre besondere Natur ausgeschlossen hat.

Die unmittelbare Anwendbarkeit der Beschlüsse, die die Ministerkonferenz im Bereich der Legislative nach Art. IV Abs. 1, Art. IX Abs. 2, Art. X Abs. 1 und Art. XII Abs. 2 des WTO-Übereinkommens faßt und die in die ausschließliche bzw. ausgeübte konkurrierende Vertragsschlußkompetenz der Europäischen Gemeinschaft fällt, ist, soweit sie das WTO-Übereinkommen, wie etwa die *Doha Declaration on the TRIPs Agreement and Public*

---

[424] Der EuGH hat z. B. die unmittelbare Anwendbarkeit verschiedener Bestimmungen der Assoziationsratsbeschlüsse EWG/Türkei Nr. 2/76 und 1/80 anerkannt (EuGH, Rs. C-192/89, 20.9.1990, Slg. 1990, I-3461, Leitsatz 2 (S. Z. Sevince/ Staatssecretaris van Justitie)), nachdem er die unmittelbare Anwendbarkeit verschiedener Bestimmungen des Assoziierungsabkommens EWG/Türkei zwar abgelehnt hatte, aber nur mangels hinreichender Bestimmtheit (EuGH, Rs. 12/86, 30.9.1987, Slg. 1987, 3719, Rn. 23 (Meryem Demirel/Stadt Schwäbisch Gmünd)).

Health vom 14. November 2001[425], lediglich auslegen, durch die besondere Natur des WTO-Übereinkommens ausgeschlossen. Etwas anderes könnte für die Beschlüsse gelten, die das WTO-Übereinkommen ändern. Dies allerdings nur dann, wenn sich die Änderungen auf die besondere Natur des WTO-Übereinkommens auswirken, mit anderen Worten die unmittelbare Anwendbarkeit regeln oder den WTO-Streitbeilegungsmechanismus dahingehend ändern, daß es keinen Spielraum der Gemeinschaftsorgane mehr gibt, auf den der EuGH Rücksicht nehmen müßte. Letzteres ist jedoch durch Art. X des WTO-Übereinkommens ausgeschlossen, da nur die in der Anlage 1 des WTO-Übereinkommens aufgeführten Übereinkommen der Änderungsbefugnis der Ministerkonferenz unterliegen, nicht aber das in der Anlage 2 aufgeführte DSU.

Fraglich ist, ob zumindest die für die Europäische Gemeinschaft verbindlichen endgültigen, rechtskräftigen Entscheidungen, die der Allgemeine Rat als DSB trifft, indem er die Berichte der von ihm *ad hoc* eingesetzten *Panels* (Art. 16 Abs. 4 DSU) und des ständigen *Appellate Body* (Art. 17 Abs. 14 DSU) annimmt, unmittelbar anwendbar sind, d.h. ohne konkretisierendes Dazwischentreten des innergemeinschaftlichen Rechts durchgesetzt werden können[426]. Die Pflicht der Europäischen Gemeinschaft nach Art. 19 Abs. 1 DSU, die als WTO-widrig beurteilte Maßnahme mit dem WTO-Übereinkommen in Einklang zu bringen, richtet sich an alle Organe der Europäischen Gemeinschaft, die in ihrem jeweiligen Zuständigkeitsbereich die Durchführung der Entscheidungen des DSB zu gewährleisten haben. Da die als WTO-widrig beurteilte Maßnahme der Europäischen Gemeinschaft nicht nichtig wäre, wären die Legislativorgane im Fall der unmittelbaren Anwendbarkeit der Entscheidungen des DSB verpflichtet, die als WTO-widrig beurteilte Maßnahme aufzuheben oder abzuändern, die Exekutivorgane, die als WTO-widrig beurteilte Maßnahme nicht mehr anzuwenden und die Gemeinschaftsgerichte, zugunsten einzelner Rechtsunterworfener die notwendigen Schlußfolgerungen aus den Entscheidungen des DSB zu ziehen.[427]

Die Literatur ist sich über die unmittelbare Anwendbarkeit der für die Europäischen Gemeinschaft verbindlichen Entscheidungen des DSB nicht einig, wobei nicht immer hinreichend deutlich zwischen dem Ausschluß der unmittelbaren Anwendbarkeit durch die besondere Natur des WTO-Übereinkommens und der hinreichenden Bestimmtheit der Entscheidungen des

425 WTO-Doc. WT/MIN(01)/DEC/W/2.

426 Siehe oben Zweiter Teil, Zweites Kapitel, B. III. 1. b).

427 Vgl. für die entsprechende Wirkung eines Feststellungsurteils nach Art. 228 Abs. 1 EGV *Klaus-Dieter Borchardt,* in: Carl Otto Lenz/Klaus-Dieter Borchardt (Hrsg.), EU- und EG-Vertrag, 3. Auflage 2003, Art. 228 EGV Rn. 5.

DSB unterschieden wird. Die Stimmen in der Literatur, die sich für eine unmittelbare Anwendbarkeit der für die Europäischen Gemeinschaft verbindlichen Entscheidungen des DSB aussprechen, argumentieren, wenn sie nicht schon von vornherein den Fehler begehen, die Verbindlichkeit der Entscheidungen des DSB für die Europäische Gemeinschaft mit ihrer unmittelbaren Anwendbarkeit gleichzusetzen,[428] mit der Rechtssicherheit. Diese erfordere, daß eine für die Europäische Gemeinschaft verbindliche Entscheidung des DSB, die eventuell noch bestehende Streitpunkte hinsichtlich der Vereinbarkeit sekundären Gemeinschaftsrechts mit dem WTO-Übereinkommen endgültig klärt, unmittelbar angewendet werde,[429] und daß Wertungswidersprüche zwischen dem WTO-Übereinkommen und dem Gemeinschaftsrecht vermieden werden müssen[430]. Demgegenüber bringen die Stimmen in der Literatur, die die unmittelbare Anwendbarkeit der für die Europäische Gemeinschaft verbindlichen Entscheidungen des DSB gemeinsam mit dem Europäischen Parlament[431] und Generalanwalt Mischo in seinen Schlußanträgen zu „Atlanta“[432] verneinen, vor, daß die gleichen Argumente, die gegen eine unmittelbare Anwendbarkeit der Bestimmungen des WTO-Übereinkommens sprechen, auch gegen die unmittelbare Anwendbarkeit der Entscheidungen des DSB angeführt werden können.[433] Die Ent-

---

428 *Geert A. Zonnekeyn,* The Legal Status of WTO Panel Reports in the EC Legal Order, JIEL 2 (1999), S. 713 (721); *Albrecht Weber/Flemming Moos,* Rechtswirkungen von WTO-Streitbeilegungsentscheidungen im Gemeinschaftsrecht, EuZW 10 (1999), S. 229 (235 f.); *José Maria Beneyto,* The EU and the WTO, Direct Effect of the New Dispute Settlement System?, EuZW 7 (1996), S. 295 (299).

429 *Jean Victor Louis,* Some Reflections on the Implementation of WTO Rules in the European Community Legal Order, in: Marco Bronckers/Reinhard Quick (eds), New Directions in International Economic Law, 2000, S. 493 (504 f.); *Ilka Neugärtner/Sebastian Puth,* Die Wirkung der WTO-Übereinkommen im Gemeinschaftsrecht, JuS 40 (2000), S. 640 (643); *Christoph Schmid,* Der Status des GATT/WTO-Systems im Gemeinschaftsrecht, NJW 51 (1998), S. 190 (195).

430 *Christiane A. Flemisch,* Umfang der Berechtigungen und Verpflichtungen aus völkerrechtlichen Verträgen, 2002, S. 225; *Christoph Julius Hermes,* TRIPS im Gemeinschaftsrecht, 2002, S. 331 f.; *Christoph Schmid,* Der Status des GATT/WTO-Systems im Gemeinschaftsrecht, NJW 51 (1998), S. 190 (195).

431 Vgl. Rn. 11 der Entschließung des Europäischen Parlaments vom 15. Dezember 1994 zum Abschluß der Uruguay-Runde und zur künftigen Tätigkeit der WTO (ABl. EU Nr. C 18 vom 23.1.1995, S. 165 ff.):

„[Das Europäische Parlament] verspricht sich von dem gestärkten Streitschlichtungsverfahren der WTO eine Versachlichung der handelspolitischen Konflikte, weist jedoch zugleich darauf hin, daß im Rahmen dieses Verfahrens gefaßte Beschlüsse sich an die Vertragsparteien der WTO richten und keine direkte Anwendbarkeit im WTO-Recht haben können.“

432 Schlußanträge von Generalanwalt Mischo, Rs. C-104/97 P, 6.5.1999, Slg. 1999, I-6987, Rn. 23 ff. (Atlanta AG/Europäische Gemeinschaft).

433 *Pascal Royla,* WTO-Recht – EG-Recht: Kollision, Justiziabilität, Implementation, EuR 36 (2001), S. 495 (511); Schlußanträge von Generalanwalt Mischo, Rs.

scheidungen des DSB, die die unter das WTO-Übereinkommen fallenden Rechte und Pflichten nach Art. 3 Abs. 3 S. 2 DSU nicht ändern können, stellen nämlich nichts anderes dar als eine Konkretisierung der Bestimmungen des WTO-Übereinkommens. Die Gemeinschaftsgerichte können zugunsten einzelner Rechtsunterworfener die notwendigen Schlußfolgerungen aus den Entscheidungen des DSB nur ziehen, wenn die verletzten Bestimmungen des WTO-Übereinkommens selbst unmittelbar anwendbar seien.[434]

Da der EuGH die Ablehnung der unmittelbaren Anwendbarkeit der Bestimmungen des WTO-Übereinkommens gerade mit dem WTO-Streitbeilegungsmechanismus begründet, stellt das Urteil „Portugal/Rat" den Ausgangspunkt für die Untersuchung dar, ob die unmittelbare Anwendbarkeit der für die Europäische Gemeinschaft verbindlichen Entscheidungen des DSB durch die besondere Natur des WTO-Übereinkommens unter Berücksichtigung seines Sinns, Aufbaus und Wortlauts ausgeschlossen ist.[435] Die unmittelbare Anwendbarkeit ergibt sich nicht bereits aus dem Gutachten 1/91,[436] wonach die Vertragsschlußkompetenzen der Europäischen Gemeinschaft zur Übertragung von Hoheitsrechten im Bereich der Rechtsprechung ermächtigen, soweit der völkerrechtliche Vertrag „ein eigenes Gerichtssystem mit einem Gerichtshof vor[sieht], der für die Regelung von Streitigkeiten zwischen den Vertragsparteien [...] und damit für die Auslegung seiner Bestimmungen zuständig ist".[437] Denn das Gutachten 1/91 regelt nur die Verbindlichkeit und damit die innergemeinschaftliche Beachtlichkeit der

---

C-104/97 P, 6.5.1999, Slg. 1999, I-6987, Rn. 24 (Atlanta AG/Europäische Gemeinschaft).

[434] Vgl. für die parallele Argumentation bei einem Feststellungsurteil nach Art. 228 Abs. 1 EGV *Klaus-Dieter Borchardt,* in: Carl Otto Lenz/Klaus-Dieter Borchardt (Hrsg.), EU- und EG-Vertrag, 3. Auflage 2003, Art. 228 EGV Rn. 5.

[435] *Piet Eeckhout,* Judicial Enforcement of WTO Law in the EU – Some Further Reflections, JIEL 5 (2002), S. 91 (104); *Steve Peers,* Fundamental Right of Political Whim? WTO Law and the European Court of Justice, in: Gráinne de Búrca/Joanne Scott (eds), The EU and the WTO, Legal and Constitutional Issues, 2001, S. 111 (116); *Werner Meng,* Verfahrensrechtliche Rechtsstellung der Individuen in Bezug auf das WTO-Recht, in: Hans-Wolfgang Arndt/Franz-Ludwig Knemeyer/Dieter Kugelmann/Werner Meng/Michael Schweitzer (Hrsg.), Völkerrecht und deutsches Recht, 2001, S. 65 (85); *Georg M. Berrisch/Hans-Georg Kamann,* WTO-Recht im Gemeinschaftsrecht – (k)eine Kehrtwende des EuGH, EWS 11 (2000), S. 89 (96).

[436] *Christoph Schmid,* Der Status des GATT/WTO-Systems im Gemeinschaftsrecht, NJW 51 (1998), S. 190 (195), führt das Gutachten 1/91 als Argument für die unmittelbare Anwendbarkeit der für die Europäische Gemeinschaft verbindlichen Entscheidungen des DSB an.

[437] EuGH, Gutachten 1/91, 14.12.1991, Slg. 1991, I-6079, Rn. 39 (Entwurf eines Abkommens zwischen der Gemeinschaft einerseits und den Ländern der Europäischen Freihandelsassoziation andererseits über die Schaffung eines Europäischen Wirtschaftsraums).

Entscheidungen eines solchen „Gerichtshofs“, nicht aber deren unmittelbare Anwendbarkeit.[438]

Über das Urteil „Portugal/Rat“ hinaus sind die Urteile der Gemeinschaftsgerichte über Schadensersatzklagen nach Art. 235 EGV zu berücksichtigen, zu deren Begründung sich einzelne Unternehmen auf verbindliche Entscheidungen des DSB, insbesondere die von ihm angenommenen Berichte des *Appellate Body* vom 9. September 1997, „European Communities – Regime for the Importation, Sale and Distribution for Bananas“,[439] und vom 16. Januar 1998, „European Communites – Measures Concerning Meat and Meat Products (Hormones)“,[440] berufen und gegen abweisende Urteile des EuG Rechtsmittel eingelegt hatten.[441] In dem Bericht des *Appellate Body* vom 9. September 1997 wurde festgestellt, daß die Verordnung des Rates vom 13. Februar 1993 über die gemeinsame Marktorganisation für Bananen (Bananenmarktordnung)[442] gegen verschiedene Bestimmungen des GATT 1994 und des GATS verstößt, in dem Bericht des *Appellate Body* vom 16. Januar 1998, daß die Richtlinie 81/602/EWG des Rates vom 31. Juli 1981 über ein Verbot von bestimmten Stoffen mit hormonaler Wirkung und von Stoffen mit thyreostatischer Wirkung[443] und die dieser nachfolgenden Richtlinien 88/146/EWG,[444] 88/299/EWG[445] und

---

438 *Pascal Royla,* WTO-Recht – EG-Recht: Kollision, Justiziabilität, Implementation, EuR 36 (2001), S. 495 (512): „Zu einer unmittelbaren Kassation der EG-Sekundärrechtsakte führt dies dagegen nicht“.

439 WTO-Doc. WT/DS27/AB/R.

440 WTO Doc. WT/DS26/AB/R; WT/DS48/AB/R.

441 EuGH, Rs. C-94/02 P, 30.9.2003, noch nicht in der amtlichen Sammlung veröffentlicht (Etablissements Biret et Cie SA/Rat); EuGH, Rs. C-93/02 P, 30.9.2003, noch nicht in der amtlichen Sammlung veröffentlicht (Biret International SA/Rat); EuGH, Rs. C-104/97 P, 14.10.1999, Slg. 1999, I-6983 ff. (Atlanta AG/Europäische Gemeinschaft); EuG, T-210/00, 11.1.2002, Slg. 2002, II-47 (Etablissements Biret et Cie SA/Rat); EuG, Rs. T-174/00, 11.1.2002, Slg. 2002, II-17 (Biret International SA/Rat); EuG, Rs. T-52/99, 20.3.2001, Slg. 2001, II-981, Rn. 35 (T. Port GmbH & Co. KG/Kommission); EuG, Rs. T-30/99, 20.3.2001, Slg. 2001, II-943, Rn. 40 (Bocchi Food Trade International GmbH/Kommission); EuG, Rs. T-18/99, 20.3.2001, Slg. 2001, II-913, Rn. 35 (Cordis Obst und Gemüse Großhandel GmbH/Kommission); EuG, Rs. T-254/97, 28.9.1999, Slg. 1999, II-2743, Rn. 20 (Fruchthandelsgesellschaft mbH Chemnitz/Kommission).

442 ABl. EU Nr. L 47 vom 25.2.1993, S. 1 ff.

443 ABl. EU Nr. L 222 vom 7.8.1981, S. 32 ff.

444 Richtlinie 88/146/EWG des Rates vom 7. März 1988 zum Verbot des Gebrauchs von bestimmten Stoffen hormonaler Wirkung im Tierbereich (ABl. EU Nr. L 70 vom 16.3.1988, S. 16).

445 Richtlinie 88/299/EWG des Rates vom 17. Mai 1988 über den Handel mit in Artikel 7 der Richtlinie 88/146/EWG genannten Tieren, die mit bestimmten Stoffen hormonaler Wirkung behandelt wurden, sowie mit deren Fleisch (ABl. EU Nr. L 128 vom 21.5.1988, S. 36 ff.).

96/22/EG[446] gegen Art. 3 Abs. 3 und Art. 5 Abs. 1 des SPS-Übereinkommens verstoßen.

In den Urteilen „Atlanta“ und „Biret“ ist der EuGH auf die Frage der unmittelbaren Anwendbarkeit der für die Europäische Gemenschaft verbindlichen Entscheidungen des DSB nicht eingegangen,[447] weil hierfür aus unterschiedlichen Gründen keine Notwendigkeit bestand. In dem Urteil „Atlanta“ hat der EuGH den Rechtsmittelgrund, der sich auf den nach Erlaß des erstinstanzlichen Urteils ergangenen, bereits genannten Bericht des *Appellate Body* vom 9. September 1997 gestützt hatte, nach Art. 42 § 2 i.V.m. Art. 118 seiner Verfahrensordnung als verspätet und damit unzulässig zurückgewiesen.[448] Die Rechtsmittelführerin hatte im Stadium der Erwiderung geltend gemacht, daß der von dem DSB angenommene Bericht des *Appellate Body* die Unvereinbarkeit von wesentlichen Teilen der Bananenmarktordnung mit dem GATT 1994 und dem GATS „abschließend“ feststelle.[449] Der EuGH hat die Zurückweisung des Rechtsmittelgrundes damit begründet, daß der von dem DSB angenommene Bericht des *Appellate Body* wegen des notwendigen und unmittelbaren Zusammenhangs mit dem GATT 1994 nur hätte berücksichtigt werden können, wenn er die Möglichkeit gehabt hätte, die unmittelbare Anwendbarkeit des GATT 1994 festzustellen. Die Rechtsmittelführerin habe aber ihren vor dem EuG geltend gemachten Klagegrund der Unvereinbarkeit der Bananenmarktordnung mit dem GATT 1994 nicht als Rechtsmittelgrund in ihrer Rechtsmittelschrift vorgetragen.[450] In den Urteilen „Biret“ hat der EuGH gleich zu Beginn seiner Ausführungen festgestellt, daß es zumindest an einer haftungsbegründenden Voraussetzung, nämlich einem kausalen Schaden, fehle.[451] Die

---

[446] Richtlinie 96/22/EG des Rates vom 29. April 1996 über das Verbot der Verwendung bestimmter Stoffe mit hormonaler bzw. thyreostatischer Wirkung und von β-Agonisten in der tierischen Erzeugung und zur Aufhebung der Richtlinien 81/602/EWG, 88/146/EWG und 88/299/EWG (ABl. EU Nr. L 125 vom 23.5.1996, S. 3 ff.).

[447] Vgl. für die Urteile „Biret“ *Christine Kaddous,* The Biret Cases: an open door to liability for the non-implementation of a WTO dispute settlement decision?, European Law Reporter 2004, S. 54 (60); *Christian Pitschas,* EuZW 13 (2003), S. 761 (761 f.); a. A. *Sandra Bartelt,* Die Haftung der Gemeinschaft bei Nichtumsetzung von Entscheidungen des WTO-Streitbeilegungsgremiums, EuR 38 (2003), S. 1077 (1079).

[448] EuGH, Rs. C-104/97 P, 14.10.1999, Slg. 1999, I-6983, Rn. 22 f. (Atlanta AG/Europäische Gemeinschaft).

[449] EuGH, Rs. C-104/97 P, 14.10.1999, Slg. 1999, I-6983, Rn. 17 (Atlanta AG/Europäische Gemeinschaft).

[450] EuGH, Rs. C-104/97 P, 14.10.1999, Slg. 1999, I-6983, Rn. 19 ff. (Atlanta AG/Europäische Gemeinschaft).

[451] EuGH, Rs. C-94/02 P, 30.9.2003, noch nicht in der amtlichen Sammlung veröffentlicht, Rn. 67 (Etablissements Biret et Cie SA/Rat); EuGH, Rs. C-93/02 P,

Rechtsmittelführerinnen haben sich nämlich bereits seit dem 7. Dezember 1995 in gerichtlicher Liquidation befunden. Damit hätten die fraglichen Richtlinien nach dem 13. Mai 1999, als die Umsetzungsfrist ablief, keinen Schaden mehr verursachen können.[452]

Aus diesem Grund kann der Untersuchung der unmittelbaren Anwendbarkeit der für die Europäische Gemeinschaft verbindlichen Entscheidungen des DSB allein das Urteil „Portugal/Rat" zugrundegelegt werden. Danach können die für die Europäische Gemeinschaft verbindlichen Entscheidungen des DSB vor[453] und nach Ablauf der Umsetzungsfrist[454] grundsätzlich nicht unmittelbar anwendbar sein, da dies zum Verlust des „Spielraums" der Gemeinschaftsorgane im Rahmen der Verhandlung über eine Entschädigung nach Art. 22 Abs. 2 DSU und der Aussetzung von Zugeständnissen oder sonstigen Pflichten nach Art. 22 Abs. 3 DSU führen würde, „über den die entsprechenden Organe der Handelspartner der Gemeinschaft verfügen"[455]. Die von Art. 22 Abs. 2 und 3 DSU vorübergehend zugelassenen Ausnahmen einer fristgerechten Umsetzung greifen im Fall der Verhandlung über eine Entschädigung auch und im Fall der Aussetzung von Zugeständnissen und sonstigen Pflichten erst ein, nachdem die Frist zur Umsetzung der Entscheidung des DSB abgelaufen ist.

30.9.2003, noch nicht in der amtlichen Sammlung veröffentlicht, Rn. 64 (Biret International SA/Rat).

[452] EuGH, Rs. C-94/02 P, 30.9.2003, noch nicht in der amtlichen Sammlung veröffentlicht, Rn. 66 (Etablissements Biret et Cie SA/Rat); EuGH, Rs. C-93/02 P, 30.9.2003, noch nicht in der amtlichen Sammlung veröffentlicht, Rn. 63 (Biret International SA/Rat).

[453] Das Oberlandesgericht Frankfurt hat in einem Beschluß vom 13. Februar 2001 (RIW 47 (2001), S. 464 ff.) entschieden, daß Rechtshilfe nach dem Übereinkommen über die Zustellung gerichtlicher und außergerichtlicher Schriftstücke im Ausland in Zivil- und Handelssachen vom 15. November 1965 (BGBl. 1977 II, 1452) für die Zustellung einer US-amerikanischen Klage, die die Geltendmachung von Ansprüchen nach dem *Anti-Dumping Act 1916* zum Gegenstand hat, zwar nicht deshalb versagt werden kann, weil die auf Antrag der Europäischen Gemeinschaft erstellten Berichte des *Panel* vom 31. März 2000 (WTO-Doc. WT/DS136/R) und des *Appellate Body* vom 28. August 2000 (WTO-Doc. WT/DS136/AB/R und WT/DS162/AB/R), „United States – Anti-Dumping Act 1916" festgestellt haben, daß die für die Klage maßgeblichen Teile des *Anti-Dumping Act 1916* gegen Bestimmungen des GATT 1947 verstoßen. Dies könne allerdings nur solange gelten, wie die Umsetzungsfrist nach Art. 21 Abs. 3 DSU nicht abgelaufen sei und wie die Vereinigten Staaten von Amerika nicht zu erkennen gegeben hätten, daß sie von der Umsetzung Abstand nehmen würden.

[454] Die unterlegende Streitpartei ist nach Art. 21 Abs. 1 DSU „umgehend" bzw. nach Art. 21 Abs. 3 S. 2 DSU innerhalb eines „angemessene[n] Zeitraum[s]" zur Umsetzung der Empfehlungen und Entscheidungen des DSB verpflichtet.

[455] EuGH, Rs. C-149/96, 23.11.1999, Slg. 1999, I-8395, Rn. 46 (Portugal/Rat).

Die unmittelbare Anwendbarkeit der für die Europäische Gemeinschaft verbindlichen Entscheidungen des DSB könnte jedoch ausnahmsweise mit dem Urteil „Portugal/Rat“ vereinbar sein, wenn, wie zuerst von Generalanwalt Lenz in seinen Schlußanträgen zu „Chiquita“ vertreten wurde, die Europäische Gemeinschaft sich weigern sollte, die Entscheidung des DSB umzusetzen, bzw. diese einfach ignoriert.[456] Ein solcher Sachverhalt lag den Urteilen „Biret“ zugrunde. Die Klägerinnen, die sich auf den Bericht des *Appellate Body* vom 16. Januar 1998 berufen hatten, brachten vor dem EuG vor, daß das Urteil „Portugal/Rat“ auf den vorliegenden Fall nicht anwendbar sei, da die Europäische Gemeinschaft ihre Absicht geäußert habe, das Embargo von hormonbehandeltem Rindfleisch trotz des gegenwärtigen Stands der wissenschaftlichen Forschung beizubehalten.[457]

Zwar wird die Entscheidung der Europäischen Gemeinschaft, eine Entschädigung bzw. die Aussetzung von Zugeständnissen und sonstigen Pflichten durch die obsiegende Streitspartei als dauerhafte Maßnahme zu betrachten,[458] anders als die Entscheidung der Europäischen Gemeinschaft, die für sie verbindlichen Entscheidungen des DSB nicht umzusetzen und über eine Entschädigung nach Art. 22 Abs. 2 DSU zu verhandeln, nicht vom DSU anerkannt. Nach Art. 22 Abs. 2 sind eine Entschädigung und die Aussetzung von Zugeständnissen oder sonstigen Pflichten nur „vorübergehende Maßnahmen, die zur Verfügung stehen, wenn die Empfehlungen und Ent-

---

[456] *Geert A. Zonnekeyn,* The Status of Adopted Panel and Appellate Body Reports in the European Court of Justice and the European Court of First Instance, JWT 34 (2000) 2, S. 93 (106); *Thomas Cottier,* The Impact of the TRIPS Agreement on Private Parties and Litigation, in: James Cameron/Karen Campbell (eds), Dispute Resolution in the WTO, 1998, S. 111 (127); *Thomas Cottier,* Dispute Settlement in the World Trade Organization: Characteristics and Structural Implications for the European Union, CMLRev. 35 (1998), S. 325 (374); Schlußanträge von Generalanwalt Alber, Rs. C-93/02 P, 15.5.2003, noch nicht in der amtlichen Sammlung veröffentlicht, Rn. 91 ff. (Biret International SA/Rat); Schlußanträge von Generalanwalt Alber, C-94/02 P, 15.5.2003, noch nicht in der amtlichen Sammlung veröffentlicht, Rn. 91 ff. (Etablissements Biret et Cie SA/Rat); Schlußanträge von Generalanwalt Lenz, Rs. C-469/93, 16.2.1995, Slg. 1995, I-4536, Rn. 20 (Amministrazione delle finanze dello Stato/Chiquita Italia SpA).

[457] EuG, Rs. T-174/00, 11.1.2002, Slg. 2002, II-17, Rn. 15 (Biret International SA/Kommission); EuG, T-210/00, 11.1.2002, Slg. 2002, II-47, Rn. 15 (Etablissements Biret et Cie SA/Rat). Diese Absicht wurde inzwischen mit der Richtlinie 2003/74/EG des Europäischen Parlaments und des Rates vom 22. September 2003 zur Änderung der Richtlinie 96/22/EG des Rates über das Verbot der Verwendung bestimmter Stoffe mit hormonaler bzw. thyreostatischer Wirkung und von β-Agonisten in der tierischen Erzeugung umgesetzt.

[458] EuG, Rs. T-174/00, 11.1.2002, Slg. 2002, II-17, Rn. 58 (Biret International SA/Kommission); EuG, T-210/00, 11.1.2002, Slg. 2002, II-47, Rn. 65 (Etablissements Biret et Cie SA/Rat).

scheidungen nicht innerhalb eines angemessenen Zeitraums umgesetzt werden". Die anderen Lösungen, die in Art. 22 Abs. 8 S. 1 DSU alternativ zur Umsetzung angesprochen werden, stellen aus systematischen Gründen weder eine Entschädigung noch eine Aussetzung von Zugeständnissen oder sonstigen Pflichten dar.[459] In seinen Schlußanträgen zu „Biret" hat Generalanwalt Alber daher auch die Ansicht vertreten, daß die unmittelbare Anwendbarkeit des Berichts des *Appellate Body* vom 16. Januar 1998 den „Spielraum, der den Legislativ- und Exekutivorganen der Gemeinschaft bei der Umsetzung" zustehe, nicht beschränke.[460] Da das DSU keine dauerhaften Ausnahmen[461] von der Umsetzungspflicht erlaube, sei ein Spielraum der Gemeinschaftsorgane, der durch die unmittelbare Anwendbarkeit beschränkt werden könnte, von vornherein nicht gegeben.

Allerdings könnte die unmittelbare Anwendbarkeit der für die Europäische Gemeinschaft verbindlichen Entscheidungen des DSB selbst in den Fällen, in denen sich die Europäische Gemeinschaft weigert, die Entscheidung des DSB umzusetzen bzw. diese einfach ignoriert, den im Urteil „Portugal/Rat" geübten *judicial restraint*[462] aushöhlen. Beide Entscheidungen der Europäischen Gemeinschaft stoßen unabhängig davon, ob sie vom DSU anerkannt werden, wegen ihres rechtspolitischen Hintergrunds an die Grenze der rechtsanwendenden Konkretisierungsbefugnis des EuGH.[463] Hinzu kommt, daß der EuGH nicht ohne weiteres in der Lage wäre, festzustellen, ob die Europäische Gemeinschaft die Entscheidungen des DSB nicht umsetzt, weil sie den „Spielraum" im Rahmen der Verhandlung über eine Entschädigung nach Art. 22 Abs. 2 DSU ausüben oder aber die Entscheidungen des DSB an sich ignorieren möchte.[464] Dies könnte sich nega-

---

[459] *Christian Pitschas,* EuZW 14 (2003), S. 761 (762).

[460] Schlußanträge von Generalanwalt Alber, Rs. C-93/02 P, 15.5.2003, noch nicht in der amtlichen Sammlung veröffentlicht, Rn. 95 (Biret International SA/Rat); Schlußanträge von Generalanwalt Alber, Rs. C-94/02 P, 15.5.2003, noch nicht in der amtlichen Sammlung veröffentlicht, Rn. 95 (Etablissements Biret et Cie SA/ Rat). Vgl. zu diesen Schlußanträgen *Geert A. Zonnekeyn,* EC Liability for the Non-Implementation of WTO Dispute Settlement Decisions – Advocate General Alber Proposes a „Copernican Innovation" in the Case Law of the ECJ, JIEL 6 (2003), S. 761 ff.

[461] Abgesehen von den in Art. 22 Abs. 8 S. 1 angesprochenen anderen Lösungen (vgl. *Christian Pitschas,* EuZW 14 (2003), S. 761 (762 f.)).

[462] *Andrea Ott,* Der EuGH und das WTO-Recht: Die Entdeckung der politischen Gegenseitigkeit, EuR 38 (2003), S. 504 (517).

[463] *Steve Peers,* Fundamental Right of Political Whim? WTO Law and the European Court of Justice, in: Gráinne de Búrca/Joanne Scott (eds), The EU and the WTO, Legal and Constitutional Issues, 2001, S. 111 (117).

[464] *Steve Peers,* Fundamental Right of Political Whim? WTO Law and the European Court of Justice, in: Gráinne de Búrca/Joanne Scott (eds), The EU and the WTO, Legal and Constitutional Issues, 2001, S. 111 (116 f.): „Such judgments

tiv auf die Rechtssicherheit im Hinblick auf die Frage der unmittelbaren Anwendbarkeit der für die Europäischen Gemeinschaft verbindlichen Entscheidungen des DSB auswirken.

In den Urteilen „Biret" hat das EuG unter Berufung auf die Rechtsprechung des EuGH in dem Urteil „Atlanta" ausgeführt, daß sich die Klägerinnen nicht auf den Bericht des *Appellate Body* vom 16. Januar 1998 berufen können, weil der Bericht des *Appellate Body* wegen des notwendigen und unmittelbaren Zusammenhangs mit dem SPS-Übereinkommen nur berücksichtigt werden könne, wenn die unmittelbare Anwendbarkeit des SPS-Übereinkommens durch den EuGH oder das EuG bestätigt worden wäre.[465] Dies sei aber nach dem Urteil „Portugal/Rat" gerade nicht der Fall. Wenn die Berufung auf das Urteil „Atlanta" auch nicht vollends überzeugt, weil der Bericht des *Appellate Body* vom 9. September 1997 aus prozessualen Gründen nicht berücksichtigt wurde und der EuGH sich aus diesem Grund nicht abschließend zur unmittelbaren Anwendbarkeit der für die Europäischen Gemeinschaft verbindlichen Entscheidungen des DSB äußern konnte, ist dem EuG aus den oben genannten Gründen im Ergebnis zuzustimmen.

bb) Die unmittelbare Anwendbarkeit in ausgewählten Mitgliedstaaten

Die unmittelbare Anwendbarkeit der Entscheidungen der durch das TRIPs-Übereinkommen eingesetzten Organe kommt von vornherein nur in Frankreich und in den Niederlanden in Betracht, in denen die Entscheidungen innerstaatliche Geltung erlangt haben. Die Beschlüsse der Ministerkonferenz sind in Frankreich nur unter bestimmten Voraussetzungen, in den Niederlanden nach Art. 93 der niederländischen Verfassung, sofern sie „ihrem Inhalt nach allgemeinverbindlich sind", unmittelbar anwendbar. Die für die Mitgliedstaaten verbindliche Entscheidungen des DSB bedürfen in Frankreich eines *Exequaturs,* um unmittelbar anwendbar zu sein. In den Niederlanden werden sie als Teil der unmittelbar anwendbaren Bestimmungen des TRIPs-Übereinkommens angesehen.[466]

---

would involve the Court in second-guessing the bona fides of Community and third-state negotiators, something it is ill-equipped to do [... and] would place tremendous power in the hands of third states."

[465] EuG, Rs. T-174/00, 11.1.2002, Slg. 2002, II-17, Rn. 67 (Biret International SA/Kommission); EuG, T-210/00, 11.1.2002, Slg. 2002, II-47, Rn. 77 (Etablissements Biret et Cie SA/Rat).

[466] Siehe oben Zweiter Teil, Zweites Kapitel, B. III. b) bb).

2. Die unmittelbare Anwendbarkeit der übrigen gemischten Verträge auf dem Gebiet des geistigen Eigentums

a) Die unmittelbare Anwendbarkeit der Bestimmungen der übrigen gemischten Verträge

Die Europa-Abkommen mit den mittel- und osteuropäischen Staaten, die Partnerschafts- und Kooperationsabkommen mit den GUS-Staaten und das CBD-Übereinkommen regeln die unmittelbare Anwendbarkeit ihrer Bestimmungen nicht selbst.

aa) Die unmittelbare Anwendbarkeit in der Europäischen Gemeinschaft

Die Bestimmungen der Europa-Abkommen und der Partnerschafts- und Kooperationsabkommen, in denen sich die assoziierten mittel- und osteuropäischen Staaten und GUS-Staaten verpflichten, ihre Rechtsvorschriften auf dem Gebiet des geistigen Eigentums dem in der Europäischen Gemeinschaft geltenden Schutzniveau anzupassen und den wichtigsten völkerrechtlichen Verträgen auf dem Gebiet des geistigen Eigentums beizutreten,[467] und die innergemeinschaftliche Geltung erlangt haben, sind, da sie ein weiteres Tätigwerden der assoziierten Staaten voraussetzen, in der Europäischen Gemeinschaft nicht unmittelbar anwendbar.

bb) Die unmittelbare Anwendbarkeit in ausgewählten Mitgliedstaaten

Die das geistige Eigentum regelnden Art. 8 lit. j) und Art. 15 bis 17 des CBD-Übereinkommens, die in der Vertragsschlußkompetenz der Mitgliedstaaten verblieben sind und innerstaatliche Geltung erlangt haben, im Vereinigten Königreich aber nur in dem Umfang, in dem section 74 des *Countryside and Rights of Way Act 2000*[468] auf sie verweist, sind nicht hinreichend bestimmt, da sie die Mitgliedstaaten in erster Linie zu weiteren „Gesetzgebungs-, Verwaltungs- oder politische[n] Maßnahmen" verpflichtet[469] und darüber hinaus durch Wendungen wie „[j]ede Vertragspartei ergreift, soweit möglich und sofern angebracht", „[j]ede Vertragspartei bemüht sich" und „[d]ie Vertragsparteien erleichtern" sehr vage formuliert sind[470].

---

[467] Siehe oben Erster Teil, Zweites Kapitel, A. III.

[468] *Countryside and Rights of Way Act 2000,* c. 37.

[469] Art. 15 Abs. 7 und Art. 16 Abs. 3 und 4 des CBD-Übereinkommens. Daneben stellen Art. 8 lit. j) und Art. 15 Abs. 1 auf die „innerstaatlichen Rechtsvorschriften" ab.

[470] Art. 8 lit. j), Art. 15 Abs. 2 und 6 und Art. 17 Abs. 1 des CBD-Übereinkommens.

b) Die unmittelbare Anwendbarkeit der Entscheidungen der durch das CBD-Übereinkommen eingesetzten Organe

Das CBD-Übereinkommen regelt die unmittelbare Anwendbarkeit der Entscheidungen der durch sie eingesetzten Organe nicht selbst.

aa) Die unmittelbare Anwendbarkeit in der Europäischen Gemeinschaft

Die Maßnahmen der Konferenz der Vertragsparteien, sind, wenn sie in die ausschließliche bzw. ausgeübte konkurrierende Vertragsschlußkompetenz der Europäischen Gemeinschaft fallen und hinreichend bestimmt sind, in der Europäischen Gemeinschaft unmittelbar anwendbar. Gleiches gilt für die für die Europäische Gemeinschaft verbindlichen Entscheidungen des Schiedsgerichts im Rahmen des CBD-Übereinkommens, da die Organe der Europäischen Gemeinschaft keinen vergleichbaren „Spielraum" verlieren könnten, wie ihn das DSU den Vertragsparteien des WTO-Übereinkommens gewährt. Stellen die Entscheidungen eine Verletzung des CBD-Übereinkommens fest, wirken sie in der Europäischen Gemeinschaft wie ein Feststellungsurteil nach Art. 228 Abs. 1 EGV.

bb) Die unmittelbare Anwendbarkeit in ausgewählten Mitgliedstaaten

Die unmittelbare Anwendbarkeit der Entscheidungen der durch das CBD-Übereinkommen eingesetzten Organe kommt von vornherein nur in Frankreich und in den Niederlanden in Betracht, in denen die Entscheidungen innerstaatliche Geltung erlangt haben. Die Maßnahmen der Konferenz der Vertragsparteien sind in Frankreich nur unter bestimmten Voraussetzungen, in den Niederlanden nach Art. 93 der niederländischen Verfassung, sofern sie „ihrem Inhalt nach allgemeinverbindlich sind", unmittelbar anwendbar. Die für die Mitgliedstaaten verbindlichen Entscheidungen des Schiedsgerichts bedürfen in Frankreich eines *Exequaturs,* um unmittelbar anwendbar zu sein; in den Niederlanden können sie nicht als Teil der unmittelbar anwendbaren Bestimmungen des CBD-Übereinkommens angesehen werden, da diese nicht unmittelbar anwendbar sind.[471]

---

[471] Siehe oben Zweiter Teil, Zweites Kapitel, B. III. b) bb).

II. Die mittelbare Anwendbarkeit der gemischten Verträge

1. Die mittelbare Anwendbarkeit des TRIPs-Übereinkommens

a) Die mittelbare Anwendbarkeit der Bestimmungen des TRIPs-Übereinkommens

aa) Die mittelbare Anwendbarkeit in der Europäischen Gemeinschaft

(1) Die TRIPs-konforme Auslegung des Gemeinschaftsrechts und des innerstaatlichen Rechts

In dem Urteil „Hermès" hat der EuGH das Prinzip der völkerrechtskonformen Auslegung sekundären Gemeinschaftsrechts nicht nur auf das TRIPs-Übereinkommen übertragen,[472] sondern seine Geltung zugleich auf das innerstaatliche Recht der Mitgliedstaaten erstreckt, indem er nicht Bestimmungen des sekundären Gemeinschaftsrechts, sondern des niederländischen Zivilprozeßrechts ausgelegt hat.[473] Da dies nur dann folgerichtig ist, wenn die Bestimmungen des TRIPs-Übereinkommens, im Lichte derer das innerstaatliche Recht ausgelegt werden soll, Vorrang vor dem innerstaatlichen Recht der Mitgliedstaaten haben, hat der EuGH in dem Urteil „Dior" entschieden, daß die Gerichte der Mitgliedstaaten nur „in einem Bereich, auf den das TRIPs-Übereinkommen anwendbar ist und in dem die Gemeinschaft bereits Rechtsvorschriften erlassen hat", d.h. der in die ausschließliche bzw. ausgeübte konkurrierende Vertragsschlußkompetenz der Europäischen Gemeinschaft fällt, „nach dem Gemeinschaftsrecht verpflichtet [sind], [...] soweit wie möglich den Wortlaut und den Zweck von Artikel 50 des TRIPs-Übereinkommens zu berücksichtigen".[474] In einem Bereich, der nicht nur in die ausschließliche Vertragsschlußkompetenz der Europäischen Gemeinschaft, sondern auch in die ausschließliche Vertragsschluß-

[472] *Christoph Julius Hermes,* TRIPS im Gemeinschaftrsrecht, 2002, S. 348; *Pascal Royla,* WTO-Recht – EG-Recht: Kollision, Justiziabilität, Implementation, EuR 36 (2001), S. 495 (506); *Georg M. Berrisch/Hans-Georg Kamann,* WTO-Recht im Gemeinschaftsrecht – (k)eine Kehrtwende des EuGH, EWS 11 (2000), S. 89 (95); *Frédérique Berrod,* La Cour de Justice refuse l'invocabilité des accords OMC: essai de régulation de la mondialisation, RTDE 36 (2000), S. 419 (448); *Armin von Bogdandy,* Die Überlagerung der ZPO durch WTO-Recht, NJW 52 (1999), S. 2088 (2089).

[473] EuGH, Rs. C-53/96, 16.6.1998, Slg. 1998, I-3603, Rn. 28 (Hermès International/FHT Marketing Choice BV).

[474] EuGH, Verb. Rs. C-300 und 392/98, 14.12.2000, Slg. 2000, I-11307, Rn. 47 (Parfums Christian Dior SA/Tuk Consultancy BV und Assco Gerüste GmbH, Rob van Dijk/Wilhelm Layher GmbH & Co. KG, Layher BV).

kompetenz der Mitgliedstaaten fällt (parallele Vertragsschlußkompetenz), sind die Gerichte der Mitgliedstaaten nur insoweit an die TRIPs-konforme Auslegung durch den EuGH gebunden, als sie über Vorschriften des innerstaatlichen Rechts, wie z. B. §§ 125a bis 125 h des deutschen Gesetzes über den Schutz von Marken und sonstigen Kennzeichen (Markengesetzes, MarkenG) in der Neufassung vom 19. Juli 1996[475], zu entscheiden haben, die sich auf die gewerblichen Gemeinschaftsschutzrechte, d.h. die Gemeinschaftsmarke, den gemeinschaftlichen Sortenschutz, die geographischen Angaben und Ursprungsbezeichnungen für Agrarerzeugnisse und Lebensmittel und das Gemeinschaftsgeschmacksmuster, beziehen.

Das Prinzip der WTO- bzw. TRIPs-konformen Auslegung sekundären Gemeinschaftsrechts wird nicht nur durch den Bericht des *Panel* vom 22. Dezember 1999, „United States – Sections 301–310 of the Trade Act of 1974“,[476] bestätigt,[477] sondern auch durch die nachfolgende Rechtsprechung des EuGH[478] und des EuG[479] sowie durch die Schlußanträge der Generalanwälte[480].

---

475 BGBl. 1996 I, 1014; zuletzt geändert durch Gesetz vom 23. Juli 2002, BGBl. 2002, 2952.

476 WTO-Doc. WT/DS152/R, para. 7.126: „As a matter of international law, the effect of the US undertakings is to anticipate, or discharge, any would-be State responsibility that could have arisen had the national law under consideration in this case consisted of nothing more than the statutory language. It of course follows that should the US repudiate or remove in any way these undertakings, the US would incur State responsibility since its law would be rendered inconsistent with the obligations under Article 23.“

477 *Stefan Griller,* Judicial Enforceability of WTO Law in the European Union, JIEL 3 (2000), S. 441 (468).

478 EuGH, Rs. C-76/00 P, 9.1.2003, Slg. 2003, I-79, Rn. 57 (Petrotub SA/Republica SA); EuGH, Rs. C-89/99, 12.9.2001, Slg. 2001, I-5851, Rn. 35 (Schieving-Nijstad vof u. a./Robert Groeneveld); EuGH, Verb. Rs. C-300 und 392/98, 14.12.2000, Slg. 2000, I-11307, Rn. 47 (Parfums Christian Dior SA/Tuk Consultancy BV und Assco Gerüste GmbH, Rob van Dijk/Wilhelm Layher GmbH & Co. KG, Layher BV).

479 EuG, Rs. T-256/97, 27.1.2000, Slg. 2000, II-101, Rn. 66 ff. (Bureau européen des unions de consommateurs (BEUC)/Kommission).

480 Schlußanträge von Generalanwalt Léger, Rs. C-104/01, 12.11.2002, Slg. 2003, I-3798, Rn. 54 (Libertel Groep BV/Benelux-Merkenbureau); Schlußanträge von Generalanwalt Tizzano, Rs. C-245/00, 26.9.2002, Slg. 2003, I-1253, Rn. 44 (Stichting ter Exploitatie van Naburige Rechten (SENA)/Nederlandse Omroep Stichting (NOS)); Schlußanträge von Generalanwalt La Pergola, Rs. C-393/98, 9.9.1999, Slg. 2000, I-631, Rn. 18 (Entidad de Gestión de Derechos de los Productores Audiovisuales (Egeda)/Hostelería Asturiana SA (Hoasa)).

(2) Die Handelshemmnisverordnung

Das TRIPs-Übereinkommen fällt in den Anwendungsbereich der Verordnung (EG) Nr. 3286/94 des Rates vom 22. Dezember 1994 zur Festlegung der Verfahren der Gemeinschaft im Bereich der gemeinsamen Handelspolitik zur Ausübung der Rechte der Gemeinschaft nach internationalen Handelsregeln, insbesondere den im Rahmen der Welthandelsorganisation vereinbarten Regeln[481] (sog. Handelshemmnisverordnung oder *Trade Barriers Regulation*). Die Anlagen zu dem WTO-Übereinkommen und damit auch das in Anlage 1C enthaltene TRIPs-Übereinkommen legen nach Art. 2 Abs. 2 S. 2 internationale Handelsregeln fest, die das Recht zu einem Vorgehen gegen von einem Drittland eingeführte oder beibehaltene Handelspraktiken einräumen. Einzelne Unternehmen oder Unternehmensvereinigungen der Europäischen Gemeinschaft haben nach Art. 4 Abs. 1 der Verordnung (EG) Nr. 3286/94 das Recht, bei der Kommission eine Untersuchung drittstaatlicher Handelshemmnisse zu beantragen, die sich aus einer Verletzung des TRIPs-Übereinkommens durch einen Drittstaat ergeben, der ebenfalls Vertragspartei des TRIPs-Übereinkommens ist.

Fraglich ist allein, ob alle Bestimmungen des TRIPs-Übereinkommens[482] oder nur jene Bestimmungen des TRIPs-Übereinkommens, auf die sich die ausschließliche bzw. ausgeübte konkurrierende Vertragsschlußkompetenz der Europäischen Gemeinschaft erstreckt,[483] in den Anwendungsbereich der Verordnung (EG) Nr. 3286/94 fallen. Auf den ersten Blick spricht vieles dafür, daß nur die Bestimmungen des TRIPs-Übereinkommens, auf die sich die ausschließliche bzw. ausgeübte konkurrierende Vertragsschlußkompetenz der Europäischen Gemeinschaft erstreckt, in den Anwendungsbereich der Verordnung (EG) Nr. 3286/94 fallen. Die Kompetenzen der Europäischen Gemeinschaft sind unabhängig davon, ob sie von der Europäischen Gemeinschaft dazu verwendet werden, einen völkerrechtlichen Vertrag, wie etwa das TRIPs-Übereinkommen, zu schließen, oder sekundäres Gemeinschaftsrecht, wie etwa die Verordnung (EG) Nr. 3286/94, zu erlassen, gleich auszulegen.

---

[481] ABl. EU Nr. L 349 vom 31.12.1994, S. 71 ff.

[482] *Peter-Tobias Stoll/Karen Raible,* Schutz geistigen Eigentums und das TRIPS-Abkommen, in: Hans-Joachim Prieß/Georg Berrisch (Hrsg.), WTO-Handbuch, 2003, Rn. 176, Fn. 231; *Hans-Joachim Prieß/Christian Pitschas,* Die Abwehr sonstiger unlauterer Handelspraktiken – Trade Barriers Regulation, EWS 11 (2000), S. 185 (191); *Thomas Cottier,* Dispute Settlement in the World Trade Organization: Characteristics and Structural Implications for the European Union, CMLRev. 35 (1998), S. 325 (358).

[483] *Marco Bronckers/Natalie McNelis,* The EU Trade Barriers Regulation Comes of Age, in: Armin von Bogdandy/Petros C. Mavroidis/Yves Mény (eds), European Integration and International Co-ordination, 2002, S. 55 (67 ff.), wenn sie am Ende auch eine pragmatische Lösung vorziehen.

Ein zweiter Blick offenbart jedoch Unterschiede zwischen dem TRIPs-Übereinkommen und der Verordnung (EG) Nr. 3286/94. Anders als das TRIPs-Übereinkommen, dessen Abschluß durch die Europäische Gemeinschaft nicht auf Art. 133 Abs. 1 EGV gestützt werden konnte, weil lediglich Art. 51 bis 60 des TRIPs-Übereinkommens über die Durchsetzung des Verbots der Überführung nachgeahmter Waren den freien Warenverkehr mit Drittstaaten betrafen und der in den übrigen Bestimmungen des TRIPs-Übereinkommens geregelte Schutz des geistigen Eigentums gegenüber dem im GATT 1994 und in Art. 51 bis 60 des TRIPs-Übereinkommens geregelten Warenverkehr mit Drittstaaten nicht mehr nur als akzessorisch angesehen werden konnte, stellen die internationalen Handelsregeln, die das TRIPs-Übereinkommen betreffen, gegenüber der Vielzahl von internationalen Handelsregeln, die sich nicht nur aus dem GATT 1994, sondern auch aus anderen Handelsübereinkommen der Europäischen Gemeinschaft ergeben können, keinen eigenen Schwerpunkt dar. Es ist deshalb davon auszugehen, daß die Verordnung (EG) Nr. 3286/94 auf Art. 133 Abs. 1 EGV gestützt werden konnte und alle Bestimmungen des TRIPs-Übereinkommens in den Anwendungsbereich der Verordnung (EG) Nr. 3286/94 fallen.

Hierfür spricht die Praxis unter der inzwischen außer Kraft getretenen Verordnung (EWG) Nr. 2641/84 des Rates vom 17. September 1984 zur Stärkung der gemeinsamen Handelspolitik und insbesondere des Schutzes gegen unerlaubte Handelspraktiken[484] (sog. „Neues Handelspolitisches Instrument“) und unter der ihr nachfolgenden Verordnung (EG) Nr. 3286/94. Auf der Grundlage dieser Verordnungen wurden bisher sechs innergemeinschaftliche Untersuchungsverfahren wegen behaupteter Verletzungen des TRIPs-Übereinkommens eingeleitet, die Thailand (Piraterie mit Bezug auf Tonbandaufzeichnungen[485]), Brasilien (Handel mit Cognac[486]), die Vereinigten Staaten von Amerika (grenzüberschreitende Vergabe der Nutzungsrechte für Musikwerke[487]), Kanada (Einfuhr von Prosciutto di Parma[488] und

---

[484] ABl. EU Nr. L 252 vom 20.9.1984, S. 1 ff.

[485] Bekanntmachung über die Einleitung eines Untersuchungsverfahrens betreffend eine unerlaubte Handelspraktik im Sinne der Verordnung (EWG) Nr. 2641/84 des Rates, bestehend aus der Piraterie mit Bezug auf Tonbandaufzeichnungen der Gemeinschaft in Thailand (ABl. EU Nr. C 189 vom 20.7.1991, S. 26 f.). Das Untersuchungsverfahren wurde durch Beschluß der Kommission 96/40/EG vom 20. Dezember 1995 ausgesetzt (ABl. EU Nr. L 11 vom 16.1.1996, S. 7 f.).

[486] Bekanntmachung über die Einleitung eines Untersuchungsverfahrens betreffend die Beibehaltung eines Handelshemmnisses im Sinne der Verordnung (EG) Nr. 3286/94 des Rates durch Brasilien beim Handel mit Cognac (ABl. EU Nr. C 103 vom 2.4.1997, S. 3 f.). Das Untersuchungsverfahren wurde mit Beschluß der Kommission 2001/97/EG vom 23. Januar 2001 eingestellt.

[487] Bekanntmachung über die Einleitung eines Untersuchungsverfahrens betreffend die Beibehaltung eines Handelshemmnisses im Sinne der Verordnung (EG)

Einfuhr bestimmter Weine[489]) und die Türkei (Handel mit pharmazeutischen Erzeugnissen[490]) betrafen. In den gemeinschaftlichen Untersuchungsverfahren, die Thailand, die Vereinigten Staaten von Amerika und die Türkei betrafen, behaupteten die Antragsteller die Verletzung von Bestimmungen des TRIPs-Übereinkommens, die nicht in die ausschließliche bzw. ausgeübte konkurrierende Vertragsschlußkompetenz der Europäischen Gemeinschaft fallen, nämlich Art. 4 Abs. 1 der Berner Übereinkunft in der Berliner Fassung vom 13. November 1908 und Art. 32 Abs. 1 der Berner Übereinkunft in der Pariser Fassung vom 24. Juli 1971 im Fall Thailands, Art. 9 Abs. 1 des TRIPs-Übereinkommens i. V. m. Art. 11bis der Berner Übereinkunft in der Pariser Fassung vom 24. Juli 1971 im Fall der Vereinigten Staaten von Amerika und Art. 39 Abs. 3 des TRIPs-Übereinkommens im Fall der Türkei. Dagegen behaupteten die Antragsteller in den übrigen gemeinschaftlichen Untersuchungsverfahren die Verletzung der Bestimmungen des TRIPs-Übereinkommens, die sich dem Schutz der geographischen Angaben widmen. Sofern davon ausgegangen werden kann, daß es sich bei den angeblich verletzten geographischen Angaben zumindest auch um geographische Angaben bzw. Ursprungsbezeichnungen für Agrarerzeugnisse und Lebensmittel im Sinne der Verordnung (EWG) Nr. 2081/92 handelt,[491] fallen Art. 22 bis 24 des TRIPs-Übereinkommens

---

Nr. 3286/94 des Rates bezüglich der Beibehaltung bestimmter Handelspraktiken durch die Vereinigten Staaten von Amerika betreffend die grenzüberschreitende Vergabe der Nutzungsrechte für Musikwerke (ABl. EU Nr. C 177 vom 11.6.1997, S. 5 f.). Mit Beschluß 98/731/EG vom 11. Dezember 1998 stellte die Kommission eine Verletzung des TRIPs-Übereinkommens fest und entschied, ein WTO-Streitbeilegungsverfahren gegen die USA einzuleiten. Das daraufhin eingesetzte *Panel* stellte in seinem Bericht vom 15. Juni 2000, „United States – Section 110 (5) of the US Copyright Act" (WTO-Doc. WT/DS160/R), eine Verletzung des TRIPs-Übereinkommens durch Section 110 (5) (B) des US Copyright Act (sog. *business exemption*) fest.

[488] Bekanntmachung über die Einleitung eines Untersuchungsverfahrens betreffend die Beibehaltung eines Handelshemmnisses im Sinne der Verordnung (EG) Nr. 3286/94 – Handelspraktiken Kanadas in bezug auf die Einfuhren von Prosciutto di Parma (ABl. EU Nr. C 176 vom 22.6.1999, S. 6 ff.).

[489] Bekanntmachung über die Einleitung eines Untersuchungsverfahrens betreffend ein Handelshemmnis im Sinne der Verordnung (EG) Nr. 3286/94 des Rates aufgrund der Aufrechterhaltung von Handelspraktiken Kanadas bei der Einfuhr bestimmter Weine (ABl. EU Nr. C 124 vom 25.2.2002, S. 6 f.).

[490] Bekanntmachung über die Einleitung eines Untersuchungsverfahrens betreffend Handelshemmnisse im Sinne der Verordnung (EG) Nr. 3286/94 des Rates – Handelshemmende Maßnahmen und Praktiken der Türkei im Handel mit pharmazeutischen Erzeugnissen (ABl. EU Nr. C 311 vom 20.12.2003, S. 31 f.).

[491] Nur in der Bekanntmachung über die Einleitung eines Untersuchungsverfahrens betreffend die Beibehaltung eines Handelshemmnisses im Sinne der Verordnung (EG) Nr. 3286/94 – Handelspraktiken Kanadas in bezug auf die Einfuhren

in die ausschließliche (parallele) Vertragsschlußkompetenz der Europäischen Gemeinschaft.

bb) Die mittelbare Anwendbarkeit in ausgewählten Mitgliedstaaten

In dem Urteil „Dior" hat der EuGH entschieden, daß der Schutz der Rechte des geistigen Eigentums in einem Bereich, „in dem die Gemeinschaft noch keine Rechtsvorschriften erlassen hat und der somit in die Zuständigkeit der Mitgliedstaaten fällt, [...] nicht dem Gemeinschaftsrecht unterliegt".[492] Innerstaatliches Recht ist aber nach den Rechtsordnungen Frankreichs, der Niederlande und Deutschlands auch insoweit im Lichte des TRIPs-Übereinkommens auszulegen, als seine Bestimmungen nicht in die ausschließliche bzw. ausgeübte konkurrierende Vertragsschlußkompetenz der Europäischen Gemeinschaft fallen.[493] Da das WTO-Übereinkommen, einschließlich des TRIPs-Übereinkommens, nach section 1.3 des *European Communities Act 1972*[494] durch *The European Communities (Definition of Treaties) (The Agreement Establishing the World Trade Organisation) Order 1995,*[495] zu einem völkerrechtlichen Vertrag der Europäischen Gemeinschaft erklärt wurde, unterliegen die Bestimmungen des TRIPs-Übereinkommens im Vereinigten Königreich, unabhängig davon, in wessen Vertragsschlußkompetenz sie fallen, nach section 2.1 des *European Communities Act 1972* dem Gemeinschaftsrecht. Die Gerichte des Vereinigten Königreichs sind damit im Gegensatz zu den Gerichten Frankreichs, den Niederlanden und Deutschlands auch dann an die TRIPs-konforme Auslegung durch den EuGH gebunden, wenn die Bestimmungen des TRIPs-Übereinkommens in der Vertragsschlußkompetenz der Mitgliedstaaten verblieben sind.

---

von Prosciutto di Parma wird dies ausdrücklich angesprochen: „Die geographische Bezeichnung Prosciutto di Parma ist sowohl nach italienischem Recht (Gesetz Nr. 26 vom 13. Februar 1990, „denominazione di origine tutelata" – DOT) als auch nach Gemeinschaftsrecht (Verordnungen (EWG) Nr. 2081/92 und (EG) Nr. 1107/96, „geschützte Ursprungsbezeichnung" – g.U.) geschützt."

[492] EuGH, Verb. Rs. C-300 und 392/98, 14.12.2000, Slg. 2000, I-11307, Rn. 48 (Parfums Christian Dior SA/Tuk Consultancy BV und Assco Gerüste GmbH, Rob van Dijk/Wilhelm Layher GmbH & Co. KG, Layher BV).

[493] Siehe oben Zweiter Teil, Zweites Kapitel, B. III. 2. a).

[494] *European Communities Act 1972,* c. 68.

[495] Statutory Instrument 1995, No. 265.

b) Die mittelbare Anwendbarkeit der Entscheidungen der durch das TRIPs-Übereinkommen eingesetzten Organe

aa) Die mittelbare Anwendbarkeit in der Europäischen Gemeinschaft

(1) Die TRIPs-konforme Auslegung des Gemeinschaftsrechts und des innerstaatlichen Rechts

Es ist davon auszugehen, daß das Gemeinschaftsrecht und das innerstaatliche Recht nicht nur im Lichte der Bestimmungen des TRIPs-Übereinkommens, die in die ausschließliche bzw. ausgeübte konkurrierende Vertragsschlußkompetenz der Europäischen Gemeinschaft fallen, sondern auch im Lichte der Entscheidungen der durch das TRIPs-Übereinkommen eingesetzten Organe auszulegen ist.[496] Dies gilt sowohl für die Beschlüsse, die die Ministerkonferenz im Bereich der Legislative nach Art. IV Abs. 1, Art. IX Abs. 2, Art. X Abs. 1 und Art. XII Abs. 2 des WTO-Übereinkommens faßt, wie etwa die *Declaration on the TRIPs Agreement and Public Health* vom 14. November 2001[497] und die ihr nachfolgende Erklärung vom 30. August 2003[498], als auch für die endgültigen, rechtskräftigen Entscheidungen, die der Allgemeine Rat als DSB trifft, indem er die Berichte der von ihm *ad hoc* eingesetzten *Panels* (Art. 16 Abs. 4 DSU) und des ständigen *Appellate Body* (Art. 17 Abs. 4 DSU) annimmt, sofern sie für die Europäische Gemeinschaft verbindlich sind. Generalanwalt Ruiz-Jarabo Colomer hat in seinen Schlußanträgen zu „Kloosterboer" die Verordnung (EG) Nr. 1484/95[499] im Lichte des Berichts des *Appellate Body* vom 13. Juli 1998, „European Communities – Measures Affecting the Importation of Certain Poultry Products",[500] ausgelegt, indem er sich die Ausführungen des *Appellate Body* ausdrücklich zu eigen machte.[501] Die Ansicht im Schrifttum, die vertritt, daß Gemeinschaftsrecht und innerstaatliches Recht auch im Lichte der Ent-

---

[496] *Thomas Cottier,* Dispute Settlement in the World Trade Organization: Characteristics and Structural Implications for the European Union, CMLRev. 35 (1998), S. 325 (373 f.).

[497] WTO-Doc. WT/MIN(01)/DEC/W/2.

[498] WTO-Doc. WT/L/540.

[499] Verordnung (EG) Nr. 1484/95 der Kommission vom 28. Juni 1995 mit Durchführungsbestimmungen zur Regelung der zusätzlichen Einfuhrzölle in den Sektoren Geflügelfleisch und Eier sowie für Eieralbumin, zur Festsetzung dieser zusätzlichen Einfuhrzölle und zur Aufhebung der Verordnung Nr. 163/67/EWG (ABl. EU Nr. L 145 vom 29.6.1995, S. 47 ff.).

[500] WTO-Doc. WT/DS69/AB/R.

[501] Schlußanträge von Generalanwalt Ruiz-Jarabo Colomer, Rs. C-317/99, 2.5.2001, Slg. 2001, I-9865, Rn. 38 (Kloosterboer Rotterdam BV/Minister van Landouw, Natuurbeheer en Visserij).

scheidungen des DSB ausgelegt werden müssen, die für die Europäische Gemeinschaft nicht verbindlich sind,[502] überzeugt nicht. Die Entscheidungen des DSB, die für die Europäische Gemeinschaft nicht verbindlich sind, erlangen schon keine innergemeinschaftliche Geltung,[503] auf der die mittelbare Anwendbarkeit notwendig aufbaut.

(2) Die Handelshemmnisverordnung

Weder die Beschlüsse, die die Ministerkonferenz im Bereich der Legislative nach Art. IV Abs. 1, Art. IX Abs. 2, Art. X Abs. 1 und Art. XII Abs. 2 des WTO-Übereinkommens faßt, noch die endgültigen, rechtskräftigen Entscheidungen, die der Allgemeine Rat als DSB trifft, indem er die Berichte der von ihm *ad hoc* eingesetzten *Panels* (Art. 16 Abs. 4 DSU) und des ständigen *Appellate Body* (Art. 17 Abs. 4 DSU) annimmt, fallen in den Anwendungsbereich der Verordnung (EG) Nr. 3286/94 des Rates vom 22. Dezember 1994 zur Festlegung der Verfahren der Gemeinschaft im Bereich der gemeinsamen Handelspolitik zur Ausübung der Rechte der Gemeinschaft nach internationalen Handelsregeln, insbesondere den im Rahmen der Welthandelsorganisation vereinbarten Regeln[504] (sog. Handelshemmnisverordnung oder *Trade Barriers Regulation*). Internationale Handelsregeln, die das Recht zu einem Vorgehen gegen von einem Drittland eingeführte oder beibehaltene Handelspraktiken einräumen, können nach dem Wortlaut von Art. 2 Abs. 2 S. 2 nur in völkerrechtlichen Verträgen festgelegt sein, nicht aber in den Entscheidungen der durch die völkerrechtlichen Verträge eingesetzten Organe.

bb) Die mittelbare Anwendbarkeit in ausgewählten Mitgliedstaaten

Die Entscheidungen der durch das TRIPs-Übereinkommen eingesetzten Organe, einschließlich die für die Mitgliedstaaten verbindlichen Entscheidungen des DSB, haben in Frankreich und in den Niederlanden innerstaatliche und im Vereinigten Königreich innergemeinschaftliche Geltung erlangt und können deshalb mittelbar angewendet werden, indem das innerstaatliche Recht in ihrem Lichte ausgelegt wird.

---

[502] *Simon N. Lester,* WTO Panel and the Appellate Body Interpretation of the WTO Agreement in US Law, JWT 35 (2001) 3, S. 521 ff.

[503] Siehe oben Zweiter Teil, Viertes Kapitel, A. I. 3. b) aa).

[504] ABl. EU Nr. L 349 vom 31.12.1994, S. 71 ff.

2. Die mittelbare Anwendbarkeit der übrigen gemischten Verträge auf dem Gebiet des geistigen Eigentums

a) Die mittelbare Anwendbarkeit in der Europäischen Gemeinschaft

Da die das geistige Eigentum regelnden Bestimmungen der bilateralen Europa-Abkommen mit den mittel- und osteuropäischen Staaten und die Partnerschafts- und Kooperationsabkommen mit den GUS-Staaten[505] ebensowenig wie die des CBD-Übereinkommens in den Anwendungsbereich der Verordnung (EG) Nr. 3286/94 des Rates vom 22. Dezember 1994 zur Festlegung der Verfahren der Gemeinschaft im Bereich der gemeinsamen Handelspolitik zur Ausübung der Rechte der Gemeinschaft nach internationalen Handelsregeln, insbesondere den im Rahmen der Welthandelsorganisation vereinbarten Regeln[506] (sog. Handelshemmnisverordnung oder *Trade Barriers Regulation*) fallen, kommt allein eine völkerrechtskonforme Auslegung des sekundären Gemeinschaftsrechts in Betracht.

b) Die mittelbare Anwendbarkeit in ausgewählten Mitgliedstaaten

Das innerstaatliche Recht ist im Lichte der das geistige Eigentum regelnden Art. 8 lit. j) und Art. 15 bis 17 des CBD-Übereinkommens, die in der Vertragsschlußkompetenz der Mitgliedstaaten verblieben sind und innerstaatliche Geltung erlangt haben, im Vereinigten Königreich aber nur in dem Umfang, in dem section 74 des *Countryside and Rights of Way Act 2000*[507] auf sie verweist, auszulegen.

D. Die Invokabilität der gemischten Verträge auf dem Gebiet des geistigen Eigentums in der Europäischen Gemeinschaft und in den Mitgliedstaaten

I. Die Invokabilität des TRIPs-Übereinkommens

Die Invokabilität der Bestimmungen des TRIPs-Übereinkommens und der Entscheidungen der durch das TRIPs-Übereinkommen eingesetzten Organe ist weder im WTO-Übereinkommen noch im TRIPs-Übereinkommen geregelt.

---

505 Art. 2 Abs. 2 S. 2 i.V.m. Art. 4 Abs. 1 S. 2 der Verordnung (EG) Nr. 3286/94. Siehe oben Zweiter Teil, Drittes Kapitel, A. III. 2. a) bb).

506 ABl. EU Nr. L 349 vom 31.12.1994, S. 71 ff.

507 *Countryside and Rights of Way Act 2000,* c. 37.

1. Die Invokabilität in der Europäischen Gemeinschaft

Da die Bestimmungen des TRIPs-Übereinkommens, die in die ausschließliche bzw. ausgeübte konkurrierende Vertragsschlußkompetenz der Europäischen Gemeinschaft fallen, und die Entscheidungen der durch das TRIPs-Übereinkommen eingesetzten Organe nach der Rechtsprechung des EuGH nicht unmittelbar anwendbar sind, können sie einzelne erst recht nicht unmittelbar berechtigen und/oder verpflichten.

2. Die Invokabilität in ausgewählten Mitgliedstaaten

Das Vereinigte Königreich hat das WTO-Übereinkommen, einschließlich des TRIPs-Übereinkommens, durch den *The European Communities (Definition of Treaties) (The Agreement Establishing the World Trade Organisation) Order 1995* nach section 1.3. des *European Communities Act 1972* zu einem völkerrechtlichen Vertrag der Europäischen Gemeinschaft erklärt, mit der Folge, daß sich die Invokabilität auch der Bestimmungen des TRIPs-Übereinkommens, die in der Vertragsschlußkompetenz der Mitgliedstaaten verblieben sind, nach Gemeinschaftsrecht richtet. In dem Urteil des englischen *High Court* vom 20. Dezember 1996 hat *Justice Jacob* ausgeführt, „[d]ie Natur des Streitschlichtungsverfahrens, das die Mitgliedstaaten zur Befolgung bewegen soll, verträgt sich nicht mit der Ansicht, das Übereinkommen entfalte unmittelbare Wirkung, indem es den einzelnen Bürgern subjektive Rechte verleihe“.[508]

Die einheitlichen Regelungen materiell-rechtlicher Art des TRIPs-Übereinkommens, insbesondere die Bestimmungen des zweiten Teils (Art. 9 bis 40), der mit „Standards über die Verfügbarkeit, den Umfang und die Ausübung von Rechten des geistigen Eigentums“ überschrieben ist, sind, soweit sie in der Vertragsschlußkompetenz der Mitgliedstaaten verblieben und unmittelbar anwendbar sind, hingegen in Frankreich, den Niederlanden und Deutschland invokabil, d.h. begründen subjektive Rechte und/oder Pflichten einzelner, die vor innerstaatlichen Gerichten geltend gemacht werden können.[509]

Soweit die unmittelbare Anwendbarkeit der für die Mitgliedstaaten verbindlichen Entscheidungen des DSB, wie in den Niederlanden, überhaupt anerkannt wird, begründen sie, da sie lediglich eine Verletzung des WTO-

---

[508] Englischer *High Court,* Queen's Bench Division und Chancery Division, Patents Court, 20.12.1996, GRUR Int. 1997, S. 1010 (1011).

[509] Vgl. für Art. 3 Abs. 1 S. 1 und 2, Art. 4 S. 1 und Art. 50 Abs. 6 des TRIPs-Übereinkommens *Christiane A. Flemisch,* Umfang der Berechtigungen und Verpflichtungen aus völkerrechtlichen Verträgen, 2002, S. 277 f.

Übereinkommens durch eine Vertragspartei feststellen, keine subjektiven Rechte und/oder Pflichten, auf die sich einzelne in den Mitgliedstaaten berufen könnten.

II. Die Invokabilität der übrigen gemischten Verträge auf dem Gebiet des geistigen Eigentums

Die Invokabilität der Bestimmungen der Europa-Abkommen mit den mittel- und osteuropäischen Staaten, der Partnerschafts- und Kooperationsabkommen mit den GUS-Staaten und des CBD-Übereinkommens sowie der Entscheidungen der durch diese gemischten Verträge eingesetzten Organe ist in diesen gemischten Verträgen nicht geregelt.

1. Die Invokabilität in der Europäischen Gemeinschaft

Die Bestimmungen der Europa-Abkommen und der Partnerschafts- und Kooperationsabkommen, in denen sich die assoziierten mittel- und osteuropäischen Staaten und GUS-Staaten verpflichten, ihre Rechtsvorschriften auf dem Gebiet des geistigen Eigentums dem in der Europäischen Gemeinschaft geltenden Schutzniveau anzupassen und den wichtigsten völkerrechtlichen Verträgen auf dem Gebiet des geistigen Eigentums beizutreten, sind bereits nicht unmittelbar anwendbar. Die für die Europäische Gemeinschaft verbindlichen Entscheidungen des Schiedsgerichts im Rahmen des CBD-Übereinkommens sind zwar unmittelbar anwendbar, begründen aber keine subjektiven Rechte und/oder Pflichten einzelner.

2. Die Invokabilität in ausgewählten Mitgliedstaaten

Art. 8 lit. j) und Art. 15 bis 17 des CBD-Übereinkommens, die das geistige Eigentum regeln, sind bereits nicht unmittelbar. Die für die Mitgliedstaaten verbindlichen Streitbeilegungsentscheidungen des Schiedsgerichts im Rahmen des CBD-Übereinkommens sind zwar in den Niederlanden unmittelbar anwendbar, begründen aber ebenfalls keine Rechte und/oder Pflichten einzelner.

E. Die Durchsetzung der gemischten Verträge auf dem Gebiet des geistigen Eigentums in der Europäischen Gemeinschaft und in den Mitgliedstaaten

I. Die Durchsetzung der gemischten Verträge in der Europäischen Gemeinschaft

Für die Beantwortung der Frage, ob und inwieweit die gemischten Verträge auf dem Gebiet des geistigen Eigentums im Gemeinschaftsrecht durchgesetzt werden können, wird im folgenden untersucht, ob und inwieweit die Nichtigkeitsklage nach Art. 230 EGV und das Vorabentscheidungsverfahren nach Art. 234 Abs. 1 lit. b) Alt. 1 EGV (1.), das Vorabentscheidungsverfahren nach Art. 234 Abs. 1 lit. b) Alt. 2 EGV (2.), die Vertragsverletzungsklage nach Art. 226, 227 EGV (3.) und die Schadensersatzklage nach Art. 235 i.V.m. Art. 288 Abs. 2 EGV (4.) die unmittelbare Anwendbarkeit der Bestimmungen der gemischten Verträge, die in die ausschließliche bzw. ausgeübte konkurrierende Vertragsschlußkompetenz der Europäischen Gemeinschaft fallen bzw. die unmittelbare Anwendbarkeit der für die Europäische Gemeinschaft verbindlichen Entscheidungen der durch das TRIPs-Übereinkommen eingesetzten Organe voraussetzen.

1. Die Nichtigkeitsklage nach Art. 230 EGV und das Vorabentscheidungsverfahren nach Art. 234 Abs. 1 lit. b) Alt. 1 EGV

a) Die Bestimmungen der gemischten Verträge, die in die ausschließliche bzw. ausgeübte konkurrierende Vertragsschlußkompetenz der Europäischen Gemeinschaft fallen

Die Rechtmäßigkeit des sekundären Gemeinschaftsrechts im Rahmen der Nichtigkeitsklage nach Art. 230 Abs. 1 EGV bzw. die Gültigkeit des sekundären Gemeinschaftsrechts im Rahmen des Vorabentscheidungsverfahrens nach Art. 234 Abs. 1 lit. b) Alt. 1 EGV kann nur ausnahmsweise an den Bestimmungen des TRIPs-Übereinkommens, die in die ausschließliche bzw. ausgeübte konkurrierende Vertragsschlußkompetenz der Europäischen Gemeinschaft fallen, gemessen werden. Die Bestimmungen des TRIPs-Übereinkommens, die in die ausschließliche bzw. ausgeübte konkurrierende Vertragsschlußkompetenz der Europäischen Gemeinschaft fallen, sind nämlich nicht unmittelbar anwendbar.[510]

---

[510] Siehe oben Zweiter Teil, Drittes Kapitel, V. 1. a) zur unmittelbaren Anwendbarkeit als Voraussetzung der gerichtlichen Kontrolle sekundären Gemeinschaftsrechts und Zweiter Teil, Viertes Kapitel, C. I. 1. a) bb) (3) zur fehlenden unmittel-

aa) Die ablehnenden Entscheidungen, die die Kommission auf der Grundlage der Handelshemmnisverordnung trifft

Sofern die Kommission in einem innergemeinschaftlichen Untersuchungsverfahren auf der Grundlage der Verordnung (EG) Nr. 3286/94 des Rates vom 22. Dezember 1994 zur Festlegung der Verfahren der Gemeinschaft im Bereich der gemeinsamen Handelspolitik zur Ausübung der Rechte der Gemeinschaft nach allgemeinen Handelsregeln, insbesondere den im Rahmen der Welthandelsorganisation vereinbarten Regeln (sog. Handelshemmnisverordnung bzw. *Trade Barriers Regulation*) zu dem Ergebnis kommen sollte, daß eine Verletzung des TRIPs-Übereinkommens nicht vorliegt und/oder das erforderliche Gemeinschaftsinteresse verneint, können die antragstellenden Unternehmen oder Unternehmensvereinigungen der Europäischen Gemeinschaft die Entscheidung der Kommission ausnahmsweise durch den EuGH überprüfen lassen. Der EuGH und das EuG haben in verschiedenen Urteilen bestätigt, daß das Urteil „Fediol“[511] auf das WTO-Übereinkommen, einschließlich des TRIPs-Übereinkommens, übertragen werden kann.[512]

Bislang hat die Kommission jedoch allen Anträgen von einzelnen Unternehmen und Unternehmensvereinigungen der Europäischen Gemeinschaft auf Einleitung eines gemeinschaftlichen Untersuchungsverfahrens wegen Verletzungen des TRIPs-Übereinkommens durch einen Drittstaat entsprochen.

---

baren Anwendbarkeit der Bestimmungen des TRIPs-Übereinkommens, die in die ausschließliche bzw. ausgeübte konkurrierende Vertragsschlußkompetenz der Europäischen Gemeinschaft fallen.

[511] EuGH, Rs. 70/87, 22.6.1989, Slg. 1989, 1781 ff. (Vereinigung der Ölmühlenindustrie der EWG (Fediol)/Kommission).

[512] EuGH, Rs. C-76/00 P, 9.1.2003, Slg. 2003, I-79, Rn. 54 (Petrotub SA/Republica SA); EuGH, Rs. C-149/96, 23.11.1999, Slg. 1999, I-8395, Rn. 49 (Portugal/Rat); EuGH, Rs. C-352/96, 12.11.1998, Slg. 1998, I-6937, Rn. 19 (Italien/Rat); EuG, Rs. T-52/99, 20.3.2001, Slg. 2001, II-981, Rn. 58 (T. Port GmbH & Co. KG/Kommission); EuG, Rs. T-30/99, 20.3.2001, Slg. 2001, II-943, Rn. 63 (Bocchi Food Trade International GmbH/Kommission); EuG, Rs. T-18/99, 20.3.2001, Slg. 2001, II-913, Rn. 58 (Cordis Obst und Gemüse Großhandel GmbH/Kommission). Vgl. auch die Schlußanträge von Generalanwalt Ruiz-Jarabo Colomer, Rs. C-317/99, 2.5.2001, Slg. 2001, I-9865, Rn. 29 (Kloosterboer Rotterdam BV/Minister van Landouw, Natuurbeheer en Visserij).

bb) Das sekundäre Gemeinschaftsrecht, das die Bestimmungen der gemischten Verträge, die in die ausschließliche bzw. ausgeübte konkurrierende Vertragsschlußkompetenz der Europäischen Gemeinschaft fallen, umsetzt

Die Rechtmäßigkeit bzw. die Gültigkeit des sekundären Gemeinschaftsrechts kann ausnahmsweise auch dann an den Bestimmungen des TRIPs-Übereinkommens, die in die ausschließliche bzw. ausgeübte konkurrierende Vertragsschlußkompetenz der Europäischen Gemeinschaft fallen, gemessen werden, wenn die Europäische Gemeinschaft eine bestimmte, im Rahmen des TRIPs-Übereinkommens übernommene Verpflichtung umsetzt. Der EuGH und das EuG haben in verschiedenen Urteilen bestätigt, daß auch das Urteil „Nakajima“[513] auf das WTO-Übereinkommen, einschließlich des TRIPs-Übereinkommens, übertragen werden kann.[514]

Zum sekundären Gemeinschaftsrecht, das von der Europäischen Gemeinschaft in der Absicht erlassen wurde, eine bestimmte, im Rahmen des TRIPs-Übereinkommens übernommene Verpflichtung umzusetzen, zählen zunächst die Verordnung (EG) Nr. 3288/94 des Rates vom 22. Dezember 1994 zur Änderung der Verordnung (EG) Nr. 40/94 des Rates über die Gemeinschaftsmarke zur Umsetzung der im Rahmen der Uruguay-Runde geschlossenen Übereinkünfte und die Entscheidung des Rates 94/824/EG vom 22. Dezember 1994 über die Ausdehnung des Rechtsschutzes der Topographien von Halbleitererzeugnissen auf Personen aus einem Mitgliedstaat der Welthandelsorganisation[515].[516] In den Erwägungsgründen beider Rechtsakte wird die Umsetzungsabsicht der Europäischen Gemeinschaft ersichtlich: „Um sicherzustellen, daß alle einschlägigen Rechtsvorschriften der Europäi-

---

[513] EuGH, Rs. C-69/89, 7.5.1991, Slg. 1991, I-2069 ff. (Nakajima All Precision Co. Ltd./Rat).

[514] EuGH, Rs. C-76/00 P, 9.1.2003, Slg. 2003, I-79, Rn. 54 (Petrotub SA/Republica SA); EuGH, Rs. C-149/96, 23.11.1999, Slg. 1999, I-8395, Rn. 49 (Portugal/Rat); EuGH, Rs. C-352/96, 12.11.1998, Slg. 1998, I-6937, Rn. 19 (Italien/Rat); EuG, Rs. T-52/99, 20.3.2001, Slg. 2001, II-981, Rn. 58 (T. Port GmbH & Co. KG/Kommission); EuG, Rs. T-30/99, 20.3.2001, Slg. 2001, II-943, Rn. 63 (Bocchi Food Trade International GmbH/Kommission); EuG, Rs. T-18/99, 20.3.2001, Slg. 2001, II-913, Rn. 58 (Cordis Obst und Gemüse Großhandel GmbH/Kommission). Vgl. auch Schlußanträge von Generalanwalt Ruiz-Jarabo Colomer, Rs. C-317/99, 2.5.2001, Slg. 2001, I-9865, Rn. 29 (Kloosterboer Rotterdam BV/Minister van Landouw, Natuurbeheer en Visserij).

[515] ABl. EU Nr. L 349 vom 31.12.1994, S. 201 ff.

[516] *Christoph Julius Hermes,* TRIPS im Gemeinschaftrsrecht, 2002, S. 341 ff.; *Josef Drexl,* Unmittelbare Anwendbarkeit des WTO-Rechts in der globalen Privatrechtsordnung, in: Bernhard Großfeld/Rolf Sack/Thomas M. J. Möllers/Josef Drexl/Andreas Heinemann (Hrsg.), Festschrift für Wolfgang Fikentscher zum 70. Geburtstag, 1998, S. 822 (829 f.).

schen Gemeinschaft mit dem TRIPs-Übereinkommen im Einklang stehen, muß die Gemeinschaft bestimmte Maßnahmen in bezug auf die geltenden Gemeinschaftsrechtsakte über den Schutz der Rechte des geistigen Eigentums treffen."[517] Die bestimmte, im Rahmen des TRIPs-Übereinkommen übernommene und umzusetzende Verpflichtung wird im einzelnen bezeichnet. Im dritten Erwägungsgrund der Entscheidung des Rates 94/824/EG heißt es z. B.[518]: „Nach Artikel 1 Absatz 3 und Artikel 3 des TRIPs-Übereinkommens hat die Gemeinschaft dafür zu sorgen, daß [...] die Inländerbehandlung den Staatsangehörigen aller anderen WTO-Mitglieder gewährt wird. Daher muß der Schutz der Richtlinie 87/54/EWG ohne jedes Gegenseitigkeitserfordernis auf die Staatsangehörigen der anderen WTO-Mitglieder ausgedehnt werden."

Fraglich ist indes, ob die Verordnung (EG) Nr. 2100/94 des Rates vom 27. Juli 1994 über den gemeinschaftlichen Sortenschutz und die Richtlinie 98/44/EG des Europäischen Parlaments und des Rates vom 6. Juli 1998 über den rechtlichen Schutz biotechnologischer Erfindungen von der Europäischen Gemeinschaft in der Absicht erlassen wurden, eine bestimmte, im Rahmen des TRIPs-Übereinkommens übernommene Verpflichtung umzusetzen. Die von *Drexl*[519] vertretene weite Auslegung, die Europäische Gemeinschaft habe in den Erwägungsgründen der Verordnung (EG) Nr. 3288/94 zum Ausdruck gebracht, sich allgemein an die Vorgaben des TRIPs-Übereinkommens halten zu wollen, mit der Folge „daß jeder sekundärrechtliche Gemeinschaftsakt des Immaterialgüterrechts im Rahmen der Rechtmäßigkeitsprüfung auch am Maßstab von TRIPs von den Gerichten in der Union überprüft werden kann", ist abzulehnen. Wie bereits an anderer Stelle ausgeführt wurde,[520] ist der Anwendungsbereich der durch das Urteil „Nakajima" bestimmten Form der mittelbaren Anwendbarkeit eng auszulegen.

Der Verweis in den Erwägungsgründen 7 und 14 der Verordnung (EG) Nr. 2100/94 auf die „international anerkannten Voraussetzungen" der schützbaren Sorten und die „international geltende Regel des freien Zugangs zu geschützen Sorten" genügt, nachdem die von der Europäischen Gemeinschaft umgesetzten Verpflichtungen aus dem TRIPs-Übereinkommen nicht bestimmt werden können, nicht. Etwas anderes ist für die Ver-

---

517 Erwägungsgrund 2 der Verordnung (EG) Nr. 3288/94; Erwägungsgrund 2 der Entscheidung 94/824/EG.

518 Vgl. auch Erwägungsgründe 3 und 4 der Verordnung (EG) Nr. 3288/94.

519 *Josef Drexl,* Unmittelbare Anwendbarkeit des WTO-Rechts in der globalen Privatrechtsordnung, in: Bernhard Großfeld/Rolf Sack/Thomas M. J. Möllers/Josef Drexl/Andreas Heinemann (Hrsg.), Festschrift für Wolfgang Fikentscher zum 70. Geburtstag, 1998, S. 822 (829 f.).

520 Siehe oben Zweiter Teil, Drittes Kapitel, A. V. 1. b) bb).

weise in dem Erwägungsgrund 29 der Verordnung (EG) Nr. 2100/94 anzunehmen, demzufolge „die Verordnung die bestehenden internationalen Übereinkommen, wie z. B. das Internationale Übereinkommen zum Schutz von Pflanzenzüchtungen (UPOV-Übereinkommen) oder das Übereinkommen über die Erteilung Europäischer Patente (Europäisches Patentübereinkommen) oder das Abkommen über handelsbezogene Aspekte der Rechte des geistigen Eigentums, einschließlich des Handels mit nachgeahmten Waren, [berücksichtigt]“. Zwar wird in diesem Erwägungsgrund allgemein auf das TRIPs-Übereinkommen verwiesen mit der Folge, daß es an der Bestimmbarkeit der umzusetzenden Verpflichtungen der Europäischen Gemeinschaft aus dem TRIPs-Übereinkommen fehlen könnte. Es spricht jedoch viel dafür, daß die Europäische Gemeinschaft alle für das gemeinschaftliche Sortenschutzrecht relevanten Bestimmungen des TRIPs-Übereinkommens in das sekundäre Gemeinschaftsrecht aufnehmen wollte. Wie in dem Erwägungsgrund Nr. 30 der Verordnung (EG) Nr. 2100/94 deutlich wird, in dem die Europäische Gemeinschaft ankündigt, daß „diese Verordnung [...] gegebenenfalls infolge künftiger Entwicklungen bei den vorgenannten Übereinkommen im Hinblick auf Änderungen überprüft werden [wird] müssen“, geht die Europäische Gemeinschaft von der Vereinbarkeit der Verordnung (EG) Nr. 2100/94 mit den Bestimmungen des TRIPs-Übereinkommens aus.

Obgleich die Richtlinie 98/44/EG in ihren Erwägungsgründen 12, 36 und 54 auf Bestimmungen des TRIPs-Übereinkommens verweist, setzt sie keine bestimmte, im Rahmen des TRIPs-Übereinkommens übernommene Verpflichtung der Europäischen Gemeinschaft um.[521] Der Hinweis in dem Erwägungsgrund 12 auf die notwendige Gewährleistung des Patentschutzes nach dem TRIPs-Übereinkommen für Produkte und Verfahren in allen Bereichen der Technologie ist zu pauschal. Der Hinweis in dem Erwägungsgrund 36 darauf, daß das TRIPs-Übereinkommen „den Mitgliedern der Welthandelsorganisation die Möglichkeit einräumt, Erfindungen von der Patentierbarkeit auszuschließen, wenn die Verhinderung ihrer gewerblichen Verwertung in ihrem Hoheitsgebiet zum Schutz der öffentlichen Ordnung oder der guten Sitten einschließlich des Schutzes des Lebens und der Gesundheit von Menschen, Tieren oder Pflanzen oder zur Vermeidung einer ernsten Schädigung der Umwelt notwendig ist“, unterstreicht, daß die Europäische Gemeinschaft lediglich das ihr in Art. 27 Abs. 2 des TRIPs-Übereinkommens gewährte Ermessen durch den Erlaß der Richtlinie 98/44/EG ausgeübt hat. Schließlich belegt der Hinweis in dem Erwägungsgrund 54,

---

[521] *Peter-Tobias Stoll/Karen Raible,* Schutz geistigen Eigentums und das TRIPS-Abkommen, in: Hans-Joachim Prieß/Georg Berrisch (Hrsg.), WTO-Handbuch, 2003, Rn. 160, Fn. 199; a. A. *Christoph Julius Hermes,* TRIPS im Gemeinschaftsrecht, 2002, S. 344.

daß „Artikel 34 des TRIPs-Übereinkommens [...] eine detaillierte Regelung der Beweislast [enthält], die für alle Mitgliedstaaten verbindlich ist“ und deshalb „eine diesbezügliche Bestimmung in dieser Richtlinie nicht erforderlich [ist]“, gerade, daß Art. 34 des TRIPs-Übereinkommens nicht umgesetzt wurde. Anders als die Verordnung (EG) Nr. 3288/94, die Entscheidung 94/824/EG und die Verordnung (EG) Nr. 2100/94 fällt die Richtlinie 98/44/EG damit nicht in den Anwendungsbereich der durch das Urteil „Nakajima“ bestimmten Form der mittelbaren Anwendbarkeit. Ihre Rechtmäßigkeit, Gültigkeit bzw. Anwendbarkeit kann nicht ausnahmsweise an den Bestimmungen des TRIPs-Übereinkommens gemessen werden. Hierfür spricht, daß der EuGH in dem Urteil „Niederlande/Parlament und Rat“ das Urteil „Nakajima“ nicht bemüht hat, um die Richtlinie 98/44/EG an den Bestimmungen des TRIPs-Übereinkommens zu messen.[522]

Etwas anderes könnte für den Vorschläge der Kommission vom 20. Februar 2002 für eine Richtlinie des Europäischen Parlaments und des Rates über die Patentierbarkeit computerimplementierter Erfindungen und vom 30. Januar 2003 für eine Richtlinie des Europäischen Parlaments und des Rates über die Maßnahmen und Verfahren zum Schutz des geistigen Eigentums gelten, sollten sie angenommen werden. Erwägungsgrund 6 der vorgeschlagenen Richtlinie über die Patentierbarkeit computerimplementierter Erfindungen stellt klar, daß die in Art. 27 Abs. 1 des TRIPs-Übereinkommens geregelten Patentvoraussetzungen auch für computerimplementierte Erfindungen gelten sollen, und bringt damit die Umsetzungsabsicht der Europäischen Gemeinschaft zum Ausdruck. Erwägungsgrund 25 der vorgeschlagenen Richtlinie über die Maßnahmen und Verfahren zum Schutz des geistigen Eigentums geht sogar ausdrücklich davon aus, daß „den Verpflichtungen im Rahmen des TRIPs-Übereinkommens, insbesondere Artikel 61,“ nachgekommen wird.

b) Die Bestimmungen der gemischten Verträge, die in der Vertragsschlußkompetenz der Mitgliedstaaten verblieben sind

Die Rechtmäßigkeit des sekundären Gemeinschaftsrechts im Rahmen der Nichtigkeitsklage nach Art. 230 Abs. 1 EGV bzw. die Gültigkeit des sekundären Gemeinschaftsrechts im Rahmen des Vorabentscheidungsverfahrens

[522] EuGH, Rs. C-377/98, 9.10.2001, Slg. 2001, I-7079, Rn. 50 ff. (Niederlande/Parlament und Rat). Generalanwalt Jacobs ließ diese Frage in seinen Schlußanträgen, Rs. C-377/98, 14.6.2001, Slg. 2001, I-7084, Rn. 153 (Niederlande/Parlament und Rat), offen: „Ich glaube, daß man dieses Vorbringen abhandeln kann, ohne weiter zu erörtern, ob die Begründungserwägungen 12 und 36 sowie Artikel 1 Absatz 2 der Richtlinie ausreichen, dem Gerichtshof eine Zuständigkeit zur Überprüfung der Rechtmäßigkeit der Richtlinie im Licht des TRIPS-Übereinkommens zu verleihen.“

nach Art. 234 Abs. 1 lit. b) Alt. 1 EGV kann grundsätzlich nicht an den Bestimmungen der gemischten Verträge auf dem Gebiet des geistigen Eigentums, die in der Vertragsschlußkompetenz der Mitgliedstaaten verblieben sind, überprüft werden. Wie bereits im ersten Teil dieser Arbeit ausgeführt wurde,[523] sind die Organe der Europäischen Gemeinschaft, wenn sie sekundäres Gemeinschaftsrecht setzen, allenfalls nach der noch sehr vagen Pflicht zur Zusammenarbeit an die Bestimmungen der gemischten Verträge auf dem Gebiet des geistigen Eigentums, die in der Vertragsschlußkompetenz der Mitgliedstaaten verblieben sind, gebunden.

Die Europäische Gemeinschaft könnte sich jedoch, wenn sie sekundäres Gemeinschaftsrecht setzt, selbst an die Bestimmungen der gemischten Verträge, die in der Vertragsschlußkompetenz der Mitgliedstaaten verblieben sind, binden, wenn die Bestimmungen der gemischten Verträge, die in der Vertragsschlußkompetenz der Mitgliedstaaten verblieben sind, entweder unberührt bleiben oder, wie bereits im zweiten Kapitel des zweiten Teils dieser Arbeit dargelegt wurde,[524] in das sekundäre Gemeinschaftsrecht aufgenommen werden.

Im Gegensatz zum übrigen sekundären Gemeinschaftsrecht auf dem Gebiet des geistigen Eigentums, das nur in seinen Erwägungsgründen auf die Bestimmungen der gemischten Verträge, die in der Vertragsschlußkompetenz der Mitgliedstaaten verblieben sind, verweist,[525] legt die Richtlinie 98/44/EG des Europäischen Parlaments und des Rates vom 6. Juli 1998 über den rechtlichen Schutz biotechnologischer Erfindungen in ihrem Art. 1 Abs. 2 fest, daß „die Verpflichtungen der Mitgliedstaaten aus internationalen Übereinkommen, insbesondere aus dem TRIPS-Übereinkommen und dem Übereinkommen über die biologische Vielfalt, [...] von dieser Richtlinie nicht berührt [werden]".[526] Die Ausführungen des EuGH zu dem Klagegrund in dem Urteil „Niederlande/Parlament und Rat", der „weniger einen eigenen Verstoß der Gemeinschaft gegen ihre völkerrechtlichen Ver-

---

523 Siehe oben Erster Teil, Erstes Kapitel, C. II. 3.

524 Siehe oben Zweiter Teil, Zweites Kapitel, A. III. 2.

525 Vgl. z.B. Erwägungsgrund 18 des geänderten Vorschlags der Kommission vom 30. Juni 1999 für eine Richtlinie des Europäischen Parlaments und des Rates über die Angleichung der Rechtsvorschriften betreffend den Schutz von Erfindungen durch Gebrauchsmuster.

526 Vgl. auch Art. 2 Abs. 3 lit. b) des Vorschlags der Kommission vom 30. Januar 2003 für eine Richtlinie des Europäischen Parlaments und des Rates über die Maßnahmen und Verfahren zum Schutz der Rechte an geistigem Eigentum, welcher lautet:

„Diese Richtlinie berührt nicht [...] die sich aus internationalen Übereinkünften für die Mitgliedstaaten ergebenden Verpflichtungen, insbesondere solche des Übereinkommens über handelsbezogene Aspekte der Rechte des geistigen Eigentums (TRIPs-Übereinkommen)."

pflichtungen, sondern vielmehr die den Mitgliedstaaten durch die Richtlinie vermeintlich auferlegte Verpflichtung beanstandet, gegen ihre völkerrechtlichen Pflichten zu verstoßen, obwohl es in der Richtlinie ausdrücklich heißt, daß sie diese Verpflichtungen nicht berührt",[527] könnten dahingehend interpretiert werden, daß Art. 1 Abs. 2 der Richtlinie 98/44/EG den Mitgliedstaaten in Anlehnung an Art. 307 Abs. 1 EGV das Recht gibt, Bestimmungen der Richtlinie 98/44/EG nicht anzuwenden bzw. nicht gegen sich gelten zu lassen, wenn sie der Erfüllung von Pflichten widersprechen, die sie in dem TRIPs-Übereinkommen und in dem CBD-Übereinkommen übernommen haben. Ein solches Recht würde sich allerdings auf die Rechtmäßigkeit bzw. die Gültigkeit der Richtlinie 98/44/EG nicht auswirken.

Die Bestimmungen der gemischten Verträge, die in der Vertragsschlußkompetenz der Mitgliedstaaten verblieben sind, wurden mit Ausnahme der Verordnung (EG) Nr. 3286/94 des Rates vom 22. Dezember 1994 zur Festlegung der Verfahren der Gemeinschaft im Bereich der gemeinsamen Handelspolitik zur Ausübung der Rechte der Gemeinschaft nach allgemeinen Handelsregeln, insbesondere den im Rahmen der Welthandelsorganisation vereinbarten Regeln (sog. Handelshemmnisverordnung bzw. *Trade Barriers Regulation*), nicht in das sekundäre Gemeinschaftsrecht auf dem Gebiet des geistigen Eigentums aufgenommen. Der Verweis auf Bestimmungen der gemischten Verträge, die in der Vertragsschlußkompetenz der Mitgliedstaaten verblieben sind, in den Erwägungsgründen des sekundären Gemeinschaftsrechts, wie etwa in Erwägungsgrund 6 des Vorschlags der Kommission vom 20. Februar 2002 für eine Richtlinie des Europäischen Parlaments und des Rates über die Patentierbarkeit computerimplementierter Erfindungen, reicht nicht aus, um sich gemeinschaftsrechtlich an diese Bestimmungen zu binden.[528]

Die fehlende Differenzierung in der Verordnung (EG) Nr. 3286/94 zwischen Bestimmungen des TRIPs-Übereinkommens, die in die ausschließliche bzw. ausgeübte konkurrierende Vertragsschlußkompetenz der Europäischen Gemeinschaft fallen bzw. in der Vertragsschlußkompetenz der Mitgliedstaaten verblieben sind, führt dazu, daß antragstellende Unternehmen oder Unternehmensvereinigungen der Europäischen Gemeinschaft die Entscheidung der Kommission, die eine Verletzung der Bestimmungen des TRIPs-Übereinkommens verneint, auch dann durch den EuGH überprüfen lassen können, wenn die angeblich verletzten Bestimmungen in der Vertragsschlußkompetenz der Europäischen Gemeinschaft verblieben sind.

---

[527] EuGH, Rs. C-377/98, 9.10.2001, Slg. 2001, I-7079, Rn. 55 (Niederlande/Parlament und Rat).

[528] Siehe oben Zweiter Teil, Zweites Kapitel, A. III. 2.

c) Die für die Europäische Gemeinschaft verbindlichen Entscheidungen der durch das TRIPs-Übereinkommen eingesetzten Organe

Die Rechtmäßigkeit des sekundären Gemeinschaftsrechts im Rahmen der Nichtigkeitsklage nach Art. 230 Abs. 1 EGV bzw. die Gültigkeit des sekundären Gemeinschaftsrechts im Rahmen des Vorabentscheidungsverfahrens nach Art. 234 Abs. 1 lit. b) EGV kann an den für die Europäische Gemeinschaft verbindlichen Streitbeilegungsentscheidungen des Assoziationsrats im Rahmen der Europa-Abkommen mit den mittel- und osteuropäischen Staaten bzw. des Schiedsgerichts im Rahmen des CBD-Übereinkommens gemessen werden. Sie kann aber nur ausnahmsweise an den Beschlüssen, die die Ministerkonferenz im Bereich der Legislative nach Art. IV Abs. 1, Art. IX Abs. 2, Art. X Abs. 1 und Art. XII Abs. 2 des WTO-Übereinkommens faßt, und den für die Europäische Gemeinschaft verbindlichen endgültigen, rechtskräftigen Entscheidungen, die der Allgemeine Rat als DSB trifft, indem er die Berichte der von ihm *ad hoc* eingesetzten *Panels* (Art. 16 Abs. 4 DSU) und des ständigen *Appellate Body* (Art. 17 Abs. 4 DSU) annimmt, gemessen werden. Die für die Europäische Gemeinschaft verbindlichen Entscheidungen der durch das TRIPs-Übereinkommen eingesetzten Organe sind nämlich nicht unmittelbar anwendbar.[529]

aa) Die ablehnenden Entscheidungen, die die Kommission auf der Grundlage der Handelshemmnisverordnung treffen könnte

Zwar hat das EuG das Urteil „Fediol"[530] auf die für die Europäische Gemeinschaft verbindlichen Entscheidungen des DSB übertragen.[531] Dies nützt aber solange nichts, wie nicht der Anwendungsbereich der Verordnung (EG) Nr. 3286/94 entsprechend erweitert wird.[532]

---

[529] Siehe oben Zweiter Teil, Viertes Kapitel, C. I. 1. b) aa).

[530] EuGH, Rs. 70/87, 22.6.1989, Slg. 1989, 1781 ff. (Vereinigung der Ölmühlenindustrie der EWG (Fediol)/Kommission).

[531] EuG, Rs. T-52/99, 20.3.2001, Slg. 2001, II-981, Rn. 59 (T. Port GmbH & Co. KG/Kommission); EuG, Rs. T-30/99, 20.3.2001, Slg. 2001, II-943, Rn. 64 (Bocchi Food Trade International GmbH/Kommission); EuG, Rs. T-18/99, 20.3.2001, Slg. 2001, II-913, Rn. 59 (Cordis Obst und Gemüse Großhandel GmbH/Kommission): „Ebensowenig verweist die Verordnung Nr. 2362/98 ausdrücklich auf spezielle Bestimmungen aus den Berichten der WTO-Organe [...]."

[532] Siehe oben Zweiter Teil, Viertes Kapitel, C. II. 1. b) aa) (2).

bb) Das sekundäre Gemeinschaftsrecht, das für die Europäische Gemeinschaft verbindliche Entscheidungen der durch das TRIPs-Übereinkommen eingesetzten Organe umsetzt

Die Rechtmäßigkeit bzw. die Gültigkeit des sekundären Gemeinschaftsrechts kann ausnahmsweise an den für die Europäische Gemeinschaft verbindlichen Entscheidungen der durch das TRIPs-Übereinkommen eingesetzten Organe gemessen werden, wenn die Europäische Gemeinschaft eine bestimmte, aus den Entscheidungen der durch das TRIPs-Übereinkommen eingesetzten Organe resultierende Verpflichtung in sekundäres Gemeinschaftsrecht umsetzt.

Das EuG hat das Urteil „Nakajima"[533] auf die für die Europäische Gemeinschaft verbindlichen Entscheidungen des DSB übertragen. Es hat in den Urteilen „T. Port", „Bocchi", „Cordis" und „Afrikanische Frucht-Compagnie" entschieden, daß der Bericht des *Appellate Body* vom 9. September 1997, „European Communities – Regime for the Importation, Sale and Distribution for Bananas",[534] keine bestimmten, von der Kommission in der Verordnung (EG) Nr. 2362/98[535] umgesetzten Verpflichtungen enthalte.[536] In den ersten drei Urteilen genügte es, wie in der Literatur kritisch angemerkt wurde,[537] nicht, daß die Verordnung (EG) Nr. 2362/98 auf Art. 20 der Bananenmarktordnung gestützt wurde, die durch die Verordnung (EG) Nr. 1637/98[538] geändert worden war, um den aus dem Bericht des *Appel-*

---

[533] EuGH, Rs. C-69/89, 7.5.1991, Slg. 1991, I-2069 ff. (Nakajima All Precision Co. Ltd./Rat).

[534] WTO-Doc. WT/DS27/AB/R.

[535] Verordnung (EG) Nr. 2362/98 der Kommission vom 28. Oktober 1998 mit Durchführungsvorschriften zur Verordnung (EWG) Nr. 404/93 des Rates betreffend die Einfuhrregelung für Bananen in der Gemeinschaft (ABl. EU Nr. L 293 vom 31.10.1998, S. 32 ff.).

[536] EuG, Verb. Rs. T-64 und 65/01, 10.2.2004, noch nicht in der amtlichen Sammlung veröffentlicht, Rn. 140 (Afrikanische Frucht-Compagnie GmbH und Internationale Fruchtimport Gesellschaft Weichert & Co./Rat und Kommission); EuG, Rs. T-52/99, 20.3.2001, Slg. 2001, II-981, Rn. 59 (T. Port GmbH & Co. KG/Kommission); EuG, Rs. T-30/99, 20.3.2001, Slg. 2001, II-943, Rn. 64 (Bocchi Food Trade International GmbH/Kommission); EuG, Rs. T-18/99, 20.3.2001, Slg. 2001, II-913, Rn. 59 (Cordis Obst und Gemüse Großhandel GmbH/Kommission): „Weder die Berichte des WTO-Panels vom 22. Mai 1997 noch der Bericht des Ständigen Berufungsgremiums der WTO vom 9. September 1997, der vom Streitbeilegungsgremium der WTO am 25. September 1997 bestätigt wurde, enthielten bestimmte von der Kommission in der Verordnung Nr. 2362/98 umgesetzte Verpflichtungen im Sinne der Rechtsprechung [...]."

[537] *Piet Eeckhout,* Judicial Enforcement of WTO Law in the EU – Some Further Reflections, JIEL 5 (2002), S. 91 (107).

late Body vom 9. September 1997 resultierenden Verpflichtungen nachzukommen. Der zweite Erwägungsgrund der Verordnung (EG) Nr. 1637/98 geht nur mittelbar auf die aus dem Bericht des *Appellate Body* vom 9. September 1997 resultierenden Verpflichtungen ein, indem er nicht mehr nur wie im dritten Erwägungsgrund der Verordnung (EWG) Nr. 404/93 von der „Einhaltung [...] der verschiedenen internationalen Verpflichtungen der Gemeinschaft" spricht, sondern ausführt, daß „[d]ie von der Gemeinschaft im Rahmen der Welthandelsorganisation (WTO) eingegangenen internationalen Verpflichtungen" eingehalten werden müssen. Im letzten und vierten Urteil hat sich das EuG mit einer Beweislastentscheidung begnügt. Die Klägerinnen seien den Nachweis schuldig geblieben, daß mit den Verordnungen (EG) Nr. 2362/98 und 1637/98 besondere Verpflichtungen aus dem Bericht des *Appellate Body* umgesetzt werden sollten.[539]

Etwas anderes könnte für die Richtlinie 2003/74/EG des Europäischen Parlaments und des Rates vom 22. September 2003 zur Änderung der Richtlinie 96/22/EG des Rates über das Verbot der Verwendung bestimmter Stoffe mit hormonaler bzw. thyreostatischer Wirkung und β-Agonisten in der tierischen Erzeugung[540] gelten, die das Verbot von Wachstumshormonen aufrechterhält, obwohl der Bericht des *Appellate Body* vom 16. Januar 1998, „European Communities – Measures Concerning Meat and Meat Products (Hormones)", darin einen Verstoß gegen Art. 3 Abs. 3 und Art. 5 Abs. 1 des SPS-Übereinkommens gesehen hat[541]. Zwar spricht der 13. Erwägungsgrund 13 der Richtlinie 2003/74/EG ebenso wie der dritte Erwägungsgrund der Verordnung (EWG) Nr. 404/93 von „den internationalen Verpflichtungen der Gemeinschaft". Der dritte und vierte Erwägungsgrund der Richtlinie 2003/74/EG nimmt jedoch unmittelbar auf den Bericht des *Appellate Body* im Hormonstreit bezug, allerdings nur, um auf angeblich neue wissenschaftliche Erkenntnisse hinzuweisen, die eine andere Beurteilung der Rechts- und Sachlage rechtfertigen und dem *Appellate Body* nicht vorlagen. Dies deutet darauf hin, daß die Gemeinschaftsorgane den Bericht des *Appellate Body* gerade nicht umsetzen wollten.[542]

---

538 Verordnung (EG) Nr. 1637/98 des Rates vom 20. Juli 1998 zur Änderung der Verordnung (EWG) Nr. 404/93 über die Gemeinsame Marktorganisation für Bananen (ABl. EU Nr. L 210 vom 28.7.1998, S. 28 ff.).

539 EuG, Verb. Rs. T-64 und 65/01, 10.2.2004, noch nicht in der amtlichen Sammlung veröffentlicht, Rn. 140 (Afrikanische Frucht-Compagnie GmbH und Internationale Fruchtimport Gesellschaft Weichert & Co./Rat und Kommission).

540 ABl. EU Nr. L 262 vom 14.10.2003, S. 17 ff.

541 WTO Doc. WT/DS26/AB/R; WT/DS48/AB/R.

542 Hoffnungsvoller *Geert A. Zonnekeyn,* EC Liability for Non-Implementation of WTO Dispute Settlement Decisions – Are the Dice Cast?, JIEL 7 (2994), S. 483 (489 f.).

Royla[543] geht davon aus, daß eine mißlungene, d.h. weiter gegen das WTO-Recht verstoßende Umsetzung der Entscheidungen des DSB, wie im Fall der Verordnung (EG) Nr. 1637/98,[544] nicht in den Anwendungsbereich der durch das Urteil „Nakajima“ bestimmten Form der mittelbaren Anwendbarkeit fällt. Er argumentiert, daß die Europäische Gemeinschaft zwar, indem sie das sekundäre Gemeinschaftsrecht geändert habe, versucht habe, den Vorgaben des DSB zu entsprechen. Die Europäische Gemeinschaft habe jedoch nicht beabsichtigt, die aus den Entscheidungen des DSB resultierenden Verpflichtungen an der Wirkung sekundären Gemeinschaftsrechts teilhaben zu lassen. Diese enge, über das Urteil „Portugal/Rat“ hinausgehende Auslegung des Anwendungsbereichs der durch das Urteil „Nakajima“ bestimmten Form der mittelbaren Anwendbarkeit ist abzulehnen. Wenn sich die Europäische Gemeinschaft nämlich einmal entschieden hat, die aus den Entscheidungen des DSB resultierenden Verpflichtungen umzusetzen und den „Spielraum“ im Rahmen der Verhandlung über eine Entschädigung nach Art. 22 Abs. 2 DSU und der Aussetzung von Zugeständnissen oder sonstigen Pflichten nach Art. 22 Abs. 3 DSU nicht auszunutzen, ihre Umsetzungsabsicht darüber hinaus in den Erwägungsgründen des sekundären Gemeinschaftsrechts zum Ausdruck bringt, ist nicht einzusehen, warum das von ihr geänderte sekundäre Gemeinschaftsrecht nicht an den aus den Entscheidungen des DSB resultierenden Verpflichtungen gemessen werden darf.

2. Das Vorabentscheidungsverfahren nach Art. 234 Abs. 1 lit. a) und lit. b) Alt. 2 EGV

Im Wege des Vorabentscheidungsverfahrens entscheidet der EuGH nach Art. 234 Abs. 1 lit a) EGV über die Frage, welche Bestimmungen der gemischten Verträge auf dem Gebiet des geistigen Eigentums in die ausschließliche bzw. ausgeübte konkurrierende Vertragsschlußkompetenz der Europäischen Gemeinschaft fallen,[545] und nach Art. 234 Abs. 1 lit. b) Alt. 2 EGV über die Auslegung der Bestimmungen der gemischten Verträge auf dem Gebiet des geistigen Eigentums, die in die ausschließliche bzw. ausgeübte konkurrierende Vertragsschlußkompetenz der Europäischen Gemeinschaft fallen[546].

---

543 *Pascal Royla,* WTO-Recht – EG-Recht: Kollision, Justiziabilität, Implementation, EuR 36 (2001), S. 495 (512). Ähnlich EuG, Rs. T-254/97, 28.9.1999, Slg. 1999, II-2743, Rn. 26 f. (Fruchthandelsgesellschaft mbH Chemnitz/Kommission).

544 *Hans-Dieter Kuschel,* Auch die revidierte Bananenmarktordnung ist nicht WTO-konform, EuZW 10 (1999), S. 74 ff.

545 *Pascal Royla,* WTO-Recht – EG-Recht: Kollision, Justiziabilität, Implementation, EuR 36 (2001), S. 495 (520).

3. Die Vertragsverletzungsklage nach Art. 226, 227 EGV

Die Bestimmungen der gemischten Verträge auf dem Gebiet des geistigen Eigentums, die in die ausschließliche bzw. ausgeübte konkurrierende Vertragsschlußkompetenz der Europäischen Gemeinschaft fallen, und die für die Europäische Gemeinschaft verbindlichen Entscheidungen der durch die gemischten Verträge auf dem Gebiet des geistigen Eigentums eingesetzten Organe können über die Vertragsverletzungsklage nach Art. 226, 227 EGV durchgesetzt werden. Die Feststellung, daß der beklagte Mitgliedstaat gegen die Bestimmungen der gemischten Verträge auf dem Gebiet des geistigen Eigentums, die in die ausschließliche bzw. ausgeübte konkurrierende Vertragsschlußkompetenz der Europäischen Gemeinschaft fallen, oder gegen die für die Europäische Gemeinschaft verbindlichen Entscheidungen der durch die gemischten Verträge auf dem Gebiet des geistigen Eigentums eingesetzten Organe verstoßen hat, setzt nicht deren unmittelbare Anwendbarkeit voraus.[547]

4. Die Schadensersatzklage nach Art. 235 i. V. m. Art. 288 Abs. 2 EGV

Die einer Schadensersatzklage nach Art. 235 i. V. m. Art. 288 Abs. 2 EGV stattgebende Entscheidung setzt grundsätzlich nicht voraus, daß die Bestimmungen der gemischten Verträge auf dem Gebiet des geistigen Eigentums, die in die ausschließliche bzw. ausgeübte konkurrierende Vertragsschlußkompetenz der Europäischen Gemeinschaft fallen, invokabil sind. Es ist vielmehr davon auszugehen, daß die Bestimmungen der gemischten Verträge auf dem Gebiet des geistigen Eigentums, die in die ausschließliche bzw. ausgeübte konkurrierende Vertragsschlußkompetenz der Europäischen Gemeinschaft fallen, bereits dann dem Schutz des einzelnen dienen, wenn sie zur Begründung subjektiver Rechte und/oder Pflichten verpflichten und der Inhalt der subjektiven Rechte und/oder Pflichten auf der Grundlage der Bestimmungen ermittelt werden kann.[548]

Die Gemeinschaftsgerichte haben diese Voraussetzungen in den Urteilen zu Klagen auf Ersatz des Schadens, der einzelnen Unternehmen durch die

---

[546] Vgl. zur Auslegung von Art. 50 Abs. 6 des TRIPs-Übereinkommens EuGH, Rs. C-89/99, 13.9.2001, Slg. 2001, I-5851, Rn. 56 ff. (Schieving-Nijstad vof u. a./Robert Groeneveld); EuGH, Verb. Rs. C-300 und 392/98, 14.12.2000, Slg. 2000, I-11397, Rn. 50 ff. (Parfums Christian Dior/Tuk Consultancy BV und Assco Gerüste GmbH, Rob van Dijk/Wilhelm Layher GmbH & Co. KG, Layher BV); EuGH, Rs. C-53/96, 16.6.1998, Slg. 1998, I-3603, Rn. 36 ff. (Hermès International/FHT Marketing Choice BV).

[547] Siehe oben Zweiter Teil, Drittes Kapitel, A. V. 4.

[548] Siehe oben Zweiter Teil, Drittes Kapitel, A. V. 4.

Bananenmarktordnung bzw. durch das Verbot der Einfuhr von hormonbehandeltem Rindfleisch in die Europäische Gemeinschaft entstanden ist, nicht überprüft. Stattdessen haben sie wiederholt ausgeführt, daß „die WTO-Übereinkünfte [...] wegen ihrer Natur und Systematik grundsätzlich nicht zu den Vorschriften [gehören], an denen der Gerichtshof die Rechtsmäßigkeit der Handlungen der Gemeinschaftsorgane mißt“[549] bzw. „daß das WTO-Übereinkommen und seine Anhänge nicht bezwecken, dem Einzelnen Rechte zu verleihen, auf die er sich vor Gericht berufen kann“[550]. Dagegen gehen Teile der Literatur, wenn auch zu pauschal, davon aus, daß das WTO-Übereinkommen, einschließlich des TRIPs-Übereinkommen, dem Schutz einzelner dient.[551] Zumindest die organisatorischen Regelungen des TRIPS-Übereinkommens, die Beginn, Bestand, Änderung und Auflösung des TRIPs-Übereinkommens bestimmen,[552] verpflichten die Mitglieder jedoch nicht zur Begründung subjektiver Rechte und/oder Pflichten.

Letztlich kommt es nicht darauf an, ob das TRIPs-Übereinkommen dem Schutz des einzelnen dient. Wie beim Ausschluß der unmittelbaren Anwendbarkeit sind es rechtspolitische Gründe, die bei der Ablehnung der Schadensersatzklagen durch die Gemeinschaftsgerichte den Ausschlag gegeben haben.[553] Von *Schoißwohl*[554] wird gleichwohl vorgebracht, daß der

---

[549] EuGH, C-94/02 P, 30.9.2003, noch nicht in der amtlichen Sammlung veröffentlicht, Rn. 55 (Etablissements Biret et Cie SA/Rat); EuGH, C-93/02 P, 20.3.2003, noch nicht in der allgemeinen Sammlung veröffentlicht, Rn. 52 (Biret International SA/Rat). Vgl. in diesem Sinne auch EuGH, C-76/00 P, 9.1.2003, Slg. 2003, I-79, Rn. 53 (Petrotub SA und Republica SA/Rat und Kommission).

[550] EuG, Rs. T-210/00, 11.1.2002, Slg. 2002, II-47, Rn. 71 (Etablissements Biret et Cie SA/Rat); EuG, Rs. T-174/00, 11.1.2002, Slg. 2002, II-17, Rn. 61 (Biret International SA/Rat); EuG, Rs. T-3/99, 12.7.2001, Slg. 2001, II-2123, Rn. 43 (Bananatrading GmbH/Rat); EuG, Rs. T-2/99, 12.7.2001, Slg. 2001, II-2093, Rn. 51 (T. Port GmbH & Co. KG/Rat); EuG, Rs. T-52/99, 20.3.2001, Slg. 2001, II-981, Rn. 46 (T. Port GmbH & Co. KG/Kommission); EuGH, Rs. T-30/99, 20.3.2001, Slg. 2001, II-943, Rn. 51 (Bocchi Food Trade International GmbH/Kommission); EuG, Rs. T-30/99, 20.3.2001, Slg. 2001, II-913, Rn. 46 (Cordis Obst und Gemüse Großhandel GmbH/Kommission). Vgl. in diesem Sinne auch EuG, Verb. Rs. T-64 und 65/01, 10.2.2004, noch nicht in der amtlichen Sammlung veröffentlicht, Rn. 139 (Afrikanische Frucht-Compagnie GmbH und Internationale Fruchtimport Gesellschaft Weichert & Co./Rat und Kommission).

[551] *Birgit Schoißwohl,* Haftung der Gemeinschaft für WTO-Rechtsverletzungen ihrer Organe: Doktrin der „Nichtverantwortung“?, ZEuS 4 (2001), S. 689 (713 ff.); *August Reinisch,* Entschädigung für die unbeteiligten „Opfer“ des Hormon- und Bananenstreites nach Art. 288 II EG?, EuZW 11 (2000), S. 42 (45).

[552] Vgl. insbesondere Art. 68, 69 und 71 bis 73 des TRIPs-Übereinkommens.

[553] *Birgit Schoißwohl,* Haftung der Gemeinschaft für WTO-Rechtsverletzungen ihrer Organe: Doktrin der „Nichtverantwortung“?, ZEuS 4 (2001), S. 689 (729 f.); *August Reinisch,* Entschädigung für die unbeteiligten „Opfer“ des Hormon- und Bananenstreites nach Art. 288 II EG?, EuZW 11 (2000), S. 42 (51).

Rechtsschutzgedanke, der bei der Schadensersatzklage nach Art. 235 i.V.m. Art. 288 Abs. 2 EGV eine besondere Rolle spielt,[555] eine differenziertere Betrachtung verlange. Während die Interessen der in einem Drittstaat ansässigen und durch WTO-widriges Handeln der Europäischen Gemeinschaft geschädigten Unternehmen[556] durch den Heimatstaat im Wege eines WTO-Streitbeilegungsverfahrens gegen die Europäische Gemeinschaft wahrgenommen werden können, stehen den in der Europäischen Gemeinschaft ansässigen Unternehmen keine alternativen Rechtsschutzmöglichkeiten außer der Schadensersatzklage nach Art. 235 i.V.m. Art. 288 Abs. 2 EGV zur Verfügung, wenn sie entweder durch WTO-widriges Handeln der Europäischen Gemeinschaft selbst[557] oder durch die von einem Drittstaat vorgenommene und vom DSB genehmigte Aussetzung von Zugeständnissen und sonstigen Pflichten gegenüber der Europäischen Gemeinschaft nach Art. 22 DSU[558] geschädigt werden.

---

554 *Birgit Schoißwohl,* Haftung der Gemeinschaft für WTO-Rechtsverletzungen ihrer Organe: Doktrin der „Nichtverantwortung"?, ZEuS 4 (2001), S. 689 (705 ff.).

555 Siehe oben Zweiter Teil, Drittes Kapitel, A. V. 4.

556 Vgl. die seit dem 25. Januar 2001 anhängige Klage der Chiquita Brands International Inc., der Chiquita Banana Company BV und der Chiquita Italia SpA gegen die Kommission der Europäischen Gemeinschaften vor dem EuG, Rs. T-19/01 (ABl. EU Nr. C.108 vom 7.4.2001, S. 23 f.).

557 Vgl. EuGH, Rs. C-104/97 P, 14.10.1999, Slg. 1999, I-6985 (Atlanta AG); EuG, Rs. T-210/00, 11.1.2002, Slg. 2002, II-47 (Etablissements Biret et Cie SA/Rat); EuG, Rs. T-174/00, 11.1.2002, Slg. 2002, II-17 (Biret International SA/Rat); EuG, Rs. T-3/99, 12.7.2001, Slg. 2001, II-2123 (Bananatrading GmbH/Rat); EuG, Rs. T-2/99, 12.7.2001, Slg. 2001, II-2093 (T. Port GmbH & Co. KG/Rat); EuG, Rs. T-52/99, 20.3.2001, Slg. 2001, II-981 (T. Port GmbH & Co. KG/Kommission); EuG, Rs. T-30/99, 20.3.2001, Slg. 2001, II-943 (Bocchi Food Trade International GmbH/Kommission); EuG, Rs. T-18/99, 20.3.2001, Slg. 2001, II-913 (Cordis Obst und Gemüse Großhandel GmbH/Kommission).

558 Vgl. die seit dem 18. Juni vor dem EuG anhängige Klage der Giorgio Fedon & Figli Spa, der Fedon Srl und der Fedon America Usa Inc. gegen die Kommission der Europäischen Gemeinschaften, Rs. T-135/01 (ABl. EU Nr. C 275 vom 29.9.2001, S. 10 f.), die seit dem 22. Dezember 2000 vor dem EuG anhängige Klage der Beamglow Ltd. gegen den Rat der Europäischen Union, das Europäische Parlament und die Kommission der Europäischen Gemeinschaften, Rs. T-383/00 (ABl. EU Nr. C 61 vom 24.2.2001, S. 21 f.), die seit dem 12. Oktober 2000 vor dem EuG anhängige Klage der CD Cartondruck GmbH & Co. KG gegen den Rat der Europäischen Union und die Kommission der Europäischen Gemeinschaften, Rs. T-320/00 (ABl. EU Nr. C 355 vom 9.12.2000, S. 39), die seit dem 20. September 2000 vor dem EuG anhängige Klage der Firmen Groupe Fremaux und Palais Royal Inc. gegen den Rat der Europäischen Union und die Kommission der Europäischen Gemeinschaften, Rs. T-301/00 (ABl. EU Nr. C 355 vom 9.12.2000, S. 32 f.), die seit dem 18. September 2000 vor dem EuG anhängige Klage der Firma Claude-Anne de Solène gegen den Rat der Europäischen Union und die Kommission der Europäischen Gemeinschaften, Rs. T-297/00 (ABl. EU Nr. C 355 vom 9.12.2000, S. 30), die seit dem 7. Juni 2000 vor dem EuG anhängige Klage

Es ist allerdings anerkannt, daß die Ausgestaltung der Haftung der Europäischen Gemeinschaft nicht nur im Lichte der „Entwicklung eines leistungsfähigen Rechtsschutzsystems zugunsten von Rechtspositionen des einzelnen Rechtsträgers", sondern auch von dem „Zweck der Funktionstüchtigkeit und der finanziellen Beweglichkeit der zur Entscheidung aufgerufenen Hoheitsträger" geleitet wird.[559] In dem Urteil „HNL" hat der EuGH betont, „daß die gesetzgebende Gewalt selbst dann, wenn ihre Handlungen richterlicher Kontrolle unterworfen sind, bei ihrer Willensbildung nicht jedes Mal durch die Möglichkeit von Schadensersatzklagen behindert werden darf, wenn sie Anlaß hat, im Allgemeininteresse Rechtsnormen zu erlassen, welche die Interessen der einzelnen berühren können".[560] Die Argumentation des EuGH in dem Urteil „Portugal/Rat", „[h]ätte der Gemeinschaftsrichter unmittelbar die Aufgabe, die Vereinbarkeit des Gemeinschaftsrechts mit [den Bestimmungen des WTO-Übereinkommens] zu gewährleisten, so würde den Legislativ- und Exekutivorganen der Gemeinschaft der Spielraum genommen, über den die entsprechenden Organe der Handelspartner der Gemeinschaft verfügen",[561] hebt die Bedeutung der Funktionstüchtigkeit und der finanziellen Beweglichkeit der Organe der Europäischen Gemeinschaft im Zusammenhang mit den Bestimmungen des WTO-Übereinkommens hervor.

Die Europäische Gemeinschaft würde zwar nicht den „Spielraum" verlieren, „über den die entsprechenden Organe der Handelspartner der Gemeinschaft verfügen", müßte sie die von einer Verletzung der Bestimmungen des WTO-Übereinkommens betroffenen Unternehmen entschädigen. Der ihr verbleibende „Spielraum" wäre aber erheblich eingeschränkt, müßte sie bei der Verhandlung über eine Entschädigung und bei der Überlegung, dic Aussetzung von Zugeständnissen und sonstigen Pflichten in Kauf zu nehmen, eventuell entstehende finanzielle Einbußen berücksichtigen. Hinzu kommt, daß die Verhandlung über eine Entschädigung und die Überlegung, die Aussetzung von Zugeständnissen und sonstigen Pflichten in Kauf zu nehmen,

der Firma Le Laboratoire du Bain gegen den Rat der Europäischen Union und die Kommission der Europäischen Gemeinschaften, Rs. T-151/00 (ABl. EU Nr. C 247 vom 26.8.2000, S. 30 f.) und die seit dem 23. März 2000 vor dem EuG anhängigen Klage der Fiamm Spa und der Fiamm Technologies Inc. gegen die Europäische Kommission und den Rat der Europäischen Union, Rs. T-69/00 (ABl. EU Nr. C 135 vom 13.5.2000, S. 30 f.).

[559] *Armin von Bogdandy,* in: Eberhard Grabitz/Meinhard Hilf (Hrsg.), Das Recht der Europäischen Union, Band II, EUV/EGV, 20. Ergänzungslieferung – Stand August 2002, Art. 288 EGV Rn. 12.

[560] EuGH, Verb. Rs. C-83 und 94/76, 4, 15 und 40/77, 25.5.1978, Slg. 1978, 1209, Rn. 5 (Bayerische HNL Vermehrungsbetriebe GmbH & Co. KG u. a./Rat und Kommission).

[561] EuGH, Rs. C-149/96, 23.11.1999, Slg. 1999, I-8395, Rn. 46 (Portugal/Rat).

vom DSU ausdrücklich anerkannt werden[562] und die Schadensersatzklagen betroffener Unternehmen im Falle ihres Erfolges den vom EuGH bei wirtschaftspolitischen Entscheidungen der Europäischen Gemeinschaft im allgemeinen und bei Bestimmungen des WTO-Übereinkommens im besonderen ausgeübten *judicial restraint* aushöhlen würden.

Nachdem ein Schadensersatzanspruch nach Art. 288 Abs. 2 EGV wegen rechtswidrigen Verhaltens der Europäischen Gemeinschaft ausscheidet, könnte ein Schadensersatzanspruch nach Art. 288 Abs. 2 EGV wegen rechtmäßigen Verhaltens in Betracht kommen. In den Urteilen „Biret" hatten die Klägerinnen das EuG hilfsweise aufgefordert, „seine Rechtsprechung weiterzuentwickeln in Richtung eines Systems der Haftung der Gemeinschaft für rechtmäßiges Handeln bei Rechtsnormen".[563] Die Gemeinschaftsgerichte haben eine Haftung der Europäischen Gemeinschaft für rechtmäßiges Handeln nicht ausgeschlossen, aber vom Vorliegen eines „besonderen" und „außergewöhnlichen" Schadens abhängig gemacht.[564] Da diese Voraussetzungen nur vorliegen, wenn der geltend gemachte Schaden eine besondere Gruppe von Wirtschaftsteilnehmern gegenüber den anderen unverhältnismäßig belasten („besonderer" Schaden) und die Grenzen der wirtschaftlichen Risiken, die der Tätigkeit in dem betroffenen Sektor innewohnen, überschreiten würde („außergewöhnlicher" Schaden), ohne daß die dem geltend gemachten Schaden zugrunde liegende Regelung durch ein allgemeines wirtschaftliches Interesse gerechtfertigt wäre,[565] ist trotz des vom Europäischen Parlament befürworteten „Ausgleichsfonds für die europäischen Unternehmen, die der berechtigten Anwendung einer gemeinsamen Handelspolitik zum Opfer fallen"[566] davon auszugehen, daß die Gemeinschaftsgerichte die Risiken der betroffenen Unternehmen angesichts der bisherigen Tendenz noch als dem Außenhandel inhärent betrachten würden.[567]

---

562 *Allan Rosas,* Implementation and Enforcement of WTO Dispute Settlement Findings: An EU Perspective, JIEL 4 (2001), S. 131 (139): „It is unlikely that such claims will be successful, given the fact [...] that suspension of concessions is a mechanism which is built into the DSU system itself and constitutes one of the four modes of implementation."

563 EuG, Rs. T-210/00, 11.1.2002, Slg. 2002, II-47, Rn. 80 (Etablissements Biret et Cie SA/Rat); EuG, Rs. T-174/00, 11.1.2002, Slg. 2002, II-17, Rn. 70 (Biret International SA/Rat). Das EuG hat die Argumentation als neues Angriffsmittel nach Art. 48 seiner Verfahrensordnung als verspätet zurückgewiesen.

564 EuGH, Rs. C-237/98 P, 15.6.2000, Slg. 2000, I-4549, Rn. 53 (Dorsch Consult Ingenieurgesellschaft mbH/Rat und Kommission); EuG, Rs. T-184/95, 28.4.1998, Slg. 1998, II-667, Rn. 59 (Dorsch Consult Ingenieurgesellschaft mbH/Rat und Kommission).

565 EuG, Rs. T-184/95, 28.4.1998, Slg. 1998, II-667, Leitsatz 3 (Dorsch Consult Ingenieurgesellschaft mbH/Rat und Kommission).

566 Bulletin Quotidien Europe N° 7458 vom 4./5.5.1999, S. 10.

In dem Urteil „Afrikanische Frucht-Compagnie" hat das EuG einen Schadensersatzanspruch der Klägerinnen wegen rechtmäßigen Verhaltens mangels eines besonderen und außergewöhnlichen Schadens abgelehnt.[568] Die Verordnung (EG) Nr. 2362/98 mit Durchführungsvorschriften zur Verordnung Nr. 404/93 betreffend die Einfuhrregelung für Bananen in die Gemeinschaft[569] gelte nicht nur unterschiedslos für alle Marktbeteiligten im Bananensektor.[570] Unter Verweis auf den großen Ermessensspielraum der Gemeinschaftsorgane seien auch die wirtschaftlichen Risiken, die der Tätigkeit im Bananensektor innewohnen, nicht überschritten worden.[571]

5. Zwischenergebnis

Die Bestimmungen der gemischten Verträge auf dem Gebiet des geistigen Eigentums, die in die ausschließliche bzw. ausgeübte konkurrierende Vertragsschlußkompetenz der Europäischen Gemeinschaft fallen, sind mit Ausnahme der Bestimmungen des TRIPs-Übereinkommens im Gemeinschaftsrecht durchsetzbar. Gleiches gilt für die für die Europäische Gemeinschaft verbindlichen Entscheidungen der durch die gemischten Verträge eingesetzten Organe mit Ausnahme der Entscheidungen der durch das TRIPs-Übereinkommen eingesetzten Organe.

Die Gemeinschaftsgerichte haben die unmittelbare Anwendbarkeit der Bestimmungen des TRIPs-Übereinkommens, die in die ausschließliche bzw. ausgeübte konkurrierende Vertragsschlußkompetenz der Europäischen Gemeinschaft fallen, und die für die Europäische Gemeinschaft verbindlichen Entscheidungen der durch das TRIPs-Übereinkommen eingesetzten Organe aus rechtspolitischen Gründen in ständiger Rechtsprechung abgelehnt. Allerdings setzen nur die Nichtigkeitsklage nach Art. 230 EGV und das Vorabentscheidungsverfahren nach Art. 234 Abs. 1 lit. b) Alt. 1 EGV die un-

---

[567] *Werner Meng,* Verfahrensrechtliche Rechtsstellung der Individuen in Bezug auf das WTO-Recht, in: Hans-Wolfgang Arndt/Franz-Ludwig Knemeyer/Dieter Kugelmann/Werner Meng/Michael Schweitzer (Hrsg.), Völkerrecht und deutsches Recht, 2001, S. 65 (92).

[568] EuG, Verb. Rs. T-64 und 65/01, 10.2.2004, noch nicht in der amtlichen Sammlung veröffentlicht, Rn. 155 (Afrikanische Frucht-Compagnie GmbH und Internationale Fruchtimport Gesellschaft Weichert & Co./Rat und Kommission).

[569] ABl. EU Nr. L 293 vom 31.10.1998, S. 32 ff.

[570] EuG, Verb. Rs. T-64 und 65/01, 10.2.2004, noch nicht in der amtlichen Sammlung veröffentlicht, Rn. 153 (Afrikanische Frucht-Compagnie GmbH und Internationale Fruchtimport Gesellschaft Weichert & Co./Rat und Kommission).

[571] EuG, Verb. Rs. T-64 und 65/01, 10.2.2004, noch nicht in der amtlichen Sammlung veröffentlicht, Rn. 154 (Afrikanische Frucht-Compagnie GmbH und Internationale Fruchtimport Gesellschaft Weichert & Co./Rat und Kommission).

mittelbare Anwendbarkeit voraus, nicht aber das Vorabentscheidungsverfahren nach Art. 234 Abs. 1 lit. b) Alt. 2 EGV und die Vertragsverletzungsklage nach Art. 226, 227 EGV. Die Schadensersatzklage nach Art. 235 i.V.m. Art. 288 Abs. 2 EGV setzt die unmittelbare Anwendbarkeit aus rechtspolitischen Gründen nur ausnahmsweise voraus, wenn es sich um Bestimmungen des TRIPs-Übereinkommens handelt.

Im Rahmen der Nichtigkeitsklage nach Art. 230 EGV und des Vorabentscheidungsverfahrens nach Art. 234 Abs. 1 lit. b) Alt. 1 EGV sind die nicht unmittelbar anwendbaren Bestimmungen des TRIPs-Übereinkommens, die in die ausschließliche bzw. ausgeübte konkurrierende Vertragsschlußkompetenz der Europäischen Gemeinschaft fallen, ausnahmsweise Rechtmäßigkeits- bzw. Gültigkeitsmaßstab sekundären Gemeinschaftsrechts, wenn die Europäische Gemeinschaft eine bestimmte, hieraus resultierende Verpflichtung in sekundäres Gemeinschaftsrecht umgesetzt hat. Einschlägige Beispiele stellen die Verordnung (EG) Nr. 3288/94, die Entscheidung des Rates 94/824/EG und die Vorschläge der Kommission vom 20. Februar 2002 für eine Richtlinie über die Patentierbarkeit computerimplementierter Erfindungen und vom 30. Januar 2003 für eine Richtlinie über die Maßnahmen und Verfahren zum Schutz des geistigen Eigentums, sollten sie in Kraft treten, dar. Daneben kann die Rechtmäßigkeit bzw. die Gültigkeit der Entscheidungen, mit denen die Kommission die Einleitung eines Untersuchungsverfahrens wegen Verletzung des TRIPs-Übereinkommens auf der Grundlage der sog. Handelshemmnisverordnung ablehnt, an den Bestimmungen des TRIPs-Übereinkommens unabhängig davon überprüft werden, in wessen Vertragsschlußkompetenz sie fallen.

II. Die Durchsetzung der gemischten Verträge auf dem Gebiet des geistigen Eigentums in ausgewählten Mitgliedstaaten

In Frankreich, in den Niederlanden und in Deutschland, nicht aber im Vereinigten Königreich, können sich einzelne vor innerstaatlichen Behörden und Gerichten auf die Bestimmungen des TRIPs-Übereinkommens, die in der Vertragsschlußkompetenz der Mitgliedstaaten verblieben sind, berufen, wenn die Bestimmungen entweder subjektive Rechte und/oder Pflichten einzelner begründen oder unmittelbar anwendbar sind und bereits eine Verletzung objektiven Rechts ein individuelles Klage- und Beschwerderecht begründen kann.

Dagegen können die Bestimmungen der übrigen gemischten Verträge, die das geistige Eigentum betreffen und in der Vertragsschlußkompetenz verblieben sind, nicht durchgesetzt werden, da sie in keinem der untersuchten Mitgliedstaaten unmittelbar anwendbar sind.

Mangels Invokabilität[572] sind die für die Mitgliedstaaten verbindlichen Entscheidungen der durch die gemischten Verträge auf dem Gebiet des geistigen Eigentums eingesetzten Organe nicht in den Mitgliedstaaten durchsetzbar.

F. Zusammenfassende Bewertung

Für die Durchsetzbarkeit der gemischten Verträge auf dem Gebiet des geistigen Eigentums im Gemeinschaftsrecht und im innerstaatlichen Recht kommt es darauf an, ob ihre Bestimmungen in die ausschließliche bzw. ausgeübte konkurrierende Vertragsschlußkompetenz der Europäischen Gemeinschaft fallen oder in der Vertragsschlußkompetenz der Mitgliedstaaten verblieben sind, und, wenn sie in die ausschließliche bzw. ausgeübte konkurrierende Vertragsschlußkompetenz der Europäischen Gemeinschaft fallen, ob die gemischten Verträge, wie das TRIPs-Übereinkommen, einen unmittelbaren Bezug zum Handel aufweisen. Die in der Einleitung angesprochene Gefahr einer uneinheitlichen Durchsetzung der gemischten Verträge, die mit der nach einzelnen Bestimmungen getrennten Ermittlung des Verhältnisses zum Gemeinschaftsrecht und zum innerstaatlichen Recht verbunden sein könnte, verwirklicht sich nicht bei allen gemischten Verträgen.

Die Durchsetzbarkeit der gemischten Verträge, die das geistige Eigentums nur akzessorisch regeln, ist einheitlich, wenn die Bestimmungen, die das geistige Eigentum betreffen, entweder in die ausschließliche bzw. ausgeübte konkurrierende Vertragsschlußkompetenz der Europäischen Gemeinschaft fallen oder in der Vertragsschlußkompetenz der Mitgliedstaaten verblieben sind. Die Bestimmungen der Europa-Abkommen mit den mittel- und osteuropäischen Staaten und der Partnerschafts- und Kooperationsabkommen mit den GUS-Staaten, die das geistige Eigentum betreffen, erlangen, da sie in die ausschließliche bzw. ausgeübte konkurrierende Vertragsschlußkompetenz der Europäischen Gemeinschaft fallen, zwar innergemeinschaftliche Geltung, aber keine unmittelbare Anwendbarkeit. Die Bestimmungen des CBD-Übereinkommens, die das geistige Eigentum betreffen, erlangen, da sie in der Vertragsschlußkompetenz der Mitgliedstaaten verblieben sind, in den ausgewählten Mitgliedstaaten innerstaatliche Geltung, im Vereinigten Königreich aber nur soweit, wie der *Countryside and Rights of Way Act 2000*[573] auf sie verweist, aber keine unmittelbare Anwendbarkeit. Die Entscheidungen des Schiedsgerichts erlangen, soweit sie für die Europäische Gemeinschaft verbindlich sind, innergemeinschaftliche Geltung und im Falle ihrer hinreichenden Bestimmtheit auch unmittelbare Anwend-

---

[572] Siehe oben Zweiter Teil, Drittes Kapitel, D. I. 2.

[573] *Countryside and Rights of Way Act 2000,* c. 37.

barkeit, und soweit sie für die Mitgliedstaaten verbindlich sind, innerstaatliche Geltung in Frankreich und den Niederlanden, unmittelbare Anwendbarkeit aber nur in den Niederlanden.

Die Durchsetzbarkeit der gemischten Verträge, die das geistige Eigentum in den Mittelpunkt ihrer Bestimmungen stellen, ist weitgehend einheitlich, wenn die gemischten Verträge, wie WCT und WPPT, die noch nicht für die Europäische Gemeinschaft und ihre Mitgliedstaaten in Kraft getreten sind, keinen unmittelbaren Bezug zum Handel aufweisen. Die Bestimmungen sind in der Europäischen Gemeinschaft und in den Mitgliedstaaten, vom Vereinigten Königreich abgesehen und ihre hinreichende Bestimmtheit vorausgesetzt, nicht nur unmittelbar anwendbar, sondern können, insbesondere, was die Bestimmungen zum Schutz des geistigen Eigentums, subjektive Rechte und/oder Pflichten einzelner begründen.

Uneinheitlich ist die Durchsetzbarkeit der gemischten Verträge erst dann, wenn die gemischten Verträge auf dem Gebiet des geistigen Eigentums einen unmittelbaren Bezug zum Handel aufweisen. Die Bestimmungen des TRIPs-Übereinkommens, die in die ausschließliche bzw. ausgeübte konkurrierende Vertragsschlußkompetenz der Europäischen Gemeinschaft fallen, erlangen innergemeinschaftliche Geltung, sind aber, da das TRIPs-Übereinkommen einen unmittelbaren Bezug zum Handel ausweist, aus rechtspolitischen Gründen nicht unmittelbar anwendbar. Dagegen sind die Bestimmungen des TRIPs-Übereinkommens, die in der Vertragsschlußkompetenz der Mitgliedstaaten verblieben sind, in den untersuchten Mitgliedstaaten mit Ausnahme des Vereinigten Königreichs unmittelbar anwendbar und zum Teil auch invokabil. Die für die Europäische Gemeinschaft verbindlichen Streitbeilegungsentscheidungen des DSB erlangen innergemeinschaftliche Geltung, aber keine unmittelbare Anwendbarkeit. Die für die Mitgliedstaaten verbindlichen Streitbeilegungsentscheidungen des DSB erlangen in Frankreich und den Niederlanden innerstaatliche Geltung, aber nur in den Niederlanden unmittelbare Anwendbarkeit.

Fünftes Kapitel

Ausblick

Der Ausblick des ersten Teils der Arbeit gelangte zu der Schlußfolgerung, daß die bestehende Verteilung der Kompetenzen zwischen der Europäischen Gemeinschaft und ihren Mitgliedstaaten im Hinblick auf die möglichst weitgehende bzw. einheitliche Gestaltung der Rechte des geistigen Eigentums nur teilweise sachgerecht ist. Sie ist sachgerecht im Hinblick auf die Verteilung der Innenkompetenzen, nicht aber im Hinblick auf die Verteilung der Außenkompetenzen. Angeregt durch die Erklärung von Laeken vom 15. Dezember 2001 zur Zukunft der Europäischen Union[1] wurde vorgeschlagen, nicht nur die Handelsaspekte des geistigen Eigentums, wie in Art. III-217 Abs. 1 S. 1 des Entwurfs eines Vertrags über eine Verfassung für Europa vom 18. Juli 2003[2] vorgesehen, sondern das geistige Eigentum als solches in die Kompetenz der Europäischen Gemeinschaft für die gemeinsame Handelspolitik aufzunehmen und die Ausschließlichkeit der erweiterten Kompetenz der Europäischen Gemeinschaft für die gemeinsame Handelspolitik festzulegen. Bei der Frage, ob und inwieweit sich eine solche Neuordnung der Kompetenz der Europäischen Gemeinschaft zur Regelung bzw. zur Mitwirkung an der Regelung geistigen Eigentums auf die Durchsetzbarkeit der völkerrechtlichen Verträge auf dem Gebiet des geistigen Eigentums zum Gemeinschaftsrecht und zum innerstaatlichen Recht auswirken würde, ist zwischen den völkerrechtlichen Verträgen der Mitgliedstaaten und den völkerrechtlichen Verträgen der Europäischen Gemeinschaft zu unterscheiden. Es ist insbesondere zu untersuchen, ob gemischte Verträge auf dem Gebiet des geistigen Eigentums hinfällig werden.

Die Aufnahme des geistigen Eigentums in die Kompetenz für die gemeinsame Handelspolitik würde die Chancen einer völkerrechtlichen Bindung der Europäischen Gemeinschaft an die völkerrechtlichen Verträge der Mitgliedstaaten mit Drittstaaten erhöhen. Die Europäische Gemeinschaft würde allerdings nicht automatisch in die völkerrechtlichen Verträge nachfolgen, sondern wäre, wie im Fall des Protokolls vom 28. Juni 1989 zum Madrider Abkommen über die internationale Registrierung von Marken (*Protocol Relating to the Madrid Agreement Concerning the International Registration of Marks,* Madrider Markenprotokoll), auf Zusatzprokolle zu den völkerrechtlichen Verträgen bzw., wie in den Fällen der Genfer Fassung des Internationalen Übereinkommens über den Schutz von Pflanzen-

[1] http://europa.eu.int/futurum/documents/offtext/doc151201_de.htm, letzte Abfrage: 19.5.2004.

[2] CONV 850/03.

züchtungen vom 19. März 1991 (*International Convention for the Protection of New Varieties of Plants,* UPOV-Übereinkommen) und der Genfer Fassung des Haager Abkommens über die internationale Hinterlegung gewerblicher Muster und Modelle vom 2. Juli 1999 (*Hague Agreement Concerning the International Deposit of Industrial Designs,* Haager Musterabkommen), auf Revisionen der völkerrechtlichen Verträge angewiesen, die einer internationalen Organisation wie der Europäischen Gemeinschaft den förmlichen Beitritt ermöglichen würden. Eine einvernehmliche Rechtsnachfolge der Europäischen Gemeinschaft in die völkerrechtlichen Verträge der Mitgliedstaaten[3] wie ehemals in das Allgemeine Zoll- und Handelsabkommen vom 30. Oktober 1947 (*General Agreement on Tariffs and Trade,* GATT 1947)[4] käme trotz ihrer ausschließlichen Außenkompetenz für das geistige Eigentum nach wie vor nicht in Betracht. Es sind immer noch nicht alle Mitgliedstaaten an die wichtigsten völkerrechtlichen Verträge der Mitgliedstaaten auf dem Gebiet des geistigen Eigentums gebunden. Irland ist nur der Brüsseler Fassung vom 26. Juni 1948 und Art. 22 bis 38 der Stockholmer Fassung vom 14. Juli 1967 der Berner Übereinkunft zum Schutz von Werken der Literatur und Kunst (*Berne Convention for the Protection of Literary and Artistic Works,* Berner Übereinkunft) beigetreten. Es fehlt zudem an einer Vorschrift wie Art. 131 EGV, in der sich die Europäische Gemeinschaft zu den von den völkerrechtlichen Verträgen auf dem Gebiet des geistigen Eigentums verfolgten Zielen bekennt.

Der Beitritt der Europäischen Gemeinschaft zu den völkerrechtlichen Verträgen der Mitgliedstaaten mit Drittstaaten würde ihre Durchsetzbarkeit im Gemeinschaftsrecht und im innerstaatlichen Recht vereinheitlichen. Ihr Verhältnis zum Gemeinschaftsrecht wäre nicht länger eines der Vertragskonkurrenz, sondern eines der Geltung, des Ranges, der Anwendbarkeit und der Invokabilität im Gemeinschaftsrecht. Im Falle eines Beitritts würden die unmittelbare Anwendbarkeit und die Invokabilität der völkerrechtlichen Verträge der Europäischen Gemeinschaft zwar davon abhängen, ob die völkerrechtlichen Verträge, wie das Übereinkommen über die handelsbezogenen Aspekte der Rechte des geistigen Eigentums vom 15. April 1994 (*Agreement on Trade-Related Aspects of Intellectual Property Rights,* TRIPs-Übereinkommen), einen unmittelbaren Bezug zum Handel aufweisen. Dies ist bei den traditionellen, unter der Verwaltung der Weltorganisation für geistiges Eigentum (*World Intellectual Property Organization,* WIPO) stehenden völkerrechtlichen Verträgen der Mitgliedstaaten mit Drittstaaten nicht der Fall. Wenngleich jeder völkerrechtliche Vertrag auf dem Gebiet des geistigen Eigentums einen mittelbaren Bezug zum Handel auf-

---

[3] Siehe oben Zweiter Teil, Zweites Kapitel, A. III. 1. b).

[4] BGBl. 1951 II, 173.

weist, ist der Schutz des geistigen Eigentums in den unter der Verwaltung der WIPO stehenden völkerrechtlichen Verträgen nach Art. 3 des Übereinkommens zur Errichtung der Weltorganisation für geistiges Eigentum vom 14. Juli 1967 (*Convention Establishing the World Intellectual Property Organization,* WIPO-Übereinkommen)[5] anders als im TRIPs-Übereinkommen reiner Selbstzweck.

Durch die Aufnahme des geistigen Eigentums in die Kompetenz für die gemeinsame Handelspolitik würden gemischte Verträge, die den Schutz des geistigen Eigentums in den Mittelpunkt ihrer Bestimmungen stellen, solange nicht hinfällig, wie der in Art. 133 Abs. 3 UAbs. 1 S. 2 und Art. 133 Abs. 6 UAbs. 1 EGV bzw. in Art. III-193 Abs. 3 UAbs. 2 S. 1 und Art. III-217 Abs. 5 des Entwurfs eines Vertrags über eine Verfassung für Europa vom 18. Juli 2003[6] niedergelegte Grundsatz der Kongruenz von Innen- und Außenkompetenz beibehalten würde, um ein schleichendes Vordringen der Europäischen Gemeinschaft in die Bereiche der ausschließlichen Kompetenzen der Mitgliedstaaten zu verhindern. Die Außenkompetenz der Europäischen Gemeinschaft wäre allerdings nur noch insofern geteilt, als ein völkerrechtlicher Vertrag auf dem Gebiet des geistigen Eigentums, wie z.B. der WIPO-Vertrag über Darbietungen und Tonträger vom 20. Dezember 1996 (*WIPO Performances and Phonograms Treaty,* WPPT), die Voraussetzungen für die Errichtung und das Funktionieren des Binnenmarkts nicht in vollem Umfang verbessern würde und als ein völkerrechtlicher Vertrag auf dem Gebiet des geistigen Eigentums eine Rechtsangleichung im Bereich der Kultur zur Folge hätte, welche nach Art. 151 Abs. 5 Spiegelstrich 1 EGV ausdrücklich ausgeschlossen ist.

Das TRIPs-Übereinkommen und der WIPO-Urheberrechtsvertrag vom 20. Dezember 1996 (*WIPO Copyright Treaty,* WCT) würden durch die Aufnahme des geistigen Eigentums in die Kompetenz für die gemeinsame Handelspolitik zu völkerrechtlichen Verträgen der Europäischen Gemeinschaft werden, da alle Bestimmungen des TRIPs-Übereinkommens und des WCT in die insoweit ausschließliche Außenkompetenz der Europäischen Gemeinschaft fallen. Die Europa-Abkommen mit den mittel- und osteuropäischen Staaten, die Partnerschafts- und Kooperationsabkommen, das Übereinkommen über die biologische Vielfalt vom 5. Juni 1992 (*Convention on Biolo-*

---

[5] Art. 3 des WIPO-Übereinkommens lautet:
„Zweck der Organisation ist es
i) den Schutz des geistigen Eigentums durch Zusammenarbeit der Staaten weltweit zu fördern, gegebenenfalls im Zusammenwirken mit jeder anderen internationalen Organisation,
ii) die verwaltungsmäßige Zusammenarbeit zwischen den Verbänden zu gewährleisten."

[6] CONV 850/03.

gical Diversity, CBD-Übereinkommen) und der WPPT würden hingegen den Charakter gemischter Verträge nicht verlieren. Die Europa-Abkommen, die Partnerschafts- und Kooperationsabkommen und das CBD-Übereinkommen regeln das geistige Eigentum nur akzessorisch und hätten auf der Grundlage einer erweiterten Außenkompetenz der Europäischen Gemeinschaft für die gemeinsame Handelspolitik nicht geschlossen werden können. Die Bestimmungen des WPPT fallen insoweit nicht in die ausschließliche Außenkompetenz der Europäischen Gemeinschaft, als sie im Gegensatz zu den Bestimmungen des WCT auch die Persönlichkeitsrechte der ausübenden Künstler (Art. 5) regeln. Als nicht-wirtschaftliche Rechte können die Persönlichkeitsrechte die Voraussetzungen für die Errichtung und das Funktionieren des Binnenmarkts nicht verbessern.

Das Fortbestehen von gemischten Verträgen auf dem Gebiet des geistigen Eigentums erfordert nicht, die vorgeschlagene Neuordnung der Kompetenz zur Regelung bzw. zur Mitwirkung an der Regelung geistigen Eigentums noch einmal zu überdenken. Ausgangspunkt der Neuordnung der Kompetenz zur Regelung bzw. zur Mitwirkung an der Regelung geistigen Eigentums war nicht, das Auftreten gemischter Verträge auszuschließen, sondern die möglichst weitgehende Angleichung bzw. einheitliche Gestaltung der Rechte des geistigen Eigentums durch Stärkung der internationalen Handlungsfähigkeit der Europäischen Gemeinschaft sowie der Kohärenz des wirtschafts- und außenpolitischen Handelns der Europäischen Gemeinschaft zu gewährleisten. Das Ausschließen des Auftretens gemischter Verträge würde dem Ansatz der Erklärung von Laeken, „ein Vordringen in die Bereiche der ausschließlichen Zuständigkeit der Mitgliedstaaten" zu verhindern, nicht gerecht. Die internationale Handlungsfähigkeit und die Kohärenz des wirtschafts- und außenpolitischen Handelns der Europäischen Gemeinschaft würde durch die vorgeschlagene Neuordnung insbesondere dadurch erreicht, daß die rechtspolitische Entscheidung, die unmittelbare Anwendbarkeit des TRIPs-Übereinkommens auszuschließen, um ihre Verhandlungsposition innerhalb der Welthandelsorganisation (*World Trade Organization,* WTO) zu stärken, alle Bestimmungen des TRIPs-Übereinkommens betreffen würde.

Die mit dem Ausschluß der unmittelbaren Anwendbarkeit des TRIPs-Übereinkommens verbundene fehlende Durchsetzbarkeit würde sich relativieren, wenn die Europäische Gemeinschaft ihre erweiterte Außenkompetenz für die gemeinsame Handelspolitik nutzen würde, um den völkerrechtlichen Verträgen der Mitgliedstaaten auf dem Gebiet des geistigen Eigentums, insbesondere der Pariser Verbandsübereinkunft zum Schutz des gewerblichen Eigentums (*Paris Convention for the Protection of Industrial Property,* Pariser Verbandsübereinkunft) und der Berner Übereinkunft, die durch Art. 2 Abs. 1 und Art. 9 Abs. 1 des TRIPs-Übereinkommens inkorporiert werden, soweit möglich, beizutreten. Es ist nicht davon auszugehen, daß die Europäische Gemeinschaft die unmittelbare Anwendbarkeit der völkerrechtlichen Verträge der Mitgliedstaaten, die von der WIPO verwaltet werden, ebenfalls ausschließen würde. Die unmittelbare Anwendbarkeit eignet sich für die effektive Durchsetzung der völkerrechtlichen Verträge auf dem Gebiet des geistigen Eigentums, die nur einen mittelbaren Bezug zum Handel aufweisen, ebenso wie für die völkerrechtlichen Verträge zum Schutz der Menschenrechte. Durch die unmittelbare Anwendbarkeit würde die Verhandlungsposition der Europäischen Gemeinschaft innerhalb der WIPO anders als innerhalb der WTO nicht geschwächt.

Dritter Teil

Gesamtergebnis in Thesen

1. Obwohl die Europäische Gemeinschaft keine Sachkompetenz für das geistige Eigentum besitzt, kann sie sekundäres Gemeinschaftsrecht auf der Grundlage der zielbestimmten Querschnittskompetenz nach Art. 95 Abs. 1 S. 2 EGV und anderer Sachkompetenzen, Art. 133 Abs. 1 EGV und Art. 151 Abs. 5 Spiegelstrich 1 EGV, setzen. Auf der Grundlage von Art. 95 Abs. 1 S. 2 EGV kann die Europäische Gemeinschaft zum einen das Schutzlandprinzip überwinden, d.h. die Rechts- und Verwaltungsvorschriften der Mitgliedstaaten über die Rechte des geistigen Eigentums aneinander angleichen, und zum anderen das Territorialitätsprinzip überwinden, d.h. gewerbliche Gemeinschaftsschutzrechte schaffen.

2. Die zielbestimmte Querschnittskompetenz nach Art. 95 Abs. 1 S. 2 EGV führt nicht zu einem schleichenden Kompetenzverlust der Mitgliedstaaten auf dem Gebiet des geistigen Eigentums. Art. 95 Abs. 1 S. 2 EGV ist zum einen konkurrierend, weil die Mitgliedstaaten nationale Rechts- und Verwaltungsvorschriften über die Rechte des geistigen Eigentums, die den freien Waren- und Dienstleistungsverkehr behindern, aber nach Art. 30 „aus Gründen [...] des gewerblichen und kommerziellen Eigentums" gerechtfertigt sind, solange beibehalten bzw. einführen können, wie die Europäische Gemeinschaft diese Hindernisse nicht im Wege der Rechtsangleichung nach Art. 95 Abs. 1 S. 2 EGV beseitigt hat. Die Ausübung der zielbestimmten Querschnittskompetenz nach Art. 95 Abs. 1 S. 2 EGV wird zum anderen durch das geschriebene und ungeschriebene Gemeinschaftsrecht sowie durch die völkerrechtlichen Verträge auf dem Gebiet des geistigen Eigentums, denen die Europäische Gemeinschaft beigetreten ist, begrenzt.

3. Die bestehende Verteilung der Kompetenzen zwischen der Europäischen und ihren Mitgliedstaaten ist im Hinblick auf die möglichst weitgehende Angleichung bzw. einheitliche Gestaltung der Rechte des geistigen Eigentums durch sekundäres Gemeinschaftsrecht sachgerecht. Im Zuge der durch die Erklärung von Laeken vom 15. Dezember 2001 zur Europäischen Union[1] angeregten Neuordnung der Kompetenzen muß der Euro-

[1] http://europa.eu.int/futurum/documents/offtext/doc151201_de.htm, letzte Abfrage: 19.5.2004.

päischen Gemeinschaft trotz der aus der punktuellen Rechtsangleichung resultierenden Gefahr der Inkohärenz des sekundären Gemeinschaftsrechts keine Sachkompetenz für das geistige Eigentum übertragen werden. Wenn die Europäische Gemeinschaft auf der Grundlage von Art. 95 Abs. 1 S. 2 EGV auch keine einheitlichen Grundsätze festlegen kann, anhand derer sich die Rechtsangleichung weiterentwickelt, ist es ihr gleichwohl möglich, die anzugleichenden Teilsektoren konzeptionell aufeinander abzustimmen. Die einzelnen Angleichungsschritte können für sich, ohne daß sie allgemeinen, bereits niedergelegten Grundsätzen folgen, richtungsweisend und beispielgebend für die künftige Rechtsentwicklung sein.

4. In Art. 133 Abs. 5 UAbs. 1 EGV und Art. 133 Abs. 7 EGV sind der Europäischen Gemeinschaft durch den Vertrag von Nizza ausdrückliche Kompetenzen zum Abschluß von bzw. zum Beitritt zu völkerrechtlichen Verträgen auf dem Gebiet des geistigen Eigentums übertragen worden. Art. 133 Abs. 5 UAbs. 1 EGV enthält eine Vertragsschlußkompetenz der Europäischen Gemeinschaft für die „Handelsaspekte des geistigen Eigentums". Die „Handelsaspekte des geistigen Eigentums" sind die Fragen des geistigen Eigentums, die in dem Übereinkommen über die handelsbezogenen Rechte des geistigen Eigentums vom 15. April 1994 (*Agreement on Trade-Related Aspects of Intellectual Property Rights,* TRIPs-Übereinkommen) geregelt sind. Art. 133 Abs. 7 EGV ermächtigt den Rat, die Vertragsschlußkompetenz der Europäischen Gemeinschaft für die gemeinsame Handelspolitik nach Art. 133 Abs. 1 EGV auf die Fragen des geistigen Eigentums auszudehnen, die keine Handelsaspekte des geistigen Eigentums sind. Die Vertragsschlußkompetenzen nach Art. 133 Abs. 5 UAbs. 1 EGV und Art. 133 Abs. 7 EGV bestehen wegen des in Art. 133 Abs. 3 UAbs. 1 S. 2 EGV und Art. 133 Abs. 6 UAbs. 1 EGV niedergelegten Grundsatzes der Kongruenz von Innen- und Außenkompetenz nur im Umfang von Art. 95 Abs. 1 S. 2 EGV. In dem Maße, in dem sich Art. 133 Abs. 5 UAbs. 1 EGV bzw. Art. 133 Abs. 7 EGV und die implizite, aus Art. 95 Abs. 1 S. 2 EGV abgeleitete Vertragsschlußkompetenz überschneiden, gehen Art. 133 Abs. 5 UAbs. 1 EGV bzw. Art. 133 Abs. 7 EGV der impliziten, aus Art. 95 Abs. 1 S. 2 EGV abgeleiteten Vertragsschlußkompetenz als *legi speciali* vor.

5. Art. 133 Abs. 5 UAbs. 1 EGV und die implizite, aus Art. 95 Abs. 1 S. 2 EGV abgeleitete Vertragsschlußkompetenz führen ebenfalls nicht zu einem schleichenden Kompetenzverlust der Mitgliedstaaten. Beide Vertragsschlußkompetenzen sind grundsätzlich konkurrierend und nur im Hinblick auf die Bestimmungen des sekundären Gemeinschaftsrechts, die den Grundsatz der materiellen Gegenseitigkeit im Verhältnis zu

Drittstaaten einführen bzw. aufrechterhalten, die gewerbliche Gemeinschaftschutzrechte schaffen und die ausnahmsweise einen Maximalschutz des geistigen Eigentums vorsehen, nachträglich ausschließlich geworden.

6. Die ausschließliche Vertragsschlußkompetenz der Europäischen Gemeinschaft für die von ihr geschaffenen gewerblichen Gemeinschaftsschutzrechte führt zu einer parallelen Vertragsschlußkompetenz der Europäischen Gemeinschaft und der Mitgliedstaaten, da sie die Vertragsschlußkompetenz der Mitgliedstaaten für die nationalen gewerblichen Schutzrechte nicht berührt. Die ausschließliche Vertragsschlußkompetenz der Europäischen Gemeinschaft für die Bestimmungen des sekundären Gemeinschaftsrechts, die fremdenrechtlicher Art sind bzw. ausnahmsweise einen Maximalschutz vorsehen, führt zu einer geteilten Vertragsschlußkompetenz der Europäischen Gemeinschaft und der Mitgliedstaaten, wenn der Gegenstand des völkerrechtlichen Vertrags über den Inhalt dieser Bestimmungen hinausreicht.

7. Die Europäische Gemeinschaft ist verpflichtet, im Rahmen der geteilten Vertragsschlußkompetenz mit den Mitgliedstaaten zusammenzuarbeiten und im Rahmen der parallelen Vertragsschlußkompetenz die Ausübung der Vertragsschlußkompetenz der Mitgliedstaaten nicht zu behindern. Die Qualifizierung der Pflicht zur Zusammenarbeit als eine *obligation de comportement* führt dazu, daß sich die Europäische Gemeinschaft und ihre Mitgliedstaaten lediglich um ein einheitliches Auftreten bemühen müssen, ein uneinheitliches Auftreten der Europäischen Gemeinschaft und ihrer Mitgliedstaaten aber nicht verhindert werden kann.

8. Die bestehende Verteilung der Kompetenzen zwischen der Europäischen und ihren Mitgliedstaaten ist im Hinblick auf die möglichst weitgehende bzw. einheitliche Gestaltung der Rechte des geistigen Eigentums durch völkerrechtliche Verträge nicht sachgerecht. Art. 133 Abs. 5 UAbs. 1 EGV und die implizite, aus Art. 95 Abs. 1 S. 2 EGV abgeleitete Vertragsschlußkompetenz gefährden nicht nur die internationale Handlungsfähigkeit, sondern auch die Kohärenz des wirtschafts- und außenpolitischen Handelns der Europäischen Gemeinschaft. Art. 133 Abs. 5 UAbs. 1 EGV verleiht der Europäischen Gemeinschaft lediglich eine Kompetenz „für die Aushandlung und den Abschluß von Abkommen betreffend [...] Handelsaspekte des geistigen Eigentums", nicht aber eine Art. 133 Abs. 1 EGV vergleichbare Kompetenz, einheitliche Grundsätze im Außenverhältnis zu entwickeln. Eine konzeptionelle Abstimmung der Europäischen Gemeinschaft und ihrer Mitgliedstaaten ist nicht möglich, da sie sich nur um ein einheitliches Auftreten bemühen müssen, aber nicht zu einem einheitlichen Auftreten verpflichtet sind.

Im Zuge der durch die Erklärung von Laeken vom 15. Dezember 2001 über die Zukunft der Europäischen Union angeregten Neuordnung der Kompetenzen der Europäischen Gemeinschaft ist die ausschließliche Kompetenz der Europäischen Gemeinschaft für die gemeinsame Handelspolitik auf das geistige Eigentum als solches und nicht nur, wie in Art. III-217 Abs. 1 S. 1 des Entwurfs eines Vertrags über eine Verfassung für Europa vom 18. Juli 2003[2] vorgesehen, auf die Handelsaspekte des geistigen Eigentums zu erstrecken.

9. Die Durchsetzbarkeit der völkerrechtlichen Verträge der Mitgliedstaaten auf dem Gebiet des geistigen Eigentums im Gemeinschaftsrecht und im innerstaatlichen Recht ist uneinheitlich. Die die Vertragskonkurrenz zu völkerrechtlichen Verträgen der Mitgliedstaaten mit Drittstaaten regelnde Unberührtheits- bzw. Vereinbarkeitsklausel des Art. 307 Abs. 1 EGV führt, indem sie zwischen früheren und späteren völkerrechtlichen Verträgen, d.h. völkerrechtlichen Verträgen, die für die Gründungsmitgliedstaaten vor bzw. nach dem 1. Januar 1958 und für die anderen Mitgliedstaaten vor bzw. nach ihrem Beitritt zur Europäischen (Wirtschafts-)Gemeinschaft in Kraft getreten sind, unterscheidet, nur zu einer eingeschränkten Möglichkeit, die völkerrechtlichen Verträge der Mitgliedstaaten mit Drittstaaten in der Europäischen Gemeinschaft durchzusetzen. Sie gibt den Mitgliedstaaten das durch Art. 307 Abs. 2 und 3 EGV eingeschränkte Recht, primäres und sekundäres Gemeinschaftsrecht nicht anzuwenden bzw. nicht gegen sich gelten zu lassen, wenn es der Erfüllung der Pflichten widerspricht, die sie in früheren, nicht aber in späteren völkerrechtlichen Verträgen übernommen haben (S. 166 ff.). Die völkerrechtlichen Verträge, die die Mitgliedstaaten untereinander schließen, können in der Europäischen Gemeinschaft nicht einmal eingeschränkt durchgesetzt werden, da sie dem Gemeinschaftsrecht unabhängig davon, in welchem Zeitpunkt sie in Kraft getreten sind, untergeordnet sind.

10. Dagegen sind die völkerrechtlichen Verträge der Mitgliedstaaten auf dem Gebiet des geistigen Eigentums in Deutschland, Frankreich und den Niederlanden, nicht aber im Vereinigten Königreich, weitgehend durchsetzbar, da sie, ihre hinreichenden Bestimmtheit vorausgesetzt, nicht nur unmittelbar anwendbar sind, sondern, insbesondere, was die Bestimmungen der völkerrechtlichen Verträge zum Schutz des geistigen Eigentums (*intellectual property protection treaties/traités de protection de la propriété intellectuelle*) und die Entscheidungen der durch die globalen Schutzverträge (*global protection system treaties/traités relatifs au système mondial de protection*) eingesetzten Or-

[2] CONV 850/03.

gane betrifft, subjektive Rechte und/oder Pflichten einzelner begründen können.

11. Die völkerrechtlichen Verträge der Europäischen Gemeinschaft auf dem Gebiet des geistigen Eigentums sind im Gemeinschaftsrecht und im innerstaatlichen Recht einheitlich durchsetzbar. Die Durchsetzbarkeit der völkerrechtlichen Verträge der Europäischen Gemeinschaft im Gemeinschaftsrecht und im innerstaatlichen Recht unterscheidet sich von der Durchsetzbarkeit der völkerrechtlichen Verträge der Mitgliedstaaten im innerstaatlichen Recht der ausgewählten Mitgliedstaaten insofern, als die zweite Stufe der Prüfung der unmittelbaren Anwendbarkeit der völkerrechtlichen Verträge in der Europäischen Gemeinschaft zweigeteilt ist. Nach der Prüfung der ersten Stufe, ob die völkerrechtlichen Verträge ihre unmittelbare Anwendbarkeit selbst regeln, entscheidet der EuGH noch vor der Prüfung der hinreichenden Bestimmtheit autonom, ob und inwieweit die besondere Natur der völkerrechtlichen Verträge ihre unmittelbare Anwendbarkeit in der Europäischen Gemeinschaft ausschließt. Dies ist für die völkerrechtlichen Verträge auf dem Gebiet des geistigen Eigentums, die einen unmittelbaren Bezug zum Handel aufweisen, insofern relevant, als der EuGH entschieden hat, daß die besondere Natur des Allgemeinen Zoll- und Handelsabkommens vom 30. Oktober 1947 (*General Agreement on Tariffs and Trade,* GATT 1947) seine unmittelbare Anwendbarkeit ausschließt.

12. Für die Durchsetzbarkeit der gemischten Verträge auf dem Gebiet des geistigen Eigentums im Gemeinschaftsrecht und im innerstaatlichen Recht kommt es darauf an, ob ihre Bestimmungen in die ausschließliche bzw. ausgeübte konkurrierende Vertragsschlußkompetenz der Europäischen Gemeinschaft fallen oder in der Vertragsschlußkompetenz der Mitgliedstaaten verblieben sind, und ob sie, wenn sie in die ausschließliche bzw. ausgeübte konkurrierende Vertragsschlußkompetenz der Europäischen Gemeinschaft fallen, einen unmittelbaren Bezug zum Handel aufweisen. Im letzteren Fall ist die Durchsetzbarkeit der gemischten Verträge im Gemeinschaftsrecht und im innerstaatlichen Recht uneinheitlich. Die Bestimmungen des TRIPs-Übereinkommens, die in die ausschließliche bzw. ausgeübte konkurrierende Vertragsschlußkompetenz der Europäischen Gemeinschaft fallen, erlangen innergemeinschaftliche Geltung, sind aber, da das TRIPs-Übereinkommen einen unmittelbaren Bezug zum Handel aufweist, aus rechtspolitischen Gründen nicht unmittelbar anwendbar. Dagegen sind die Bestimmungen des TRIPs-Übereinkommens, die in der Vertragsschlußkompetenz der Mitgliedstaaten verblieben sind, in Deutschland, Frankreich und den Niederlanden, nicht aber in dem Vereinigten Königreich, überwiegend un-

mittelbar anwendbar und begründen teilweise subjektive Rechte und/oder Pflichten einzelner.

13. Durch die Aufnahme des geistigen Eigentums in die Kompetenz für die gemeinsame Handelspolitik würden gemischte Verträge, die den Schutz des geistigen Eigentums in den Mittelpunkt ihrer Bestimmungen stellen, solange nicht hinfällig, wie der Grundsatz der Kongruenz von Innen- und Außenkompetenz beibehalten würde, um ein schleichendes Vordringen der Europäischen Gemeinschaft in die Bereiche der ausschließlichen Kompetenzen der Mitgliedstaaten zu verhindern. Die Vertragsschlußkompetenz der Europäischen Gemeinschaft wäre allerdings nur noch insofern geteilt, als ein völkerrechtlicher Vertrag auf dem Gebiet des geistigen Eigentums die Voraussetzungen für die Errichtung und das Funktionieren des Binnenmarkts nicht in vollem Umfang verbessern würde und als ein völkerrechtlicher Vertrag auf dem Gebiet des geistigen Eigentums eine Rechtsangleichung im Bereich der Kultur zur Folge hätte, welche nach Art. 151 Abs. 5 Spiegelstrich 1 EGV ausdrücklich ausgeschlossen ist.

14. Die internationale Handlungsfähigkeit und die Kohärenz des wirtschafts- und außenpolitischen Handelns der Europäischen Gemeinschaft würde durch die Aufnahme des geistigen Eigentums in die Kompetenz für die gemeinsame Handelspolitik insbesondere dadurch erreicht, daß die rechtspolitische Entscheidung, die unmittelbare Anwendbarkeit des TRIPs-Übereinkommens auszuschließen, um die Verhandlungsposition der Europäischen Gemeinschaft innerhalb der Welthandelsorganisation (*World Trade Organization,* WTO) zu stärken, alle Bestimmungen des TRIPs-Übereinkommens betreffen würde. Die mit dem Ausschluß der unmittelbaren Anwendbarkeit des TRIPs-Übereinkommens verbundene fehlende Durchsetzbarkeit würde sich relativieren, wenn die Europäische Gemeinschaft ihre erweiterte Vertragsschlußkompetenz für die gemeinsame Handelspolitik nutzen würde, um den völkerrechtlichen Verträgen der Mitgliedstaaten auf dem Gebiet des geistigen Eigentums, insbesondere den durch Art. 2 Abs. 1 und Art. 9 Abs. 1 des TRIPs-Übereinkommens inkorporierten, beizutreten. Die traditionellen, unter der Verwaltung der Weltorganisation für geistiges Eigentum (*World Intellectual Property Organization,* WIPO) stehenden völkerrechtlichen Verträge der Mitgliedstaaten mit Drittstaaten weisen anders als das TRIPs-Übereinkommen keinen unmittelbaren Bezug zum Handel auf.

Rechtsquellenverzeichnis

A. Verzeichnis des sekundären Gemeinschaftsrechts auf dem Gebiet des geistigen Eigentums

Verordnung (EWG) Nr. 2641/84 des Rates vom 17. September 1984 zur Stärkung der gemeinsamen Handelspolitik und insbesondere des Schutzes gegen unerlaubte Handelspraktiken (ABl. EU Nr. L 252 vom 20.9.1984, S. 1 ff., aufgehoben und ersetzt durch die Verordnung (EG) Nr. 3286/94 (ABl. EU Nr. L 349 vom 31.12.1994, S. 71 ff.)).

Verordnung (EG) Nr. 3286/94 des Rates vom 22. Dezember 1994 zur Festlegung der Verfahren der Gemeinschaft im Bereich der gemeinsamen Handelspolitik zur Ausübung der Rechte der Gemeinschaft nach internationalen Handelsregeln, insbesondere den im Rahmen der Welthandelsorganisation vereinbarten Regeln (ABl. EU Nr. L 349 vom 31.12.1994, S. 71 ff., zuletzt geändert durch die Verordnung (EG) Nr. 356/95 (ABl. EU Nr. L 41 vom 23.2.1995, S. 3 ff.)).

Verordnung (EG) Nr. 1383/2003 des Rates vom 22. Juli 2003 über das Vorgehen der Zollbehörden gegen Waren, die im Verdacht stehen, bestimmte Rechte geistigen Eigentums zu verletzen, und die Maßnahmen gegenüber Waren, die erkanntermaßen derartige Rechte verletzen (ABl. EU Nr. L 196 vom 2.8.2003, S. 7 ff.).

I. Das sekundäre Gemeinschaftsrecht im Bereich des Urheberrechts und der verwandten Schutzrechte

Richtlinie 91/250/EWG des Rates vom 14. Mai 1991 über den Rechtsschutz von Computerprogrammen (ABl. EU Nr. L 122 vom 17.5.1991, S. 42 ff.; geändert durch die Richtlinie 93/98/EWG (ABl. EU Nr. L 248 vom 6.10.1993, S. 15 ff.)).

Entschließung des Rates vom 14. Mai 1992 im Hinblick auf einen verstärkten Schutz des Urheberrechts und der Leistungsschutzrechte (ABl. EU Nr. C 138 vom 28.5.1992, S. 1 f.).

Richtlinie 92/100/EWG des Rates vom 19. November 1992 zum Vermietrecht und Verleihrecht sowie zu bestimmten dem Urheberrecht verwandten Schutzrechten im Bereich des geistigen Eigentums (ABl. EU Nr. L 346 vom 27.11.1992, S. 61 ff.; zuletzt geändert durch die Richtlinie 2001/29/EG (ABl. EU Nr. L 167 vom 27.3.2001, S. 10 ff.)).

Richtlinie 93/83/EWG des Rates vom 27. September 1993 zur Koordinierung bestimmter urheber- und leistungsschutzrechtlicher Vorschriften betreffend Satellitenrundfunk und Kabelweiterverbreitung (ABl. EU Nr. L 248 vom 6.10.1993, S. 15 ff.).

Richtlinie 93/98/EWG des Rates vom 29. Oktober 1993 zur Harmonisierung der Schutzdauer des Urheberrechts und bestimmter verwandter Schutzrechte (ABl. Nr. L 290 vom 24.11.1993, S. 9 ff.; geändert durch die Richtlinie 2001/29/EG (ABl. EU Nr. L 167 vom 27.3.2001, S. 10 ff.)).

Richtlinie 96/9/EG des Europäischen Parlaments und des Rates vom 11. März 1996 über den rechtlichen Schutz von Datenbanken (ABl. EU Nr. L 77 vom 27.3.1996, S. 20 ff.).

Richtlinie 2001/29/EG des Europäischen Parlaments und des Rates vom 22. Mai 2001 zur Harmonisierung bestimmter Aspekte des Urheberrechts und der verwandten Schutzrechte in der Informationsgesellschaft (ABl. EU Nr. L 167 vom 22.6.2001, S. 10 ff.).

Richtlinie 2001/84/EG des Europäischen Parlaments und des Rates vom 27. September 2001 über das Folgerecht des Urhebers des Originals eines Kunstwerks (ABl. EU Nr. L 272 vom 13.10.2001, S. 32 ff.).

II. Das sekundäre Gemeinschaftsrecht im Bereich der gewerblichen Schutzrechte

Richtlinie 84/450/EWG des Rates vom 10. September 1984 zur Angleichung der Rechts- und Verwaltungsvorschriften der Mitgliedstaaten über irreführende Werbung (ABl. EU Nr. L 250 vom 19.9.1984, S. 17 ff.; geändert durch die Richtlinie 97/55/EG (ABl. EU Nr. L 290 vom 23.10.1997, S. 18 ff.)).

Richtlinie 87/54/EWG des Rates vom 16. Dezember 1986 über den Rechtsschutz der Topographien von Halbleitererzeugnissen (ABl. EU Nr. L 24 vom 27.1.1987, S. 36 ff.).

Erste Richtlinie 89/104/EWG des Rates vom 21. Dezember 1988 zur Angleichung der Rechtsvorschriften der Mitgliedstaaten über die Marken (ABl. EU Nr. L 40 vom 11.2.1989, S. 1 ff.; geändert durch die Entscheidung des Rates vom 19. Dezember 1991 (ABl. EU Nr. L 6 vom 11.1.1992, S. 35)).

Verordnung (EWG) Nr. 1768/92 des Rates vom 18. Juni 1992 über die Schaffung eines ergänzenden Schutzzertifikats für Arzneimittel (ABl. EU Nr. L 182 vom 2.7.1992, S. 1 ff.; geändert durch die Akte über die Bedingungen des Beitritts des Königreichs Norwegen, der Republik Österreich, der Republik Finnland und des Königreichs Schweden und die Anpassungen der die Europäische Union begründenden Verträge (ABl. EU Nr. C 241 vom 29.8.1994, S. 233)).

Verordnung (EWG) Nr. 2081/92 des Rates vom 14. Juli 1992 zum Schutz von geographischen Angaben und Ursprungsbezeichnungen für Agrarerzeugnisse und Lebensmittel (ABl. EU Nr. L 208 vom 24.7.1992, S. 1 ff.; zuletzt geändert durch die Verordnung (EG) Nr. 692/2003 (ABl. EU Nr. L 99 vom 17.4.2003, S. 1 ff.)).

Verordnung (EG) Nr. 40/94 des Rates vom 20. Dezember 1993 über die Gemeinschaftsmarke (ABl. EU Nr. L 11 vom 14.1.1994, S. 1 ff.; zuletzt geändert durch die Verordnung (EG) Nr. 1992/2003 (ABl. EU Nr. L 296 vom 14.11.2003, S. 1 ff.)).

Verordnung (EG) Nr. 2100/94 des Rates vom 27. Juli 1994 über den gemeinschaftlichen Sortenschutz (ABl. EU Nr. L 227 vom 1.9.1994, S. 1 ff.; zuletzt geändert durch die Verordnung (EG) Nr. 2506/95 (ABl. EU Nr. L 258 vom 28.10.1995, S. 3 f.)).

Entscheidung 94/824/EG des Rates vom 22. Dezember 1994 über die Ausdehnung des Rechtsschutzes der Topographien von Halbleitererzeugnissen auf Personen aus einem Mitgliedstaat der Welthandelsorganisation (ABl. EU Nr. L 349 vom 31.12.1994, S. 201 f.).

Verordnung (EG) Nr. 1610/96 des Europäischen Parlaments und des Rates vom 23. Juli 1996 über die Schaffung eines ergänzenden Schutzzertifikats für Pflanzenschutzmittel (ABl. EU Nr. L 198 vom 8.8.1996, S. 30 ff.).

Richtlinie 98/44/EG des Europäischen Parlaments und des Rates vom 6. Juli 1998 über den rechtlichen Schutz biotechnologischer Erfindungen (ABl. EU Nr. L 213 vom 30.7.1998, S. 13 ff.).

Richtlinie 98/71/EG des Europäischen Parlaments und des Rates vom 13. Oktober 1998 über den rechtlichen Schutz von Mustern und Modellen (ABl. EU Nr. L 289 vom 28.10.1998, S. 28 ff.).

Verordnung (EG) Nr. 6/2002 des Rates vom 12. Dezember 2001 über das Gemeinschaftsgeschmacksmuster (ABl. EU Nr. L 3 vom 5.1.2002, S. 1 ff.).

B. Verzeichnis der Kommissionsvorschläge auf dem Gebiet des geistigen Eigentums

Geänderter Vorschlag für eine Richtlinie des Europäischen Parlaments und des Rates über die Angleichung der Rechtsvorschriften betreffend den Schutz von Erfindungen durch Gebrauchsmuster (KOM (1999) 309 endg. vom 25.6.1999).

Vorschlag für eine Verordnung des Rates über das Gemeinschaftspatent (KOM (2000) 412 endg. vom 1.8.2000).

Vorschlag für eine Richtlinie des Europäischen Parlaments und des Rates über die Patentierbarkeit computerimplementierter Erfindungen (KOM (2002) 92 endg. vom 20.2.2002).

Vorschlag für eine Richtlinie des Europäischen Parlaments und des Rates über die Maßnahmen und Verfahren zum Schutz der Rechte an geistigem Eigentum (KOM (2003) 46 endg. vom 30.1.2003).

Vorschlag für eine Richtlinie des Europäischen Parlaments und des Rates über unlautere Geschäftspraktiken im binnenmarktinternen Geschäftsverkehr zwischen Unternehmen und Verbrauchern und zur Änderung der Richtlinien 84/450/EWG, 97/7/EG and 98/27/EG (KOM (2003) 356 endg. vom 18.6.2003).

C. Verzeichnis der völkerrechtlichen Verträge auf dem Gebiet des geistigen Eigentums

Übereinkommen zur Errichtung der Weltorganisation für geistiges Eigentum vom 14. Juli 1967 (*Convention Establishing the World Intellectual Property Organization*; BGBl. 1970 II, 295).

Abkommen über den Europäischen Wirtschaftsraum vom 2. Mai 1992 (ABl. EU Nr. L 1 vom 3.1.1994, S. 3 ff.; BGBl. 1993 II, 266), insbesondere das Protokoll 28 über geistiges Eigentum (ABl. EU Nr. L 1 vom 3.1.1994, S. 194 ff.; BGBl. 1993 II, 414) und der Anhang XVII Geistiges Eigentum (ABl. EU Nr. L 1 vom 3.1.1994, S. 482 f.; BGBl. 1993 II, 632)).

Übereinkommen über die biologische Vielfalt vom 5. Juni 1992 (*Convention on Biological Diversity*; ABl. EU Nr. L 309 vom 13.12.1993, S. 3 ff.; BGBl. 1993 II, 1741).

Übereinkommen über die Errichtung der Welthandelsorganisation (*Agreement Establishing the World Trade Organization*; ABl. EU Nr. L 336 vom 23.12.1994, S. 3 ff.; BGBl. 1994 II, 1625).

Übereinkommen über die handelsbezogenen Aspekte der Rechte des geistigen Eigentums vom 15. April 1994 (*Agreement on Trade-Related Aspects of Intellectual Property Rights*; ABl. EU Nr. L 336 vom 23.12.1994, S. 213 ff.; BGBl. 1994 II, 1730).

I. Die völkerrechtlichen Verträge im Bereich des Urheberrechts und der verwandten Schutzrechte

Berner Übereinkunft zum Schutz von Werken der Literatur und Kunst vom 9. September 1886 in der Pariser Fassung vom 24. Juli 1971 (*Berne Convention for the Protection of Literary and Artistic Works*; BGBl. 1973 II, 1071).

Welturheberrechtsabkommen vom 6. September 1952 in der Pariser Fassung vom 24. Juli 1971 (*World Copyright Convention*; BGBl. 1973 II, 1111).

Europäische Vereinbarung über den Austausch von Programmen mit Fernsehfilmen vom 15. Dezember 1958 (*European Agreement Concerning Programme Exchanges by Means of Television Films*; ETS No. 27).

Europäisches Abkommen zum Schutz von Fernsehsendungen vom 22. Juni 1960 (*European Agreement on the Protection of Television Broadcasts*; BGBl. 1965 II, 1235).

Internationales Abkommen über den Schutz der ausübenden Künstler, der Hersteller von Tonträgern und der Sendeunternehmen vom 26. Oktober 1961 (*International Convention for the Protection of Performers, Producers of Phonograms and Broadcasting Organisations*; BGBl. 1965 II, 1245).

Europäisches Übereinkommen vom 22. Januar 1965 zur Verhütung von Rundfunksendungen, die von Sendestellen außerhalb der staatlichen Hoheitsgebiete gesendet werden (*European Agreement for the Prevention of Broadcasts Transmitted from Stations Outside National Territories*; BGBl. 1969 II, 1940).

Übereinkommen zum Schutz der Hersteller von Tonträgern gegen die unerlaubte Vervielfältigung ihrer Tonträger vom 29. Oktober 1971 (*Convention for the Protection of Producers of Phonograms Against Unauthorized Duplication of Their Phonograms*; BGBl. 1973 II, 1670).

Übereinkommen über die Verbreitung der durch Satelliten übertragenen programmtragenden Signale vom 21. Mai 1974 (*Convention Relating to the Distribution of Programme-Carrying Signals Transmitted by Satellite*; BGBl. 1979 II, 114).

Abkommen über die Internationale Registrierung von audiovisuellen Werken vom 20. April 1989 (*Treaty on the International Registration of Audiovisual Works*; BGBl. 1991 II, 211).

Europäisches Übereinkommen über urheber- und leistungsschutzrechtliche Fragen im Bereich des grenzüberschreitenden Satellitenrundfunks vom 11. Mai 1994 (*European Convention Relating to Questions on Copyright Law and Neighbouring Rights in the Framework of Transfrontier Broadcasting by Satellite*; ETS No. 153)

WIPO-Urheberrechtsvertrag vom 20. Dezember 1996 (*WIPO Copyright Treaty*; ABl. EU Nr. L 89 vom 11.4.2000, S. 8 ff.).

WIPO-Vertrag über Darbietungen und Tonträger vom 20. Dezember 1996 (*WIPO Performances and Phonograms Treaty*; ABl. EU Nr. L 89 vom 11.4.2000, S. 15 ff.).

II. Die völkerrechtlichen Verträge im Bereich der gewerblichen Schutzrechte

Pariser Verbandsübereinkunft zum Schutz des gewerblichen Eigentums vom 20. März 1883 in der Stockholmer Fassung vom 14. Juli 1967 (*Paris Convention for the Protection of Industrial Property*; BGBl. 1970 II, 391).

Madrider Abkommen über die Unterdrückung falscher und irreführender Herkunftsangaben vom 14. April 1891 in der Lissaboner Fassung vom 31. Oktober 1958 (*Madrid Agreement for the Repression of False or Deceptive Indications of Source on Goods*; BGBl. 1961 II, 293).

Madrider Abkommen über die internationale Registrierung von Marken vom 14. April 1891 in der Stockholmer Fassung vom 14. Juli 1967 (*Madrid Agreement Concerning the International Registration of Marks*; BGBl. 1970 II, 418).

Abkommen über Internationale Ausstellungen vom 22. November 1928 (*Convention Concerning International Expositions*; RGBl. 1931 II, 11) in der Fassung des Protokolls vom 30. November 1972 (BGBl. 1974 II, 276).

Haager Abkommen über die internationale Hinterlegung gewerblicher Muster und Modelle vom 6. November 1925 in der Haager Fassung vom 28. November 1960 (*Hague Agreement Concerning the International Deposit of Industrial Designs*; BGBl. 1962 II, 775) in der Genfer Fassung vom 2. Juli 1999 (http://www.wipo.int/hague/en/legal_texts/wo_haa_t.htm, letzte Abfrage: 19.5.2004).

Europäische Übereinkunft über Formerfordernisse bei Patentanmeldungen vom 11. Dezember 1953 (*European Convention Relating to the Formalities Required for Patent Applications;* BGBl. 1954 II, 1100).

Internationales Übereinkommen über den Schutz von Pflanzenzüchtungen vom 2. Dezember 1961 in der Fassung vom 19. März 1991 (*International Convention for the Protection of New Varieties of Plants*; BGBl. 1998 II, 259).

Europäisches Übereinkommen zur Vereinheitlichung gewisser Begriffe des materiellen Rechts der Erfindungspatente vom 27. November 1963 (*Convention on the Unification of Certain Points of Substantive Law on Patents for Invention*; BGBl. 1976 II, 658).

Abkommen von Nizza über die internationale Klassifikation von Waren und Dienstleistungen für die Eintragung von Marken vom 15. Juni 1957 in der Genfer Fassung vom 13. Mai 1977 (*Nice Agreement Concerning the International Classification of Goods and Services for the Purposes of the Registration of Marks*; BGBl. 1981 II, 359).

Lissaboner Abkommen über den Schutz der Ursprungsbezeichnungen und ihre internationale Registrierung vom 31. Oktober 1958 (*Lisbon Agreement for the Protection of Appellations of Origin and their International Registration*; UNTS Vol. 823, S. 189 ff.).

Abkommen von Locarno zur Errichtung einer Internationalen Klassifikation für gewerblche Muster und Modelle vom 8. Oktober 1968 in der Fassung vom 2. Oktober 1979 (*Locarno Agreement Establishing an International Classification for Industrial Designs*; BGBl. 1990 II, 1679).

Vertrag über die internationale Zusammenarbeit auf dem Gebiet des Patentwesens vom 19. Juni 1970 (*Patent Cooperation Treaty*; BGBl. 1976 II, 664).

Straßburger Abkommen über die Internationale Patentklassifizierung vom 24. März 1971 (*Strasbourg Agreement Concerning the International Patent Classification*; BGBl. 1975 II, 284).

Wiener Abkommen über die Internationale Klassifizierung von Bildbestandteilen von Marken vom 12. Juni 1973 (*Vienna Agreement Establishing an International Classification of the Figurative Elements of Marks*; österreichisches BGBl. 1999 III, 1089).

Übereinkommen über die Erteilung europäischer Patente vom 5. Oktober 1973 (BGBl. 1976 II, 826).

Luxemburger Übereinkommen über das europäische Patent für den Gemeinsamen Markt vom 15. Dezember 1975 (BGBl. 1979 II, 833).

Budapester Vertrag über die internationale Anerkennung der Hinterlegung von Mikroorganismen für die Zwecke von Patentverfahren vom 28. April 1977 (*Budapest Treaty on the International Recognition of the Deposit of Microorganisms for the Purposes of Patent Procedure*; BGBl. 1980 II, 1105).

Vertrag von Nairobi über olympische Symbole vom 26. September 1981 (*Nairobi Treaty on the Protection of the Olympic Symbol*; Gazzetta ufficiale della Repubblica Italiana 1985, No. 197 suppl., S. 97 ff.).

Washingtoner Vertrag über den Schutz des geistigen Eigentums im Hinblick auf integrierte Schaltkreise vom 26. Mai 1989 (*Washington Treaty on Intellectual Property in Respect of Integrated Circuits*; GRUR Int. 1989, S. 772 ff.).

Protokoll vom 28. Juni 1989 zum Madrider Abkommen über die internationale Registrierung von Marken (*Protocol Relating to the Madrid Agreement Concerning the International Registration of Marks*; ABl. EU Nr. L 296 vom 14.11.2003, S. 22 ff.; BGBl. 1995 II, 1017).

Vereinbarung über Gemeinschaftspatente vom 15. Dezember 1989 (ABl. EU Nr. L 401 vom 30.12.1989, S. 1 ff.; BGBl. 1991 II, 1358).

Markenrechtsvertrag vom 27. Oktober 1994 (*Trademark Law Treaty*; BGBl. 2002 II, 175).

Patentrechtsvertag vom 2. Juni 2000 (*Patent Law Treaty*; WIPO-Doc. PT/DC/47).

Übereinkommen vom 17. Oktober 2000 über die Anwendung des Artikels 65 EPÜ (ABl. EPA 24 (2001), S. 549 ff.).

Literaturverzeichnis

Abbott, Frederick M.: Protecting First World Assets in the Third World: Intellectual Property Negotiations in the GATT Multilateral Framework, Vand. J. Transnat'l L. 22 (1989), S. 689–745.

– WTO Dispute Settlement and the Agreement on Trade-Related Aspects of Intellectual Property Rights, in: Petersmann, Ernst-Ulrich (ed.), International Trade Law and the GATT/WTO Dispute Settlement System, Kluwer, London 1997, S. 413–437.

– The Doha Declaration on the TRIPS Agreement and Public Health: Lighting a Dark Corner at the WTO, JIEL 5 (2002), S. 469–505.

Akkermans, P. W. C.: De Grondwet: een artikelgewijs commentaar, Tjeenk Willink, Zwolle 1987.

Allott, Philip: Adherence To and Withdrawal From Mixed Agreements, in: O'Keeffe, David/Schermers, Henry G. (eds), Mixed Agreements, Kluwer, Deventer 1984, S. 97–121.

Alston, Philip: Resisting the Merger and Acquisition of Human Rights by Trade Law: A Reply to Petersmann, EJIL 13 (2002), S. 815–844.

Altmann, Jörn/*Kulessa,* Margaretha E. (Hrsg.): Internationale Wirtschaftsorganisationen, Ein Taschenlexikon, Stuttgart 1998.

Anschütz, Gerhard/*Lenz,* Max/*Mendelssohn Bartholdy,* Albrecht/*Schanz,* Georg von/*Schiffer,* Eugen/*Wach,* Adolf (Hrsg.): Handbuch der Politik, Sechster Band (Urkunden zur Politik unserer Zeit), Berlin, 3. Auflage 1926.

Appella, Antonio: Constitutional Aspects of Opinion 1/94 of the ECJ concerning the WTO Agreement, ICLQ 45 (1996), S. 440–462.

Arnold, Rainer: Der Abschluß gemischter Verträge durch die Europäischen Gemeinschaften, AVR 19 (1980/81), S. 419–456.

Assmann, Heinz-Dieter/*Buck,* Petra: Trade Related Aspects of Intellectual Property Rights: Limitation of the Mandate or Point of Reference for the Further Development of the GATT?, in: Oppermann, Thomas/Molsberger, Josef (eds), A New GATT for the Nineties and Europe 92: International Conference held in Tübingen 25–27 July 1990, Nomos, Baden-Baden 1991, S. 280–270.

Badelt, Sandra: Die Haftung der Gemeinschaft bei Nichtumsetzung von Entscheidungen des WTO-Streitbeilegungsgremiums, Anmerkung zu den Urteilen des EuGH vom 30. September 2003, Rs. C-93/02 P und C-94/02 P (Biret International SA gegen Rat), EuR 38 (2003), S. 1077–1082.

Balekjian, W. H.: Mixed Agreements: Complementary and Concurrent Competences?, in: O'Keeffe, David/Schermers, Henry G. (eds), Mixed Agreements, Kluwer, Deventer 1983, S. 141–151.

Ballreich, Hans: Ist „Gegenseitigkeit" ein für die Pariser Verbandsübereinkunft maßgebliches Völkerrechtsprinzip?, GRUR Int. 1983, S. 470–476.

– Enthält das GATT den Weg aus dem Dilemma der steckengebliebenen PVÜ-Revision?, GRUR Int. 1987, S. 747–758.

Bappert, Walter/*Wagner,* Egon: Internationales Urheberrecht, München 1956.

Barcz, Jan: Das Verhältnis zwischen Völkerrecht und innerstaatlichem Recht in Polen nach der politischen Wende, ZÖR 52 (1997), S. 91–113.

Barnett, Hilaire: Constitutional & Administrative Law, Cavendish, London, 2nd edition 1998.

Baum, Alfred: Völkerrecht, Berner Konvention und Landesgesetze, GRUR 1950, S. 437–440.

Becher, Karl: Die Bedeutung der Pariser Verbandsübereinkunft für das Patentwesen, Berlin 1967.

Behrens, Peter: Mindestharmonisierung im Binnenmarkt, in: Everling, Ulrich/Roth, Wulf-Henning (Hrsg.), Mindestharmonisierung im Europäischen Binnenmarkt, Baden-Baden 1997, S. 33–37.

Beier, Friedrich-Karl: Die Funktionen der Marke, in: Beier, Friedrich-Karl (Hrsg.), Markenrechtliche Abhandlungen, Beiträge zur neueren Entwicklung des Warenzeichen-, Ausstattungs- und Herkunftsschutzes 1956–1985, Köln 1986.

Beier, Friedrich-Karl/*Haertel,* Kurt/*Schricker,* Gerhard (Hrsg.): Europäisches Patentübereinkommen, Münchner Großkommentar, Köln 1984.

Beier, Friedrich-Karl/*Knaak,* Roland: Der Schutz der geographischen Herkunftsangaben in der Europäischen Gemeinschaft – Die neueste Entwicklung, GRUR Int. 1993, S. 602–610.

Benedek, Wolfgang: Die Entwicklungsländer in der WTO, ZEuS 3 (2000), S. 41–60.

Beneyto, José Maria: The EU and the WTO, Direct Effect of the New Dispute Settlement System?, EuZW 7 (1996), S. 295–299.

Benkard, Georg (Hrsg.): Patentgesetz, Gebrauchsmustergesetz, München, 9. Auflage 1999.

Bergsma, Regula: Das Prinzip der Inländerbehandlung im internationalen und schweizerischen Urheberrecht, Frankfurt am Main 1990.

Berkey, Justin Osterhoudt: The European Court of Justice and Direct Effect for the GATT: A Question Worth Revisiting, EJIL 9 (1998), S. 626–657.

Bermejo García, Romualdo/*Bou Franch,* Valentín/*Valdés Diaz,* Carlos/*Paja Burgoa,* José Antonio: Espagne/Spain, in: Eisemann, Pierre Michel (éd.), L'intégration du droit international et communautaire dans l'ordre juridique national, Étude de la pratique en Europe, Kluwer, The Hague 1996, S. 183–240.

Bernhardt, Rudolf: Bundesverfassungsgericht und völkerrechtliche Verträge, in: Starck, Christian (Hrsg.), Bundesverfassungsgericht und Grundgesetz, Festgabe aus Anlaß des 25jährigen Bestehens des Bundesverfassungsgerichts, Band 2: Verfassungsauslegung, Tübingen 1976, S. 154–186.

– Die Europäische Gemeinschaft als neuer Rechtsträger im Geflecht der traditionellen zwischenstaatlichen Beziehungen, EuR 18 (1983), S. 199–215.

Berrisch, Georg Matthias: Der völkerrechtliche Status der Europäischen Wirtschaftsgemeinschaft im GATT, Eine Untersuchung der Sukzession der EWG in die Stellung ihrer Mitgliedstaaten als Vertragspartei einer internationalen Organisation am Beispiel des GATT, München 1991.

Berrisch, Georg M./*Kamann,* Hans-Georg: Die Handelshemmnis-Verordnung – Ein neues Mittel zur Öffnung von Exportmärkten, EuZW 10 (1999), S. 101–106.

– WTO-Recht im Gemeinschaftsrecht – (k)eine Kehrtwende des EuGH, Anmerkungen zum EuGH-Urteil vom 23.11.1999 – Rs. C-149/96, Portugal/Rat, EWS 11 (2000), S. 89–97.

Berrod, Frédérique: La Cour de Justice refuse l'invocabilité des accords OMC: essai de régulation de la mondialisation, RTDE 36 (2000), S. 419–450.

Beutler, Bengt/*Bieber,* Roland/*Pipkorn,* Jörn/*Streil,* Jochen (Hrsg.): Die Europäische Union, Rechtsordnung und Politik, Baden-Baden, 5. Auflage 2001.

Bhala, Raj: The Precedent Setters: de facto stare decisis in WTO Adjudication, JTLP 9 (1999), S. 1–151.

Biever, Robert/*Edon,* Nico/*Weitzel,* Luc: Luxembourg, in: Eisemann, Pierre Michel (éd.), L'intégration du droit international et communautaire dans l'ordre juridique national, Étude de la pratique en Europe, Kluwer, The Hague 1996, S. 407–432.

Björklund, Martin: Responsibility in the EC for Mixed Agreements – Should Non-Member Parties Care?, NJIL 70 (2001), S. 373–402.

Blanchet, Thérèse/*Piipponen,* Risto/*Westman-Clément,* Maria: The Agreement on the European Economic Area (EEA), A Guide to the Free Movement of Goods and Competition Rules, Clarendon Press, Oxford 1994.

Bleckmann, Albert: Begriff und Kriterien der innerstaatlichen Anwendbarkeit völkerrechtlicher Verträge, Versuch einer allgemeinen Theorie des self-executing treaty auf rechtsvergleichender Grundlage, Berlin 1970.

– Die Position des Völkerrechts im inneren Rechtsraum der Europäischen Gemeinschaften, Monismus oder Dualismus der Rechtsordnungen?, GYIL 18 (1975), S. 300–319.

– Der gemischte Vertrag im Europarecht, EuR 11 (1976), S. 301–312.

Bodenhausen, G. H. C.: Pariser Verbandsübereinkunft zum Schutz des gewerblichen Eigentums, Kommentar, Köln 1971.

Böhmann, Kirsten: Privatisierungsdruck des Europarechts, Stuttgart 2001.

Bogdandy, Armin von: Der rechtliche Rahmen der Zugangsregeln, in: Grabitz, Eberhard/Bogdandy, Armin von/Nettesheim, Martin (Hrsg.), Europäisches Außenwirtschaftsrecht, Der Zugang zum Binnenmarkt: Primärrecht, Handelsschutzrecht und Außenaspekte der Binnenmarktharmonisierung, München 1994, S. 9–92.

– Allgemeine Charakteristika und systematische Aspekte, in: Grabitz, Eberhard/Bogdandy, Armin von/Nettesheim, Martin (Hrsg.), Europäisches Außenwirtschaftsrecht, Der Zugang zum Binnenmarkt: Primärrecht, Handelsschutzrecht und Außenaspekte der Binnenmarktharmonisierung, München 1994, S. 367–383.

– Die Überlagerung der ZPO durch WTO-Recht, Zum Schutz geistigen Eigentums nach dem Hermès-Urteil des EuGH, NJW 52 (1999), S. 2088–2090.

– Rechtsgleichheit, Rechtssicherheit und Subsidiarität im transnationalen Wirtschaftsrecht, Zur unmittelbaren Anwendbarkeit von Art. 81 III EG und des WTO-Rechts, EuZW 12 (2001), S. 357–365.

– Europäische Identität und nationale Identität, Integration durch Verfassungsrecht?, Veröffentlichungen der Vereinigung der Deutschen Staatsrechtslehrer 62 (2003), S. 156–193.

Bogdandy, Armin von/*Bast,* Jürgen: The European Union's Vertical Order of Competences: The Current Law and Proposals for its Reform, CMLRev. 39 (2002), S. 227–268.

Bogdandy, Armin von/*Makatsch,* Tilman: Kollision, Koexistenz oder Kooperation? Zum Verhältnis von WTO-Recht und europäischem Außenwirtschaftsrecht in neueren Entscheidungen, EuZW 11 (2000), S. 261–268.

Bossung, Otto: Rückführung des europäischen Patentrechts in die Europäische Union, Dr. Kurt Haertel zum 85. Geburtstag, GRUR Int. 1995, S. 923–935.

– Unionspatent statt Gemeinschaftspatent, Entwicklung des europäischen Patents zu einem Patent der Europäischen Union, GRUR Int. 2002, S. 463–475.

Boulouis, Jean: Droit institutionnel de l'Union européenne, Montchrestien, Paris, 6e édition 1997.

Bourgeois, Jacques H. J.: The European Court of Justice and the WTO: Problems and Challenges, in: Weiler, J. H. H. (ed.), The EU, the WTO, and the NAFTA, Towards a Common Law of International Trade?, Oxford University Press, Oxford 2000, S. 71–123.

Bridge, John W.: The Relationship Between Public International Law and Municipal Law in British Practice, Saarbrücken 1988.

Broek, Naboth van den: Legal Persuasion, Political Realism, and Legitimacy: The European Court's Recent Treatment of the Effect of WTO Agreements in the EC Legal Order, JIEL 4 (2001), S. 411–440.

Brölmann, Catherine M./*Vierdag,* Egbert W.: Pays-Bas/Netherlands, in: Eisemann, Pierre Michel (éd.), L'intégration du droit international et communautaire dans l'ordre juridique national, Étude de la pratique en Europe, Kluwer, The Hague 1996, S. 433–459.

Brößkamp, Marcus: Meistbegünstigung und Gegenseitigkeit im GATT, Köln 1990.

Bronckers, Marco/*McNelis,* Natalie: The EU Trade Barriers Regulation Comes of Age, in: Bogdandy, Armin von/Mavroidis, Petros C./Mény, Yves (eds), European Integration and International Co-ordination, Studies in Transnational Economic Law in Honour of Claus-Dieter Ehlermann, Kluwer, The Hague 2002, S. 55–97.

Brouwer, J. G.: National Treaty Law and Practice: The Netherlands, in: Leigh, Monroe/Blakeslee, Merritt R./Ederington, L. Benjamin (eds), National Treaty Law and Practice: Austria, Chile, Colombia, Japan, Netherlands, United States, American Society of International Law, Washington, D.C. 1999, S. 133–188.

Brownlie, Ian: Principles of Public International Law, Oxford, 6th edition 2003.

Buchhold, Frank: Die ausschließlichen Kompetenzen der Europäischen Gemeinschaft nach dem EGV, Berlin 2003.

Buchs, Gaby: Die unmittelbare Anwendbarkeit völkerrechtlicher Vertragsbestimmungen am Beispiel der Rechtsprechung der Gerichte Deutschlands, Österreichs, der Schweiz und der Vereinigten Staaten von Amerika, Baden-Baden 1993.

Buck, Petra: Die EG-Rechtsvereinheitlichung auf dem Gebiet des geistigen Eigentums, Eine kritische Bestandsaufnahme, EWS 2 (1991), S. 329–340.

– Geistiges Eigentum und Völkerrecht, Beiträge des Völkerrechts zur Fortentwicklung des Schutzes von geistigem Eigentum, Berlin 1994.

Calliess, Christian: Subsidiaritätsprinzip und Solidaritätsprinzip in der Europäischen Union, Vorgaben für die Anwendung von Art. 5 (ex-Art. 3b) EGV nach dem Vertrag von Amsterdam, Baden-Baden, 2. Auflage 1999.

Calliess, Christian/*Meiser,* Christian: Menschenwürde und Biotechnologie: Die EG-Biopatentrichtlinie auf dem Prüfstand des europäischen Verfassungsrechts – EuGH, EuZW 2001, 691, JuS 42 (2002), S. 426–432.

Calliess, Christian/*Ruffert,* Matthias (Hrsg.): Kommentar des Vertrages über die Europäische Union und des Vertrages zur Gründung der Europäischen Gemeinschaft - EUV/EGV –, Neuwied/Kriftel, 2. Auflage 2002.

Carreau, Dominique/*Juillard,* Patrick: Droit international économique, L.G.D.J., Paris, 4e édition 1998.

Caspar, Johannes: Das europäische Tabakwerbeverbot und das Gemeinschaftsrecht, EuZW 11 (2000), S. 237–243.

Castillo de la Torre, Fernando: The Status of GATT in EC Law – Revisited, The Consequences of the Judgment on the Banana Import Regime for the Enforcement of the Uruguay Round Agreements, JWT 29 (1995) 1, S. 53–68.

Caviedes, Alexander A.: International Copyright Law: Should the European Union Dictate Its Development?, B. U. Int'l L. J. 16 (1998), S. 165–229.

Cede, Franz/*Hafner,* Gerhard: National Treaty La and Practice: Federal Republic of Austria, in: Leigh, Monroe/Blakeslee, Merritt R./Ederington, L. Benjamin (eds), National Treaty Law and Practice: Austria, Chile, Colombia, Japan, Netherlands, United States, American Society of International Law, Washington, D.C. 1999, S. 1–32.

Chapman, Audrey R.: A Human Rights Perspective on Intellectual Property, Scientific Progress, and Access to the Benefits of Science, in: WIPO/OHCHR (eds), Intellectual Property and Human Rights, WIPO, Geneva 1999, S. 127–168.

Charnovitz, Steve: The Legal Status of the Doha Declarations, JIEL 5 (2002), S. 207–211.

Chatháin, Carmel Ní: The European Community and the Members States in the Dispute Settlement Understanding of the WTO: United or Divided?, ELJ 5 (1999), S. 461–478.

Cheyne, Ilona: Haegeman, Demirel and the Progeny, in: Dashwood, Alan/Hillion, Christophe (eds), The General Law of E.C. External Relations, Sweet & Maxwell, London 2000, S. 20–41.

Christians, Andreas: Immaterialgüterrechte und GATT, Die Initiative zur Fortentwicklung des internationalen Schutzes geistigen Eigentums im Rahmen der Uruguay-Runde, Frankfurt am Main 1990.

Civello, Paul: The TRIMs Agreement: A Failed Attempt at Investment Liberalization, Minn. J. Global Trade 8 (1999), S. 97–126.

Collins, Lawrence: European Community Law in the United Kingdom, Butterworths, London, 4th edition 1990.

Combacau, Jean: Le droit des traités, PUF, Paris 1991.

Combacau, Jean/*Sur,* Serge: Droit international public, Montchrestien, Paris, 5e édition 2001.

Cook, Trevor M.: Copyright in the European Community, EuZW 5 (1994), S. 7–13.

Correa, Carlos María: Intellectual Property Rights, the WTO and Developing Countries, The TRIPS Agreement and Policy Options, Zed Books, London 2000.

Cottier, Thomas: The Impact of the TRIPs Agreement on Private Practice and Litigation, in: Cameron, James/Campbell, Karen (eds), Dispute Resolution in the World Trade Organisation, Cameron May, London 1998, S. 111–127.

– Dispute Settlement in the World Trade Organization: Characteristics and Structural Implications for the European Union, CMLRev. 35 (1998), S. 325–378.

– Trade and Human Rights: A Relationship to Discover, JIEL 5 (2002), S. 111–132.

– A Theory of Direct Effect in Global Law, in: Bogdandy, Armin von/Mavroidis, Petros C./Mény, Yves (eds), European Integration and International Co-ordination, Studies in Transnational Economic Law in Honour of Claus-Dieter Ehlermann, Kluwer, The Hague 2002, S. 99–123.

Cottier, Thomas/*Schefer,* Krista Nadukavukaren: Relationship between World Trade Organization Law, National and Regional Law, JIEL 1 (1998), 83–122.

Craig, Paul/*Búrca,* Gráinne de: EU Law, Text, Cases and Materials, Oxford, 3rd edition 2003.

Crawford, James: Revising the Draft Articles on State Responsibility, EJIL 10 (1999), S. 435–460.

Cremona, Marise: EC External Commercial Policy after Amsterdam: Authority and Interpretation within Interconnected Legal Orders, in: Weiler, J. H. H. (ed.), The EU, the WTO and the NAFTA, Towards a Common Law of International Trade, Oxford University Press, Oxford 2000, S. 5–34.

– The Draft Constitutional Treaty: External Relations and External Action, CMLRev. 40 (2003), S. 1347–1366.

Cronauer, Axel: Das Recht auf das Patent im Europäischen Patentübereinkommen unter besonderer Berücksichtigung des deutschen und englischen Rechts, Köln 1988.

Dahm, Georg: Völkerrecht, Band III, Stuttgart, 1. Auflage 1961.

Dahm, Georg/*Delbrück,* Jost/*Wolfrum,* Rüdiger: Völkerrecht, Band I, Teilband 1, Berlin, 2. Auflage 1989.

– Völkerrecht, Band I, Teilbände 2 und 3, Berlin, 2. Auflage 2002.

Danwitz, Thomas von: Der EuGH und das Wirtschaftsvölkerrecht – ein Lehrstück zwischen Europarecht und Politik, JZ 56 (2001), S. 721–730.

Dashwood, Alan: Implied External Competence of the EC, in: Koskenniemi, Martti (ed.), International Law Aspects of the European Union, Kluwer, Kluwer, The Hague 1998, S. 113–123.

– Preliminary Rulings on the Interpretation of Mixed Agreements, in: O'Keeffe, David/Bavasso, Antonio (eds), Judicial Review in European Union Law: Liber Amicorum in Honour of Lord Slynn of Hadley, Kluwer, The Hague 2000, S. 167–175.

Dauses, Manfred A.: Handbuch des EU-Wirtschaftsrechts, München, Band 1, Stand März 2002.

Decaux, Emmanuel: La réciprocité en droit international, Libr. générale de droit et de jurisprudence, Paris 1980.

Decaux, Emmanuel/*Eisemann,* Pierre Michel/*Goesel-Le Bihan,* Valérie/*Stern,* Brigitte: France, in: Eisemann, Pierre Michel (éd.), L'intégration du droit international et communautaire dans l'ordre juridique national, Étude de la pratique en Europe, Kluwer, The Hague 1996, S. 241–286.

Delbrück, Jost: Multilaterale Staatsverträge erga omnes und deren Inkorporaton in nationale IPR-Kodifikationen – Vor- und Nachteile einer solchen Rezeption, Berichte der Deutschen Gesellschaft für Völkerrecht, Heft 27, Heidelberg 1986, S. 147–165.

Demiray, A. David: Intellectual Property and the External Power of the European Community: The New Extension, Mich. J. Int'l L. 16 (1994), S. 187–239.

Desmedt, Axel: ECJ Restricts Effect of WTO Agreements in the EC Legal Order, JIEL 2 (2000), S. 191–192.

Dhanjee, Rajan/*Boisson de Chazournes,* Laurence: Trade Related Aspects of Intellectual Property Rights (TRIPS): Objectives, Approaches and Basic Principles of the GATT and of Intellectual Property Conventions, JWT 24 (1990) 5, S. 5–15.

Di Fabio, Udo: Werbeverbote – Bewährungsprobe für europäische Grundfreiheiten und Grundrechte, AfP 29 (1998), S. 564–570.

Doehring, Karl: Die nationale „Identität" der Mitgliedstaaten in der Europäischen Union, in: Due, Ole/Lutter, Marcus/Schwarze, Jürgen (Hrsg.), Festschrift für Ulrich Everling, Baden-Baden 1995, S. 263–271.

Dörr, Oliver: Die Entwicklung der ungeschriebenen Außenkompetenzen der EG, EuZW 7 (1996), S. 39–43.

Dolmans, Maurits J. F. M.: Problems of Mixed Agreements, Division of Powers within the EEC and the Rights of Third States, Asser Institute, The Hague 1985.

Dolzer, Rudolf: Wirtschaft und Kultur im Völkerrecht, in: Vitzthum, Wolfgang Graf (Hrsg.), Völkerrecht, Berlin, 2. Auflage 2001, S. 469–544.

Dolzer, Rudolf/*Vogel,* Klaus/*Graßhof,* Karin (Hrsg.): Bonner Kommentar zum Grundgesetz, Band 4 (Art. 20–37), Heidelberg, 105. Ergänzungslieferung – Stand Mai 2003.

Dormoy, Daniel: Recent Developments Regarding the Law on Participation in International Organizations, in: Wellens, Karel (ed.), International Law: Theory and Practice, Essays in Honour of Eric Suy, Nijhoff, The Hague 1998, S. 323–332.

Dorn, Dietrich-W.: Art. 235 EWGV – Prinzipien der Auslegung, Die Generalermächtigung zur Rechtssetzung im Verfassungssystem der Gemeinschaften, Kehl am Rhein 1986.

Dougan, Michael: Minimum Harmonization and the Internal Market, CMLRev. 37 (2000), S. 835–885.

Drahos, Peter: The Universality of Intellectual Property Rights: Origins and Developments, in: WIPO/OHCHR (eds), Intellectual Property and Human Rights, WIPO, Geneva 1999, S. 13–41.

Drasch, Wolfgang: Die Rechtsgrundlagen des europäischen Einheitsrechts im Bereich des gewerblichen Eigentums, Urteil des Europäischen Gerichtshofes (EuGH) vom 13. Juli 1995 (Rechtssache C-350-92 – Spanien/Rat), ZEuP 1998, S. 118–139.

Dreier, Thomas: TRIPS und die Durchsetzung von Rechten des geistigen Eigentums, GRUR Int. 1996, S. 205–218.

Dreier, Thomas/*Krasser,* Rudolf: Das französische Gesetzbuch des geistigen Eigentums (Legislativer Teil), Zweisprachige Textausgabe mit Einführungen, Weinheim 1994.

Drexl, Josef: Entwicklungsmöglichkeiten des Urheberrechts im Rahmen des GATT, Inländerbehandlung, Meistbegünstigung, Maximalschutz – eine prinzipienorientierte Betrachtung im Lichte bestehender Konventionen –, München 1990.

– Nach „GATT und WIPO": Das TRIPs-Abkommen und seine Anwendung in der Europäischen Gemeinschaft, GRUR Int. 1994, S. 777–788.

– The TRIPs Agreement and the EC: What Comes Next After Joint Competence?, in: Beier, Friedrich-Karl/Schricker, Gerhard (eds), From GATT to TRIPs – The

Agreement on Trade-Related Aspects of Intellectual Property Rights, VCH, Weinheim 1996, S. 18–58.

– Unmittelbare Anwendbarkeit des WTO-Rechts in der globalen Privatrechtsordnung, in: Großfeld, Bernhard/Sack, Rolf/Möllers, Thomas M. J./Drexl, Josef/ Heinemann, Andreas (Hrsg.), Festschrift für Wolfgang Fikentscher zum 70. Geburtstag, Tübingen 1998, S. 822–851.

Duggal, Raoul: TRIPs-Übereinkommen und internationales Urheberrecht, Neue Entwicklungen im internationalen Urheberrecht unter dem Einfluß multilateraler Übereinkünfte, Köln 2001.

– Die unmittelbare Anwendbarkeit der Konventionen des internationalen Urheberrechts am Beispiel des TRIPs-Übereinkommens, IPRax 22 (2002), S. 101–107.

Dupuy, Pierre-Marie: Reviewing the Difficulties of Codification: On Ago's Classification of Means and Obligations of Result in Relation to State Responsibility, EJIL 10 (1999), S. 371–385.

– Droit international public, Dalloz, Paris, 6e édition 2002.

Dutfield, Graham: Intellectual Property Rights, Trade and Biodiversity, Earthscan Publ. Ltd., London 2000.

Dutzler, Barbara: The Representation of the EU and the Member States in International Organisations – General Aspects, in: Griller, Stefan/Weidel, Birgit (eds), External Economic Relations and Foreign Policy in the European Union, Springer, Wien 2002, S. 151–189.

Ebenroth, Carsten Thomas/*Hübschle,* Wolfgang: Gewerbliche Schutzrechte und Marktaufteilung im Binnenmarkt der Europäischen Union, Heidelberg 1994.

Eeckhout, Piet: The European Internal Market and International Trade, A Legal Analysis, Clarendon Press, Oxford 1994.

– The Domestic Legal Status of the WTO Agreement: Interconnecting Legal Systems, CMLRev. 34 (1997), S. 11–58.

– Judicial Enforcement of WTO Law in the European Union – Some Further Reflections, JIEL 5 (2002), S. 91–110.

Ehlermann, Claus-Dieter: Mixed Agreements, A List of Problems, in: O'Keeffe, David/Schermers, Henry G. (eds), Mixed Agreements, Kluwer, Deventer 1983, S. 3–21.

Eiden, Christoph: Die Rechtsangleichung gemäß Art. 100 des EWG-Vertrages, Berlin 1984.

Eisemann, Pierre Michel/*Kessedijan,* Catherine: National Treaty Law and Practice: France, in: Leigh, Monroe/Blakeslee, Merritt R. (eds), National Treaty Law and Pracitce: France, Germany, India, Switzerland, Thailand, United Kingdom, American Society of International Law, Washington, D.C., 1995, S. 1–41.

Ellins, Julia: Copyright Law, Urheberrecht und ihre Harmonisierung in der Europäischen Gemeinschaft, Von den Anfängen bis ins Informationszeitalter, Berlin 1997.

Emmerich-Fritsche, Angelika: Der Grundsatz der Verhältnismäßigkeit als Direktive und Schranke der EG-Rechtssetzung, Mit Beiträgen zu einer gemeineuropäischen Grundrechtslehre sowie zum Lebensmittelrecht, Berlin 2000.

Engel, Arno Johannes: Ein Europäisches Zivilgesetzbuch? Zukunftsperspektiven aus dem Blickwinkel der Gemeinschaftskompetenz, ZfRV 40 (1999), S. 121–131.

Epiney, Astrid: Zur Stellung des Völkerrechts in der EU, EuZW 10 (1999), S. 5–11.

Erades, Lambertus: International Law and the Netherlands Legal Order, in: Panhuys, Haro Frederik van/Heere, W. P./Jitta, J. W. Josephus/Ko, Swan Sik/Stuyt, A. M. (eds), International Law in the Netherlands, Volume Three, T.M.C. Asser Institute, Alphen aan den Rijn 1980, S. 375–434.

Erichsen, Hans-Uwe (Hrsg.): Allgemeines Verwaltungsrecht, Berlin, 12. Auflage 2002.

Espósito, Carlos D.: International Trade and National Legal Orders: The Problem of Direct Applicability of WTO Law, PYIL 24 (1999–2000), S. 169–195.

Everling, Ulrich: Will Europe Slip on Bananas? The Bananas Judgment of the Court of Justice and National Courts, CMLRev. 33 (1996), S. 401–437.

– Subsidiaritätsprinzip und „ausschließliches Gemeinschaftsrecht", in: Burmeister, Joachim (Hrsg.), Verfassungsstaatlichkeit, Festschrift für Klaus Stern zum 65. Geburtstag, München 1997, S. 1227–1237.

– Quis custodiet custodes ipsos? – Zur Diskussion über die Kompetenzordnung der Europäischen Union und ein europäisches Kompetenzgericht, EuZW 13 (2002), S. 357–364.

Faupel, Rainer: GATT und geistiges Eigentum, Ein Zwischenbericht zu Beginn der entscheidenden Verhandlungsrunde, GRUR Int. 1990, S. 255–266.

Fechner, Frank: Geistiges Eigentum und Verfassung, Schöpferische Leistungen unter dem Schutz des Grundgesetzes, Tübingen 1999.

Feenstra, J. J.: A Survey of the Mixed Agreements and their Participation Clauses, in: O'Keeffe, David/Schermers, Henry G. (eds), Mixed Agreements, Kluwer, Deventer 1983, S. 207–248.

Feist, Christian: Kündigung, Rücktritt und Suspendierung von multilateralen Verträgen, Berlin 2001.

Fezer, Karl-Heinz: Markenrecht, Kommentar zum Markengesetz, zur Pariser Verbandsübereinkunft und zum Madrider Markenabkommen, Dokumentation des nationalen, europäischen und internationalen Kennzeichenrechts, München, 3. Auflage 2001.

Fikentscher, Wolfgang: Was bedeutet „self-executing"? Überlegungen zur Rechtsnatur des GATT im Blick auf einen GATT-Immaterialgüterschutz, in: Baur, Jürgen F./Hopt, Klaus J./Mailänder, K. Peter (Hrsg.), Festschrift für Ernst Steindorff zum 70. Geburtstag am 13. März 1990, Berlin 1990, S. 1175–1191.

– Historical Origins and Opportunities for Development of an International Competition Law in the TRIPs Agreement of the World Trade Organization (WTO) and Beyond, in: Beier, Friedrich-Karl/Schricker, Gerhard (eds), From GATT to

TRIPs – The Agreement on Trade Related Aspects of Intellectual Property Rights, VCH, Weinheim 1996, S. 226–238.

Fischer, Joschka: Vom Staatenverbund zur Föderation – Gedanken über die Finalität der europäischen Integration, FCE-Spezial vom 12. Mai 2000, http://www.whi-berlin.de/fischer.htm.

Fischer, Roger A.: Das Assoziationsrecht der Europäischen Gemeinschaft, Bonn 1994.

Flemisch, Christiane A.: Umfang der Berechtigungen und Verpflichtungen aus völkerrechtlichen Verträgen, Die Frage der unmittelbaren Anwendbarkeit, dargestellt am Beispiel des WTO-Übereinkommens, Frankfurt am Main 2002.

Foglia, Raffaele: Zum Verfahrensrecht des Gemeinschaftspatents – Streitregelung auf dem Gebiet der Gemeinschaftspatente, GRUR Int. 1991, S. 465–469.

Fox, Hazel/*Gardner,* Piers/*Wickremasinghe,* Chanaka: Royaume-Uni/United Kingdom, in: Eisemann, Pierre Michel (éd.), L'intégration du droit international et communautaire dans l'ordre juridique national, Étude de la pratique en Europe, Kluwer, The Hague 1996, S. 495–528.

Franz, Martin: Die unmittelbare Anwendbarkeit von TRIPS in Argentinien und Brasilien, GRUR Int. 2002, S. 1001–1012.

Frey, Dieter: Fernsehen und audiovisueller Pluralismus im Binnenmarkt der EG, Baden-Baden 1997.

Frid, Rachel: The European Economic Community, A Member of A Specialized Agency of the United Nations, EJIL 4 (1993), S. 239–255.

– The Relations Between the EC and International Organizations, Legal Theory and Practice, Kluwer, The Hague 1995.

Frowein, Jochen Abr.: Federal Republic of Germany, in: Jacobs, Francis G./Roberts, Shelley (eds), The Effect of Treaties in Domestic Law, Sweet & Maxwell, London 1987, S. 63–86.

– Incorporation of the Convention into Domestic Law, in: Gardner, J. P. (ed.), Aspects of Incorporation of the European Convention of Human Rights into Domestic Law, British Institute of International & Comparative Law, London 1993, S. 3–11.

– Das Maastricht-Urteil und die Grenzen der Verfassungsgerichtsbarkeit, ZaöRV 54 (1994), S. 1–16.

Frowein, Jochen Abr./*Oellers-Frahm,* Karin: Allemagne/Germany, in: Eisemann, Pierre Michel (éd.), L'intégration du droit international et communautaire dans l'ordre juridique national, Étude de la pratique en Europe, The Hague 1996, S. 69–114.

Funke, Rainer: Das Urheberrecht in der EG, EWS 2 (1991), S. 161–166.

Gagliardi, Andrea Filippo: The Right of Individuals to Invoke the Provisions of Mixed Agreements Before the National Courts: A New Message From Luxembourg?, ELRev. 24 (1999), S. 276–292.

Gaja, Giorgio: The European Community's Rights and Obligations under Mixed Agreements, in: O'Keeffe, David/Schermers, Henry G. (eds), Mixed Agreements, Kluwer, Deventer 1984, S. 133–140.

Garzón Clariana, Gregorio: La mixité: le droit et les problèmes pratiques, in: Bourgeois, Jacques H. J./Dewost, Jean-Louis/Gaiffe, Marie-Ange (eds), La Communauté européenne et les accords mixtes, Quelles perspectives?, European Interuniv. Press, Bruxelles 1997, S. 15–26.

Gasparon, Philipp: The Transposition of the Principle of Member State Liability into the Context of External Relations, EJIL 10 (1999), S. 605–624.

Gaster, Jens: Die Erschöpfungsproblematik aus der Sicht des Gemeinschaftsrechts, GRUR Int. 2000, S. 571–584.

Geiger, Rudolf: Vertragsschlußkompetenzen der Europäischen Gemeinschaft und auswärtige Gewalt der Mitgliedstaaten, Zur neueren Rechtsprechung des Europäischen Gerichtshofs, JZ 50 (1995), S. 973–982.

– EUV/EGV, Vertrag über die Europäische Union und Vertrag zur Gründung der Europäischen Gemeinschaft, Kommentar, München, 3. Auflage 2000.

Gervais, Daniel: The TRIPS Agreement, Drafting History and Analysis, Sweet & Maxwell, London, 2nd edition 2003.

Gilsdorf, Peter: Die Rechtswirkungen der im Rahmen von Gemeinschaftsabkommen erlassenen Organbeschlüssen, EuZW 2 (1991), S. 459–464.

– Die Außenkompetenzen der EG im Wandel, Eine kritische Auseinandersetzung mit Praxis und Rechtsprechung, EuR 31 (1996), S. 145–166.

Görlitz, Niklas: EU-Binnenmarktkompetenzen und Tabakwerbeverbote – Kompetenzrechtliche Anmerkungen zur neuen Richtlinie über Werbung und Sponsoring zu Gunsten von Tabakerzeugnissen, EuZW 14 (2003), S. 485–490.

Goll, Ulrich/*Kenntner,* Markus: Brauchen wir ein Europäisches Kompetenzgericht? – Vorschläge zur Sicherung der mitgliedstaatlichen Zuständigkeiten, EuZW 13 (2002), S. 101–106.

Gotzen, Marcel: Gewerblicher Rechtschutz und Gemeinsamer Markt, GRUR Ausl. 1958, S. 224–229.

Govaere, Inge: Intellectual Property Protection and Commercial Policy, in: Maresceau, Marc (ed.), The European Community's Commercial Policy after 1992: The Legal Dimension, Nijhoff, Dordrecht 1993, S. 197–222.

Grabitz, Eberhard/*Hilf,* Meinhard (Hrsg.): Das Recht der Europäischen Union, Band II, EUV/EGV, München, 20. Ergänzungslieferung – Stand August 2002.

Grewe, Constance/*Ruiz Fabri,* Hélène: La situation respective du droit international et du droit communautaire dans le droit constitutionnel des États, in: Société Française pour le Droit international (éd.), Colloque de Bordeaux, Droit international et droit communautaire, Perspectives actuelles, Pedone, Paris 2000, S. 251–282.

Griller, Stefan: Judicial Enforceability of WTO Law in the European Union, JIEL 3 (2000), S. 441–472.

– Die gemeinsame Handelspolitik nach Nizza – Ansätze eines neuen Außenwirtschaftsrechts?, in: Griller, Stefan/Hummer, Waldemar (Hrsg.), Die EU nach Nizza, Ergebnisse und Perspektiven, Springer, Wien 2002, S. 131–189.

Griller, Stefan/*Gamharter,* Katharina: External Trade: Is There a Path Through the Maze of Competences?, in: Griller, Stefan/Weidel, Birgit (eds), External Economic Relations and Foreign Policy in the European Union, Springer, Wien 2002, S. 65–112.

Groeben, Hans von der/*Schwarze,* Jürgen (Hrsg.): Kommentar zum Vertrag über die Europäische Union und zur Gründung der Europäischen Gemeinschaft, Baden-Baden, 6. Auflage 2003.

Groeben, Hans von der/*Thiesing, Jochen/Ehlermann,* Claus-Dieter (Hrsg.): Kommentar zum EWG-Vertrag, Baden-Baden, 4. Auflage 1991.

– Kommentar zum EU-/EG-Vertrag, Baden-Baden, 5. Auflage 1997/1999.

Groh, Thomas/*Wündisch,* Sebastian: Die Europäische Gemeinschaft und TRIPS: Hermès, Dior und die Folgen, GRUR Int. 2001, S. 497–506.

Grote, Rainer: Die Inkorporierung der Europäischen Menschenrechtskonvention in das britische Recht durch den Human Rights Act 1998, ZaöRV 58 (1998), S. 309–352.

Groux, Jean/*Manin,* Philippe: Die Europäischen Gemeinschaften in der Völkerrechtsordnung, Luxemburg 1984.

Hahn, Anja von: Implementation and Further Development of the Biodiversity Convention, Access to Genectic Resources, Benefit Sharing and Traditional Knowledge of Indigenous and Local Communities, ZaöRV 63 (2003), S. 295–312.

– Traditionelles Wissen indigener und lokaler Gemeinschaften zwischen geistigen Eigentumsrechten und der public domain, Berlin 2004.

Hahn, Michael J./*Schuster,* Gunnar: Zum Verstoß von gemeinschaftlichem Sekundärrecht gegen das GATT, EuR 28 (1993), S. 261–281.

– Le droit des Etats Membres de se prévaloir en justice d'un accord liant la Communauté, RGDIP 99 (1995), S. 367–384.

Hailbronner, Kay: Die Freizügigkeit türkischer Staatsangehöriger nach dem Assoziationsabkommen EWG-Türkei, EuR 19 (1984), S. 54–84.

– Der nationale Alleingang im EG-Binnenmarkt, Berlin 1989.

– Das Subsidiaritätsprinzip als Rechtsprinzip nach dem Maastrichter Vertrag, in: Hailbronner, Kay (Hrsg.), Europa der Zukunft – Zentrale und dezentrale Lösungsansätze, Köln 1994, S. 49–63.

Hamilton, Marci A.: The TRIPS Agreement: Imperialistic, Outdated, and Overprotective, Vand. J. Transnat'l L. 29 (1996), S. 613–634.

Hancher, Leigh: The European Pharmaceutical Market: Problems of Partial Harmonisation, ELRev. 15 (1990), S. 9–33.

Harhoff, Frederik: Danemark/Denmark, in: Eisemann, Pierre Michel (éd.), L'intégration du droit international et communautaire dans l'ordre juridique national, Étude de la pratique en Europe, Kluwer, The Hague 1996, S. 151–181.

Hartley, Trevor Clayton: The Foundations of European Community Law, An Introduction to the Constitutional and Administrative Law of the European Community, Oxford University Press, Oxford, 4th edition 1998.

Hatje, Armin: Wirtschaftsverfassung, in: Bogdandy, Armin von (Hrsg.), Europäisches Verfassungsrecht, Theoretische und dogmatische Grundzüge, Berlin 2003, S. 683–745.

Heliskoski, Joni: The „Duty of Cooperation“ Between the European Community and its Member States within the World Trade Organization, FYIL 7 (1996), S. 59–133.

– Should There Be a New Article on External Relations? Opinion 1/94 „Duty of Cooperation“ in the Light of the Constitutive Treaties, in: Koskenniemi, Martti (ed.), International Law Aspects of the European Union, Kluwer, The Hague 1998, S. 273–287.

– Mixed Agreements as a Technique for Organizing the International Relations of the European Community and its Member States, Kluwer, The Hague 2001.

Hering, Hartmut: Gewerblicher Rechtsschutz: Patent, Gebrauchsmuster, Warenbezeichnung, Geschmacksmuster und ihre Behandlung, Berlin 1982.

Hermes, Christoph Julius: TRIPS im Gemeinschaftsrecht, Zu den innergemeinschaftlichen Wirkungen von WTO-Übereinkünften, Berlin 2002.

Herrmann, Christoph: Vom misslungenen Versuch der Neufassung der gemeinsamen Handelspolitik durch den Vertrag von Nizza, EuZW 12 (2001), S. 269–274.

– Common Commercial Policy After Nice: Sisyphus Would Have Done A Better Job, CMLRev. 39 (2002), S. 7–29.

– TRIPS, Patentschutz für Medikamente und staatliche Gesundheitspolitik: Hinreichende Flexibilität, EuZW 13 (2002), S. 37–43.

– Historischer Wendepunkt für den internationalen Patentschutz? Der internationale Patentschutz für Medikamente nach der Ausnahmeregelung der WTO für Exportzwangslizenzen vom 30. August 2003, ZEuS 6 (2003), S. 589 (617).

Hestermeyer, Holger: Flexible Entscheidungsfindung in der WTO – Die Rechtsnatur der neuen WTO Beschlüsse über TRIPS und Zugang zu Medikamenten, GRUR Int. 2004, S. 194–200.

Heukels, Ton: Von richtlinienkonformer zur völkerrechtskonformen Auslegung im EG-Recht: Internationale Dimensionen einer normhierarchiegerechten Interpretationsmaxime, ZEuS 2 (1999), S. 313–333.

Higgins, Rosalyn: United Kingdom, in: Jacobs, Francis G./Roberts, Shelley (eds), The Effect of Treaties in Domestic Law, Sweet & Maxwell, London 1987, S. 123–139.

Hilf, Meinhard: Die Anwendung des GATT im deutschen Recht, in: Hilf, Meinhard/Petersmann, Ernst-Ulrich (Hrsg.), GATT und Europäisches Gemeinschaft, Baden-Baden 1986, S. 11–61.

– The ECJ's Opinion on the WTO – No Surprise, but Wise?, EJIL 6 (1995), S. 245–259.

– Europäische Union und nationale Identität, in: Randelzhofer, Albrecht/Scholz, Rupert/Wilke, Dieter (Hrsg.), Gedächtnisschrift für Eberhard Grabitz, München 1995, S. 157–170.

– The Role of National Courts in International Trade Relations, Mich. J. Int'l L. 18 (1997), S. 321–356.

– Internationales Wirtschaftsrecht und nationale Gerichte, Bonn 1998.

Hilf, Meinhard/*Schorkopf,* Frank: WTO und EG: Rechtskonflikte vor dem EuGH? Anmerkung zum Urteil des EuGH vom 23.11.1999 – Rs. C-149/96, Portugal/Rat, EuR 35 (2000), S. 74–92.

Hilpold, Peter: Die EU im GATT/WTO-System, Frankfurt am Main 1999.

Hoene, Verena: Wettbewerbsrecht, Schriftsätze, Verträge und Erläuterungen zum Wettbewerbs-, Urheber- und Presserecht, Bonn 1999.

Holzer, Patrick Edgar: Die Ermittlung der innerstaatlichen Anwendbarkeit völkerrechtlicher Vertragsbestimmungen, Zürich 1998.

Howse, Robert: Human Rights in the WTO: Whose Rights, what Humanity? Comment on Petersmann, EJIL 13 (2002), S. 651–659.

Hubmann, Heinrich/*Götting,* Hans-Peter: Gewerblicher Rechtsschutz, München, 6. Auflage 1998.

Hufen, Friedhelm: Verwaltungsprozeßrecht, München, 5. Auflage 2003.

Hummer, Waldemar/*Weiss,* Friedl: Vom GATT 47 zur WTO 94, Dokumente zur alten und zur neuen Welthandelsordnung, Baden-Baden 1997.

Hyett, Stephen: The Duty of Cooperation: A Flexible Concept, in: Dashwood, Alan/Hillion, Christophe (eds), The General Law of E.C. Relations, Sweet & Maxwell, London 2000, S. 248–253.

Ipsen, Knut: Völkerrecht, Ein Studienbuch, München, 4. Auflage 1999.

Jackson, John: World Trade and the Law of GATT, Bobbs-Merrill, Indianapolis 1969.

– The United States of America, in: Jacobs, Francis G./Roberts, Shelley (eds), The Effect of Treaties in Domestic Law, Sweet & Maxwell, London 1987, S. 141–169.

– Status of Treaties in Domestic Legal Systems: A Policy Analysis, AJIL 86 (1992), S. 310–340.

– The WTO Dispute Settlement Understanding – Misunderstanding on the Nature of Legal Obligations, AJIL 91 (1997), S. 60–64.

Jacot-Guillarmod, Olivier: Droit communautaire et droit international public: études des sources internationales de l'ordre juridique des Communautés Européennes, Georg, Genève 1979.

Jarass, Hans D.: EG-Kompetenzen und das Prinzip der Subsidiarität nach Schaffung der Europäischen Union, EuGRZ 21 (1994), S. 209–219.

– Die Kompetenzverteilung zwischen der Europäischen Gemeinschaft und den Mitgliedstaaten, AöR 12 (1996), S. 173–199.

Jarass, Hans D./*Pieroth,* Bodo: Grundgesetz für die Bundesrepublik Deutschland, München, 6. Auflage 2002.

Jastrow, Serge-Daniel: Umsetzung und Anwendung völkerrechtlicher Verträge privatrechtlichen Inhalts durch das Vereinigte Königreich, Aachen 2000.

Johannes, Hartmut: Anwendung der Prinzipien des Kaffee-Hag-Urteils auf nichtursprungsgleiche Warenzeichen und auf Freizeichen, RIW/AWD 22 (1976), S. 10–20.

Joos, Ulrich/*Moufang,* Rainer: Neue Tendenzen im internationalen Schutz des geistigen Eigentums, Bericht über das zweite Ringberg-Symposium des Max-Planck-Instituts für ausländisches und internationales Patent-, Urheber- und Wettbewerbsrecht, GRUR Int. 1988, S. 887–906.

Joutsamo, Kari: The Direct Effect of Treaty Provisions in Finnish Law, NJIL 52 (1983), S. 34–52.

Juris-Classeur de droit international, Volume 1, Paris 2003.

Kaddous, Christine: The Biret Cases: an open door to EC liability for the non-implementation of a WTO dispute settlement decision? (Case C-93/02 P, Biret International ./. Council and Case C-94/02 P, Etablissements Biret & Cie SA ./. Council, judgments of the European Court of Justice of 30 September 2003), European Law Reporter 2004, S. 54–60.

Kadelbach, Stefan: International Law and the Incorporation of Treaties into Domestic Law, GYIL 42 (1999), S. 66–83.

Kamann, Hans-Georg: Viel Rauch um nichts? – Gesundheitsschutz im Rahmen der Innenmarktharmonisierung gemäß Artikel 95 EGV nach dem „Tabakwerbeurteil" des EuGH, ZEuS 4 (2001), S. 23–41.

Kapteyn, P. J. G./*VerLoren van Themaat,* P.: Introduction to the Law of the European Communities, From Maastricht to Amsterdam, Kluwer, London, 3rd edition 1998.

Karg, Tanja: Interferenz der ZPO durch TRIPS – Auswirkungen auf den einstweiligen Rechtsschutz im Urheberrechtsprozess, ZUM 44 (2000), S. 934–945.

Karl, Wolfram: Vertrag und spätere Praxis im Völkerrecht, Zum Einfluß der Praxis auf Inhalt und Bestand völkerrechtlicher Verträge, Berlin 1983.

Katzenberger, Paul: TRIPs and Copyright Law, in: Beier, Friedrich-Karl/Schricker, Gerhard (eds), From GATT to TRIPs – The Agreement on Trade-Related Aspects of Intellectual Property Rights, VCH, Weinheim 1996, S. 59–92.

Kingreen, Thorsten: Die Gemeinschaftsgrundrechte, JuS 40 (2000), S. 857–865.

Kirchhof, Paul: Der verfassungsrechtliche Gehalt des geistigen Eigentums, in: Fürst, Walther/Herzog, Roman/Umbach, Dieter C. (Hrsg.), Festschrift für Wolfgang Zeidler, Berlin 1987, S. 1639–1661.

Klein, Eckart: Unmittelbare Geltung, Anwendbarkeit und Wirkung von Europäischem Gemeinschaftsrecht, Saarbrücken 1988.

Klippel, Diethelm: Die Idee des geistigen Eigentums in Naturrecht und Rechtsphilosophie des 19. Jahrhunderts, in: Wadle, Elmar (Hrsg.), Historische Studien zum Urheberrecht in Europa, Entwicklungslinien und Grundfragen, Berlin 1993, S. 121–138.

Kloth, Matthias: Der Schutz der ausübenden Künstler nach TRIPs und WPPT, Baden-Baden 2000.

Knopf, Peter: Europarechtliche und völkerrechtliche Fragen einer Entwicklungspolitik der Europäischen Gemeinschaft und ihrer Mitgliedstaaten, Berlin 1983.

Kober, Ingo: Die Rolle des Europäischen Patentamts im Spannungsfeld globaler Wirtschaftsentwicklungen, Bestandsaufnahme, Herausforderung und Ausblick, GRUR Int. 2001, S. 493–497.

Koenig, Christian/*Kühling,* Jürgen: Der Streit um die neue Tabakproduktrichtlinie, Ist der Gemeinschaftsgesetzgeber bei seinem Kampf gegen den Tabakkonsum einmal mehr im Konflikt mit Gemeinschaftsgrundrechten und Kompetenzbestimmungen?, EWS 13 (2002), S. 12–20.

Koenig, Christian/*Pechstein,* Matthias/*Sander,* Claude: EU-/EG-Prozeßrecht, Tübingen, 2. Auflage 2002.

Körber, Jochen: Der Grundsatz der gemeinschaftsweiten Erschöpfung im Recht der Europäischen Union, Frankfurt am Main 1999.

Koller, Arnold: Die unmittelbare Anwendbarkeit völkerrechtlicher Verträge und des EWG-Vertrages im innerstaatlichen Bereich, Bern 1971.

Kopp, Ferdinand O./*Schenke,* Wolf-Rüdiger: Verwaltungsgerichtsordnung, München, 13. Auflage 2003.

Kortmann, C. A. J. M./*Bovend'eert,* P. P. T./*Ackermans-Wijn,* J. C. E./*Fleuren,* J. W. A./*Nat,* M. N. H. van der (Hrsg.): Grondwet voor het Koninkrijk der Nederlanden, Tekst & Commentaar, Kluwer, Deventer 1998.

Krajewski, Markus: Verfassungsperspektiven und Legitimation des Rechts der Welthandelsorganisation (WTO), Berlin 2001.

– The Emerging Constitutional Law of the European Foreign Policy, in: Bodnar, Adam/Kowalski, Michal/Raible, Karen/Schorkopf, Frank (eds), The Emerging Constitutional Law of the European Union, German and Polish Perspectives, Springer, Berlin 2003, S. 441–466.

– Foreign Policy and the European Constitution, Yearbook of European Law 22 (2003), S. 435–462.

Kreibich, Sonja: Das TRIPs-Abkommen in der Gemeinschaftsordnung, Aspekte der Kompetenzverteilung zwischen WTO, Europäischer Gemeinschaft und ihren Mitgliedstaaten, Frankfurt am Main 2003.

Krenzler, Horst Günter/*Fonseca-Wollheim,* Hermann da: Die Reichweite der gemeinsamen Handelspolitik nach dem Vertrag von Amsterdam – eine Debatte ohne Ende?, EuR 33 (1998), S. 223–241.

Krenzler, Horst Günter/*Pitschas,* Christian: Fortschritte oder Stagnation? Die Gemeinsame Handelspolitik nach Nizza, EuR 36 (2001), S. 442–461.

Krieger, Albrecht: Das Luxemburger Vertragswerk über Gemeinschaftspatente, in: Hilf, Meinhard/Oehler, Wolfgang (Hrsg.), Der Schutz des geistigen Eigentums in Europa, Baden-Baden 1991, S. 103–426.

Krieger, Ulrich: Durchsetzung gewerblicher Schutzrechte in Deutschland und die TRIPS-Standards, GRUR Int. 1997, S. 421–426.

Kropholler, Jan: Internationales Einheitsrecht, Allgemeine Lehren, Tübingen 1975.

Krück, Hans: Völkerrechtliche Verträge im Recht der Europäischen Gemeinschaften, Berlin 1977.

Kuijper, Pieter Jan: The New WTO Dispute Settlement System, The Impact on the European Community, JWT 29 (1995) 6, S. 49–71.

– The New WTO Dispute Settlement System: The Impact on the Community, in: in: Bourgeois, Jacques H. J./Berrod, Frédérique/Gippini Fournier, Eric (eds), The Uruguay Round Results – A European Lawyers' Perspective, European Interuniv. Press, Brussels 1997, S. 87–114.

Kullmann, Walburga: Der Schutz von Computerprogrammen und -chips in der Bundesrepublik Deutschland und in den USA, Berlin 1988.

Kunig, Philip: The Relevance of Resolutions and Declarations of International Organizations for Municipal Law, in: Tunkin, Grigory I./Wolfrum, Rüdiger (eds), International Law and Municipal Law, Duncker & Humblot, Berlin 1988, S. 59–78.

– Völkerrecht und staatliches Recht, in: Vitzthum, Wolfgang Graf (Hrsg.), Völkerrecht, Berlin, 2. Auflage 2001, S. 87–159.

Kur, Annette: TRIPs und der Designschutz, GRUR Int. 1995, S. 185–193.

Kurcz, Bartlomiej/*Zieleskiewicz,* Katarzyna: Case C-60/01, Commission of the European Communities v. French Republic, Judgment of the Full Court of 18 June 2002, not yet reported, CMLRev. 39 (2002), S. 1443–1454.

Kuschel, Hans-Dieter: Auch die revidierte Bananenmarktordnung ist nicht WTO-konform, EuZW 10 (1999), S. 74–77.

Ladas, Stephen P.: Patents, Trademarks and Related Rights, National and International Protection, Volume I, Harvard University Press, Cambridge, Mass., 1975.

Lang, John Temple: The Ozone Layer Convention: A New Solution to the Question of Community Participation in „Mixed" International Agreements, CMLRev. 23 (1986), S. 157–176.

– The ERTA Judgment and the Court's Case Law on Competence and Conflict, YEL 6 (1986), S. 183–218.

Lauwaars, Richard H.: Interpretations of International Agreements by National Courts: An EC View, in: Bronckers, Marco/Quick, Reinhard (eds), New Directions in International Economic Law, Essays in Honour of John H. Jackson, Kluwer, The Hague 2000, S. 509–522.

Lavranos, Nikolaos: Die Rechtswirkung von WTO panel reports im Europäischen Gemeinschaftsrecht sowie im deutschen Verfassungsrecht, EuR 34 (1999), S. 289–308.

Lee, Philip/*Kennedy,* Brian: The Potential Direct Effect of GATT 1994 in European Community Law, JWT 30 (1996) 1, S. 67–89.

Léger, Philippe (éd.): Commentaire article par article des traités UE et CE, Helbing & Lichtenhahn, Bâle 2000.

Lemhöfer, Bernt: Die Beschränkung der Rechtsvereinheitlichung auf internationale Sachverhalte, Ein Beitrag zur Methode der Rechtsvereinheitlichung unter besonderer Berücksichtigung der Berner Urheberrechts-Übereinkunft, Zeitschrift für ausländisches und internationales Privatrecht 25 (1960), S. 401–455.

Lenz, Carl Otto: Unlauterer Wettbewerb und freier Warenverkehr in der Rechtsprechung des Europäischen Gerichtshofes, ZEuP 1994, S. 624–647.

Lenz, Carl Otto/*Borchardt,* Klaus-Dieter (Hrsg.): EU- und EG-Vertrag, Kommentar zu dem Vertrag über die Europäische Union und zu dem Vertrag zur Gründung der Europäischen Gemeinschaften, jeweils in der durch den Vertrag von Nizza geänderten Fassung, Köln, 3. Auflage 2003.

Lester, Simon N.: WTO Panel and the Appellate Body Interpretation of the WTO Agreement in US Law, JWT 35 (2001) 3, S. 521–543.

Lewinski, Silke von: Intellectual Property, Nationality, and Non-Discrimination, in: WIPO/OHCHR (eds), Intellectual Property and Human Rights, WIPO, Geneva 1999, S. 175–199.

Lionnet, Klaus: Handbuch der internationalen und nationalen Schiedsgerichtsbarkeit, Stuttgart 1996.

Lippott, Joachim: Die Strukturreform der Rechte an technischen Erfindungen beim Übergang zur Marktwirtschaft, Die Entwicklung des Erfinder- und Patentrechts in Rußland, in der Gemeinschaft Unabhängiger Staaten und in den baltischen Staaten, Berlin 1998.

Loewenheim, Ulrich: Nationale und internationale Erschöpfung von Schutzrechten im Wandel der Zeiten, GRUR Int. 1996, S. 307–316.

Louis, Jean-Victor: Some Reflections on the Implementation of WTO Rules in the European Community Legal Order, in: Bronckers, Marco/Quick, Reinhard (eds), New Directions in International Economic Law, Essays in Honour of John H. Jackson, Kluwer, The Hague 2000, S. 403–507.

Luchaire, François: La réserve constitutionnelle de réciprocité, RDP 115 (1999), S. 37–46.

Ludet, Daniel/*Stotz,* Rüdiger: Die neue Rechtsprechung des französischen Conseil d'Etat zum Vorrang völkerrechtlicher Verträge, EuGRZ 17 (1990), S. 93–98.

Lukaschek, Anita/*Weidel,* Birgit: Exclusive External Competence of the European Community, in: Griller, Stefan/Weidel, Birgit (eds), External Economic Relations and Foreign Policy in the European Union, Springer, Wien 2002, S. 113–150.

MacLeod, Iain/*Hendry,* I. D./*Hyett,* Stephen: The External Relations of the European Communities, A Manual of Law and Practice, Clarendon Press, Oxford 1996.

Makkan, Sam: The Human Rights Act 1998: The Essentials, Callow, London 2000.

Mangoldt, Hans von: Die Schiedsgerichtsbarkeit als Mittel internationaler Streitschlichtung, Berlin 1974.

Mangoldt, Hermann von/*Klein,* Friedrich/*Starck,* Christian (Hrsg.): Das Bonner Grundgesetz, Band 2, Artikel 20 bis 78, München, 4. Auflage 2000.

Manin, Philippe: The Nicolo Case of the Conseil d'Etat: French Constitutional Law and the Supreme Administrative Court's Acceptance of the Primacy of Community Over Subsequent National Statute Law, CMLRev. 28 (1991), S. 499–519.

– A propos de l'accord instituant l'Organisation mondiale du commerce et de l'accord sur les marchés publics: la question de l'invocabilité des accords internationaux conclus par la Communauté européenne, RTDE 3 (1997), S. 399–428.

Mann, F. A.: Foreign Affairs in English Courts, Clarendon Press, Oxford 1986.

Manzini, Pietro: The Priority of Pre-Existing Treaties of EC Member States within the Framework of International Law, EJIL 12 (2001), S. 781–792.

Maresceau, Marc: The Effect of Community Agreements in the United Kingdom under the European Communities Act 1972, ICLQ 28 (1979), S. 241–257.

Mauderer, Sabine: Der Wandel vom GATT zur WTO und die Auswirkungen auf die Europäische Gemeinschaft unter besonderer Berücksichtigung der unmittelbaren Anwendbarkeit des primären WTO-Rechts, Osnabrück 2001.

Maunz, Theodor/*Dürig,* Günter (Hrsg.): Grundgesetz, Kommentar, Band III (Art. 20a-53), München, 42. Ergänzungslieferung – Stand Februar 2003.

Mavroidis, Petros C./*Zdouc,* Werner: Legal Means to Protect Private Parties' Interests in the WTO, The Case of the EC New Trade Barriers Regulation, JIEL 1 (1998), S. 407–432.

Mayer, Franz C.: Kompetenzüberschreitung und Letztentscheidung, Das Maastricht-Urteil des Bundesverfassungsgerichts und die Letztentscheidung über Ultra vires-Akte in Mehrebenensystemen, Eine rechtsvergleichende Betrachtung von Konflikten zwischen Gerichten am Beispiel der EU und der USA, München 2000.

McGoldrick, Dominic: International Relations Law of the European Union, Longman, London 1997.

McNelis, Natalie: The Role of the Judge in the EU and in the WTO, Lessons from the BSE and Hormones Cases, JIEL 4 (2001), S. 189–208.

Meessen, Karl Matthias: Das Abkommen von Lomé als gemischter Vertrag, EuR 15 (1980), S. 36–50.

Melander, Göran: The Effect of Treaty Provisions in Swedish Law, NJIL 53 (1984), S. 63–74.

Meng, Werner: Gedanken zur unmittelbaren Anwendung von WTO-Recht in der EG, in: Beyerlin, Ulrich/Bothe, Michael/Hofmann, Rainer/Petersmann, Ernst-Ulrich (Hrsg.), Recht zwischen Umbruch und Bewahrung, Festschrift für Rudolf Bernhardt, Berlin 1995, S. 1064–1086.

– Verfahrensrechtliche Rechtsstellung der Individuen in Bezug auf das WTO-Recht, in: Arndt, Hans-Wolfgang/Knemeyer, Franz-Ludwig/Kugelmann, Dieter/Meng, Werner/Schweitzer, Michael (Hrsg.), Völkerrecht und deutsches Recht, Festschrift für Walter Rudolf zum 70. Geburtstag, München 2001, S. 65–94.

– Das Verhältnis der Vereinten Nationen und ihrer Sonderorganisationen zur EU im Bereich der Wirtschaft, in: Hobe, Stephan (Hrsg.), Kooperation oder Konkurrenz internationaler Organisationen, Eine Arbeitstagung zum Verhältnis von Vereinten Nationen und Europäischer Union am Beginn des 21. Jahrhunderts, Baden-Baden 2001, S. 39–71.

Mengozzi, Paolo: The Marrakesh DSU and its Implications on the International and European Level, in: Bourgeois, Jacques H. J./Berrod, Frédérique/Gippini Fournier, Eric (eds), The Uruguay Round Results – A European Lawyers' Perspective, European Interuniv. Press, Brussels 1997, S. 115–133.

Milczewski, Christine von: Der grundrechtliche Schutz des Eigentums im Europäischen Gemeinschaftsrecht, Frankfurt am Main 1994.

Mincke, Wolfgang: Einfuhrung in das niederländische Recht, München 2002.

Moncayo von Hase, Andrés: The Application and Interpretation of the Agreement on Trade-Related Aspects of Intellectual Property Rights, in: Correa, Carlos M./Yusuf, Abdulqawi A. (eds), Intellectual Property and International Trade: The TRIPs Agreement, Kluwer, London 1999, S. 93–141.

Monnet, Jean: Die territoriale Wirkung von Patenten im Gemeinsamen Markt, Eine Entgegnung, GRUR Ausl. 1965, S. 302–304.

Mosler, Hermann: L'application du droit international public par les tribunaux nationaux, Recueil des Cours 91 (1957), S. 623–709.

Moura Ramos, Rui Manuel: Portugal, in: Eisemann, Pierre Michel (éd.), L'intégration du droit international et communautaire dans l'ordre juridique national, Étude de la pratique en Europe, Kluwer, The Hague 1996, S. 461–494.

Müller, Helene Boriths: Die Umsetzung der europäischen Übereinkommen von Rom und Brüssel in das Recht der Mitgliedstaaten, Frankfurt am Main 1997.

Müller-Graff, Peter-Christian: Die Rechtsangleichung bei der Verwirklichung des Binnenmarkts, EuR 24 (1989), S. 107–151.

– Europäisches Gemeinschaftsrecht und Privatrecht, Das Privatrecht in der europäischen Integration, NJW 46 (1993), S. 13–23.

Müller-Michaels, Olaf: Grundrechtlicher Eigentumsschutz in der Europäischen Union, Das Eigentumsgrundrecht in der Rechtsordnung der EU, in der EMRK und in den Verfassungen Deutschlands, Italiens und Irlands, Berlin 1996.

Münch, Ingo von/*Kunig,* Philip (Hrsg.): Grundgesetz-Kommentar, Band 2 (Art. 20 bis Art. 69), München, 4./5. Auflage 2001.

Nakanischi, Yumiko: Die Entwicklung der Außenkompetenzen der Europäischen Gemeinschaft, Der Wandel der Rechtsprechung des Europäischen Gerichtshofs und die daraus resultierende Notwendigkeit der Verpflichtung zur Zusammenarbeit zwischen der Gemeinschaft und den Mitgliedstaaten auf internationaler Ebene, Frankfurt am Main 1998.

Neframi, Eleftheria: La politique commerciale commune selon le traité de Nice, Cahiers de droit européen 37 (2001), S. 605–646.

Nettesheim, Martin: Kompetenzen, in: Bogdandy, Armin von (Hrsg.), Europäisches Verfassungsrecht, Theoretische und dogmatische Grundzüge, Berlin 2003, S. 415–477.

Neugärtner, Ilka/*Puth,* Sebastian: Die Wirkung der WTO-Übereinkommen im Gemeinschaftsrecht – EuGH, EuZW 2000, 276, JuS 40 (2000), S. 640–644.

Neuwahl, Nanette: Joint Participation in International Treaties and the Exercise of Power by the EEC and its Member States: Mixed Agreements, CMLRev. 28 (1991), S. 717–740.

– Shared Powers or Combined Incompetence? More on Mixity, CMLRev. 33 (1996), S. 667–687.

Nguyen Quoc, Dinh/*Daillier,* Patrick/*Pellet,* Alain: Droit international public, Libr. générale de droit et de jurisprudence, Paris, 6 édition 1999.

Nirk, Rudolf/*Ullmann,* Eike: Patent-, Gebrauchsmuster und Sortenschutzrecht, Heidelberg, 2. Auflage 1999.

Nolte, Georg: Zur Technik der geplanten Einführung des EG-Schuldvertragsübereinkommens in das deutsche Recht aus völkerrechtlicher Sicht, IPRax 5 (1985), S. 71–76.

Norberg, Sven/*Hökburg,* Karin/*Johansson,* Martin/*Eliasson,* Dan/*Dedichen,* Lucien: The European Economic Area, EEA Law, A Commentary on the EEA Agreement, Fritzes, Stockholm 1993.

Obergfell, Eva Inés: Zur Zuständigkeitsverteilung in der EU – Die Tabakwerbeverbotsrichtlinie auf dem Prüfstand, Anmerkung zum Urteil des EuGH vom 5.10.2000 – C-376/98 – Bundesrepublik Deutschland ./. Europäisches Parlament und Rat der Europäischen Union, ELF 1 (2000/01), S. 153–165.

Oddi, A. Samuel: TRIPS – Natural Rights and a „Polite Form of Economic Imperialism", Vand. J. Transnat'l. L. 29 (1996), S. 415–470.

Oder, Bertil Emrah: Der spezifische Gegenstand des geistigen Eigentums im Europäischen Gemeinschaftsrecht, Köln 2000.

Oehmichen, Alexander: Die unmittelbare Anwendbarkeit der völkerrechtlichen Verträge der EG, Die EG-Freihandels- und Assoziierungsverträge und andere Gemeinschaftsabkommen im Spannungsfeld von Völkerrecht, Gemeinschaftsrecht und nationalem Recht, Frankfurt am Main 1992.

Oellers-Frahm, Karin: Das Verhältnis von Völkerrecht und Landesrecht in der italienischen Verfassung, ZaöRV 34 (1974), S. 330–350.

Ohler, Klaus Jürgen: Obligations de Moyens und Obligations de Résultat als Beispiel für die Fortentwicklung des französischen Zivilrechts durch Lehre und Rechtsprechung, München 1971.

Ohly, Ansgar: Geistiges Eigentum?, JZ 58 (2003), S. 545–554.

Okawa, Phoebe: The European Community and International Environmental Agreements, YEL 15 (1995), S. 169–192.

Olinga, Alain-Didier: L'applicabilité directe de la Convention internationale sur les droits de l'enfant devant le juge français, RTDH 6 (1995), S. 678–714.

Oppermann, Thomas: Geistiges Eigentum – Ein „Basic Human Right" des Allgemeinen Völkerrechts, Eine deutsche Initiative innerhalb der International Law Association (ILA), in: Weber, Albrecht (Hrsg.), Währung und Wirtschaft, Das Geld im Recht, Festschrift für Prof. Dr. Hugo J. Hahn zum 70. Geburtstag, Baden-Baden 1997, S. 447–464.

– Europarecht, München, 2. Auflage 1999.

– Vom Nizza-Vertrag 2001 zum Europäischen Verfassungskonvent 2002/2003, DVBl. 118 (2003), S. 1–10.

O'Regan, Matthew: The Protection of Intellectual Property, International Trade and the European Community: The Impact of the TRIPs-Agreement of the Uruguay Round of Multilateral Trade Negotiations, LIEI 22 (1995), S. 1–50.

Orville, Michael d': Die rechtlichen Grundlagen für die gemeinsame Zoll- und Handelspolitik, Köln 1973.

Ossenbühl, Fritz: Staatshaftungsrecht, München, 5. Auflage 1998.

Otero García-Castrillón, Carmen: An Approach to the WTO Ministerial Declaration on the TRIPS Agreement and Public Health, JIEL 5 (2002), S. 212–219.

Ott, Andrea: GATT und WTO im Gemeinschaftsrecht, Die Integration des Völkervertragsrechts in die Europäische Gemeinschaftsrechtsordnung am Beispiel des GATT-Vertrags und der WTO-Übereinkünfte, Köln 1997.

– The Friction Between GATT/WTO Law and EC Law: Some Critical Remarks on the Case Law of the ECJ, in: Heere, Wybo P. (ed.), International Law and the Hague's 750th Anniversary, T.M.C. Asser Press, The Hague 1999, S. 323–332.

– Thirty Years of Case-Law by the European Court of Justice in International Law: A Pragmatic Approach towards its Integration, in: Kronenberger, Vincent (ed.), The European Union and the International Legal Order: Discord or Harmony?, Kluwer, The Hague 2001, S. 95–140.

– Der EuGH und das WTO-Recht: Die Entdeckung der politischen Gegenseitigkeit – altes Phänomen oder neuer Ansatz?, EuR 38 (2003), S. 504–521.

Pache, Eckhard: Der Grundsatz der Verhältnismäßigkeit in der Rechtsprechung der Gerichte der Europäischen Gemeinschaften, NVwZ 18 (1999), S. 1033–1040.

Pacón, Ana Maria: Was bringt TRIPS den Entwicklungsländern?, GRUR Int. 1995, S. 875–886.

Pakuscher, Peter: Die Gewaltenteilung im gewerblichen Rechtsschutz, in: Fürst, Walter/Herzog, Roman/Umbach, Dieter C. (Hrsg.), Festschrift für Wolfgang Zeidler, Berlin 1987, S. 1611–1630.

Palmeter, David/*Mavroidis,* Petros C.: Dispute Settlement in the World Trade Organization, Practice and Procedure, Cambridge University Press, 2nd edition 2004.

Partsch, Karl Josef: International Law and Municipal Law, in: Bernhardt, Rudolf (Hrsg.), Encyclopedia of Public International Law, Volume II, Elsevier, Amsterdam 1995, S. 1183–1202.

Pechstein, Matthias: Die Mitgliedstaaten der EG als „Sachwalter des gemeinsamen Interesses", Gesetzgebungsnotstand im Gemeinschaftsrecht, Baden-Baden 1987.

Pechstein, Matthias/*Koenig,* Christian: Die Europäische Union, Tübingen, 3. Auflage 2000.

Peers, Steve: Fragmentation or Evasion in the Community's Development Policy? The Impact of Portugal v. Council, in: Dashwood, Alan/Hillion, Christophe (eds), The General Law of E.C. Relations, Sweet & Maxwell, London 2000, S. 100–112.

– Fundamental Right or Political Whim? WTO Law and the European Court of Justice, in: Búrca, Gráinne de/Scott, Joanne (eds), The EU and the WTO, Legal and Constitutional Issues, Hart, Oxford 2001, S. 111–130.

Pentheroudakis, Chryssoula: Die Umsetzung der Richtlinie 98/71/EG über den rechtlichen Schutz von Mustern und Modellen in den Mitgliedstaaten, GRUR Int. 2002, S. 668–686.

Perau, Guido: Werbeverbote im Gemeinschaftsrecht, Gemeinschaftsrechtliche Grenzen nationaler und gemeinschaftsrechtlicher Werbebeschränkungen, Eine Untersuchung der Werberegelungen in der Fernsehrichtlinie sowie in den Vorschlägen der Kommission über vergleichende Werbung und die Tabakwerbung, Baden-Baden 1997.

Pernice, Ingolf: Kompetenzabgrenzung im Europäischen Verfassungsverbund, JZ 55 (2000), S. 866–876.

Perraki, Marina: Moral Rights: Could there be a European Harmonisation? A Comparative Study of the Common Law and Civil Law Approach, RHDI 53 (2000), S. 329–345.

Pescatore, Pierre: L'ordre juridique des Communautés Européennes: étude des sources du droit communautaire, Université de Liège, Liège 1971.

– Die Rechtsprechung des Europäischen Gerichtshofs zur innergemeinschaftlichen Wirkung völkerrechtlicher Abkommen, in: Bernhardt, Rudolf/Geck, Wilhelm

Karl/Jaenicke, Günter/Steinberger, Helmut (Hrsg.), Völkerrecht als Rechtsordnung, Internationale Gerichtsbarkeit, Menschenrechte, Festschrift für Hermann Mosler, Berlin 1983, S. 661–689.

Peters, Anne: The Position of International Law Within the European Community Legal Order, GYIL 40 (1997), S. 9–77.

Petersmann, Ernst-Ulrich: Auswärtige Gewalt, Völkerrechtspraxis und Völkerrechtsbindungen der Europäischen Wirtschaftsgemeinschaft, ZaöRV 35 (1975), S. 213–281.

– Application of GATT by the Court of Justice of the European Communitites, CMLRev. 20 (1983), S. 397–437.

– The EEC as a GATT Member: Legal Conflicts Between GATT Law and European Community Law, in: Hilf, Meinhard/Jacobs, Francis G./Petersmann, Ernst-Ulrich (eds), The European Community and GATT, Kluwer, Deventer 1986, S. 23–71.

– National Constitutions and International Economic Law, in: Hilf, Meinhard/Petersmann, Ernst-Ulrich (eds), National Constitutions and International Economic Law, Kluwer, Deventer 1993, S. 3–52.

– Constitutional Principles Governing the EEC's Commercial Policy, in: Maresceau, Marc (ed.), The European Community's Commercial Policy After 1992: The Legal Dimension, Nijhoff, Dordrecht 1993, S. 21–77.

– Darf die EG das Völkerrecht ignorieren?, EuZW 8 (1997), S. 325–331.

– GATT/WTO-Recht: Duplik, EuZW 8 (1997), S. 651–653.

– The WTO Constitution and Human Rights, JIEL 3 (2000), S. 19–25.

– From „Negative" to „Positive" Integration in the WTO, Time for „Mainstreaming Human Rights" into WTO Law, CMLRev. 37 (2000), S. 1363–1382.

– European and Institutional Constitutional Law: Time for Promoting „Cosmopolitan Democracy" in the WTO, in: Búrca, Gráinne de/Scott, Joanne (eds), The EU and the WTO, Legal and Constitutional Issues, Hart, Oxford 2001, S. 81–110.

– Time for a United Nations „Global Compact" for Integrating Human Rights into the Law of Worldwide Organizations: Lessons from European Integration, EJIL 13 (2002), S. 621–650.

– Taking Human Rights, Poverty and Empowerment of Individuals More Seriously: Rejoinder to Alston, EJIL 13 (2002), S. 845–852.

Philipps, Günther: Erscheinungsformen und Methoden der Privatrechts-Vereinheitlichung, Ein Beitrag zur Methodenlehre der Privatrechts-Vereinheitlichung unter besonderer Berücksichtigung der Verhältnisse Westeuropas, Frankfurt am Main 1965.

Pischel, Gerhard: Trade, Treaties and Treason: Some Underlying Aspects of the Difficult Relationship Between the EU and the WTO, EFARev. 6 (2001), S. 103–133.

Pitschas, Christian: Die völkerrechtliche Verantwortlichkeit der Europäischen Gemeinschaft und ihrer Mitgliedstaaten, Zugleich ein Beitrag zu den völkerrechtlichen Kompetenzen der Europäischen Gemeinschaft, Berlin 2001.

Priebe, Reinhard: Entscheidungsbefugnisse vertragsfremder Einrichtungen im Europäischen Gemeinschaftsrecht, Baden-Baden 1979.

Prieß, Hans-Joachim/*Berrisch,* Georg M.: WTO-Handbuch, World Trade Organisation, München 2003.

Prieß, Hans-Joachim/*Pitschas,* Christian: Die Abwehr sonstiger unlauterer Handelspraktiken – Trade Barriers Regulation, EWS 11 (2000), S. 185–195.

Qureshi, Asif H.: International Economic Law, Sweet & Maxwell, London 1999.

Raible, Hans: Pariser Verbandsübereinkunft und nationales Recht, Überlegungen zum neuen PVÜ-Kommentar von G. H. C. Bodenhausen, GRUR Int. 1970, S. 137–141.

Raith, Raimund: The European Community, the WTO-TRIPs-Agreement and the WIPO Conventions, in: Kronenberger, Vincent (ed.), The European Union and the International Legal Order: Discord or Harmony?, Kluwer, The Hague 2001, S. 239–250.

Rehbinder, Manfred: Urheberrecht, München, 11. Auflage 2001.

Reich, Norbert: Brauchen wir eine Diskussion um ein Europäisches Kompetenzgericht?, EuZW 13 (2002), S. 257.

Reinbothe, Jörg: Geistiges Eigentum und die Europäische Gemeinschaft, ZEuP 2000, S. 5–28.

Reinbothe, Jörg/*Lewinski,* Silke von: The WIPO Treaties 1996, The WIPO Copyright Treaty and the WIPO Performances and Phonograms Treaty, Commentary and Legal Analysis, Butterworths, London 2002.

Reinisch, August: Entschädigung für die unbeteiligten „Opfer" des Hormon- und Bananenstreites nach Art. 288 II EG?, EuZW 11 (2000), S. 42–51.

Ress, Georg: Der Rang völkerrechtlicher Verträge nach französischem Verfassungsrecht, Überlegungen zur Entscheidung des Conseil Constitutionnel vom 15. Januar 1975 über den Rang der Europäischen Konvention zum Schutz der Menschenrechte und Grundfreiheiten nach Art. 55 der französischen Verfassung, ZaöRV 35 (1975), S. 445–501.

– Die Beziehungen zwischen der Berner Konvention und dem Europäischen Gemeinschaftsrecht, in: Ress, Georg (Hrsg.), Entwicklung des Europäischen Urheberrechts, Wissenschaftliches Kolloquium anläßlich des 70. Geburtstages von Georg Reischl, Baden-Baden 1989, S. 21–43.

Richter, Stefan: Die Assoziierung osteuropäischer Staaten durch die Europäischen Gemeinschaften, Eine Untersuchung der rechtlichen Grundlagen der Vertragsgestaltung zwischen den Europäischen Gemeinschaften und Polen, Ungarn und der Tschechoslowakei, Berlin 1993.

Rideau, Joël: Droit institutionnel de l'Union et des Communautés européennes, L.G.D.J., Paris, 3e édition 1999.

– La participation de l'Union européenne aux organisations internationales, in: Société Française pour le Droit international (éd.), Colloque de Bordeaux, Droit international et droit communautaire, Perspectives actuelles, Pedone, Paris 2000, S. 303–386.

Riegel, Reinhard: Die Einwirkung des Europäischen Gemeinschaftsrechts auf die Eigentumsordnung in den Mitgliedstaaten, RIW/AWD 25 (1979), S. 744–749.

Riesenhuber, Karl: Der Einfluß der RBÜ auf die Auslegung des deutschen Urheberrechtsgesetzes, ZUM 47 (2003), S. 333–342.

Robertson, Arthur Henry: Humanitarian Law and Human Rights, in: Swinarski, Christophe (éd.), Etudes et essais sur le droit international humanitaire et sur les principes de la Croix-Rouge en l'honneur de Jean Pictet, Nijhoff, Genève 1984, S. 793–802.

Rochère, J. D. de la: France, in: Jacobs, Francis G./Roberts, Shelley (eds), The Effect of Treaties in Domestic Law, Sweet & Maxwell, London 1987, S. 39–61.

Röttinger, Moritz: Urheberrecht und Europarecht: Rechtspolitik und Rechtssetzung der Europäischen Gemeinschaft, ZEuS 4 (2001), S. 285–347.

Rosas, Allan: Mixed Union – Mixed Agreements, in: Koskenniemi, Martti (ed.), International Law Aspects of the European Union, Kluwer, The Hague 1998, S. 125–148.

– The European Union and Mixed Agreements, in: Dashwood, Alan/Hillion, Christophe (eds), The General Law of E.C. External Relations, Sweet & Maxwell, London 2000, S. 200–220.

– Implementation and Enforcement of WTO Dispute Settlement Findings: An EU Perspective, JIEL 4 (2001), S. 131–144.

Rott, Peter: TRIPS-Abkommen, Menschenrechte, Sozialpolitik und Entwicklungsländer, GRUR Int. 2003, S. 103–118.

Roucounas, Emmanuel: Grèce/Greece, in: Eisemann, Pierre Michel (éd.), L'intégration du droit international et communautaire dans l'ordre juridique national, Étude de la pratique en Europe, Kluwer, The Hague 1996, S. 287–315.

Royla, Pascal: WTO-Recht – EG-Recht: Kollision, Justiziabilität, Implementation, EuR 36 (2001), S. 495–521.

Rudolf, Walter: Völkerrecht und deutsches Recht, Theoretische und dogmatische Untersuchungen über die Anwendung völkerrechtlicher Normen in der Bundesrepublik Deutschland, Tübingen 1967.

Rupp, Hans-Heinrich: Bemerkungen zum europarechtlichen Schutz der „nationalen Identität" der EU-Mitgliedstaaten, in: Arndt, Hans-Wolfgang/Knemeyer, Franz-Ludwig/Kugelmann, Dieter/Meng, Werner/Schweitzer, Michael (Hrsg.), Völkerrecht und deutsches Recht, Festschrift für Walter Rudolf zum 70. Geburtstag, München 2001, S. 173–187.

Ruzié, David: Le juge français et les actes des organisations internationales, in: Reuter, Paul/Blondeau, Ange/Questiaux, Nicole/Dubouis, Louis/Ruzié, David (éd.),

L'application du droit international par le juge français, Colin, Paris 1972, S. 103–126.

Sack, Jörn: The European Community's Membership of International Organizations, CMLRev. 32 (1995), S. 1227–1256.

– Von der Geschlossenheit und den Spannungsfeldern in einer Weltordnung des Rechts, EuZW 9 (1997), S. 650–651.

– Noch einmal: GATT/WTO und europäisches Rechtsschutzsystem, EuZW 8 (1997), S. 688.

– Die Europäische Union in den Internationalen Organisationen, Bedeutung der Beteiligung sowie Aktion und Einfluß von Gemeinschaft und Mitgliedstaaten in diesen Gremien, ZEuS 4 (2001), S. 267–284.

Sander, Gerald G.: Zur unmittelbaren Anwendbarkeit der WTO-Abkommen in der europäischen Rechtsordnung, VRÜ 36 (2003), S. 261–278.

Schack, Haimo: Urheber- und Urhebervertragsrecht, Tübingen, 2. Auflage 2001.

Schäfers, Alfons: Normsetzung zum geistigen Eigentum in internationalen Organisationen: WIPO und WTO – Ein Vergleich, GRUR Int. 1996, S. 763–778.

Schäfers, Alfons/*Schennen,* Detlef: Die Lissaboner Konferenz über das Gemeinschaftspatent 1992, GRUR Int. 1992, S. 638–642.

Scheffer, Urban: Die Marktfreiheiten des EG-Vertrages als Ermessensgrenze des Gemeinschaftsgesetzgebers, Frankfurt am Main 1997.

Scheibeck, Florian C.: Die Außenkompetenzen der EG im internationalen Zivilluftverkehr, Frankfurt am Main 1999.

Schermers, Henry G.: The Internal Effect of Community Treaty-Making, in: O'Keeffe, David/Schermers, Henry G. (eds), Essays in European Law and Integration, Kluwer, Deventer 1982, S. 167–178.

– International Organizations as Members of Other International Organizations, in: Bernhardt, Rudolf/Geck, Wilhelm Karl/Jaenicke, Günter/Steinberger, Helmut (Hrsg.), Völkerrecht als Rechtsordnung, Internationale Gerichtsbarkeit, Menschenrechte, Festschrift für Hermann Mosler, Berlin 1983, S. 823–837.

– A Typology of Mixed Agreements, in: O'Keeffe, David/Schermers, Henry G. (eds), Mixed Agreements, Kluwer, Deventer 1984, S. 23–33.

– Netherlands, in: Jacobs, Francis G./Roberts, Shelley (eds), The Effect of Treaties in Domestic Law, Sweet & Maxwell, London 1987, S. 109–122.

– Some Recent Cases Delaying the Direct Effect of International Treaties in Dutch Law, Mich. J. Int'l L. 10 (1989), S. 266–276.

Schermers, Henry G./*Waelbroeck,* Denis: Judicial Protection in the European Communities, Kluwer, Deventer, 5th edition 1992.

Schieble, Klaus: Die Kompetenz der Europäischen Gemeinschaft für die Harmonisierung des Urheberrechts im Zeitalter der Informationsgesellschaft, Frankfurt am Main 2003.

Schmid, Christoph: Immer wieder Bananen: Der Status des GATT/WTO-Systems im Gemeinschaftsrecht – Zur Lage nach dem Beschluß des WTO-Streitbeilegungsgremiums über die EG-Bananenmarktordnung vom 25.9.1997, NJW 51 (1998), S. 190–197.

Schmidt-Diemitz, Rolf: Geistiges Eigentum und entwicklungspolitischer Wissenstransfer, GRUR Int. 1988, S. 287–299.

Schoißwohl, Birgit: Haftung der Gemeinschaft für WTO-Rechtsverletzungen ihrer Organe: Doktrin der „Nichtverantwortung"?, ZEuS 4 (2001), S. 689–730.

Schrans, Guy: Die Bedeutung der Art. 36 und 85 des EWG-Vertrages für Patentlizenzverträge, GRUR Ausl. 1964, S. 626–630.

Schreuer, Christoph: Die Behandlung internationaler Organakte durch staatliche Gerichte, Berlin 1977.

– Die innerstaatliche Anwendung von internationalem ‚soft law' aus rechtsvergleichender Sicht, ÖZöRV 34 (1983/1984), S. 243–260.

Schricker, Gerhard: Zur Harmonisierung des Urheberrechts in der Europäischen Wirtschaftsgemeinschaft, in: Baur, Jürgen F./Hopt, Klaus J./Mailänder, K. Peter (Hrsg.), Festschrift für Ernst Steindorff zum 70. Geburtstag am 13. März 1990, Berlin 1990, S. 1437–1453.

– Urheberrecht, Kommentar, München, 2. Auflage 1999.

Schröder, Meinhard: Kompetenz- und eigentumsrechtliche Fragen bei der Verwirklichung des Elektrizitätsbinnenmarktes, Baden-Baden 1993.

Schuster, Gunnar/*Stoll,* Peter-Tobias: Gemeinschaftskompetenz und Altverträge mit Drittstaaten, Die internationale und europäische Regelung der öffentlichen Beschaffung und der deutsch-amerikanische Freundschaftsvertrag, RIW 42 (1996), S. 89–96.

Schwappach, Jürgen (Hrsg.): EU-Rechtshandbuch für die Wirtschaft, München, 2. Auflage 1996.

Schwartz, Ivo E.: Subsidiarität und EG-Kompetenzen, Der neue Titel „Kultur", Medienvielfalt und Binnenmarkt, AfP 24 (1993), S. 409–421.

Schwarze, Jürgen: Die EWG in ihren völkerrechtlichen Beziehungen, Grundlagen und aktuelle Rechtsfragen, NJW 32 (1979), S. 456–464.

– Die Kompetenzen der Europäischen Gemeinschaft auf dem Gebiet der Kultur, in: Schwarze, Jürgen/Becker, Jürgen (Hrsg.), Geistiges Eigentum und Kultur im Spannungsfeld von nationaler Regelungskompetenz und europäischem Wirtschafts- und Wettbewerbsrecht, Baden-Baden 1998, S. 125–158.

– Das schwierige Geschäft mit Europa und seinem Recht, JZ 53 (1998), S. 1077–1088.

– EU-Kommentar, Baden-Baden 2000.

– Grenzen der Harmonisierungskompetenz der EG im Presserecht, Zugleich eine Anmerkung zum zweiten Vorschlag der Kommission über eine Tabakwerbe-Richtlinie vom 30. Mai 2001, ZUM 46 (2002), S. 89–97.

Schwemer, Rolf-Oliver: Die Bindung des Gemeinschaftsgesetzgebers an die Grundfreiheiten, Frankfurt am Main 1995.

Selmayr, Martin/*Kamann,* Hans-Georg/*Ahlers,* Marion: Die Binnenmarktkompetenz der Europäischen Gemeinschaft, Lehren aus den Tabakurteilen des EuGH für die künftige Kompetenzordnung der EU-Verfassung, EWS 14 (2003), S. 49–61.

Senti, Richard: WTO – System und Funktionsweise der Welthandelsordnung, Zürich 2000.

Siebold, Dagmar I.: Die Welthandelsorganisation und die Europäische Gemeinschaft, Ein Beitrag zur globalen wirtschaftlichen Integration, Berlin 2003.

Simma, Bruno: Das Reziprozitätselement im Zustandekommen völkerrechtlicher Verträge, Gedanken zu einem Bauprinzip der internationalen Rechtsbeziehungen, Berlin 1972.

– From Bilateralism to Community Interest in International Law, Recueil des Cours 250 (1994), S. 221–384.

– Reciprocity, in: Bernhardt, Rudolf (ed.), Encyclopedia of Public International Law, Volume IV, Elsevier, Amsterdam 2000, S. 29–33.

Sinclair, Ian/*Dickson,* Susan J.: National Treaty Law and Practice: United Kingdom, in: Leigh, Monroe/Blakeslee, Merritt R. (eds), National Treaty Law and Practice: France, Germany, India, Switzerland, Thailand, United Kingdom, American Society of International Law, Washington, D.C., 1995, S. 223–260.

Slater, Donald: The Scope of EC Harmonising Powers: The ECJ's Tobacco Case (C-491/01) in Perspective, GLJ 4 (2002), http://www.germanlawjournal.com.

Sovák, Zdeněk: The Effects and Application of International Law on National Tribunals in the Czech Republic, in: Jansen, Rosa H.M. (ed.), European Ambitions of the National Judiciary, Kluwer, The Hague 1997, S. 153–160.

Staehelin, Alesch: Die Frage der unmittelbaren Anwendbarkeit der WTO/TRIPs-Normen, AJP/PJA 5 (1996), S. 1488–1496.

– Das TRIPs-Abkommen, Immaterialgüterrechte im Licht der globalisierten Handelspolitik, Bern, 2. Auflage 1999.

Steeg, Marcus ter: Die neue Kompetenzverteilung für die EU – Die Reformüberlegungen des Konvents zur Zukunft Europas, EuZW 14 (2003), S. 325–330.

Stein, Klaus D.: Der gemischte Vertrag im Recht der Außenbeziehungen der Europäischen Wirtschaftsgemeinschaft, Berlin 1986.

Stein, Torsten: Keine Europäische „Verbots"-Gemeinschaft – das Urteil des EuGH über die Tabakwerbeverbot-Richtlinie, EWS 12 (2001), S. 12–17.

Steindorff, Ernst: EG-Vertrag und Privatrecht, Baden-Baden 1996.

Stickler, Günter: Der Stellenwert des geistigen Eigentums im Binnenmarkt, Eine Standortbestimmung anhand der einschlägigen Rechtsprechung des EuGH, VAB-Arbeitspapier Nr. 15/1997.

Stoll, Peter-Tobias: Technologietransfer, Internationalisierungs- und Nationalisierungstendenzen, Die Gestaltung zwischenstaatlicher Wirtschaftsbeziehungen, privater Verfügungsrechte und Transaktionen durch die Vereinten Nationen, die UNCTAD, die WIPO und die Uruguay-Runde des GATT, Berlin 1994.

– Die WTO: Neue Welthandelsorganisation, neue Welthandelsordnung, Ergebnisse der Uruguay-Runde des GATT, ZaöRV 54 (1994), S. 241–339.

– Freihandel und Verfassung, Einzelstaatliche Gewährleistung und die konstitutionelle Funktion der Welthandelsordnung (GATT/WTO), ZaöRV 57 (1997), S. 83–146.

– Gestaltung der Bioprospektion unter dem Übereinkommen über die biologische Vielfalt durch international unverbindliche Verhaltensstandards: Hintergründe, Möglichkeiten und Inhalte, Berlin 2000.

Stoll, Peter-Tobias/*Schorkopf,* Frank: WTO – Welthandelsordnung und Welthandelsrecht, Köln 2002.

Straus, Joseph: Völkerrechtliche Verträge und Gemeinschaftsrecht als Auslegungsfaktoren des Europäischen Patentübereinkommens, GRUR Int. 1998, S. 1–15.

Streber, Albert Christian: Die internationalen Abkommen der Bundesrepublik Deutschland zum Schutz geographischer Herkunftsangaben, Köln 1994.

Streinz, Rudolf: Mindestharmonisierung im Binnenmarkt, in: Everling, Ulrich/Roth, Wulf-Henning (Hrsg.), Mindestharmonisierung im Europäischen Binnenmarkt, Baden-Baden 1997, S. 9–37.

– Europarecht, Heidelberg, 6. Auflage 2003.

– EUV/EGV, Vertrag über die Europäische Union und Vertrag zur Gründung der Europäischen Gemeinschaft, München 2003.

Strupp, Karl/*Schlochauer,* Hans-Jürgen (Hrsg.): Wörterbuch des Völkerrechts, Erster Band, Berlin 1960.

Suy, Erik: Les rapports entre le droit communautaire et le droit interne des Etats membres, Uga, Heule 1964.

Sybesma-Knol, Renera Gertrudis: The Status of Observers in the United Nations, Kluwer, Antwerpen 1981.

Symmons, Clive R.: Irlande/Ireland, in: Eisemann, Pierre Michel (éd.), L'intégration du droit international et communautaire dans l'ordre juridique national, Étude de la pratique en Europe, Kluwer, The Hague 1996, S. 317–363.

Taraschka, Klaus: Die Kompetenzen der Europäischen Gemeinschaft im Bereich der Handelspolitik, Frankfurt am Main 2002.

Thiel, Jürgen Michael: Europa 1992: Grundrechtlicher Eigentumsschutz im EG-Recht, JuS 31 (1991), S. 274–281.

Thorley, Simon/*Miller,* Richard/*Burkill,* Guy/*Birss,* Colin: Terrell on the Law of Patents, Sweet & Maxwell, London, 15th edition 2000.

Tigroudja, Hélène: Le juge administratif français et l'effet direct des engagements internationaux, RFDA 19 (2003), S. 154–168.

Tilmann, Winfried: Der gewerbliche Rechtsschutz vor den Konturen eines europäischen Privatrechts, GRUR Int. 1993, S. 275–279.

– Grundlage und Reichweite des Schutzes geographischer Herkunftsangaben nach der VO/EWG 2081/92, GRUR Int. 1993, S. 610–617.

– Ausschließlicher Schutz für geographische Herkunftsbezeichnungen nach der EG-VO 2081/92?, GRUR 1996, S. 959–965.

– Richtlinie vergleichende Werbung, GRUR Int. 1997, S. 790–799.

– Patentschutzsystem in Europa, GRUR 1998, S. 325–334.

– Gemeinschaftspatent mit einem zentralen Gericht, GRUR Int. 2003, S. 381–391.

Timmermans, Christiaan: Organising Joint Participation of EC and Member States, in: Dashwood, Alan/Hillion, Christophe (eds), The General Law of E.C. External Relations, Sweet & Maxwell, London 2000, S. 239–247.

Tomuschat, Christian: Die auswärtige Gewalt der EWG erhält feste Konturen, EuR 12 (1977), S. 157–164.

– Liability for Mixed Agreements, in: O'Keeffe, David/Schermers, Henry G. (eds), Mixed Agreements, Kluwer, Deventer 1984, S. 125–132.

Trachtman, Joel P.: Bananas, Direct Effect and Compliance, EJIL 10 (1999), S. 655–678.

Trang, Duc V.: Beyond the Historical Justice Debate, The Incorporation of International Law and the Impact on Constitutional Structures and Rights in Hungary, Vand. J. Transnat'l L. 28 (1995), S. 1–43.

Trebilcock, Michael J./*Howse,* Robert: The Regulation of International Trade, Routledge, London, 2nd edition 1999.

Treves, Tullio/*Frigessi di Rattalma,* Marco: Italie/Italy, in: Eisemann, Pierre Michel (éd.), L'intégration du droit international et communautaire dans l'ordre juridique national, Étude de la pratique en Europe, Kluwer, The Hague 1996, S. 365–406.

Troller, Alois: Die mehrseitigen völkerrechtlichen Verträge im internationalen gewerblichen Rechtsschutz und Urheberrecht, Basel 1965.

Ullrich, Hanns: Die gemeinschaftsrechtliche Gestaltung des Wettbewerbsrechts und des Rechts des geistigen Eigentums – eine Skizze, in: Müller-Graff, Peter-Christian (Hrsg.), Gemeinsames Privatrecht in der Europäischen Gemeinschaft, Baden-Baden 1993, S. 325–372.

– Technologieschutz nach TRIPS: Prinzipien und Probleme, GRUR Int. 1995, S. 623–641.

Ulmer, Eugen: Urheber- und Verlagsrecht, Berlin, 3. Auflage 1980.

Vedder, Christoph Wilhelm: Die auswärtige Gewalt des Europa der Neun, Göttingen 1980.

– Rechtswirkungen von Assoziationsratsbeschlüssen – Die Kus-Entscheidung des EuGH, EuR 29 (1994), S. 202–215.

– Die Integrationskompetenz der EG in der Rechtsprechung des EuGH, in: Randelzhofer, Albrecht/Scholz, Rupert/Wilke, Dieter (Hrsg.), Gedächtnisschrift für Eberhard Grabitz, München 1995, S. 795–817.

– Die EU und internationale Organisationen – Perspektiven nach dem Vertrag von Amsterdam, in: Benedek, Wolfgang/Isak, Hubert/Kicker, Renate (eds), Development and Developing International and European Law, Essays in Honour of Konrad Ginther on the Occasion of his 65th Birthday, Lang, Frankfurt am Main 1999, S. 501–515.

Verdross, Alfred/*Simma,* Bruno: Universelles Völkerrecht, Theorie und Praxis, Berlin, 3. Auflage 1984.

Verhoeven, Joe: Belgique/Belgium, in: Eisemann, Pierre Michel (éd.), L'intégration du droit international et communautaire dans l'ordre juridique national, Étude de la pratique en Europe, Kluwer, The Hague 1996, S. 115–149.

Vignes, Daniel: La participation aux organisation internationales, in: Dupuy, René-Jean (ed.), Manuel sur les organisations internationales, Nijhoff, Dordrecht 1988, S. 57–80.

Völker, Edmond L. M.: Barriers to External and Internal Community Trade, The External Application of Measures and Charges of Equivalent Effect under the Law of the European Economic Community, Kluwer, Deventer 1993.

Völker, Edmond L. M./*Steenbergen,* Jacques: Leading Cases and Materials on the External Relations Law of the EC, Kluwer, Deventer 1985.

Vogt, Oliver: Die Regelung des Personenverkehrs in den Europa-Abkommen, Ein Beitrag zur Auslegung des Assoziationsrechts der Europäischen Gemeinschaft mit den mittel- und osteuropäischen Staaten, Baden-Baden 2001.

Vollmöller, Thomas: Die Globalisierung des öffentlichen Wirtschaftsrechts, Eine systematische Darstellung der Einwirkungen des Wirtschaftsvölkerrechts auf das öffentliche Wirtschaftsrecht der Bundesrepublik Deutschland unter besonderer Berücksichtigung des WTO-Rechts, Köln 2001.

Vos, Ellen: Differentiation, Harmonisation and Governance, in: Witte, Bruno de/Hanf, Dominik/Vos, Ellen (eds), The Many Faces of Differentiation in EU Law, Intersentia, Antwerpen 2001, S. 145–179.

Voss, Rüdiger: Die Bindung der Europäischen Gemeinschaft an vorgemeinschaftliche Verträge ihrer Mitgliedstaaten, SZIER 6 (1996), S. 161–189.

Vranes, Erich: Principles and Emerging Problems of WTO Cross Retaliation – Some Comments on a new Enforcement Procedure, EuZW 12 (2001), S. 10–15.

Wadle, Elmar: Zur Geschichte des Urheberrechts in Europa, in: Georg Ress (Hrsg.), Entwicklung des Europäischen Urheberrechts, Wissenschaftliches Kolloquium anläßlich des 70. Geburtstages von Georg Reischl, Baden-Baden 1989, S. 9–20.

Wägenbaur, Rolf: Das Verbot „indirekter" Tabakwerbung und seine Vereinbarkeit mit Art. 30 EGV, EuZW 9 (1998), S. 709–716.

Waelbroeck, Michel: Traités internationaux et juridictions internes dans les pays du Marché commun, Bruylant, Bruxelles 1969.

Walter, Michel M. (Hrsg.): Europäisches Urheberrecht, Kommentar, Wien 2001.

Watal, Jayashree: Intellectual Property Rights in the WTO and Developing Countries, Kluwer, The Hague 2001.

Weber, Albrecht/*Moos,* Flemming: Rechtswirkungen von WTO-Steitbeilegungsentscheidungen im Gemeinschaftsrecht, EuZW 10 (1999), S. 229–236.

Westreicher, Eduard: Der Grundsatz der Gegenseitigkeit in den Handelsbeziehungen zwischen Industrie- und Entwicklungsländern unter besonderer Berücksichtigung der GATT, der Vereinten Nationen und der EWG-AKP-Beziehungen, Tatsächliche Gleichheit im Völkerrecht durch internationale Institutionen?, Berlin 1984.

Wille, Angelo: Die Pflicht der Organe der Europäischen Gemeinschaft zur loyalen Zusammenarbeit mit den Mitgliedstaaten, Baden-Baden 2003.

Wilting, Wilhelm Heinrich: Vertragskonkurrenz im Völkerrecht, Köln 1996.

Wolff, Hans J./*Bachof,* Otto/*Stober,* Rolf: Verwaltungsrecht, Band 1, München 11. Auflage 1999.

Wolfrum, Rüdiger: Die Internationalisierung staatsfreier Räume, Berlin 1984.

– The Decision-Making Process According to Sec. 3 of the Annex to the Implementation Agreement: A Model to be Followed for Other International Economic Organisations?, ZaöRV 55 (1995), S. 310–328.

– Das internationale Recht für den Austausch von Waren und Dienstleistungen, in: Schmidt, Reiner (Hrsg.), Öffentliches Wirtschaftsrecht, Besonderer Teil 2, Berlin 1996, S. 535–656.

Wolfrum, Rüdiger/*Klepper,* Gernot/*Stoll,* Peter-Tobias/*Franck,* Stephanie L.: Genetische Ressourcen, traditionelles Wissen und geistiges Eigentum im Rahmen des Übereinkommens über die biologische Vielfalt, Bonn – Bad Godesberg 2001.

Wolfrum, Rüdiger/*Philipp,* Christiane (eds): United Nations, Law, Policies and Practice, Beck, München 1995.

Wolfrum, Rüdiger/*Stoll,* Peter-Tobias: Access to Genetic Ressources under the Convention on Biological Diversity and the Law of the Federal Republic of Germany, Erich Schmidt, Berlin 1996.

Wolfrum, Rüdiger/*Stoll,* Peter-Tobias/*Franck,* Stephanie: Die Gewährleistung freier Forschung an und mit Genen und das Interesse an der wirtschaftlichen Nutzung ihrer Ergebnisse, Frankfurt am Main 2002.

World Intellectual Property Organization (ed.): Introduction to Intellectual Property, Theory and Practice, Kluwer, London 1997.

Wormuth, Wolfram: Die Bedeutung des Europarechts für die Entwicklung des Völkerrechts, Frankfurt am Main 2004.

Wüger, Daniel: Die direkte Anwendbarkeit staatsvertraglicher Normen, in: Cottier, Thomas/Achermann, Alberto/Wüger, Daniel/Zellweger, Valentin (Hrsg.), Der Staatsvertrag im schweizerischen Verfassungsrecht, Beiträge zu Verhältnis und methodischer Angleichung von Völkerrecht und Bundesrecht, Bern 2001, S. 93–250.

Wühler, Norbert: Die internationale Schiedsgerichtsbarkeit in der völkerrechtlichen Praxis der Bundesrepublik Deutschland, Berlin 1985.

Wünschmann, Antje: Geltung und gerichtliche Geltendmachung völkerrechtlicher Verträge im Europäischen Gemeinschaftsrecht, Berlin 2003.

Wuermeling, Joachim: Kooperatives Gemeinschaftsrecht, Die Rechtsakte der Gesamtheit der EG-Mitgliedstaaten, insbesondere der Gemeinschaftskonventionen nach Art. 220 EWGV, Kehl 1988.

Zimmermann, Andreas: Staatennachfolge in völkerrechtliche Verträge, Zugleich ein Beitrag zu den Möglichkeiten und Grenzen völkerrechtlicher Kodifikation, Berlin 2000.

Zonnekeyn, Geert A.: The Legal Status of WTO Panel Reports in the EC Legal Order, Some Reflections on the Opinion of Advocate General Mischo in the Atlanta Case, JIEL 2 (1999), S. 713–722.

– The Status of Adopted Panel and Appellate Body Reports in the European Court of Justice and the European Court of First Instance, The Banana Experience, JWT 34 (2000), S. 93–108.

– EC Liability for Non-Implementation of Adopted WTO Panel and Appellate Body Reports, in: Kronenberger, Vincent (ed.), The European Union and the International Legal Order, Discord or Harmony?, T.M.C. Asser Press, The Hague 2001, S. 251–272.

– EC Liability for the Non-Implementation of WTO Dispute Settlement Decisions – Advocate General Alber Proposes A „Copernican Innovation“ in the Case Law of the ECJ, JIEL 6 (2003), S. 761–769.

– EC Liability for the Non-Implementation of WTO Dispute Settlement Decisions – Are the Dice Cast?, JIEL 7 (2004), S. 483–490.

Zuleeg, Manfred: Die innerstaatliche Anwendbarkeit völkerrechtlicher Verträge am Beispiel des GATT und der Europäischen Sozialcharta, ZaöRV 35 (1975), S. 341–363.

– Rechtsangleichung innerhalb und außerhalb der Europäischen Gemeinschaft, ZEuP 1998, S. 506–520.

Zweigert, Konrad/*Puttfarken,* Hans-Jürgen: Zum Kollisionsrecht der Leistungsschutzrechte, GRUR Int. 1973, S. 573–578.

Stichwortverzeichnis